Plassmann, Rösch, Seefeldt, Umlauf
Bibliotheken und Informationsgesellschaft in Deutschland

Engelbert Plassmann, Hermann Rösch,
Jürgen Seefeldt, Konrad Umlauf

Bibliotheken und Informationsgesellschaft in Deutschland

Eine Einführung

2., gründlich überarbeitete und erweiterte Auflage

2011

Harrassowitz Verlag · Wiesbaden

Bibliografische Information der Deutschen Nationalbibliothek
Die Deutsche Nationalbibliothek verzeichnet diese Publikation in der Deutschen
Nationalbibliografie; detaillierte bibliografische Daten sind im Internet
über http://dnb.d-nb.de abrufbar.

Bibliographic information published by the Deutsche Nationalbibliothek
The Deutsche Nationalbibliothek lists this publication in the Deutsche
Nationalbibliografie; detailed bibliographic data are available in the internet
at http://dnb.d-nb.de

Informationen zum Verlagsprogramm finden Sie unter
http://www.harrassowitz-verlag.de
© Otto Harrassowitz GmbH & Co. KG, Wiesbaden 2011
Das Werk einschließlich aller seiner Teile ist urheberrechtlich geschützt.
Jede Verwertung außerhalb der engen Grenzen des Urheberrechtsgesetzes ist ohne
Zustimmung des Verlages unzulässig und strafbar. Das gilt insbesondere
für Vervielfältigungen jeder Art, Übersetzungen, Mikroverfilmungen und
für die Einspeicherung in elektronische Systeme.

Druck und Verarbeitung: KN Digital Printforce GmbH, Stuttgart
Karten: Markus Burghardt
Printed in Germany
ISBN 978-3-447-06474-3

Inhalt

Tabellenverzeichnis IX
Kartenverzeichnis X
Vorwort zur 2. Auflage XI
Vorwort zur ersten Auflage XII

Einleitung 1

1 Bibliothek und Information 6
   1.1   Begriffliches 6
   1.1.1 Information und Wissen 7
   1.1.2 Bibliothek 8
   1.1.3 Die Bibliothek in Abgrenzung zu verwandten Institutionen 10
   1.2   Historische und soziologische Entwicklungslinien 13
   1.2.1 Schrift 14
   1.2.2 Mobile Speichermedien 16
   1.2.3 Buchdruck (Vervielfältigung durch den Druck
         mit beweglichen Lettern) 18
   1.2.4 Digitale Speichermedien und telekommunikative
         Vernetzung (Internet) 24
   1.3   Ausblick 34

2 Strukturelle und technische Entwicklungslinien im Bibliothekswesen ... 37
   2.1   Strukturelle Entwicklungslinien: Von der isolierten Einzel-
        bibliothek zum funktional differenzierten Bibliothekssystem 37
   2.1.1 Die isolierte Einzelbibliothek 38
   2.1.2 Das segmentär differenzierte Bibliothekssystem in Europa 39
   2.1.3 Das stratifikatorisch differenzierte Bibliothekssystem 39
   2.1.4 Das funktional differenzierte Bibliothekssystem in Deutschland . 40
   2.2   Technische Entwicklungslinien 50
   2.2.1 Automatisierung 52
   2.2.2 Digitalisierung 54
   2.2.3 Virtualisierung 54
   2.3   Ausblick 59

3 Bibliotheken in Deutschland 62
   3.1   Die Träger bibliothekarischer Einrichtungen 63
   3.1.1 Staat und Verwaltung 63

3.1.2	Die Kirchen	67
3.1.3	Der private Sektor	69
3.2	Bibliotheksförderung	70
3.3	Die verschiedenen Arten von Bibliotheken (Bibliothekstypologie)	71
3.3.1	Nationalbibliothek und nationalbibliothekarische Aufgaben	75
3.3.2	Landesbibliotheken und andere Regionalbibliotheken	82
3.3.3	Bibliotheken der Universitäten und anderer Hochschulen	85
3.3.4	Spezial- und Fachbibliotheken, Forschungsbibliotheken	90
3.3.5	Kommunale Öffentliche Bibliotheken und Staatliche Bibliotheksfachstellen (Büchereistellen, Beratungsstellen, Büchereizentralen)	95
3.3.6	Kirchliche Öffentliche Bibliotheken und Kirchliche Fachstellen	99
3.3.7	Spezielle Formen des öffentlichen Bibliothekswesens	100
3.4	Die Rechtsstellung der Bibliotheken	101
3.4.1	Rahmenbedingungen	101
3.4.2	Das Außenverhältnis	105
3.4.3	Das Innenverhältnis	116
3.5	Ausblick	120
4	**Netze und Kooperationen, Innovationen und Projekte**	**121**
4.1	Grundlagen der Vernetzung und Kooperation	122
4.2	Kooperation in Verbänden	126
4.2.1	Der Dachverband: „Bibliothek & Information Deutschland e. V." (BID)	127
4.2.2	Der Institutionenverband dbv und seine Aktivitäten	128
4.2.3	Die Personalverbände BIB und VDB und ihre Aufgaben	135
4.2.4	Bibliothekspolitik und politisches Handeln	137
4.3	Förderer und Partner des Bibliothekswesens	138
4.3.1	Die Bertelsmann Stiftung	138
4.3.2	Die ekz.bibliotheksservice GmbH	139
4.3.3	Das Goethe-Institut	140
4.3.4	Die Deutsche Gesellschaft für Informationswissenschaft und Informationspraxis (DGI)	142
4.4	Internationale Zusammenarbeit der deutschen Bibliotheken	143
4.5	Kooperatives Handeln: Dienstleistungen und Projekte im Bereich Erwerbung, Erschließung und Benutzung	147
4.5.1	Kooperationen bei Marktsichtung und Erwerbung	148
4.5.2	Kooperationen bei Katalogisierung und Erschließung	152
4.5.3	Kooperationen bei Massendigitalisierung	162
4.5.4	Kooperationen bei Benutzung, Leihverkehr und Dokumentlieferung	164
4.5.5	Kooperationen bei der Erschließung und Bereitstellung von Open-Access-Publikationen	165

4.6	Nationale Kooperationen im Bereich von Fachinformation und Dokumentation	168
4.7	Aufbruch in die Zukunft: vom Sondersammelgebietsplan über das System Virtueller Fachbibliotheken zum nationalen Wissenschaftsportal	170
4.8	Ausblick	180
5	**Normen und Standards, Richtlinien und Empfehlungen**	**182**
5.1	Eigenschaften und Zweck von Normen und Standards	182
5.2	Standards als Planziele	184
5.2.1	Allgemeine Standards	185
5.2.2	Bestandsgrößen und Erwerbungsmittel	185
5.2.3	Räume und Flächen	187
5.2.4	Personalbedarf	188
5.2.5	Öffnungszeiten	188
5.3	Ausgewählte Normen und Standards	188
5.3.1	Papier, Bucheinband, Magazinierung	189
5.3.2	Codierungs- und Nummerungssysteme, Transliteration	190
5.3.3	Bibliotheksstatistik	190
5.3.4	Leistungsmessung	191
5.3.5	Formalerschließung	192
5.3.6	Inhaltserschließung	197
5.3.7	Normdateien	200
5.3.8	Übergreifende Standards für die Informationsaufbereitung	203
5.3.9	Datenformate, Austauschformate, Linked Open Data	206
5.3.10	Informationskompetenz	208
5.3.11	Standards für Dienstleistungen	209
5.3.12	Bibliothekarische Berufsethik	211
5.4	Ausblick	212
6	**Dienstleistungen**	**214**
6.1	Allgemeines Verständnis und Besonderheiten im Informationssektor	214
6.2	Informationsdienstleistungen in Bibliotheken	219
6.3	Benutzungsdienst und Bestandsvermittlung	221
6.3.1	Ortsleihe	222
6.3.2	Lesesaal	226
6.3.3	Öffnungszeiten	227
6.3.4	Leihverkehr und Dokumentlieferdienste	228
6.3.5	Bestandsvermittlung	231
6.4	Informationsdienst/Auskunftsdienst	232
6.4.1	Typologie des Informations- und Auskunftsdienstes in Bibliotheken	237

6.4.2	Digitale Auskunft und Informationsvermittlung	249
6.4.3	Bibliothekarisches Wissensmanagement	257
6.5	Virtuelle Forschungs- und Arbeitsumgebungen	258
6.5.1	Virtuelle Arbeitsumgebungen für Studierende und interessierte Laien	258
6.5.2	Virtuelle Forschungsumgebungen für Wissenschaftler	259
6.6	Ausblick	261

7 Bibliotheksmanagement		263
7.1	Lobbyismus und Branchenmarketing	263
7.2	Marketing, strategische Planung	265
7.3	Aufbauorganisation	269
7.4	Personalführung, innerbetriebliche Kommunikation	272
7.5	Controlling, Kosten- und Leistungsrechnung	273
7.6	Werbung, Öffentlichkeitsarbeit, Kulturarbeit	275
7.7	Bestandsmanagement	278
7.7.1	Medien und Ressourcen	279
7.7.2	Bestandkonzepte	282
7.7.3	Bestandsaufbau, Erwerbung, Deakquisition	287
7.7.4	Geschäftsgang, Electronic Ressource Management	289
7.7.5	Bestandserhaltung und digitale Langzeitarchivierung	293
7.8 Ausblick		297

8 Beruf, Ausbildung und Studium		299
8.1	Anfänge der Professionalisierung	299
8.2	Spartentrennung	301
8.3	Studien- und Ausbildungsreformen seit 1990	305
8.4	Qualifikationsebenen, Aufgabenprofile, Arbeitsmarkt	309
8.5	Bibliotheks- und Informationswissenschaft und verwandte Fächer	312
8.6	Ausblick	316

9 Ergebnisse und Perspektiven	319
Literatur	325
Institutionelle Internet-Adressen	355
Abkürzungen	365
Register	373

Tabellenverzeichnis

1: Der Informationsprozess	7
2: Information und Wissen (bibliotheks- und informationswissenschaftliche Definition)	8
3: Sammelgut und Funktionalität der Bibliothek	10
4: Die Bibliothek im Vergleich mit verwandten Institutionen	12
5: Gesellschaftliche Subsysteme und zugehörige Bibliothekstypen	22
6: Stufen gesellschaftlicher Evolution	26
7: Zusätzlicher Regelungsbedarf im Informationssektor der Informationsgesellschaft	34
8: Techniken und Institutionen des Informationsmanagements im historischen Wandel	35
9: Entwicklungsstufen der Systembildung	38
10: Entwicklungsstufen vom erratischen Einzelphänomen Bibliothek zum funktional differenzierten Bibliothekssystem	40
11: Strukturen des (auf den Althoffschen Reformen beruhenden) funktional differenzierten Bibliothekssystems	45
12: EDV-basierte Entwicklungsschritte des Bibliothekswesens	57
13: Vieldeutigkeit bibliothekarischer Eigennamen	73
14: Bibliothekstypologie nach Bedarf und Versorgungsbereich gemäß „Bibliotheksplan '73" und „Bibliotheken '93"	74
15: Die Deutsche Nationalbibliografie	80
16: Anzahl der Hochschulen in Deutschland; Stand: 2010	86
17: Universitätsbibliotheken im Zahlenspiegel	88
18: Nutzungsbedingungen von Medien mit urheberrechtlich geschützten Inhalten in Abhängigkeit von der Medienart nach dem UrhG	114
19: Sektionen des dbv	129
20: Die regionalen Verbundsysteme in Deutschland	155
21: Strukturelemente Virtueller Fachbibliotheken	173
22: Die Virtuellen Fachbibliotheken und ihre Sammelschwerpunkte	173
23: Strukturelemente des Wissenschaftsportals	178
24: Zwecke von Normen und Standards	183
25: SOLL-Zugangszahlen für Universitätsbibliotheken	186
26: Etatbedarf einer Volluniversität bei durchschnittlichem Ausbaugrad der Fächer	187
27: Normen für Papier, Bucheinband und Magazinierung	190
28: Beispiele aus DIN EN ISO 2789	190
29: Beispiele für Leistungsindikatoren	191

30: Funktionale Anforderungen an bibliografische Datensätze 196
31: Wichtigste Elemente des Normdatensatzes 201
32: Dublin Core Metadata Element Set in der dt. Übersetzung des Kompetenzzentrums Interoperable Metadaten 203
33: Allgemeine Charakteristika von Dienstleistungen aus betriebswirtschaftlicher Sicht 215
34: Vergleich der Merkmale allgemeiner Dienstleistungen aus Sicht der Betriebwirtschaft und der Charakteristika von Informationsdienstleistungen aus bibliotheks- und informationswissenschaftlicher Sicht 216
35: Informationsdienstleistungen und ihre Spezifika 218
36: Dienstleistungsbereiche nach Basisfunktionen 220
37: Auskunftsarten im passiven Informationsdienst 239
38: Varianten aktiver Informationsdienstleistungen 241
39: Typologie funktionaler Informationsdienstleistungen 242
40: Entwicklungsstufen digitaler Auskunft 253
41: Funktionalitäten von Web Contact Center Software 254
42: Typische Schritte des Marketing-Zyklus 266
43: Handlungsfelder im Marketing-Mix 266
44: Dokumentlieferdienst im Marketing 267
45: Bestandsprofile Öffentlicher Bibliotheken 283
46: Collection Depth Indicators 284
47: Qualifikationsebenen und Aufgabenprofile 309
48: Weitere Studiengänge im Informationssektor 315

Kartenverzeichnis

1: Bibliotheken und andere Einrichtungen von nationaler Bedeutung..... 78
2: Landesbibliotheken und andere Regionalbibliotheken 84
3: Universitätsbibliotheken 87
4: Staatliche Bibliotheksfachstellen und Büchereizentralen mit ihren Zuständigkeitsbereichen/Entleihungen in ÖB 97
5: Verbünde und Verbundzentralen 153
6 : Ausgewählte Studienorte für Bibliothekare und verwandte Berufe 303

Vorwort zur 2. Auflage

Mehrere Gründe haben die Autoren bewogen, nach nur wenigen Jahren eine gründlich überarbeitete Auflage dieser Einführung vorzulegen. Da ist zum einen die Vielzahl der kleinen, aber auch größeren Veränderungen und Neuerungen, die in der Zwischenzeit in Bibliotheken und im Bibliothekssystem eingetreten sind. Dies allein konnte natürlich weder den Arbeitsaufwand noch das ökonomische Wagnis rechtfertigen. Zum anderen fühlten sich Autoren und Verlag dazu ermuntert durch die positive Aufnahme des Werks. Diese ist abzulesen an den Besprechungen und der Tatsache, dass die erste Auflage nach vergleichsweise kurzer Zeit vergriffen war. Offensichtlich besteht auch weiterhin Bedarf an gedruckten Monografien, die sich gründlich und ganzheitlich mit Stand und Entwicklungsperspektiven der Bibliotheken und des Bibliothekssystems im 21. Jahrhundert beschäftigen. Moderne, hochaktuelle Kanäle wissenschaftlicher Kommunikation wie Blogs, Wikis oder Mailinglisten einerseits und Printmedien andererseits schließen einander nicht prinzipiell aus.

Die Überarbeitung führte den Autoren nachhaltig vor Augen, wie viele noch 2006 zutreffende Detailaussagen aktualisiert, geändert oder ergänzt werden mussten. Manche Phänomene, die damals vergleichsweise knapp behandelt worden sind, haben in der Zwischenzeit deutlich an Gewicht gewonnen und sind nunmehr ausführlicher vertreten. Dazu zählen z.B. Web 2.0, digitale Langzeitarchivierung oder Electronic Resource Management. Andere Aspekte sind derart in den Vordergrund gerückt, dass dafür eigene Gliederungspunkte angelegt werden mussten. Dies gilt z.B. für Bibliothekspolitik, Massendigitalisierung, Open Access oder Virtuelle Forschungs- und Arbeitsumgebungen. Ohne Zweifel wird sich der technische, organisatorische und strukturelle Wandel ungebremst fortsetzen. Dennoch sind die Autoren überzeugt, dass mit dem vorliegenden Band ein angemessener, aktualisierter Überblick und ein hilfreicher gedanklicher Ansatz geboten werden, um den bevorstehenden innovatorischen Herausforderungen der kommenden Jahre erfolgreich begegnen zu können.

Adressaten des vorliegenden Bandes sind wie auch in der ersten Auflage alle, die sich in Theorie und Praxis mit Bibliotheken und verwandten Informationseinrichtungen beschäftigen; darunter bilden natürlich die Studierenden bibliotheks- und informationswissenschaftlicher Studiengänge eine besonders hervorzuhebende Gruppe.

Für die sorgfältige Anfertigung der Karten danken die Bearbeiter Markus Burghardt, Leipzig.

Engelbert Plassmann, Hermann Rösch, Jürgen Seefeldt, Konrad Umlauf

Bochum, Köln, Koblenz, Berlin, im Frühjahr 2011

Vorwort zur ersten Auflage

Angesichts des raschen und nachhaltigen Wandels im Bibliotheks- und Informationswesen haben die Autoren es unternommen, eine neue, kompakte Einführung zu erarbeiten, die sich von den bisher bewährten Werken deutlich unterscheidet.

Eine wichtige Zielgruppe sind natürlich die Studierenden der bibliotheks- und informationswissenschaftlichen Studiengänge. Darüber hinaus soll der vorliegende Band aber auch all jenen zur Orientierung dienen, die im Bibliotheks- und Informationswesen tätig sind und bei der Vorbereitung von Innovationen ganzheitlich denken und planen wollen.

Die Autoren danken dem Verlag Harrassowitz für die Anregung zu diesem Buch, Herrn Dipl.-Bibl. Elmar Bickar für seine aktive und überaus hilfreiche redaktionelle Mitarbeit.

Engelbert Plassmann, Hermann Rösch, Jürgen Seefeldt, Konrad Umlauf

Berlin, Bochum, Koblenz, Köln im Januar 2006

Einleitung

In Phasen beschleunigten und anhaltenden Wandels ein Werk vorzulegen, das Aussagen von längerfristiger Gültigkeit zu treffen beansprucht, ist nicht ohne Risiko. Erfolgreich kann ein solcher Versuch nur dann sein, wenn die Vermittlung instrumentellen Könnens nicht im Vordergrund steht. Dessen vollständige Beschreibung sollte gerade wegen der rasch fortschreitenden Entwicklung ohnehin eher in digitaler Form erfolgen, weil auf diese Weise den beständigen Veränderungen ohne großen Verzug Rechnung getragen werden kann. Wer allein auf instrumentelle Anleitungen oder State-of-the-Art-Übersichten rechnet, könnte von dem vorliegenden Band enttäuscht werden.

Trotz der enormen Bewegung, die gegenwärtig und auf absehbare Zeit in der Informationslandschaft zu beobachten ist, sollen hier Aussagen getroffen werden, die zur Orientierung und Planung langfristig wirkender Entscheidungen beitragen können, und zwar sowohl auf der Ebene der einzelnen Bibliothek als auch in Bezug auf Kooperationsprojekte oder das gesamte System der Literatur- und Informationsversorgung. Um dies zu ermöglichen, müssen historische Entwicklungen und gesellschaftliche Kontexte in einem Maße in die Betrachtung einbezogen werden, das vor allem jene überraschen mag, die Qualität vorwiegend an kurzfristig zu erzielenden ökonomischen Erfolgen messen oder die zeitlichen Horizonte ihres Handelns auf Wahlperioden abstimmen.

Bei der Beschreibung der historischen Entwicklung wird thematisch (nicht quantitativ) weit ausgeholt, damit aus den groben Linien der Evolutionsgeschichte Wahrscheinlichkeiten abgeleitet und bestehende Trends beschrieben werden können.

Dazu sind einige Vorbemerkungen zu machen:

- Wenn im Folgenden von Entwicklungsschritten die Rede ist, dann nicht in deterministischem Sinne. Die historische Betrachtung vermag Wahrscheinlichkeiten zu ermitteln, keineswegs jedoch Abfolgen sicher zu prognostizieren. Evolution wird als offener, nicht als teleologischer Prozess verstanden.
- Wenn allerdings von Wahrscheinlichkeiten und Entwicklungstrends die Rede ist, in deren Verlauf einfache, niedere oder primitive Stufen entfalteten, höheren oder komplexen Stadien vorausgehen, so ist damit a priori keine Wertung verbunden. Komplexere Systeme sind nicht zwangsläufig „besser" als einfache. Möglicherweise entsprechen beide den Leistungsanforderungen, die von der jeweiligen Umwelt gestellt werden.

- Wenn für eine bestimmte Entwicklungsstufe ein bestimmter Trend beschrieben wird, ist damit nicht unterstellt, dass alle Subsysteme einer Gesellschaft bzw. alle Gesellschaften gleichzeitig diesen Trend aufweisen. Entwicklung muss vielmehr als ungleichzeitiger, nicht linearer und nicht totaler Prozess begriffen werden. So existieren informationsgesellschaftliche und agrargesellschaftliche Strukturen gleichzeitig an verschiedenen Orten und möglicherweise parallel in ein und derselben Gesellschaft.
- Ferner ist Entwicklung nicht einheitlich, sondern begleitet von Gegen- und Unterströmungen, in denen sich frühere Stufen tradieren und zukünftige ankündigen.

In die historische Betrachtung fließt eine deutlich soziologisch geprägte Perspektive ein, die Anleihen bei der Systemtheorie Luhmannscher Prägung nicht verleugnet. Bibliotheken und andere Informationseinrichtungen werden im mikro- wie im makrosoziologischen Sinne als Systeme begriffen, die an ihre spezifischen Umwelten strukturell gekoppelt sind. Idealerweise bieten diese Funktionssysteme exakt jene Leistungen an, die von der Systemumwelt (z.B. anderen Funktionssystemen oder Trägerinstitutionen) benötigt werden. Dieser Zustand wird als Symmetrie beschrieben.

Ändern sich die Anforderungen, so entsteht Asymmetrie, die das betroffene System zunächst erkennen muss, um aus sich selbst heraus veränderte Leistungen zu erbringen, die jenen neuen Anforderungen gerecht werden. Gelingt dies nicht, so ist die Wahrscheinlichkeit groß, dass konkurrierende oder neu auftretende Anbieter die Lücke schließen. Das in Asymmetrie geratene System ändert seinen Funktionsumfang dann zwangsweise; es kann sich dabei um eine Marginalisierung oder gar eine völlige Substitution handeln. Ein Zustand der Marginalisierung des Bibliothekssystems (in diesem Falle möglicherweise in Form einer Musealisierung) träte z.B. ein, wenn die Zuständigkeit der Bibliotheken auf die Verwaltung von Printmedien reduziert würde und das Informationsmanagement im Hinblick auf digitale und netzbasierte Informationen gleichzeitig überginge z.B. auf Suchmaschinenbetreiber wie Google, Verkaufsplattformen wie Amazon, IT- und Software-Unternehmen wie Apple oder Microsoft.

Die Symmetrie zwischen System und spezifischer Umwelt ist grundsätzlich labil, d.h. der Umweltbedarf muss regelmäßig überprüft, die eigenen Funktionen müssen gegebenenfalls entsprechend modifiziert werden. In Zeiten beschleunigten Wandels empfiehlt es sich, die damit verbundenen Gefahren durch proaktives Produktdesign und Produktmanagement zu entschärfen. Der vorliegende Band will nichts weniger, als diese Zusammenhänge beleuchten und bezogen auf den aktuell erreichten Stand sowie zu erwartende Entwicklungen Hinweise geben, wie das Bibliothekssystem vorhandenen oder drohenden Asymmetrien erfolgreich begegnen kann.

Neben originär bibliotheks- und informationswissenschaftlichen Bestandteilen sind die folgenden Ausführungen durch Anleihen aus anderen Disziplinen wie der Geschichte, der Soziologie und der Betriebswirtschaft geprägt. Dies belegt im Übrigen, dass Bibliotheks- und Informationswissenschaft einerseits Eigengewicht besitzt, darüber hinaus aber als Querschnittswissenschaft zu charakterisieren ist. Bibliotheks- und Informationswissenschaft wird hier im Sinn der Library and Information Science als ein Fach verstanden, das den gesamten Informationssektor in seiner ganzen institutionellen Spannweite (unter Einschluss von Bibliotheken als Institutionen) und in seiner ganzen medialen Breite (einschließlich gedruckter und handgeschriebener Information) in den Blick nimmt. Bibliothekswissenschaft einerseits und Informationswissenschaft andererseits werden dabei nicht als autonome, nur lose verbundene oder benachbarte Bereiche begriffen.

Modernistische Beschreibungen des heutigen Informationssektors zeichnen sich i.d.R. durch ein statisches und durchweg ahistorisches Verständnis von Bibliothek aus und halten die Bibliothek deshalb für anachronistisch. Im Gegensatz zu dieser kurzsichtigen, wenngleich nicht unpopulären Perspektive, legt der ganzheitliche Blick nahe, Bibliotheken als dynamische Institutionen zu begreifen, die in Europa seit mindestens einem Jahrtausend auf veränderte Umweltanforderungen meist erfolgreich zu reagieren verstanden. Dies ist kein Freibrief, auch altbewährte Institutionen oder Systeme stehen prinzipiell zur Disposition. Die Erweiterung der Betrachtung um historische und soziologische Kontexte aber stellt unter Beweis, dass die Bibliotheken und das Bibliothekssystem über erhebliches Innovationspotenzial verfügen, welches ihnen auch in der entwickelten Informationsgesellschaft nicht nur das Überleben sichern, sondern darüber hinaus eine noch gewichtigere Rolle als in der Vergangenheit verschaffen kann.

Weitere Veränderung also ist unausweichlich. Beschrieben werden sollen Entwicklungsoptionen, soweit sie gegenwärtig erkennbar sind. Dass Prognosen immer fehlerträchtig sind, darf nicht davon abhalten, Aussagen über zu erwartende Entwicklungen zu treffen. Der Weg kann nur dann das Ziel sein, wenn man sich immer wieder neu darüber verständigt, welche Richtung eingeschlagen worden ist und sinnvoller Weise eingeschlagen werden soll. Die bewusste Entscheidung, Aussagen über die Zukunft zu riskieren, hat mehrere Konsequenzen. So kann eine rein deskriptive Darstellung des Bibliotheks- und Informationswesens dafür nicht genügen. Natürlich muss vom Ist-Zustand ausgegangen werden, doch entwertet die allgemeine Entwicklungsbeschleunigung derartige Arbeiten zunehmend zu Momentaufnahmen, die schnell veralten. Methodisch muss die deskriptive Bestandsaufnahme um eine zukunftsorientierte, d.h. möglichen Wandel erläuternde Analyse ergänzt werden.

Größere Wahrscheinlichkeit gewinnen die Prognosen dadurch, dass Erfahrungen und Entwicklungen solcher Gesellschaften in die Betrachtung einbezogen werden, deren Informationslandschaft bereits länger und stärker von digitaler Revolution und weltweiter Vernetzung geprägt ist als die deutsche. Aus diesem Grunde wurden Veränderungen und Lösungsansätze aus dem Bibliotheks- und Informationssystem vor allem Nordamerikas und Großbritanniens bei den Überlegungen zur möglichen Weiterentwicklung in Deutschland berücksichtigt. Unter kommunikationstechnischen Gesichtspunkten (Internet) und unter politischen Aspekten (fortschreitende Europäisierung) scheint es ohnehin geboten, nationale um transnationale wenn nicht internationale Perspektiven zu ergänzen.

Zu den Veränderungen, welche die Bibliotheken und das Bibliothekssystem ergreifen können oder bereits ergriffen haben, gehört neben Funktionsveränderungen und intensivierter Vernetzung auch die mögliche Annäherung an andere Segmente des Informationswesens durch Funktionserweiterungen oder Übernahme neuer Funktionen. Zu denken ist in diesem Zusammenhang etwa an den Aus- oder Aufbau der Distributionsfunktion im Kontext der Open-Access-Bewegung. Auch der partielle Abschied von der bibliografischen Einheit als prinzipieller Grundlage bibliothekarischer Erschließung und damit die Integration von Erschließungsprinzipien, die früher als klassisch dokumentarische bezeichnet wurden, kann als Beleg für diesen Trend herangezogen werden.

Das Werk ist so aufgebaut, dass zu Beginn die globalen, allgemeinen Zusammenhänge behandelt werden, ehe eine Verengung auf das Besondere erfolgt. Im ersten Kapitel werden die begrifflichen Grundlagen behandelt sowie die Entwicklungslinien in historischer und soziologischer Betrachtung nachgezeichnet. Nach der makrosoziologischen Perspektive wird im zweiten Kapitel die innere Entwicklung des Funktionssystems Bibliothekswesen beschrieben. Im Vordergrund steht dabei neben der Technik vor allem die Entwicklung von der isolierten Einzelbibliothek zum funktional differenzierten Bibliothekssystem. Mit den anschließenden Kapiteln soll dann die Gedankenführung schärfer konturiert und konkretisiert werden.

Im dritten Kapitel geht es zunächst um eine Beschreibung des deutschen Bibliothekswesens unter typologischen, institutionellen und rechtlichen Aspekten. Schon hierbei wird deutlich, wie sehr vertraute Kategorien und Strukturen z.B. hinsichtlich typologischer Einteilungen der Modifikation bedürfen. Auch hinsichtlich der rechtlichen Rahmenbedingungen sind Anpassungen, die den Besonderheiten digitaler Medien Rechnung tragen, entweder bereits erfolgt oder in Arbeit.

Funktionale Differenzierung hat konsequenter Weise eine deutliche Steigerung von Kooperation und Vernetzung zur Folge. Deren Formen und Modi werden im vierten Kapitel erläutert. Dazu zählen neben der Kooperation in Verbänden und der Zusammenarbeit mit nichtbibliothekarischen Förderern und Partnern insbesondere Kooperationsprojekte zur Verbesserung der einzelnen bibliothekarischen Funktionen (Erwerbung, Erschließung, Benutzung, Vermittlung usw.), vor allem aber nationale Projekte wie z.B. das System Virtueller Fachbibliotheken oder die Deutsche Digitale Bibliothek.

Je stärker der Prozess der Arbeitsteilung fortgeschritten ist, desto größer ist der Bedarf an Übereinkünften, die den Prozess der Aufteilung von Funktionen, aber natürlich auch den Prozess der Rückführung und gemeinsamen Nutzung der Leistungsergebnisse im System regeln. Das fünfte Kapitel trägt diesem Aspekt Rechnung und behandelt Normen und Standards, Richtlinien und Empfehlungen, die im Bibliotheks- und Informationssystem mittlerweile eine Rolle spielen.

Informationsgesellschaft kann auch als hoch entwickelte Form von Dienstleistungsgesellschaft verstanden werden. In jedem Fall hat Dienstleistungsorientierung eine herausragende Bedeutung. Auch aus diesem Grund werden im sechsten Kapitel ausnahmslos alle bibliothekarischen Tätigkeiten als Dienstleistungen verstanden, wie das in diesem Umfang bislang nicht üblich war. Behandelt werden sowohl die grundsätzlichen Besonderheiten von Informationsdienstleistungen als auch die spezifisch bibliothekarischen Informationsdienstleistungen von Archivierung über Auskunft und Informationsvermittlung bis hin zu Wissensmanagement.

Umfang und Diversifizierung bibliothekarischer Leistungen haben in den vergangenen Jahrzehnten fortwährend zugenommen. Die Anforderungen der Systemumwelt können nur unter der Voraussetzung erfüllt werden, dass bibliothekarische Arbeit mit professionellen betriebswirtschaftlichen Methoden geplant und durchgeführt wird. Daher befasst sich das siebte Kapitel mit einschlägigen Themen wie Marketing, Personalführung, Controlling usw.

Studium und Ausbildung stehen im achten Kapitel im Vordergrund. Wandel und die damit zwangsläufig verbundene Verunsicherung zeigt sich in diesem Segment häufig am frühesten. Gerade für die Ausbildung des Nachwuchses ist zukunftsorientiertes Denken unerlässlich. Damit Studium und Ausbildung mehr sind als berufsständische Initiation, müssen Entwicklungswahrscheinlichkeiten antizipiert werden. Die durchgängige und anhaltende Veränderung der Curricula, die Entwicklung neuer Studiengänge und die Einführung neuer akademischer Grade, wie sie in diesem Kapitel beschrieben werden, belegen, dass der Seismograph „Studium und Ausbildung" für das Bibliotheks- und Informationswesen anhaltende Veränderung anzeigt.

Die Absicht der Verfasser ist es, mit diesem Werk neue Wege zu gehen und neue Wege aufzuzeigen. Schon der Plural „Wege" deutet darauf hin, dass es sich dabei weder um eine Einbahnstraße handelt noch um eine feststehende Route.

1 Bibliothek und Information

Der enge inhaltliche Bezug zwischen Bibliothek und Information ist unmittelbar einleuchtend. Bibliotheken sind ohne Information nicht denkbar; Information bzw. Informationsprozesse außerhalb und unabhängig von Bibliotheken hingegen lassen sich mühelos nachweisen. Information als Gegenstand zwischenmenschlicher Kommunikation dient primär und ursprünglich der Verständigung; Bibliotheken als informationsverarbeitende, -bewahrende und -bereitstellende Institutionen wurden erst benötigt, nachdem die menschliche Evolution eine bestimmte Entwicklungsstufe erreicht hatte. Und auch dann wurden nur bestimmte Informationen für die Überlieferung in Bibliotheken ausgewählt. Es stellt sich die Frage, welche Informationen auf wessen Veranlassung in Bibliotheken gelangen und wer daraus einen Nutzen ziehen kann. Zu untersuchen ist ferner, ob das Verhältnis von Bibliothek und Information unabänderlich ist. Führt z.B. die Informationsgesellschaft mit der oft beklagten Informationsflut zu einer Veränderung sowohl der Rolle von Information und Bibliothek als auch ihrer wechselseitigen Beziehung?

Das Verhältnis von Information und Bibliothek soll zunächst durch begriffliche Bestimmungen, anschließend mittels historischer Einordnungen beleuchtet werden. Das Rekapitulieren der groben historischen Entwicklungslinien bis in die Gegenwart hinein soll Anhaltspunkte liefern für Überlegungen zur möglichen, wahrscheinlichen und auch zur anzustrebenden Zukunft des Bibliotheks- und Informationswesens.

1.1 Begriffliches

Werfen wir also zunächst einen Blick auf die Begriffe aus heutiger Sicht. Der schillernde Begriff der Information soll zum einen in Abgrenzung zum Begriff des Wissens präzisiert werden; zum anderen soll er schärfere Konturen gewinnen, indem die Rolle von Information als Bestandteil menschlicher Kommunikation, als Kernelement von Informationsprozessen erläutert wird. Bibliothek scheint der leichter zu bestimmende Begriff zu sein.

Doch auch hier lohnt sich die zweifache Annäherung. Zunächst gilt es, die Basisfunktionen der Institution Bibliothek idealtypisch zu benennen. Anschließend erfolgt die Abgrenzung von Bibliothek gegenüber verwandten Institutionen wie Archiv, Museum usw.

1.1.1 Information und Wissen

Die Suche nach einer allgemeingültigen Definition des Informationsbegriffes führt schnell zu Verwirrung. Viele Disziplinen haben wie die Biologie („Geninformation") oder die Informatik („Nachricht als physikalisches Ereignis") ihr je eigenes Verständnis von Information entwickelt. Für unsere Betrachtung ist der in der Bibliotheks- und Informationswissenschaft verbreitete Informationsbegriff maßgebend. Information ist demnach immer Bestandteil menschlicher Kommunikation. Ein Sender (Sprecher, Autor o.ä.) macht eine „Mitteilung". Er macht „Teile" seines subjektiven Wissens zum Gegenstand einer Kommunikation. Aus seinem Wissensbestandteil wird eine Information, die er über einen bestimmten Kommunikationskanal (Sprache, geschriebener Text in einem gedruckten Buch oder in einer E-Mail usw.) auf den Weg bringt. Ob ein Informationsprozess wirklich zustande kommt, hängt nicht zuletzt ab vom Empfänger. Ignoriert dieser den Inhalt der Mitteilung oder ist ihm dieser bereits bekannt, findet keine Übertragung von Information statt. Damit ist eine weitere unerlässliche Eigenschaft der Information benannt: Eine Mitteilung wird erst dann zur Information, wenn ihr Inhalt dem Empfänger vorher unbekannt ist. Nicht jede Kommunikation also führt zu einem Informationsprozess.

Tabelle 1: Der Informationsprozess

Sender (Sprecher, Autor usw.)	Kommunikationskanal (Sprache, gedruckter Text, digitaler Text usw.)	Empfänger (Rezipient, Leser, Interpret usw.)
mit subjektivem Wissen, aus dem ein Teilbestand abgesondert und als Information kommuniziert wird	Information als Bestandteil der Kommunikation Information als „Wissen in Aktion"	mit subjektivem Wissen, in das die vom Sender übermittelte Information als neuer Bestandteil integriert wird
Teilmenge aus dem Wissen des Senders	Information (Teilmenge aus dem Wissen des Senders), die durch Wahl des Kanals / Mediums beeinflusst wird	Teilmenge aus dem Wissen des Senders wird zu empfängerspezifischer Teilmenge des Wissens auf Seiten des Empfängers (nicht zwingend deckungsgleich mit der ursprünglichen Teilmenge aus dem Wissen des Senders)

Aber selbst wenn eine Übertragung von Information stattfindet, gibt es keine Gewähr dafür, dass der Empfänger exakt das in seinen Wissensvorrat einbaut, was der Sender gemeint hat. Dafür kann es vielerlei Ursachen geben. Der Sender mag sich unpräzise artikuliert haben, der Übertragungskanal kann zu Missverständnissen beitragen und schließlich wird jeder Empfänger Informationen immer aus seiner Sicht, auf der Grundlage seines Kontextwissens interpretieren und in seinen Wissensbestand integrieren. Niemand kann garantieren, dass seine Nachricht wirklich vom Empfänger so aufgenommen wird, wie sie gemeint war. Dies ist einer der Gründe, weshalb der Begriff des Wissens streng vom Informationsbegriff unterschieden werden muss. Wissen ist demnach immer persönliches Wissen, während Informationen auch weitergegeben, in Datenbanken gespeichert, gefunden, aufgeschrieben, gesammelt, gezählt oder verglichen werden können.

Tabelle 2: Information und Wissen (bibliotheks- und informationswissenschaftliche Definition)

Information	Wissen
ist immer Kommunikation	kann nur individuell erzeugt werden
muss vom Empfänger wahrgenommen werden	ist an eine Person gebunden
muss für den Empfänger neu sein	
unterliegt bei der Umwandlung in Wissen der Interpretation des Empfängers	
ist dokumentierbar, kann unabhängig vom Individuum z.B. in Büchern oder Datenbanken gespeichert, gesucht und gefunden werden	ist nur in Form von Informationen dokumentierbar (übertragen in ein Zeichensystem und übergeben auf medialem Träger an einen Kommunikationskanal)

1.1.2 Bibliothek

Auch der Begriff der Bibliothek wird in unterschiedlichen Zusammenhängen mit unterschiedlicher Bedeutung aufgeladen. Informatiker etwa verstehen darunter eine Sammlung von Programmroutinen, die in einer Datei gespeichert sind; im Verlags- und Publikationswesen werden nicht selten Verlegerserien („Bibliothek Suhrkamp") oder Serien mit herausragenden Einzelwerken als Bibliothek bezeichnet („Bibliothek deutscher Klassiker"). Und selbst im eigentlichen Bibliothekswesen meint Bibliothek sowohl die geordnete, große Sammlung von Büchern und anderen Speichermedien als auch das Gebäude, in der die Sammlung aufbewahrt und betreut wird.

Der Benediktinermönch und Bibliothekar *Martin Schrettinger* (1772–1851) definierte „Bibliothek" Anfang des 19. Jahrhunderts als „eine beträchtliche Sammlung von Büchern, deren Einrichtung jeden Wissbegierigen in Stand sezt, jede darin enthaltene Abhandlung, ohne unnöthigen Zeitverlust, nach seinem Bedürfnisse zu benüzen" (Schrettinger 1808, S. 12). Bis in die Gegenwart hinein wird „Bibliothek" auch in der Fachliteratur meist mit großer und geordneter Büchersammlung gleichgesetzt (so z.B. Gantert 2008, S. 11, ähnlich Lohse 1987, Sp. 379). Wenn unter Buch wie etwa im „Wörterbuch des Buches" (Hiller 1991, S. 58) eine „in einem Umschlag oder Einband durch Heftung zusammengefasste, meist größere Anzahl von leeren, beschriebenen oder bedruckten einzelnen Papierblättern oder Lagen bzw. Bogen" verstanden wird, ist die Gleichsetzung von Bibliothek mit großer und geordneter Büchersammlung nicht zutreffend.

Der Begriff Bibliothek wurde in der griechischen Antike geprägt und bezeichnet ursprünglich den Behälter, den Schrank oder die Truhe („théke"), in der Schriftstücke („bíblos"/„biblíon") aufbewahrt werden. Das Sammelgut bestand zu dieser Zeit vorwiegend aus beschriebenen Papyrusrollen. Später trat Pergament als Beschreibstoff hinzu. Der Codex, die heutige Buchform, setzte sich erst im Übergang von der Antike zum Mittelalter durch. Im Barockzeitalter sammelten Bibliotheken neben Druckwerken bevorzugt auch Münzen, Globen, Bilder, Naturalien u.ä. Seit dem 20. Jahrhundert hat sich das Spektrum der in Bibliotheken gesammelten Speichermedien kontinuierlich erweitert. Zu den nach wie vor am stärksten vertretenen gedruckten Büchern und Zeitschriften traten hinzu etwa Mikrofilme, Mikrofiches, Schallplatten, Tonkassetten, Videofilmkassetten und schließlich die digitalen Medien (Disketten, Magnetbänder, Festplatten, CD-ROMs, DVDs usw.).

Bibliothek darf daher nicht auf „Sammlung von Büchern" eingeengt, sondern muss erweitert als „Sammlung publizierter Informationsquellen" verstanden werden. Aber Bibliothek bedeutet ja mehr als nur die Sammlung von Materialien wie schon *Schrettinger* festgestellt hatte. Die UNESCO hat 1970 eine umfassendere Definition gegeben. Demnach gilt als Bibliothek „jede geordnete Sammlung gedruckter Bücher und periodischer Veröffentlichungen oder anderer graphischer oder audiovisueller Materialien sowie die Dienstleistungen eines Mitarbeiterstabes, der für die bequeme Nutzung der Materialien sorgt, die die Leser zu Zwecken der Information, Forschung, Bildung oder Entspannung benötigen" (Empfehlung 1971, S. 596). Diese Beschreibung ist allerdings zu ergänzen um die 1970 noch nicht ausdifferenzierten digitalen Medien. Besonders hervorgehoben wird von der UNESCO, dass von einer Bibliothek erst gesprochen werden kann, wenn zu der bloßen Sammlung von Informationsquellen weitere Dienstleistungen hinzutreten.

Zu einer brauchbaren und zeitgemäßen Definition gehört daher ferner, die spezifisch bibliothekarischen Dienstleistungen genauer anzugeben. Bibliotheken also sammeln publizierte Informationsquellen aller Art. Dieser Aspekt ihrer Tätigkeit wird auch als Bestandsaufbau oder Erwerbung bezeichnet. Je nach Bibliothekstyp ist das Sammeln verbunden mit zeitlich befristeter oder dauerhafter Aufbewahrung (Archivierung) der Medien. Nach Sammeln und Aufbewahren gehört das Ordnen oder Erschließen der Informationsquellen zu den Kernaufgaben einer Bibliothek. Die Erschließung kann unter verschiedenen Aspekten (formal, inhaltlich) und mittels verschiedener Methoden (Aufstellung, katalogisierende Verzeichnung) erfolgen (↗4.5.2, ↗5.3.5, ↗5.3.6).

Ferner erfüllen Bibliotheken erst dann ihren Zweck, wenn die in ihnen gesammelten, aufbewahrten und erschlossenen Materialien zur Benutzung bereitgestellt werden. Ob die Benutzung uneingeschränkt für alle Bürger gilt oder nur für bestimmte Zielgruppen, ist historischen, politischen und gesellschaftlichen Veränderungen unterworfen und hängt ab von der Zweckbestimmung der jeweiligen Bibliothek bzw. dem Bibliothekstyp (↗3.3). Die Informationsquellen werden für die Benutzung aufbereitet, bereitgehalten und auf Anfrage zugänglich gemacht. Dazu zählt auch die Bereitstellung von Publikationen der Angehörigen der eigenen Hochschule oder Institution, die im Kontext der Open-Access-Bewegung ohne Beteiligung eines Verlages in digitaler Form von der Bibliothek in institutionellen oder fachlichen Repositorien bereitgestellt werden

(↗4.5.5). Eine weitere Funktion besteht schließlich in der aktiven Vermittlung von Informationen seitens der Bibliothek. Die Nutzer werden auf speziell aufbereitete Medien und Informationskonvolute, neu erworbene oder zugänglich gemachte Informationsquellen hingewiesen; darüber hinaus bietet die Bibliothek ihren Kunden an, deren Informationsprobleme im Auftrag zu lösen oder bei der Lösung behilflich zu sein. In Deutschland zumindest gehört diese Informationsdienstleistung leider nicht zum selbstverständlichen Repertoire der Bibliotheken. Dem Funktionsfeld „Vermittlung" ist auch der in jüngerer Zeit immer wichtigere Beitrag der Bibliotheken zur Vermittlung von Informationskompetenz zuzurechnen (↗5.3.10, ↗6.4.1).

Tabelle 3: Sammelgut und Funktionalität der Bibliothek

Basisfunktionen der Bibliothek		
Objektbezug	Funktionalität	
Veröffentlichte Informationsquellen	Sammeln	Planmäßig erwerben Auswählen
	Bewahren	Mittel- oder langfristig archivieren Überliefern
	Ordnen	Erschließen
	Bereitstellen	Auf Anfrage zugänglich machen
	Vermitteln	Auf Informationsquellen aufmerksam machen Informationsprobleme der Kunden im Auftrag lösen Informationskompetenz vermitteln

1.1.3 Die Bibliothek in Abgrenzung zu verwandten Institutionen

Die Bibliothek lässt sich durch die genannten Basisfunktonen exakt abgrenzen von verwandten Institutionen. Auch in Buchhandlungen werden Bücher und andere Medien aufgestellt, allerdings prinzipiell nur für eng begrenzte Zeit vorgehalten. Außerdem verfolgt der Sortimentsbuchhandel gewerbliche Ziele: Alle Aktivitäten sind auf den Verkauf von Medien und die Gewinnmaximierung ausgerichtet. Hinsichtlich der Sammelgegenstände gibt es also Gemeinsamkeiten, Zweckbestimmung und Funktionalität von Buchhandlungen und Bibliotheken sind jedoch grundsätzlich verschieden. Größere Ähnlichkeit besitzen Bibliotheken hingegen mit Archiven, Museen sowie Informations- und Dokumentationseinrichtungen. Diese Einrichtungen dienen nämlich ebenso wie Bibliotheken primär dem Informationstransfer. Somit sind Zweck und Funktionalität von Bibliotheken, Archiven, Museen und sonstigen Informationseinrichtungen eng verwandt und überschneiden sich zum Teil sogar. Allerdings unterscheiden sich Archive und Museen von Bibliotheken durch ihre spezifischen Sammelgegenstände.

Idealtypisch werden in Archiven Unikate aufbewahrt, erschlossen und zur Nutzung bereitgestellt; dies sind in erster Linie unveröffentlichte Dokumente wie Urkunden, Akten, Briefe, Verwaltungsregistraturen usw. Auch Bild- und

Tondokumente werden von Archiven gesammelt. Im Unterschied zu Bibliotheken erfolgt in Archiven kein geplanter, systematischer Bestandsaufbau. Organisch gewachsene Bestände von Dienststellen, Ämtern usw. werden möglichst vollständig übernommen. Minderwichtiges wird ausgesondert und vernichtet („kassiert"). Das rechtlich Bedeutsame und historisch Interessante wird für die dauerhafte Bewahrung und Erschließung ausgewählt.

Museen dagegen sammeln, erschließen, erforschen und präsentieren exemplarische Zeugnisse des menschlichen Handelns und der natürlichen Umwelt. Museale Objekte wie Kunstgegenstände, Naturalien, technische und wissenschaftliche Produkte sowie sonstige Kostbarkeiten werden unter didaktischen Gesichtspunkten angeordnet („erschlossen"), erforscht und der Öffentlichkeit zugänglich gemacht.

Während die Abgrenzung zwischen Bibliotheken, Archiven und Museen sich eindeutig über die Sammelgegenstände ergibt, ist die Unterscheidung zwischen Bibliotheken und Dokumentations- oder Informationsstellen schwieriger. Wie bei den Bibliotheken bezieht sich die Tätigkeit der Dokumentations- und Informationsstellen typologisch auf eine Vielfalt von Informationsquellen. Auch die Funktionalitäten sind annähernd gleich: Beide sammeln, bewahren, ordnen, stellen bereit und vermitteln. Erst bei genauerer Betrachtung ergeben sich die Unterschiede.

Dokumentations- und Informationsstellen beschränken sich nicht auf veröffentlichte Materialien; ferner spielt der Aspekt der Langzeitarchivierung wenn überhaupt eine viel geringere Rolle. Das gesamte Tätigkeitsspektrum hat in der Regel einen klaren fachlichen Bezug; alle Aktivitäten orientieren sich am unmittelbaren Handlungsfeld der Träger- bzw. Nutzungsinstitutionen. Dokumentations- und Informationsstellen beschränken sich meist auf eine wissenschaftliche Disziplin (Medizin), ein Fach (Innenpolitik) oder ein Thema (Kernkraftwerke). Ihr Spezialisierungsgrad ist höher als der der meisten Bibliotheken. Dafür sammeln und erschließen Dokumentations- und Informationsstellen zumeist sehr viel tiefer als Bibliotheken es tun. Da schließlich die Anwendungsorientierung im Vordergrund steht, bieten Informations- und Dokumentationsstellen meist ein erheblich breiteres Spektrum an Informationsdienstleistungen als Bibliotheken. Sie sind oft unmittelbar eingebunden in betriebliche oder wissenschaftliche Wertschöpfungsketten und richten ihre gesamte Tätigkeit auf kurz- oder mittelfristige Nutzung und Anwendung benötigter Informationen aus. Dauerhafte Überlieferung gehört nicht zu den erklärten Zielen von Dokumentations- und Informationsstellen. Spezialbibliotheken jedoch weisen eine größere Nähe zu diesen Einrichtungen auf als andere Bibliothekstypen. In den vergangenen Jahren wurde der Begriff der Dokumentation zunehmend durch den der Informationspraxis ersetzt.

Tabelle 4: Die Bibliothek im Vergleich mit verwandten Institutionen

	Bibliothek	Dokumentations- und Informationsstelle	Archiv	Museum	Buchhandlung
Objektbezug	Veröffentlichte Informationsquellen aller Art	Informationsquellen aller Art	Unveröffentlichte Dokumente („Unikate")	Kunstgegenstände, Naturalien, technische und wissenschaftliche Produkte, sonstige Kostbarkeiten	veröffentlichte und kommerziell vertriebene Informationsquellen aller Art
Funktionalitäten	sammeln	sammeln	übernehmen auswählen	sammeln	kommerziell vertreiben
	bewahren		bewahren	bewahren	
	ordnen	detailliert erschließen	ordnen	ordnen	
	bereitstellen	bereitstellen	bereitstellen	präsentieren	
	vermitteln	vermitteln			
Besonderheiten	oft auf Universalität zielend; Bestands- und Benutzerorientierung	fachlicher Bezug und Anwendungsorientierung	kein systematisch geplanter oder planbarer Bestandsaufbau	Auswahl, Erschließung und Präsentation unter exemplarischen und didaktischen Gesichtspunkten	primäre Gewinnorientierung

Die hier vorgenommenen Abgrenzungen sind natürlich idealtypischer Art. Die Praxis sieht mitunter anders aus; tatsächlich haben nämlich viele Bibliotheken durchaus auch unveröffentlichte Materialien in ihren Beständen. Umgekehrt enthalten Archive fast immer auch publizierte Materialien, wie sie ihnen häufig durch Nachlässe zukommen. Die primäre Zweckbestimmung der Einrichtung aber ist ausschlaggebend zur Bestimmung des Typus. Um in der Praxis die eindeutige Unterscheidbarkeit zu erleichtern, wurden die zentralen Wesensmerkmale der einzelnen Institutionen (in fett) hervorgehoben.

Durch die digitalen Medien ist diese Klarheit allerdings in gewisser Weise bedroht. Die Frage, ob es sich bei einem digitalen Dokument um eine Publikation handelt oder nicht, ist nicht mehr so einfach zu entscheiden wie bei einer Handschrift bzw. einem gedruckten Buch. Auch nähern sich die Erschließungsmethoden etwa von Bibliotheken und Dokumentations- bzw. Informationseinrichtungen in der digitalen Welt an. Dokumentarische Erschließungstiefe zu erlangen ist für Bibliotheken technisch kein Problem und vom Aufwand her sehr viel realistischer als zuvor. Diese Annäherung der früher klarer voneinander zu unterscheidenden Sparten des Informationssektors wird von manchen als Prozess der „Konvergenz" bezeichnet. Darauf wird später zurückzukommen sein.

Ein weiterer Aspekt ist zu beachten: In fast allen Definitionen von Bibliothek wird entweder unterstellt oder ausdrücklich darauf hingewiesen, dass es sich um die Sammlung, Erschließung usw. von Informationsquellen an einem Ort handele. Bis vor wenigen Jahren konnte tatsächlich als selbstverständlich gelten, dass Sammlung, Aufbereitung und Präsentation von Materialien immer an einen konkreten Ort gebunden sind und Benutzer diesen Ort physisch aufsuchen mussten, um Quellen und Dienstleistungen in Anspruch zu nehmen.

Mit dem Siegeszug der digitalen Medien und des Internets seit den 1990er-Jahren hat sich dies grundsätzlich geändert. Bibliothekarische Sammlungen und Dienstleistungen können nunmehr theoretisch (und in vielen Fällen auch praktisch) vom heimischen Rechner oder irgendeinem beliebigen anderen Ort aus benutzt und in Anspruch genommen werden, sofern ein Zugang zum Internet besteht. Viele Szenarien gehen davon aus, dass die Bibliothek der Zukunft nicht mehr auf einen konkreten Ort angewiesen sein wird und stattdessen aus beliebig vielen räumlich weltweit verteilten Einzelteilen und Zulieferern besteht. Der Nutzer nimmt die Bibliothek dann allerdings im Netz noch als Ganzheit wahr. In den Vereinigten Staaten wird diese Debatte heute unter dem Stichwort „Library Without Walls" und „Virtual Library" geführt. Etliche Bibliotheken haben bereits jetzt Sammlungen, Dienstleistungen und Konzeptionen entwickelt, die bezeichnet werden als „Elektronische", „Digitale", „Virtuelle" oder „Hybride Bibliothek". Darauf wird später detailliert eingegangen (↗2.2, ↗3.3, ↗4.6).

1.2 Historische und soziologische Entwicklungslinien

Was heute mit dem modernen Begriff „Information" bezeichnet wird, war bereits zu Zeiten vorhanden, aus denen keinerlei historische Zeugnisse überliefert sind. Der Mensch als „zōon politikón" (Aristoteles) kann grundsätzlich nur in der sozialen Gemeinschaft als Gattung überleben. Das Leben in der Gemeinschaft aber erfordert Koordination durch Informationsaustausch. Seit also Menschen als soziale Wesen existieren, sind sie auf Informationsaustausch angewiesen. Das Medium der menschlichen Sprache, zu der natürlich neben der Lautsprache auch Formen wie Körpersprache, Gestik, Mimik, Tanz usw. gehören, ist insofern Voraussetzung für menschliches Zusammenleben. Die menschliche Kommunikation erfolgt in den frühen Entwicklungsstufen ausschließlich mündlich, körpersprachlich usw. In den primitiven Urgesellschaften gibt es nur wenig, was über die tagesaktuellen Informationen hinaus weitergegeben und erinnert werden muss. Es genügt, die relativ überschaubare Menge an Informationen über die Kultur- und Lebenstechniken mündlich zu tradieren oder zu demonstrieren.

Zu den Entwicklungskonstanten menschlicher Evolution gehört, dass Neugier und Erkenntnisdrang, der Wunsch nach mehr Sicherheit und Lebenskomfort zum Wachstum an Erkenntnissen und zur Verfeinerung der technischen

Hilfsmittel führen. Menschliche Gesellschaften sind daher einem permanenten sozialen Wandel unterworfen, der sich freilich in unterschiedlichen Geschwindigkeiten vollzieht. Im Lauf der Menschheitsgeschichte wächst die Menge der zu überliefernden Informationen, die Kultur- und Lebenstechniken werden immer komplizierter. Wachsende Arbeitsteilung, zunehmende Spezialisierung sind die Folge. Immer höher entwickelte Gesellschaftsformen benötigen immer leistungsfähigere Techniken der Speicherung und Übermittlung von Informationen.

Die maßgeblichen Basisinnovationen der Kulturgeschichte sind in mehreren Schüben eingetreten. Es sind dies die Schrift, bewegliche Schriftträger und die Vervielfältigung durch Druck. Nach der Erfindung des Buchdrucks mit beweglichen Lettern durch Johannes Gutenberg um 1450 in Mainz hat es natürlich zahlreiche technische Weiterentwicklungen gegeben. Eine Basisinnovation, die mit der Erfindung der Schrift oder des Buchdrucks vergleichbar ist, aber tritt erst in der zweiten Hälfte des 20. Jahrhunderts in Erscheinung: Es handelt sich dabei um die Entdeckung digitaler Speicher- und Kopiermöglichkeiten sowie die telekommunikative Vernetzung in Form des Internets. Die menschliche Sprache wird hier übrigens nicht als „Basisinnovation" behandelt, weil sie menschliche Kulturgeschichte nicht erneuert oder weiterentwickelt, sondern konstituiert. Als kulturgeschichtliche Basisinnovationen werden im Folgenden hingegen Schrift, bewegliche Schriftträger, Buchdruck (Vervielfältigung durch Druck mit beweglichen Lettern) sowie digitale Speicher- und Vernetzungstechniken (Internet) beleuchtet.

Jede dieser Innovationen rief euphorische Heilserwartungen und apokalyptische Visionen gleichermaßen hervor; jede dieser Innovationen trug langfristig bei entsprechender kultureller Verarbeitung zu massiven politischen, gesellschaftlichen und kulturellen Veränderungen bei. Welche Folgen aus der digitalen Revolution für die gegenwärtigen Gesellschaften resultieren, kann heute niemand präzise vorhersagen. Dass es zu Veränderungen kommen wird und Bibliotheken von diesem Veränderungsprozess in dramatischer Weise ergriffen werden, steht außer Zweifel. Diese Gewissheit aber gibt weder zu Untergangsstimmung noch zu Erlösungshoffnungen Anlass. Der folgende historische Rückblick mag dies unterstreichen.

1.2.1 Schrift
In den primitiven Gesellschaften genügt zunächst die gesprochene Sprache als Medium zwischenmenschlicher Kommunikation und gesellschaftlicher Überlieferung. Kommunikation auf dieser Entwicklungsstufe muss synchron erfolgen, erfordert also die gleichzeitige Anwesenheit von Sender und Empfänger. Die zunächst nur langsam wachsende Informationsmenge führt auch in den schriftlosen Kulturen dazu, dass sich allmählich spezifische Erinnerungstechniken herausbilden. Zu diesen ersten Formen organisierten Informationsmanagements gehören Reime, Gesänge, Gebete, rhythmisierte Wiederholungsformeln, Zaubersprüche usw. Als Informationsspezialisten auf dieser einfachen

Entwicklungsstufe fungieren z.B. Medizinmänner und Schamanen. Ihre Aufgabe ist es, die Reime, Gebete, Gesänge usw. zu bewahren und weiterzugeben. Uneingeschränkten Zugang zu dem auf diese Weise gespeicherten Kanon gesellschaftlicher Erinnerungen und Erkenntnisse haben also nur ausgewählte Personen, die wiederum darüber entscheiden, wem bestimmte Informationen unter bestimmten Bedingungen mitgeteilt werden können und dürfen. Schon auf dieser Stufe wird deutlich, dass Information und Zugang zu Information auf der gesellschaftlichen Ebene immer verknüpft ist mit politischer oder religiöser Macht und Herrschaft.

Langsam zwar, doch stetig wird die Struktur auch der primitiven Gesellschaften immer komplizierter, die Arbeitsteilung wächst. Unter diesen Voraussetzungen reicht die synchrone Sprachkommunikation immer weniger aus, um Erinnerung und Überlieferung in erforderlichem Umfang gewährleisten zu können. Abhilfe schafft ein revolutionärer Schritt: die Erfindung der Schrift. Das lautliche Zeichensystem der Sprache wird nun ergänzt durch ein grafisches Zeichensystem. Die Anfänge schriftlicher Kommunikation sind z.B. in Fels- und Höhlenmalereien zu sehen. Dies weist darauf hin, dass Schriftlichkeit erst sinnvoll angewendet werden kann, nachdem frühe Kulturen fähig sind, Ackerbau zu betreiben und aus Jägern und Sammlern sesshafte Bauern werden. Auf der Stufe der frühen Schriftlichkeit übernehmen Priester und Hofbeamte das Informationsmanagement.

Schriftstruktur entwickelt sich von Bilderschrift über Lautschrift zur heutigen Alphabetschrift. Mit der Schrift gelingt es dem Menschen, seine Gedächtniskapazität enorm zu erweitern. Kommunikationsinhalte können erstmals materiell fixiert werden. Informationsspeicherung ist nicht mehr gebunden an das individuelle Erinnerungsvermögen, sondern kann auf externe Speicher ausgedehnt werden. Erstmals werden asynchrone Kommunikationsprozesse möglich: Die vom Sender zu einem bestimmten Zeitpunkt schriftlich fixierte Information kann vom Empfänger zu einem späteren Zeitpunkt gelesen und verarbeitet werden.

Kulturell schafft der Übergang von Mündlichkeit zu Schriftlichkeit, von der oralen zur literalen Gesellschaft die Voraussetzungen zu einer prinzipiellen Höherentwicklung des menschlichen Zusammenlebens. Während orale Gesellschaft zu Formelhaftigkeit und Wiederholung, zu kulturellem Konservatismus neigt, befreit literale Kultur von Gedächtnisarbeit und setzt Kapazität frei für spekulative Gedanken, die nach neuen Erkenntnissen streben. Diese Entlastung ermöglicht komplexes analytisches Denken, führt zu linear fortschreitenden Denkprozessen und immer komplexeren Erkenntnissen. Die neue Informationstechnik Schrift fördert also zum einen diese neue Denkkultur und gestattet zum anderen, die daraus resultierenden komplexeren Inhalte und Ergebnisse dieses Denkens aufzuzeichnen und zu tradieren. Für die Entwicklung der menschlichen Evolution bedeutet dies einen Beschleunigungseffekt: Von nun an gelingt es immer schneller, mittels formaler Logik z.B. Naturgesetze zu entdecken und darauf aufbauend technische Hilfsmittel zu entwickeln, die den Lebensalltag erleichtern.

1.2.2 Mobile Speichermedien

Perfektioniert wird die Wirkung der Schrift im nächsten revolutionären Entwicklungsschritt, der Verwendung beweglicher Schriftträger. Als mobile Speichermedien werden zunächst eingesetzt Baumrinde, Stein, Tontafeln, Metall, Tierhaut usw. In späteren Entwicklungsphasen erst werden Papyrus, Pergament und Papier als in den jeweiligen Kulturen ideale Beschreibstoffe entdeckt. Mit den mobilen Schriftträgern lassen sich die zeitlichen und räumlichen Grenzen der Kommunikation erheblich erweitern. Sender und Empfänger müssen weder zur gleichen Zeit anwesend sein, noch muss der Empfänger den Ort aufsuchen, an dem die Information aufgezeichnet wurde. Schriftliche Fixierung von Sachverhalten erlaubt es, rechtliche Normen präziser festzulegen und ein komplizierteres Rechtssystem herauszubilden. Handelsbeziehungen können sich auf schriftlich festgehaltene Abmachungen stützen. Erlebte Geschichte kann aufgeschrieben und überliefert werden. Dies alles führt dazu, dass die durch die Schrift erreichte Beschleunigung der gesellschaftlichen Entwicklung nun potenziert wird.

Gleichzeitig wächst die Menge der auf mobilen Medien gespeicherten Informationen deutlich an. Die literalen Gesellschaften erreichen jetzt einen Komplexitätsgrad, der eigene Institutionen zur Speicherung, Erschließung und Bereitstellung von Informationen erfordert. Diese frühen Gedächtnisinstitutionen nehmen Aufgaben wahr, die heute Archive und Bibliotheken erfüllen. Die Ausdifferenzierung in Archiv und Bibliothek als je eigener institutioneller Typ erfolgt erst zu einem späteren Zeitpunkt.

Die neuen Institutionen, die nun von den Medizinmännern und Priestern das Informationsmanagement übernehmen, sind jedoch in gleicher Weise exklusiv wie ihre Vorgänger. Das hängt zum einen damit zusammen, dass die Techniken des Lesens und Schreibens einer kleinen gesellschaftlichen Elite vorbehalten bleiben, ein Zustand, der im neuzeitlichen Europa bis in das 18. und 19. Jahrhundert hinein andauert. Zum anderen entstehen Urkunden und literarische Dokumente im Umfeld der weltlichen Herrscher bzw. der religiösen Kultstätten. Die politischen und die religiösen Subsysteme sind also diejenigen gesellschaftlichen Sektoren, in denen die ersten Institutionen mit der Funktion der heutigen Archive bzw. Bibliotheken entstehen. Da weltliche Herrschaft in den frühen Kulturen zumeist metaphysisch begründet wird, sind die beiden Subsysteme oft identisch.

Verwaltet werden in den ersten bibliotheksähnlichen Einrichtungen die zur Aufrechterhaltung der Herrschaft benötigten Informationen (alltagssprachlich: „Herrschaftswissen"). Den Zugang dazu gewähren weltliche Machthaber und religiöse Eliten nur vertrauenswürdigen Mitarbeitern, etwa hohen Beamten und Priestern. Das Monopol über den Informationssektor galt schon damals

als erstrebenswerte Herrschaftstechnik. Wer über die historischen Dokumente und Verträge verfügte, aufgrund derer die Herrschaft des Königsgeschlechts legitimiert wurde, der hatte natürlich auch die Chance, der Überzeugungskraft dieser Dokumente „nachzuhelfen", d.h. aus heutiger Sicht Geschichte zu verfälschen oder aber missliebige Dokumente zu unterdrücken oder gar zu vernichten. Nachhaltig erschwert wurden derartige Praktiken erst durch die Möglichkeit, Dokumente buchstabengetreu durch den Druck zu vervielfältigen.

Bei den ersten Bibliothekstypen, die noch immer auch die Funktion des Archivs mit umfassen, handelt es sich also um Tempelbibliotheken und Palastbibliotheken. Die Tempel als Kultstätten sind die ersten Institutionen, in denen Dokumente systematisch gesammelt werden. Es handelt sich dabei zunächst um die Werke zur Überlieferung religiöser Zeugnisse, um kultische Dokumente usw. Später treten dann historische, naturkundliche, literarische Dokumente hinzu, in denen die behandelten Gegenstände aus der Sicht der jeweiligen Religion untersucht, dargestellt oder interpretiert werden. Die Dom- und Klosterbibliotheken des Mittelalters oder die Vatikanische Bibliothek stehen in dieser Tradition der Tempelbibliothek. Palastbibliotheken entstehen historisch wohl nach den Tempelbibliotheken. Dennoch ist eine der ältesten bisher bekannt gewordenen bibliothekarischen Einrichtungen eine Palastbibliothek: die Bibliothek des Assyrerkönigs *Assurbanipal* (668–626 v. Chr.) in Ninive (Mesopotamien) im heutigen Irak. Bei den dort gesammelten und erschlossenen Dokumenten handelt es sich um Tontafeln. Zum Bestand zählten sowohl politische Urkunden wie Werke zu Literatur und Dichtung, Philosophie, Medizin, Wirtschaft usw. Mittlerweile ist nachgewiesen, dass *Assurbanipal* mit dieser Bibliothek den Zweck verfolgte, Dokumente der unterworfenen babylonischen Kultur zu sammeln und für die Integration in die eigene assyrische Kultur bereitzustellen. Auch er folgte der Herrschaftstechnik, die der englische Philosoph und Staatsmann *Francis Bacon* (1561–1616) später mit dem Satz beschrieben hat: „Wissen ist Macht". Auf den Urtypus der Palastbibliothek kann man die späteren Hof- bzw. Staatsbibliotheken und seit der Durchsetzung demokratischer Prinzipien auch die Parlamentsbibliotheken zurückführen.

Nach den Tempel- und den Palastbibliotheken entstehen die Wissenschaftlichen Bibliotheken als dritter Typus erst in der griechischen Antike. Da Schrift und Information nicht mehr von religiösen oder politischen Machtträgern monopolisiert wird, kann sich unabhängige wissenschaftliche Forschung entfalten, können sich Einzelwissenschaften mit eigener Methodik entwickeln. Forschung wird an wissenschaftlichen Instituten, Philosophenschulen oder fachlichen Schulen betrieben, die über umfangreiche Sammlungen wissenschaftlicher und literarischer Werke verfügen. Diese wissenschaftlichen Bibliotheken sind primär nicht dem Tempel oder dem Palast verpflichtet, sondern der Lehr- und Forschungsanstalt, der sie zugehören. Die Römer übernehmen den Typus der Wissenschaftlichen Bibliothek, doch geht dieser während des Mittelalters zumindest im okzidentalen Europa zunächst unter. Mit den Kollegienbibliotheken der frühen Universitäten und den städtischen Ratsbibliotheken beginnt im ausgehenden Mittelalter der Neuanfang dieses Typs. Zu neuer Blüte gelangt die Wissenschaftliche Bibliothek, als im Gefolge der Aufklärung wissenschaftliche Forschung an Universitäten immer mehr Gewicht erlangt. Universitätsbibliotheken und wissenschaftliche Spezialbibliotheken können sich auf die im antiken Griechenland begründete Tradition berufen.

1.2.3 Buchdruck (Vervielfältigung durch den Druck mit beweglichen Lettern)

Der wachsende Komplexitätsgrad der menschlichen Gesellschaft hatte zunächst die schriftliche Fixierung von Information und anschließend die Speicherung auf mobilen Schriftträgern erforderlich gemacht. Nachdem die Aufzeichnung auf beweglichen Speichermedien zu enormem Informationswachstum geführt hatte, benötigte die Gesellschaft Institutionen, welche die Sammlung, Aufbewahrung, Ordnung und Bereitstellung der Informationen und Dokumente übernahmen. Archive und Bibliotheken entstanden also erst, nachdem menschliche Gesellschaft und Kommunikation einen bestimmten Komplexitätsgrad erreicht hatten. Schreiben, Lesen und Zugreifen auf schriftlich gespeicherte Information gehörte zu den Herrschaftstechniken und war der jeweiligen Oberschicht vorbehalten.

Unterentwickelt blieb jedoch die Technik der Vervielfältigung schriftlicher Dokumente. Erst die bahnbrechende Erfindung des Buchdrucks mit beweglichen Lettern Mitte des 15. Jahrhunderts schuf die Voraussetzungen für das erste schriftliche Massenmedium. Ehe das gedruckte Buch und die gedruckte Flugschrift tatsächlich Massenwirksamkeit entfalten konnten, musste die Lesefähigkeit stärker im Volk verbreitet sein. Dieser Prozess zog sich über mehrere Jahrhunderte hin. Aber schon die Reformation *Martin Luthers* ab Anfang des 16. Jahrhunderts hätte sich ohne die gedruckten und vervielfältigten Flugschriften kaum so entfalten können. Auch die anderen großen geistigen Bewegungen der Neuzeit, Renaissance, Humanismus und Aufklärung stützten sich wesentlich auf die Drucktechnik und das gedruckte Buch.

Neben der Verbreitung religiöser, philosophischer, politischer und sozialer Ideen beschleunigte der Buchdruck den Fortschritt der Wissenschaften und die Ausbreitung von Bildung. Langfristig brach damit die Exklusivität der geistigen Welt auf. Die neuen Techniken entsprachen dem Bedarf einer erneut komplexer gewordenen Gesellschaft, die über Bildung und wissenschaftliche Forschung nach neuen höheren Evolutionsstufen strebte. Die politischen und religiösen Machteliten erkannten bald, dass vom Buchdruck eine latente Bedrohung ihres Herrschaftsanspruches ausging. Als gefährlich eingestufte Druckschriften sollten durch Zensur und Kontrolle unterdrückt werden. Die katholische Kirche rief 1559 den berüchtigten „Index librorum prohibitorum", das Verzeichnis verbotener Bücher ins Leben, der deutsche Kaiser ließ wenig später den Handel mit Büchern auf der Frankfurter Buchmesse durch eine „Kaiserliche Bücherkommission" überwachen. Mit dem Ziel symbolischer Vernichtung, aber auch aus Gründen der Abschreckung veranstalteten Lutheraner, Papisten oder Kaiserliche Beamte gelegentlich öffentliche Bücherverbrennungen.

Die mediale Revolution des Buchdrucks brachte den Bibliotheken einen enormen Aufschwung. Konnten Bücher zuvor nur mühsam durch Abschreiben kopiert werden, so erlaubte der Druck jetzt die massenhafte Vervielfältigung. Erleichtert wurde dieser Prozess dadurch, dass Papier als Beschreibstoff mit Beginn der Neuzeit in Europa das erheblich teurere Pergament ablöste. Die wachsende Zahl der produzierten Bücher, die steigende Auflagenhöhe, die zunehmende Nachfrage stellten die Bibliotheken vor neue Herausforderungen. Eigene Techniken der Aufbewahrung, der Erschließung und der Bereitstellung mussten entwickelt werden, damit der gesellschaftliche Bedarf befriedigt werden konnte.

Besonders im Gefolge der Aufklärung erfuhr die Buchproduktion einen nachhaltigen Wachstumsschub; die Lesefähigkeit durchdrang immer weitere Bevölkerungskreise. Aus heutiger Sicht wird diese Entwicklung des 18. Jahrhunderts als Leserevolution bezeichnet. Aufklärung erklärt die Welt nicht mehr durch Glaubenssysteme, sondern sucht nach rationalen Erklärungsmustern. Vernunft wird zur alleinigen Instanz für die Denkarbeit des kritischen Verstandes. Dieser Rationalismus und die Erhärtung der Hypothese im Experiment (Empirismus) werden zur Grundlage moderner Wissenschaftlichkeit. Forschung strebt seither danach, methodisch abgesichert systematisch neue Erkenntnisse über prinzipiell alle Phänomene der Wirklichkeit zu gewinnen. Die neuen Erkenntnisse aber müssen zur Überprüfung und Weiterverwendung verbreitet werden. Dies hat grundlegende Auswirkungen auf die Formen des Informationstransfers und die Bibliothekskonzeption.

Mit der Aufklärung entstand sukzessive ein gesellschaftliches Bedürfnis nach intensivem und regelmäßigem Informationstransfer. Zur Beschleunigung der Kommunikation in den Wissenschaften wurden periodisch erscheinende Zeitschriften gegründet, die ab Ende des 17. Jahrhunderts den behäbigen brieflichen Informationsaustausch der Gelehrten und die Publikation gedruckter Monografien ergänzten. Auch der frühkapitalistische Fernhandel weckte Bedarf nach regelmäßiger Versorgung mit aktuellen Informationen. Ebenfalls im 17. Jahrhundert entstanden daher Zeitungen, die regelmäßig monatlich, später wöchentlich und ab 1650 täglich über aktuelle Ereignisse aus Wirtschaft, Politik und Zeitgeschehen berichteten.

In den Bibliotheken hatte bis zur Aufklärung die dem Archiv verwandte Speicherfunktion und häufig auch die dem Museum vergleichbare Repräsentationsfunktion (besonders im Barock) vorgeherrscht. Die neue Wissenschaftsmentalität stellt andere und höhere Ansprüche an die Bibliotheken. Archivalische und museale Aspekte gehören weiterhin zur Bibliothek, treten jedoch in den Hintergrund. In erster Linie soll die Bibliothek jetzt der Ort sein, an dem der Forscher alle Dokumente findet, die er für die weitere Arbeit benötigt. Gefordert wird, die Bibliothek zum Arbeitsinstrument, zur wissenschaftlichen

Gebrauchsbibliothek zu entwickeln. In Deutschland formulierte *Gottfried Wilhelm Leibniz* als einer der ersten diese Anforderungen, die – von Ausnahmen abgesehen – erst im 19. Jahrhundert umfassend verwirklicht wurden.

Mit Beginn der Neuzeit verlagert sich auch die Bedeutung der gesellschaftlichen Subsysteme. Das religiöse Subsystem erleidet in den christlichen Gesellschaften Europas einen Bedeutungsverlust. Zum führenden Sektor steigt nun das politische Subsystem auf. Dies spiegelt sich auch im Bibliothekswesen. Waren im Mittelalter die Dom- und Klosterbibliotheken die alleinigen Träger schriftlicher Überlieferung, so wird ihre Position seit der Renaissance schwächer. Anfang des 19. Jahrhunderts gar werden Bibliotheken dieses Typs im Zuge der Säkularisation zeitweilig ganz aufgelöst. Der Dominanz des politischen Subsystems entspricht der Aufstieg der Fürsten- und Hofbibliotheken, die während des Barock und des Absolutismus eine erste Blüte erleben.

Bis in das 19./20. Jahrhundert hinein kann das politische Subsystem seine Vorherrschaft festigen und ausbauen. Allerdings konstituieren sich mit dem Wirtschafts- und dem Wissenschaftssystem unterdessen weitere gesellschaftliche Subsysteme. Universitätsbibliotheken, Technische Hochschulbibliotheken und Spezialbibliotheken werden im 19. Jahrhundert ausgebaut oder gegründet, damit der Informationsbedarf des jeweiligen Subsystems befriedigt werden kann.

Auch das Bildungssystem verdankt den emanzipatorischen Ideen der Aufklärung sein eigenständiges Gewicht. Das aufgeklärte Bürgertum verfolgte das politische Ziel, Monarchie und ständische Gesellschaft durch Republik und demokratisch verfasste Gesellschaft zu ersetzen. Um dies zu realisieren, musste das Informationsmonopol der feudalen Eliten gebrochen und das Prinzip allgemeiner und freier Volksbildung verwirklicht werden. Da eine Informationsversorgung der bildungswilligen Bürger nicht vorgesehen war, griffen die Bürger zur Selbsthilfe und gründeten im 18. Jahrhundert zunächst Lesegesellschaften. Die Mitgliedsbeiträge wurden dazu verwendet, Bücher und Abonnements von Zeitungen und Zeitschriften zu finanzieren. Auch kommerzielle Leihbibliotheken entstanden zu dieser Zeit und trugen in nicht geringem Umfang dazu bei, dem Bürgertum Literatur zugänglich zu machen. Aus diesen Vorformen entwickelte sich seit Ende des 19. Jahrhunderts ein neuer Bibliothekstyp, der erst im republikanischen Staat und in der demokratischen Gesellschaft zur vollen Entfaltung kommen konnte: die Volksbücherei in kommunaler Trägerschaft, die später als Rückübersetzung des angloamerikanischen Begriffes „Public Library" auch im Deutschen als „Öffentliche Bibliothek" bezeichnet wurde.

Die Korrelation zwischen demokratischen Strukturen und kommunaler Öffentlicher Bibliothek ist offenkundig: Solange politische und gesellschaftliche Machteliten befürchten, durch umfassende und freie Volksbildung sowie daraus resultierenden emanzipatorischen Ansprüchen ihre Herrschaft einzubüßen, bemühen sie sich, Bildung und freien Informationszugang auf das Mindestmaß zu beschränken, das für das Funktionieren des Herrschaftsapparates notwendig ist.

Erst in der pluralistischen, offenen Gesellschaft betrachten staatliche Instanzen die öffentliche Literatur- und Informationsversorgung als ihre Aufgabe. Es ist daher kein Zufall, dass der Typus der Public Library in einer konstitutionellen Monarchie (Großbritannien) und einer bürgerlich-demokratischen Republik (USA) zuerst entwickelt wird. Die kommunale Öffentliche Bibliothek bietet potenziell allen Bürgern die Möglichkeit, die zur Wahrnehmung ihrer demokratischen Rechte notwendigen Informationen zu erlangen, sich nach individuellem Bedarf kulturell und fachlich weiterzubilden sowie Unterhaltungsmedien zu nutzen. Damit kommt diesem Bibliothekstyp in der demokratischen Gesellschaft eine tragende, weil emanzipatorische Rolle zu. Totalitäre Regime des 20. Jahrhunderts etwa in Osteuropa fördern zwar Einrichtungen, die der allgemeinen Literatur- und Informationsversorgung der Bevölkerung dienen, doch unterscheiden sich diese Bibliotheken von wirklich Öffentlichen Bibliotheken dadurch, dass die staatliche Bürokratie eine strenge Zensur ausübt und nur solche Inhalte zulässt, die der herrschenden Ideologie nicht widersprechen.

Das Prinzip der Öffentlichkeit, der Demokratisierung des Informationszuganges ergreift in demokratischen Gesellschaften auch die anderen Bibliothekstypen, sofern sie sich in öffentlicher Trägerschaft befinden. Aus den einst nur erlesenen Würdenträgern und vertrauenswürdigen Beamten und Forschern zugänglichen Hofbibliotheken werden Staats- und Landesbibliotheken mit uneingeschränkter öffentlicher Zugänglichkeit; auch die Hochschulbibliotheken öffnen sich für Benutzer, die nicht der Trägerinstitution angehören. In einem langen Prozess haben Bibliotheken ihren Charakter verändert. Aus den Hütern königlichen oder priesterlichen „Herrschaftswissens", die unbefugtem Zugriff den Zugang zu ihren „Schätzen" verwehren, sind Dienstleistungseinrichtungen geworden, deren Auftrag darin besteht, den Zugang zu gespeicherten Informationen zu demokratisieren und in der Auswahl der zu sammelnden, zu bewahrenden, zu ordnenden, bereitzustellenden und zu vermittelnden Informationen politische und weltanschauliche Neutralität zu wahren.

Die Demokratisierung von Staat und Gesellschaft insgesamt sowie die freie Informationsversorgung der demokratischen Öffentlichkeit durch Bibliotheken der öffentlichen Hand konnte erst nach langen Kämpfen erreicht werden. Unabdingbare Voraussetzung dieser Entwicklung aber ist die Erfindung des Buchdrucks mit beweglichen Lettern und die erst daraufhin mögliche massenhafte Verbreitung von Information durch gedruckte Werke.

Tabelle 5: Gesellschaftliche Subsysteme und zugehörige Bibliothekstypen

Gesellschaftliches Subsystem	Bibliothekarische Urtypen	Aktuelle Bibliothekstypen (Auswahl)
Religiöses System	Tempelbibliothek	Klosterbibliothek Dombibliothek Kirchliche Bibliothek
Politisches System	Palastbibliothek	Staatsbibliothek Parlamentsbibliothek Behördenbibliothek
Wissenschaftssystem	Akademische Bibliothek (Universal- oder Spezialbibliothek)	Universitätsbibliothek Fachhochschulbibliothek Institutsbibliothek
Wirtschaftssystem	Spezialbibliothek	Technische oder Wissenschaftliche Spezialbibliothek
Bildungssystem	Volksbücherei	Public Library Öffentliche Bibliothek

Aufgrund des Rationalismus der Aufklärung werden immer mehr Lebensbereiche mit wissenschaftlichen Methoden untersucht. Neue Wissenschaftszweige entstehen. Besonders Naturwissenschaften und technische Disziplinen profitieren von diesem Trend. Damit ist ein doppelter Effekt verbunden. Religiöse Ansätze werden zur Erklärung von Naturphänomenen immer weniger benötigt, da dafür nun zunehmend die von den Naturwissenschaften ermittelten Gesetzmäßigkeiten herangezogen werden können. Diese „Entzauberung der Welt" *(Max Weber)* bedeutet eine weitere Schwächung des religiösen Subsystems. Technische Umsetzbarkeit und ökonomische Verwertbarkeit der neuen Erkenntnisse fördern zum anderen den Aufstieg des Wirtschaftssystems, das mittels liberaler und später auch sozialistischer Strömungen dem politischen System den Vorrang streitig macht. Das Wissenschaftssystem wird zwar im 19. und 20. Jahrhundert immer bedeutender, steigt aber nicht zum führenden Subsystem auf, sondern stellt seine Erkenntnisse vorwiegend in den Dienst des Wirtschaftssystems. Ökonomisch und soziologisch wird dieser Prozess beschrieben als Industrialisierung und Übergang von der Agrargesellschaft zur Industriegesellschaft.

Wirtschafts- und Wissenschaftssystem aber verlangen nach immer schnellerer Informationszirkulation. Nur auf dieser Grundlage lassen sich neue Erkenntnisse gewinnen und vermarkten. Damit aber wächst die verfügbare Informationsmenge; die Anforderungen an die Institutionen und Techniken des Informationsmanagements steigen. Bis ins 19. Jahrhundert hinein hatten die wichtigsten bibliothekarischen Techniken der Informationsaufbereitung in der systematischen Aufstellung bestanden. Als weitere Technik trat hinzu die Erzeugung von Metadaten („bibliografischen Beschreibungen") und die Erschließung der Bibliotheksbestände in Katalogen. Obwohl gedruckt publizierte Bibliothekskataloge seit dem 16. Jahrhundert nachweisbar sind, erlangt der Bibliothekskatalog seine später führende Stellung für die Bestandserschließung erst im frühen 20. Jahrhundert. Bibliothekarische Erschließung durch Aufstellung und durch Katalog orientiert sich prinzipiell an Monografien und Periodikatiteln. Diese Fixierung auf die „bibliografische Einheit" prägt das Bibliothekswesen bis auf den heutigen Tag. Aufsätze in Sammelwerken und andere bibliografisch unselbstständig erschienene Beiträge z.B. in Zeitschriften werden in der Regel nicht oder höchstens in Spezialbibliotheken erschlossen.

Zu den im weitesten Sinne bibliothekarischen Techniken der Informationserschließung gehört die Bibliografie. Ursprünglich erschließen auch Bibliografien lediglich Monografien, zudem sind an der bibliografischen Verzeichnung in den meisten Fällen gelehrte Bibliothekare beteiligt. Aber auch funktional steht die Bibliografie in engem Bezug zur Bibliothek als Institution. Ihr Anspruch ist nämlich seit der Renaissance zunächst, gedruckte Bücher möglichst vollständig zu erfassen ohne Rücksicht auf den Bestand einer konkreten Bibliothek. Zumindest auf der Ebene der Metadaten strebt die Bibliografie danach, so etwas wie die idealtypisch vollständige Bibliothek ohne Bestand zu bilden oder – um einen modernen Begriff zu verwenden – eine Art „virtueller Bibliothek" zu sein. So trägt auch die von *Conrad Gesner* Mitte des 16. Jahrhunderts zusammengestellte erste internationale Allgemeinbibliografie den Titel „Bibliotheca Universalis". Eine Funktion dieses Werkes sollte darin bestehen, beim Bestandsaufbau Wissenschaftlicher Bibliotheken den Überblick über möglichst alle in Frage kommenden Werke zu geben.

Bibliothekarische Prinzipien der Informationserschließung auf der Ebene der bibliografischen Einheit durch Aufstellung und Kataloge erweisen sich mit wachsender Informationsmenge als immer wichtiger. Bald aber macht sich ein Bedarf an weitergehender, tieferer Informationserschließung bemerkbar. Bibliotheken sehen sich außerstande, darauf zu reagieren. Diese Lücke wird auf bibliografischer Ebene geschlossen. Die bibliografische Verzeichnung differenziert und spezialisiert sich. Es entstehen Bibliografietypen, die sich auf bestimmte Fächer, Territorien und Berichtszeiten beschränken, dafür aber wesentlich vollständiger verzeichnen und tiefer erschließen als Bibliotheken es gewöhnlich tun. In Fachbibliografien und Referateblättern werden regelmäßig einschlägige Neuerscheinungen mit fachlichem Bezug vorgestellt und rezensiert. In den Vordergrund rückt zudem statt der bibliothekarischen Orientierung an der Publikationsform das Kriterium des inhaltlichen Bezuges. Berichtet wird in den Referateblättern auch über unselbstständig erschienene Publikationen, sofern sie von wissenschaftlicher Bedeutung sind. Noch im 19. Jahrhundert sind Bibliotheken und klassische Bibliografien mit ihren Leitideen in der Lage, eine angemessene Informationsversorgung zu gewährleisten. Im 20. Jahrhundert aber ändert sich dies.

Vor allem in den Naturwissenschaften, den technischen Disziplinen und in der Wirtschaft entwickelt sich nun ein Bedarf an zielgerichteter Selektion spezifischer Informationen für zweckgebundene Anwendung. Benötigt wird ein Informationsmanagement, das sich ausschließlich an inhaltlichen Kriterien orientiert, das über die bibliografischen Daten hinaus die benötigten Primärinformationen präsentiert und das unter dem Aspekt des aktuellen und konkreten Bedarfs die spezifischen Zielinformationen zusammenstellt, bewertet und verdichtet. Damit sind die Leitideen der Dokumentation beschrieben, die sich im 20. Jahrhundert als eigenständige Sparte des Informationssektors etabliert. Vor allem Unternehmen, Verbände und sonstige Organisationen gründen Dokumentationsstellen oder auch Spezialbibliotheken, die dokumentarische Aufgaben erfüllen. Wie erwähnt ist der Begriff Dokumentation mittlerweile unpopulär geworden. Informationsstellen, die Funktionen des Informations- und Wissensmanagements übernommen haben, sind häufig an die Stelle der klassischen Dokumentation getreten.

1.2.4 Digitale Speichermedien und telekommunikative Vernetzung (Internet)
In der zweiten Hälfte des 20. Jahrhunderts zeichnet sich ab, dass die vorhandenen Kommunikationskanäle sowie die zur Verfügung stehenden Medien und Techniken des Informationsmanagements den steigenden realen Bedarf immer weniger decken können. Printmedien, gedruckte Bibliografien, Zettelkataloge der Bibliotheken und Dokumentationsdienste auf Papierbasis erweisen sich als zu schwerfällig, um die vorhandene und stetig weiter wachsende Informationsmenge bewältigen und die im Einzelfall benötigten Zielinformationen in der gewünschten Schnelligkeit liefern zu können. Große Hoffnungen richten sich zwischenzeitlich auf neue Speichermaterialien (Mikrofilm) und elektronische Kommunikationsmedien (Radio und Fernsehen). Mikroformen etwa werden erfolgreich als Speichermedien eingesetzt, um vom Papierzerfall bedrohte Materialien (auf holzschliffhaltigem Papier gedruckte Bücher, Zeitschriften und vor allem Zeitungen) zumindest hinsichtlich der Informationsinhalte zu sichern; zur Lösung der drängenden Kernprobleme, der Bewältigung der Informationsflut und der Beschleunigung der Informationstransfers aber sind diese Medien wenig geeignet. Radio und Fernsehen hingegen erlauben zwar beschleunigte audiovisuelle Kommunikation; für Austausch, Speicherung und Retrieval schriftlicher Texte kommen sie nicht in Frage.

Angesichts der heraufziehenden Fernsehkultur hatte der kanadische Kommunikationsforscher *Marshall McLuhan* schon 1962 mit seinem Werk „Die Gutenberg-Galaxis. Das Ende des Buchzeitalters" eine Prophezeiung getroffen, die immer wieder kontrovers diskutiert wurde und wird. Aufgegriffen und einseitig interpretiert werden *McLuhans* Thesen von jenen, die seit dem Siegeszug digitaler Medien Ende des 20. Jahrhunderts das vollständige Verschwinden gedruckter Medien vorhersagen. Hingegen widersprechen alle historischen Erfahrungen einer Entwicklung, in der neue Medien alte völlig ersetzen. Wie der Brief auch nach der Erfindung des Telefons nicht verschwand, so werden gedruckte Bücher vermutlich auch unter der Vorherrschaft digitaler Medien von nennenswerter Bedeutung bleiben.

Unbestritten aber war, dass die Möglichkeiten der Printwelt nicht mehr ausreichten, um den weiter steigenden Problemdruck im Informationssektor zu beheben. Eine Lösung deutete sich erst mit den digitalen Medien an, die, wie könnte es anders sein, ihrerseits wiederum neue Probleme erzeugten. Die Erfindung des Buchdrucks mit beweglichen Lettern ist damit von einer weiteren Basisinnovation abgelöst worden. Dank der digitalen Revolution sind digitale Speichermedien zu den neuen Leitmedien geworden und dies um so mehr, als die weltweite digitale Vernetzung durch das Internet der Distribution digitaler Publikationen und der schriftlichen wie mündlichen Kommunikation völlig neue Perspektiven eröffnet hat. Diese Innovationen beschleunigen die Informationszirkulation ebenso wie die qualitative und quantitative Erkenntnisproduktion auf eine zuvor nie geahnte Weise. Aufgrund des damit möglichen und beobachtbaren Wachstums der zur Verfügung stehenden Informationsmenge hat die Informationsflut Ausmaße angenommen, die im Gegensatz zu früheren Zeiten die Vermeidung von Informationsballast und das Auffinden relevanter Informationen weiter erschwert. Damit stehen die Institutionen und Techniken des Informationsmanagements vor völlig neuen Herausforderungen.

Unübersehbar geworden war schon in den 1970er- und 1980er-Jahren, dass die gesellschaftliche Bedeutung der „Information" zukünftig eine noch gewichtigere sein werde als zuvor. Ökonomen, Soziologen und Politiker begannen bald von der Informationsgesellschaft zu sprechen, in welche die bestehende Industriegesellschaft durch die digitalen Technologien transformiert werde. In der Abfolge der Evolutionsstufen wird als Grundstufe menschlichen Zusammenlebens ausgegangen von nomadisierenden Jäger- und Sammlerkulturen, in denen Arbeitsteilung nur ansatzweise ausgeprägt war. Als erste komplexere Gesellschaftsform wird die Agrargesellschaft angenommen, auf welche die Industriegesellschaft und schließlich die Informationsgesellschaft folgen.

Mit diesen Begriffen sollen die für die gesamte Gesellschaft strukturprägenden Merkmale hervorgehoben werden. Selbst die heute hoch entwickelten Länder Europas und Nordamerikas werden unter diesen Bedingungen bis ins 19. Jahrhundert hinein als Agrargesellschaften bezeichnet, da trotz frühindustrieller Ansätze und sich entfaltenden Handels die überwiegende Mehrheit der Bevölkerung weiterhin im agrarischen Sektor tätig war. Mit der industriellen Revolution ändert sich das Bild zumindest in den genannten Regionen. Die Mehrheit der Erwerbstätigen ist nun im Sektor der industriellen Wertschöpfung beschäftigt. Und auch der Agrarsektor reformiert sich nach den Prinzipien industrieller Produktion.

Hinsichtlich der Informationsgesellschaft ist die Orientierung am Kriterium des Beschäftigungssektors schwieriger. Ob nämlich mittlerweile tatsächlich die Mehrheit der Beschäftigten im Informationssektor arbeitet, ist umstritten. Volkswirtschaftlichen Modellen, die dies statistisch zu belegen suchten, wurde von Kritikern vorgeworfen, dass auch Briefträger, Sekretärinnen, Lehrer oder Hausmeister von Medienkonzernen nun zu Informationsarbeitern uminterpretiert wurden. Einleuchtender hingegen scheint zu sein, dann von Informationsgesellschaft zu sprechen, wenn die Prinzipien des Informationssektors strukturprägend für die gesamte Gesellschaft werden. Wenn also Methoden und Techniken der digitalen Informationsverarbeitung und der digital vernetzten Kommunikation sich prägend auch auf den Agrarsektor und den industriellen Sektor ausgewirkt haben, ist demzufolge aus einer Industrie- eine Informationsgesellschaft geworden.

Tatsächlich sprechen Ökonomen davon, dass zu den klassischen Produktionsfaktoren Arbeit, Boden und Kapital mittlerweile als vierter Faktor die Information hinzugetreten sei. Dass kein gesellschaftlicher Bereich in den fortgeschrittenen Nationen vom Einsatz der Mikroprozessoren, digitaler Steuerung und multimedialer Vernetzung unberührt bleibt, ist offenkundig. Mit der Nutzung dieser technischen Infrastrukturen erst werden die für die Informationsgesellschaft typischen Phänomene erzeugt, von denen hier nur einige genannt werden sollen: Informationsflut bei gleichzeitig extrem wachsendem Informationsbedarf, Visualisierung von Informationen (Multimedialität), außergewöhnliche Beschleunigung auf vielen Ebenen (Verkürzung der Innovationszyklen), Globalisierung, Dezentralisierung usw. Im öffentlichen Diskurs wird mittlerweile häufig statt von Informations- von Wissensgesellschaft gesprochen. Dieser Sprachgebrauch geht allerdings auf einen unreflektierten Wissensbegriff zurück und erfolgt nicht zuletzt, weil Marketing und aktuelle Sprachmoden dies nahelegen.

Tabelle 6: Stufen gesellschaftlicher Evolution

Nomadisierende Jäger und Sammler	Nur rudimentär ausgebildete Arbeitsteilung
Agrargesellschaft	Mehrheit der arbeitenden Menschen ist im Agrarsektor tätig
Industriegesellschaft	Mehrheit der Beschäftigten ist im industriellen Sektor tätig; der Agrarsektor organisiert sich nach den Prinzipien industrieller Produktion
Informationsgesellschaft	Nennenswerter Teil der Beschäftigten ist im Informationssektor tätig; Agrarsektor und Industriesektor organisieren sich nach Methoden und Techniken digitaler Informationsverarbeitung und digital vernetzter Kommunikation

Entstaatlichung und Kommerzialisierung als beobachtbare Trends sprechen dafür, dass auch in der Informationsgesellschaft nicht das Wissenschaftssystem zum dominierenden aufsteigt, sondern sich mit seinen Methoden und Techniken vom Subsystem Wirtschaft in Dienst nehmen lässt. Es fehlt freilich nicht an Voraussagen, denen zufolge die wissenschaftliche und technische Intelligenz mehr und mehr die gesellschaftliche und politische Vormachtstellung einnehmen werde. Informationsbesitz und nicht mehr Kapitalbesitz entscheide dann über Macht *(Daniel Bell, Helmuth Willke)*. Gegenwärtig jedenfalls fehlt es an jeglichen Anzeichen für eine derartige Entwicklung. Verkannt wird nämlich die augenfällige Tatsache, dass zumindest ökonomisch relevante Information kommerziell als Ware auf einem wachsenden Informationsmarkt gehandelt wird. Wer über das größere Kapital verfügt, kann sich demnach auch die hochwertigeren, aktuelleren und umfangreicheren Informationen verschaffen als der weniger zahlungsfähige Konkurrent.

Sogar im Wissenschaftssystem selbst hat die Kommerzialisierung der Informationsversorgung ein Ausmaß angenommen, das von Wissenschaftlern und Bibliotheken als extrem bedrohlich angesehen wird. Allenthalben wird über enorm steigende Preise vor allem naturwissenschaftlicher und medizinischer Zeitschriften geklagt. Die Erwerbungsetats der Bibliotheken reichen immer seltener aus, um die von den Wissenschaftlern benötigten teuren Zeitschriften und Datenbankzugriffe bereitstellen zu können. In dieser fortschreitenden Kommerzialisierung hochwertiger wissenschaftlicher Informationen liegt ein weiteres Gefahrenpotenzial der Informationsgesellschaft. Als Gegenbewegung hat sich etwa seit der Jahrtausendwende die Open-Access-Bewegung formiert und mittlerweile immerhin beachtliche Bedeutung gewonnen.

Digitale Medien und Vernetzung haben nicht nur zur Beschleunigung von Informationsprozessen und zu dem bereits mehrfach erwähnten ungeheuren Wachstum der zur Verfügung stehenden Informationsmenge geführt. Auch die Inhalte selbst und die Kommunikationsgewohnheiten von Informationsproduzenten wie -nutzern verändern sich unter dem Einfluss der neuen Medien. Die Inhalte z.B. können im Zusammenspiel mehrerer Medientypen aufbereitet werden; zudem verbreitet sich die Erkenntnis, dass rein digital präsentierte Texte eher in kurze Sinneinheiten gegliedert werden müssen usw. Hinsichtlich des Verhaltens und der Erwartungen von Autoren und Lesern lässt sich die veränderte Medien- und Kommunikationskultur zwar erst in Umrissen erkennen. Auffallend ist jedoch, dass Zielinformationen immer häufiger nur noch dann gefunden werden, wenn sie digital vorliegen und über das Internet recherchierbar sind. Bei vielen Nutzern ist eine Erwartungshaltung entstanden, zutreffende Antworten auf Fragen umgehend dort zu erhalten, wo gesucht wird: im Internet. Bemerkenswert ist ferner, dass E-Mail und Chat immer mehr Bedeutung gewinnen als Formen sowohl der Alltags- als auch der fachlichen und beruflichen Kommunikation. Fachliche Blogs, Wikis und Diskussionsforen, in denen der Informationsaustausch per E-Mail erfolgt, erweitern inzwischen das System wissenschaftlicher Kommunikation. Schließlich ist festzustellen, dass die Nachfrage nach Informationsdienstleistungen steigt, die auf den je individuellen Informationsbedarf zugeschnitten sind.

Professionelles Informationsmanagement muss sich also in der Informationsgesellschaft auf deutlich modifizierte Anforderungen einstellen. Dazu zählt die Integration multimedialer Produkte und digitaler Kommunikationsnetze. Eine besondere Herausforderung aber besteht darin, Techniken, Methoden und

Dienstleistungen zu entwickeln, mit deren Hilfe die Kardinalprobleme der Informationsgesellschaft entschärft oder gar gelöst werden können:

- exponentielles Wachstum der verfügbaren wie auch der zirkulierenden Informationsmenge
- Vermeidung von Informationsballast
- rasches und zielstrebiges Informationsretrieval
- wachsender Informationsbedarf
- fortschreitende Spezialisierung des Informationsbedarfs
- Beschleunigung der Informationsprozesse.

Eines wird auf der Grundlage dieser Analyse offenkundig: Die immer wieder zu hörende und zu lesende Behauptung, die allgemeinen Such- und Navigationsinstrumente des Internets wie Google, Yahoo oder Bing würden alle anderen Formen der Informationsbeschaffung und -versorgung verdrängen, ist mit Sicherheit unrichtig. Intelligentes und professionelles Informationsmanagement ist im Gegenteil in der Informationsgesellschaft notwendiger denn je.

Zu fragen ist nun, ob Bibliotheken den veränderten und dramatisch gestiegenen Anforderungen gerecht werden können. Frühzeitig haben Bibliotheken ihre bewährten klassischen Verfahren der Sammlung, Bewahrung, Ordnung, Bereitstellung und Vermittlung auch auf digitale Medien und netzbasierte Angebote ausgeweitet. Gezielte Auswahl von Printpublikationen beim Bestandsaufbau ist etwa erweitert worden zur ebenso gezielten Auswahl von Web-Angeboten, die durch Kurzannotationen näher beschrieben und nach transparenten Kriterien bewertet über Web-Kataloge, Fachinformationsführer oder Subject Gateways erschlossen und kooperativ in der Form der „Virtuellen Bibliothek" zugänglich gemacht werden. Eine solche bibliothekarische Auswahl bietet im Idealfall eine Qualitätsgarantie, die einen nicht unwesentlichen Beitrag zur Orientierung im Informations-Chaos leistet. Aber damit kann den Herausforderungen nur zum Teil begegnet werden.

Nach dem gegenwärtigen Stand müssen weitere Dienstleistungen entwickelt werden, die es dem individuellen Nutzer ermöglichen, sich trotz Informationsflut ohne Zeitverzug zu orientieren und exakt die Informationen zu erhalten, die er zur Befriedigung seines Informationsbedarfes benötigt. Gefragt ist also eine Filterfunktion. Schon immer haben Bibliotheken eine solche Filterfunktion wahrgenommen, allerdings bezogen auf ein eher übergeordnetes allgemeines Interesse („Bibliothek als kulturelles Gedächtnis"). Jetzt geht es zusätzlich um eine Filterfunktion, die sich an den spezifischen Interessen eines Individuums, eines Arbeitsteams, einer Organisation oder eines Unternehmens orientiert. Informationsdienstleistungen dieser Art sind in der Vergangenheit von Dokumentations- und Informationseinrichtungen oder sonstigen kommerziellen Agenturen angeboten und erbracht worden.

Der Bedarf an einer auf das individuelle Interessenprofil zugeschnittenen kontinuierlichen Informationsversorgung steigt mit der wachsenden Unübersichtlichkeit der Informationsangebote insgesamt (↗6.4.1). Glücklicherweise lassen sich solche personalisierten Informationsdienstleistungen mittlerweile mit technischer Unterstützung unkomplizierter und zuverlässiger erbringen als in der Vergangenheit. Die Rede ist von „Intelligenten Agenten", „Informationsassistenten", Profildiensten oder personalisierten Pushdiensten. Idealerweise werden z.B. die individuellen Interessenprofile mittels des kontrollierten Vokabulars oder der Klassifikation beschrieben, die auch zur Erschließung des zu beobachtenden Informationsraumes verwendet wird. Auf dieser Grundlage kann in festzulegenden Abständen automatisiert überprüft werden, ob in dem gewählten Informationsraum (der Bibliothek, des Internets, des kommerziellen Informationsanbieters) Dokumente und Informationen vorhanden oder neu hinzugekommen sind, die diesem Interessenprofil entsprechen. Anwendungsorientierte Filterfunktion, personalisierte und zielgruppenorientierte Informationsdienstleistungen sowie die Bereitstellung interaktiver Infrastrukturen zum Informationsaustausch und zur kooperativen Bewertung z.B. von Publikationen („Web 2.0", „Bibliothek 2.0", „Katalog 2.0") können so aufeinander abgestimmt und auf definierte Zielgruppen zugeschnitten werden, dass damit die individuelle Wissensproduktion der Adressaten animiert und forciert wird. Damit werden Funktionen übernommen, die auch als bibliothekarisches Wissensmanagement (↗6.4.3) bezeichnet werden können.

Bislang bieten Bibliotheken derartige Dienstleistungen im Vergleich zu Informationsstellen noch vergleichsweise zögerlich an. Entsprechende Software (Intelligente Agenten, Social Software, interaktive Katalogsysteme) existiert schon lange und wird tatsächlich von einer wachsenden Zahl von Anwendern eingesetzt. Methoden zur präzisen Beschreibung eines Interessenprofils und zur inhaltlichen Erschließung von Dokumenten und Objekten aller Art gehören zu den bibliothekarischen Kernkompetenzen. Bibliotheken sind grundsätzlich in der Lage, diese Techniken und Methoden anzuwenden. Ein dauernder Mehraufwand besteht in der Anlage und Pflege der Interessenprofile und der tiefergehenden Erschließung und Bereitstellung entsprechender Mengen an Informationsangeboten. Zu prüfen ist, in welchem Umfang dieser Mehraufwand bei gegebenen Finanz- und Personalressourcen dadurch zu leisten ist, dass Bibliotheken sich zu Informationsverbünden, Dienstleistungskonsortien o.ä. zusammenschließen und die Schwerpunkte ihrer Tätigkeit neu gewichten (↗2).

Denkbar ist freilich auch, dass derartige Informationsdienstleistungen dem dezidiert nicht-bibliothekarischen Bereich vorbehalten bleiben. Entsprechende Pläne politischer und wissenschaftlicher Gremien gab und gibt es. Diese sehen vor, unter Einbeziehung vorhandener fachlicher Informationseinrichtungen (Fachinformationszentren usw.) ein Netz neuartiger Informationsdienstleister ohne nennenswerte Beteiligung der Bibliotheken zu errichten (vgl. z.B. Konzepte der IuK-Initiative). Vielleicht auch wird die Kommerzialisierung des Informationssektors so weit fortschreiten, dass personalisierte Informationsdienstleistungen vorwiegend von rein kommerziellen Agenturen (Hosts, Online-Archiven, Suchmaschinenbetreibern usw.) angeboten werden. Bibliotheken würden dann natürlich nicht überflüssig, aber doch einen spürbaren Bedeutungsverlust erleiden.

Wenn aber Bibliotheken unter dem Druck der in der Informationsgesellschaft veränderten Anforderungen ihre Leitidee erweitern und durch Neuakzentuierung ihrer Arbeitsschwerpunkte zusätzliche Informationsdienstleistungen erbringen, werden sie Prognosen bewahrheiten, die eine wesentliche Folge der digitalen Revolution mit dem Begriff der Konvergenz beschreiben. Damit ist angespielt darauf, dass auf digitaler Basis z.B. in einem Gerät Funktionen integriert werden, für die früher unterschiedliche Geräte benötigt wurden (vgl. Computer und Fernseher/Video-/Audioabspielgerät; Mobiltelefon und Digitalkamera usw.). Eine solche Konvergenz würde dann auch für das Bibliotheks- sowie das Dokumentations- und Informationswesen eintreten.

Ansätze dazu sind zweifellos erkennbar. Während die Erschließung unselbstständig erschienener Publikationen früher durch Bibliografien und Dokumentationseinrichtungen erfolgte, verzeichnen immer mehr Bibliotheken Aufsätze in ihren Katalogdatenbanken. Der Aufwand dafür ist gering, da zumindest die Daten zur formalen Erschließung sehr preisgünstig zu erwerben sind. Hinsichtlich der Erschließung und Bereitstellung digitaler Netzquellen ist die Unterscheidung in „selbstständig" und „unselbstständig erschienen" ohnehin nicht immer eindeutig zu treffen. Der Abschied von der selbstständig erschienenen Publikation als Bezugseinheit der bibliothekarischen Leitidee ist daher ohnehin unvermeidlich. Auch die Integration wissenschaftlicher Primärdaten in das bibliothekarische Informationsmanagement legt diese Neuorientierung nahe. Technisch und methodisch also ist die Weiterentwicklung der Bibliotheken möglich; offen ist, ob die politischen Entscheidungsträger und die Bibliothekare selbst eine solche Entwicklung für sinnvoll und machbar halten.

Da auch Archive immer mehr mit digital gespeicherten Materialien zu tun haben, stellt sich die Frage nach einer möglichen Konvergenz auch von Archiv und Bibliothek. Zu vermuten ist, dass beide Informationsbranchen näher aneinanderrücken. Die gemeinsame Nutzung von Datenerfassungsschemata, von Standards zur Normierung von Personennamen, Körperschaften usw. oder von Instrumenten zur inhaltlichen Erschließung wird durch die digitale Technik erleichtert. Im Sinne eines integrierten Informationsmanagements wünschenswert ist der gemeinsame Nachweis von bibliothekarischen und archivalischen Materialien in einer einzigen Datenbank.

Beispiele für eine solche partielle Konvergenz gibt es bereits: Viele US-amerikanische Hochschulbibliotheken verzeichnen Bestände ihrer Hochschularchive in ihren Bibliothekskatalogen. Auf diese Weise finden sich in den Katalogen z.B. von US-amerikanischen Verbünden oder von OCLC (WorldCat) auch die Nachweise der entsprechenden Archivalien. OCLC plant darüber hinaus zukünftig auch die Bestände großer eigenständiger Archive und Museen in WorldCat zu verzeichnen. Davon inspiriert, wurde 2001 das „Gemeinsame Internetportal für Bibliotheken, Archive und Museen" (BAM-Portal) ins Leben gerufen. Projektpartner sind vor allem das Bibliotheksservice Zentrum Baden-Württemberg, das Landesarchiv Baden-Württemberg, das Bundesarchiv und die Stiftung Preußischer Kulturbesitz. Über das BAM-Portal sind im Wesentlichen die Verbundkataloge des *Südwestdeutschen Bibliotheksverbundes* und des *GBV*, die Online-Findmittel des Bundesarchivs und der staatlichen Archive mehrerer Bundesländer sowie die Objektdatenbanken einer Vielzahl von Museen und Museumsverbünde parallel durchsuchbar. Große Aufmerksamkeit wird im Rahmen dieses Projektes der Vereinheitlichung der Metadaten, der Adaption bibliothekarischer Normdaten und dem Einsatz computerlinguistischer Verfahren zur Verbesserung des Retrievals gewidmet.

Dennoch sprechen im Falle von Bibliothek und Archiv gewichtige Argumente gegen eine vollständige Konvergenz: Archive betreiben keinen systematischen Bestandsaufbau, sondern bleiben sinnvoller Weise fixiert auf abgebende Institutionen und Personen. In der Erschließung spielt daher das Provenienzprinzip die entscheidende Rolle. Bibliothekarische Informationsdienstleistungen hingegen beruhen gerade auf der systematischen Auswahl der zu sammelnden und zu erschließenden Informationsquellen aus der Gesamtheit der publizierten und zugänglichen Materialien. Anstelle des archivalischen Provenienzprinzips steht für Bibliotheken also das Pertinenzprinzip im Vordergrund.

In der Mittelstellung zwischen dem Archiv auf der einen und der Dokumentations- bzw. Informationseinrichtung auf der anderen Seite ist für die Bibliothek die Frage, ob die Informationsgesellschaft die Bibliothek in ihrer Bedeutung marginalisiert, auf die Aufbewahrungsfunktion reduziert und damit in die Nähe des Archivs rückt. Im Vordergrund werden dann gedruckte Medien stehen, die aber viel weniger nachgefragt werden als noch heute, und solche digitale Medien, die der langfristigen Überlieferung für wert befunden werden. Diese unattraktive und wenig einträgliche Funktion wird kaum von kommerziellen oder sonstigen Einrichtungen übernommen werden.

Die zweite Möglichkeit besteht darin, die Konvergenzoption mit Dokumentations- und Informationseinrichtungen zu realisieren. Auch dann werden Bibliotheken gedruckte wie digitale Publikationen enthalten. Ihr Informationsmanagement wird sich in diesem Fall aber nicht nur auf weniger aktuelle, im Tagesgeschehen seltener benötigte Medien beschränken, sondern zusätzlich weitere Teile des von Wissenschaftlern, Unternehmen oder Bürgern täglich erzeugten und benötigten Informationsstroms umfassen. Für diesen Fall werden Bibliotheken vorhandene Tätigkeiten intensivieren und neue Funktionalitäten übernehmen müssen.

Neben der bereits erwähnten detaillierten Erschließung und den personalisierten bzw. zielgruppenorientierten Informationsdienstleistungen können Bibliotheken Aufgaben erfüllen, die immer stärker nachgefragt werden, für die sich aber gegenwärtig noch keine institutionalisierten Angebotsformen herausgebildet haben. Zu erwähnen sind hier in erster Linie die Verlagsfunktion (für Netzpublikationen) im Kontext der Open-Access-Bewegung, die Vermittlung von Informationskompetenz und die Aufnahme wissenschaftlicher Primärdaten in das Portfolio. Die beiden ersten Aufgabenfelder sind von Bibliotheken auch in der vordigitalen Zeit zumindest am Rande wahrgenommen worden.

Die Bibliothek als Verlag z.B. für Hochschulschriften hat in den USA eine lange Tradition (vgl. etwa *Harvard University Press* oder *Stanford University Press*), aber auch in der Bundesrepublik gibt es Beispiele dafür (vgl. etwa den 1980 gegründeten BIS-Verlag des *Bibliotheks- und Informationssystems der Universität Oldenburg*). Sammlung, Langzeitarchivierung, Erschließung und Bereitstellung etwa von digitalen Dissertationen wird von Hochschulbibliotheken bereits jetzt erfolgreich durchgeführt. Die Einbeziehung von Preprints, E-Journals oder sonstigen digitalen Publikationen in das bibliothekarische Informationsmanagement stellt ebenfalls technisch und methodisch kein Problem dar.

Die aktuelle Kostenexplosion aufgrund der Kommerzialisierung und Konzentration des wissenschaftlichen Publikationsmarktes gefährdet die freie Informationsversorgung und legt die Entwicklung konkurrierender Distributionsstrukturen nahe. In einigen Disziplinen haben Wissenschaftler schon in den 1990er-Jahren die Verlagsfunktionen selbst übernommen und eigene Preprint-Datenbanken, E-Journals usw. ins Leben gerufen. Aus diesen Selbsthilfemaßnahmen der Wissenschaftler ist die weltweit agierende Open-Access-Bewegung hervorgegangen, in der Bibliotheken eine tragende Rolle spielen (↗7.6). Preprints, Postprints und ausschließlich digital publizierte wissenschaftliche Materialien werden in bibliothekarisch betreuten institutionellen oder fachlichen Repositorien gesammelt, professionell erschlossen, langzeitarchiviert, bereitgestellt und vermittelt. Auch in Deutschland betreiben die meisten wissenschaftlichen Bibliotheken mittlerweile institutionelle Repositorien für die wissenschaftlichen Publikationen der Angehörigen ihrer Trägerinstitution. Mit dieser Distributionsfunktion tritt die Bibliothek für die betroffenen Materialien an die Stelle des kommerziellen Verlages. In der Arbeitsgemeinschaft der Universitätsverlage haben sich über 20 entsprechende Verlage zusammengeschlossen und sich eindeutig dazu bekannt, die Ziele der Open-Access-Bewegung zu unterstützen.

Vermittlung von Informationskompetenz hat in Bibliotheken bislang vorwiegend als Benutzerschulung stattgefunden und bezog sich meist auf die Kataloge und Nachschlagewerke der jeweiligen Bibliothek (↗6.3.5, ↗6.4.1). Mit der Popularisierung des Internets ist eine Vielzahl von Datenbanken und vermeintlich schlicht zu handhabenden Navigationsinstrumenten allgemein zugänglich geworden. Dem weit verbreiteten Vorurteil, man könne mit Suchmaschinen sich „das Wissen der Welt" erschließen, muss umso entschiedener entgegengewirkt werden. Vermittlung von Informationskompetenz bedeutet nicht nur, die für Datenbankrecherchen und Suchmaschinen relevanten Suchtechniken zu vermitteln, sondern neben den Möglichkeiten auch die Grenzen der Informationsmittel deutlich zu machen.

Viele Bibliotheken haben diesen Bedarf erkannt und bieten Kurse an wie z.B. Einführung in die Benutzung von Suchmaschinen. Einige Hochschulbibliotheken vermitteln fachspezifische Informationskompetenz. Die jeweiligen Fachbereiche haben diese Angebote z.T. als Pflichtveranstaltungen in ihre Curricula integriert. Um dem Bedarf an Vermittlung von Informationskompetenz in Schule, Studium, Aus- und Weiterbildung genügen zu können, müssen diese qualitativ und quantitativ z.T. heterogenen Angebote auf eine breit abgesicherte didaktische und methodische Basis gestellt und von Bibliotheken möglichst flächendeckend präsentiert werden. Auf Online-Tutorials und Formen des Distance Learning kann dabei kaum verzichtet werden.

Informationskompetenz umfasst insbesondere für Hochschulangehörige mehr als die Fähigkeit, zielstrebig und methodisch Informationen zu ermitteln und zu bewerten. Hinzu tritt auch die Fähigkeit, selbst Informationen in digitalen Formaten und in Netzstrukturen zu publizieren. Bibliotheken sind hervorragend geeignet, Autoren bei der Erzeugung ihrer Online-Publikationen Hilfestellung zu bieten. Dazu gehören z.B. Style Sheets oder Formatvorlagen ebenso wie Unterstützung bei der Generierung von Metadaten. Tatsächlich existieren derartige bibliothekarische Angebote schon seit einiger Zeit (vgl. etwa die „Empfehlungen für das Erstellen von Dokumenten" der *Niedersächsischen Staats- und Universitätsbibliothek Göttingen*).

Digitale Techniken haben Wissenschaft und Forschung völlig neue Möglichkeiten eröffnet und damit zugleich neue Herausforderungen geschaffen. Vor allem in den Natur- und Sozialwissenschaften führen IT-basierte Messinstrumente und Laborumgebungen zu einer ungeheuren Produktion wissenschaftlicher Primär- oder Rohdaten (Mess-, Labor- und Rechenergebnisse). Digitale Massenspeicher ermöglichen es, zuvor ungeahnte Mengen wissenschaftlicher Rohdaten dauerhaft zu speichern. Es handelt sich dabei z.B. um sozialstatistische Daten, astronomische Berechnungen, Klimadaten, Simulationen aller Art. Auch in den Geisteswissenschaften spielen Primärdaten in digitaler Form eine immer größere Rolle. Hier sind es vor allem Volltexte historischer oder philologischer Quellen, sprachstatistische oder computerlinguistische Daten. Diese Rohdaten wurden in der Vergangenheit oft in konkreten Projektkontexten erhoben und nach der Auswertung makuliert. Jetzt bietet sich die Chance, Rohdaten langfristig zu speichern und damit für interdisziplinäre Nutzungen und spätere Auswertungen bereit zu stellen. Für diese Gattung müssen Techniken intelligenten Informationsmanagements seitens der Bibliotheken entwickelt werden. Mit „Cyberinfrastructure" in den USA und „e-Science" in Deutschland und Europa wurden erste Lösungskonzepte zu diesem Problemfeld entworfen und realisiert. Als Beispiel sei verwiesen auf das unter Beteiligung der TIB Hannover entstandene internationale Konsortium DataCite, das Wissenschaftlern den Zugang zu Primärdaten erleichtern und im Interesse guter wissenschaftlicher Praxis deren Akzeptanz als zitierfähige Informationsobjekte unter Einsatz von Digital Objekt Identifiers (DOI) steigern soll.

Tabelle 7: Zusätzlicher Regelungsbedarf im Informationssektor der Informationsgesellschaft

Informations-management	Integration multimedialer Produkte
	Integration von Netzpublikationen
	Sicherung des langfristigen Zugriffs auf tendenziell flüchtige Netzpublikationen (Langzeitarchivierung)
	Integration wissenschaftlicher Primärdaten (Erschließung, Langzeitarchivierung, Bereitstellung)
	Beschleunigung der Informationsprozesse
	Qualitativ verbesserte und quantitativ erweiterte Informationserschließung
	Erschließung, Archivierung und Bereitstellung informeller Wissenschaftskommunikation (z.B. Blogs, Wikis, fachliche Diskussionsforen)
	Nutzerorientierte Informationsfilterung zur Vermeidung von Informationsballast
	Personalisierte bzw. zielgruppenorientierte Informationsdienstleistungen (Mehrwertdienste): Filterung, Verdichtung und Bewertung kontextbezogener Zielinformationen
Wissens-management	Bündelung und Zuschnitt diverser Funktionen des Informationsmanagements unter dem Aspekt des Wissensmanagements
Informations-markt	Nicht-kommerzielle „Selbstverlage" z.B. für Wissenschaftler in der organisatorischen Trägerschaft etwa von Bibliotheken als Reaktion auf die strikte Kommerzialisierung und Monopolisierung des wissenschaftlichen Publikationswesens („Open Access")
Informations-kompetenz	Vermittlung von Informationskompetenz als Fähigkeit für jedermann, sich methodisch zielstrebig zu informieren und ermittelte Zielinformationen kritisch zu bewerten
	Feste Verankerung der Vermittlung von Informationskompetenz als Basisqualifikation im Bildungssystem
	Hilfestellung für die Erzeugung von Online-Publikationen z.B. durch interoperable Autorentools mit Formatvorlagen, Style Sheets und Anleitungen zur Generierung von Metadaten („aktive Informationskompetenz")

1.3 Ausblick

Menschliches Zusammenleben ist auf Informationsaustausch angewiesen. Durch die steigende Komplexität der Gesellschaft bilden sich mit Archiv und Bibliothek Institutionen heraus, die den angewachsenen Informationsbestand verwalten, bereitstellen und überliefern. Ausformung und konkretes Tätigkeitsprofil der Bibliothek bzw. des Bibliothekssystems ist immer abhängig von der sozialen Umwelt. Beide müssen auf den Bedarf der sie umgebenden gesellschaftlichen Subsysteme und den der gesamten Gesellschaft reagieren.

Die Anforderungen, die von der Gesellschaft bzw. ihren Subsystemen an Bibliotheken gestellt werden, verändern sich analog zum allgemeinen sozialen Wandel. Agrargesellschaft, Industriegesellschaft und Informationsgesellschaft haben einen je eigenen Bedarf an Informationsmanagement. Als mediale Basisinnovationen tragen Schrift, mobile Schriftträger, Buchdruck sowie digitale Speichermedien und telekommunikative Vernetzung erheblich zum gesellschaftlichen Wandel und damit zur Veränderung von Bibliotheken bei. Dabei lässt sich ein andauerndes, zunächst vergleichsweise spärliches, in jüngerer Zeit explosionsartiges Wachstum der verfügbaren Informationen beobachten. In der Informationsflut wird die Information selbst entwertet. Erst durch Aufbereitung, Filterung, Verdichtung usw. kommt Information voll zur Geltung. Informationsdienstleistungen und Institutionen, die dergleichen anbieten, erlangen einen immer größeren Stellenwert. Auch weiterhin ist Bibliothek nicht ohne Information denkbar; aber auch Information ist heute auf vermittelnde Instanzen wie Bibliotheken angewiesen; also ist mittlerweile aus der früher einseitigen eine gegenseitige Abhängigkeit geworden: Information und Techniken wie Institutionen des Informationsmanagements (z.B. die Bibliothek) setzen sich nun gegenseitig voraus.

Tabelle 8: Techniken und Institutionen des Informationsmanagements im historischen Wandel

Epoche	Gesellschaftstyp	Leitmedium/ Mediale Innovation	Informationsmanagement
Urzeit	Nomadisierende Jäger und Sammler	Menschliche Sprache	Medizinmänner, Schamanen usw.
Frühzeit	Primitive Agrargesellschaft	Schrift	Priester und Hofbeamte
Antike; Mittelalter	Komplexe Agrargesellschaft	Bewegliche Schriftträger	Gedächtnisinstitutionen mit der Funktion von Archiv und Bibliothek
Frühe Neuzeit bis 19. Jh.	Feudale Agrargesellschaft	Vervielfältigung durch Druck	Typologische Ausdifferenzierung von Archiv und Bibliothek
20. Jh.	Industriegesellschaft	Vervielfältigung durch Druck	Typologische Ausdifferenzierung von Bibliothek und Dokumentation
Gegenwart	Informationsgesellschaft	Digitale Medien und telekommunikative Vernetzung (Internet)	Anwendungsorientierte Informationsdienstleistungen (Wissensmanagement) partielle Konvergenz von Bibliothek und Dokumentation

Ob allerdings Bibliotheken die Institutionen sein werden, die in der Informationsgesellschaft das primäre Informationsmanagement für Bürger, Wirtschaft und Wissenschaft erledigen, kann gegenwärtig nicht eindeutig beantwortet werden. Manche Szenarien gehen davon aus, dass Bibliotheken in Konkurrenz treten mit neuartigen Informationsagenturen. Bibliotheken widmen sich demnach vorwiegend der Langzeitspeicherung, während die Nachfrage nach personalisierten, auf den aktuellen Bedarf zielenden Informationsdienstleistungen von anderen, möglicherweise auch kommerziellen Anbietern befriedigt wird. Doch kann man den Zeichen der Zeit durchaus entnehmen, dass die Bibliotheken geradezu prädestiniert sind, die führenden Informationsvermittler in der Gesellschaft der Zukunft zu werden.

2 Strukturelle und technische Entwicklungslinien im Bibliothekswesen

Das vorhergehende Kapitel hatte Entwicklung und Stand des Bibliotheks- und Informationswesens im Kontext gesamtgesellschaftlicher Prozesse beleuchtet. Bibliotheken und andere Informationseinrichtungen waren dabei gleichsam von außen, mit makrosoziologischem Blick betrachtet worden; so sollte der Einfluss der Umwelt hervorgehoben werden. Nun richtet sich der Blick nach innen mit der Leitfrage: Welche strukturellen und technischen Entwicklungsschritte haben es insbesondere Bibliotheken bislang ermöglicht, die steigenden gesellschaftlichen Anforderungen zu erfüllen? Obwohl strukturelle und technische Aspekte sich natürlich auch gegenseitig beeinflussen, sollen hier beide Sektoren getrennt voneinander dargestellt werden.

2.1 Strukturelle Entwicklungslinien: Von der isolierten Einzelbibliothek zum funktional differenzierten Bibliothekssystem

Gesellschaften schaffen sich Institutionen, um damit sicherzustellen, dass bestimmte notwendige Funktionen auf Dauer erfüllt werden. Wenn eine einzelne Institution damit überfordert ist, die spezifischen sozialen Funktionen für den gesamten Bezugsbereich einer Gesellschaft zu erbringen, müssen mehrere Institutionen mit identischer Struktur und identischem Auftrag ins Leben gerufen werden. Solche nebeneinander existierenden Einheiten mit ähnlicher Struktur konstituieren ein segmentär differenziertes System, ein System niederer Entwicklungsstufe von geringer Komplexität. Die Beziehungen zwischen den Systemelementen beschränken sich darauf, die strukturelle Gleichartigkeit sowie die funktionale Identität sicherzustellen.

Gesellschaftliche Evolution und wachsende Komplexität führen zu einer Steigerung der Leistungsnachfrage seitens der Gesellschaft bzw. der anderen Subsysteme. Segmentär differenzierte Systeme tendenziell gleichartiger Elemente entwickeln sich zunächst zu stratifikatorisch differenzierten Systemen mit hierarchischen Beziehungen. Leistungssteigerung resultiert auf dieser Stufe daraus, dass eine übergeordnete Instanz (Zentrum) die Operationen der untergeordneten und weiterhin gleichartigen Systemglieder (Peripherie) durch Anweisungen koordiniert. Daraus gehen schließlich funktional differenzierte Systeme mit arbeitsteilig operierenden unterschiedlichen Elementen hervor; damit verbessern die Systeme die eigene Leistungsfähigkeit, um die gestiegene Nachfrage befriedigen zu können. Nach diesem im Kontext der Systemtheorie

Niklas Luhmanns entwickelten Muster entstehen also komplexe Systeme, die arbeitsteilig organisiert sind und durch Spezialisierung wesentlich zur Leistungssteigerung sowie zur Erweiterung des Funktionsspektrums beitragen. Arbeitsteilige Kooperation aber erfordert ein Höchstmaß an Kommunikation zwecks Koordinierung und Standardisierung. Erst auf der Stufe des funktional differenzierten Systems entstehen Zusammenhänge, in denen das Ganze mehr ist als die Summe seiner Teile.

Funktional differenzierte Systeme neigen im weiteren Entwicklungsverlauf dazu, selbst Subsysteme auszubilden, die wiederum funktional differenziert sind. Obwohl auch in der Gegenwart in diversen sozialen Kontexten alle genannten Entwicklungsstufen feststellbar sind, lässt sich zweifelsohne eine prinzipielle evolutionäre Tendenz zur funktionalen Differenzierung erkennen. Das Bibliotheks- und Informationssystem bestätigt diese Aussage, wie nachfolgend zu belegen sein wird.

Tabelle 9: Entwicklungsstufen der Systembildung

Struktur	Systemstatus
Isoliertes Einzelphänomen	Keine Systembildung
Mehrere Institutionen (Systemglieder) mit identischer Struktur: strukturelle Gleichartigkeit, funktionale Identität	Segmentär differenziertes System
Mindestens eine Institution (ein Systemglied) ist den anderen übergeordnet und koordiniert deren gleichartige Operationen (Zentrum – Peripherie)	Stratifikatorisch differenziertes System
Mehrere Institutionen (Systemglieder), die sich in Struktur und Funktionalität voneinander unterscheiden und arbeitsteilig kooperieren	Funktional differenziertes System
Mehrere Institutionen oder Systeme, die sich in Struktur und Funktionalität voneinander unterscheiden, arbeitsteilig kooperieren und zusätzlich intern arbeitsteilig organisiert sind	Funktional differenziertes System mit Subsystemen, die ebenfalls funktional differenziert sind

2.1.1 Die isolierte Einzelbibliothek

Am Anfang der Entwicklung steht also die Bibliothek als erratisches, isoliertes Einzelphänomen. Die eine Herrscher- oder Tempelbibliothek genügt, um die Speicherfunktion und die Informationsversorgung für das gesamte Territorium des Staates bzw. für die Gesellschaft sicherzustellen. Aber schon in der Antike finden wir frühe Ansätze zur Ausprägung erster, schlichter systematischer Strukturen: So entlieh z.B. die sagenumwobene Bibliothek des Museion in Alexandria (gegr. vor 282 v.Chr.) Werke aus anderen griechischen Bibliotheken, um sie abschreiben und auf diese Weise in den eigenen Bestand aufnehmen zu können. Im 2. und 3. Jahrhundert n.Chr. lassen sich Bibliotheken in jeder größeren Stadt des Römischen Reiches nachweisen. Das römische Bibliothekswesen zeigt damit die Struktur eines segmentär differenzierten Systems.

2.1.2 Das segmentär differenzierte Bibliothekssystem in Europa

Segmentäre Differenzierung kennzeichnet auch die europäischen Bibliotheken seit der Frühen Neuzeit. Als Beleg kann die erwähnte Bibliografie *Conrad Gesners* aus den Jahren 1545–1555 herangezogen werden. Seine „Bibliotheca Universalis" beanspruchte den Rang einer Art „Richtlinie" für den idealtypischen Bestandsaufbau einer wissenschaftlichen Bibliothek im späten 16. und im 17. Jahrhundert. Eine ähnliche Funktion hatten auch die gedruckt publizierten Kataloge renommierter Bibliotheken. Solche „Empfehlungen für den Bestandsaufbau" (Bibliografien und publizierte Bibliothekskataloge), brieflicher Austausch oder publizierte Berichte über Bibliotheksreisen reichten meist aus, um die nötige Kommunikation zwischen den einzelnen Bibliotheken des erst schwach strukturierten Bibliothekssystems zu gewährleisten. Ziel war es, die Bibliotheken an einem gemeinsamen Ideal zu orientieren und zumindest potenziell ihre Gleichartigkeit zu fördern.

Ein segmentär differenziertes Bibliothekssystem zeichnet sich also dadurch aus, dass die beteiligten Bibliotheken bei optimaler Alimentierung und prinzipiell gleichen Chancen, sich über den Publikationsmarkt zu versorgen, zu identischen Beständen und Funktionalitäten kommen. Dass man bis in die Gegenwart nur wenige Bibliotheken finden wird, die identisch sind, leuchtet ein. Entscheidend sind jedoch nicht die realen Abweichungen, sondern das identische Konzept, das bei konkreten Rahmenbedingungen selbstverständlich zu vielerlei Varianten führt. Mit diesem Konzept streben die einzelnen Bibliotheken danach, entweder als Universalbibliothek die in Buchform publizierten Erkenntnisse der Menschheit möglichst vollständig an einem Ort (dem ihren) zu kumulieren oder aber zumindest die Informationsversorgung ihrer Klientel ohne Unterstützung durch andere Bibliotheken zu gewährleisten.

2.1.3 Das stratifikatorisch differenzierte Bibliothekssystem

Teile des Bibliothekssystems verbleiben auf der Stufe des segmentär differenzierten Systems bis in das 18. und 19. Jahrhundert hinein. Parallel allerdings entsteht mit der stratifikatorischen Differenzierung eine weitere Differenzierungsform. Kennzeichnend dafür ist die Ausprägung einer systeminternen Hierarchie. Nunmehr sind nicht alle Systemglieder funktional gleich; es gibt statt dessen mindestens ein Systemglied, das anderen übergeordnet ist. Dies folgt dem Schema Zentrum – Peripherie. Insbesondere in den absolutistischen Feudalstaaten und den jungen Nationalstaaten wird die Herrscherbibliothek oder die Nationalbibliothek zu der Einrichtung, die Entwicklungen vorantreibt und die Bibliotheken an der Peripherie dazu verpflichtet, diese nachzuvollziehen. Dabei kann es sich um die Entwicklung von Standards (z.B. Katalogisierungsregelwerke) oder Anweisungen zum Bestandsaufbau (Auswahlkriterien, Erwerbungsstrategien) handeln. Kennzeichen des stratifikatorischen Bibliothekssystems ist die Ungleichheit von Zentrum und Peripherie und die Gleichheit der peripheren Systemglieder. Besäße die Peripherie kein Zentrum, könnte sie als segmentäres System qualifiziert werden. Ein weiterer Unterschied zwischen segmentärer und stratifikatorischer Differenzierung besteht in den Kopplungsverhältnissen der Systemglieder. Während in segmentären Systemen die Systemelemente nur lose gekoppelt sind, zeichnen sich stratifikatorische Systeme durch feste, strikte Kopplungen aus.

Motive für die Evolution stratifikatorischer Systeme können darin gesehen werden, dass die unkoordinierte und unkontrollierte Orientierung der gleichberechtigten Einzelbibliotheken am Ideal der Universalbibliothek angesichts steigender Komplexität und wachsender Funktionserwartungen als unzureichend empfunden wird. Absolutischer Staat und feudale Gesellschaft weisen strukturelle Analogien zu stratifikatorischen Systemen auf. Es kann daher kaum verwundern, dass Bibliotheken in Staaten mit entsprechend stark zentralistischer Tradition wie Frankreich und Großbritannien spätestens im 19. Jahrhundert nach Prinzipien stratifikatorischer Differenzierung relationiert sind. Mit der Königlichen Bibliothek in Berlin als Zentrum und den preußischen Universitätsbibliotheken als Peripherie lässt sich auch das wissenschaftliche Bibliothekswesen Preußens in den ersten Jahrzehnten nach der Gründung des Deutschen Kaiserreiches als stratifikatorisches Bibliothekssystem identifizieren.

Tabelle 10: Entwicklungsstufen vom erratischen Einzelphänomen Bibliothek zum funktional differenzierten Bibliothekssystem

Entwicklungsstufen	Attribute	Systemglieder
Bibliothek als unkoordiniertes Einzelphänomen	Unkoordiniert, konkurrenzlos	
Segmentär differenziertes Bibliothekssystem	Schwach ausgeprägte Systemstrukturen	Lose Kopplung weitgehend gleichartiger Systemelemente (auf Vollständigkeit zielende Universalbibliotheken)
Stratifikatorisch differenziertes Bibliothekssystem	Hierarchische Systemstrukturen	Strikte Kopplung zwischen gleichartigen Systemelementen an der Peripherie (dezentrale Universalbibliotheken) und einer übergeordneten Zentrale (Hof- oder Staatsbibliothek)
Funktional differenziertes Bibliothekssystem	Komplexes, arbeitsteilig organisiertes System	Geregelte Kooperation zwischen tendenziell unterschiedlichen Systemelementen (funktional spezialisierten Bibliotheken; Spezialbibliotheken)

2.1.4 Das funktional differenzierte Bibliothekssystem in Deutschland

An der Schwelle zum 20. Jahrhundert setzt die Entwicklung vom stratifikatorisch zum funktional differenzierten Bibliothekssystem ein. Damit erst beginnt eigentlich die bibliothekarische Moderne. Insbesondere mit dem wissenschaftlichen und technischen Fortschritt des 19. Jahrhunderts stiegen die Leistungserwartungen der Umwelt an die Bibliotheken enorm an. Die im Laufe jenes

Jahrhunderts in den deutschen Territorien fast verfünffachte jährliche Produktion von Neuerscheinungen erzeugte eine Publikationsflut, welche die Bibliotheken überforderte. Mit dem Konzept der auf Vollständigkeit zielenden Universalbibliothek als Grundlage des segmentär und des stratifikatorisch differenzierten Bibliothekssystems konnte der wachsende Bedarf nicht mehr befriedigt werden. Da es noch keine komplexen systematischen Strukturen gab, blieb vorausschauende Planung aus. Die Bibliotheken hinkten weit hinter dem realen Informationsversorgungsbedarf her.

Auf die Erfahrung, dass die Universitätsbibliotheken die gewünschte Literatur nicht mehr in vollem Umfang bereit stellen konnten, reagierten Professoren, in dem sie selbst zur Tat schritten und institutseigene Bibliotheken gründeten, finanzierten und betrieben (↗3.3.3). Diese Institutsbibliotheken beruhen also nicht auf dem Konzept der Universalbibliothek, sondern forcierten die Ausprägung des Typus der Spezialbibliothek.

Auf dem Weg zum funktional differenzierten System bildet diese Entwicklung allerdings eine Sackgasse. Zwar sind Spezialisierung und Arbeitsteilung Voraussetzung für derartig komplexe Systembildung, doch entsprechen die professoralen Institutsbibliotheken entwicklungsgeschichtlich eher jener ersten Stufe, auf der eine einzelne bibliothekarische Einrichtung völlig unvernetzt die Literaturversorgung des Bezugsbereiches übernimmt. Der Unterschied besteht nur darin, dass es sich bei den Palastbibliotheken um Universalbibliotheken handelte, während die Institutsbibliotheken als Spezialbibliotheken ihre Aktivitäten allein auf jene Disziplin(en) richteten, die für Dozenten und Studenten des jeweiligen Instituts von Interesse waren. Selbst die Kooperation mit der zugehörigen Universitätsbibliothek bildete die Ausnahme.

Mit den Institutsbibliotheken war zwar unter dem Gesichtspunkt der Spezialisierung ein wichtiger Schritt getan worden, der mit der fortschreitenden Spezialisierung der Wissenschaften in Einklang stand. Da die Institutsbibliotheken jedoch nicht einmal der Stufe segmentärer Differenzierung zuzurechnen waren, bedeutete diese Entwicklung hinsichtlich der Systembildung einen Rückschritt. Die Ordinarien hatten ihre Literaturversorgung auf diese Weise vom bestehenden Bibliothekssystem abgekoppelt, die Universitätsbibliotheken (zumindest hinsichtlich der für die Forschung benötigten Spezialliteratur) durch die Institutsbibliotheken substituiert. Damit war genau das eingetreten, was einem System immer dann droht, wenn eine Asymmetrie zwischen dem Leistungsangebot seitens der Systemglieder und den Leistungserwartungen seitens der nachfragenden Abnehmer nicht durch Anpassung und Leistungssteigerung behoben wird. Erst gegen Ende des 20. Jahrhunderts konnten die dezentralen Institutsbibliotheken mit dem Konzept der „funktionalen Einschichtigkeit" in das funktional differenzierte Bibliothekssystem integriert werden.

Auch Verbände, Behörden und Unternehmen reagierten auf ihren wachsenden Informationsbedarf, indem sie eigene Bibliotheken gründeten. Dabei gingen sie ähnlich vor wie die Professoren an den Hochschulen. Das Prinzip der älteren Universalbibliothek, die Literatur- und Informationsversorgung der Zielgruppe ausschließlich auf den Bestand der einen konkreten Bibliothek zu stützen, wurde dabei zunächst übernommen. Im Gegensatz zu den Institutsbibliotheken aber fanden viele Spezialbibliotheken später Anschluss an das übergeordnete Gesamt-Bibliothekssystem. Sie durchliefen, bezogen auf den Gegenstand ihrer Spezialisierung z.T. mit Verzögerung, die Stadien von der isolierten Einzelinstitution über das segmentär sowie das stratifikatorisch differenzierte zum funktional differenzierten System. Auf diese Weise bildeten Spezialbibliotheken einer Branche oder eines Faches (z.B. Parlamentsbibliotheken, kirchliche Spezialbibliotheken, sozialgeschichtliche Fachbibliotheken) eigene Subsysteme unter dem Dach des gesamten Bibliothekssystems. So sind viele Spezialbibliotheken bis heute in der Arbeitsgemeinschaft der Spezialbibliotheken zusammengeschlossen.

Die Herausbildung eines funktional differenzierten Bibliothekssystems setzte in Deutschland nach der Reichsgründung 1871 ein und wurde wesentlich getragen von der preußischen Ministerialbürokratie. Diese war primär darauf bedacht, durch Rationalisierung die Kosten der über ihren Haushalt finanzierten wissenschaftlichen Bibliotheken zu senken und durch Modernisierung deren Leistungsfähigkeit zu verbessern. Der zuständige Referent im Kultusministerium, *Friedrich Althoff* (1839–1908), trug wesentlich zu dieser Entwicklung bei. So ist in der Fachliteratur oft die Rede vom „System Althoff" oder von den „Althoffschen Reformen".

Ausgangspunkt dieser systemtransformierenden Reformen war das Fehlen einer deutschen Nationalbibliothek. In Ländern mit zentralistischer Tradition wie Großbritannien und Frankreich existierte jeweils eine große Nationalbibliothek. In Deutschland hingegen hatte die fehlende staatliche Einheit vor 1871 und der bis heute vorherrschende Kulturföderalismus die Entstehung einer solchen umfassend sammelnden, nationalen Universalbibliothek verhindert. Dies wurde als Manko empfunden und führte zu Überlegungen, die fehlende Nationalbibliothek durch das Zusammenwirken der leistungsstärksten wissenschaftlichen Bibliotheken zunächst Preußens, später Gesamt-Deutschlands gleichsam „virtuell" nachzubilden. Das Fehlen einer Nationalbibliothek erzeugte also den Impuls zum Aufbau eines funktional differenzierten Bibliothekssystems; dank dieser Reformen gelangten die deutschen Bibliotheken aus dem Rückstand gegenüber dem französischen oder britischen Bibliothekswesen in eine Vorreiterrolle bei der Ausprägung eines (nach damaligen Ansprüchen) modernen Bibliothekssystems.

Das Reformwerk bestand aus „bibliothekarischen Gemeinschaftsprojekten" und flankierenden Maßnahmen. Krönung dieser Aktivitäten sollte ein Preußischer, später Deutscher Gesamtkatalog werden, in dem die relevanten Bestände der beteiligten Wissenschaftlichen Bibliotheken mit Signaturen verzeichnet werden sollten. Mit diesem Gesamtkatalog wollten die Initiatoren die fehlende Nationalbibliothek kompensieren. Zugrunde lag dem Vorhaben die Einsicht, dass die großen Bibliotheken unterschiedliche Bestände besaßen, obwohl sie doch zumeist dem Konzept der möglichst vollständig sammelnden Universalbibliothek verpflichtet waren. Nun hat jeder Bibliothekskatalog immer auch eine bibliografische Funktion. Daher sollte der Gesamtkatalog, wie andere Bibliografien auch, die Aufgabe einer virtuellen Bibliothek, in diesem Falle einer virtuellen Nationalbibliothek übernehmen. Aus der Not geboren, trug das Projekt damit auch der Tatsache Rechnung, dass das Konzept der auf Vollständigkeit bedachten Universalbibliothek überholt und annähernde Vollständigkeit nur noch virtuell, auf der Ebene der Kataloge bzw. durch arbeitsteilige Kooperation angestrebt werden konnte.

Hier ist es angebracht, den Begriff der „Wissenschaftlichen Universalbibliothek" näher zu beleuchten. Ursprünglich ist damit eine Bibliothek gemeint, die danach strebt, die publizierten Erkenntnisse der Menschheit aus allen Wissensgebieten an einem Ort möglichst vollständig zu sammeln und vorzuhalten. In diesem älteren Verständnis ist das „Konzept der Universalbibliothek" charakteristisch für vormoderne, nicht oder nur segmentär bzw. stratifikatorisch differenzierte Strukturen. Wenn hier davon die Rede ist, das Konzept der Universalbibliothek habe sich zu einem bestimmten Zeitpunkt der gesellschaftlichen Evolution z.B. in Europa als überholt erwiesen, dann wird darauf angespielt, dass mindestens eines der beiden konstitutiven Kriterien (fächerübergreifende und vollständige Sammlung) nicht mehr erfüllt werden konnte. Heute gilt „Vollständigkeit" nicht mehr als Charakteristikum dieses Bibliothekstyps. Zu den Universalbibliotheken werden vielmehr Bibliotheken gerechnet, deren Sammelprofil sich über das gesamte Spektrum menschlicher Erkenntnis erstreckt und die zu den einzelnen Disziplinen über Bestände in nennenswertem Umfang verfügen.

Voraussetzung für einen Gesamtkatalog war zunächst die Festlegung von Standards, die von allen beteiligten Bibliotheken angewendet werden konnten. So wurden in den 1890er-Jahren die „Preußischen Instruktionen" (PI) entwickelt. Preußen verpflichtete die ihm unterstehenden Bibliotheken 1899 per Erlass, dieses Regelwerk für die Formalerschließung anzuwenden. Bis dahin war die Erschließung nach jeweiligen Hausregeln bzw. im Wesentlichen durch die systematische Aufstellung erfolgt. Dank des Katalogisierungsstandards konnten die in den einzelnen Universitätsbibliotheken vorhandenen Bestände im Gesamtkatalog nach einheitlichen Regeln verzeichnet werden. Zu den von Beginn an gewünschten Effekten gehörte freilich auch, dass das Einsparungspotenzial durch Fremddatenübernahme, welches einheitliche Katalogisierung bot, auch genutzt wurde. Die Neuerwerbungen der am Projekt Gesamtkatalog beteiligten Bibliotheken wurden seit den 1890er-Jahren als „Berliner Titeldrucke" publiziert; für die Fremddatenübernahme wurde eigens eine einseitig bedruckte Ausgabe auf dünnem Papier erzeugt, die dazu gedacht war, die Titelaufnahmen auszuschneiden und auf Katalogkarten aufzukleben. Auch heute ist Fremddatenübernahme, allerdings in eleganterer, digitaler Form ein wichtiger Rationalisierungseffekt der Verbundkatalogisierung.

Mit den Katalogisierungsregeln und dem Gesamtkatalog sind die beiden ersten Elemente des Reformwerkes zur Sprache gekommen. Um einen solchen Gesamtkatalog zur vollen Wirkung zu bringen, mussten weitere Schritte getan werden. Für die Gelehrten war entscheidend, ob und unter welchen Bedingungen sie die im Gesamtkatalog verzeichnete Literatur benutzen konnten. Die Lösung konnte nicht mehr in aufwändigen Bibliotheksreisen bestehen, sondern nur im Austausch zwischen den Bibliotheken. War ein benötigtes Werk über das Nachweisinstrument Gesamtkatalog im Bestand einer auswärtigen Bibliothek identifiziert worden, so hatte der Benutzer die Möglichkeit, den Band für eine bestimmte Frist in seine Heimatbibliothek liefern zu lassen. Damit begann der organisierte Leihverkehr.

Die nächste Stufe der Kooperation und Koordination bestand darin, langfristige Absprachen über den Bestandsaufbau zu treffen. Mit der Festlegung von Sammelschwerpunkten für einzelne Universitätsbibliotheken, die in Preußen 1910 einsetzte, war die funktionale Differenzierung des Bibliothekssystems vorerst abgeschlossen. Die einzelnen Elemente des Reformwerkes griffen wie Zahnräder ineinander: Der Katalogisierungsstandard ermöglichte den Gesamtkatalog; über den Gesamtkatalog konnten am Ort fehlende Titel im Idealfall identifiziert und per Leihverkehr zugänglich gemacht werden; der geplante kooperative Bestandsaufbau stellte sicher, dass sich für jede relevante Disziplin mindestens eine Bibliothek um möglichst große Vollständigkeit und Bereitstellung der erschienenen Publikationen bemühte.

Neben den genannten vier „Gemeinschaftsprojekten" hatte *Althoff* weitere unterstützende Maßnahmen angeregt. So hatte er dafür Sorge getragen, dass durch die Gründung des „Zentralblattes für Bibliothekswesen" 1884 eine stabile Kommunikationsplattform für die innerbibliothekarische Verständigung zur Verfügung stand. Ferner wurde mit einem Erlass von 1893 der wissenschaftliche Bibliothekar als Ausbildungsberuf konstituiert. Zeitgleich mit der funktionalen Differenzierung setzte somit die Professionalisierung des bibliothekarischen Personals ein. Damit hatten sich komplexe Systemstrukturen entwickelt, die das überforderte Konzept der zunächst vereinzelten und später segmentär oder stratifikatorisch aufeinander bezogenen Universalbibliothek ablösten und dem Bibliothekswesen zu der erforderlichen Leistungssteigerung und überfälligen Modernisierung verhalfen.

Die herausragende Bedeutung dieses Prozesses wird weder dadurch geschmälert, dass wohl keiner der beteiligten Akteure zu Beginn der Entwicklung über eine fertige Konzeption verfügte oder ahnte, welche Dimensionen das Reformwerk annehmen würde, noch dadurch, dass der geplante Gesamtkatalog aus verschiedenen Gründen Torso blieb. Die Systemstrukturen, die im Gefolge der Althoffschen Reformen entstanden sind, prägen das Bibliothekssystem bis in die Gegenwart:

Regelwerke für die Formalerschließung gehören bis heute zu den selbstverständlichen bibliothekarischen Standards. Die Preußischen Instruktionen wurden in der zweiten Hälfte des 20. Jahrhunderts im deutschsprachigen Bereich ersetzt durch die Regeln für die alphabetische Katalogisierung (RAK), die sich auf die ISBD stützen und deren Ablösung durch Resource Description and Access (RDA) bevorsteht.

Statt des Gesamtkatalogs sind nach dem Zweiten Weltkrieg regionale Zentralkataloge entstanden, aus denen sich, vereinfacht gesprochen, die heutigen Verbundkataloge entwickelt haben. Diese wiederum sind über den Karlsruher Virtuellen Katalog (KVK) parallel recherchierbar, weshalb einige Bibliothekare die Freischaltung des KVK 1996 als Vollendung des Gesamtkatalogs feierten.

Aus den vorsichtigen Anfängen eines Leihverkehrs zwischen preußischen Universitätsbibliotheken haben sich regionale, nationale und internationale Leihverkehrssysteme entwickelt. Dank der technischen Entwicklung bieten Dokument-Lieferdienste heute die Möglichkeit, Publikationen aus dem In- und Ausland in kurzer Zeit gegen Bezahlung in digitalisierter Form zu beschaffen.

Das Prinzip des kooperativen Bestandsaufbaus hat seine Fortsetzung im Sondersammelgebietsplan der *Deutschen Forschungsgemeinschaft* (DFG) gefunden und wird seit einigen Jahren mit dem Aufbau Virtueller Fachbibliotheken erfolgreich auf digitale Medien und Netzpublikationen übertragen.

Tabelle 11: Strukturen des (auf den Althoffschen Reformen beruhenden) funktional differenzierten Bibliothekssystems

Strukturen des funktional differenzierten Bibliothekssystems	Zeitgenössische Variante Anfang 20. Jh.	Heutige Variante	Zukünftige Option
Katalogisierungsregelwerk	Preußische Instruktionen (PI)	Regeln für die alphabetische Katalogisierung (RAK)	International kompatible Katalogisierungsstandards (z.B. RDA)
Gesamtkatalog	Preußischer / Deutscher Gesamtkatalog (DGK)	Karlsruher Virtueller Katalog (KVK)	Transnationaler Verbundkatalog (z.B. WorldCat)
Leihverkehr	Regionaler / Nationaler Leihverkehr	Nationaler / Internationaler Leihverkehr; Document Delivery	Transnational operierende Document Delivery Verbünde
Kooperativer Bestandsaufbau	Sondersammelgebiete	Sondersammelgebiete; Virtuelle Fachbibliotheken	Transnationale Absprachen zum Bestandsaufbau

Mit der erstmaligen Herausbildung funktional differenzierter Systemstrukturen war ein Anfang gemacht, der es dem Bibliothekssystem ermöglichte, die in der Industriegesellschaft enorm gestiegenen Anforderungen zu erfüllen. Die einzelne Bibliothek konnte nun als Teil eines differenzierten Ganzen begriffen werden, als Zugangsstation zu einem umfassenden Informationsnetz. Die Gesamtheit der arbeitsteilig organisierten Bibliotheken erst bot einen befriedigenden Literatur- und Informationsvorrat, auf den der Benutzer von seiner (Universitäts-)Bibliothek aus zugreifen konnte.

Damit aus einem bloßen Nebeneinander ein kooperatives, koordiniertes Miteinander werden kann, bedarf es intensiver Kommunikation in geeigneten Foren (z.B. Zeitschriften, Konferenzen), autorisierter Leitungs- und Entscheidungsgremien (z.B. Ausschüsse) sowie festgelegter und transparenter Entscheidungsfindungsprozesse. Diese Infrastrukturen müssen auch nach der Etablierung des Systems intakt bleiben. Sie dienen der Selbstbeobachtung und der Anpassung. Die Anforderungen, welche die Außenwelt an das System stellt, sind nämlich einem permanenten Wandel unterworfen. Je stärker die funktionale Differenzierung des Systems fortgeschritten ist, desto komplexer und umfangreicher werden auch die Infrastrukturen. Die Vielzahl bibliothekarischer Zeitschriften, Tagungen, Kongresse, Verbände und Koordinierungsgremien belegt dies.

Das Bibliothekssystem in Deutschland hat sich unterdessen weiter differenziert und zahlreiche Subsysteme ausgeprägt. Als Beispiele ließen sich Zusammenschlüsse wie jener der Kunst- und Museumsbibliotheken aufführen, aber auch die Kooperation der Bibliotheken, die auf der Grundlage des Regelwerks ZETA ihre PeriodikaBestände erschließen und diese Katalogisate in den nationalen Norm- und Gesamtkatalog für periodisch erscheinende Publikationen, die Zeitschriftendatenbank (ZDB) einspeisen. Titeldaten und Bestandsnachweise der ZDB wiederum spielen eine zentrale Rolle für Leihverkehr und Dokumentlieferung.

Die mit den Althoffschen Reformen einsetzende funktionale Differenzierung des deutschen Bibliothekswesens bezog sich ausschließlich auf Wissenschaftliche Bibliotheken. Das öffentliche Bibliothekswesen wurde in Deutschland lange allein von den Kirchen, der Arbeiterbewegung und anderen weltanschaulichen Gruppen getragen. Auf relativ bescheidenem Niveau lassen sich im späten 19. Jahrhundert bei Bibliotheken des katholischen *Borromäusvereins* oder den Arbeiterbibliotheken Ansätze segmentärer Differenzierung erkennen. Mit der Bücherhallenbewegung, aber auch im Gefolge des von *Walter Hofmann* entwickelten Volksbüchereikonzeptes, stabilisierten sich für Öffentliche Bibliotheken im ersten Drittel des 20. Jahrhunderts segmentär differenzierte Systemstrukturen.

Die nationalsozialistischen Machthaber machten sich die Volksbüchereien zu Propagandazwecken dienstbar. Die 1937 verkündeten „Richtlinien für das Volksbüchereiwesen" zielten darauf, ein Netz von Bibliotheken unterschiedlicher Größen und Aufgaben zu schaffen und sahen auch für diesen Bibliothekstyp die Begründung funktional differenzierter Systemstrukturen vor. Allerdings ist es wegen des Zweiten Weltkriegs nicht mehr zur Realisierung dieser Pläne gekommen. Erst danach zeigen sich tatsächlich Formen funktionaler Differenzierung auch im öffentlichen Bibliothekswesen. Beispiele sind etwa das

Sondersammelgebietsprogramm der Großstadtbibliotheken in NRW, Regionale Leihringe, die Lektoratskooperation usw.

Die Evolution systematischer Strukturen des wissenschaftlichen und des öffentlichen Bibliothekswesens in Deutschland verlief im Wesentlichen getrennt. Bemühungen, diese sachlich nicht gerechtfertigte Spartentrennung aufzuheben, waren im Bibliothekswesen der DDR in Angriff genommen worden. In der Bundesrepublik können der „Bibliotheksplan '73" und das Strukturpapier „Bibliotheken '93" als Meilensteine auf dem Weg zu einem einheitlichen, alle Sparten umfassenden funktional differenzierten Bibliothekssystem angesehen werden. Die zukunftsweisende Perspektive, Öffentliche und Wissenschaftliche Bibliotheken in einer vierstufigen Skala als aufeinander bezogene Elemente eines einheitlichen Bibliothekssystems zu verstehen, hat sich bisher allerdings nicht wirklich durchgesetzt.

So bleibt die grundsätzliche Einbeziehung der Öffentlichen Bibliotheken in das funktional differenzierte System der Wissenschaftlichen Bibliotheken ein Desiderat. Ansätze dazu gibt es allerdings, etwa die partielle Einbeziehung großstädtischer Öffentlicher Bibliotheken in die Verbundkatalogisierung der Wissenschaftlichen Bibliotheken.

Gegenwärtig erkennbare Entwicklungsperspektiven zur weiteren funktionalen Differenzierung des gesamten Bibliothekssystems sind:

- volle Integration der Öffentlichen Bibliotheken
- weitere Anpassung der Systemfunktionalitäten an digitale Medien
- weitere Anpassung der Systemfunktionalitäten an digitale Netzstrukturen (Internet)
- Anpassung an die durch digitale Medien und Internet veränderte Informationskultur
- Verflechtung mit nicht-bibliothekarischen Segmenten des Informationswesens
- Internationalisierung.

Schon in den vergangenen Jahren sind zahlreiche Maßnahmen zur Anpassung der Systemfunktionalitäten ergriffen worden, damit neben gedruckten und anderen analogen auch digitale Medien angemessen gesammelt, bewahrt, geordnet, bereitgestellt und vermittelt werden können. Die Spezifika digitaler Medien etwa können mit den vorhandenen Regelwerken zur formalen und inhaltlichen Erschließung nur begrenzt erfasst werden. Insbesondere hinsichtlich der Langzeitarchivierung stellen sich völlig neue Herausforderungen. Die vereinfachte Kopiermöglichkeit und deren Rückwirkungen auf das Urheberrecht, die Veränderung des Informationsmarktes, die permanente Veränderung der Hard- bzw. Software-Umgebungen sind einige weitere Aspekte, die das Bibliothekssystem im Zusammenhang mit digitalen Medien zu weiteren Anpassungen zwingen.

Die für digitale Medien charakteristischen Problemfelder tauchen sämtlich im Kontext des Internets erneut auf, allerdings in gesteigerter Form. Weitere Schwierigkeiten entstehen durch netzspezifische Eigenschaften wie z.B. dynamische Dokumente. Zu den größten Problemen bei der Nutzung des Internets gehört es, Relevantes von Nicht-Relevantem zu unterscheiden: Die Identifikation und Auswahl des für ihre je eigenen Zwecke Bedeutsamen hatten Bibliothekare auch in der Printumgebung bereits leisten müssen; nun wird diese Aufgabe erschwert durch die Flut von Ballastinformationen im Internet. Zudem werden die Konturen des Publikationsbegriffes in den neuen medialen Kontexten immer unschärfer. Zur professionellen Identifikation des Relevanten, zur arbeitsteiligen Erschließung und Langzeitsicherung wichtiger Netzpublikationen, zur Behandlung dynamischer (stetiger Veränderung unterworfener) Publikationen oder zur Speicherung und Erschließung neuer Medienformen wie etwa Diskussionslisten oder Blogs müssen im System weitere Differenzierungen vorgenommen und neue Funktionalitäten ausgebildet werden. Dieser Anpassungsbedarf ist umso dringender, als durch digitale Medien und Internet nicht nur neue Medientypen entstanden sind, sondern die Zahl der wissenschaftlichen und anderen Publikationen einen anhaltenden Wachstumsschub erfahren hat.

Dringend erforderlich sind allgemein akzeptierte Standards z.B. für die Erschließung von Netzpublikationen und wissenschaftlichen Rohdaten, für die Gestaltung von Bibliothekskatalogen bzw. bibliothekarischen Webauftritten insgesamt (Websites und Homepages) oder für die erschließungsfreundliche Strukturierung von Volltexten. Angloamerikanische und skandinavische Bibliothekssysteme haben Prinzipien funktionaler Differenzierung frühzeitig genutzt, um die Dienstleistungsorientierung der Branche zu verbessern: Dort werden auch Informations- und Auskunftsdienstleistungen arbeitsteilig, d.h. in Verbundstrukturen angeboten. Seit einiger Zeit gibt es auch in Deutschland vergleichbare Projekte wie z.B. die Deutsche Internetbibliothek oder DigiAuskunft (↗6.4.2).

Der allgemeine Beschleunigungsdruck und die Erfahrungen mit einfachen, durch Suchmaschinen gestützten Internetrecherchen wecken bei den Bibliotheksbenutzern hohe Erwartungen. Demnach sollten bibliothekarische Informationsdienstleistungen nicht nur akkurat und professionell, sondern ebenso unkompliziert, kundenorientiert und schnell abrufbar sein wie etwa durch Suchmaschinen. Das Bibliothekssystem wird darauf reagieren müssen.

„Verflechtung mit nicht-bibliothekarischen Segmenten des Informationswesens" bezieht sich sowohl auf technische als auch auf inhaltliche Aspekte. In der Hochschule etwa ist damit auf die Zusammenführung von Bibliothek, Rechenzentrum und Medienzentrum angespielt. Eine solche Konvergenz wird in Konzepten der DFG dringend gefordert; aber auch z.B. in dem vom *Bundesministerium für Bildung und Forschung* (BMBF) im September 2002 publizierten strategischen Positionspapier zur Zukunft der wissenschaftlichen Information in Deutschland „Information vernetzen – Wissen aktivieren" wird dies verlangt. Auf der inhaltlichen Ebene geht es dabei um eine engere Verflechtung mit dem übrigen Dokumentations- und Informationsbereich. Aber auch an eine

Vernetzung mit Archiven, Museen und klassischen Dokumentationsstellen ist in diesem Zusammenhang zu denken.

Wenn überall von Globalisierung die Rede ist und das Internet sich als weltumspannende Kommunikationsinfrastruktur etabliert hat, wird einsichtig, dass das Bibliothekssystem sich dem Trend zur Internationalisierung anschließen muss, will es nicht in Bedeutungslosigkeit versinken. Hinsichtlich der Standards zur formalen und sachlichen Erschließung oder der Normdateien wird man sich etwa entscheiden müssen, ob man auch in Deutschland weltweit verbreitete Regelwerke einführt oder ob die nationalen Standards aktualisiert und so weiterentwickelt werden können, dass sie z.B. über Konkordanzen international anschlussfähig sind.

Ähnliches gilt für die Datenformate. Es ist nicht zu bestreiten, dass der Markt auch für bibliothekarische Informationsdienstleistungen bereits deutliche Anzeichen zur Internationalisierung trägt. US-amerikanische Verbundsysteme wie das *Online Computer Library Center* (OCLC) agieren auf internationaler Ebene und haben auch bereits viele deutsche Bibliotheken in ihre Kataloge, ihre Document Delivery Systeme sowie ihre sonstigen Dienstleistungsangebote einbezogen.

Wenn nationale Bibliothekssysteme nicht rechtzeitig selbstbestimmt den Weg der Internationalisierung einschlagen, könnte die Alternative darin bestehen, dass es zu einer fremdbestimmten Internationalisierung durch weltweit agierende Konsortien kommt, die dann möglicherweise unzureichend auf je spezifischen nationalen Bedarf zugeschnitten ist. In Deutschland hat sich die Internationalisierungsdebatte lange konzentriert auf die Standards zur Formalerschließung (RAK versus AACR2) und zur Datenerfassung (MAB versus MARC21). AACR2 wurde als Option inzwischen verworfen. Stattdessen steht jetzt die Übernahme des auf internationaler Ebene entwickelten Regelwerks RDA (Resource Description and Access) zur Debatte. Eine wichtige Entscheidung wurde seitens der DNB durch die Umstellung auf das MARC21-Format getroffen (↗5.3.9). Auch in Bezug auf kooperativen Bestandsaufbau werden Überlegungen zur Öffnung über nationale Grenzen hinaus angestellt. So gibt es in der DFG Konzepte, die ausländische Informationseinrichtungen in das Sondersammelgebietssystem bzw. das System der Virtuellen Fachbibliotheken einbeziehen wollen. Als weiteres Beispiel für Internationalisierung ließe sich erwähnen, dass die *Deutsche Nationalbibliothek* zur inhaltlichen Erschließung mittlerweile zusätzlich die international verbreitete Dewey-Dezimalklassifikation (DDC) heranzieht.

Wie auf der Ebene des Makrosystems Bibliothekswesen setzt parallel auch auf der Mikroebene der einzelnen Bibliothek ein Prozess funktionaler Differenzierung ein. Diese „Binnendifferenzierung" führt vor allem in größeren Bibliotheken zu Spezialisierung und Arbeitsteilung. Betriebsprozesse (Geschäftsgänge) werden festgelegt und einzelne Arbeitsgänge zur Bearbeitung der Neuerwerbungen und besonderer Mediengattungen werden dafür geschaffenen Betriebsabteilungen zugewiesen. So entstehen Erwerbungsabteilungen, Katalogisierungsabteilungen, Zeitschriftenabteilungen usw. In der Gegenwart lassen sich als bibliothekarische Spezialisierungscluster unterscheiden: der primäre Dienstleistungsbezug, der Erschließungsbezug, der Managementbezug, der Medienbezug und der technische Bezug. In einigen Studiengängen können sich die angehenden Bibliothekare bereits während ihres Studiums in eine der genannten Richtungen spezialisieren.

Mancherorts ist die Spezialisierung so weit fortgeschritten, dass für technischen Support oder betriebswirtschaftliches Management nicht-bibliothekarische Experten (Informatiker oder Betriebswirte) eingestellt worden sind. Ob dies einen grundsätzlichen Trend andeutet und ob eine solche Entwicklung wirklich sachdienlich wäre, bleibt abzuwarten. Die Arbeitsteilung in der Bibliothek hat sich auch in hierarchischer Differenzierung niedergeschlagen. Die drei Hierarchiestufen Fachangestellter für Medien und Information (ursprünglich „Bibliotheksdiener", später Bibliotheksassistent), Diplom- (heute: Bachelor-) Bibliothekar und Wissenschaftlicher Bibliothekar finden sich seit Anfang des 20. Jahrhunderts in größeren Bibliotheken bis heute.

Grundsätzlich sollte die strukturelle Weiterentwicklung des Bibliothekssystems unter Beteiligung der Wissenschaftler und anderer Adressaten bibliothekarischer Dienstleistungen erfolgen. Wenn Veränderungen auf der Grundlage gemeinsamer Anstrengungen konzipiert und realisiert werden, steigen die Chancen, dass die Anliegen der Adressaten zufriedenstellend berücksichtigt werden und gleichzeitig das Leistungspotenzial des Bibliothekssystems optimal ausgebaut und aktiviert wird.

2.2 Technische Entwicklungslinien

Es kann an dieser Stelle kein Überblick über das gesamte Spektrum der Bibliothekstechnik gegeben werden. Doch sind auf jeden Fall die Innovationsschübe zu betrachten, die bislang mit der Einführung von Elektronischer Datenverarbeitung (EDV) und Informationstechnologie (IT) in die bibliothekarische Praxis verbunden waren.

Die Drucktechnik war in Form der zu speichernden Objekte, der Bücher also, in die Bibliotheken gelangt. In Anlehnung an das gedruckte Buch hatte man bereits im 16. Jahrhundert den gedruckt publizierten Katalog als „Buch der Bücher" entwickelt. Für die interne Bestandserschließung wurden in der Folgezeit keine Kataloge benötigt, da diese Funktion durch die frei zugängliche, systematische Aufstellung erfüllt wurde. Erst als im 18. und besonders im 19. Jahrhundert die Bestände so groß geworden waren, dass sich systematische Aufstellung als unpraktikabel erwies, entwickelten sich Bibliothekskataloge zum wichtigsten Erschließungsinstrument auch für die Benutzung in der Bibliothek selbst. Diese internen Kataloge wurden als Bandkataloge und damit ebenfalls in Buchform angelegt. Auch der Bandkatalog hatte den Stellenwert eines Meta-Buches, das alle Bücher der Bibliothek noch einmal enthielt, reduziert auf bibliografische Angaben (Metadaten) und die Standortangaben.

Es bedurfte einiger Anstrengungen, damit die Bibliothekare sich hinsichtlich der Katalogtechnik von der Buchfixierung lösen konnten. Erst zum Ende des 19. Jahrhunderts setzte sich der gegenüber dem Bandkatalog erheblich flexiblere Zettelkatalog allgemein durch (vgl. Krajewski 2002). Um die Austauschbeziehungen innerhalb des funktional differenzierten Bibliothekssystems zu erleichtern, normierte man in der Folge das Format für Katalogzettel (Internationales Katalogkartenformat 12,5 × 7,5 cm). Die Titelaufnahmen wurden allerdings weiterhin nicht gedruckt, sondern handschriftlich auf die Zettel geschrieben. Es fehlte nicht an Versuchen, auch die „Büchereihandschrift", die wichtiger Bestandteil der bibliothekarischen Ausbildung war, zu standardisieren (vgl. Ackerknecht 1919).

Grundsätzlich ist festzustellen, dass die technischen Innovationen des 19. und frühen 20. Jahrhunderts erst sehr spät Einzug in Wissenschaftliche Bibliotheken hielten. Noch um 1930 galt elektrisches Licht in den Bücherräumen selbst mancher Bibliothek von Weltruf noch als gefährlich. Errungenschaften wie Telefon, Klimaanlage, Förderbänder, Addiermaschinen für statistische Zwecke, Fotolaboratorien oder Fernschreiber wurden in vielen Fällen erst nach dem Zweiten Weltkrieg in Bibliotheken eingeführt. Diese Zurückhaltung gegenüber technischen Neuerungen galt übrigens nicht für die den Bibliotheken angeschlossenen Buchbinderwerkstätten, in denen die in diesem Handwerk neuesten Geräte und Methoden meist rasch angewendet wurden. Anfang der 1960er-Jahre urteilt *Georg Leyh*, „eine Bibliothek (würde) 1920 völlig primitiv erscheinen gegenüber der technisch wohl ausgerüsteten Bibliothek von 1960" (Leyh 1961, S. 972). Was für Leyh ein bemerkenswerter Innovationsschub war, verblasst im Vergleich zu den sich heute überschlagenden Ereignissen im Gefolge der EDV-Techniken.

Einen interessanten Einblick in das damalige Innovationstempo der Bibliotheken bietet die Einführung der Schreibmaschine (vgl. Jochum 1995, S. 111–124). In den 1860er-Jahren erfunden und seit 1873/1874 in Serienproduktion, wurde die Schreibmaschine 1892 erstmals an einer deutschen Bibliothek, der UB Berlin, getestet. Im selben Jahr berichteten *W. Erman* und *H. Simon* im Zentralblatt für Bibliothekswesen (Jg. 9, S. 180–185) über die Erfahrungen mit der Remington No 5 bei Katalogisierungsarbeiten. Weitere 18 Jahre später wurde in Göttingen die erste Schreibmaschine angeschafft und mangels Platz auf dem Korridor vor der Tür des Direktors aufgestellt. Nur in wenigen Bibliotheken kamen die neuen mechanischen Schreibwerkzeuge in der Folgezeit für die Erzeugung von Katalogzetteln zum Einsatz. Erst nach dem Zweiten Weltkrieg wurde die Verwendung von Schreibmaschinen für Katalogisierungsarbeiten in Deutschland wie übrigens auch in den USA zur Selbstverständlichkeit. Noch 1961 (knapp ein Jahrhundert nach der Erfindung) sah sich *Georg Leyh* zu der

Bemerkung veranlasst: „Die Schreibmaschine hat sich auf der ganzen Linie durchgesetzt und ist durchaus unentbehrlich geworden." (Leyh 1961, S. 971)

Am Beispiel der Einführung der Schreibmaschine lässt sich ermessen, welch rasend schnelle Entwicklung auf technischem Gebiet das Bibliothekswesen seit den 1960er-Jahren mit der Einführung der EDV ergriffen hat. Den Ausweg aus vielerlei Problemen schienen zunächst allerdings Miniaturisierungstechniken zu bieten, auf die daher mit einer kurzen Bemerkung eingegangen werden soll. Verfilmung und Verfichung boten die Möglichkeit, gedruckte Materialien, die vom Papierzerfall bedroht waren, auf einem mittelfristig haltbaren analogen Medium zu sichern. Die Zentralkataloge der Leihverkehrsregionen und die Kataloge großer Bibliotheken wurden aus anderen Gründen „verficht": Das Motiv bestand in diesen Fällen in der kostengünstigen Verbreitung der Kataloge, die damit als Nachweisinstrumente dezentral zur Verfügung standen. Die Erzeugung EDV-gestützter Bibliothekskataloge und deren Zugänglichkeit über das Internet haben die Verfilmung von Bibliothekskatalogen seit Mitte der 1990er-Jahre überflüssig gemacht.

Mit der Erfindung des Computers durch den damals 26jährigen *Konrad Zuse* und parallel durch den 24jährigen *Alan Turing* Mitte der 1930er-Jahre beginnt die datenprozessierende Informationstechnik. Mittlerweile ist klar, dass die Digitaltechnik nicht irgendeine Innovation unter vielen darstellt, sondern ähnlich wie *Gutenbergs* Erfindung eine Basisinnovation, die als Quertechnologie und Kulturtechnik alle anderen Bereiche der Technik, der Wissenschaft und des Alltags durchdringt.

Ab Mitte der 1960er-Jahre spielten digitale Techniken in der bibliothekarischen Praxis eine Rolle. Während nach *Gutenbergs* Erfindung die neue Technik in Form gedruckter Bücher in die Bibliotheken kam, waren es im 20. Jahrhundert nicht zunächst neue digitale Speichermedien; vielmehr bildeten automatisierte Verfahren zur Verwaltung die erste Einsatzform der EDV in Bibliotheken. Lange bevor Publikationen in digitaler Form (z.B. E-Journals) in Bibliotheken auftauchten, wurden digitale Techniken eingesetzt zur Rationalisierung der Geschäftsprozesse wie etwa Ausleihverbuchung oder Katalogisierung. Die damit einsetzende Entwicklung lässt sich in drei Phasen einteilen: Automatisierung, Digitalisierung, Virtualisierung.

2.2.1 Automatisierung

Die ersten Versuche, die Einsatzmöglichkeiten der elektronischen Datenverarbeitung für den (wissenschaftlichen) Bibliotheksbetrieb theoretisch zu prüfen und praktisch zu erproben, begannen in der Bundesrepublik Deutschland ab 1963 an den Bibliotheken der neu gegründeten *Universität Bochum* und der *Technischen Universität Berlin*. EDV-Verfahren wurden zunächst eingesetzt, um die Katalogisierungsarbeiten zu erleichtern und die Ausleihverbuchung zu vereinfachen. Ab 1966 nutzte auch die damalige *Deutsche Bibliothek* die neue Technik zur Erstellung der „Deutschen Bibliographie".

Die mittels EDV automatisierte Bibliothek profitierte durch die Rationalisierung zahlreicher Arbeitsabläufe. Am äußeren Erscheinungsbild änderte sich zunächst kaum etwas. Die betriebsinternen Datenbanken wurden genutzt, um Zettel für Zettelkataloge oder unhandliche Bandkataloge auf Computer-Endlospapier (Leporellodruck) auszudrucken. Nachdem eine nennenswerte Zahl von Bibliotheken mittels EDV katalogisierte und durch entsprechende Standards (z.B. Maschinelles Austauschformat für Bibliotheken, MAB) arbeitsteilige Kooperation möglich geworden war, konnten regionale Bibliotheksverbünde errichtet werden. Deren Aufgabe war es zunächst, einen Katalogisierungsverbund zu begründen, der Fremddatenübernahme erlaubte und mit dem gemeinsam erzeugten Verbundkatalog mittelfristig die überkommenen Zentralkataloge ersetzen konnte. Insbesondere die Verbundkataloge wurden schon bald als Mikrofiche-Ausgaben publiziert: Computer-Output on Microform (COM-Kataloge).

Der bedeutendste Effekt der Automatisierung bestand also darin, dass die Metadaten digital erzeugt und zunächst nur zum internen Gebrauch digital vorgehalten wurden. Neben der kooperativen Katalogisierung bzw. der Fremddatenübernahme führte der EDV-Einsatz zu weiterer Rationalisierung. Es erwies sich als unsinnig, Erwerbung und Katalogisierung als getrennte Abteilungen der Bibliothek zu belassen, die mit dem „Interimskatalog" für die bestellten und in Bearbeitung befindlichen Werke und dem eigentlichen Katalog für den abschließend bearbeiteten Bestand zwei unterschiedliche Erschließungsinstrumente erzeugten. Stattdessen wurde jetzt schon bei der Bestellung ein Datensatz angelegt und in den einzigen Bibliothekskatalog integriert. Dieser „integrierte Geschäftsgang" hatte von Anfang an den Vorteil, dass ein großer Teil der bibliografischen Beschreibung nur einmal eingegeben werden muss und bei Bedarf ergänzt und korrigiert werden kann. Außerdem ist der Bearbeitungsstatus des Werkes im Katalog ersichtlich.

Der arbeitstechnische Durchbruch der Datenverarbeitung führte außerdem dazu, dass die Idee der Gesamtverzeichnisse, die seit dem Scheitern des Gesamtkatalogs als unrealistisch abgetan worden war, in den 1970er-Jahren wieder auflebte. Die Gründung der Zeitschriftendatenbank, der Verbundkataloge der regionalen Bibliotheksverbünde und des DBI-Verbundkatalogs bezeugen dies. Auf der Stufe der Automatisierung standen die Katalogdatenbanken den Endnutzern anfangs noch nicht zur Recherche zur Verfügung. Die neue Technik wurde zunächst ausschließlich benutzt, um die bestehenden Praktiken zu optimieren. Allmählich erst wurden weitere, über den bestehenden Verwendungsrahmen hinausweisende Einsatzmöglichkeiten entdeckt, so dass die bestehenden Verfahren durch effektivere ersetzt werden können.

Ähnlich waren im 19. Jahrhundert Titel auf Zetteln verzeichnet worden; diese Zettelkataloge hatten anschließend als Vorlage zur Anfertigung der Bandkataloge gedient und waren dann vernichtet worden. Online-Kataloge, auf die Benutzer selbst zugreifen können, entstanden ab Mitte der 1980er-Jahre. Mit diesen „Online Public Access Catalogs" (OPAC) wurde der Katalogausdruck endgültig überflüssig.

2.2.2 Digitalisierung

Erst viele Jahre nachdem durch den Einsatz von EDV in der Bibliotheksverwaltung der Prozess der Automatisierung begonnen hatte, tauchten digitale Medien auch als Speichermedien für Publikationen aller Art in Bibliotheken auf. Voraussetzung dafür waren weitere Erfindungen wie der Personalcomputer (1981) und optische Speichermedien wie CD-ROM (1985) und DVD (ca. 1996). Bibliografien, Bibliothekskataloge, Enzyklopädien, Monografien und Zeitschriften auf CD-ROM wurden seit den 1980er-Jahren produziert und natürlich von Bibliotheken gesammelt. Damit traten digitale Speichermedien in direkte Konkurrenz zu den seit mehr als 500 Jahren konkurrenzlosen gedruckten Medien. Viele digitale Publikationen erschienen zunächst als „Hybridausgaben", d.h. sowohl in gedruckter als auch in digitaler Form. Bald tauchten daneben die ersten Publikationen auf, die ausschließlich als digitale Fassung existierten. Und eine dritte Variante ist zu nennen: Bibliotheken, aber auch Verlage begannen bald damit, gedruckte Publikationen retrospektiv zu digitalisieren (↗4.5.3). Im Rahmen von DFG-Förderprogrammen werden vor allem solche Werke digitalisiert, die für die Forschung von besonderem Wert und für welche die Urheberrechte bereits erloschen sind. Kommerzielle Unternehmen wie Google digitalisieren seit einigen Jahren in großem Stil und kooperieren dabei mit einigen der bedeutendsten Bibliotheken der Welt. Im Rahmen des Angebots Google Books werden so z.B. die Bestände der Bayerischen Staatsbibliothek digitalisiert.

Im Zuge der Digitalisierung also gelangen digitale Speichermedien als Sammelobjekte in die Bibliotheken oder werden dort als digitale Reprints erzeugt. Diese Medien gehören physisch zum Bestand der jeweiligen Bibliothek und sind damit zunächst nur in den Räumen der Bibliothek unter Nutzung der dortigen technischen Infrastruktur zugänglich. Digitale Bibliothek bedeutet demnach, dass digitale Medien gesammelt, erschlossen und in der Bibliothek zugänglich gemacht werden. Ob E-Journals, Faktendatenbanken oder Monografien im Volltext als CD-ROM bzw. DVD oder auf Festplatten oder sonstigen digitalen Speichern vorliegen, ist dabei unerheblich. Wichtig ist allerdings, dass auf dieser Stufe noch kein Fernzugriff etwa über das Internet möglich ist.

2.2.3 Virtualisierung

Die dritte und gegenwärtig letzte Stufe ist mit der auf der Digitalisierung aufbauenden Virtualisierung erreicht. Das Adjektiv „virtuell" bezeichnet ursprünglich ein Phänomen oder einen Zustand, die nicht echt, aber echt erscheinend, das Auge, die Sinne täuschend wahrnehmbar werden. Schon *Goethe* hatte Ende des 18. Jahrhunderts die Idee, drei separat voneinander existierende Bibliotheken „virtualiter, in Ein Corpus zu vereinigen" (Goethe an Schiller, 9. Dezember 1797. Weimarer Ausgabe. Briefe Bd. 12. S. 374). Er bezeichnet dieses Projekt eines Gesamtkataloges für Weimar und Jena als „virtualen Katalog" (Goethe an Schiller. 19. Januar 1802. Weimarer Ausgabe. Briefe Bd. 16, S. 11–12). Anders als bei Goethe ist der Begriff des virtuellen Katalogs oder der virtuellen Bibliothek heute meist implizit verbunden mit digitalen Telekommunikationstechniken.

Begonnen hatte der Trend des Bibliothekswesens zur Virtualisierung im modernen Sinne bereits vor der Popularisierung des Internets. Seit den 1960er-Jahren entstanden Literaturdatenbanken und Faktendatenbanken, die noch nicht über grafische Benutzeroberflächen verfügten, sondern mittels eigener – für heutige Begriffe komplizierter – Kommandosprachen durchsucht werden konnten. Bald traten Hosts („Datenbankanbieter") auf, die diese Datenbanken kommerziell vertrieben und den Fernzugriff ermöglichen. An Hochschulbibliotheken wurden (Online-)Informationsvermittlungsstellen (IVS) eingerichtet, über die Bibliothekare Recherchen im Auftrag der Benutzer in solchen externen Datenbanken durchführten. Die ersten IVS an deutschen Hochschulbibliotheken wurden Mitte der 1970er-Jahre in Bochum und Ulm eröffnet. Erstmals gestatteten die Bibliotheken aus ihren Räumen über Datenleitungen den (zumeist kostenpflichtigen) Zugriff auf Datenbestände, über die sie nicht selbst verfügten. Strukturell gehörten diese Angebote zu den Vorläufern der virtuellen Bibliothek. Die klassischen IVS bestehen in der ursprünglichen Form meist nicht mehr, da grafische Oberflächen auch weniger geübten Nutzern die Suche erleichtert und viele dieser Datenbanken mittlerweile entweder über das Internet angeboten werden oder von den Bibliotheken lizensiert worden sind.

Der wirkliche Durchbruch zur Stufe der Virtualisierung erfolgte durch den Aufstieg des Internets Anfang der 1990er-Jahre und die Entwicklung des WorldWideWeb (WWW). Damit standen digital basierte Telekommunikationsinfrastrukturen zur Verfügung, die es erlaubten, digitale Bibliothekskataloge, Volltextdatenbanken usw., die innerhalb der einen Bibliothek vorhanden sind, nicht nur von einer anderen Bibliothek aus, sondern auch von allen Rechnern aus zu benutzen, die weltweit an das Internet angeschlossen waren. Ab Mitte der 1990er-Jahre wurden Bibliothekskataloge online im Internet zugriffsfähig. Zu den ersten deutschen Bibliothekskatalogen, auf die über das Internet zugegriffen werden konnte, gehörten ab 1995 der Verbundkatalog des *Hochschulbibliothekszentrums Nordrhein-Westfalen* (HBZ) sowie die Kataloge der Bibliothek der *Friedrich-Ebert-Stiftung* und der *UB/TIB Hannover*.

Nachdem einzelne Bibliotheken sich und ihre Bestände auf diese Weise im Internet präsentierten, begannen sogleich Aktivitäten, das neue Medium für die strukturelle Weiterentwicklung des funktional differenzierten Bibliothekssystems zu nutzen:

– So waren die Verbundkataloge, die zunächst als Mikrofiche, später als CD-ROM-Ausgabe publiziert worden waren, bald frei über das Internet recherchierbar.

- Mit dem Karlsruher Virtuellen Katalog wurde eine Metasuchmaschine geschaffen, die es gar ermöglichte, die regionalen Verbundkataloge und viele weitere Kataloge und bibliografische Datenbanken parallel zu durchsuchen.
- Ein System aufeinander abgestimmter Virtueller Fachbibliotheken ist mit Unterstützung der DFG seit Ende der 1990er-Jahre im Aufbau. Geboten wird u.a. der Zugriff auf ausgewählte und bewertete fachlich relevante Internetadressen sowie weltweit verteilt vorhandene digitale Volltexte. Die konzeptionelle Weiterentwicklung solcher virtuellen Fachbibliotheken, die im englischen Sprachgebrauch eher als Subject Gateways bezeichnet werden, durch Personalisierungsoptionen, Angebote an die Benutzer zur Kooperation untereinander und zur Bewertung fachlich relevanter Quellen ist vor allem in den USA und Großbritannien weit voran geschritten. Dort spricht man in diesem Zusammenhang von (Bibliotheks-)Portalen.
- Die Verbundzentralen z.B. kumulieren für die ihnen angeschlossenen Bibliotheken und deren Benutzer neben zahlreichen bibliografischen auch Volltext- und Faktendatenbanken und machen sie über das Internet zugänglich. Diese Angebote werden allerdings irreführender Weise meist als „Digitale Bibliotheken" bezeichnet (vgl. DigiBib NRW).

Für rein bestandsorientierte Bibliotheken ist das Potenzial des Internets mit der Bereitstellung von Bibliothekskatalogen und digitalen Volltextmedien weitgehend erschöpft. Bibliotheken werden in Prozessen der Informationsgewinnung und -vermittlung jedoch nur dann weiterhin eine zentrale Rolle spielen können, wenn sie Kundenorientierung mindestens genauso ernst nehmen wie Bestandsorientierung. Das Internet und die digitalen Medien müssen daher genutzt werden, um bibliothekarische Informationsdienstleistungen zu entwickeln und anzubieten, die den Kundenerwartungen entgegenkommen und die möglichst konkurrenzlos sind.

Mancherlei Schritte in diese Richtung sind bereits unternommen worden. Dazu gehört etwa die Ergänzung des gelegentlich als schwerfällig empfundenen Leihverkehrs durch beschleunigte Formen des Document Delivery. Gewünschte Printmedien werden online vom Kunden bei der besitzenden Bibliothek bestellt und – vorwiegend im Falle von Aufsätzen aus Zeitschriften oder anderen Sammelwerken – entweder per Post, als Fax oder, sofern urheberrechtlich möglich, als Imagedatei (eingescannt, kein Volltext) per E-Mail an die Privatanschrift des Auftraggebers geschickt (↗6.3.4).

Zu weiteren Dienstleistungen, bei denen Bibliotheken und Bibliothekare ihre spezifischen Kompetenzen in der Informationsgesellschaft nutzbringend anwenden können, gehören auch schon erwähnte Bereiche wie Vermittlung von Informationskompetenz, Betreuung und Verbreitung von Open-Access-Publikationen oder personalisierte Profildienste. Online-Tutorials oder personalisierte Pushdienste wären als Beispiele für derartige Informationsdienstleistungen zu nennen, die das Potenzial des Internets nutzen. Online-Tutorials werden entwickelt und angeboten zur Einführung etwa in Datenbankretrieval oder zur Nutzung von institutionellen und fachlichen Repositorien, die der Bibliothek eine verlagsähnliche Funktion verleihen; über personalisierte Pushdienste versorgt die Bibliothek ihre Kunden regelmäßig mit solchen Informationen, die deren Interessenprofil entsprechen.

Ein zentraler Aspekt verdient allerdings an dieser Stelle besonders hervorgehoben zu werden, der Bereich der Auskunft und Informationsvermittlung (↗6.4.2). Hier weisen insbesondere deutsche Bibliotheken einen großen Nachholbedarf auf. Auskunft per E-Mail oder per Web-Formular wird hierzulande zwar von den meisten Bibliotheken angeboten, doch handelt es sich nur in wenigen Fällen um ein konzeptionell abgesichertes und professionell organisiertes Angebot. Im angloamerikanischen Bibliothekswesen hingegen hat Digital oder Virtual Reference einen hohen Stellenwert. In den USA, deren Bibliotheken traditionell besonderen Wert auf eine ausgeprägte Dienstleistungsmentalität legen, hat der Prozess der funktionalen Differenzierung des Bibliothekssystems dank digitaler Techniken auch den Sektor der Auskunft und Informationsvermittlung erfasst. Bibliotheken mit unterschiedlichem Bestands- und Kompetenzprofil haben sich zu „Auskunftskonsortien" oder „Informationsverbünden" zusammengeschlossen, um konkrete Nutzeranfragen oder Auftragsrecherchen, die am Ort nicht oder nur unbefriedigend zu beantworten bzw. zu bearbeiten sind, ohne Zeitverzug an die geeignete Bibliothek weiterleiten zu können. Mittlerweile sind in den USA, aber auch in zahlreichen anderen Ländern schon viele solcher „Auskunftsverbünde" entstanden. Als höchst ambitioniertes Projekt gilt „QuestionPoint", das international ausgerichtet ist und von OCLC in Dublin/Ohio getragen wird.

Tabelle 12: EDV-basierte Entwicklungsschritte des Bibliothekswesens

Entwicklungsstufen	Eigenschaften	Einsatzbereiche	Ergebnisse
Automatisierung (etwa ab 1963)	Rationalisierung zahlreicher Arbeitsabläufe durch EDV-Einsatz	Katalogisierung Ausleihverbuchung Erwerbung interne Verwaltung	Bandkatalogausdrucke, Mikrofiche-Kataloge, Katalogdatenbanken („Online-Kataloge"), später als „OPAC" zugänglich für Benutzer
			Ausleih-, Erwerbungs- und Katalogisierungsmodule, integrierte Geschäftsgänge, Aufbau EDV-gestützter Gesamtkataloge (z.B. ZDB)
			Verbundkatalogisierung mit Fremddatenübernahme

Entwicklungsstufen	Eigenschaften	Einsatzbereiche	Ergebnisse
Digitalisierung (ab 1980er-Jahren)	Erweiterung des Bestandes um digitale Medien	Bestandserweiterung, Bestandsschutz (retrospektive Digitalisierung von Printpublikationen)	Bibliografische Datenbanken, Volltextdatenbanken, Faktendatenbanken
			Digitale Publikationen in diversen Formaten als Sammelobjekt
			Digitale Unikate, Hybridpublikationen und retrospektiv digitalisierte Werke
Virtualisierung (Vorläufer ab 1975; im eigentlichen Sinne ab 1990er-Jahren)	Externer Zugriff auf Katalogdatenbanken und digitale Volltexte über digitale Netze	Einbeziehung von Internetquellen in Erschließungs- und Informationsvermittlungsaktivitäten	Virtuelle Kataloge, Web-Kataloge, Virtuelle Fachbibliotheken, Portale
			Vermittlung von Informationskompetenz (z.B. Online Tutorials)
			Sammlung, Speicherung, Erschließung, Bereitstellung und Verbreitung von Open-Access-Publikationen (institutionelle und fachliche Repositorien)
			Personalisierte Informationsdienstleistungen (z.B. Pushdienste)
			Digitale Auskunft, Auskunft und Informationsvermittlung im Verbund

Leider hat sich in der bibliothekarischen Fachsprache bisher kein einheitliches begriffliches Instrumentarium herausgebildet, mit dem die verschiedenen Entwicklungsstufen und die mit ihnen verbundenen Funktionalitäten sich unmissverständlich bezeichnen ließen. So werden generell die Termini „Automatisierte Bibliothek", „Digitale Bibliothek", „Virtuelle Bibliothek" usw. oft synonym gebraucht oder in je individuellem Verständnis (z.B. Managing the Electronic Library 1998, Seadle/Greifeneder 2007, The whole digital library handbook 2007).

Folgende Definitionen lassen sich jedoch sachlich begründen und eindeutig voneinander abgrenzen:

- Automatisierte Bibliothek:
  Interne Arbeitsabläufe werden mittels EDV-Technik rationalisiert.
- Digitale Bibliothek:
  Publikationen auf digitalen Speichermedien werden von Bibliotheken gesammelt, gespeichert, erschlossen und zur Benutzung bereitgehalten.
- Virtuelle Bibliothek:
  Die Bibliothek ermöglicht ihren Kunden via Internet oder anderer Onlineverbindungen den Zugriff auf externe digitale Quellen; gleichzeitig bietet sie

ihre eigenen Datenbanken und digitalen Medien für den Zugriff von außerhalb an.

Zwei weitere Begriffe müssen in diesem Zusammenhang erwähnt werden: Die Elektronische Bibliothek und die Hybride Bibliothek. Von Elektronischer Bibliothek wird immer seltener gesprochen. Tatsächlich erweist sich der Begriff auch als wenig geeignet, um zur Klärung beizutragen. Er wird teils als Synonym für automatisierte, teils als Synonym für digitale Bibliothek verwendet. Mit „Hybrid Library" wird ein Konzept bezeichnet, das in Großbritannien entwickelt worden ist und der Erwartung Rechnung trägt, dass Informationsversorgung durch Bibliotheken auf absehbare Zeit sowohl auf der Grundlage gedruckter als auch digitaler Medien erfolgen wird.

Schließlich sei auf einen weitverbreiteten Irrtum hingewiesen: Virtualität wird alltagssprachlich oft als Gegensatz zu Realität positioniert. Doch sind virtuelle Effekte zugleich reale. Diese mythisierende Unschärfe hat gelegentlich auch im bibliothekarischen Fachdiskurs Folgen. Wenn etwa die Rede ist vom vielbeschworenen Paradigmenwechsel „Access vs. Holding" steht dahinter unausgesprochen die Vorstellung, es bedürfe keiner realen Bestände mehr, Aufgabe einer modernen Informationseinrichtung sei allein, Zugang zu Informationsressourcen zu ermöglichen. Sogleich stellt sich die Frage, zu welchen kontrollierten Informationsräumen der Zugang ermöglicht werden soll. Es muss selbstverständlich reale Bestände, d.h. professionell betreute analoge und digitale Bestände geben, damit sie virtuell nutzbar werden. Richtiger, aber zugegebenermaßen holpriger müsste die Formel für den (im Grunde schon mit dem organisierten Leihverkehr einsetzenden) Paradigmenwechsel daher lauten: „Access as Enhancement of Holding". Damit wird klar, dass die virtuelle Bibliothek auf einem System realer Bibliotheken aufbaut. Nur wenn es konventionelle, hybride und vor allem digitale Bibliotheken gibt, können virtuelle Bibliotheken ihre Wirksamkeit entfalten.

2.3 Ausblick

Der mikrosoziologische Blick auf die Entstehung und Entfaltung des Bibliothekssystems zeigt, dass die für soziale Systeme typische Entwicklung vom Einzelphänomen über das segmentär differenzierte und das stratifikatorisch differenzierte System zum funktional differenzierten System auch hier zu beobachten ist. Steigende Komplexität und wachsende Erwartungen der Umwelt führen in der Informationsgesellschaft zu ausgeprägter Arbeitsteilung und zur Ausbildung zahlreicher wiederum funktional differenzierter Subsysteme innerhalb des Bibliothekssystems. Nachhaltige Prozesse der funktionalen Differenzierung setzen im deutschen Bibliothekssystem mit dem Abschied vom Konzept der Universalbibliothek um die Wende vom 19. zum 20. Jahrhundert ein. Hauptelemente der Systembildung waren im Kontext der Althoffschen Reformen die Einführung eines Katalogisierungsstandards, die Begründung eines

Gesamtkataloges, der Leihverkehr und der kooperative Bestandsaufbau. Arbeitsteilung forciert gleichzeitig die Ausprägung und Verbreitung des Typus der Spezialbibliothek. Im öffentlichen Bibliothekswesen sind nennenswerte Anzeichen einer funktionalen Differenzierung jedoch erst nach dem Zweiten Weltkrieg erkennbar.

Die Entwicklungsprozesse im wissenschaftlichen Bibliothekswesen sind am öffentlichen Bibliothekswesen meist weithin vorbeigegangen. Die weitere funktionale Differenzierung wird diese Trennung überwinden und ferner die Systemfunktionalitäten erweitern und modifizieren müssen, damit die mit einem einheitlichen System der Literatur- und Informationsversorgung verbundenen Effizienzsteigerungen wirksam werden können. Zu wünschen ist ferner, dass engere Kooperation oder gar Verflechtung mit nicht-bibliothekarischen Segmenten des Informationswesens gesucht und gleichzeitig der Trend zur Internationalisierung gestärkt wird.

Forciert wird die funktionale Differenzierung des Bibliothekssystems durch den Einsatz moderner Informationstechnik. Deren Entwicklung beeinflusst sowohl das Leistungspotenzial des Systems als auch die Leistungserwartungen, die an das Bibliothekssystem gestellt werden. Dieser Prozess setzt Mitte der 1960er-Jahre ein und verläuft in drei Stufen: der Automatisierung, der Digitalisierung und der Virtualisierung. Digitale Technik wird zunächst für Rationalisierungseffekte verwendet, zieht dann in die Bibliotheken in Form digitaler Publikationen ein und ermöglicht schließlich weltweite Vernetzung. Das Virtualisierungspotenzial bietet zum einen die vielfach bereits genutzte Option, Bibliothekskataloge und digitale Bibliotheksbestände weltweit nutzbar zu machen.

In ihrem Positionspapier „Wissenschaftliche Literaturversorgungs- und Informationssysteme" aus dem Jahr 2006 erwartet die DFG bis 2015 eine Entwicklung, in der sich überregional integrierte digitale Forschungsumgebungen herausbilden, die standortübergreifend den Zugriff auf wissenschaftlich relevante Informationsressourcen aller Art gewähren. Ergänzt wird diese Struktur demnach durch Forschungsbibliotheken, die den hochspezialisierten Bedarf in den jeweiligen Disziplinen befriedigen. Darüber hinaus sollen sich Bibliotheken, Archive und Fachinformationseinrichtungen zu einem „kohärenten Gesamtsystem der digitalen Informationsversorgung vernetzen". Unklar bleibt, was unter „überregional integrierten digitalen Forschungsumgebungen" verstanden wird. Dass eine Zentralinstanz dazu in der Lage ist, die entsprechenden Infrastrukturen aufzubauen und darüber die benötigten Informationsressourcen in zufriedenstellender Weise bereitzustellen, erscheint zweifelhaft. Hingegen spricht alles dafür, dass eine solche „virtuelle Universalbibliothek" nur als Produkt eines funktional differenzierten Bibliothekssystems und in Kooperation mit benachbarten Systemen wie jenen der Archive und der Fachinformationseinrichtungen entstehen kann. Zu ergänzen ist ferner, dass neben die bloße Bereitstellung der Ressourcen auch weitere netzbasierte

Informationsdienstleistungen treten müssen, die etwa aktive Informationsvermittlung, Informationscoaching und Auskunft umfassen. Nur so können die Bibliotheken zu vollwertigen Trägern des E-Science-Gedankens werden und einen festen Platz in der Informationskultur der Zukunft einnehmen.

3 Bibliotheken in Deutschland

Während das erste Kapitel gleichsam von außen den Blick auf das Bibliotheks- und Informationswesen gerichtet hatte, war im zweiten Kapitel dargestellt worden, wie das Funktionssystem Bibliothekswesen sich im Innern entfaltet hat. In diesem und den folgenden Kapiteln erfolgt eine weitere Eingrenzung und Konkretisierung des Themas. Ziel ist es dabei, unter den jeweiligen Leitaspekten den Entwicklungsstand zu beschreiben und mögliche bzw. anzustrebende Entwicklungsperspektiven aufzuzeigen. Einen erheblich größeren Umfang als in den vorangegangenen Kapiteln nehmen von nun an deskriptive Passagen ein, die durch analytische und prognostische Aussagen ergänzt werden.

In diesem dritten Kapitel tritt ein interessanter Doppelcharakter von Bibliotheken zutage. Bibliotheken nämlich sind (in der Regel) sowohl Systemglieder des Funktionssystems Bibliothekswesen als auch Subsysteme ihrer Trägerinstitutionen. Dies kann durchaus zu Interessenkollisionen und Zielkonflikten führen, etwa wenn die Trägerinstitutionen nicht davon zu überzeugen sind, dass der von ihnen finanzierte Beitrag ihrer Bibliothek für das gesamte Bibliothekssystem sich letztlich positiv auch auf die eigenen Belange auswirkt. Die Leistungsfähigkeit der eigenen Informationseinrichtung nämlich steht in der funktional differenzierten Gesellschaft immer unter dem Einfluss des zugehörigen Systems. Dafür ein Beispiel: Universitätsleitungen mögen sich in Zeiten der Globalhaushalte fragen, ob es gerechtfertigt ist, der eigenen Universitätsbibliothek zusätzliche Mittel zur Verfügung zu stellen, damit diese hochspezielle Bestände erwirbt oder zugänglich macht, die vorwiegend von Nicht-Angehörigen der eigenen Hochschule genutzt werden. Wenn jedoch nachvollziehbar dargelegt wird, dass diese Leistung an das System etwa der Sondersammelgebiete oder der Virtuellen Fachbibliotheken vervielfacht zurückfließt durch das im systematischen Verbund qualitativ und quantitativ gesteigerte Informationsangebot, sollten derartig anachronistische Widerstände zu überwinden sein.

Im Folgenden geht es also zunächst darum, diesen in den Kapiteln 1 und 2 vernachlässigten Aspekt der institutionellen Rückbindung von Bibliotheken zu betrachten. Grundsätzlich beruht diese Rückbindung natürlich auf der Tatsache, dass bibliothekarische Tätigkeit einen hohen finanziellen und personellen Aufwand erfordert und dieser sich durch Teilnahme an Marktprozessen wenn überhaupt nur zu einem geringen Prozentsatz decken lässt. Es bedarf also der Trägerinstitutionen, die in Bibliotheken gezielt investieren, und zwar in dem schon von *Goethe* artikulierten Bewusstsein, dass es sich dabei im Idealfall um „ein Kapital" handelt, das „unberechenbare Zinsen spendet".

Zunächst werden die Trägerinstitutionen grob unterschieden nach der Zugehörigkeit zum öffentlichen, kirchlichen und privaten Sektor. Anschließend folgt ein typologischer Überblick über die in Deutschland vorhandenen Varianten bibliothekarischer Einrichtungen. Einige herausragende Bibliotheken, die im nationalen Bibliothekssystem prägend wirken, werden im Kurzporträt vorgestellt. Erwähnt werden auch Informationseinrichtungen wie „Information Resource Center", „Informationszentren", Abteilungen für Wissensmanagement o.ä.

Dass in dieser Darstellung jedoch klassische Bibliotheken deutlich im Vordergrund stehen, mag auf den ersten Blick verwundern. Zurückzuführen ist dies auch darauf, dass neu entstandene Informationseinrichtungen gar keine oder nur schwache übergreifende Systemstrukturen ausgeprägt haben. Ähnliches trifft übrigens auch auf traditionsreiche Pressearchive wie Dokumentationsstellen oder die Archive der öffentlich-rechtlichen Rundfunkanstalten zu, die teilweise untereinander eng, kaum aber darüber hinaus vernetzt sind. Die Entwicklung von einem segmentären bzw. stratifikatorischen zu einem funktional differenzierten System hat dort noch nicht stattgefunden, könnte sich aber in absehbarer Zeit durch Integration in das bibliothekarische Funktionssystem oder durch die Ausprägung eigener Systemstrukturen vollziehen. Der Überblick über die Bibliotheken in Deutschland wird abgeschlossen durch eine Beschreibung der rechtlichen Rahmenbedingungen.

3.1 Die Träger bibliothekarischer Einrichtungen
3.1.1 Staat und Verwaltung
Staat und Verwaltung gliedern sich in der Bundesrepublik Deutschland in drei Ebenen: die Gemeinden, die Länder und den Bund. Die Zuständigkeit für die Gesetzgebung ist auf die Länder und den Bund verteilt; die Verwaltungstätigkeit wird zum größten Teil von den Gemeinden und den Ländern ausgeübt, vom Bund nur in wenigen Bereichen; die Rechtsprechung obliegt in erster Linie den Ländern, die obersten Gerichte sind Einrichtungen des Bundes. Gemeinden, Länder und Bund sind selbstständige Gebietskörperschaften mit je eigenen Hoheitsrechten und eigenen finanziellen Einnahmen aus dem ihnen jeweils zustehenden Steueraufkommen. Allerdings wird das Steueraufkommen insgesamt zwischen diesen Ebenen und auch innerhalb der Ebenen Kommunen und Länder durch komplizierte, kaum noch durchschaubare Systeme des Finanzausgleichs umverteilt. Nicht erst seit der Finanzkrise von 2008/09 ist die Klage zu hören, dass der Bund Aufgaben an die Länder und die Gemeinden überträgt, ohne gleichzeitig deren Anteil am Steueraufkommen adäquat zu erhöhen.

Staatliche Instanzen sind Träger von Bibliotheken, aber auch von weiteren Einrichtungen des kulturellen und wissenschaftlichen Lebens, wie Archiven, Museen, Schulen und Hochschulen oder Orchestern und Theatern. Alle diese Einrichtungen sind in je ihrer Weise in die Staatsverfassung und Verwaltungsordnung der Bundesrepublik Deutschland eingebunden und damit von deren föderativem, dezentralen Aufbau bestimmt.

Die staatliche Zuständigkeit für kulturelle Angelegenheiten, für Wissenschaft und Kunst sowie das gesamte Unterrichtswesen ist fast ausschließlich den Ländern vorbehalten – eine für das Verständnis des Bibliothekswesens besonders wichtige Feststellung. Für diese Kompetenz der Länder hat sich der Begriff „Kulturhoheit" eingebürgert. Auch die Kommunen haben im Rahmen der Vorschriften der Gemeindeordnung ihres jeweiligen Landes eigene Kompetenzen, die gewöhnlich unter dem Begriff „kommunale Kulturautonomie" zusammengefasst werden.

Der Bund nimmt gleichwohl einige, freilich eng begrenzte Funktionen der Koordinierung und der Förderung im kulturellen Bereich wahr. Die Kulturabteilung im *Bundesministerium des Innern* war früher u.a. für die damalige *Deutsche Bibliothek* zuständig; heute steht *Die Deutsche Nationalbibliothek* im Zuständigkeitsbereich des *Beauftragten der Bundesregierung für Kultur und Medien (BKM)*, dessen Amt (im Rang eines Staatsministers) im Jahre 1998 geschaffen worden ist. Auf der Ebene der Länder sind in der Regel die Kultur- bzw. Kultusministerien für das öffentliche und die Wissenschaftsministerien für das wissenschaftliche Bibliothekswesen zuständig. Für die von den Kommunen unterhaltenen Öffentlichen Bibliotheken sind die jeweiligen kommunalen Kulturdezernate bzw. Kulturämter zuständig.

Gemeinschaftsaufgaben, an denen Bund und Länder beteiligt sind, wurden im *Bundesministerium für Bildung und Forschung* (BMBF) zusammengefasst. Im Bibliotheksbereich förderte das BMBF das frühere *Deutsche Bibliotheksinstitut* (1978-2000) und dessen Modellprojekte, außerdem finanzierte es das Programm der Bundesregierung zur Förderung von Information und Dokumentation, das IuD-Programm. Ferner gehört zu den vom BMBF geförderten Gemeinschaftsaufgaben die Finanzierung der *Deutschen Forschungsgemeinschaft* (DFG) und der *Wissenschaftsgemeinschaft Gottfried Wilhelm Leibniz* (WGL), die u.a. wiederum ausgewählte Bibliotheken und deren Projekte unterstützen.

Die weitgehende Dezentralisierung der Gesetzgebung und Verwaltung im kulturellen Bereich und die großen Unterschiede in der Finanzkraft der einzelnen Länder machen Koordinierung und Zusammenarbeit, bei bestimmten Aufgaben auch gemeinsame Finanzierung notwendig. Zur Erfüllung derartiger Gemeinschaftsaufgaben haben die Länder und der Bund verschiedene Einrichtungen geschaffen, deren wichtigste in unserem Zusammenhang die *Deutsche Forschungsgemeinschaft* (DFG), der *Wissenschaftsrat* (WR) und die Gemeinsame Wissenschaftskonferenz von Bund und Ländern (GWK) – die frühere *Bund-Länder-Kommission für Bildungsplanung und Forschungsförderung* – sind. Die Länder haben zur Koordinierung wichtiger gemeinsamer Aufgaben in diesem Bereich die *Konferenz der Kultusminister der Länder der Bundesrepublik Deutschland* (KMK) eingerichtet, die Gemeinden die *Kommunale Ge-*

meinschaftsstelle für Verwaltungsmanagement (KGSt), die sich mit Führung, Steuerung und Organisation der Kommunalverwaltung befasst (↗4.1).

Quantitativ betrachtet sind die Gemeinden der bedeutendste öffentliche Träger von Bibliotheken. Während praktisch alle Großstädte und die überwiegende Mehrheit der Mittelstädte Öffentliche Bibliotheken betreiben, trifft dies auf die Masse der Gemeinden mit weniger als 5.000 Einwohnern nicht zu. Daneben führen einige wenige Städte noch eigenständige Wissenschaftliche Stadtbibliotheken fort; sie sind zumeist mit dem Gesamtsystem der Öffentlichen Bibliotheken am Ort organisatorisch verbunden. Grundsätzlich sind die Gemeinden in Deutschland nicht gesetzlich verpflichtet, eine Bibliothek zu unterhalten. In anderen erfolgreichen Bildungsnationen wie Finnland, Dänemark oder Großbritannien wird eine derartige Pflicht hingegen durch ein nationales Bibliotheksgesetz begründet.

Die (Land-)Kreise sind als Kommunalverbände ebenfalls am Bibliothekswesen beteiligt. Einige z.B. unterhalten Kreis- oder Kreisergänzungsbibliotheken – teilweise gemeinsam mit der Bibliothek der Kreisstadt. Andere haben eine rechtsfähige kommunale Stiftung errichtet, die ihrerseits Trägerin der Kreisbibliothek ist (so z.B. der Kreis Ostholstein in Eutin). Einzelne Kreise sind auch Träger von Fahrbibliotheken.

In den 1980er- und 1990er-Jahren haben sich einige Gemeinden entschlossen, für ihre Öffentliche Bibliothek eine andere als die übliche Rechtsform (die Bibliothek als Teil der Stadtverwaltung) zu wählen: Eigenbetrieb, gGmbH oder GmbH. Diese sind zwar privatrechtlich konstituiert, bleiben aber auf externe Finanzierung durch die Kommune angewiesen. Man erhoffte sich davon eine stärker an wirtschaftlichen Grundsätzen orientierte und vor allem flexiblere Betriebsform. Bekannt wurden vor allem Fälle einer Bibliotheks-GmbH in Gütersloh, Monheim und Siegburg; in Schriesheim wurde eine GmbH-Lösung nach zehn Jahren wieder rückgängig gemacht. Gegenwärtig deuten die Anzeichen darauf, dass die privatrechtliche Trägerschaft sich nicht zu einer ernsthaften Alternative zur Öffentlichen Bibliothek als Teil der Stadtverwaltung entwickeln wird.

Die Aufwendungen staatlicher und kommunaler Instanzen für die Bibliotheken werden in der Bundesrepublik nicht durch besondere Gesetze bestimmt oder vorgeschrieben:

- Der Bund ist für eine solche Gesetzgebung, die etwa in den skandinavischen Ländern selbstverständlich ist, nicht zuständig; es erscheint nicht einmal ein Bibliotheksförderungsgesetz realisierbar, wie es in den ebenfalls föderal strukturierten USA mit dem Library Services and Construction Act zustande gekommen ist.
- Die Länder wollen sich in ihren Aufwendungen für kommunale oder kirchliche Bibliotheken nur ungern langfristig festlegen, zumal die Aufwendungen

der Länder und Gemeinden für Bibliotheken mit jenen für andere kulturelle Einrichtungen (Museen, Theater, Orchester) konkurrieren.
- Bei den Gemeinden besteht darüber hinaus die Befürchtung, dass der Bereich ihrer freiwilligen Aufgaben und des Spielraums freier Selbstverwaltung durch den Erlass von Bibliotheksförderungsgesetzen der Länder eingeengt werden könnte.

Auf Seiten vieler Gemeinden ist die Bedeutung eines Netzes leistungsfähiger Öffentlicher Bibliotheken in der Informationsgesellschaft bislang verkannt worden. Es ist daher bislang nicht im notwendigen Maße zur gemeinsamen Finanzierung der für solche Systemstrukturen erforderlichen Infrastruktureinrichtungen und -maßnahmen gekommen.

Die Länder sind Träger zahlreicher Wissenschaftlicher Bibliotheken. Sie betreiben Landes- und Staatsbibliotheken und als Träger der meisten Hochschulen auch die überwiegende Zahl der Hochschulbibliotheken, dazu Bibliotheken anderer landeseigener Einrichtungen, z.B. Museumsbibliotheken und Bibliotheken landeseigener Forschungs- oder Bildungsinstitutionen. Auch die bibliothekarischen Studienstätten werden von den Ländern unterhalten. Weitere Infrastruktureinrichtungen wie die Verbundzentralen stehen ebenfalls in der Trägerschaft der Länder. Darüber hinaus fördern oder ermöglichen die Länder durch entsprechende Mittel konkrete Maßnahmen und Projekte wie Sondersammelgebietsprogramme, Fortbildungskurse, Arbeitstagungen bibliothekarischer Verbände oder die Veröffentlichung von Fachzeitschriften. In den wenigen Bundesländern, in denen zur Förderung Öffentlicher Bibliotheken und zur Schaffung gleichwertiger Verhältnisse bei der allgemeinen Literatur- und Informationsversorgung Fördermittel bereitgestellt werden, obliegt deren sinnvolle Verteilung den von den Ländern eingerichteten bzw. von ihnen geförderten Staatlichen Büchereistellen für Öffentliche Bibliotheken bzw. Büchereizentralen. Sie spielen für die Gesamtentwicklung des Bibliothekswesens, vor allem in den ländlichen Gebieten und in den Flächenstaaten, eine wichtige Rolle.

Wegen der Kulturhoheit der Länder tritt der Bund nur in wenigen Fällen als Bibliotheksträger in Erscheinung. Zu den wichtigsten Bibliotheken in seiner Trägerschaft gehört *Die Deutsche Nationalbibliothek* (Leipzig, Frankfurt am Main) (↗3.3.1). In ihr wird das gesamte deutsche Schrifttum seit 1913 gesammelt, aufbewahrt und erschlossen. Außerdem ist der Bund Träger der Bibliothek des *Deutschen Bundestages,* der Bibliotheken der obersten Bundesbehörden, der Bundesgerichte und zahlreicher Bundesforschungsanstalten.

Institutionen, deren Funktion ganz oder zum großen Teil über die eigene Region hinausgeht, werden aufgrund der Rahmenvereinbarung Forschungsförderung gemäß Art. 91 b GG von Bund und Ländern gemeinsam finanziert. Es sind dies die Einrichtungen der *Wissenschaftsgemeinschaft Gottfried Wilhelm Leibniz* (WGL, früher Einrichtungen der *Blauen Liste* genannt), unter ihnen die drei Zentralen Fachbibliotheken in Köln/Bonn (Medizin), Hannover (Technik) und Kiel/Hamburg (Wirtschaft).

Eine Sonderstellung nehmen Bibliotheken ein, die auf Stiftungen öffentlichen Rechts gründen. Solche Stiftungen sind rechtsfähige juristische Personen mit eigenen Organen, d.h. in der Regel einem Stiftungsrat (auch: Verwaltungsrat) und einem Vorstand oder Präsidenten. Durch ihre Organe regeln sie ihre Angelegenheiten selbstständig. Finanziell sind sie freilich von den Zuwendungen der Stifter und damit von den jährlichen Haushaltsentscheidungen der betreffenden Gebietskörperschaften abhängig. Als überregional bedeutende Einrichtungen zu erwähnen sind in diesem Zusammenhang

- die *Staatsbibliothek zu Berlin*, die sich in der Trägerschaft der *Stiftung Preußischer Kulturbesitz* befindet: eine wissenschaftliche Universalbibliothek von Weltrang
- die *Herzogin Anna Amalia Bibliothek* in Weimar, getragen von der *Stiftung Weimarer Klassik:* die führende Spezialbibliothek zur Literatur der Deutschen Klassik
- die Hauptbibliothek der *Franckeschen Stiftungen* in Halle, unterhalten von den *Franckeschen Stiftungen:* eine einzigartige Spezialbibliothek zu Pietismus und Frühaufklärung
- die *Zentral- und Landesbibliothek Berlin* in Trägerschaft der gleichnamigen Stiftung: eine Einrichtung, die sowohl als Öffentliche Bibliothek wie auch als Wissenschaftliche Stadtbibliothek und als Fachbibliothek für die Senatsverwaltung von Bedeutung ist.

Als Körperschaften öffentlichen Rechts, die als Träger von Bibliotheken auftreten, sind schließlich noch die Industrie- und Handelskammern zu nennen. Mehrere von ihnen unterhalten bedeutende Bibliotheken, so etwa die *Handelskammer Hamburg* (Commerzbibliothek) oder die *Industrie- und Handelskammer in Köln*. Einrichtung und Unterhaltung werden durch die Organe der Kammern, d.h. die Mitgliederversammlung und den Präsidenten geregelt; für die laufenden Angelegenheiten ist der Geschäftsführer verantwortlich. Die Kammern finanzieren sich aus den Beiträgen der Mitgliedsfirmen.

3.1.2 Die Kirchen

Unter den kirchlichen Bibliotheksträgern sind zunächst die Gebietskörperschaften der unteren und der oberen Ebene, d.h. einerseits Pfarreien (Pfarrgemeinden, Kirchengemeinden), andererseits Landeskirchen bzw. Bistümer (Diözesen) zu nennen.

Viele Pfarreien sind Träger kleinerer Öffentlicher Bibliotheken mit meist nur einigen tausend Bänden und fast ausschließlich ehrenamtlicher Leitung. Um ihre Aufgaben vor allem im Bereich der Kinder- und Jugendbüchereiarbeit qualifiziert erfüllen zu können, kooperieren diese Bibliotheken – je nach ihrer Zugehörigkeit – mit dem *Evangelischen Literaturportal e.V.* (eliport) – dem früheren *Deutschen Verband Evangelischer Büchereien* (DVEB) – oder mit dem katholischen *Borromäusverein (BV)* bzw. in Bayern dem *St. Michaelsbund*, deren Zweck die Förderung, Koordinierung und öffentliche Vertretung der kirchlichen Büchereiarbeit ist.

Die Einrichtung und Unterhaltung einer Öffentlichen Bücherei der Pfarrgemeinde ist Sache der zuständigen Entscheidungsträger, zunächst des Pfarrers, aber auch der ihm nach innerkirchlichem und staatlichem Recht zur Seite stehenden oder die Kirchengemeinde rechtlich vertretenden Gremien, d.h. des Gemeindekirchenrats (auch andere Bezeichnungen wie z.B. Presbyterium kommen vor) bzw. des Pfarrgemeinderats und des Kirchenvorstands. Die kirchlichen Gebietskörperschaften der oberen Ebene treten normalerweise als Förderer, nicht als Träger Öffentlicher Bibliotheken auf. Sowohl die evangelischen Landeskirchen als auch die katholischen Bistümer (Diözesen) unterhalten Büchereistellen, die in Aufgaben und Arbeitsweise durchaus den Staatlichen Büchereistellen bzw. Büchereizentralen entsprechen, d.h. sie sind vor allem in der Beratung und Unterstützung der Pfarrbibliotheken in ihrem Zuständigkeitsbereich tätig.

Die meisten Landeskirchen und die Bistümer (Diözesen) sind darüber hinaus Träger von Landeskirchlichen Bibliotheken bzw. Bistumsbibliotheken (Diözesanbibliotheken), die als Fachbibliotheken geisteswissenschaftlicher Prägung einen integralen Teil des Typs „Wissenschaftliche Spezialbibliothek" bilden. Ihre Einrichtung und Unterhaltung ist Sache der Kirchenleitung, d.h. des Bischofs und der nach den jeweiligen Vorschriften zuständigen Gremien (Synode, Kirchensteuerrat u.ä.). Insgesamt existieren in Deutschland rund 250 kirchlich-wissenschaftliche Bibliotheken, von denen die meisten in der *Arbeitsgemeinschaft katholisch-theologischer Bibliotheken* (AkthB) und im *Verband kirchlich-wissenschaftlicher Bibliotheken* (VkwB) organisiert sind. Die Diözesanbibliotheken übernehmen als Regionalbibliotheken die Literaturversorgung der jeweiligen Bistümer. Ihre Bestände und Dienstleistungen stehen nicht nur den haupt- und ehrenamtlichen kirchlichen Mitarbeitern, Wissenschaftlern und in Ausbildung oder Studium befindlichen Personen zur Verfügung, sondern grundsätzlich auch der Allgemeinheit. Beispielhaft sind die Erzbischöfliche Dom und Diözesanbibliothek in Köln, die Martinus-Bibliothek – Wissenschaftliche Diözesanbibliothek im Priesterseminar – in Mainz, die Priesterseminarbibliothek in Trier, die Diözesanbibliotheken in Münster und Würzburg, die Dombibliotheken in Freising und Hildesheim sowie die Erzbischöfliche Akademische Bibliothek in Paderborn zu nennen.

Die kirchlichen Hochschulen, Fakultäten und Fachhochschulen der Bistümer, Orden und anderer kirchlicher Träger besitzen ebenfalls umfangreiche Bibliotheken zur Literaturversorgung von Forschung und Studium. Angelehnt an die meist mit geisteswissenschaftlich, theologisch-philosophischen und sozialen Schwerpunkten ausgerichteten Studienangebote bieten sie ihren Wissenschaftlern und Studenten entsprechende Literatur und Medien. Die Theologisch-Philosophischen Hochschulen St. Georgen in Frankfurt a. M., Benediktbeuern und

Vallendar und die Priesterseminarbibliothek in Fulda sowie die katholischen Fachhochschulen mit ihren Bibliotheken sind bekannte Beispiele der kirchlichen Hochschulbibliotheken. Eine Ausnahmestellung nimmt die Bibliothek der Katholischen Universität Eichstätt bezüglich ihrer Größe und Bestandsvielfalt ein.

Eine besondere Gruppe unter den kirchlichen Bibliotheksträgern bilden die katholischen Ordensgemeinschaften. Die Ordens- und Klosterbibliotheken bieten ein sehr differenziertes Bibliotheksbild. Abhängig von Geschichte, Ordensprofil und Aufgaben der jeweiligen Bibliotheken sind Bestandszahlen und inhaltliche Struktur sehr unterschiedlich. Sie reichen von großen theologisch-philosophischen Bibliotheken, wie z.B. in den Benediktinerabteien Maria Laach und Beuron, bis hin zu kleineren Spezialbibliotheken mit überwiegend ordensspezifischen Publikationen oder theologischen Gebrauchsbibliotheken. Dabei finden sich neben der aktuellen theologisch-philosophischen Literatur und Literatur anderer Wissensgebiete auch vielfältige historische Bestände an Handschriften, Inkunabeln und alten Drucken. Da die Ordensgemeinschaften nicht über Kirchensteuermittel verfügen, müssen sich diese Bibliotheken allein aus ihren beschränkten Eigenmitteln finanzieren.

3.1.3 Der private Sektor

Private Bibliotheksträger können Vereine bürgerlichen Rechts (e.V.), wirtschaftliche Unternehmen – so z.B. Aktiengesellschaften (AG), Gesellschaften mit beschränkter Haftung (GmbH) –, Stiftungen bürgerlichen Rechts oder auch natürliche Personen sein; letzteres trifft vor allem im Fall der Adelsbibliotheken zu.

Eingetragene Vereine (e.V.), die eine Bibliothek einrichten und unterhalten, kommen besonders im Bereich der Organisationen mit wirtschaftlichen Interessen vor; dazu gehören auch verschiedene große berufsständische Vereinigungen mit ortsfesten Zentralen, beispielsweise das *Stahlinstitut VDEh*, früher *Verein Deutscher Eisenhüttenleute* oder der *Verein Deutscher Gießereifachleute* (VDG), beide Düsseldorf. Außerdem bestehen eingetragene Vereine mit ausschließlich ideeller Zielsetzung, die Träger eigener Bibliotheken sind, wie das *Sorbische Institut e.V.* in Bautzen als Träger der *Sorbischen Zentralbibliothek*, die *Deutsche Schillergesellschaft e.V.* als Trägerin des *Schiller-Nationalmuseums/Deutsches Literaturarchiv*, der *Deutsche Alpenverein e.V. (DAV)* in München u.a.m. Mitunter ist eine derartige Bibliothek selbst als eingetragener Verein organisiert und hat daher gar keinen ihr übergeordneten Träger, wie etwa die Bibliothek des *Deutschen Jugendinstituts e.V.* in München. Die Vereinsbibliotheken gehören durchweg in die Gruppe der Spezialbibliotheken; über ihre Einrichtung und Unterhaltung entscheiden die nach Vereinsrecht des BGB und der jeweiligen Satzung zuständigen Organe (Vorstand, Beirat, Mitgliederversammlung).

Die Rechtsform einer Stiftung privaten Rechts wird für die Trägerschaft einer Bibliothek nur selten gewählt, und zwar hauptsächlich dann, wenn es um die dauerhafte und maßgebliche Beteiligung bestimmter Institutionen an der zukünftigen Gestaltung der Bibliothek geht; diese wird durch Mitgliedschaft in dem Kuratorium, dem Entscheidungsorgan der Stiftung, sichergestellt. Ein Beispiel hierfür bietet die *Johannes a Lasco Bibliothek Große Kirche Emden*, die sich in rein kirchlicher Trägerschaft befand, ehe sie im Jahre 1993 als Stiftung bürgerlichen Rechts verselbstständigt worden ist. Ein anderes Beispiel ist die *Stiftung Bibliothek des Ruhrgebiets* in Bochum (Stiftung privaten Rechts), die im Jahre 1998 gemeinsam von mehreren privat- und öffentlich-rechtlich organisierten Körperschaften gegründet worden ist.

Einzelne große wirtschaftliche Unternehmen sind – mittlerweile jedoch immer seltener – Träger Öffentlicher Bibliotheken, häufig Werkbibliotheken genannt; wesentlich verbreiteter ist der Unterhalt von firmeneigenen Fachbibliotheken, oft werden beide auch kombiniert. Die Einrichtung und Unterhaltung beider Typen obliegt den Organen des Unternehmens, d.h. im Falle der AG dem Vorstand, im Falle der GmbH den Geschäftsführern; Grundsatzentscheidungen sind dem Aufsichtsrat bzw. Verwaltungsrat vorbehalten. Im Falle unternehmenseigener Fachbibliotheken zeichnen sich interessante Entwicklungen ab. Aus den früher klassischen Bibliotheken sind z.T. integrierte Informationsabteilungen, Information Resource Center oder Abteilungen für Wissensmanagement geworden, die nicht nur die früher getrennt arbeitenden institutionseigenen Archive, Bibliotheken und Dokumentationsstellen vereinen und ersetzen, sondern darüber hinaus neue Dienstleistungen des Informations- und Wissensmanagements erbringen (↗3.3).

Es gibt aufgrund der gesellschaftlichen Entwicklung nur noch wenige Einzelpersonen als Träger von Bibliotheken, die in einer Gesamtdarstellung des Bibliothekswesens erwähnt werden müssen. Dabei handelt es sich zumeist um das nach außen verantwortliche Familienmitglied („Chef des Hauses") einer Adelsfamilie, die über eine bedeutsame Adelsbibliothek verfügt. Die Adelsbibliotheken stellen einen Bibliothekstypus dar, dessen Bedeutung kontinuierlich zurückgegangen ist, der für spezielle geisteswissenschaftliche Forschung aber noch eine wichtige Rolle spielen kann. Die Entscheidungen werden von der adligen Familie getroffen und vom Chef des Hauses rechtlich vertreten. Als Beispiele mögen die *Fürstlich Hohenzollernsche Hofbibliothek* in Sigmaringen, die *Fürstlich Leiningensche Bibliothek* in Amorbach/Odenwald und die *Gräflich Solms-Laubach'sche Bibliothek* in Laubach/Hessen dienen.

3.2 Bibliotheksförderung

Organisierte private Bibliotheksförderung hat sich in Deutschland erst in neuester Zeit wirklich durchgesetzt. Heute gibt es eine größere Anzahl von Fördervereinen zur Unterstützung von Bibliotheken. Sie sammeln Spenden und Beiträge, aus denen Veranstaltungen besonderer Art finanziert und die zusätzliche Beschaffung von Ausstattungsgegenständen und Medien aller Art ermöglicht werden.

Derartige Vereine, vielfach „Förderverein", „Bibliotheksgesellschaft", „Freunde der Stadtbibliothek" o.ä. genannt, gibt es sowohl zur Förderung der Öffentlichen Bibliotheken in Großstädten wie z.B. Bremen als auch in kleineren Städten wie etwa Jülich und sogar in Stadtteilen (Würzburg-Heidingsfeld). Auch eine Reihe Wissenschaftlicher Bibliotheken wird mittlerweile durch Fördervereine unterstützt: *Herzog August Bibliothek* Wolfenbüttel, *Franckesche Stiftungen* Halle an der Saale, *Sächsische Landesbibliothek – Staats- und Universitätsbibliothek Dresden, Universitätsbibliothek Heidelberg, Martin-Opitz-Bibliothek* Herne u.a.

Eine erwähnenswerte (wenn auch nur mittelbare) Förderung des Bibliothekswesens leisten Bund und Länder durch die Zahlung einer Bibliothekstantieme an die Verwertungsgesellschaft Wort (VG WORT). Auf diese Weise werden die Ansprüche von Verlegern und Autoren aus der Nutzung der Bücher in frei zugänglichen Bibliotheken öffentlicher, kirchlicher und privater Träger pauschal abgegolten. Da eine vollständige Erfassung aller Entleihvorgänge in jeder einzelnen Bibliothek undurchführbar ist, liefern die Deutsche Bibliotheksstatistik und repräsentative Einzeluntersuchungen die Anhaltspunkte für die Höhe der Pauschale. Eine entsprechende Regelung für die Ausleihe von Tonträgern wurde mit der Gesellschaft für musikalische Aufführungs- und mechanische Vervielfältigungsrechte (GEMA) vereinbart, eine Regelung für angewandte Kunst und für Lichtbild-, Film- und Fernsehwerke mit der VG BILD-KUNST. Durch diese Regelungen sollte bislang gesichert werden, dass bei der Nutzung der Medien in den Bibliotheken keine eigenen Gebühren entstehen, die aus Autoren- und Verlegeransprüchen resultieren.

3.3 Die verschiedenen Arten von Bibliotheken (Bibliothekstypologie)

Im Spektrum bibliothekarischer Informationseinrichtungen hat sich eine große Vielfalt entwickelt. Zur Unterscheidung der einzelnen Typen wurden in der Vergangenheit Kriterien entwickelt und in unterschiedlicher Gewichtung und Kombination angewendet. In der herkömmlichen Bibliothekstypologie waren dies u.a.:

- der Umfang der Bestände
- die Art der Bestände
- der Versorgungsbereich
- die Zielgruppen
- die Trägerinstitution
- die Hauptfunktionen der Bibliothek
- die Rechtsform.

Zukünftig dürften folgende Kriterien stärker in den Vordergrund treten, wenn es um Typisierung bibliothekarischer Informationseinrichtungen geht:
- Art und Anteil digitaler Medien
- Art und Anteil virtuell zugänglicher Informationsressourcen
- Art und Umfang digital basierter Informationsdienstleistungen
- Art und Umfang virtueller Informationsdienstleistungen
- Bindungen an neue Partner (z.B. Rechenzentrum einer Universität, Volkshochschule), die von strategischen Allianzen bis zur Verschmelzung gehen können
- Relation und Gewichtung des physischen Standortes und der virtuellen Zugänglichkeit bibliothekarischer Bestände und Informationsdienstleistungen.

Die Kennzeichnung bestimmter Gruppen von Bibliotheken nach dem Umfang der Bestände ist im öffentlichen Bibliothekswesen gebräuchlich und dort von einiger praktischer Bedeutung: Man unterscheidet Großstadtbibliotheken (die i.d.R. sechsstellige Bestandszahlen aufweisen) von Mittel- und Kleinstadtbibliotheken (mit wesentlich geringeren Bestandszahlen); die Kennzeichnung nach der Art der Bestände kann als eines von mehreren Merkmalen der generellen Unterscheidung zwischen Öffentlichen und Wissenschaftlichen Bibliotheken herangezogen werden. Konstitutiv aber ist das Kriterium „Art der Bestände" für die Unterscheidung zwischen Universal- und Spezialbibliotheken.

Die Unterscheidung nach dem Versorgungsbereich ist nützlich, um einerseits auf die Nutzungsberechtigung bestimmter Personenkreise abzuheben, andererseits um auf den Unterhaltsträger hinzuweisen; sie zeigt sich in Namen wie Stadt- und Regionalbibliothek, Universitäts- und Landesbibliothek, *Deutsche Zentralbibliothek für Medizin* o.ä.

Die Einteilung nach den Zielgruppen drückt sich z.B. in der Unterscheidung von Wissenschaftlichen und Öffentlichen Bibliotheken aus. Spricht man von Wissenschaftlichen Bibliotheken, sind damit Bibliotheken gemeint, deren spezifische Aufgabe die Versorgung wissenschaftlich interessierter Nutzer ist. Spricht man von Öffentlichen Bibliotheken, so meint man damit Bibliotheken für die breite Öffentlichkeit, die im Unterschied zu den Wissenschaftlichen Bibliotheken eine höchst heterogene Benutzerschaft ansprechen. Bis zur Mitte des 20. Jahrhunderts wurde der Begriff Volksbücherei verwendet, der dann durch die Übersetzung des angloamerikanischen Begriffs *Public Library* (Öffentliche Bibliothek) ins Deutsche abgelöst wurde. Hinsichtlich der Bestände und Benutzer kann es z.B., was wissenschaftliche Grundlagenliteratur betrifft, in Großstädten Überschneidungen zwischen Öffentlichen und Wissenschaftlichen Bibliotheken geben.

Die Unterscheidung der Bibliotheken nach Trägern dient vor allem dazu, die Verantwortlichkeit einer Körperschaft oder Organisation für eine bestimmte Bibliothek zu verdeutlichen: Stadtbibliothek, Hochschulbibliothek, Institutsbibliothek, Verwaltungsbibliothek, Betriebsbücherei. Die Rechtsform ist i.d.R.

abhängig von der Trägerschaft; die meisten Bibliotheken sind rechtlich unselbstständiger Teil des Trägers.

Nach den Hauptfunktionen können z.B. Gebrauchsbibliotheken von Archivbibliotheken unterschieden werden oder Zentralbibliotheken von Zweigbibliotheken, aber auch Wissenschaftliche von Öffentlichen Bibliotheken.

Die aufgeführten Einteilungskriterien sind keineswegs in jedem Fall eindeutig, sondern überlappen sich in vielfältiger Weise. Hinzu tritt eine weitere Schwierigkeit: Oft tragen Bibliotheken z.B. aus historischen Gründen einen Namen wie etwa „Stadtbibliothek", der zunächst die typologische Zuordnung zum Typus Öffentliche Bibliothek und eine kommunale Trägerschaft nahe legt. Dabei kann es sich tatsächlich aber durchaus um eine wissenschaftliche Spezialbibliothek oder um eine Universalbibliothek handeln, deren Träger und Versorgungsbereich eine Hochschule ist. Aus dem Eigennamen der Bibliothek darf nicht ohne Weiteres auf ihre Funktion, ihren Träger und den Versorgungsbereich geschlossen werden, wie die folgenden Beispiele zeigen:

Tabelle 13: Vieldeutigkeit bibliothekarischer Eigennamen

Name	Bibliothekstyp	Träger	Versorgungsbereich
Stadt- und Regionalbibliothek Erfurt	ÖB, Wiss. StB	Stadt Erfurt	Erfurt und Umgebung
Stadtbibliothek Rostock	ÖB	Stadt Rostock	Rostock und Umgebung
Stadt- und Landesbibliothek Dortmund	ÖB, Wiss. StB	Stadt Dortmund	Dortmund und Region
Stadt- und Landesbibliothek Potsdam	ÖB, LB	Stadt Potsdam mit Landeszuschüssen	Potsdam und Land Brandenburg
Universitäts- und Stadtbibliothek Köln	UB mit SSG	Land Nordrhein-Westfalen	Universität Köln, Region Rheinland, für die Literatur des SSG: Deutschland
Städtische Bibliotheken Braunschweig	ÖB, Wiss. StB	Stadt Braunschweig	Braunschweig und Umgebung
Staatsbibliothek Bamberg	Regionalbibliothek	Freistaat Bayern	Reg.-Bez. Oberfranken

Der „Bibliotheksplan '73" (↗4.1) und das Positionspapier „Bibliotheken '93" machen den Bedarf, d.h. den Versorgungsbereich zum entscheidenden Kriterium und unterteilen die deutschen Bibliotheken in vier Funktionsstufen:

- Funktionsstufe 1: Grundbedarf und erweiterter Grundbedarf
- Funktionsstufe 2: Gehobener Bedarf
- Funktionsstufe 3: Spezialisierter Bedarf
- Funktionsstufe 4: Hochspezialisierter Bedarf.

*Tabelle 14: Bibliothekstypologie nach Bedarf und Versorgungsbereich gemäß „Bibliotheksplan '73"
und „Bibliotheken '93"*

Raum-ordnung	Kleinzentrum, Unterzentrum	Mittel-zentrum	Ober-zentrum	Landesebene	Bundes-ebene
Bedarf	Grundbedarf	Erweiterter Grundbedarf	Gehobener Bedarf	Spezialisierter Bedarf	Hochspe-zialisierter Bedarf
Funktions-stufe	Funktions-stufe 1	Funktions-stufe 1 (er-weitert um zusätzliche Merkmale)	Funktions-stufe 2	Funktions-stufe 3	Funktions-stufe 4
wichtigste Funktionen	Information für d. öf-fentl. Leben, schul. u. berufl. Ausbildung, Beruf, Alltag, Freizeit Leseförderung Integration verschiedener Bevölkerungs-gruppen Kulturarbeit	Bestands-zentrum Leih-verkehrs-zentrale	Wissen-schaftl. Betätigung Lern-zentrum Ausgebaute multimediale Angebote	Information u. Medien für Forschung u. Lehre Aus-, Weiter- u. Fortbildung auch in spez. Bereichen Wirtschafts-information	Umfassende Medien-bestände Sammlung dokumentar. Materials Archivierung
Bibliotheken	ÖB der Grundver-sorgung	Mittelpunkt-bibliotheken	ZB groß-städtischer Bibliotheks-systeme	Hochschul- u. Landesbiblio-theken Spezialbiblio-theken ZB großer Großstädte	DNB große Staats-bibliotheken Zentrale Fach-bibliotheken SSG-Bibliotheken Slg. Dt. Drucke Spezial-bibliotheken
Kooperation	Funktionale Einheit in Verbundform, möglichst als System Leihverkehr		Zentrale ei-nes lokalen oder regio-nalen Biblio-thekssystems	Katalogi-sierungs-verbünde Leihverkehr Mitarbeit an Fachportalen	Zentrale Dienst-leistungen Arbeits-teiliger Bestands-aufbau Leihverkehr

Im Folgenden wird in der Regel die Hauptfunktion der einzelnen Bibliothek zum unterscheidenden, typisierenden Merkmal gemacht. Daneben können an-dere Merkmale eine zusätzliche Rolle spielen; das gilt etwa für die Landes- und anderen Regionalbibliotheken, bei denen hinsichtlich Aufgabenstellung und Trägerschaft zahlreiche Mischformen vorkommen. Der einzelne Typ wird nur in den für ihn wesentlichen Zügen beschrieben. Lediglich in Ausnahmefällen werden konkrete, dem einzelnen Typus zugehörige Bibliotheken in einer knappen Skizze vorgestellt.

Der Frage, ob bzw. wie weit sich die Unterschiede zwischen den herkömmlichen Typen von Bibliotheken auf der Grundlage digitaler Informationstechnik und weltweiter Vernetzung verwischen werden, kann an dieser Stelle nicht nachgegangen werden. Fest steht jedoch, dass mit der Digitalen, der Virtuellen und der Hybriden Bibliothek neue Formen entstanden sind, die auf die jüngste technische Entwicklung zurückgehen und nicht leicht in die bisherige Bibliothekstypologie eingeordnet werden können. Dies hängt auch damit zusammen, dass z.B. die Virtuelle Bibliothek nicht wie alle bisherigen Bibliothekstypen mit nur einem oder wenigen physischen Orten verbunden werden kann.

3.3.1 Nationalbibliothek und nationalbibliothekarische Aufgaben
Für die Bundesrepublik Deutschland erfüllt die *Deutsche Nationalbibliothek* jene Aufgaben, die nach einem international anerkanntem Standard (UNESCO-Kriterien) als eindeutige Kennzeichen einer Nationalbibliothek gelten: Sie sammelt und archiviert (allerdings erst von 1913 an) das nationale Schrifttum sowie die entsprechenden Tonträger und Musikalien vollständig, erschließt diese Sammlung durch Erarbeitung und Veröffentlichung der Nationalbibliografie und macht sie an ihren Standorten Leipzig und Frankfurt am Main für jedermann frei zugänglich. Das zur DNB gehörende ursprünglich in Berlin angesiedelte *Deutsche Musikarchiv* (DMA) ist im Frühjahr 2011 in den jüngsten Anbau der Deutschen Bücherei, Leipzig, umgezogen. Um auch den Erscheinungszeitraum vor 1913 zu berücksichtigen, ist mit der „Arbeitsgemeinschaft Sammlung Deutscher Drucke" (↗4.5.1) seit 1989 eine virtuelle Nationalbibliothek geschaffen worden. Zu den sechs beteiligten Bibliotheken gehört auch die DNB.

Während die Nationalbibliotheken zahlreicher anderer Staaten darüber hinaus das wissenschaftliche Schrifttum fremder Sprachen und Kulturen in repräsentativer Auswahl sammeln, wird diese nationalbibliothekarische Aufgabe in Deutschland vor allem von der *Staatsbibliothek zu Berlin – Preußischer Kulturbesitz* und der *Bayerischen Staatsbibliothek* in München erfüllt. Unter fachlichen Gesichtspunkten wird die fremdsprachige wissenschaftliche Literatur darüber hinaus auf der Grundlage des „Sondersammelgebietsplans" der *Deutschen Forschungsgemeinschaft* erworben, in den neben 23 Staats- und Universitätsbibliotheken sowie 12 Spezialbibliotheken auch die drei Zentralen Fachbibliotheken eingebunden sind (↗3.3.4, ↗4.5.1). Auf diese Weise ist (natürlich unter Einschluss der SBB und der BSB) eine verteilte nationale Forschungsbibliothek entstanden, deren Erwerbungsprofil alle Wissenschaftsfächer umfasst.

Die Deutsche Nationalbibliothek
Deutsche Bücherei Leipzig und *Deutsche Bibliothek* Frankfurt a. M. mit der Abteilung *Deutsches Musikarchiv* (früher Berlin, seit Frühjahr 2011 Leipzig) wurden durch den Einigungsvertrag mit Geltung vom 3. Oktober 1990 zu-

nächst unter dem Namen *Die Deutsche Bibliothek* und seit 2006 als *Deutsche Nationalbibliothek* (DNB) zusammengeschlossen. Organisiert ist die DNB als bundesunmittelbare Anstalt öffentlichen Rechts. Zur Bezeichnung überregionaler Organisationen und Institutionen in der deutschen Sprache wird gewöhnlich das Wort „deutsch" und gerade nicht das Wort „national" verwendet. So stellt sich die Frage, aus welchem Grunde der Gesetzgeber den Namen der Deutschen Bibliothek geändert hat. In der British Library hatte die Deutsche Bibliothek ein sprachlich überzeugendes Pendant.

Die *Deutsche Bücherei* war im Jahre 1912 durch den damaligen *Börsenverein der Deutschen Buchhändler* zu Leipzig mit Unterstützung der Stadt Leipzig und des Königreichs Sachsen in Leipzig gegründet worden; die *Deutsche Bibliothek* entstand im Jahre 1946 auf verlegerische und bibliothekarische Initiative mit Unterstützung der Stadt Frankfurt am Main und mit Zustimmung der US-amerikanischen Militärregierung, das *Deutsche Musikarchiv* schließlich im Jahre 1970 durch bundesgesetzlichen Auftrag in Berlin (West). Die Zugehörigkeit der *Deutschen Bücherei* zur DDR und der *Deutschen Bibliothek* einschließlich des Deutschen Musikarchivs zur (alten) Bundesrepublik hat die Entwicklung dieser Einrichtungen jahrzehntelang maßgeblich bestimmt.

Die Deutsche Nationalbibliothek ist u.a.:

- zentrale Archivbibliothek der deutschsprachigen Literatur und der Germanica (im Ausland erschienene Übersetzungen deutschsprachiger Werke und der dort veröffentlichten Literatur über Deutschland) für den Erscheinungszeitraum ab 1913
- zentrale Archivbibliothek der in Deutschland erschienenen fremdsprachigen Literatur (ab 1913)
- Deutschlands zentrales Musikarchiv (für Tonträger ab 1970 und für Musikalien ab 1973)
- zentrale Sammelstelle der Exilliteratur 1933–1945
- Trägerin weiterer bedeutender Sondersammlungen (Sozialistica, Plakate, Patentschriften, Dokumente internationaler Organisationen, Reichsbibliothek von 1848)
- öffentliche Präsenzbibliothek an den beiden Standorten Leipzig und Frankfurt am Main
- nationalbibliografisches und nationales musikbibliografisches Informationszentrum
- deutsche Partnerin in internationalen Gremien wie IFLA, CENL, LIBER und in internationalen Projekten wie The European Library (TEL) und Europeana
- Trägerin der Arbeitsstelle für Standardisierung (AfS) und damit Koordinatorin für die Entwicklung bibliothekarischer Standards und Normen (Regelwerke, Normdateien, Datenformate)

- Betreiberin und Koordinatorin der Deutschen Digitalen Bibliothek (DDB), des gemeinsamen Projektes von Bund, Ländern und Kommunen, das den deutschen Beitrag zur Europeana umfasst
- Koordinatorin von nestor, dem Kompetenznetzwerk Langzeitarchivierung und Langzeitverfügbarkeit digitaler Ressourcen
- nationales ISSN-Zentrum
- Herausgeberin der Zeitschrift „Dialog mit Bibliotheken", in der zweimal jährlich über die Aktivitäten und Dienstleistungsangebote der DNB informiert wird.

Als zentrale Archivbibliothek sammelt die Deutsche Nationalbibliothek in erster Linie sämtliche seit dem 1. Januar 1913 erschienenen deutschsprachigen Publikationen (Sprachkreiskonzeption) sowie im Inland erschienene fremdsprachige Publikationen (Territorialkonzeption). Zunächst lieferten viele, nicht alle Verlage je ein Exemplar einer jeden Neuerscheinung freiwillig ab, später (1969) wurde mit dem *Gesetz über die Deutsche Bibliothek* das Pflichtexemplarrecht in der Bundesrepublik eingeführt. Seit der Vereinigung Deutschlands liefern die Verlage je zwei Exemplare ihrer Veröffentlichungen ab; von diesen ist eines für Leipzig und eines für Frankfurt am Main bestimmt. Die dafür notwendige Grundlage wurde 2006 mit dem Gesetz über die Deutsche Nationalbibliothek (DNBG) grundlegend aktualisiert und zuletzt 2009 geringfügig modifiziert. Ausländische Verlage sind durch die gesetzlichen Regelungen in Deutschland nicht gebunden; ein Großteil der Verlage des deutschsprachigen Auslands gibt gleichwohl die deutschsprachigen Veröffentlichungen freiwillig in zwei Exemplaren ab. Fehlendes wird von der Deutschen Nationalbibliothek gekauft. Ähnliches gilt für die Germanica, die teils von ausländischen Verlagen freiwillig geliefert, teils von ausländischen Nationalbibliotheken im Tausch geschickt, teils käuflich erworben werden.

Als zentrales Musikarchiv für die Bundesrepublik erhält die Deutsche Nationalbibliothek aus der laufenden Produktion der deutschen Musikverleger und Tonträgerhersteller je zwei Pflichtexemplare, aus Österreich und der deutschsprachigen Schweiz freiwillige Lieferungen; auch in diesem Bereich wird Fehlendes durch Kauf ergänzt. Die Lieferungen erfolgen an das Deutsche Musikarchiv, das im Frühjahr 2011 von Berlin in den neuerbauten Anbau der DNB in Leipzig umgezogen ist.

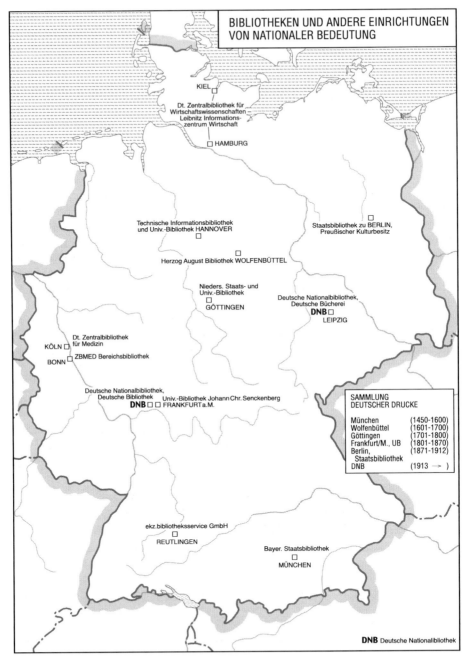

Karte 1: Bibliotheken und andere Einrichtungen von nationaler Bedeutung

Mit (Stand: 2011) über 26 Mio. Medieneinheiten ist die Deutsche Nationalbibliothek heute die mit Abstand größte Bibliothek in Deutschland, die Abteilung Deutsches Musikarchiv mit einem Bestand von 850.000 Musikalien und über 1,5 Mio. Tonträgern die größte deutsche Musikbibliothek. Bei der Bewertung des Gesamtbestandes der DNB ist allerdings zu berücksichtigen, dass die seit 1945 erschienenen Werke zu einem großen Teil sowohl in Leipzig als auch in Frankfurt a.M. vorhanden sind und daher doppelt zählen.

Als öffentliche Präsenzbibliothek stellt die Deutsche Nationalbibliothek ihre umfangreichen Bestände in Leipzig und Frankfurt a.M. jedermann zur Nutzung in ihren Lesesälen zur Verfügung. Ihre Funktion als Archivbibliothek mit der Verpflichtung zur besonders sorgfältigen, auf Dauer angelegten Bewahrung, Erhaltung und Pflege der Medien lässt eine Ausleihe der körperlichen Medien an die Benutzer nicht zu; das Risiko von Verlust oder Beschädigung darf diese Bibliothek nicht eingehen. Aus diesem Grunde nimmt die Deutsche Nationalbibliothek auch nur in beschränktem Umfang am Leihverkehr teil; nur dann, wenn ein Fernleihwunsch in keiner der Leihverkehrsregionen befriedigt werden kann, jedoch ein Exemplar des gewünschten Titels in der Deutschen Nationalbibliothek vorhanden ist, wird dieses Exemplar zur Verfügung gestellt. Der Online-Katalog der DNB erschließt deren Gesamtbestand und umfasst damit auch die Daten der Deutschen Nationalbibliografie. Er ist zudem über die Metasuche des KVK adressierbar. Die DNB-Katalogdaten wurden in den WorldCat eingespielt und sind schließlich über das CENL-Projekt „The European Library (TEL)" recherchierbar. TEL bietet via Metasuche Zugang zu den Beständen von 48 europäischen Nationalbibliotheken.

Die Deutsche Nationalbibliografie
Die Deutsche Nationalbibliothek kommt ihrer Aufgabe als nationalbibliografisches und nationales musikbibliografisches Zentrum nach, indem sie die Deutsche Nationalbibliografie erarbeitet und herausgibt. Ursprünglich erschien die Nationalbibliografie ausschließlich in gedruckter Form, später traten digitale Ausgaben hinzu. Seit Januar 2010 gibt es nur noch eine digitale Online-Variante. In der Nationalbibliografie werden gemäß der Territorialkonzeption alle im Inland erschienenen Publikationen verzeichnet und gemäß der Sprachkreiskonzeption darüber hinaus alle im Ausland in deutscher Sprache publizierten Materialien. Mit der Verzeichnung der fremdsprachigen Veröffentlichungen über Deutschland und der Übersetzungen deutschsprachiger Werke, die im Ausland erschienen sind, erfüllt die Deutsche Nationalbibliografie auch die Anforderungen der landeskundlichen und rezeptionsgeschichtlichen Konzeption. Der Formalerschließung liegen bis zum Umstieg auf RDA die RAK, der Sacherschließung die RSWK und die DDC zugrunde. Alle Dokumente werden nach Sachgruppen erschlossen, eine klassifikatorische Feinerschließung nach DDC erfolgt für Titel der Reihen A, B und H. In vollem Umfang nach RSWK werden (von Schulbüchern abgesehen) Titel der Reihe A erschlossen. Die Metadaten in-

ländischer Verlagspublikationen werden in hohem Umfang angereichert mit Inhaltsverzeichnissen, Klappentexten und Coverscans. Mit Ausnahme der in Reihe O angezeigten Publikationen werden alle Titel per Autopsie erschlossen. Die enorm hohe und weiter wachsende Zahl der Netzpublikationen macht deren intellektuelle Erschließung unmöglich. In diesen Fällen werden Metadaten von den Autoren übernommen, per automatischer Indexierung generiert oder durch Normdatenrelationierung gewonnen. Im Projekt PETRUS überprüft die DNB, ob Teile der intellektuellen Erschließung grundsätzlich durch automatisierte Verfahren ohne Qualitätsverlust ersetzt werden können.

Die Struktur der Deutschen Nationalbibliografie, die in mehrere Reihen gegliedert ist, lässt sich wie folgt skizzieren:

Tabelle 15: Die Deutsche Nationalbibliografie

Reihe/ Reihentitel/ Erscheinungsweise	Verzeichnete Medienarten	Anlage
Reihe A Monografien und Periodika des Verlagsbuchhandels wöchentlich	Bücher, Zeitschriften, nichtmusikalische Tonträger, weitere AV-Medien, Mikroformen, digitale offline Publikationen des Verlagsbuchhandels; seit 2004 auch die Titel der früheren Reihe G (Germanica und Übersetzungen), d.h. fremdsprachige Veröffentlichungen über Deutschland und Übersetzungen deutschsprachiger Werke, die im Ausland erschienen sind)	DDC-Hunderterklassen der zweiten Ebene 000-990
Reihe B Monografien und Periodika außerhalb des Verlagsbuchhandels wöchentlich	Bücher, Zeitschriften, nichtmusikalische Tonträger, weitere AV-Medien, Mikroformen, digitale offline Publikationen außerhalb des Verlagsbuchhandels	DDC-Hunderterklassen der zweiten Ebene 000-990
Reihe C Karten vierteljährlich	Karten, die in Deutschland, Österreich und der Schweiz erschienen sind	DDC-Klasse 910 Alphabetisch nach Sachtiteln
Reihe H Hochschulschriften monatlich	Dissertationen und Habilitationsschriften deutscher Hochschulen und deutschsprachige Hochschulschriften des Auslandes unabhängig von ihrer Erscheinungsform (Printausgaben, Mikroformen, digitale Varianten)	DDC-Hunderterklassen der zweiten Ebene 000-990
Reihe M Musikalien monatlich	Notendrucke und musikrelevante Monografien	DDC-Klassen 780-788.99
Reihe O Online-Publikationen monatlich	alle Online-Publikationen, auch Zeitschriftentitel, Print-on-demand-Publikationen, deren Grundlage eine digitale Vorlage ist	DDC-Hunderterklassen der zweiten Ebene 000-990
Reihe T Musiktonträgerverzeichnis monatlich	Musiktonträger	DDC-Klassen 780-788.99

Die einzelnen Reihen sind im Hauptteil seit 2004 nach Sachgruppen angelegt, die auf den Hunderter-Klassen der zweiten Ebene der Dewey Dezimalklassifikation (DDC) beruhen.

Bis Ende 2002 erschien als prospektive Bibliografie in wöchentlichem Rhythmus die Reihe N (Neuerscheinungen) der Deutschen Nationalbibliografie. Darin wurde das Erscheinen von Monografien und Periodika des Verlagsbuchhandels durch provisorische Titelaufnahmen vorangekündigt. Die Reihe N wurde 2003 durch einen Neuerscheinungsdienst abgelöst, der auf Verlagsmeldungen beruht. Die DNB fügt lediglich die (groben) DDC-Notationen hinzu, die für die spätere Anzeige in den Reihen A, B, C, H, M und T zu vergeben sind. Der Neuerscheinungsdienst wird zwar von der DNB erzeugt und vertrieben, ist aber im Gegensatz zur früheren Reihe N nicht mehr Teil der Nationalbibliografie.

Die Reihen der Nationalbibliografie erscheinen seit 2010 als Online-Zeitschrift im PDF-Format und werden im Katalog der Deutschen Nationalbibliothek kumuliert. Dort stehen die Daten für die kostenfreie Recherche zur Verfügung. Ein Filter ermöglicht die Suche nach einzelnen Reihen und Ausgaben (Bibliografieheften). Kunden können die PDF-Ausgaben kostenpflichtig abonnieren und gegen Aufpreis Ausdrucke der PDF-Dateien beziehen. Die Übernahme von Titeldaten der Deutschen Nationalbibliografie in den Formaten MAB, UNIMARC und MARC21 ist kostenpflichtig und über den *Datenshop*, die SRU-Schnittstelle sowie die Z39/50-Schnittstelle möglich. Teile des Katalogbestandes der DNB werden auch als Datenbank Bibliodata über die Hosts STN-international (Bestand ab 1945) und Genios (Bestand ab 1986) kostenpflichtig angeboten.

Staatsbibliothek zu Berlin – Preußischer Kulturbesitz
Die *Staatsbibliothek zu Berlin – Preußischer Kulturbesitz (SBB)* setzt die Tradition der ehemaligen *Königlichen Bibliothek* zu Berlin (gegr. 1661) und späteren *Preußischen Staatsbibliothek* fort, die eine der größten und bedeutendsten Wissenschaftlichen Universalbibliotheken Europas war. Die *Preußische Staatsbibliothek* ist durch den Zweiten Weltkrieg und die auf ihn folgende Teilung Deutschlands wie auch die Teilung der deutschen Hauptstadt auf das Ärgste in Mitleidenschaft gezogen worden (Verluste durch Bombenangriffe, Auslagerungen u.a.). Seit 1992 sind beide Teile der Staatsbibliothek (Unter den Linden und Potsdamer Straße) organisatorisch vereinigt. Durch Generalsanierung und Anbau wird das Haus Unter den Linden bis 2013 wesentlich modernisiert, das z.Zt. im Bau befindliche neue Speichermagazin im Stadtteil Friedrichshagen bildet ab 2012 den dritten Standort.

Die Staatsbibliothek zu Berlin sammelt prinzipiell auf allen Gebieten menschlicher Erkenntnis. Ihr derzeitiger Bestand beläuft sich auf über 22,3 Mio. Medieneinheiten davon knapp elf Mio. Bände, ferner bestehen etwa 44.000 Zeitschriften- und Zeitungsabonnements. Unter den 450.000 Handschriften sind außer den abendländischen zahlreiche orientalische Handschriften und eine große Zahl äußerst wertvoller Musikhandschriften. Diese Schätze, dazu 1.568 Nachlässe, über 320.000 Autografen, knapp 4.500 Inkunabeln und viele andere Sonderbestände geben der Bibliothek das Gepräge einer Forschungsbibliothek größten Zuschnitts. Im Sondersammelgebietsprogramm der *Deutschen Forschungsgemeinschaft* sind der Bibliothek zahlreiche Gebiete zur speziellen Betreuung anvertraut, darunter z.B. Rechtswissenschaft, Slawistik, Orientalistik und Kartografisches Schrifttum. Die SBB gehört zu den sechs Bibliotheken, die kooperativ die virtuelle deutsche Nationalbibliothek konstituieren (↗4.5.1). Dabei ist die Berliner Staatsbibliothek verantwortlich für den Erscheinungszeitraum 1871–1912 und zudem für Landkarten (1801-1912) und Notendrucke (1801-1945).

Bayerische Staatsbibliothek
Als *Herzogliche Hofbibliothek* 1558 gegründet, stieg die *Bayerische Staatsbibliothek* (BSB) später zur *Königlichen Hofbibliothek* auf, ehe sie mit dem demokratischen Umbruch 1918/19 ihren jetzigen Namen erhielt. Trotz hoher Verluste im Zweiten Weltkrieg, die sich allerdings nicht auf die besonders wertvollen Bestände erstreckten, gehört die BSB auch heute noch weltweit zu den größten und bedeutendsten Wissenschaftlichen Universalbibliotheken. Zu ihrem Bestand zählen ca. 14 Mio. Medieneinheiten, davon knapp zehn Mio. Bände, 55.000 laufende Zeitschriften, dazu 93.000 Handschriften und 19.900 Inkunabeln.

Als eine der beiden zentralen oder nationalen Universalbibliotheken stellt sie zusammen mit der Staatsbibliothek zu Berlin eine der wichtigsten Sammelstätten wissenschaftlicher Literatur in Deutschland dar; hier werden alle Wissensgebiete, Sprachen und Kulturen umfassend gepflegt. Auch die BSB bildet eine Säule des DFG-Sondersammelgebietsprogramms; außer Buch-, Bibliotheks- und Informationswissenschaften, Musik und Geschichte werden zahlreiche weitere geistes- und sozialwissenschaftliche Disziplinen werden von ihr betreut. Auch die BSB spielt im Rahmen der virtuellen deutschen Nationalbibliothek eine tragende Rolle (↗4.5.1). Sie ist allgemein zuständig für die Erscheinungsjahre 1450-1600 und im Hinblick auf Notendrucke für den Erscheinungszeitraum bis 1800.

Gemeinsam mit der Staatsbibliothek zu Berlin gibt die Bayerische Staatsbibliothek seit 2007 die Zeitschrift *Bibliotheksmagazin. Mitteilungen aus den Staatsbibliotheken Berlin und München* heraus. Dies mag als Beleg dafür dienen, dass das in früheren Zeiten nicht selten spürbare Konkurrenzverhältnis zwischen beiden Bibliotheken mittlerweile überwunden zu sein scheint.

3.3.2 Landesbibliotheken und andere Regionalbibliotheken
Zur Gruppe der Regionalbibliotheken gehören alle Landesbibliotheken (einschließlich mehrerer Bibliotheken, welche die Bezeichnung „Staatsbibliothek", „Staatliche Bibliothek" o.ä. führen), ebenso diejenigen Universitätsbibliotheken, welche neben ihren primären Aufgaben für eine bestimmte Hochschule die einer

Landesbibliothek erfüllen und meistens einen dementsprechenden Namen führen (z.B. „Universitäts- und Landesbibliothek"), und schließlich die wenigen heute noch selbstständigen Wissenschaftlichen Stadtbibliotheken mit regionalbezogener Sammeltätigkeit.

Aus bibliothekstypologischer Sicht weisen Regionalbibliotheken sowohl Schnittmengen mit Öffentlichen Bibliotheken auf (z.B. allgemeiner Informationsauftrag), aber auch mit Universitätsbibliotheken (z.B. wissenschaftlich ausgerichtete Universalbestände), mit Spezialbibliotheken (z.B. umfangreiche Sondersammlungen) oder mit Nationalbibliotheken (z.B. Pflichtexemplarrecht). Aus systemischer Perspektive betrachtet sind Regionalbibliotheken heute fest in das Gesamtsystem der kommunalen und (über)regionalen wissenschaftlichen Literatur- und Informationsversorgung eingebunden. Allerdings ist diese positive Entwicklung vergleichsweise spät eingetreten, d.h. zu Beginn der 1980er-Jahre. Insgesamt ist auch bei diesem Bibliothekstyp eine Schwerpunktverlagerung hin zur modernen wissenschaftlichen Gebrauchsbibliothek zu beobachten. Dazu beigetragen hat auch eine verbesserte Interessenwahrnehmung durch den organisatorischen Zusammenschluss innerhalb des Deutschen Bibliotheksverbandes (Sektion 4). Zugenommen hat die Tendenz, Regionalbibliotheken mit anderen Bibliotheken (z.B. Hochschulbibliotheken) zusammen zu legen, z.B. SLUB Dresden. Für Regionalbibliotheken ist es heute insbesondere von Bedeutung, das Spannungsfeld fruchtbar zu machen von

– moderner wissenschaftlicher Gebrauchsbibliothek
– historisch ausgerichteter „Forschungsbibliothek" mit einem „hohen kulturellen Wert des seit Jahrhunderten angesammelten Literaturpotenzials" (Totok) und
– identitätsstiftender kultureller Einrichtung.

Die Erweiterung des Sammlungsauftrages auf unkörperliche Medien sowie deren Verzeichnung und Langzeitarchivierung sind ebenfalls aktuelle Herausforderungen.

Nur bei einem Teil dieser Bibliotheken bildet die regionale Funktion die Hauptaufgabe. Unter regionaler Funktion wird hier vor allem die Sammlung und Archivierung des regionalen Schrifttums, seine bibliografische Erfassung und Erschließung sowie seine Bereitstellung für die Bevölkerung der Region verstanden. Ferner gehört dazu die Wahrnehmung der Aufgaben einer Leitbibliothek in der Fernleihe sowie die Mitwirkung beim Aufbau regionaler Verbünde und Aktivitäten zum literarischen Leben der Region in Vergangenheit und Gegenwart. Das in der Region bzw. dem Bundesland erscheinende Schrifttum wird kraft des regionalen Pflichtexemplarrechts erworben, das auf landesgesetzlicher Grundlage steht.

Karte 2: Landesbibliotheken und andere Regionalbibliotheken

Einige Regionalbibliotheken können durchaus als Wissenschaftliche Universalbibliotheken bezeichnet werden, weil sie grundsätzlich auf allen Wissensgebieten sammeln. Das eigentliche Charakteristikum der Regional- bzw. Landesbibliotheken besteht in ihrer Funktion als regionale Archivbibliothek. Darüber hinaus erarbeiten und publizieren viele Bibliotheken dieses Typs die jeweilige Landesbibliografie, d.h. die regelmäßige Verzeichnung der im Lande oder der Region bzw. über das Land oder über die Region erscheinenden Veröffentlichungen. Während diese Bibliografien in der Vergangenheit in gedruckter Form meist jährlich publiziert wurden, erscheinen die meisten heute ausschließlich in Form frei zugänglicher Datenbanken im Internet. Auf der technischen Grundlage des Karlsruher Virtuellen Katalogs sind die mittlerweile 15 landesbibliografischen Datenbanken unter dem Namen „Virtuelle Deutsche Landesbibliografie" als Meta-Katalog auch parallel recherchierbar.

Insgesamt kann man feststellen, dass die Regionalbibliotheken weit mehr Schrifttum aus ihrer Region erwerben, als dies der Deutschen Nationalbibliothek möglich ist – vor allem solches, das nicht im Buchhandel erscheint. Auch hinsichtlich digitaler Netzpublikationen ergänzen die Landesbibliotheken die Sammlungen der DNB: Während die Nationalbibliothek vorwiegend kommerziell vertriebene Angebote dieser Art vereinnahmt, sammeln Landesbibliotheken auch solche Netzpublikationen, die kostenlos vertrieben werden.

Zu den landes- oder regionalbibliothekarischen Aufgaben gehört darüber hinaus, Autografensammlungen aufzubauen und zu betreuen sowie Schriftstellernachlässe zu erfassen, zu verzeichnen und bereitzustellen. Zur Diskussion gemeinsam interessierender Fragen und zur Verständigung über gemeinsames Vorgehen haben sich die Regionalbibliotheken in der *Arbeitsgemeinschaft der Regionalbibliotheken* innerhalb der Sektion IV des dbv zusammengeschlossen. Unter dem Dach der Arbeitsgemeinschaft wird u.a. die *Arbeitsgruppe Regionalbibliographie* mit spezieller Zielsetzung tätig.

3.3.3 Bibliotheken der Universitäten und anderer Hochschulen
Die Zahl der Hochschulen in Deutschland lag Ende 2010 bei 373 Institutionen, darin enthalten sind staatlich, privat und kirchlich getragene Einrichtungen. Mit Universitätsbibliotheken, Fachhochschulbibliotheken und Bibliotheken der Kunst- und Musikhochschulen sind drei Typen von Hochschulbibliotheken zu unterscheiden; einzig in Baden-Württemberg sind Pädagogische Hochschulen als eigenständiger Hochschultyp erhalten geblieben.

Tabelle 16: Anzahl der Hochschulen in Deutschland; Stand: 2010

	Universität oder Hochschule mit Promotionsrecht	Fachhochschule oder Hochschule ohne Promotionsrecht	Kunst- und Musikhochschule	Summe
Baden-Württemberg	16	38	11	65
Bayern	14	24	8	46
Berlin	6	23	4	33
Brandenburg	3	7	1	11
Bremen	2	3	1	6
Hamburg	5	10	2	17
Hessen	9	15	3	27
Mecklenburg-Vorpommern	2	4	1	7
Niedersachsen	11	11	2	24
Nordrhein-Westfalen	18	34	9	61
Rheinland-Pfalz	8	9	0	17
Saarland	1	2	2	5
Sachsen	6	10	6	22
Sachsen-Anhalt	2	5	2	9
Schleswig-Holstein	3	7	2	12
Thüringen	4	6	1	11
Gesamt	110	208	55	373

Universitätsbibliotheken

Die Bibliotheken der Universitäten bilden als eine in sich verknüpfte und überschaubare Gruppe den Kern des modernen, funktional differenzierten Bibliothekssystems in Deutschland. Die strukturelle Einheitlichkeit dieses Bibliothekstyps resultiert aus der Funktion und der inneren Organisation. Hinsichtlich anderer Merkmale (Anzahl der Benutzer, zur Verfügung stehende Haushaltsmittel für Medienbeschaffung und Personal, Bestandsumfang usw.) lassen sich große Unterschiede feststellen, die auf die Spezifika der zugehörigen Hochschule (Studentenzahl und Fächerspektrum) und die jeweiligen historischen Zusammenhänge zurückzuführen sind.

Die verschiedenen Arten von Bibliotheken

Karte 3 : Universitätsbibliotheken

Die Zahlen in der nachfolgenden Übersicht repräsentieren den Durchschnitt aller deutschen Universitätsbibliotheken. Die Hauptaufgabe der Hochschulbibliotheken besteht in der unmittelbaren Unterstützung von Forschung, Lehre und Studium. Die dafür benötigten Informationsquellen müssen entweder physisch bereitgestellt oder virtuell zugänglich gemacht werden. Die Dienstleistungen der Universitätsbibliotheken werden aber auch von Personen genutzt, die nicht mit der Hochschule in Verbindung stehen. So wird ein wesentlicher Beitrag geleistet zur Informationsversorgung der Stadt, in der die Hochschule liegt, der umliegenden Region oder des betreffenden Bundeslandes. Als Bestandteil des funktional differenzierten Bibliothekssystems trägt die Universitätsbibliothek über den territorialen Einzugsbereich hinaus auch zur regionalen und nationalen Literatur- und Informationsversorgung bei.

Tabelle 17: Universitätsbibliotheken im Zahlenspiegel (Durchschnittswerte für 2009 auf der Grundlage der Deutschen Bibliotheksstatistik):

Eingetragene Benutzer	22.000
davon externe Nutzer	7.000
Gesamtbestand (ME)	3.300.000
davon gedruckte Bücher inkl. Diss. (Bde)	1.800.000
Jährl. Neuzugang (ME)	32.000
Laufende Zeitschriftenabonnements	5.600
davon digital	1.500
Handschriften u. seltene Bücher	32.000

Ältere Universitäten sind geprägt von einer dualen Bibliotheksstruktur. Neben der (zentralen) Universitätsbibliothek bestehen seit dem 19. Jahrhundert zahlreiche (dezentrale) Fakultäts- und Institutsbibliotheken (mehrschichtiges Bibliothekssystem). Dies führt bis in die Gegenwart zu Reibungsverlusten und Doppelarbeit; in jüngerer Zeit bemüht man sich daher, diese Nachteile durch engere Koordinierung und Vereinheitlichung zu beheben (Stichwort: „funktionale Einschichtigkeit"). An den seit den späten 1960er-Jahren neu gegründeten Hochschulen wurde von vorne herein eine einheitliche Bibliothek (Zentralbibliothek und je nach räumlicher Struktur des Campus mehr oder minder viele Zweig- oder Teilbibliotheken) für die ganze Hochschule konzipiert und eingerichtet. Die Neugründungen zeichneten sich besonders dadurch aus, dass von Beginn an EDV-gestützte Arbeitstechniken eingesetzt und die Bestände in Freihand aufgestellt wurden (Abschied von der Magazinbibliothek). In der DDR war das mehrschichtige Bibliothekssystem abgeschafft worden, so dass 1990 in den Bibliotheken der östlichen Bundesländer eine etwas andere Situation vorlag als in den westlichen.

Hochschulbibliotheken stehen vor einer Reihe grundlegender Herausforderungen, die sowohl bibliothekspolitischer wie bibliotheksfachlicher Natur sind. Im Rahmen der Bibliothekspolitik sind in den letzten Jahren gravierende

Verschiebungen zu beobachten, insbesondere im Kontext der neuen Wissenschafts- und Hochschulpolitik der Länder, die den Hochschulen ein höheres Maß an Selbstständigkeit und mehr Autonomie gewähren. In diesem Zusammenhang ist die vormals durch den Träger vorgegebene fixe finanzielle Sicherung der Hochschulbibliothek nicht mehr überall selbstverständlich. Hochschulbibliotheken sind gehalten, sich innerhalb der Hochschule ihren Anteil am Haushalt zu sichern. Damit verbunden ist die Notwendigkeit, eine deutlich stärkere Dienstleistungsorientierung gegenüber der Hochschule und ihren Angehörigen zu entwickeln. Nur wenn es gelingt, als innovativer Dienstleister für die hochschulinterne Informationsinfrastruktur tätig zu sein und als solcher wahrgenommen zu werden, werden sich die Entscheidungsgremien innerhalb der Hochschule bereit finden, die dafür erforderlichen Finanzmittel der Bibliothek langfristig zur Verfügung zu stellen. Im Umkehrschluss ist an einigen Bibliotheken die Tendenz zu beobachten, die Dienstleistungen für die nicht der eigenen Hochschule angehörenden Nutzer zu reduzieren. Generell wird es zukünftig darum gehen, eine Balance zu finden, die es erlaubt, die Hochschulbibliotheken als eine der zentralen Einrichtungen der Hochschulen zu verankern. Darüber hinaus bleiben sie wichtige Elemente für die Informationsversorgung in der Region und Träger der überregionalen wissenschaftlichen Informationsversorgung, d.h. in dieser Funktion nicht zu ersetzende Glieder im nationalen Bibliothekssystem.

Hochschulbibliotheken sind außerdem gefordert, Informationsdienstleistungen zu entwickeln und zu erproben, die auf den jeweils aktuellen medialen und technischen Innovationen aufbauen. Das hat in jüngster Zeit zu einer Vielzahl von Neuentwicklungen geführt. Beispiele sind die „Entwicklung interaktiver und partizipativer Kataloge" (vgl. Web 2.0 bzw. „Katalog 2.0"), die „Kataloganreicherung", die Einführung „Digitaler Repositorien", der Aufbau von „Bibliotheksportalen" oder die Realisierung innovativer „digitaler Auskunftsformen". Zahlreiche Indizien sprechen dafür, dass auch in Deutschland die traditionelle Bestandsorientierung zugunsten einer stärkeren Dienstleistungsorientierung zurückgehen wird. Hinzu kommen neue Aufgaben bezüglich der Umgestaltung der Studiengänge auf die Bachelor-Master-Struktur, die einhergeht mit der ansteigenden und intensiven Nutzung der Bibliothek als Lernzentrum (Konzept der Information Commons, der „Learning Library") etc.

Fachhochschulbibliotheken
2010 existierten nach Angaben des Wissenschaftsrates in Deutschland 208 Fachhochschulen (ohne Promotionsrecht), davon 60 in nichtstaatlicher Trägerschaft. Sie bieten in ihrer Gesamtheit rund 2.300 Bachelor-Studiengänge, 1.250 Master-Studiengänge und mehr als 450 weitere Studienmöglichkeiten an. Die Bibliotheken dieser Fachhochschulen stellen einen vergleichsweise neuartigen Typ dar, der sich seit Anfang der 1970er-Jahre herausgebildet hat, als aus den verschiedenartigen Vorgängereinrichtungen Fachhochschulen im heutigen Sinne geworden

waren. Ingenieurwesen (Maschinenbau, Verfahrenstechnik, Elektrotechnik, Nachrichtentechnik u.a.), Sozialarbeit, Sozialpädagogik und Wirtschaft sind die typischen, an Fachhochschulen am häufigsten vertretenen Fächer.

Die zentrale Aufgabe der Fachhochschulbibliotheken besteht in der Literatur- und Informationsversorgung der Studierenden und Professoren. Gemäß ihrer ursprünglichen Konzeption gehen ihre Dienstleistungen nur in geringem Maße über den unmittelbaren Wirkungskreis der Hochschule hinaus. Tatsächlich sind ähnlich wie bei Universitätsbibliotheken über ein Viertel der Nutzer Externe. Grundsätzlich aber können Fachhochschulbibliotheken sowohl aufgrund ihrer Bestände als auch aufgrund zu entwickelnder Informationsdienstleistungen im arbeitsteiligen Bibliothekssystem vollwertige Beiträge liefern.

Bibliotheken der Kunst- und Musikhochschulen
Die rund 55 Kunst- und Musikhochschulen in staatlicher und privater Trägerschaft zählen meist kaum mehr als 1.000 Studierende. Auch aus diesem Grunde sind die zugehörigen Bibliotheken am ehesten mit denjenigen kleinerer Fachhochschulbibliotheken zu vergleichen. Die Besonderheit dieses Bibliothekstyps liegt in der Art der Bestände, die neben den üblichen textbezogenen Quellen vorwiegend Sammlungen von Kunstblättern, Fotos und Diapositiven in den Kunsthochschulbibliotheken sowie Sammlungen von Noten und Tonträgern aller Art in den Musikhochschulbibliotheken umfassen.

Die Bibliotheken der Fachhochschulen wie der Kunst- und Musikhochschulen weisen, da sie sich auf bestimmte Wissensgebiete beschränken, manche Ähnlichkeit mit der Gruppe der Spezialbibliotheken auf. Sie gehören gleichwohl eindeutig zum Typus der Hochschulbibliothek. Dafür spricht vor allem die Konzentration der Sammeltätigkeit auf wissenschaftliche bzw. künstlerische Literatur für Forschung, Lehre und Studium. Über einige Jahrzehnte hinweg wurden diese Bibliotheken in die entsprechenden staatlichen Förderprogramme für Hochschulbibliotheken miteinbezogen so etwa durch das Hochschulbauförderungsgesetz des Bundes, das jedoch im Rahmen der Föderalismusreform zum 1.1.2007 abgeschafft wurde. Die ehemalige Gemeinschaftsaufgabe des Bundes wird in Art. 143c, 91b Abs. 1 und 3 GG neu geregelt.

3.3.4 Spezial- und Fachbibliotheken, Forschungsbibliotheken

Die Wissenschaftlichen Spezial- und Fachbibliotheken bilden eine große und in sich höchst heterogene Gruppe von Bibliotheken. Staatliche, kommunale und kirchliche Bibliotheken gehören ebenso dazu wie Bibliotheken in der Trägerschaft privater Gesellschaften und Vereine sowie wirtschaftlicher Unternehmen. Gemeinsam ist ihnen allen die Beschränkung auf ein bestimmtes, mehr oder weniger eng umrissenes, spezielles Sammelgebiet. Ausgerichtet auf den aktuellen und zukünftigen Informationsbedarf der Kunden beschaffen, sammeln, organisieren und vermitteln sie Informationen und bieten bedarfsorientierte Informationsdienstleistungen an, um die Trägerorganisation in ihrer Wirkung zu unterstützen

Spezialbibliotheken
Wissenschaftliche Spezialbibliotheken gehören zu den Einrichtungen, die heute eine extreme Vielfalt aufweisen, was Träger, Typ, Größe, Fachgebiet und Arbeitsaufgaben anbelangt. Sie sind ein Bibliothekstyp, der außerordentlich dynamisch auf neue Dienstleistungsanforderungen reagiert. Allerdings sind nicht alle Spezialbibliotheken arbeitsteilig und kooperativ in das deutsche Bibliothekssystem eingebunden. Die primäre Ausrichtung auf die Anforderungen (und Limitierungen) der Trägerorganisation kann dem durchaus entgegenstehen.

Nicht selten sind es vor allem Spezialbibliotheken in Trägerschaft von Medienanstalten und Wirtschaftsunternehmen, die aufgrund ihrer spezifischen Aufgabenstellung die klassischen Grenzen zwischen Bibliothek, Archiv und Dokumentation aufgeweicht oder gar aufgehoben haben. In den derart entstandenen Mediotheken, Information Resource Centers oder Knowledge Management Departments steht nicht mehr die spartenbezogene Leitidee, sondern die Erwartung der spezifischen Kunden hinsichtlich Umfang und Qualität der Informationsdienstleistungen im Vordergrund. Vor allem in Unternehmen haben derartige Einrichtungen über das klassische Informationsmanagement hinaus mit Wissensmanagement neue Aufgaben übernommen (↗6.4.3).

Herausragende Beispiele sind die Information Services and Library der Bayer *Schering Pharma AG/Bayer HealthCare* und der im Veränderungsprozess befindliche Fachinformationsdienst BS/FID der *Daimler AG*. Diese Einrichtungen blicken auf eine junge Entwicklung zurück. Deshalb, aber auch weil die Gestalt der einzelnen Beispiele sehr unterschiedlich ist, lassen sich zum gegenwärtigen Zeitpunkt zuverlässige Aussagen zu diesem Typus und seiner möglichen Entwicklung noch nicht oder nur sehr eingeschränkt formulieren. Manches spricht allerdings dafür, dass die sich hier andeutenden Trends für das gesamte Bibliotheks- und Informationswesen richtungweisend werden könnten (↗1.2.4).

Schon im „Bibliotheksplan '73" und in „Bibliotheken '93" (↗4.1) war eine Einbindung der Spezialbibliotheken in das gesamte Bibliotheksnetz empfohlen worden. Im Konzept der virtuellen Fachbibliothek (↗4.7) wird dieser Einsicht Rechnung getragen.

Zu den Spezialbibliotheken der öffentlichen Hand gehören Bibliotheken von Forschungsinstituten des Bundes und der Länder, der wissenschaftlichen Akademien und der *Max-Planck-Gesellschaft* sowie Bibliotheken von Archiven, Museen und Kliniken; auch die militärwissenschaftlichen Bibliotheken der Bundeswehr bei einzelnen Wehrbereichskommandos gehören dazu. Zu den Spezialbibliotheken kirchlicher Körperschaften und Einrichtungen gehören Diözesan- und Dombibliotheken, Landeskirchliche Bibliotheken und die Bibliotheken von Klöstern und kirchlichen Bildungseinrichtungen. Zu den Spezialbibliotheken in privater Trägerschaft gehören u.a. Bibliotheken von Firmen, Verbänden, berufsständischen Gesellschaften und Vereinen; auch die Adelsbibliotheken zählen zu dieser Gruppe.

Nicht wenige Spezialbibliotheken sind One-Person-Libraries (OPL), d.h. Bibliotheken, in denen nur eine einzige bibliothekarische Fachkraft arbeitet und für sämtliche fachlich relevanten Vorgänge verantwortlich ist. Ein Forum der Zusammenarbeit bietet die *Arbeitsgemeinschaft der Spezialbibliotheken e. V.* (ASpB), die Mitglied des *Deutschen Bibliotheksverbandes* (Sektion V) ist. In die Gruppe der Spezialbibliotheken fallen auch Einrichtungen, deren Wirkungskreis sich nicht auf die Trägerinstitution beschränkt, sondern weit darüber hinausreicht. Dies gilt z.B. für die drei Zentralen Fachbibliotheken und die Gruppe der Forschungsbibliotheken.

Die Zentralen Fachbibliotheken
Die Zentralen Fachbibliotheken in der Bundesrepublik Deutschland sind die *Deutsche Zentralbibliothek für Medizin* in Köln (ZBMed), die *Technische Informationsbibliothek* in Hannover (TIB) und die Deutsche Zentralbibliothek für Wirtschaftswissenschaften – Leibniz-Informationszentrum Wirtschaft mit Sitz in Kiel und Hamburg (ZBW). Im „Bibliotheksplan '73" und in „Bibliotheken '93" werden die Zentralen Fachbibliotheken als so bedeutend angesehen, dass sie zur Gruppe der Bibliotheken mit Funktionen der 4. Stufe gerechnet werden. Sie sammeln die Informationsquellen ihrer Fachgebiete mit größtmöglicher Vollständigkeit einschließlich der nichtkonventionellen Literatur, d.h. auch Reports aller Art sowie amtliches oder dokumentarisches Material. Fachlich beziehen sie sich insbesondere auf die angewandten Wissenschaften.

Die Zentralen Fachbibliotheken sind häufig Entwickler und Erstanwender für Neuerungen. Sie dienen in erster Linie der überregionalen, nationalen und internationalen Literatur- und Informationsversorgung auf den entsprechenden Fachgebieten. Die intensive außerhäusige Benutzung der Bestände ist intendiert und wird unterstützt durch eine besonders tiefe Erschließung und innovative Dokumentlieferdienste sowie Informationsdienste. Große Bedeutung haben z.B. in jüngerer Zeit fachliche Repositorien für traditionelle Dokumenttypen, aber auch Primärdaten und multimediale Objekte gewonnen. Die Zentralen Fachbibliotheken leisten damit einen großen Beitrag, um die Fachinformation der anwendungsbezogenen Wissenschaften in der gesamten thematischen, sprachlichen und medialen Vielfalt verfügbar zu machen. Sie werden im gebenden Leihverkehr und über die Online-Nutzung in enormem Maß in Anspruch genommen. Damit erfüllen sie eindeutig eine nationale Aufgabe und ergänzen die Tätigkeiten der *Deutschen Nationalbibliothek* und der Staatsbibliotheken in Berlin und München. Die drei Zentralen Fachbibliotheken gehören zur *Wissenschaftsgemeinschaft Gottfried Wilhelm Leibniz* und werden daher von Bund und Ländern gemeinsam nach dem dafür vereinbarten Finanzierungsschlüssel von 30 : 70 (Bund : Länder) finanziert.

Die *Deutsche Zentralbibliothek für Medizin* in Köln (ZBMed) ist die Zentrale Fachbibliothek für Humanmedizin, Gesundheitswesen, Ernährung, Umwelt und Agrarwissenschaften. Die früher eigenständige *Deutsche Zentralbibliothek für Landbauwissenschaften* in Bonn wurde organisatorisch in die ZBMed integriert, ihr Standort Bonn blieb aber erhalten. Aufgabe der ZBMed ist die Beschaffung und Bereitstellung medizinischer Literatur des In- und Auslands; Sammelschwerpunkte sind dabei neben der deutschen die angloamerikanische sowie die japanische und die russische Literatur. 2010 besaß die ZBMed circa 1,5 Mio. Medieneinheiten und knapp 8.000 laufend gehaltene Zeitschriften. Sehr umfangreich ist die Sammlung angloamerikanischer Reports und halbamtlicher Druckschriften. Damit ist die ZBMed die größte medizinische Spezialbibliothek Europas.

Die *Technische Informationsbibliothek* (TIB) in Hannover ist die Zentrale Fachbibliothek für Technik und ihre Grundlagenwissenschaften, unter diesen vor allem Chemie, Informatik, Mathematik und Physik. Ihre Aufgabe ist die Beschaffung und Bereitstellung technischer und naturwissenschaftlicher Spezialliteratur, vor allem auch des Auslandes. Dazu gehören Tagungs- und Forschungsberichte, Dissertationen, Patentschriften, Normen, Standards, technische Regeln und technische Spezialwörterbücher. Die TIB, organisatorisch verbunden mit der UB Hannover, verfügte 2010 über 8,7 Mio. Medieneinheiten (inkl. Mikroformen und digitale Dokumente) und 18.000 laufend gehaltene Periodikatitel.

Die *Deutsche Zentralbibliothek für Wirtschaftswissenschaften – Leibniz-Informationszentrum Wirtschaft* (ZBW) in Kiel und Hamburg ist heute die weltweit größte Spezialbibliothek für Wirtschaftswissenschaften im weiten Sinne, d.h. für Makro- wie für Mikro-Ökonomie und verwandte Gebiete. Zu den Schwerpunkten der Sammlung gehören u.a. Rechenschafts- oder Verwaltungsberichte von Wirtschaftsverbänden, von Industrie- und Handelskammern, Handwerkskammern und Behörden sowie Geschäftsberichte von Unternehmen, Werbeschriften, Denkschriften, Statistiken, Haushaltspläne und dergleichen; einen wichtigen Platz nehmen auch die Veröffentlichungen internationaler Organisationen ein. Die Bibliotheken in Kiel und Hamburg besaßen 2009 zusammen etwa 4,2 Mio. Bände, 32.000 laufend gehaltene Periodika, ca. 250 Datenbanken; rund 40% der Neuzugänge waren digital.

Forschungsbibliotheken
Das Konzept der Forschungsbibliothek ist in der deutschen Bibliotheksentwicklung relativ jung. Im Unterschied zu den meisten Bibliothekstypen, die auf eine evolutionäre und organische Entstehung und Entwicklung zurückblicken, wurde die Forschungsbibliothek als bibliothekstheoretisches Modell im wesentlichen vom Geisteswissenschaftler und Anglisten Bernhard Fabian entworfen und in den 1970/80er-Jahren in Wolfenbüttel erstmals in die Praxis umge-

setzt. Es steht exemplarisch für proaktives und innovatives bibliothekarisches Handeln im Bereich wissenschaftlicher Informationsversorgung.

Forschungsbibliotheken
- verfügen über eine für das (geisteswissenschaftlich-historische) Gebiet möglichst umfassende Sammlung von Primärtexten (Quellen), die als Präsenzbestand zur Verfügung steht und gepflegt wird
- weisen eine möglichst umfassende Sammlung von Sekundärliteratur auf, die ebenfalls präsent gehalten und kontinuierlich ergänzt wird
- erschließen den gesamten Bestand besonders detailliert, um den Wissenschaftlern einen effektiven und komfortablen Zugriff zu ermöglichen
- unterstützen die Erforschung und Beschreibung des Bestandes nach für die Geisteswissenschaften wichtigen Aspekten mit Hilfe von Bibliografien, Editionen, Nachschlagewerken und Wörterbüchern, die idealer Weise auch digital und im Netz verfügbar sind
- erzeugen eine kreative Arbeitsatmosphäre, welche die Wissenschaftler „zur exploratorischen Literaturbenutzung" (Knoche 1993) an Ort und Stelle animiert.

Die Forschungsbibliotheken, früher den Spezialbibliotheken allgemein zugerechnet, haben sich zu Beginn des 21. Jahrhunderts als neue Gruppe in der Bibliothekstypologie profiliert. Es sind Bibliotheken, die über einen einzigartigen, historisch gewachsenen Bestand meist geistes- und kulturwissenschaftlicher Art verfügen und die diesen Bestand durch Tagungen in der Bibliothek, daraus hervorgegangene fachspezifische Veröffentlichungen und durch Publikationen über die Bestände in der Fachöffentlichkeit bekannt machen. Zu den Forschungsbibliotheken rechnet man heute insbesondere die *Forschungsbibliothek Gotha* (Teil der *Universitäts- und Forschungsbibliothek Erfurt/Gotha*), die *Hauptbibliothek der Franckeschen Stiftungen* in Halle an der Saale, die *Herzogin Anna Amalia Bibliothek* in Weimar und die *Herzog August Bibliothek* in Wolfenbüttel. Als Forschungsbibliotheken auf einem engeren Fachgebiet sind z.B. die Bibliothek für Bildungsgeschichtliche Forschung in Berlin (historische Bildungsforschung) oder die Johannes a Lasco-Bibliothek in Emden (reformierter Protestantismus) zu nennen.

Parlaments-, Behörden- und Gerichtsbibliotheken
Die Parlaments-, Behörden- und Gerichtsbibliotheken gliedern sich in Bibliotheken der Parlamente (der Länder und des Bundes), der Verwaltungsbehörden (der Gebietskörperschaften – Kommunen, Länder, Bund) und der Gerichte (der Länder und des Bundes). Hinzu treten die Bibliotheken weiterer Institutionen, die öffentliche Aufgaben wahrnehmen (z.B. Industrie- und Handelskammern oder Versicherungsanstalten). Diese Bibliotheken, von denen mehr als 500 exis-

tieren, kooperieren in der organisatorisch eigenständigen *Arbeitsgemeinschaft der Parlaments- und Behördenbibliotheken* (APBB).

3.3.5 Kommunale Öffentliche Bibliotheken und Staatliche Bibliotheksfachstellen (Büchereistellen, Beratungsstellen, Büchereizentralen)

Die kommunale Öffentliche Bibliothek leistet einen wichtigen Beitrag, das durch Artikel 5 (1) GG gegebene Grundrecht der Bürger, „sich aus allgemein zugänglichen Quellen ungehindert zu unterrichten" mit Leben zu erfüllen. Sie erleichtert Aus-, Fort- und Weiterbildung und verbessert Chancengleichheit; sie spielt darüber hinaus eine wichtige Rolle in der sinnvollen Gestaltung der Freizeit. Öffentliche Bibliotheken bewegen sich mit ihrem Informations-, Medien- und Dienstleistungsangebot zu Beginn des 21. Jahrhunderts in einem Umfeld, das geprägt ist von sich weiter ausdifferenzierenden sozialen Milieus, steigenden Buchpreisen, einem expandierenden Markt audiovisueller und digitaler Medien sowie einem wachsenden Bildungsbedarf. Neben den gedruckten Medien spielen seit den 1980er-Jahren zunächst die AV-Medien (analoge Tonträger und Videos), seit den 1990er die auf CD-ROM/DVD oder Blu-ray vertriebenen Medien mittlerweile aber vor allem die über das Internet online verfügbaren multimedialen Informationsangebote eine immer größere Rolle. In wachsender Zahl tragen auch Öffentliche Bibliotheken diesem medialen Wandel mittlerweile Rechnung.

So sind z.B. seit wenigen Jahren in rund 200 Öffentlichen Bibliotheken für den wachsenden Kundenkreis kostenpflichtige Netzpublikationen (z.B. E-Books) zum Herunterladen verfügbar. In Deutschland wird dieses Angebot oft mit dem Begriff „Onleihe" bezeichnet. Dabei handelt es sich um ein Kunstwort, das sich aus den Begriffen „online" und „ausleihen" zusammensetzt. Wichtigster Anbieter ist die Firma DiViBib in Wiesbaden und Reutlingen, eine Tochter der ekz.

In der Regel ist die Öffentliche Bibliothek eine Gebrauchsbibliothek mit aktuellen und der Allgemeinheit zugänglichen Beständen.

Die typische hauptamtlich-fachlich geleitete Öffentliche Bibliothek in Deutschland weist im Durchschnitt folgende Kennzeichen auf:

- 400 qm Fläche
- 28.000 ME
- rund 3,3 Personalstellen, davon eine bibliothekarische Fachkraft
- einen Einzugsbereich von rund 20.000 Einwohnern
- 18 Stunden Öffnungszeit pro Woche
- ein Angebot von 1,4 ME pro Einwohner, 32 Zeitschriften, 2 PC mit Internetanschluss
- jede Woche 1-2 Veranstaltungen, vor allem für Kinder und Schulklassen
- 12-15% der Einwohner als aktive Nutzer (überwiegend unter 18 Jahren)

- knapp zwei Drittel der Einwohner, welche die Bibliothek schon einmal besucht haben
- 32.000 Besucher pro Jahr
- Entleihung von 4,5 ME je Einwohner pro Jahr
- etwa 3,0-facher Umsatz des Bestandes (Ausleihe/Bestand)
- zu rund 95% öffentlich finanziert
- am stärksten frequentierte Kultureinrichtung in der Kommune.

Von besonderer Leistungskraft sind in den Großstädten die Zentralbibliotheken mit Beständen von mehreren Hunderttausend Bänden. Das multimediale Angebot schließt dort auch eine Auswahl wissenschaftlicher und berufsbezogener Fachliteratur ein. Nur vereinzelt trifft man auf Wissenschaftliche Stadtbibliotheken mit der Funktion von Archiv- und Gebrauchsbibliotheken, die neben der Öffentlichen Bibliothek bestehen oder mit ihr vereinigt sind (z.B. Bautzen, Mainz, Lübeck, Worms oder Zwickau).

Unabhängig von dem allgemeinen Ziel, eine möglichst breite Öffentlichkeit an die Bibliotheken heranzuführen, schenkt man einzelnen Benutzergruppen – besonders den jungen – mit einer altersgerechten Mobiliar- und Medienausstattung große Aufmerksamkeit. Im Rahmen ihrer sozialen Verantwortung stellen die Öffentlichen Bibliotheken vieler Großstädte für besondere Zielgruppen (z.B. Senioren, behinderte Menschen oder Immigranten) entsprechende Medienbestände oder Dienstleistungen (z.B. Bücher auf Rädern) zur Verfügung. In der Zusammenarbeit mit Schulen werden wichtige Beiträge zu Ausbau und Betrieb von Schulbibliotheken geleistet, in einigen Bundesländern wurden Öffentliche Bibliotheken mit Schulbibliotheken zu einer integrierten Institution kombiniert oder schulbibliothekarische Arbeitsstellen zur besseren Koordinierung der Arbeit in Schulbibliotheken geschaffen. Die Unterstützung der Benutzer bei der Lösung ihrer Informationsprobleme durch Beratung und Information (Auskunft) stellt eine der Säulen des bibliothekarischen Dienstleistungsangebotes dar. Darüber hinaus prägt Programmarbeit mit Ausstellungen und mannigfaltigen Veranstaltungsformen (in den Bibliotheksräumen, bei Kooperationen teilweise an anderen Orten) das Bild der modernen Öffentlichen Bibliothek wesentlich mit. Programmarbeit und Werbung werden heute als Teil des kommunalen Kulturmanagements verstanden. So entwickeln sich Bibliotheken zu Kommunikations- und Kulturzentren und bereichern die soziale und kulturelle Infrastruktur einer Kommune.

Die speziellen Arbeitsbereiche im öffentlichen Bibliothekswesen, die sich von der allgemeinen Tätigkeit der Öffentlichen Bibliothek für das breite Publikum unterscheiden lassen, sind vielfältig und können hier nur kursorisch genannt werden. Der wichtigste ist die Bibliotheksarbeit für Kinder und Jugendliche; alle kommunalen Öffentlichen Bibliotheken haben eine besondere Abteilung, die in der Regel als Kinder- und Jugendbibliothek bezeichnet wird.

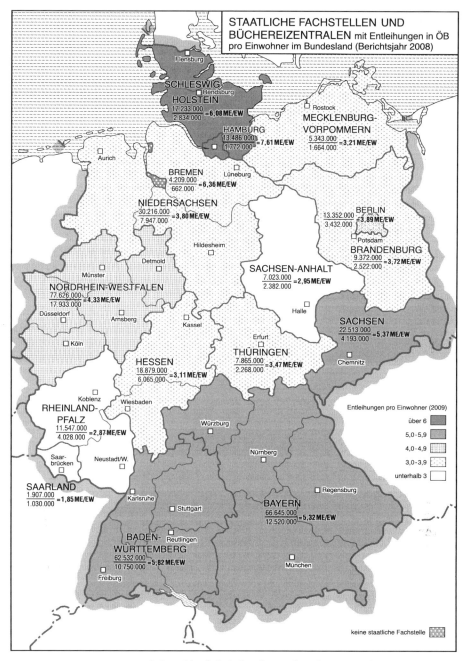

Karte 4: Staatliche Bibliotheksfachstellen und Büchereizentralen mit ihren Zuständigkeitsbereichen/Entleihungen in ÖB

Der Trend der letzten Jahre zeigt eine räumliche und konzeptionelle Trennung beider Bereiche. Die Bibliotheken in vielen kleineren Kommunen, vor allem die in der Trägerschaft der ev. und kath. Kirche, sind besonders stark auf die Zielgruppe Kinder und Jugendliche ausgerichtet. Ferner sind Musikbibliotheken und Artotheken zu nennen, die in den Öffentlichen Bibliotheken vieler Groß- und einiger Mittelstädte eine besondere Abteilung bilden. Schulbibliotheken und -mediotheken sind eine wichtige, in Deutschland über viele Jahrzehnte hinweg unverständlicherweise vernachlässigte Form öffentlicher Bibliotheksarbeit; durch verschiedene bundes- und landesweite Förderprogramme (z.B. IZBB) und länderübergreifende Projekte (z.B. ProLesen) wurde der Ausbau von Bibliotheken, Mediotheken und „Lese-Ecken" in Schulen seit 2005 allerdings spürbar forciert. Das Umdenken wurde auch dadurch gefördert, dass diejenigen Länder, die im Rahmen der PISA-Studie besonders erfolgreich abgeschnitten haben, über sehr leistungsfähige Schulbibliotheken verfügen. In einigen Bundesländern (z.B. NRW) fördern die Landesregierungen die bislang unterentwickelte Kooperation zwischen Öffentlichen Bibliotheken und Schulen.

Zur Förderung des öffentlichen Bibliothekswesens und zum Abbau des dort häufig anzutreffenden Stadt-Land-Gefälles unterhalten die Länder Bibliotheksfachstellen, sie firmieren auch unter Bezeichnungen wie Büchereistellen, Fach- oder Beratungsstellen bzw. Büchereizentralen. Erste Einrichtungen wurden in Deutschland bereits vor dem Ersten Weltkrieg gegründet. Sie sind heute regionale Planungs-, Beratungs- und Arbeitsstellen. Sie dienen der Weiterentwicklung der Öffentlichen Bibliotheken zu einem leistungsfähigen und kooperativen Netzwerk; ihre verschiedenartigen Förderleistungen kommen in erster Linie den Bibliotheken der kleineren und mittleren Gemeinden zugute. Zu den Aufgabenfeldern vieler Büchereistellen gehören Fortbildungsprogramme für Bibliothekskräfte, Leseförderungsmaßnahmen, Zuschussvergabe, bei einigen auch praktische Dienstleistungen und Hilfestellungen beim Bestandsaufbau, zur Bestandsergänzung oder zum Leihverkehr. Einige Fachstellen geben regionale Fachzeitschriften heraus und pflegen umfangreiche Internetseiten, welche die fachliche Kommunikation erleichtern und die interne Vernetzung forcieren.

Die Bereitschaft der Länder, Bibliotheksfachstellen zu unterhalten, hat sich durch die Verknappung der öffentlichen Mittel im letzten Jahrzehnt in Bezug auf Größe, Aufgaben und Zuständigkeit noch weiter verringert. Zudem sind die Unterschiede in den einzelnen Ländern gravierender geworden: Die Personalausstattung reicht von einer Fachkraft für ein ganzes Bundesland bis hin zu mehr als 80 Personen in besonders gut ausgebauten Fachstellen mit einem umfassend strukturierten Land-Kommune-Netzwerk. 2010 existierten insgesamt 27 staatlich getragene bzw. unterstützte Fachstellen. Organisatorisch sind sie in einigen Bundesländern als Referate oder Abteilungen den Bezirksregierungen bzw. Regierungspräsidien zugeordnet, in anderen Ländern in die Staats- und Landesbibliotheken integriert, in Einzelfällen Bestandteil großer kommunaler Bibliotheken. In Niedersachsen und Schleswig-Holstein fungieren sie als privatrechtlich organisierte Büchereizentralen. Allen gemeinsam ist jedoch, dass sie im Wesentlichen mit staatlichen Mitteln unterhalten werden und ihr Auftrag durch die jeweiligen Länder vorgegeben wird. Seit 1952 koordiniert die *Fachkonferenz der Bibliotheksfachstellen in Deutschland*, eine Art Selbsthilfeorganisation ohne Vereinsstatus, die bundesweite Vernetzung der Fachstellenarbeit. Neben der Jahrestagung des Gremiums mit thematischen Fortbildungsveranstaltungen für die Fachöffentlichkeit ist vor allem der seit 2003 aufgebaute „Fachstellenserver" als umfangreicher Dokumentenlieferant für viele ÖB-relevante Themen eines ihrer wichtigsten gemeinschaftlichen Dienstleistungen.

3.3.6 Kirchliche Öffentliche Bibliotheken und Kirchliche Fachstellen

Rechts- und Unterhaltsträger der kirchlichen Öffentlichen Bibliotheken sind bis heute in der Regel die evangelischen Kirchengemeinden bzw. die katholischen Pfarrgemeinden; bei den Sonderformen der Patienten- (Krankenhaus-), Heim- oder Anstaltsbüchereien, die von beiden Kirchen besonders nachhaltig gefördert werden, sind entweder diese Institutionen selbst oder die dort tätigen Seelsorge-Einrichtungen Träger der Büchereiarbeit. Vereinzelt erhalten die kirchlichen Öffentlichen Bibliotheken kommunale Zuschüsse.

Die Evangelische und die Katholische Kirche verstehen ihre Büchereiarbeit als Teilgebiet kirchlicher Gemeindearbeit sowie als Kulturarbeit. Die kirchliche Öffentliche Bibliothek soll ein Ort der Kommunikation und der Orientierungshilfe in Glaubensfragen sein sowie der praktischen Leseförderung und Medienerziehung dienen. Ihre Bestände sind gleichwohl nicht auf religiöse Schriften begrenzt; sie unterscheiden sich von den Beständen der kommunalen Öffentlichen Bibliotheken hauptsächlich durch zwei Merkmale: Sie umfassen in aller Regel nicht mehr als 5.000 Medieneinheiten und enthalten keine berufsbezogene Fachliteratur.

Mehr als 98% aller kirchlichen Öffentlichen Bibliotheken werden von ehrenamtlichen Kräften betreut. Für deren Beratung, Anleitung und Fortbildung sorgen zentrale und regionale kirchliche Fachstellen mit bibliothekarischem Fachpersonal. Ähnlich wie die Bundesländer haben auch die Kirchen auf der Ebene der Landeskirchen bzw. der Bistümer Fachstellen zur Unterstützung und Beratung ihrer Gemeindebibliotheken aufgebaut. 2010 gab es in der Bundesrepublik insgesamt 30 solcher Fachstellen (18 katholische und 12 evangelische), die

– das Büchereinetz innerhalb des Zuständigkeitsbereiches in Abstimmung mit kirchlichen, staatlichen und auch kommunalen Dienststellen gestalten
– Fragen klären, die mit dem Auf- und Ausbau oder der Organisation einer örtlichen Bibliothek zusammenhängen
– kirchliche bzw. staatliche Zuschussmittel verwalten
– in vielen Fällen praktische Hilfe bei Bestandsaufbau sowie Bibliothekseinrichtung und -ausstattung leisten.

Sowohl die Arbeit der kirchlichen Büchereistellen als auch die der kirchlichen Öffentlichen Bibliotheken wird von Dachverbänden koordiniert, auf evangelischer Seite von *eliport* – Das evangelische Literaturportal e.V., dem ehemaligen *Deutschen Verband Evangelischer Büchereien* (DVEB) in Göttingen, auf katholischer vom *Borromäusverein* in Bonn, für Bayern vom *St. Michaelsbund*. Als gemeinsames bundesweites Arbeitsgremium der Kirchen fungiert die *Arbeitsgemeinschaft der kirchlichen Büchereiverbände Deutschlands*.

Das über viele Jahre hinweg vorhandene Spannungsverhältnis zwischen den kirchlichen und kommunalen Bibliotheken und den jeweiligen Fachstellen hat sich inzwischen spürbar verbessert, so dass zahlreiche Kooperationen auf Länder- und kommunaler Ebene entstanden sind.

3.3.7 Spezielle Formen des öffentlichen Bibliothekswesens

Außer den Kommunen und den Kirchen unterhalten verschiedene weitere Institutionen und Körperschaften Bibliotheken, die in ihrer Zielsetzung den Öffentlichen Bibliotheken zuzurechnen sind, sich jedoch in ihren Zielgruppen deutlich unterscheiden. Es handelt sich dabei im Wesentlichen um

- einige Werkbibliotheken in der Trägerschaft von Betrieben, die den Werksangehörigen ein entsprechendes Angebot machen wollen
- die Truppenbüchereien in der Trägerschaft der Bundeswehr
- die Patientenbibliotheken, die von kirchlichen, kommunalen, staatlichen oder privaten Krankenhausträgern in über 120 Orten eingerichtet und unterhalten werden
- die Bibliotheken in Justizvollzugsanstalten in der Trägerschaft der Landesjustizbehörden
- die Blindenbibliotheken in staatlicher, aber auch in privater Trägerschaft (mit erheblichen öffentlichen Zuschüssen).

Mit Blick auf die besonderen Benutzergruppen hat man in diesem Umfeld eine Zeitlang vorwiegend von *sozialer Bibliotheksarbeit* gesprochen, da diese sich mit ihren Angeboten an Menschen wendet, die in spezieller Weise benachteiligt sind oder sich in besonderen Lebenssituationen befinden. Heute wird häufiger der Begriff *zielgruppenorientierte Bibliotheksarbeit* verwendet, haben sich doch die Arbeitsfelder und Zielgruppen weiter aufgegliedert. Diese Form von Bibliotheksarbeit zählt zu den bibliothekarischen Arbeitsbereichen, deren politische Bedeutung und gesellschaftliche Rolle sich seit ihrem Aufkommen in den 1970er-Jahren immer wieder gewandelt haben; zeitweise waren sie von Einsparungen der öffentlichen und kirchlichen Träger besonders hart getroffen. Dank der Aufwertung interkultureller und demografischer Themen mit dem Ziel einer besseren Integration oder Inklusion aller gesellschaftlichen Gruppen scheint dieser Sektor wieder an Bedeutung zu gewinnen.

Wichtige dem öffentlichen Bibliothekswesen nahe stehende Bibliotheken sind außerdem die Einrichtungen der ausländischen Kulturinstitute in Deutschland wie auch die Bibliotheken des *Goethe-Instituts* in über 70 Ländern der Welt (↗4.3.3).

3.4 Die Rechtsstellung der Bibliotheken
3.4.1 Rahmenbedingungen
Die Arbeit aller Bibliotheken ist durch zahlreiche Rechtsvorschriften bestimmt. Der Medienerwerb, die Benutzung, die Personalverwaltung, die Haushaltsführung u.a.m. unterliegen teils allgemeinen, teils bibliotheksspezifisch erlassenen Vorschriften. Die Gesamtheit der von Bibliotheken zu beachtenden Vorschriften wird unter dem Begriff Bibliotheksrecht subsumiert. Dabei handelt es sich nicht um ein planmäßig entworfenes, in sich geschlossenes Gefüge von Rechtsvorschriften, wie dies bei anderen, mit einem knapp zusammenfassenden Begriff benannten Teilgebieten des Rechts der Fall ist (z.B. Handelsrecht, Strafrecht).

Zum Bibliotheksrecht gehören Teile des Zivilrechts (z.B. das allgemeine Vertragsrecht, speziell das Kaufrecht und das Werkvertragsrecht des BGB sowie das Urheberrecht), Normen des Strafrechts (so die Vorschriften gegen Sachbeschädigung, Diebstahl, Hehlerei, Unterschlagung) sowie verschiedene Gesetze aus dem Bereich des öffentlichen Rechts (etwa die Haushaltsordnung des Bundes, der Länder und der Gemeinden, das Beamtenrecht und das Datenschutzrecht des Bundes und der Länder). Aber auch sehr spezielle Vorschriften des öffentlichen Rechts sind zum Bibliotheksrecht zu zählen, wie die überwiegend in den Pressegesetzen der Länder niedergelegten Bestimmungen über das regionale Pflichtexemplar oder die in den Hochschulgesetzen der meisten Länder enthaltenen Vorschriften über die Stellung der Hochschulbibliotheken, schließlich die in der Regel für die einzelne Bibliothek vom jeweiligen Träger erlassenen Benutzungsordnungen.

Welche Vorschriften des Bibliotheksrechts für die Arbeit einer bestimmten Bibliothek gelten, hängt auch davon ab, wer ihr Träger ist. Für Bibliotheken privater Träger ersetzen z.B. Vorschriften des Aktiengesetzes, des GmbH-Gesetzes, des im BGB enthaltenen Vereinsrechts oder die jeweils geltenden Tarifverträge die im öffentlichen Sektor geltenden analogen Regelungen. Im Folgenden können nur die grundlegenden Regelungen genannt werden.

Für die von den Kommunen unterhaltenen Bibliotheken ist in erster Linie die Gemeindeordnung des jeweiligen Bundeslandes maßgeblich. Darin werden die grundlegenden Aufgaben der Kommunen des betreffenden Bundeslandes umschrieben und die Rechte und Pflichten der kommunalen Gremien und Amtsträger festgelegt. Danach richten sich auch die Zuordnungs- und Unterstellungsverhältnisse der kommunalen Einrichtungen, mithin auch die rechtliche Stellung der kommunalen Öffentlichen Bibliothek.

Die Errichtung und Unterhaltung der kommunalen Öffentlichen Bibliotheken gehört zu dem allgemeinen Auftrag, den die Gemeinden aufgrund der Gemeindeordnungen auch im Bereich von Bildung und Kultur wahrzunehmen haben. Gestützt auf diese allgemein formulierte Aufgabe unterhalten viele Gemeinden nicht nur Öffentliche Bibliotheken, sondern je nach Größe und Finanzkraft auch Theater, Orchester, Museen, Archive, Volkshochschulen usw. Der in den entsprechenden Vorschriften der Gemeindeordnungen eröffnete weite Spielraum ist in den Bundesländern auch verfassungsmäßig abgesichert: Die Landesverfassungen garantieren durchweg „das Recht, alle Angelegenheiten der örtlichen Gemeinschaft im Rahmen der Gesetze in eigener Verantwortung zu regeln" (Gemeindeautonomie, kommunale Selbstverwaltung). Auch das Grundgesetz gibt eine allgemeine Garantie der kommunalen Selbstverwaltung (Art. 28). In der Praxis ist das kommunale Selbstverwaltungsrecht allerdings in den vergangenen Jahren immer weiter eingeschränkt worden. So wurden die Kommunen zu zusätzlichen Sozialleistungen verpflichtet, ohne mit den dafür erforderlichen Mitteln ausgestattet zu werden.

Seit fast einem Jahrhundert haben Bibliothekare die im internationalen Vergleich zögerliche Entwicklung des öffentlichen Bibliothekswesens in Deutschland auch darauf zurück geführt, dass kein nationales Bibliotheksgesetz, wie das etwa in den USA oder in zwei Dritteln der EU-Länder der Fall ist, die Gemeinden zum Betrieb einer Öffentlichen Bibliothek verpflichtet. Auf das Fehlen eines solchen Gesetzes lässt sich letztlich auch die Tatsache zurückführen, dass die öffentliche Hand sich hier häufig nur in geringem Maß engagiert Auch in der Gegenwart wird oft argumentiert, die föderalen Strukturen und die grundgesetzlich garantierte Gemeindeautonomie schlössen ein nationales Bibliotheksgesetz aus formal juristischen Gründen aus. Unter Verweis auf vergleichbare andere Phänomene ist dem entgegenzuhalten, dass ein solches Bibliotheksgesetz sich durchaus auf Basis der Kompetenz des Bundes für eine bundeseinheitliche Regelung zur Herstellung gleichwertiger Lebensverhältnisse im Bundesgebiet rechtfertigen ließe. Immerhin hat die unermüdliche Lobbyarbeit der bibliothekarischen Verbände dazu geführt, dass ein erstes Bibliotheksgesetz auf Länderebene 2008 in Thüringen in Kraft trat. Die darin getroffenen Regelungen bleiben jedoch unverbindlich und nehmen dem Gesetz viel von der möglichen Wirkung. Ähnliche Qualität haben die inzwischen in Hessen und Sachsen-Anhalt verabschiedeten Bibliotheksgesetze. Auch in anderen Bundesländern wurden Gesetzesentwürfe in die Landtage eingebracht oder werden vorbereitet, so in Nordrhein-Westfalen und Schleswig-Holstein (Stand: März 2011). In einigen Landtagen ist die Lage der Öffentlichen Bibliotheken immerhin Gegenstand parlamentarischer Debatten gewesen. In der politischen Diskussion wird gelegentlich hervorgehoben, dass ein landesweiter verbindlicher Bibliotheksentwicklungsplan mit Aussagen zur Finanzierung den Öffentlichen Bibliotheken mehr nützen werde als ein Bibliotheksgesetz; freilich könnte ein solcher Bibliotheksentwicklungsplan gerade durch ein Bibliotheksgesetz initiiert werden.

Grundsätzlich sind die kommunalen Öffentlichen Bibliotheken selbst – zumindest was ihre verfassungsrechtliche Legitimation betrifft – durchweg in einer gut umschriebenen Rechtsposition. Alle kulturellen Aufgaben gehören nach überwiegender Ansicht zum eigenen Wirkungskreis der Gemeinden und damit zu ihren freiwilligen, nicht jedoch zu ihren Pflichtaufgaben, sofern eben kein Gesetz wie z.B. ein Bibliotheksgesetz anderes bestimmt. Die freiwilligen kommunalen Aufgaben aber sind normalerweise unter den Vorbehalt der finanziellen Möglichkeiten der einzelnen Kommune gestellt. Bei knapper werdenden Mitteln werden deshalb in der Regel freiwillige Aufgaben wie Bibliotheken zur Disposition gestellt, ohne dass noch gefragt würde, ob sich Pflichtaufgaben nicht kostengünstiger erledigen ließen, um Spielräume für freiwillige Aufgaben zu gewinnen.

Die für die Bibliotheksarbeit erforderlichen finanziellen Mittel müssen bei der Gemeindevertretung beantragt werden, und zwar in der Regel jährlich. Ihre Bewirtschaftung unterliegt den allgemeinen, für alle kommunalen Einrichtungen geltenden Haushaltsvorschriften.

Im Übrigen ist die Gemeinde dank ihrer Selbstverwaltung berechtigt, die Rechtsverhältnisse und die Betriebsform der kommunalen Bibliothek im Rahmen der allgemeinen Gesetze so zu regeln, wie es ihren kulturpolitischen Zielsetzungen (und ihren finanziellen Möglichkeiten) entspricht. Dabei kann die Gemeinde z.B. die Benutzungsordnung nach ihrem Ermessen öffentlich-rechtlich oder privatrechtlich ausgestalten. Gleiches gilt für die Einführung und Abschaffung von Benutzungsgebühren, die Festlegung ihrer Höhe und der Erhebungsart (Jahreskarte, Einzelgebühren usw.). Auch in der gesamten Personalwirtschaft ist die Gemeinde im Rahmen des öffentlichen Dienst- und Arbeitsrechts und der Tarifverträge unabhängig.

Für die Rechtsstellung der von den Ländern unterhaltenen Hochschulbibliotheken sind in erster Linie die Hochschulgesetze der Länder maßgeblich. Seit den 1990er-Jahren haben einige Bundesländer, allen voran Nordrhein-Westfalen, auf die ausdrückliche Nennung der Hochschulbibliothek im Hochschulgesetz verzichtet.

Die Hochschulgesetze konstituieren die staatlichen Hochschulen in der Regel als Körperschaften des öffentlichen Rechts und zugleich als Einrichtungen des Landes. Dieser doppelte Rechtsstatus der Hochschulen hat für die Hochschulbibliothek die Konsequenz, dass sie einerseits an der Sonderstellung partizipiert, die das Kennzeichen einer Körperschaft ist, andererseits aber als Einrichtung die Merkmale einer Verwaltungsbehörde trägt. So sind die Hochschulbibliotheken in ihren mehr von der Wissenschaft bestimmten Funktionen dem Rektor (bzw. Präsidenten) ihrer Hochschule zugeordnet, in ihren mehr vom Haushaltsrecht und vom Dienstrecht bestimmten Funktionen dem Kanzler bzw. dem dafür zuständigen Präsidiumsmitglied (Vizepräsidenten).

Für die Bibliothek bedeutet dies normalerweise, dass die Hochschule die Benutzungsordnung und andere Regelungen selbstständig erlassen kann. Auch bei Auswahl und Einstellung des Bibliothekspersonals ist die Hochschule freier als eine Verwaltungsbehörde. Gebunden bleibt die Hochschule natürlich an das öffentliche Dienst- und Arbeitsrecht und die Tarifverträge. In finanzieller Hinsicht kann sich die Hochschulautonomie dann günstig für die Bibliothek auswirken, wenn die Hochschulleitung bestimmte Mittel umzuschichten vermag (z.B. Mittel aus Berufungszusagen).

Die Hochschulgesetze der Länder enthalten überwiegend auch eine Grundbestimmung über die Organisation der Hochschulbibliothek. Zwar wird darin das einheitliche Bibliothekssystem postuliert, eine Hochschulbibliothek als „Zentrale Einrichtung", die alle wissenschaftlichen Informationsbestände der Hochschule unter einheitlicher Leitung zusammenfasst, ist jedoch keineswegs allgemein durchgesetzt. Die Bibliotheken älterer Hochschulen entsprechen strukturell weiterhin zweischichtigen Bibliothekssystemen. Durch organisatorische Maßnahmen werden diese allerdings sukzessive in eine funktionale Einschichtigkeit überführt (↗7.3).

Die ebenfalls von den Ländern unterhaltenen Landesbibliotheken sind im Gegensatz zu den Hochschulbibliotheken in den allgemeinen staatlichen Behördenaufbau eingegliedert. Demgemäß sind sie meistens Einrichtungen des Landes und der jeweils zuständigen obersten Landesbehörde (Kultus- oder Wissenschaftsministerium) direkt unterstellt. Diese oberste Behörde ist für Haushalt, Benutzung, Personal verantwortlich; damit haben die Landesbibliotheken meist einen geringeren rechtlichen Spielraum als die Hochschulbibliotheken.

Unter den Bibliotheken des Bundes haben die zahlreichen, großen Behördenbibliotheken einen noch wesentlich engeren rechtlichen Spielraum; so stellen die Bibliotheken der Bundesministerien jeweils ein Referat unter vielen dar: Sie sind vollständig in die innere Behördenstruktur integriert und vielen einengenden verwaltungsinternen Regelungen unterworfen, die den Bedürfnissen großer Spezialbibliotheken und den fachlichen Erfordernissen bibliothekarischer Arbeit kaum angepasst sind.

Dagegen verfügen die als Stiftung öffentlichen Rechts geführten Bibliotheken (so die *Zentral- und Landesbibliothek Berlin* oder die *Deutsche Zentralbibliothek für Wirtschaftswissenschaften*) über einen beträchtlich weiteren rechtlichen Spielraum.

Zur Rechtsstellung der Bibliotheken privater und kirchlicher Träger lassen sich kaum allgemein gültige Aussagen machen. Soweit es sich bei den privaten Trägern um Wirtschaftsunternehmen handelt, besitzen die Bibliotheken in der Regel keinerlei rechtliche Selbstständigkeit. Das gleiche gilt von Bibliotheken in der Trägerschaft eingetragener Vereine. Für die internen Regelungen und die rechtliche Außenvertretung sind die satzungsmäßig festgelegten Organe verantwortlich und zuständig (Vorstand, Hauptversammlung, Aufsichtsrat bei der AG; Geschäftsführer bei der GmbH; Vorstand, Mitgliederversammlung beim e. V.).

Die kirchlichen Öffentlichen Bibliotheken sind rechtlich in der Regel ein Teil der betreffenden Kirchengemeinde, auch wenn sie in den bibliothekarischen Fachfragen und bei Nutzung vieler Dienstleistungen mit dem *Borromäusverein* bzw. dem Dachverband der evangelischen Büchereien *eliport* und den Fachstellen der Bistümer bzw. Landeskirchen zusammenarbeiten. Die Wissenschaftlichen Bibliotheken in kirchlicher Trägerschaft sind rechtlich meistens Teil des Bistums bzw. der Landeskirche oder – soweit es sich um eine Klosterbibliothek handelt – der Ordensgemeinschaft. Die Rechtsverhältnisse nach innen regeln sich nach innerkirchlichem Recht (Zuständigkeit des Pfarrers und der kirchlichen Gremien auf Gemeindeebene für die kirchliche Öffentliche Bibliothek; Zuständigkeit des Bischofs und der diözesanen oder landeskirchlichen Gremien für die Wissenschaftliche Bibliothek auf der höheren kirchlichen Ebene; Zuständigkeit des Ordensoberen für die Klosterbibliothek). Die Außenvertretung richtet sich jedoch nach dem Staatskirchenrecht, d.h. nach den auf Art. 140 GG beruhenden allgemeinen staatlichen Vorschriften oder nach dem Kirchenvertragsrecht.

3.4.2 Das Außenverhältnis
Im Folgenden wird der rechtliche Rahmen beschrieben, in dem sich Bibliotheken bei der Durchführung ihrer Aufgaben bewegen. Es sind dies – auch bei Bibliotheken der öffentlichen Hand – größtenteils privatrechtliche Regelungen, in manchen Fällen auch straf- oder verwaltungsrechtliche Vorschriften.

Im Bestandsaufbau sind die Bibliotheken durchweg, gleichgültig, wer ihr Träger ist, an die rechtlichen Regelungen gebunden, die für die Erwerbungsarten Kauf, Tausch, Schenkung und Pflichtlieferung sowie für die Lizenzierung gelten (↗7.7).

Die meisten Erwerbungen körperlicher Medien erfolgen durch Kauf, der nach deutschem Privatrecht ein gegenseitiger Vertrag ist. Für ihn gelten daher die Vorschriften des BGB über gegenseitige Verträge (§§ 320–327) sowie die speziellen Vorschriften des Kaufrechts (§§ 433–479). Danach hat der Verkäufer dem Käufer die Sache zu übergeben und ihm das Eigentum an der Sache zu verschaffen, der Käufer den vertraglich festgelegten Kaufpreis zu zahlen und die Sache abzunehmen. Ferner gilt die Vergabe- und Vertragsordnung für Leistungen (VOL), die den Bibliotheken vorschreibt, auch bei Beschaffungen von Medien das günstigste Verhältnis zwischen Leistung (einschließlich Lieferservice) und Preis zu erzielen.

Buchhändler und Bibliotheken unterliegen darüber hinaus dem Buchpreisbindungsgesetz, das zur Sicherung des festen Ladenpreises für deutschsprachige Bücher 2002 in Kraft getreten ist. Die Buchpreisbindung hat in Deutschland allerdings schon eine lange Tradition. Digitale Ressourcen werden zu einem erheblichen Teil nicht durch Sachkauf, sondern durch Lizenzverträge beschafft. Rechtlich handelt es sich um eine besondere Ausgestaltung der Miete (§§ 535ff. BGB): Die Bibliothek erwirbt nicht das Eigentum an Daten und Datenträgern, sondern das Recht zur Nutzung der Daten (die oft nicht auf dem Server der Bibliothek, sondern des Verlags vorgehalten werden) im Rahmen des Lizenzvertrags. Dieser Rahmen ist häufig kompliziert ausgestaltet, beispielsweise wird i.d.R. die Zahl der gleichzeitigen Zugriffe oder die Zahl der zugriffsberechtigten PCs begrenzt. Teilweise werden jährliche Preiserhöhungen im Lizenzvertrag ausdrücklich vereinbart. Viele Lizenzverträge stellen die Bibliotheken vor das Problem, dass ihnen nach Ende der Lizenz nicht nur ein Zugriff auf die aktualisierten Daten, z.B. die neuen Ausgaben einer elektronischen Zeitschrift, sondern auch der Zugriff auf die Daten aus der Lizenzzeit nicht mehr möglich ist, sie ihre Archivierungsfunktion also nicht wahrnehmen können.

Der Tausch ist ein Sonderfall des Kaufs, bei dem die Hingabe von Sachen an die Stelle der Zahlung des Kaufpreises tritt (§ 480 BGB). Häufiger oder sogar regelmäßig kommt diese Erwerbungsart im Verkehr mit anderen Bibliotheken vor. Gegenstand des Tausches sind die in allen Bibliotheken immer wieder anfallenden Dubletten, oft auch die Publikationen des Unterhaltsträgers, z.B. bei Museen die Ausstellungskataloge. Aus haushaltsrechtlichen Gründen hat jede Bibliothek auf Ausgewogenheit im Tauschverkehr mit anderen Bibliotheken zu achten.

Schenkungen sind für viele Bibliotheken ebenfalls eine gebräuchliche Erwerbungsart. Die Schenkung ist wie der Kauf ein Vertrag, der durch Angebot und Annahme zustande kommt (§§ 516–534 BGB). Im Unterschied zum Kaufvertrag zielt der Schenkungsvertrag auf die unentgeltliche Eigentumsübertragung. Das Angebot zum Vertragsabschluss geschieht seitens des Schenkers entweder ausdrücklich oder durch schlüssiges Verhalten, letzteres häufig durch unverlangte Zusendung von Schriften an die Bibliothek. Wenn die Bibliothek nicht binnen angemessener Frist ablehnt, gilt ihr Schweigen als Annahme. Aus dem Vertragscharakter der Schenkung folgt, dass die Bibliothek nach Annahme des Vertragsangebots die Werke abzunehmen hat, die Gegenstand des Angebots waren. Sie sollte daher Schenkungsangebote unter fachlichen Gesichtspunkten genau prüfen. Nach Annahme hat sie geschenkte Medien ebenso wie gekaufte den fachlichen Regeln entsprechend einzuarbeiten und bereitzustellen. Im Übrigen ist zu beachten, dass die Bibliothek auch an spezielle, vom Schenker gemachte Auflagen gebunden ist, sobald sie das Schenkungsangebot angenommen hat. So kann es vorkommen, dass die Bibliothek rechtlich verpflichtet ist, eine durch Schenkung erworbene Büchersammlung geschlossen aufzustellen, auch wenn dies aus bibliotheksfachlichen Gründen nicht sinnvoll erscheint. Es empfiehlt sich daher, Schenkungsangebote vor Annahme auch daraufhin zu prüfen, ob sie mit derartigen Auflagen verbunden sind.

Während Kauf, Tausch, Schenkung und Lizenzierung privatrechtlich geregelt sind und der Bibliothek den Spielraum von Annahme und Ablehnung lassen, beruhen Pflichtlieferung, Abgabe amtlicher Druckschriften und Hochschulschriftentausch auf öffentlich-rechtlichen Vorschriften, die einen solchen Spielraum nicht gewähren. Die *Deutsche Natonalbibliothek* und eine Reihe von Regionalbibliotheken (Landesbibliotheken) sind regelmäßige Empfänger von Pflichtlieferungen, zahlreiche weitere Bibliotheken Empfänger amtlicher Druckschriften, Hochschulbibliotheken Empfänger von Dissertationen, Habilitationsschriften und anderen Hochschulschriften im Rahmen des Schriftentauschs.

Die Pflichtablieferung an Die *Deutsche Nationalbibliothek* ist auf Bundesebene durch § 14 des *Gesetzes über die Deutsche Natonalbibliothek (DNBG)* und die das Gesetz ergänzenden *Pflichtablieferungsverordnung (PflAV)* und *Sammelrichtlinien* geregelt, die regionalen Pflichtablieferungen durch gesetzliche Bestimmungen der einzelnen Länder. Medien in unkörperlicher Form (Netzpublikationen) sind in die Pflichtablieferung der DNB einbezogen; deren Pflichtablieferung legt ähnliche Maßstäbe wie die Pflichtablieferung von körperlichen Publikationen an (u.a. Ausschluss von zeitlich begrenzten Vorabveröffentlichungen, reinen Software- oder Anwendungstools, Fernseh- und Hörfunkproduktionen, ferner von Netzpublikationen, die rein privaten oder gewerblichen Zwecken dienen). Stufenweise werden die Anzahl der unterstützten Dateiformate und die Methoden der Sammlung von Netzpublikationen (z.B. Ablieferschnittstellen, Harvesting-Methoden) erweitert. Für die Pflichtablieferung von Netzpublikationen bei den Landesbibliotheken gelten z.T. ähnliche Bestimmungen oder sind zu erwarten. So wurde z.B. das baden-württembergische *Gesetz über die Ablieferung von Pflichtexemplaren an die Badische Landesbibliothek in Karlsruhe und die Württembergische Landesbibliothek in Stuttgart* vom 3. März 1976 im Jahre 2007 mit einem § 1a lapidar ergänzt: „Für digitale Publikationen [in unkörperlicher Form] gelten die Vorschriften dieses Gesetzes entsprechend."

Die Abgabe amtlicher Druckschriften und entsprechender digitaler Publikationen beruht nicht auf gesetzlicher Grundlage, sondern auf Verwaltungsvorschriften der Behörden, welche aufbewahrungswürdiges Schriftgut herausgeben und bestimmte Bibliotheken zur Übernahme, Archivierung und Bereitstellung verpflichten oder ersuchen. Amtliche Druckschriften werden sowohl für die Benutzung in deutschen Bibliotheken als auch für den internationalen Austausch abgeliefert. In Deutschland müssen Amtsdruckschriften der Organe, Behörden usw. des Bundes und der Länder an die Deutsche Nationalbibliothek, die Staatsbibliothek zu Berlin, die Bayerische Staatsbibliothek und die Bibliothek des Deutschen Bundestages abgeliefert werden. Die Staatsbibliothek zu Berlin betreut im Rahmen des Sondersammelgebietsplans der DFG den Bereich deutsche und internationale Parlamentaria.

Der Erwerb von Hochschulschriften durch den Schriftentausch hat seine Grundlage in der durch die Promotions- und Habilitationsordnungen der Universitäten festgesetzten Pflicht des Autors, vor Erhalt der Urkunde eine bestimmte Anzahl von Exemplaren an seine Universität bzw. Universitätsbibliothek abzuliefern. Soweit die Ordnungen anstelle der Ablieferung gedruckter Fassungen die Ablieferung digitaler Fassungen erlauben, stellt die betreffende Universitätsbibliothek diese im Netz frei zur Verfügung. Ferner erfolgt seitens der UB eine Meldung an die Deutsche Nationalbibliothek. Im Rahmen des Projektes DissOnline kopiert die DNB die vollständige Dissertation, legt die Datei auf einem Archivserver ab, macht den Volltext des Werkes frei zugänglich und sorgt für die Langzeitarchivierung.

Die Auftragsvergabe an Buchbinder geschieht rechtlich betrachtet im Rahmen eines Werkvertrags im Sinne der §§ 631ff. BGB. Die vertragliche Pflicht des Partners der Bibliothek besteht hier darin, dass bestimmte Leistungen erbracht werden (ein „Werk" geschaffen wird), d.h. die Bücher in der vereinbarten Form gebunden und zurückgeliefert werden; die Pflicht der Bibliothek besteht in der Abnahme der gebundenen Bücher und der Zahlung der vereinbarten Vergütung. Ein schriftlicher Vertragsschluss ist wie bei zahlreichen anderen Vertragsarten zur rechtlichen Wirksamkeit zwar nicht erforderlich, zur Vermeidung von Unklarheiten über die Bindequalitäten und zur Verhinderung daraus entstehender Auseinandersetzungen aber sehr zu empfehlen. Im Interesse einer Klarheit über den Qualitätsstandard sollte die Bibliothek sich mit den Buchbindern auf die „Leitsätze für die technische Gestaltung der Einbände für wissenschaftliche Bibliotheken" und auf die „Gütebestimmungen RAL-RG 495; Bibliothekseinbände" verständigen.

Durch die Benutzung (↗6.3) einer öffentlich zugänglichen Bibliothek entsteht zwischen Bibliothek und Benutzer ein Rechtsverhältnis, das gegenseitige Rechte und Pflichten umfasst. Konstituiert wird dieses Rechtsverhältnis in der Regel durch die Anmeldung, in vielen Fällen entsteht es aber „von selbst", sobald nämlich ein interessierter Bürger – ohne sich als Leser angemeldet zu haben – die Bibliothek aufsucht. In aller Regel hat der Träger der Bibliothek durch den Erlass einer Benutzungsordnung dieses Rechtsverhältnis näher ausgestaltet.

Nach Maßgabe der Benutzungsordnung stellt die Bibliothek den Benutzern ihre Medienbestände, aber auch die Räume, Arbeitsplätze und Arbeitsmittel (technische Infrastruktur, Kataloge, Lesegeräte, Kopiergeräte u.a.m.) zur Verfügung. Sie gestattet darüber hinaus, soweit sie nicht eine Präsenzbibliothek ist, die Ausleihe mindestens eines großen Teils ihrer Bestände und erklärt sich bereit, nicht vorhandene Titel im Rahmen der rechtlichen und praktischen Möglichkeiten über den auswärtigen Leihverkehr oder Dokument-Lieferdienste zu beschaffen. Die Bibliothek erbringt diese Leistungen kostenlos oder gegen Gebühr. Der Benutzer hat das Recht, die Bibliothek in dem so beschriebenen Rahmen zu nutzen und die Pflicht, die einzelnen Gebote und Verbote der Benutzungsordnung zu befolgen. Dazu gehört z.B. die Verpflichtung zu rücksichtsvollem Verhalten im Lesesaal (Verbot lauten Sprechens, Verbot der Benutzung mobiler Telefone, Rauchverbot usw.), die Verpflichtung zu pfleglichem Umgang mit dem Bibliotheksgut und das Verbot seiner Weitergabe an Dritte.

Wichtig sind auch die Vorschriften der Benutzungsordnungen über die Haftung des Benutzers für Beschädigung oder Verlust von Bibliotheksgut. Abweichend von der im deutschen Recht sonst vorherrschenden Verschuldenshaftung (Haftung nur für vorsätzliches und für fahrlässiges Handeln) ist dem Benutzer in den meisten Benutzungsordnungen die Gefährdungshaftung auferlegt, d.h. er haftet der Bibliothek auch dann, wenn er die Beschädigung oder den Verlust eines Buches nicht verschuldet hat. Schadensersatz ist gewöhnlich durch „Naturalrestitution" zu leisten, d.h. der Benutzer hat im Falle des Verlustes ein einwandfreies Exemplar gleicher Auflage auf seine Kosten zu beschaffen und der Bibliothek zu übergeben. Nur wenn dies nicht möglich ist, hat er Ersatz in Geld zu leisten. Die Nutzung bibliothekarischer Dienstleitungen via Internet hat neue Formen des Missbrauchs möglich gemacht, deren Ahndung z.T. durch die geltenden Vorschriften geschehen kann; zu einem anderen Teil bedarf es neuer und spezifischer Regelungen.

Benutzungsordnungen werden grundsätzlich vom Träger der Bibliothek erlassen. Für die kommunale Öffentliche Bibliothek tut dies die Gemeindevertretung (Gemeinderat, Stadtverordnetenversammlung usw.), für die Hochschulbibliothek der Akademische Senat, für Landesbibliotheken das zuständige Ministerium, für private und kirchliche Bibliotheken die nach BGB oder HGB bzw. nach kirchlichem Recht zuständigen Stellen oder Amtsträger. Benutzungsordnungen öffentlicher Träger müssen amtlich bekannt gemacht werden (Amtsblatt der Stadt, Amtsblatt der Hochschule usw.). Die offizielle Bekanntmachung erfolgt stets durch den jeweils zuständigen Repräsentanten der Trägerinstitution. Der Bibliotheksleiter hat für Bekanntmachung in der Bibliothek zu sorgen (Übergabe einer Kopie an neu angemeldete Benutzer, Aushang in der Bibliothek).

Gemäß Benutzungsordnung oder aufgrund besonderer Gebührenvorschriften (bei öffentlich-rechtlicher Grundlage) bzw. Entgeltvorschriften (bei privatrechtlicher Grundlage) haben Benutzer bestimmte Gebühren bzw. Entgelte an die Bibliothek zu entrichten. Die heute wichtigste Gebühr (nach Häufigkeit und Aufkommenshöhe) ist neben den allgemeinen Benutzungsgebühren die Gebühr für Dokumentlieferungen aus anderen Bibliotheken sowie in Öffentlichen Bibliotheken die Gebühr für Internet-Nutzung.

Die Erhebung genereller Benutzungsgebühren ist zwar politisch umstritten, rechtlich aber zulässig, wenn die Erhebung und die Höhe der Gebühr auf einer gesetzlichen oder – im Falle der Kommunen – satzungsrechtlichen Grundlage beruht; Voraussetzung ist ferner, dass die Höhe der Gebühr unterhalb der entstehenden Kosten bleibt. Es sind vor allem Kommunen, die seit etlichen Jahren allgemeine Benutzungsgebühren in Form von Jahreskarten oder in anderer Weise erheben.

Die überall übliche Säumnisgebühr haben diejenigen Benutzer zu zahlen, die nach Hause entliehene Medien nicht fristgerecht zurück gebracht bzw. nicht rechtzeitig eine Fristverlängerung beantragt haben. Benötigt ein Leser ein Medium, das zurzeit an einen anderen Benutzer ausgeliehen ist, kann er dieses vormerken lassen; für diese besondere Leistung wird von einzelnen Bibliotheken eine Vormerkgebühr erhoben. Auf weitere Fälle, in denen etwa spezielle Fernleihgebühren, Vervielfältigungsgebühren für die Ausführung von Photo- oder Kopierarbeiten oder aber Gebühren für die Entleihung von Ausstellungsgegenständen anfallen, kann hier nur kurz hingewiesen werden. Manche

Gebühren, wie etwa die Säumnisgebühr oder die Gebühr für die Internet-Nutzung, hatten ursprünglich eine disziplinierende oder nutzungssteuernde Funktion. In Zeiten chronischer Unterfinanzierung können diese Einnahmen nach der Ablösung kameralistischer Prinzipien immerhin zu geringfügigen Haushaltsverbesserungen genutzt werden.

Unabhängig von den in der Benutzungsordnung enthaltenen Regelungen über Schadensersatz können bestimmte Handlungen eines Benutzers gegen das Bibliotheksgut als Vermögensdelikte im Sinne des Strafgesetzbuchs strafbar sein. In Betracht kommen vor allem Diebstahl (§ 242ff. StGB), Verwahrungsbruch (§ 133 StGB), Unterschlagung (§ 246 StGB) sowie Sachbeschädigung, Datenveränderung, Computersabotage und gemeinschädliche Sachbeschädigung (§§ 303ff. StGB), Regelungen, die für konventionelle wie für digitale Medien gelten.

Wer ein Bibliotheksmedium unbefugt aus den Räumen der Bibliothek herausschafft, insbesondere die Ausleihverbuchung bzw. Ausgangskontrolle umgeht, um es sich zuzueignen, erfüllt den Tatbestand des Diebstahls. Die Straftat ist auch als Versuch strafbar. In einer Bibliothek der öffentlichen Hand, in welcher Bücher und andere Medien „dienstlich verwahrt" werden (z.B. Pflichtexemplare, Amtsdruckschriften), erfüllt der Dieb gleichzeitig den Straftatbestand des Verwahrungsbruchs. Wer ein ordnungsgemäß entliehenes Medium deshalb nicht zurückgibt, weil er es verschenkt, verkauft oder makuliert hat – sich also verhält wie ein Eigentümer –, erfüllt den Straftatbestand der Unterschlagung. Wer aus Bibliotheksbüchern Seiten herausreißt (z.B. wertvolle Stiche oder andere Abbildungen), erfüllt den Straftatbestand der Sachbeschädigung oder – wenn es sich um die Sammlung einer öffentlich zugänglichen Bibliothek handelt – den Straftatbestand der gemeinschädlichen Sachbeschädigung. Im Fall unerlaubten Kopierens greift nicht das Strafgesetzbuch, sondern das Urheberrechtsgesetz (§ 106ff. UrhG).

Das Urheberrecht gehört zum Privatrecht. Die Bibliothek darf das Urheberrecht nicht durch Herstellung von Kopien geschützter Werke verletzen (außer für Archivzwecke; diese Kopien dürfen darüber hinaus allerdings nicht benutzt werden). Und sie sollte alles tun, um etwaigen Verletzungen des Urheberrechts durch ihre Benutzer möglichst vorzubeugen, ein Problem, dessen Bewältigung mit den digitalen Medien in der Bibliothek erheblich komplizierter geworden ist. Um den in der Informationsgesellschaft gründlich veränderten Rahmenbedingungen Rechnung tragen zu können, ist das Urheberrecht in Deutschland 2003 und 2008 novelliert worden. Ein dritter „Korb" ist in Vorbereitung (Stand: 2011). Kritiker bemängeln, dass die darin enthaltenen Vorschriften die Interessen der Urheber und der Verbreitungsindustrie zu stark gewichten, die Interessen der Allgemeinheit und insbesondere der Wissenschaften zu wenig berücksichtigen. Zudem seien die Denkfiguren auch des novellierten Urheberrechts nicht mit der digitalen Alltagswirklichkeit einer internetbasierten Informationskultur kompatibel. Als deutlichste Abgrenzung gegenüber dem vergleichsweise eher restriktiven Urheberrecht ist das Creative-Commons-Konzept anzusehen, das in den USA entwickelt worden ist und sich an den Grundwerten von Offenheit und Teilnahme orientiert. Creative Commons bietet den Urhebern vorgefertigte Lizenzverträge als Hilfestellung für die Veröffentlichung und Verbreitung digitaler Medieninhalte. Nutzer dürfen mit einem CC-lizenzierten Inhalt grundsätzlich mehr machen als das Urheberrechtsgesetz erlaubt. Durch die Entscheidung für eine der sechs Lizenzvarianten legt der Urheber fest, wie weit die Rechte der Nutzer z.B. im Hinblick auf Weitergabe und Veränderung des Inhaltes gehen.

Das in Deutschland geltende Gesetz über Urheberrecht und verwandte Schutzrechte (*Urheberrechtsgesetz*) vom 9.9.1965 (mit den Novellierungen von 2003 und 2008) beruht letztlich auf der gesellschaftlichen Überzeugung, dass die Urheber von Werken der Literatur, Wissenschaft und Kunst (bildende und darstellende Kunst, Musik) und ihr „geistiges Eigentum" ebenso rechtlichen Schutz brauchen wie die Eigentümer materieller Vermögenswerte. Als Basis der ideellen Seite des Urheberrechts, des Urheberpersönlichkeitsrechts, gelten Art. 1 (Menschenwürde), Art. 2 (freie Entfaltung der Persönlichkeit) und Art. 5 GG (Meinungsfreiheit). Als Grundlage der materiellen Seite des Urheberrechts, d.h. der Verwertungsrechte, wird Art. 14 GG (Gewährleistung von Eigentum und Erbrecht) angesehen.

Kraft seines Urheberpersönlichkeitsrechts hat der Schöpfer eines Werkes das Recht, darüber zu bestimmen, ob und wie sein Werk veröffentlicht wird (§ 12 UrhG), ein Recht auf Anerkennung seiner Urheberschaft (§ 13 UrhG) und das Recht, eine Entstellung oder eine andere Beeinträchtigung seines Werkes zu verbieten (§ 14 UrhG). Im Übrigen hat der Schöpfer eines Werkes die in den §§ 15ff. UrhG niedergelegten Verwertungsrechte. Da das Urheberrecht vererblich ist, stehen die Verwertungsrechte auch den Erben zu (§§ 28–30 UrhG). Die Verwertungsrechte des Urhebers können vor allem durch unbefugtes und unvergütetes Vervielfältigen seiner geschützten Werke verletzt werden.

Bestimmte Arten von Publikationen genießen keinen urheberrechtlichen Schutz; sie werden als gemeinfrei bezeichnet und dürfen beliebig kopiert werden. Gemeinfrei bzw. nicht schutzwürdig im Sinne des Urheberrechts sind z.B. Schriften ohne Werkcharakter oder Individualität, vor allem aber „Amtliche Werke", d.h. Gesetze, Verordnungen, Erlasse und Bekanntmachungen staatlicher und kommunaler Stellen sowie Entscheidungen und amtlich verfasste Leitsätze von Gerichten der Länder und des Bundes und überhaupt amtliche Veröffentlichungen, die zur allgemeinen Kenntnisnahme bestimmt sind (§ 5 UrhG). Gemeinfrei sind insbesondere alle Werke eines Urhebers, der vor mindestens 70 Jahren verstorben ist (§ 64 UrhG). Die übrigen Werke genießen gesetzlichen Schutz, allerdings nicht in unbeschränkter Form. Bestimmte Einschränkungen des Schutzes hat jeder Urheber hinzunehmen. Diese sind vor allem in den §§ 45–63 UrhG enthalten. Ein für Bibliotheken wichtiger Fall ist die öffentliche

Wiedergabe geschützter Werke, die nach näherer Maßgabe von § 52 UrhG zulässig, in bestimmten Fällen aber vergütungspflichtig ist.

Für die öffentliche Wiedergabe von Bild- und Tonträgern gilt:
– Sie ist ohne Einwilligung des Berechtigten zulässig, sofern 1) kein Eintrittsgeld gefordert wird, 2) kein Erwerbszweck des Veranstalters vorliegt, 3) die Vergütungspflicht gegenüber der GEMA (§ 52 Abs. 1 UrhG) wahrgenommen wird.
– Sie ist nur mit Einwilligung des Berechtigten zulässig, sofern 1) Eintrittsgeld gefordert wird, 2) kein Erwerbszweck des Veranstalters vorliegt, 3) die Vergütungsflicht gegenüber der GEMA wahrgenommen wird.

Praktisch haben beide Fälle zur Folge, dass die Bibliothek sich vor der Veranstaltung, bei der Musik vom Tonträger laufen soll, an die GEMA wendet und ihr ein ausgefülltes Formular mit Angaben über Eintrittgeld, Teilnehmerzahl, Musikwerke usw. zusendet.

Für die öffentliche Wiedergabe von Filmmedien gilt:
– Sie ist ohne Eintrittsgeld und ohne Erwerbszweck des Veranstalters zulässig nur mit Einwilligung des Berechtigten und vergütungspflichtig (§ 52 Abs. 1 u. 3 UrhG). Praktisch wird dies so gehandhabt, dass die Bibliothek bestimmte Videos bzw. DVDs bereits mit dem Recht der beliebig wiederholten öffentlichen Wiedergabe kauft; der Preis ist dann höher und das Vorführungsrecht ausdrücklich auf dem Medium vermerkt. Alle FWU-Videos sind mit diesem Recht ausgestattet. Soll ein Film, der nicht mit diesem Recht ausgestattet ist, vorgeführt werden, sind vorab die Genehmigung einzuholen und vorab die Vergütung zu regeln.
– Sie ist mit Eintrittsgeld, aber ohne Erwerbszweck des Veranstalters zulässig nur mit Zustimmung des Rechteinhabers, ferner vergütungspflichtig.

§ 52b UrhG gestattet den Bibliotheken, digitale Kopien veröffentlichter Werke aus ihrem Bestand ausschließlich in ihren Räumen an eigens dafür eingerichteten elektronischen Leseplätzen zur Forschung und für private Studien zugänglich zu machen, soweit dem keine vertraglichen Regelungen entgegenstehen. Durch Urteil des OLG Frankfurt wurde dieses sehr restriktiv wie folgt interpretiert:

– Zugang über W-LAN und Laptops der Nutzer ist nicht zulässig. Der Zugriff darf nur über verkabelte PCs in der Bibliothek möglich sein. Die Datei darf auf einem Server gehostet werden.
– Der Zugriff muss so gesteuert werden, dass maximal so viele Zugriffe gleichzeitig möglich sind wie Printexemplare erworben wurden.
– Ein Ausdruck ganz oder in Teilen darf nicht möglich sein.

– Eine digitale Kopie durch den Benutzer darf nicht möglich sein (z.B. Download auf einen Datenträger des Nutzers).
– Es muss sich um eine grafische Datei handeln.
– Werbung für das Angebot innerhalb der Hochschule (Vorlesungsverzeichnis, Aushang u.a.m) ist erlaubt.

Ausleihe und Versand von Kopien geschützter Werke durch Bibliotheken unterliegen dem Urheberrecht; sie sind zwar zulässig, aber vergütungspflichtig. Die Vergütung wird durch Zahlungen der Verwertungsgesellschaften an Autoren und Verleger abgegolten (Bibliothekstantieme). Die Verwertungsgesellschaften ihrerseits erhalten aufgrund eines Abkommens mit dem Bund und den Ländern jährliche Pauschalzahlungen von diesen Bibliotheksträgern. Darüber hinaus sind auch die Betreiber von Kopiergeräten zur Zahlung von Vergütungen verpflichtet. Daher hat zunächst die Verwertungsgesellschaft WORT mit den Bundesländern (für die von den staatlichen und kommunalen Bibliotheken selbst aufgestellten Kopiergeräte) und mit den gewerblichen Betreibern von Kopiergeräten Verträge über Pauschalzahlungen geschlossen. Wie im Falle der Bibliothekstantieme verteilt die VG WORT diese Gelder an die Wahrnehmungsberechtigten.

Für den Kopienversand brachte die Urheberrechtsänderung zum 1. Januar 2008 (*Zweiter Korb* der Urheberrechtsänderung) gravierende Restriktionen: Nunmehr dürfen Bibliotheken und Dokumentlieferdienste auf Basis von § 53a UrhG Kopien von Dokumenten, meistens von Zeitschriftenaufsätzen, nur noch im Wege des Post- oder Faxversands liefern. Sonstige elektronische Kopien, und diese auch nur als grafische Dateien, sind nur dann erlaubt, wenn der Verlag selbst keinen Online-Zugang bietet. Allerdings hat der Dokument-Lieferdienst *subito* begonnen, mit Verlagen Verträge zu etablieren, die ihm auf Basis von Vergütungen auch die Lieferung von PDF-Dateien erlaubt. Im Ergebnis wird der Workflow bei der Dienstleistungserzeugung in den Bibliotheken komplizierter, weil je nach Zeitschriftentitel unterschiedlich verfahren werden muss und weil die Papier- oder Faxlieferung technisch-organisatorisch bedeutend aufwändiger ist.

Insgesamt erweist sich das aktuelle Urheberrecht hinsichtlich digitaler Nutzungen für Zwecke von Forschung und Lehre als hinderlich. Es ist darüber hinaus unnötig verwickelt und für die Beteiligten äußerst unübersichtlich, so dass der Gesetzgeber das Erfordernis einer dauernden Rechtsberatung der Beteiligten erzeugt hat. Offen ist, ob das Dritte Gesetz zur Regelung des Urheberrechts in der Informationsgesellschaft (*Dritter Korb*) für Bibliotheksbenutzer weniger einschränkende Nutzungsmöglichkeiten erlauben wird.

Für die Zukunft ist zu erwarten, dass Vorgaben zum Urheberrecht seitens der Europäischen Kommission die Digitalisierung verwaister Werke („Orphan Works", das sind Werke, bei denen einerseits die Schutzfrist noch nicht abgelaufen ist, andererseits ein Rechteinhaber nicht festgestellt werden kann) erleichtern wird.

Tabelle 18: Nutzungsbedingungen von Medien mit urheberrechtlich geschützten Inhalten in Abhängigkeit von der Medienart nach dem UrhG***

	Ausleihe	Präsenznutzung	Kopie durch Benutzer
Printmedien	Zulässig	Zulässig	Zulässig zum Privat- oder sonst. eig. Gebrauch
Tonträger, Bildmedien	Zulässig	Zulässig	Zulässig zum Privat- oder sonst. eig. Gebrauch, techn. Kopierschutz darf nicht umgangen werden
Filmmedien	Zulässig	Zulässig	Zulässig zum Privat- oder wiss. Gebrauch, techn. Kopierschutz darf nicht umgangen werden
Computerprogramme	Zulässig*	Zulässig**	Nicht zulässig
Datenbanken (CD-ROMs, DVD-ROMs)	Zulässig, sofern nicht durch Lizenzvertrag anders geregelt	Zulässig, sofern nicht durch Lizenzvertrag anders geregelt, darf durch Lizenzvertrag nicht ausgeschlossen werden	Als Ganzes nur zum wiss. Gebrauch, sonst nur zulässig bei unwesentl. Teilen, techn. Kopierschutz darf nicht umgangen werden
Netzpublikationen (soweit nicht Open Access)	Entfällt	Zulässig im Rahmen des Lizenz- oder Kaufvertrags	Zulässig im Rahmen des Lizenz- oder Kaufvertrags

* *Standardanwendungsprogramme und Betriebssysteme dürfen nicht verliehen werden (Verpflichtungserklärung der Deutschen Bibliotheksverbände im Rahmen der Umsetzung der EU-Richtlinie zum Verleihrecht für Computerprogramme in das Urheberrechtsgesetz der Bundesrepublik vom 5. Mai 1994). Mit dieser Selbstverpflichtung wollten die Bibliotheksverbände urheberrechtliche Sonderregelungen für Software verhindern.*
** *Die Bibliothek muss Vorkehrungen gegen Kopieren durch Benutzer treffen.*
*** *Wir danken Dr. Eric W. Steinhauer, UB Hagen, für Hinweise zum Inhalt der Tabelle.*

Das *Informations- und Kommunikationsdienste-Gesetz* (IuKDG) vom 18.4.1997 regelt mit seinen Änderungen und Ergänzungen zahlreicher Gesetze den rechtlichen Umgang mit den digitalen Medien einschließlich des Internets. Es enthält Vorschriften über die öffentliche Nutzung von Internet-Diensten, ist also anzuwenden, wenn Bibliotheken diese ihren Benutzern zugänglich machen. Wer einen Netzzugang zur Verfügung stellt, kann für fremde (z.B. politisch radikale oder pornografische) Inhalte nicht verantwortlich gemacht werden. Zur Verantwortung kann künftig nur gezogen werden, wer entweder eigene Daten mit rechtswidrigem Inhalt im Netz anbietet, oder wer als Provider von fremden Daten mit rechtswidrigem Inhalt positive Kenntnis hat und deren Nutzung nicht unterbindet.

Weiterhin ergänzt das IuKDG das Strafgesetzbuch und das Ordnungswidrigkeitengesetz, indem es elektronische Bildschirminhalte den Druckschriften gleichstellt. Für Bibliotheken wichtig sind Regelungen im Jugendschutzgesetz (JuSchG, zuletzt geändert 2008): Die *Bundesprüfstelle für jugendgefährdende Medien* (BPjM) in Bonn wird darin beauftragt, nicht nur Print- und AV-Medien, sondern auch Telemedien, d.h. Webpages auf Antrag zu überprüfen und ggf. als jugendgefährdend zu erklären (Indizierung). § 4 Jugendmedienschutz-Staatsvertrag (JMStV) verlangt, dass Kinder und Jugendliche keine Internetinhalte nutzen dürfen, die strafbar, schwer jugendgefährdend oder von der Bundesprüfstelle für jugendgefährdende Medien indiziert sind. Nach § 5 JMStV müssen Anbieter solcher Angebote, die geeignet sind, die Entwicklung von Kindern oder Jugendlichen zu einer eigenverantwortlichen und gemeinschaftsfähigen Persönlichkeit zu beeinträchtigen, dafür Sorge tragen, dass Kinder oder Jugendliche der betroffenen Altersstufen diese Angebote üblicherweise nicht wahrnehmen. Bibliotheken sind verpflichtet, aktiv zu verhindern, dass Kinder und Jugendliche derartige Inhalte nutzen können. Dazu wird häufig von der Landesmedienanstalt des betreffenden Bundeslandes als geeignet eingestufte Filtersoftware eingesetzt; die Bibliothek muss stichprobenartig prüfen, ob sie ihre Wirkung entfaltet.

Personenbezogene Daten von Bürgern, wie sie in Bibliotheken bei der Anmeldung den zuständigen Mitarbeitern wie auch der Bibliothek als Institution bekannt werden, unterliegen einem besonderen gesetzlichen Schutz. Dieser ist in den Datenschutzgesetzen der Länder und dem *Bundesdatenschutzgesetz* (BDSG) im Einzelnen festgelegt. Für den größten Teil der Bibliotheken in der Trägerschaft der öffentlichen Hand sind die Landesdatenschutzgesetze anzuwenden. Darin wird die Verarbeitung personenbezogener Daten und deren Nutzung nur dann für zulässig erklärt, wenn eine Rechtsvorschrift sie (ausdrücklich) erlaubt oder anordnet bzw. wenn die Kenntnis der Daten zur Erfüllung der Aufgaben der erhebenden Stelle erforderlich ist und der Betroffene vorher (schriftlich) eingewilligt hat. Unter „Verarbeiten" wird das „Speichern, Verändern, Übermitteln, Sperren und Löschen personenbezogener Daten" verstanden.

Die personenbezogenen Daten, die ein Bürger bei der Anmeldung zur Bibliotheksbenutzung anzugeben hat, werden nicht „aufgrund einer Rechtsvorschrift" erhoben und verarbeitet. Ihre Erhebung und Verarbeitung ist allerdings zur Aufgabenerfüllung der Bibliothek „erforderlich"; ihre Verarbeitung ist nur dann zulässig, wenn der Benutzer *vor* der Erhebung seiner persönlichen Daten darauf hingewiesen worden ist, dass diese „verarbeitet" werden, und der Benutzer darin eingewilligt hat. Üblicherweise lassen sich Bibliotheken die datenschutzrechtliche Einwilligung durch eine zweite Unterschrift auf dem Anmeldeformular erteilen; mit der ersten Unterschrift akzeptiert der neue Benutzer die Benutzungsordnung.

Privatrechtlich organisierte Bibliotheken haben die Vorschriften zu beachten, die im BDSG speziell für den nichtöffentlichen Bereich niedergelegt sind (§§ 27–32). Diese Bibliotheken sind insbesondere verpflichtet, personenbezogene Daten nur „nach Treu und Glauben und auf rechtmäßige Weise" zu erheben

(§ 28 Abs. 1, S. 2). Im Ergebnis bedeutet das für diesen Kreis von Bibliotheken, dass die Benutzer ebenfalls bei der erstmaligen Anmeldung darauf hingewiesen werden, dass die anzugebenden persönlichen Daten „verarbeitet" werden, die Angabe aber freiwillig ist.

3.4.3 Das Innenverhältnis

Für den inneren Betrieb von Bibliotheken der öffentlichen Hand gelten im Allgemeinen nur wenige spezielle Vorschriften; der Betrieb verläuft vielmehr durchweg nach denjenigen gesetzlichen Bestimmungen und Verwaltungsregeln, die auch für alle anderen öffentlichen Einrichtungen gelten. Eine zentrale Rolle spielen in diesem Zusammenhang das Verwaltungs- und Haushaltsrecht sowie das Dienst- und Arbeitsrecht.

Alle haushaltsrechtlichen Vorschriften beruhen letztlich auf der im Grundgesetz (Art. 104a–115) niedergelegten föderativen Finanzverfassung, welche durch die Trennung der Haushalte von Bund und Ländern gekennzeichnet ist. Auf der Ebene der Kommunen bilden die in der Gemeindeordnung des jeweiligen Landes enthaltenen haushaltsrechtlichen Vorschriften die Grundlage der kommunalen Haushaltswirtschaft. Die Bewirtschaftung der öffentlichen Mittel im einzelnen richtet sich in den Ländern nach der jeweiligen Landeshaushaltsordnung, in den Gemeinden eines Landes nach der vom Land erlassenen Gemeindehaushaltsverordnung, im Bund nach der Bundeshaushaltsordnung. Das Prinzip der Jährlichkeit, das – von bestimmten Ausnahmen abgesehen – für die Aufstellung eines jeden öffentlichen Haushalts gilt, bestimmt auch den Vollzug des Haushalts. Bei der Bewirtschaftung sind die allgemeinen Grundsätze der Sparsamkeit und der Wirtschaftlichkeit zu beachten.

Im Rahmen der Einführung der „Neuen Steuerungsmodelle" und der „Budgetierung" wurden die bisherigen kameralistischen Regeln, nach denen die Mittel auch für die kommunalen Bibliotheken als Vielzahl nach Zweck, Höhe und Jahr gebundener Haushaltsstellen detailliert ausgewiesen wurden, durch die doppische Haushaltsführung ersetzt. Die *Doppik* (Doppelte Buchführung in Konten) soll nicht nur den Geldverbrauch, sondern auch den Ressourcenverbrauch abbilden und diesen auf „Produkte" der Verwaltung, d.h. auf einzelne Dienstleistungen oder Dienstleistungsbereiche beziehen. Im Ergebnis steht in den Haushaltsplänen einer mehr oder minder pauschalen Mittelzuweisung für die kommunale Bibliothek eine mehr oder minder detaillierte Liste ihrer Leistungen (z.B. Anzahl der Ausleihen, Besucher, Veranstaltungen) gegenüber. Ähnliche Entwicklungen wurden im staatlichen Haushaltsrecht unter der Bezeichnung „Globalhaushalt" vollzogen, d.h. hier wurde eine weit gehende Deckungsfähigkeit zwischen allen Haushaltstiteln eingeführt, ferner die Übertragbarkeit nicht verausgabter Mittel ins neue Haushaltsjahr. Ziel ist es, durch die Zusammenführung von Fach- und Ressourcenverantwortung Anreize für einen effizienten Mitteleinsatz zu schaffen.

Das Recht des öffentlichen Dienstes (einschließlich der Tarifverträge des öffentlichen Dienstes) prägt den inneren Bibliotheksbetrieb auf eine spezielle und nachhaltige Weise.

Zwar wurde der als nicht mehr zeitgemäß erachtete Bundes-Angestelltentarifvertrag (BAT) 2005 bzw. 2006 durch den Tarifvertrag für den öffentlichen Dienst (TVöD) im Bereich Bund und Kommunen sowie durch den Tarifvertrag für den öffentlichen Dienst der Länder (TV-L) abgelöst. Die stark am Beamtenrecht orientierten Bewährungs-, Zeit- und Tätigkeitsaufstiege sowie Gehaltszuschläge aufgrund des Familienstands wurden zugunsten leistungsabhängiger Elemente der Vergütung aufgegeben. Jedoch entfalteten die leistungsabhängigen Elemente bislang nicht die damit verbundenen Erwartungen. Zugleich behindern die neuen Tarifverträge massiv Mobilität, weil ein Aufstieg in besser bezahlte Erfahrungsstufen aufgrund längerer Berufserfahrung bei einem Arbeitgeberwechsel weit gehend verloren geht. (Das Land Hessen hat den TV-L nicht übernommen, sondern blieb beim BAT.)

Das Dienstrecht überträgt die Einteilung der Bediensteten in Beamte und Beschäftigte (die Unterscheidung zwischen Angestellten und Arbeitern ist mit den neuen Tarifverträgen entfallen) mit einer gewissen Willkürlichkeit auch auf die Bibliotheken. Eine vorhandene Beamtenstelle wird – wie in anderen Einrichtungen der öffentlichen Hand auch – möglichst mit einem Beamten, eine vorhandene Beschäftigtenstelle in jedem Fall mit einem Beschäftigten besetzt, obwohl davon abweichende Regelungen im Einzelfall durchaus sinnvoller sein könnten.

Hinsichtlich der Beamten überträgt das Dienstrecht die Einteilung in Laufbahngruppen, die früher einmal in anderen Verwaltungszweigen und für andere Verwaltungszweige entstanden sind, ebenfalls auf die Bibliotheken, ohne dass die Zweckmäßigkeit einer solchen Übertragung je grundsätzlich geprüft worden wäre. In den östlichen Bundesländern war man nach der Vereinigung Deutschlands mit Verbeamtungen in nichthoheitlich tätigen Dienststellen wie etwa Bibliotheken sehr zurückhaltend; so arbeiten dort hauptsächlich Beschäftigte. In den westlichen Bundesländern bietet sich hingegen ein unübersichtliches und wenig plausibles Bild:

Während die Kommunen die in ihren Öffentlichen Bibliotheken tätigen Bibliothekare als Arbeitnehmer beschäftigen, arbeiten in den Wissenschaftlichen Bibliotheken der (westlichen) Länder und des Bundes meistens verbeamtete Bibliothekare. Die Pflichten und Rechte der Landesbeamten sind durch das jeweilige Landesbeamtengesetz (LBG), die der Bundesbeamten durch das Bundesbeamtengesetz festgelegt. Die Dienstrechtsreformen nach dem Jahr 2000 haben hinsichtlich der Laufbahnen und der Besoldung der Beamten die frühere fast vollständige Einheitlichkeit bei Bund und Ländern teilweise aufgegeben.

Die wichtigste gesetzlich festgelegte Pflicht der Beamten ist die allgemeine Treuepflicht gegenüber dem jeweiligen Dienstherrn. („Dienstherr" ist der Bund, das Land, die Gemeinde oder die Stiftung bzw. Anstalt, nicht etwa eine bestimmte vorgesetzte Person.) Die Treuepflicht wird durch den Amtseid, den jeder Beamte zu leisten hat, bekräftigt. Aus ihr folgt u.a. die Pflicht des Beamten, die Vorgesetzten zu beraten und ihren Weisungen zu folgen. Die Weisungsgebundenheit der Beschäftigten im öffentlichen Dienst ergibt sich aus den allgemeinen Arbeitsgesetzen, sowohl hinsichtlich der Zuweisung von Aufgaben im Allgemeinen in Gestalt der Arbeitsplatzbeschreibung wie auch im Einzelnen hinsichtlich Einzelanweisungen. Übrigens ist die Arbeitsplatzbeschreibung ein Organisationsmittel des Arbeitgebers, keine Rechtsposition des Beschäftigten, die er gegen ihm nicht genehme Einzelanweisungen ins Feld führen könnte, sofern die Arbeitsplatzbeschreibung nicht Teil des Arbeitsvertrags ist und die Entgeltgruppe des Beschäftigten nicht tangiert wird.

Die Pflichten und Rechte der Beschäftigten im öffentlichen Dienst ergeben sich aus dem jeweiligen Arbeitsvertrag, der auf der Grundlage der schon erwähnten Tarifverträge vereinbart wird. Darüber hinaus gelten die allgemeinen arbeitsrechtlichen Bestimmungen wie das Kündigungsschutzgesetz, das Lohnfortzahlungsgesetz, das Bundesurlaubsgesetz, das Arbeitszeitgesetz, das Mutterschutzgesetz, das Jugendarbeitsschutzgesetz u.a.m.

Für Klagen aus dem Arbeitsvertrag sind die Arbeitsgerichte zuständig. Obwohl die Pflichten und Rechte der Beschäftigten vertraglich, jene der Beamten gesetzlich begründet sind, ähneln sie einander (mit Ausnahme des Streikrechts) in vielen Punkten. So bekräftigt der Beschäftigte sein Verhältnis zum öffentlichen Arbeitgeber durch ein Gelöbnis, das eine Entsprechung im Eid des Beamten findet. Dem Dienststellenleiter gegenüber haben Beamte und Beschäftigten eine gemeinsame Vertretung, den Personalrat. Die Rechtsgrundlage dafür bilden die Personalvertretungsgesetze der Länder, die auch für die Kommunen ihres Bereichs gelten, und das *Bundespersonalvertretungsgesetz* (BPersVG). Auf die darin enthaltenen differenzierten Bestimmungen über die Beteiligung des Personalrats in Form von Mitbestimmung, Mitwirkung und Anhörung kann hier nicht eingegangen werden.

Zur Personalstruktur in Bibliotheken sei zusammenfassend festgehalten:

In den Wissenschaftlichen Bibliotheken der westlichen Bundesländer sind die fachlich vorgebildeten Mitarbeiter i.d.R. verbeamtet. Sie gehören einer der folgenden Laufbahngruppen an:

– der Laufbahngruppe des höheren Bibliotheksdienstes (Vorbildungsvoraussetzungen: Hochschulabschluss mit Master einer FH oder einer Universität bzw. Äquivalent, Vorbereitungsdienst von zwei Jahren Dauer, Laufbahnprüfung bzw. postgraduales Zusatzstudium oder berufsbegleitendes Fernstudium; Besoldungsgruppen A13–A16; seit 2008 wird die Laufbahn zunächst für den Bereich des Bundes geöffnet, d.h. an die Stelle der Kombination von Master oder Äquivalent mit Staatsexamen kann auch die Kombination von Master oder Äquivalent mit geeigneter hauptberuflicher Tätigkeit treten)

– der Laufbahngruppe des gehobenen Bibliotheksdienstes (Vorbildungsvoraussetzungen: Allgemeine Hochschulreife oder Fachhochschulreife, Fachhochschulstudium bzw. Vorbereitungsdienst von drei Jahren Dauer mit abschließender Laufbahnprüfung; Besoldungsgruppen A 9–A12)
– der Laufbahngruppe des mittleren Bibliotheksdienstes (Vorbildungsvoraussetzungen: Abschluss einer Realschule oder erfolgreicher Abschluss der Hauptschule *und* eine förderliche abgeschlossene Berufsausbildung, Vorbereitungsdienst von zwei Jahren Dauer, Laufbahnprüfung; Besoldungsgruppen A5–A8). In zahlreichen Bundesländern ist diese Laufbahngruppe durch die Fachangestellten für Medien- und Informationsdienste (FAMI) ersetzt worden.

Die Laufbahngruppe des einfachen Dienstes, der den erfolgreichen Besuch einer Hauptschule und einen Vorbereitungsdienst von mindestens sechs Monaten erfordert, gibt es in Bibliotheken nicht. Die nicht-bibliothekarischen Mitarbeiter sind normalerweise Beschäftigte (z.B. Magaziner).

Nach dem Jahr 2000 haben einige alte Bundesländer zunehmend auf die Verbeamtung verzichtet. Dieser Trend ist allerdings mittlerweile wieder rückläufig. In den Wissenschaftlichen Bibliotheken der östlichen Bundesländer sind die Mitarbeiter in der Regel Beschäftigte, ebenso in den kommunalen Öffentlichen Bibliotheken der alten wie der neuen Bundesländer. Die Hierarchie der Entgeltgruppen des TVöD und des TV-L ähnelt den Besoldungsgruppen der Beamten (z.B. Besoldungsgruppe A9 eines verbeamteten Diplom/Bachelor-Bibliothekars entspricht bei Diplom/Bachelor-Bibliothekaren als Arbeitnehmer der Entgeltgruppe 9, ebenso entsprechen einander A13 bei den Beamten und EG 13 bei den Beschäftigten).

Die abhängig Beschäftigten in den Bibliotheken kirchlicher Träger sind normalerweise Angestellte und Arbeiter. (In den kirchlichen Öffentlichen Bibliotheken sind unabhängig davon vor allem ehrenamtliche Mitarbeiter tätig.) Private Träger stellen das Personal für ihre Bibliotheken auf der Grundlage derjenigen Tarifverträge ein, die für ihre jeweilige Branche gelten.

Insgesamt lässt sich feststellen, dass im Übergang zur Informationsgesellschaft einige rechtliche Rahmenbedingungen angepasst worden sind. Dieser Prozess wird sich ohne Zweifel auch mittelfristig fortsetzen. Betroffen von diesen Veränderungen sind vor allem das Urheberrecht, das Haushaltsrecht, aber auch der große Bereich des Dienst- und Arbeitsrechts. Die technischen, politischen und sozialen Spezifika der Informationsgesellschaft müssen ihren Niederschlag in modernisierten Rechtsvorschriften in vielerlei Hinsicht noch finden. Eine nicht geringe Rolle spielt in diesem Zusammenhang auch die Harmonisierung mit europäischen und weltweiten Regelungen.

3.5 Ausblick

Der Blick auf die aktuellen strukturellen, typologischen, betrieblichen und rechtlichen Merkmale des Bibliothekswesens lässt erkennen, dass ein gravierender Wandel entweder bereits eingetreten ist oder sich ankündigt, in anderen Fällen jedoch dringend eingeleitet werden müsste. Bewährte Praktiken, vertraute Denkstrukturen und gängige Arbeitsweisen, die unter industriegesellschaftlichen Bedingungen erfolgversprechend waren, können offenbar den Anforderungen, die in der Informationsgesellschaft an Bibliotheken und andere Informationseinrichtungen gerichtet werden, nur unzureichend entsprechen. In unregelmäßigen Abständen einsetzende Finanz- und Wirtschaftskrisen, die stets unmittelbaren Einfluss auf die Finanz- und Steuerkraft der Bibliotheksträger haben, zwingen vielfach zu spürbaren örtlichen und regionalen Veränderungsprozessen in unterschiedlicher Form. Als Reaktion auf die veränderten Umweltbedingungen ist etwa die Suche nach neuen Betriebsformen anzusehen. Dies betrifft sowohl Bibliotheken in öffentlicher Trägerschaft, die z.B. durch neues Haushaltsrecht oder modifizierte Tarifverträge Flexibilität gewinnen sollen, als auch für Informationseinrichtungen privater Träger, deren Output- und Kundenorientierung sich auch an dieser Suche nach neuen Betriebsformen wie Information Resource Center ablesen lässt. Hinsichtlich der rechtlichen Rahmenbedingungen kündigt sich ein wirksamer Wandel an durch Novellierungen vor allem des Urheberrechts, des Haushaltsrechts und des Dienst- und Arbeitsrechts. Insbesondere ein sich mehr und mehr abzeichnendes wirtschaftsfreundliches Urheberrecht wird den Spielraum der Informationseinrichtungen und den freien Informationsfluss beeinträchtigen.

Die Veränderungsprozesse sind voll in Gang; ein Ende ist nicht abzusehen. Auch auf die altvertrauten typologischen Einteilungen von Bibliotheken wirkt sich dies aus. Die bisherigen Unterscheidungskriterien werden gegenüber wichtigeren Merkmalen wie digital, virtuell, hybrid sicher zurücktreten. Außerdem dürften Konvergenzprozesse oder längerfristige Partnerschaften zwischen verwandten Einrichtungen (Bibliothek, Rechenzentrum, Medienzentrum, Volkshochschule, Archiv usw.) neue Akzente für zukünftig aussagekräftige Typologien setzen.

4 Netze und Kooperationen, Innovationen und Projekte

Die Vielfalt der deutschen Bibliothekslandschaft ist vor allem der föderativen Struktur und der Kulturautonomie der Länder und Gemeinden zu verdanken, eine politische Ausgangsbasis, die bis heute Befürworter und Gegner kennt. Der Föderalismus hat den Trägern von Bibliotheken zahlreiche Chancen für eigene Entwicklungen und kreative Wege eröffnet, doch zugleich auch die Gefahr der Zersplitterung und des Auseinanderdriftens mit sich gebracht.

Spätestens seit der zweiten Hälfte des 19. Jahrhunderts kann keine Bibliothek, und selbst nicht die personell und finanziell bestausgestattete, das umfangreiche Aufgabenspektrum der öffentlichen Informations- und Medienversorgung allein erfüllen, so dass nach Wegen gesucht werden musste, den Informationsbedarf der unterschiedlichen Bevölkerungsgruppen angemessen zu befriedigen. Die folgerichtige Konsequenz, Kooperationen zwischen den Bibliotheken und bibliothekarischen Einrichtungen einzugehen und als koordinierende Stellen insbesondere überregional tätige Institutionen mit zentralen Funktionen zu schaffen, konnte sich allerdings erst in der zweiten Hälfte des 20. Jahrhunderts wirksam entfalten. Begünstigt wurde die forcierte Zusammenarbeit durch die rasante Entwicklung der Informations- und Kommunikationstechnik, die den Ausbau digitaler Netze förderte und so die Grundlage für den Weg ins Zeitalter der Digitalen und der Virtuellen Bibliothek schuf.

Kooperation und Vernetzung sind zu den konstitutiven Merkmalen des deutschen Bibliothekswesens geworden, und das nicht erst seit dem Siegeszug der modernen Informationstechnologie. Seit Beginn des 20. Jahrhunderts sind verschiedene bibliothekarische Organisationen, Institutionen und Verbände von nationaler Bedeutung geschaffen worden, die z.T. neben ihren anderen Funktionen vielfältige Kooperationen geplant und realisiert haben. Die große Zahl von Gemeinschaftsunternehmen, bibliothekarischen Zusammenschlüssen, Tagungen und Kongressen belegt den Willen zum kooperativen Handeln. Entscheidende Impulse sind zudem immer wieder von innovativen Projekten ausgegangen, welche mit unterschiedlichen nicht-bibliothekarischen Partnern durchgeführt worden sind.

Auf der Grundlage einer solchen geplanten und strukturierten Zusammenarbeit konnte in den zurückliegenden Jahrzehnten ein organisatorisches und technikgestütztes Netzwerk geschaffen werden, das die offenkundigen Defizite dezentraler Verantwortlichkeiten in gewissem Maße ausgleicht. In vielen Bereichen zeigt es sich, dass die vorhandene Struktur des deutschen Bibliothekswesens im Vergleich zu anderen europäischen Ländern keineswegs nur ein Nachteil ist, vielmehr ermöglicht sie bei gut überlegter Aufgabenteilung und planmäßiger Zusammenarbeit durchaus eindrucksvolle Resultate. In der Realität führt jedoch das Fehlen einer entsprechenden Zusammenarbeit in manchen Fällen leider zur Zersplitterung und zu schmerzlicher Ressourcenverschwendung, insbesondere im Bereich der kommunalen Öffentlichen Bibliotheken.

So wichtig Kooperation auf allen Feldern bibliothekarischer Arbeit ist, letztlich kann sie kein Ersatz für Defizite bei der finanziellen Ausstattung der Bibliotheken und kein Ersatz für unerlässliche Infrastruktureinrichtungen mit Koordinierungsfunktion sein. Mit der Schließung des *Deutschen Bibliotheksinstituts* (1978 – 2000) wurde seitens seiner staatlichen Träger eine der wichtigsten zentralen Einrichtungen mit Koordinierungs- und Lenkungsfunktion ohne Not aufgegeben, ein Manko, das die Entwicklung des deutschen Bibliothekswesens nachhaltig beeinträchtigt.

4.1 Grundlagen der Vernetzung und Kooperation

Für kooperatives Handeln bieten sich zwei Aufgabenschwerpunkte an: Einerseits können Aufgaben nationale Bedeutung haben, die sich aufgrund ihrer Dimension, ihrer Zielsetzung oder ihres Charakters nur arbeitsteilig bewältigen lassen; andererseits fallen ständig wiederkehrende, eine große Zahl von Bibliotheken betreffende Aufgaben an, deren gemeinsame Bewältigung Rationalisierungseffekte erzeugt. Die Zusammenarbeit kann sich sowohl auf lokaler, regionaler oder nationaler Ebene als auch im europäischen bzw. internationalen Rahmen abspielen.

Den Grundstein zum Ausbau kooperativer Strukturen legte der *Wissenschaftsrat* 1964 mit seinen „Empfehlungen zum Ausbau der wissenschaftlichen Bibliotheken" vor. Sie enthielten grundsätzliche Überlegungen zur Struktur des wissenschaftlichen Bibliothekswesens in der damaligen Bundesrepublik, aber auch praktische Einzelempfehlungen für damals 82 Bibliotheken mit Etatmodellen für Hochschulbibliotheken sowie Landes- und Regionalbibliotheken. Mit ihrer Hilfe konnten wichtige Projekte angestoßen werden, die z.B. den Aufbau von Lehrbuchsammlungen in den Hochschulbibliotheken und die Einrichtung von Gesamtkatalogen für alle Buchbestände einer Hochschule betrafen. Die Empfehlungen des *Wissenschaftsrates* gaben den Anstoß, planerische Konzepte und einzelne Instrumente (z.B. Etat-, Personal- oder Flächenbedarfsmodelle) zu entwickeln (↗5.2.3, ↗5.4).

Der Gedanke der Vernetzung von Bibliotheken unterschiedlichen Typs in einem einheitlichen System entwickelte sich erstmals in den 1960er-Jahren. Die *Deutsche Bibliothekskonferenz* als damalige bibliothekarische Dachorganisation ergriff wenig später angesichts des Fehlens einer zentralen Instanz die Initiative und erarbeitete einen umfassenden Strukturplan, den „Bibliotheksplan '73" (↗3.3). Dieser „Entwurf eines umfassenden Bibliotheksnetzes für die Bundesrepublik Deutschland" ging von der Überzeugung aus, dass die „ständig steigenden Anforderungen auf allen Gebieten der allgemeinen Bildung, der beruflichen

Aus- und Fortbildung, der Forschung und Lehre" nur erfüllt werden könnten, „wenn Literatur aller Art, die auch in Zukunft Grundlage des Lernens sein wird, und Informationsmittel für jedermann an jedem Ort erreichbar sind." Dieses Ziel, so die Schlussfolgerung, sollte im Rahmen eines einheitlichen Bibliothekswesens und durch das Zusammenwirken aller Bibliotheken erreicht werden.

Jede Bibliothek, so lautet die bis heute gültige Grundeinsicht, erfüllt in diesem Netz unterschiedlicher Bibliotheken spezifische Aufgaben für ihren typischen Benutzerkreis und leistet zugleich einen Beitrag zur Gesamtversorgung der Bevölkerung. Nur dank der Netzstruktur sind die Bibliotheken in der Lage, die von der Gesellschaft erwarteten Dienstleistungen zu erbringen. Trotz der institutionellen Unabhängigkeit der einzelnen Bibliotheken soll das Bibliothekswesen mit dem gesamten Bildungs- und Informationsbereich eng verbunden bleiben. Das Papier forderte schon damals Bund, Länder und Gemeinden sowie andere Träger auf, das Bibliothekswesen nach den formulierten Leitlinien zu entwickeln und den Leistungsstand der Bibliotheken durch rechtliche und finanzielle Rahmenbedingungen dauerhaft zu sichern – eine bis heute nur sehr bedingt realisierte Wunschvorstellung. Im 21. Jahrhundert müssten die Forderungen in manchen Punkten sogar weiter gehen: So sollte zwischen Bibliothekslandschaft und Bildungsbereich nicht nur eine Verbindung bestehen, sondern eine planmäßige Zusammenarbeit aufgebaut und gepflegt werden. Mittel- und langfristig ist anzustreben, dass örtliche Bildungs- und Bibliothekseinrichtungen so weit wie möglich eine Symbiose eingehen und zu einem zentralen medialen Lern- und Informationszentrum fusionieren. Immerhin wurde in einigen Bundesländern die engere Zusammenarbeit zwischen Schulen, kommunalen Partnern und Bibliotheken institutionalisiert, in Nordrhein-Westfalen seit 2005 etwa durch die regionalen Bildungsnetzwerke der Initiative „Bildungspartner NRW".

Der Netzgedanke von 1973 basierte auf einem Bibliothekssystem, dessen abgestufte Funktionen den Bedarf in vier Stufen decken sollten; nach der Vereinigung Deutschlands wurde das System noch einmal der aktuellen Entwicklung angepasst und neu definiert (Bibliotheken '93).

Fast gleichzeitig mit dem „Bibliotheksplan '73" erschien das viel beachtete Gutachten „Öffentliche Bibliothek" der *Kommunalen Gemeinschaftsstelle für Verwaltungsvereinfachung* (KGSt). Das von Bibliothekaren und Verwaltungsfachleuten der Kommunen erarbeitete Planungspapier erreichte zeitweise Richtliniencharakter und beschrieb neben den Aufgaben und Zielen vor allem betriebliche Grundlagen der Aufbauorganisation und Arbeitsverteilung sowie Richtwerte für Bestände und Erwerbungsmittel, Räume und Flächen, Personal und Öffnungszeiten Öffentlicher Bibliotheken (↗5.2.3).

Zwanzig Jahre später war es die 1989 gegründete *Bundesvereinigung Deutscher Bibliotheksverbände (BDB)*, die als Fortschreibung und Aktualisierung das genannte Positionspapier „Bibliotheken '93" präsentierte, das bis heute mit seinen wesentlichen Aussagen die wünschenswerte Grundlage bibliothekarischer

Zusammenarbeit beschreibt. Es bezieht alle Bibliothekstypen mit ein und vermeidet die traditionelle Spartentrennung. Wie bereits der „Bibliotheksplan '73" weist das Papier von 1993 den Bibliotheken unterschiedlichen Typs und unterschiedlicher Größe ihren jeweiligen Standort im Netz des Gesamtsystems der Medien- und Informationsversorgung zu. Aus dieser Zuordnung ergibt sich das Aufgabenspektrum einer Bibliothek mit den notwendigen Ressourcen an Ausstattung und Personal. Übergreifende Aufgaben sind von zentralen Einrichtungen oder im Verbund durch Zusammenarbeit zu lösen (↗5.2.1):

- Die 1. Funktionsstufe bilden Bibliotheken zur Befriedigung des Grundbedarfs und erweiterten Grundbedarfs: kleinere und mittlere Öffentliche Bibliotheken, Mittelpunktbibliotheken und Zweigstellen der Großstadtbibliotheken.
- Zur 2. Funktionsstufe gehören Bibliotheken für den gehobenen Bedarf: Zentralbibliotheken großstädtischer Bibliothekssysteme.
- Die Bibliotheken der 3. Stufe, die für den spezialisierten Bedarf sorgen, sind Landesbibliotheken, Hochschulbibliotheken, Spezialbibliotheken (z.B. Forschungsbibliotheken) und öffentliche Großstadtbibliotheken in Städten mit mehr als 400.000 Einwohnern.
- Den hochspezialisierten Bedarf decken Bibliotheken der 4. Stufe; das sind die *Deutsche Nationalbibliothek*, die Staatsbibliotheken in Berlin und München, die Zentralen Fachbibliotheken, die Universitätsbibliotheken mit Sondersammelgebieten sowie einige Spezialbibliotheken von überregionaler Bedeutung.

Die gesellschaftliche Außenwirkung und politische Schlagkraft des Papiers war jedoch zu gering, ein Manko, das in erster Linie der fehlenden Beteiligung politischer Entscheidungsträger an der Konzepterstellung zugeschrieben wird. Aus heutiger Sicht ist der Plan jedoch zu eng konzipiert und vermischt in unklarer Weise Beschreibung eines IST-Zustands, bibliothekspolitische Forderungen und fachliche SOLL-Aussagen; der übergreifende Aspekt der Integration in den Informationssektor fehlt.

Strategiepapier „Bibliothek 2007"
Das in den Jahren 2002 bis 2004 von BDB und Bertelsmann Stiftung erarbeitete Strategiepapier „Bibliothek 2007" wurde konzipiert, um dem deutschen Bibliothekswesen einen neuen, innovativen Impuls zu geben. Das gemeinsame Projekt beabsichtigte, eine öffentliche, fachliche und politische Diskussion über die zukünftige Konzeption und Optimierung des deutschen Bibliothekswesens zu initiieren. Insbesondere erhofften sich die Initiatoren und Autoren, mithilfe einer neu zu gründenden *BibliotheksEntwicklungsAgentur* (BEA) eine Weichenstellung für die Zukunft vornehmen zu können.

Das Strategiepapier setzt sich aus drei Bausteinen zusammen:
- einer Analyse der finanziellen, rechtlichen und kulturellen Rahmenbedingungen in Deutschland
- einer internationalen Recherche vorbildlicher nationaler Bibliotheksentwicklung anhand von Best-Practice-Beispielen aus Dänemark, Finnland, Großbritannien, den Niederlanden, den USA und dem Stadtstaat Singapur
- der Konzeption einer zentralen BibliotheksEntwicklungsAgentur (BEA) als Innovationsmotor für die deutschen Bibliotheken.

„Bibliothek 2007" beschreibt eine Vision und Konzeption bibliothekarischer Arbeit in Deutschland, die inhaltlich an den seit den 1960er-Jahren betonten Netzgedanken anknüpft, vor allem das Thema Bibliothek mit großem Nachdruck auf die politische Tagesordnung bringen soll. Eines der Ziele sollte sein, eine länger anhaltende Diskussion zwischen der Fachöffentlichkeit, den Verbänden, den politischen Entscheidungsträgern und Trägereinrichtungen anzustoßen. Die Bibliothek wird erstmals als „Bildungseinrichtung" definiert und gleichwertig an die Seite der anderen primären und sekundären Bildungsinstitutionen gestellt. Aufgrund der Ergebnisse der Länderbegutachtungen werden die Erfolgsfaktoren zusammengetragen, die förderlich bzw. hinderlich beim positiven Ausbau des Bibliothekswesens sind. Ein Maßnahmenkatalog beschreibt, mit welchen konkreten Schritten die Entwicklung forciert werden kann. Die Bundesregierung wird aufgefordert, die Länder und Kommunen durch rechtliche Rahmenvorgaben und eine stärkere finanzielle Förderung intensiver als bisher bei der Integration der Bibliotheken in die Bildungsinfrastruktur zu unterstützen.

Die vorgeschlagene, als Stiftung aufzubauende *BibliotheksEntwicklungs Agentur* (BEA) sollte vor allem fünf Kernaufgaben erfüllen:

- Erarbeitung von Entwicklungsplanung und Rahmenplänen, insbesondere Formulierung von Strategien, Konzeptionspapieren und Empfehlungen für die Bibliotheksentwicklung
- Impulsgebung für Förderprogramme und Durchführung von Förderprogrammen, speziell Koordinierung und Bündelung von Förderinitiativen und –mitteln
- bibliotheksfachliche Qualitätssicherung, insbesondere durch Definition von Qualitäts- und Leistungsstandards und Richtlinien zur Datenerhebung
- Modernisierung der Bibliotheksarbeit, insbesondere durch Förderung von Kooperationen von Synergien zwischen Bibliotheken und anderen Bildungs- und Kultureinrichtungen
- Entwicklung von Distributionsstrategien, insbesondere durch verstärkte Öffentlichkeitsarbeit für Initiativen und Förderprogramme sowie Transfer von im Ausland erfolgreich erprobten Lösungen.

Die 2004 eher verhalten einsetzende Fachdiskussion und die folgenden Aussprachen in einigen politischen Gremien auf Bundes- und Länderebene blieben insgesamt von geringem Erfolg. Ein wesentlicher Grund für das Scheitern der erhofften Absichten, vor allem aber der Forderung nach einer BibliotheksEntwicklungsAgentur, lag in der 2006/2007 erfolgten Föderalismusreform; sie führte, bekannterweise zur Stärkung der Kulturautonomie der Länder und zum nahezu kompletten Rückzug des Bundes aus der Bildungs- und Kulturpolitik. Mit Umsetzung der Föderalismusreform war die Rolle des Bundes als ursprünglich wichtigsten Ansprechpartners für das deutsche Bibliothekswesen auf die eines Nebenakteurs reduziert worden.

Trotz dieser negativen Umstände haben die bibliothekarischen Verbände seit 2007 in vielerlei Hinsicht um weitere Unterstützung durch den Bund geworben und sind bei verschiedenen Aktionen auf positive Resonanz gestoßen. So gelang es, Bundesmittel für die Imagekampagne „Deutschland liest – Treffpunkt Bibliothek" (2008 und 2009) bzw. „Treffpunkt Bibliothek" (ab 2010) einzuwerben oder ideelle, organisatorische und finanzielle Hilfe anlässlich der IFLA-Präsidentschaft der Generaldirektorin der ZLB Berlin, Claudia Lux, zu bekommen. Auch die bei verschiedenen Anlässen öffentlich ausgesprochenen bibliothekspolitischen Aussagen des Bundespräsidenten oder die Forderungen der Kultur-Enquête des Deutschen Bundestages zur besseren rechtlichen Absicherung der Bibliotheken waren Resultat einer forcierten Lobbyarbeit der Verbände.

4.2 Kooperation in Verbänden

Wie bereits mehrfach skizziert, ist die inhaltliche und organisatorische Zusammenarbeit der Bibliotheken in Deutschland nicht durch den Gesetzgeber oder durch staatliche Institutionen gelenkt. Dieser Zustand ist historisch bedingt und als Folge des föderativen Systems und der dezentralen Kulturhoheit zu verstehen. Die erste und bislang einzige zentrale Koordinierungsstelle für Bibliotheken bildete von 1978 bis 2000 das von Bund und Ländern per Gesetz als Anstalt des öffentlichen Rechts geschaffene *Deutsche Bibliotheksinstitut* (DBI) in Berlin, bis es auf Empfehlung des *Wissenschaftsrats* am 31.12.2003 endgültig geschlossen wurde.

Wichtig für den fachlichen Austausch und die Entwicklung von Ideen und Vorhaben waren von Anfang an die bibliothekarischen Verbände und Vereine, deren erster sich im Jahr 1900 mit Gründung des *Vereins Deutscher Bibliothekare* (VDB) konstituierte. Auch hier spielten nicht Staat und Gesetzgeber, sondern die private Initiative bibliothekarischer Führungskräfte des wissenschaftlichen Bibliothekswesens die entscheidende Rolle. Bibliotheken und Bibliothekspersonal organisieren sich bis heute ausschließlich in solchen auf privatrechtlicher Basis agierenden Vereinen und Verbänden.

Man unterscheidet in der Verbandsszene Personalvereine und Institutionenverbände. Bibliothekarische Personalvereine sind Organisationen, in denen sich Bibliothekare und andere Bibliotheksmitarbeiter zur Wahrung ihrer beruflichen Interessen zusammengeschlossen haben. Sie dienen zugleich als Foren fachlicher Diskussion und Mittel gemeinsamer Vertretung in der Öffentlichkeit. Institutionenverbände sind Zusammenschlüsse von Bibliotheken, bibliothekarischen Einrichtungen und Bibliotheksträgern, die das Ziel verfolgen, gemeinsame Bibliotheksaufgaben zu fördern, einheitliche Standards zu entwickeln und die Stellung der Bibliothek in Politik und Gesellschaft politisch zu festigen. Die Verbände und Vereine sind stets Motoren bibliothekarischer Kooperationen gewesen; im Folgenden werden sie kurz vorgestellt.

4.2.1 Der Dachverband: „Bibliothek & Information Deutschland e. V." (BID)

Der im Jahre 1989 zunächst unter dem Namen *Bundesvereinigung Deutscher Bibliotheksverbände* (BDB) gegründete und seit März 2004 als *Bibliothek & Information Deutschland e.V.* (BID) firmierende Verband bildet heute das spartenübergreifende Dach für alle Institutionen- und Personalverbände des Bibliothekswesens, der Verbände des Informationswesens und zentraler Einrichtungen der Kulturförderung in Deutschland. Die BID vertritt deren Gesamtinteressen auf nationaler und europäischer Ebene sowie in internationalen Gremien. Ihre Vorgängerorganisation, die *Deutsche Bibliothekskonferenz*, hatte zehn Jahre nach ihrer Gründung den „Bibliotheksplan '73" vorgelegt, der das Bewusstsein für die Notwendigkeit bibliothekarischer Kooperation nachhaltig stärkte.

Der Versuch, die bis dahin existierenden vier Personalvereine mit dem Institutionenverband dbv zu einem einzigen Gesamtverband zu vereinigen, scheiterte Mitte der 1990er-Jahre. Ohne einheitlichen Verband bleibt die politische und mediale Außenwirkung der Bibliotheken und ihrer Beschäftigten weiterhin geschwächt, die Suche nach gemeinsamen Lösungen und Strategien wird erschwert (↗4.2.4). Da sich Ende der 1990er-Jahre drei der ehemals fünf Personalvereine vereinigten, existieren heute mit dem dbv, dem BIB und dem VDB allerdings nur noch drei bundesweite Interessenvertretungen. Ohne Zweifel bleibt es nach wie vor eines der wichtigsten Ziele, in Deutschland einen einheitlichen Verband zu schaffen. In der Schweiz, in Großbritannien, den USA oder auf internationaler Ebene (IFLA) hat sich der Zusammenschluss zu einer einzigen Organisation außerordentlich bewährt.

Eine nationale Standortbestimmung und einen Ausblick in die nahe Zukunft ermöglicht der vom BID in mehrjährigem Abstand veranstaltete Deutsche Bibliothekskongress. In der BID sind die Personalvereine *Berufsverband Information Bibliothek e.V.* (BIB) und *Verein Deutscher Bibliothekare e.V.* (VDB), der *Deutsche Bibliotheksverband e.V.* (dbv) als Institutionenverband, die *ekz. bibliotheksservice GmbH*, die *Bertelsmann Stiftung*, das *Goethe-Institut* sowie die *Deutsche Gesellschaft für Informationswissenschaft und Informationspraxis e.V.* (DGI) zusammengeschlossen (↗4.3 ff.); Sitz der BID ist Berlin.

Der/die Präsident/in als Vorsitzende/r der BID vertritt während einer dreijährigen Amtsperiode das deutsche Bibliotheks- und Informationswesen als Ganzes nach außen und bündelt die wichtigsten bibliotheks- und informationspolitischen Aktivitäten der Mitglieder. Neben der nationalen Lobbyarbeit spielt dabei die Auslandsarbeit eine herausragende Rolle: Die Einrichtung *Bibliothek & Information International* (BII) bei der dbv-Bundesgeschäftsstelle in Berlin forciert die internationale Kontaktarbeit und fördert den Erfahrungs- und Informationsaustausch durch Studienreisen und Arbeitsaufenthalte für ausländische und deutsche Informationsfachleute. Unterstützt wird sie dabei vom *Goethe-Institut* und der *Bertelsmann Stiftung*.

Als Mitglied im *European Bureau of Library, Information, and Documentation Associations* (EBLIDA) ist die BID Teil des EU-weiten Netzwerkes bibliothekarischer Einrichtungen und hält darüber die notwendigen Kontakte zum Europaparlament und den bildungspolitisch relevanten EU-Kommissionen.

4.2.2 Der Institutionenverband dbv und seine Aktivitäten

Im Zentrum nationaler bibliothekspolitischer Aktivitäten steht der *Deutsche Bibliotheksverband e.V.* (dbv). Dieser Institutionenverband hat es sich zur Aufgabe gemacht, das deutsche Bibliothekswesen und die Kooperation der Bibliotheken und bibliothekarischen Einrichtungen untereinander zu fördern, indem er politische Forderungen zur Verbesserung des Bibliothekswesens formuliert und durch Gutachten und Empfehlungen Stellung zu grundlegenden Fachfragen bezieht.

Der dbv mit seiner Geschäftsstelle in Berlin umfasst 2.000 Mitgliedsbibliotheken aller Sparten. Ein dreiköpfiges Präsidium und ein siebenköpfiger Vorstand lenken den Verband, der sich in 15 Landesverbände und acht Sektionen unterteilt. Die ordentliche Mitgliedschaft steht Bibliotheken, staatlichen und kirchlichen Büchereistellen und ähnlichen Einrichtungen offen. Wichtige Aufgaben des dbv sind:

– Erarbeitung einheitlicher, effektiver Lösungen zu bibliothekarischen Fachfragen und Mitwirkung an deren Durchsetzung
– öffentliche Darstellung der Ziele und Funktionen der Bibliotheken, aber auch ihrer Defizite und Problembereiche
– Lobby- und Kontaktarbeit zu Parlamenten und Ministerien auf Bundes- und Länderebene, zu Kommunalen Spitzenverbänden und zu einzelnen Gebietskörperschaften
– Initiierung und Begleitung von fachlichen Untersuchungen in Zusammenarbeit mit zentralen bibliothekarischen Einrichtungen
– Ausarbeitung von Fördermaßnahmen zusammen mit der *Deutschen Forschungsgemeinschaft* (DFG) und der *Gemeinsamen Wissenschaftskonferenz* (GWK – als Nachfolgeeinrichtung der ehemaligen *Bund-Länder-Kommission für Bildungsplanung und Forschungsförderung*)
– Organisation und Durchführung von fachlichen Informations- und Fortbildungsveranstaltungen

- Verbesserung der europäischen und internationalen Zusammenarbeit im Bibliothekswesen und Umsetzung ausländischer Erfahrungen in die inländische Bibliotheksarbeit.

Der dbv unterteilt sich in folgende acht Sektionen:

Tabelle 19: Sektionen des dbv

Sektion 1:	Öffentliche Bibliothekssysteme und Bibliotheken für Versorgungsbereiche von über 400.000 Einwohnern
Sektion 2:	Öffentliche Bibliothekssysteme und Bibliotheken für Versorgungsbereiche von 100.000 bis 400.000 Einwohnern
Sektion 3a:	Öffentliche Bibliothekssysteme und Bibliotheken für Versorgungsbereiche von 50.000 bis 100.000 Einwohnern und Landkreise mit bibliothekarischen Einrichtungen
Sektion 3b:	Öffentliche Bibliothekssysteme und Bibliotheken für Versorgungsbereiche bis zu 50.000 Einwohnern und Landkreise mit bibliothekarischen Einrichtungen
Sektion 4:	Wissenschaftliche Universalbibliotheken
Sektion 5:	AG der Spezialbibliotheken e.V. (ASpB) und wissenschaftliche Spezialbibliotheken
Sektion 6:	Überregionale und regionale Institutionen des Bibliothekswesens und Landkreise ohne bibliothekarische Einrichtungen (staatliche und kirchliche Fachstellen, Büchereiverbände)
Sektion 7:	Konferenz der informations- und bibliothekswissenschaftlichen Ausbildungs- und Studiengänge (KIBA)
Sektion 8:	Werkbibliotheken und Patientenbibliotheken, Gefängnisbüchereien

Im Februar 2011 hat das BMBF eine „Allianz für Bildung" ins Leben gerufen mit dem Ziel, den Aufbau lokaler Bildungsbündnisse zu unterstützen, vorhandene Initiativen zu vernetzen und fachliche Expertise zu vermitteln. Neben der Stiftung Lesen, der Bundesvereinigung Kulturelle Kinder- und Jugendbildung und einigen weiteren Organisationen zählt auch der dbv zu den Gründungsmitgliedern. In der Allianz wird er sich einsetzen für die besondere Beachtung der Zielgruppe benachteiligter Kinder- und Jugendlicher beim Medien- und Veranstaltungsangebot, die weitere Einrichtung von offenen Hausaufgabenbetreuungs-, Lesetrainings- und Vorleseangeboten in Kooperation mit Vorlesepaten, vor allem aber für die flächendeckende Ausstattung der Schulen mit Schulbibliotheken unter fachlicher Leitung.

Von den vielen, wichtigen Aufgaben des aufgelösten DBI hat der dbv seit 2003 die bundesweite Kommissionsarbeit übernommen und fortgeführt. Anfangs drei, heute sieben Fachkommissionen sollen sowohl dem dbv-Bundesvorstand als auch den Bibliotheken beratend und impulsgebend zur Seite stehen. Es sind im Einzelnen die Kommissionen:

- Bibliothek und Schule
- Dienstleistung

– Erwerbung und Bestandsentwicklung
– Interkulturelle Bibliotheksarbeit
– Kinder- und Jugendbibliotheken
– Management
– Recht.

Die jeweils vom Vorstand für drei Jahre berufenen und mit fünf Fachleuten aus verschiedenen Bibliothekstypen zusammengesetzten Kommissionen beantworten aktuelle Fragestellungen von nationalem Interesse und erarbeiten darüber hinaus grundlegende Stellungnahmen zu fachlich relevanten Themen, die auf Tagungen und Kongressen in Form von Workshops und Vorträgen oder in schriftlicher Form vorgestellt werden. So haben die Kommissionen „Informationsplattformen" ins Internet gestellt, über die sie ihre Ergebnisse publizieren, wichtige Dokumente hinterlegen, kompetente Ansprechpartner und Adressen benennen und Fachdiskussionen begleiten. Alle Beratungsgremien haben auch den Auftrag, kreative Anstöße zur Weiterentwicklung in ihrem jeweiligen Fachgebiet zu geben. Eine enge Abstimmung mit den Kommissionen der beiden Personalvereine BIB und VDB ist vereinbart.

Auf Anregung des dbv wurde im Jahr 2002 die *Deutsche Initiative für Netzwerkinformation e. V.* (DINI) gegründet, der sich als Kooperationspartner neben zahlreichen Bibliotheken die universitären Rechenzentren (*Zentren für Kommunikation und Informationsverarbeitung in Lehre und Forschung*, ZKI), die Medienzentren (*Arbeitsgemeinschaft der Medienzentren der deutschen Hochschulen*, AMH) und die IuK-Initiative angeschlossen haben. Der mit DFG-Projektmitteln unterstützte Verein will erreichen, die Informations- und Kommunikationsdienstleistungen zu verbessern und die dafür notwendige Entwicklung der Infrastrukturen an den Hochschulen und Fachgesellschaften regional und überregional durch entsprechende Standards, Empfehlungen und Projekte zu fördern. Die Aktivitäten erstrecken sich vor allem auf die Bereiche E-Learning, elektronisches Publizieren an Hochschulen, Vermittlung von Informationskompetenz, Langzeitarchivierung oder Informationsmanagement an Hochschulen. So wurde von der DINI ein Zertifikat für Dokumenten- und Publikationsserver entwickelt, um durch die detaillierte Beschreibung der Anforderungen und Funktionalitäten standardisierend auf die Gestaltung solcher institutioneller oder fachlicher Repositorien wirken zu können.

Projekt „Deutsche Internetbibliothek" (DIB)
Erstmals 2003 stellten der dbv, die *Bertelsmann Stiftung* und die *SISIS Informationssysteme GmbH* ihr gemeinsames Projekt „Deutsche Internetbibliothek" (DIB) in Form eines kommentierten Link-Katalogs in Kombination mit einem integrierten bundesweiten Auskunftsdienst per Webformular ins Netz (↗6.4.2). Seit 2008 wird das vielfach kritisch diskutierte Projekt vom *Bibliotheks-Service-Zentrum Baden-Württemberg* (BSZ) betreut und gehostet. Nunmehr müssen die

teilnehmenden Bibliotheken sich an den Kosten beteiligen. Wer gezielte Fragen persönlich beantwortet haben will, kann als Internetnutzer das Webformular des Auskunftsverbundes ausfüllen. Unter Eingabe des Themengebietes, des Verwendungszwecks und der eigenen E-Mail-Adresse lassen sich Anfragen mit detaillierten Angaben zu nahezu allen Sachgebieten stellen – ausgenommen sind juristische und medizinische Fachfragen. Das System leitet die persönliche Anfrage je nach Themengebiet an die fachlich zuständige Bibliothekengruppe weiter; dann bestimmt ein Algorithmus, welche der rund 50 teilnehmenden Öffentlichen und Wissenschaftlichen Bibliotheken (einige davon auch in Österreich und der Schweiz) die aktuelle Anfrage zur Beantwortung erhält.

„Kompetenznetzwerk für Bibliotheken" (knb)
Nach der Schließung des DBI erhofft sich der dbv-Bundesverband durch die zum 1.1.2004 erfolgte Gründung des *Kompetenznetzwerks für Bibliotheken* (knb) eine Stärkung seiner Kompetenzen und Handlungsspielräume. Das knb wird durch die Kultusminister der Länder finanziert.

Die wesentlichen Aufgaben des Kompetenznetzwerkes sind die Förderung der Innovation im Bibliothekswesen und die Wahrnehmung von zentralen Dienstleistungen für Bibliotheken. Die gefundene dezentrale Struktur, die durch zentrale Elemente und Verfahren zu einer kontinuierlichen Anpassung der Aufgaben an die Bedürfnisse ergänzt wird, trägt der Tatsache Rechnung, dass verschiedene nationale Aufgaben des früheren DBI schon heute verteilt wahrgenommen werden. Um einer weiteren Zersplitterung entgegenzuwirken, soll das knb dazu beitragen, das Zusammenspiel der einzelnen Einrichtungen zu verbessern. Die Steuerungsfunktion obliegt einem sechsköpfigen Steuerungsgremium, das sich aus Vertretern der KMK, des dbv-Bundesvorstands, der Bibliotheken mit nationaler Bedeutung, der Verbundzentralen und der Staatlichen Fachstellen zusammensetzt.

Nach mehr als sechs Jahren Tätigkeit lässt sich als Zwischenfazit festhalten, dass die in der Gründungsphase bescheiden gesteckten Ziele allesamt erreicht worden sind: Die dezentrale Konstruktion mit zentraler Steuerung bibliothekspolitisch wichtiger Aufgaben hat sich als praktikabel und effektiv erwiesen. Ein Ersatz für das DBI konnte mit dem knb allerdings nicht geschaffen werden, dazu fehlt es in jeder Hinsicht an Finanz- und Personalressourcen und an den notwendigen Zuständigkeiten. Gelungen ist die enge Verzahnung mit der Geschäftsstelle des Deutschen Bibliotheksverbandes. Jährliche Arbeitsprogramme legen die Schwerpunkte der knb-Aufgaben fest und beschreiben ihre Zielsetzung und Inhalte, die darin bestehen, grundlegende Dienstleistungen für alle Bibliotheken zu erbringen und die Förderung der benutzerbezogenen sowie der innerbetrieblichen Innovation voranzutreiben. Ausgestattet mit einer Koordinatorin und einem mehrmals im Jahr tagenden „Steuerungsgremium" erledigt das knb folgende Aufgaben:

- Weiterführung und Koordination der Deutschen Bibliotheksstatistik
- Betreuung, Koordination und Herausgabe des Bibliotheksindexes BIX
- Steuerung und Organisation der internationalen Kooperation und der EU-Beratung
- Aufbau und Pflege des „Bibliotheksportals"
- Unterstützung des *Normenausschusses Bibliotheks- und Dokumentationswesen* (NABD).

Eine amtliche Kulturstatistik für alle kulturellen Bereiche gibt es in Deutschland nicht. Für die einzelnen Kultursparten (Theater, Musik, Buchhandel usw.) erstellen meistens die jeweiligen Branchen- oder Berufsverbände Statistiken. Die seit Anfang der 1960er-Jahre vorliegende „Deutsche Bibliotheksstatistik" (DBS), die über viele Jahre vom DBI zusammengetragen und veröffentlicht wurde, wird mit dem Berichtsjahr 2002 im Rahmen des knb durch das HBZ in Köln fortgesetzt. Gab es bis Ende der 1990er-Jahre gedruckte und nach Sparten unterschiedliche Fassungen der DBS, so liegen diese heute ausschließlich als Online-Datenbank (unter der Adresse www.bibliotheksstatistik.de) im Internet vor. Die ab dem Berichtsjahr 2004 gültigen neuen DBS-Grundfragebögen bestehen bei den Öffentlichen Bibliotheken aus rund 100, bei den Wissenschaftlichen Bibliotheken aus über 500 Einzelfragen; Daten werden u.a. erhoben über:

- Zahl der Kunden und Besucher, Öffnungsstunden
- Bestände und Bestandsnutzung, differenziert nach Medienarten und Fächern, einschließlich elektronischer Publikationen und Dokumentlieferungen
- Bestandszuwächse, differenziert nach Erwerbungsarten
- Flächen, Nutzerarbeitsplätze
- Zahl der Mitarbeiter, differenziert nach Berufs- bzw. Vergütungsgruppen
- Dienstleistungen wie Veranstaltungen und Ausstellungen
- Ausgaben, differenziert nach Kostenarten.

Jeder Nutzer hat die Möglichkeit, vorgefertigte Gesamtübersichten aufzurufen und herunterzuladen oder kann seine Anfrage nach Eingabe bestimmter Parameter individuell spezifizieren. Auch die Erfassung der Jahresdaten aus allen Bibliothekstypen geschieht inzwischen weitestgehend online: Während innerhalb von zwei Monaten die hauptamtlich geleiteten Bibliotheken ihre Zahlen in der Regel online in die elektronischen Statistikbogen eingeben, senden viele der neben- und ehrenamtlich geleiteten Bibliotheken die gedruckten Fragebogen nach wie vor den zuständigen Bibliotheksfachstellen zu, die diese nach Prüfung und Datenerfassung dem HBZ als Datei zuleiten (↗5.3.3). Auf der Webseite des HBZ steht mit „BibS" inzwischen als weiteres Werkzeug eine Suchmaschine für Bibliotheken zur Verfügung, mit der sich Bibliotheksadressen oder Bibliotheken mit ähnlichen Kennzahlen im Datenbestand der Deutschen Bibliotheksstatistik recherchieren lassen, Letzteres lässt sich für Betriebsvergleiche einsetzen.

Der anfangs nur auf den ÖB-Bereich fokussierte Bibliotheksindex BIX, der seit 2006 auch Wissenschaftliche Bibliotheken erfasst, verfolgt das Ziel, mit Hilfe eines freiwilligen bundesweiten Rankings den Bibliotheken eine eigene Standortbestimmung zu ermöglichen, ihre Situation anhand von Kennzahlen transparent zu machen und damit zur Verbesserung der Kommunikation zwischen Bibliothek, Verwaltung, Öffentlichkeit und Politik beizutragen. 1999 als Projekt der Bertelsmann Stiftung zusammen mit dem dbv begonnen, hat seit Mitte 2005 das knb die Projektleitung übernommen, unterstützt vom HBZ und dem Institut für angewandte Sozialforschung (infas). Als Partner für die Herausgabe des jährlich erscheinenden BIX-Magazins fungiert die Zeitschrift B.I.T.-Online. Im Magazin werden die Ergebnisse des Rankings gedruckt veröffentlicht und durch Beiträge zu innovativer Bibliotheksarbeit, Best-Practice und Porträts der Gewinnerbibliotheken ergänzt; online sind sie über die BIX-Website verfügbar.

Während sich die Öffentlichen Bibliotheken beim BIX zur Wahrung der Vergleichbarkeit in Größenkategorien nach Einwohnerzahlen gruppieren, unterscheiden sich die Wissenschaftlichen Bibliotheken vorrangig nach ein- und zweischichtigen Hochschulbibliotheken. Eine im Sinne des Benchmarking praktizierte Orientierung an den Leistungsstärksten gibt den Verantwortlichen in Bibliothek und Hochschule bzw. den kommunalen und universitären Entscheidungsträgern fundiertes Datenmaterial an die Hand, mit dem sich Diskussions- und Entwicklungsprozesse in Gang setzen lassen.

Normenausschuss Bibliotheks- und Dokumentationswesen (NABD)
Zur Koordination und Unterstützung der Bibliotheksexperten, die in den verschiedenen Normungsgremien des Deutschen Instituts für Normung e.V. (DIN) tätig sind, agiert der Normenausschuss Bibliotheks- und Dokumentationswesen (NABD). Das knb trägt rund 30% des Finanzbedarfs des NABD und ermöglicht so seine kontinuierliche Arbeit in Beratungssitzungen. Da Normen und Standards in fast allen Bereichen von Bibliotheken national wie international eine wichtige Rolle spielen – so etwa bei Fragen der Medienerschließung, der Zusammenarbeit mit dem Buchhandel, der Erhaltung und Langzeitarchivierung von Bibliotheksbeständen, der Leistungsmessung oder der Erfassung von Statistikdaten – ist es notwendig, die Belange von Bibliotheken und Bibliothekaren in Deutschland angemessen zu berücksichtigen. Zum 100. Bibliothekartag 2011 in Berlin erschien beispielsweise die Neuausgabe des DIN Praxishandbuchs „Bestandserhaltung in Archiven und Bibliotheken".

Bibliotheksportal
Das kooperative internetbasierte Fachinformationsangebot des knb ging als „Bibliotheksportal" 2006 online. Es ist zugleich ein Modul der virtuellen Fachbibliothek b2i „Bibliotheks-, Buch-, und Informationswissenschaften". Das Bi-

bliotheksportal adressiert seitdem mehrere Zielgruppen und erfüllt verschiedene Aufgaben:
1. Bereitstellung von Informationen über Bibliotheken und aktuelle Entwicklungen aus dem Bibliothekssektor für Entscheidungsträger in Politik und Verwaltung sowie für die breite Öffentlichkeit
2. Bereitstellung von aktuellen Fachinformationen für die Bibliothekspraxis und -wissenschaft zur Förderung der Innovationsfähigkeit des Bibliothekswesens
3. Bündelung von bibliothekarischen Praxiserfahrungen, Präsentation gelungener Projekte zur Weiterentwicklung der Bibliotheken sowie fachlicher Austausch von Bibliothekaren aus allen Bibliothekstypen und -sparten.

Mit Hilfe eines Content-Managementssystems haben interne und ausgewählte externe Redakteure Zugriff auf das Portal, pflegen und ergänzen die Seiten. In unregelmäßigen Abständen werden neue Fachthemenbereiche ergänzt wie zuletzt Bibliotheksrecht, Architektur und Technik, RFID, Fundraising und Bibliotheksförderung (Förderdatenbank) oder Öffentlichkeitsarbeit und Berufsethik. Ein „Branchenbuch" gibt Firmen die Möglichkeit zur Eigenwerbung. Die Nutzungszahlen des Bibliotheksportals liegen seit 2009 relativ stabil bei durchschnittlich 130.000 Seitenaufrufen (page views) pro Monat. Zunehmende thematische Anfragen per E-Mail und Telefon belegen, dass sich das Portal als wichtige Informationsquelle und Anlaufstelle zu Bibliotheksinformationen etabliert hat.

Weitere Verbandsaktivitäten des dbv
Erstmals im Jahr 2000 konnte der dbv mit finanzieller Unterstützung und in Zusammenarbeit mit der ZEIT-Stiftung Ebelin und Gerd Bucerius die bundesweite Auszeichnung „Bibliothek des Jahres" vergeben. Der mit 30.000 € dotierte einzige nationale Bibliothekspreis zeichnet beispielhafte und vorbildliche Bibliotheksarbeit aller Sparten aus und soll die Bibliotheken im Wettbewerb um Qualität, Kreativität und Innovation motivieren. Die Preisträgerbibliothek wird von einer unabhängigen Jury gewählt, der u.a. auch Mitglieder der Bundesregierung, der Kultusministerkonferenz, des Deutschen Städtetages, der Zeit-Stiftung und des dbv angehören. Der Preis wird verliehen am „Tag der Bibliotheken" (24. Oktober). 2008 hat man diesen Tag erstmals auch genutzt, um mit der Imagekampagne „Deutschland liest – Treffpunkt Bibliothek" in Form eines einwöchigen Veranstaltungsfestivals in rund 2.000 Bibliotheken eine noch größere Breitenwirkung zu erzielen; seit 2010 firmiert die jährliche Kampagne nur noch unter dem Motto „Treffpunkt Bibliothek".

Zur öffentlichkeitswirksamen Unterstützung der Bibliotheken und zur Sicherung ihrer aufklärerischen Arbeit stiftet der dbv seit 1987 einen Preis, der seit 2010 „Publizistenpreis der deutschen Bibliotheken" heißt. Bei der jährlichen Verleihung werden Journalisten und Journalistinnen aller Medien ausgezeichnet, die in ihren Beiträgen der Öffentlichkeit ein zeitgemäßes Bild von Bibliotheken, ihren aktuellen Aufgaben und Entwicklungen vermitteln. Vorschläge können von Bibliothekaren, Lesern, Publizisten und auch Journalisten selbst eingereicht werden. Seit 2010 erfolgt die Ausschreibung gemeinsam mit der *Wissenschaftlichen Buchgesellschaft* (WBG), mit deren Unterstützung das Preisgeld von 2.500 € auf 5.000 € erhöht werden konnte.

4.2.3 Die Personalverbände BIB und VDB und ihre Aufgaben

Der *Berufsverband Information Bibliothek e.V.* (BIB) mit rund 6.300 Mitgliedern ist der größere der beiden bibliothekarischen Personalvereine. Zu den Mitgliedern gehören Bibliothekare, Medienarchivare, Fachangestellte, Bibliotheksassistenten, Kulturmanager, Informationsvermittler und Dokumentare sowie Studierende und Auszubildende der einschlägigen Fachrichtungen. Zu seinen Aufgaben auf Bundes- und Landesebene gehört es, die beruflichen Interessen der Mitglieder wahrzunehmen und das öffentliche Bibliothekswesen zu fördern. Der Verein verfolgt diese Ziele, indem er sich um ein zeitgemäßes Berufsbild bemüht, die berufliche Aus- und Fortbildung unterstützt und, im Kontakt mit den Gewerkschaften, ausbildungs- und leistungsgerechte Tarifverträge einfordert. Außerdem tritt er für die Belange der Öffentlichen Bibliothek im kulturellen und gesellschaftlichen Leben ein. Zur Behandlung von Sach- und Berufsfragen existieren fünf Kommissionen, die sich mit den Themen Aus- und Fortbildung, Eingruppierung und Besoldung, Neue Technologien, One-Person-Libraries und Information von Fachangestellten und Assistenten beschäftigen. In manchen Bundesländern ist der BIB neben den Staatlichen Fachstellen der bedeutendste Anbieter bibliothekarischer Fortbildung.

Der BIB mit seiner Geschäftsstelle in Reutlingen entstand 2000/2001 aus dem Zusammenschluss der ehemals eigenständigen Personalvereine *Verein der Bibliothekare und Assistenten e. V.* (VBA) und *Verein der Diplom-Bibliothekare an wissenschaftlichen Bibliotheken e.V.* (VdDB, 1948 gegründet). Der VBA war 1997 aus der Fusion des *Vereins der Bibliothekare an Öffentlichen Bibliotheken e.V.* (VBB, 1949 gegründet) mit dem *Bundesverein der Bibliotheksassistenten/innen und anderer Mitarbeiter/innen an Bibliotheken e.V.* (BBA, 1987 gegründet) hervorgegangen. Dem fünfköpfigen BIB-Bundesvorstand steht ein Vereinsausschuss zur Seite, in den die 15 Landesgruppen, der Vorstand und die sechs Kommissionen (Ausbildung und Berufsbilder, Bibliothekspolitik, Eingruppierung und Besoldung, Fortbildung, One-Person-Librarians, Verbandsmarketing und Verbandskommunikation) ihre Vertreter entsenden.

Seine Aufgaben wie beispielsweise

- die Aufarbeitung von Planungs- und Strukturfragen des Bibliothekswesens,
- die nationale und internationale Kontaktpflege,
- diverse Managementthemen oder

– die gemeinsam mit dem VDB organisierte Ausrichtung des Deutschen Bibliothekartages als der nach dem Bibliothekskongress zweitgrößten bibliothekarischen Fachtagung in Deutschland

haben eine erhebliche bibliothekspolitische Bedeutung, die über reine Personalangelegenheiten hinausgeht. Gerade im Wirkungsbereich des BIB vollzieht sich die konkrete Annäherung beider Sparten am deutlichsten und effektivsten.

Der BIB gibt mit „BuB – Forum Bibliothek und Information" die mit 8.500 Exemplaren auflagenstärkste, spartenübergreifende Fachzeitschrift für den Bibliotheks- und Informationssektor im deutschsprachigen Raum heraus, sie erscheint zehn Mal im Jahr. Das zweijährig publizierte „Jahrbuch der Öffentlichen Bibliotheken" listet alle hauptamtlich geleiteten Öffentlichen Bibliotheken sowie überregionale bibliothekarische Einrichtungen in Deutschland auf.

Der *Verein Deutscher Bibliothekare e. V.* (VDB) ist die Vereinigung der wissenschaftlichen Bibliothekare, die dem höheren Dienst angehören, soweit sie im Beamtenverhältnis stehen. Der im Jahr 1900 gegründete Verein blieb bis heute eigenständig; wiederholte Versuche, auch ihn in einen gemeinsamen Personalverband der Informations- und Bibliotheksberufe einzubeziehen, scheiterten. Immer wieder hat der VDB zur praktischen und theoretischen Ausbildung der wissenschaftlichen Bibliothekare Stellung bezogen und seine Vorschläge veröffentlicht. Seit Anfang des 20. Jahrhunderts richtet er den jährlichen Deutschen Bibliothekartag als zentrale Fachtagung aus, seit 1952 gemeinsam mit dem *Verein der Diplombibliothekare an wissenschaftlichen Bibliotheken,* ab 2001 zusammen mit dem BIB. In Berlin fand im Juni 2011 der 100. Deutsche Bibliothekartag unter dem Motto „Bibliotheken für die Zukunft – Zukunft für die Bibliotheken" statt. Die Abstracts, Powerpoint-Präsentationen und Vorträge sind in hoher Vollständigkeit auf dem Server des Verbandes zu finden.

Der VDB hat heute rund 1.700 Mitglieder. Sein satzungsgemäßes Anliegen ist es, Lobbyarbeit für die Berufsinteressen der wissenschaftlichen Bibliothekare zu betreiben, dem Austausch und der Erweiterung ihrer Fachkenntnisse zu dienen und das wissenschaftliche Bibliothekswesen zu fördern. Er gliedert sich in 8 Landesverbände und unterhält vier Kommissionen: die *Kommission für berufliche Qualifikation,* die *Kommission für Rechtsfragen,* die *Kommission für Fachreferatsarbeit* und die *Kommission für Management und betriebliche Steuerung.* Die bekannteste Publikation des VDB ist das „Jahrbuch der Deutschen Bibliotheken", in dem sich alle Angehörigen des wissenschaftlichen Bibliotheksdienstes mit Namen und persönlichen Angaben wiederfinden und das für den Verein und seine Mitglieder identitätsstiftend wirkt. Es erscheint alle zwei Jahre in aktualisierter Form und enthält einen Bibliotheksteil, einen Personenteil und weitere für den Berufsalltag wichtige Informationen. Das kostenlos an die Mitglieder versandte Vereinsorgan „VDB-Mitteilungen" erscheint im Halbjahresturnus, im Internet wird zeitnah eine PDF-Version zur Verfügung gestellt. Nachrichten über den Verein sind ebenfalls in der beim Verlag Klostermann

erscheinenden „Zeitschrift für Bibliothekswesen und Bibliographie (ZfBB)"
enthalten. Als ZfBB-Sonderhefte gibt der VDB ferner zusammen mit dem BIB
Tagungsbände mit Vorträgen der Bibliothekartage heraus.

4.2.4 Bibliothekspolitik und politisches Handeln
In Deutschland Bibliothekspolitik zu betreiben, ist aufgrund der föderativen
und dezentralen Grundstruktur des Staates mit besonderen Schwierigkeiten
verbunden, nicht zuletzt, weil viele Adressaten aus Politik, Bildung, Wissenschaft und Kultur anzusprechen sind. Bibliothekspolitische Impulse gehen
vielfach von den auf Bundesebene tätigen bibliothekarischen Verbänden und
Vereinen aus. Im Dialog mit Vertretern von Parteien und politischen Entscheidungsgremien artikulieren BID, dbv, BIB, VDB u.a. Forderungen oder reagieren auf Pläne oder Entscheidungen. Gegenüber der Öffentlichkeit werben die
Verbände um Unterstützung für ihre fachlichen Vorstellungen. Dazu sind sie
natürlich erst in der Lage, nachdem innerhalb des Bibliothekssystems Konsens
erzielt oder doch mehrheitliche Unterstützung für gemeinsame Forderungen
und Aktivitäten gewonnen werden konnte. Unglücklicherweise ist die bibliothekarische Interessenvertretung in Deutschland auf mehrere Verbände
verteilt. Dadurch steigt der Koordinierungsaufwand enorm; auch die öffentliche Wahrnehmung und die Verhandlungsposition werden dadurch deutlich
geschwächt. Zudem agieren neben den Verbänden auch Verbünde und andere
Kooperationsgemeinschaften gegenüber der Politik. In den USA oder Großbritannien gibt es hingegen mit der ALA bzw. CILIP eine einheitliche bibliothekarische Interessenvertretung, die jeweils erheblich schlagkräftiger ist, als dies die
zersplitterten deutschen Verbände sein können.
  Grundsätzlich umfasst bibliothekspolitisches Handeln die Gesamtheit aller
Aktivitäten zur Vorbereitung, Formulierung und Beeinflussung von Entscheidungen in Bezug auf die Entwicklung und Zukunftssicherung von Bibliotheken. Ansprechpartner agieren auf sehr unterschiedlichen Ebenen und mit einer Vielzahl von Akteuren. Solche Akteure und Adressaten sind einerseits die
Träger der Bibliotheken, andererseits Interessengruppen oder Einrichtungen,
die die Bibliothek unterstützen bzw. die Entscheidungen des Trägers beeinflussen können. Für die Öffentliche Bibliothek bedeutet bibliothekspolitisches
Handeln in der Regel umfassende Aktivitäten innerhalb der Kommune, um
den Träger, die politischen Akteure, die Verwaltung und die Bürgerschaft zu
Verbündeten der Bibliothek zu machen und damit ihre Stellung zu stärken.
In vielen Regionen können Öffentliche Bibliotheken Unterstützung durch die
Bibliotheksfachstellen erhalten. Eine Hochschulbibliothek wird ihre bibliothekspolitischen Aktivitäten vorrangig auf die Angehörigen bzw. maßgeblichen
Gremien der Hochschule ausrichten, insbesondere auch auf den Bibliotheksausschuss, während durch die Stärkung der Hochschulautonomie die Bedeutung
der Ministerien schwindet. Eine Spezialbibliothek wird sich bibliothekspolitisch in erster Linie auf die Trägerinstitution und die Zielgruppen innerhalb der

Behörde, des Unternehmens, des Verbandes oder der Kanzlei fokussieren. Auf bibliothekspolitischer Ebene haben Bibliotheken besonders dann Erfolgschancen, wenn sie nicht als Solitäre agieren, sondern in ihren Verbänden im Verbund mit anderen Bibliotheken.

Bibliothekspolitik ist nicht nur in Bezug auf die einzelne Bibliothek, sondern in Bezug auf die Stärkung der Gesamtheit aller Bibliotheken als System und der darin Beschäftigten unabdingbar. Die Gründe dafür sind leicht nachvollziehbar:

– Moderne und umfassende bibliothekarische Dienstleistungen auch für das Angebot einer einzelnen Bibliothek sind heute nur noch im Gesamtsystem und durch das Gesamtsystem möglich.
– Nur aus der Gesamtperspektive heraus können Bedingungen geschaffen werden, die die notwendigen Kooperationen und Netzstrukturen von Bibliotheken auf Dauer sicherstellen.
– Die inhaltliche und organisatorische Zusammenarbeit der Bibliotheken ist gerade nicht staatlich vorgegeben oder zentral gesteuert. Vielmehr müssen im Bibliothekssystem selbst übergreifende Regelungen getroffen, regelmäßig überprüft und ggf. angepasst werden.
– Die Chancen zur Durchsetzung bibliothekspolitischer Anliegen auch auf unteren Ebenen steigen generell mit einem anerkannten, gut ausgebauten Bibliothekssystem, das über schlagkräftige Bündnispartner verfügt.

4.3 Förderer und Partner des Bibliothekswesens

Die Gestaltungskraft des Bibliothekswesens in Deutschland wird des Weiteren von mehreren staatlich oder privat getragenen Einrichtungen und Institutionen gestärkt, die sich unter dem Dach der BID den bibliothekarischen Verbänden und Vereinen als Partner angeschlossen haben. Sie sind an allen wichtigen bibliothekspolitischen und strukturellen Planungen der letzten Jahre beteiligt gewesen und oft genug zum Motor für zukunftsweisende Projekte und Maßnahmen geworden.

4.3.1 Die Bertelsmann Stiftung

Die in Gütersloh ansässige *Bertelsmann Stiftung* ist Mitglied der BID und hat über fast zwei Jahrzehnte hindurch neben vielen anderen auch Projekte im Bereich der Öffentlichen Bibliotheken durchgeführt. Heute ist ihr Engagement auf dem Bibliothekssektor stark zurückgegangen und beschränkt sich vor allem auf beratende Funktionen. Als eine der größten privaten Stiftungen in Deutschland hat sie es sich bei ihrer Gründung zur Aufgabe gemacht, Lösungsmodelle für gesellschaftliche Problemstellungen und Zukunftsfragen zu entwickeln und als praxisorientierte „Reformwerkstatt" und Antriebsmotor zur Modernisierung von Staat und Verwaltung in den Themenfeldern Kultur und Bildung, Wirtschaft, Soziales und Gesundheit, Demokratie und Bürgergesellschaft beizutragen.

Die *Bertelsmann Stiftung* wurde 1977 durch den damaligen Vorstandsvorsitzenden der *Bertelsmann AG, Reinhard Mohn,* als operative Stiftung gegründet. Bei der Entwicklung von Strategien und Konzeptionen zur Lösung gesellschaftlicher und bildungspolitischer Fragestellungen legt die Stiftung besonderen Wert auf die praktische Erprobung im Rahmen von regionalen, nationalen oder internationalen Projekten, wozu auch der Bibliotheksbereich als Bestandteil der Bildungsinfrastruktur gehörte. Vor allem in den 1990er-Jahren bis ca. 2005 wurden innerhalb eines internationalen Netzwerks innovative Methoden, Erkenntnisse und praktische Erfahrungen aus den führenden Bibliotheksländern der Welt gesammelt, ausgetauscht und weiterentwickelt; hierbei brachte man auch Lösungsstrategien aus anderen Branchen ein, um unternehmerisches Denken und Handeln in der Arbeit der Bibliotheken zu verankern.

Zahlreiche Projekte im Umfeld von Kundenorientierung, Präsentations- und Einrichtungsformen, Leseförderung, Schule und Bibliothek oder Führung und Organisation von Bibliotheken trugen die Maxime der Stiftung nach außen, dass moderne Bibliotheksarbeit flexibel, zielgruppen- und zukunftsorientiert, transparent und in ihren Leistungen bewertbar sein muss und dass sie vor allem Partner im Umfeld von Politik, Bildung und Wirtschaft braucht.

Spürbare Impulse für das Controlling und Berichtswesen aller Bibliothekstypen gingen von den von der Stiftung maßgeblich entwickelten Projekten „Öffentliche Bibliotheken im Betriebsvergleich" und „BIX – Der Bibliotheksindex" aus, bei denen Vergleiche der Betriebsdaten im Vordergrund standen, die als Orientierungsrahmen für Entscheidungen dienen und zur Transparenz der bibliothekarischen Leistungen beitragen sollten. Wie erwähnt, wird der BIX seit 2005 federführend vom Kompetenznetzwerk für Bibliotheken (knb, ↗4.2.2) in Zusammenarbeit mit dem HBZ, der Zeitschrift B.I.T.-Online, mit infas, der Hochschule der Medien Stuttgart und der Bertelsmann Stiftung fortgesetzt. Hervorzuheben ist die Initiative der Stiftung, ein bibliothekspolitisches Strategiepapier zur Weiterentwicklung der Bibliotheken in Deutschland zu formulieren. Das in Kooperation mit der BID von 2002 bis 2005 aufgelegte Projekt mündete in dem Papier „Bibliothek 2007", das verschiedene Forderungen an politische Entscheidungsträger bei Bund und Ländern stellte. Die Reaktion aus der Politik und den Fachkreisen war unterschiedlich. Eine wesentliche Forderung des Strategiepapiers – die Verankerung einer *BibliotheksEntwicklungsAgentur* (BEA) – wurde im Dezember 2007 in den Schlussbericht der Enquête-Kommission „Kultur in Deutschland" des Deutschen Bundestages aufgenommen.

4.3.2 Die ekz.bibliotheksservice GmbH

Unter den zentralen Einrichtungen des deutschen Bibliothekswesens nimmt das BID-Mitglied *ekz.bibliotheksservice GmbH* (ekz) eine Sonderstellung ein. Die ekz ist ein Komplettanbieter für Bibliotheken und als solcher ein Wirtschaftsunternehmen, das in der Rechtsform einer Gesellschaft mit beschränkter Haftung arbeitet. Eigentümer sind heute 22 Gesellschafter, darunter sind Bundesländer,

Städte, Landkreise und natürliche Personen, die Mehrheit liegt mittlerweile in privater Hand. Die Zentrale ist in Reutlingen (Baden-Württemberg) ansässig, Niederlassungen in Österreich und Frankreich sowie eine Beteiligung an der sbd.bibliotheksservice ag in der Schweiz stehen für das Engagement in Europa. Die DiViBib GmbH ist eine hundertprozentige Tochter, an der EasyCheck library technologies GmbH ist die ekz maßgeblich beteiligt. Darüber hinaus ist sie Minderheitsgesellschafter an der Stadtbibliothek Siegburg GmbH und an der Bibliothek Monheim am Rhein gGmbH.

Zur Weiterentwicklung der Bibliotheken, vor allem der Öffentlichen Bibliotheken, leistet die Produktion und der Vertrieb spezieller fachgerechter Produkte und Serviceleistungen für Bestandsaufbau, -erschließung und -erhaltung sowie Einrichtung und Organisation von Bibliotheken einen wichtigen Beitrag. Aus einem Unternehmen, das ursprünglich seine Schwerpunkte beim Verkauf von Büchern, Bibliotheksmöbeln und -zubehör sah, ist zu Beginn des 21. Jahrhunderts ein europaweit ausgerichteter kommerzieller Dienstleister für alle Bibliothekssparten geworden, der eine breite Palette an Medien-, Service-, Fortbildungs-, Konferenz- und Consultingangeboten auf den Markt bringt. Ein Online-Bestell-Service beschleunigt die Beschaffung der verfügbaren Medien, wobei die Katalogdaten per Leitung der bestellenden Bibliothek maschinenlesbar übermittelt werden können. Die Gründung der ekz im Jahr 1947 erfolgte auf Initiative von Bibliothekaren aus Öffentlichen Bibliotheken und Staatlichen Büchereistellen und basierte auf der Idee des 1922 von *Walter Hofmann* in Leipzig gegründeten *Einkaufshauses für Büchereien*.

Als wichtigste zentrale Dienstleistungen der ekz gelten heute die aus der *Lektoratskooperation* (LK) resultierenden Informationsdienste, die 1976 aufgrund einer zwischen dem dbv, dem BIB und der ekz geschlossenen Vereinbarung entstanden und jährlich gut 14.000 Bücher und andere Medien auf ihre Bibliothekseignung untersuchen. Im Jahr 2004 wurde die Vereinbarung aktualisiert und das LK-Arbeitsgremium mit erweiterten Kompetenzen zu einer Steuerungsgruppe mit Vorstand umstrukturiert, die, ausgestattet mit mehr Kompetenzen, die Qualitäts- und Zukunftssicherung des Produkts gewährleisten soll. Gegenüber Buchhandlungen und anderen Medienanbietern wird das gesamte Buch- und Medienangebot der ekz durch ein eigenes ekz-Lektorat, das sich auf die Ergebnisse der Lektoratskooperation stützt, bibliothekarisch geprüft und bearbeitet. Umfangreiche konfektionierte Standing-Order-Angebote der ekz aus allen Buch- und Medienbereichen sollen darüber hinaus den Bestandsaufbau der Öffentlichen Bibliotheken vor Ort erleichtern und beschleunigen.

4.3.3 Das Goethe-Institut

Das *Goethe-Institut e.V.* (GI) nimmt im staatlichen Auftrag der Bundesrepublik Deutschland Aufgaben der auswärtigen Kultur- und Bildungspolitik wahr. Es hat die Aufgabe, die Kenntnis der deutschen Sprache im Ausland zu fördern, die internationale kulturelle Zusammenarbeit zu pflegen und ein umfassendes, aktuelles Deutschlandbild zu vermitteln. Dabei engagiert es sich seit vielen Jahren verstärkt auch auf dem Gebiet der Informations- und Bibliotheksarbeit, um den fachlichen Dialog über unterschiedliche Konzepte, Methoden und Anwendungen von Informations- und Wissensmanagement, von Bibliotheksorganisation, Aus- und Weiterbildung auf internationaler Ebene zu fördern.

Das Goethe-Institut mit seiner Zentrale in München ist dennoch keine staatliche Einrichtung, sondern hat die Rechtsform eines Vereins, der seit 1976 aufgrund eines Rahmenvertrages mit dem Auswärtigen Amt staatliche Zuschüsse erhält. Das 1951 als Nachfolger der Deutschen Akademie gegründete Goethe-Institut ist seit der im Jahr 2001 erfolgten Fusion mit *Inter Nationes* (gegr. 1952) die größte Mittlerorganisation der deutschen auswärtigen Kultur- und Bildungspolitik mit weltweit etwa 2.800 Mitarbeitern. Rechtliche Grundlage ist eine Vereinssatzung, die als Organe die Mitgliederversammlung, das Präsidium und den Vorstand vorsieht. Die Organe setzen sich aus Vertretern der Bundes- wie der Landesregierungen und des Bundestages sowie aus Personen des kulturellen Lebens zusammen. Ein Generalsekretär führt die laufenden Geschäfte. Im Jahr 2010 hatte das Institut ein Gesamtbudget von 334 Mio. € zur Verfügung. Davon waren ca. 225 Mio. € Zuwendungen des Auswärtigen Amts, mehr als 112 Mio. € erwirtschaftete es selbst durch Sprachkurse und Prüfungen im In- und Ausland, allein in Deutschland ca. 50 Mio. €.

Das GI verfolgt drei Hauptziele: Die Pflege der internationalen kulturellen Zusammenarbeit, die Förderung der Kenntnis deutscher Sprache im Ausland und die Vermittlung eines umfassenden Deutschlandbildes durch Informationen über das kulturelle, gesellschaftliche und politische Leben. Das GI hat insbesondere folgende Aufgaben:

- Bibliothekskooperation: Zum fachlichen Austausch in den Bereichen Buch, Medien und Bibliotheken werden gemeinsam mit Institutionen der Gastländer Fachkonferenzen, Workshops, Studienreisen, Aus- und Fortbildungsveranstaltungen etc. organisiert.
- Literatur- und Übersetzungsförderung: Die Kulturinstitute im Ausland vermitteln deutschsprachige Literatur, fördern ihre Übersetzung und arbeiten hierzu eng mit Presse, Verlagen, Buchhandel und Bibliotheken in den Gastländern zusammen.
- Qualifizierte Informationsberatung: Hinweise auf Entwicklungen, Ereignisse, Publikationen und die Erarbeitung von multimedialen Themendiensten über deutsche Kultur und deutsches Zeitgeschehen für ausgewählte Zielgruppen sind wesentlicher Bestandteil der Informationsarbeit des Goethe-Instituts.
- Informationsmanagement: Ein auf den örtlichen Bedarf zugeschnittenes und zugleich anspruchsvolles, aktuelles Medienangebot sowie effektive und zuverlässige Serviceleistungen werden nicht nur von den Bibliotheken oder In-

formationszentren an den Auslandsinstituten angeboten, sondern auch in zahlreichen ausländischen Partnerbibliotheken, so z.B. in mehr als 55 „Deutschen Lesesälen".

Insgesamt unterhält das Institut Niederlassungen in 13 Städten Deutschlands sowie 149 Institute und 10 Verbindungsbüros in 93 Ländern. Hinzu kommen weltweit ca. 700 weitere Einrichtungen von ausländischen Kooperationspartnern, für die das Goethe-Institut eine finanzielle Förderung und/oder Maßnahmen der Beratung und Qualitätssicherung bereitstellt. Die Einrichtungen bieten je nach Ausstattung und Größe deutsche Sprachkurse an – in Deutschland jährlich mit rund 23.000 Teilnehmern –, stellen deutschsprachige wie auch internationale Kulturzeitschriften, Bücher, Informationsmaterialien über Deutschland, Spiel- und Dokumentarfilme und ein differenziertes Online-Angebot zur Verfügung. Das Besucherprogramm führt jedes Jahr zahlreiche ausländische Multiplikatoren aus Presse, Medien und Kultur zu qualifizierten Informationsreisen nach Deutschland. Die Zentrale in München stellt den einzelnen Bibliotheken und Informationszentren einen Lektoratsdienst mit einer Vorauswahl nach den Kriterien der Aufgaben der GI zur Verfügung, beschafft die Medien und sendet sie an die Bibliotheken. Die Gesamtbestände der Bibliotheken und Informationszentren der GI sind online recherchierbar, u.a. mit einem Filter nach Ländern.

Vergleichbare Institutionen für andere Länder sind beispielsweise:
– das Konfuzius-Institut (China)
– das Institut Français (Frankreich)
– der British Council (Großbritannien)
– die Società Dante Alighieri (Italien)
– die Japan Foundation (Japan)
– Pro Helvetia (Schweiz)
– das Instituto Cervantes (Spanien)
– das Adam-Mickiewicz-Institut (Polen).

4.3.4 Die Deutsche Gesellschaft für Informationswissenschaft und Informationspraxis (DGI)

In der institutionellen Zusammenarbeit von Bibliothekaren, Dokumentaren und Informationsfachleuten stellt die *Deutsche Gesellschaft für Informationswissenschaft und Informationspraxis e.V.* (DGI) einen der wichtigsten Bündnispartner der Bibliotheken dar; ihr 2004 erfolgter Beitritt zum neu firmierten Dachverband BID lässt sich als bildungs- und bibliothekspolitischer Meilenstein bewerten.

Die DGI ist eine wissenschaftliche Fachgesellschaft und ein Berufsverband zur Förderung von Forschung, Lehre und Praxis im Bereich der Information und Dokumentation. Die jährlich veranstalteten Deutschen Dokumentartage bzw.

DGI-Online-Tagungen zeigen die inhaltliche Breite und Vielfalt des dokumentarischen Berufsfeldes und behandeln u.a. technische Neuentwicklungen und Managementfragen sowie Märkte und Marktchancen des IuD-Bereichs. Der im Jahr 2000 erstmals von DGI und BDB gemeinsam veranstaltete 4. Bibliothekskongress als 90. Bibliothekar- und 52. Dokumentartag in Leipzig ebenso wie die gemeinsamen Kongresse 2004, 2007 und 2010 in Leipzig machen deutlich, wie sehr sich Aufgabenprofile und Zielsetzungen beider Verbände inzwischen angenähert haben und legen nahe, dass sie künftig noch enger zusammenrücken werden.

Die DGI mit Sitz in Frankfurt am Main wurde 1948 zunächst als *Deutsche Gesellschaft für Dokumentation* gegründet und 1998 umbenannt. In ihr sind über 1.200 persönliche Mitglieder und etwa 230 Institutionen des Informationssektors zusammengeschlossen. Sie erarbeitet fachbezogene Grundlagen und Arbeitsmethoden, pflegt die Zusammenarbeit mit nationalen und internationalen Einrichtungen und verfolgt Anwendungsmöglichkeiten neuer Technologien einschließlich der damit verbundenen Rechtsfragen. Fachorgan des Vereins ist die Zeitschrift „Information – Wissenschaft und Praxis". In der Buchreihe „Informationswissenschaft" sind bis 2010 zwölf Titel erschienen. Kooperationspartner der DGI sind neben dem BID der *Gesprächskreis Informatik* (GKI) die *Gemeinsame Initiative der wissenschaftlichen Fachgesellschaften in Deutschland* (IuK-Initiative), das *German Information Network* (GIN) und das *European Council of Information Associations* (ECIA).

4.4 Internationale Zusammenarbeit der deutschen Bibliotheken

Im Zuge der politischen Entwicklung in Europa haben sich zahlreiche Kompetenzen für das deutsche Bibliothekswesen zunehmend auf europäische Institutionen und Gremien verlagert. Fragen des Urheberrechts, des Verleihrechts und des Steuerrechts, der Bildung von Konsortien und der informations- und kommunikationstechnischen Standards werden heute teils auf europäischer Ebene, teils global entschieden.

Angesichts der weltweiten Vernetzung via Internet und des alle Lebensbereiche tangierenden radikal beschleunigten Informationsaustauschs sind die deutschen Bibliotheken ebenso wie die aller anderen Länder auf enge internationale Zusammenarbeit angewiesen. Den Rahmen hierfür bietet eine Reihe internationaler Organisationen, in denen deutsche Institute und Experten als Mitglieder aktiv mitwirken. Auf den Weltwirtschaftsgipfeln (WSIS) 2003 in Genf und 2005 in Tunis wurde erstmals die globale Informationsgesellschaft thematisiert. Dabei wurde auch über die Rolle der Bibliotheken diskutiert. Die meisten Staaten lehnten allerdings ein verbindliches Finanzierungsmodell zur Überwindung der digitalen Kluft im Sinne eines Digitalen Solidaritätsfonds ab.

Die deutschen bibliothekarischen Vereine und Verbände wirken aktiv mit in der *International Federation of Library Associations and Institutions* (IFLA), dem 1927 in Glasgow gegründeten bibliothekarischen Dachverband; die Zentrale der IFLA befindet sich in der Königlichen Bibliothek in Den Haag. Mit Claudia Lux konnte Deutschland in der Amtsperiode 2007-2009 zum dritten Mal die Präsidentschaft der IFLA stellen.

Zur Koordinierung und Förderung der deutschen Mitarbeit in der IFLA wurde 1974 das *IFLA-Nationalkomitee* gegründet, in dem heute neben den Mitgliedsverbänden der BID, der *Arbeitsgemeinschaft der Spezialbibliotheken* (ASpB) und dem *Verband der Bibliotheken des Landes Nordrhein-Westfalen* (VBNW) auch die *Deutsche Nationalbibliothek*, die Staatsbibliotheken in Berlin und München, die *Sächsische Landesbibliothek – Staats- und Universitätsbibliothek Dresden* sowie die *Deutsche Forschungsgemeinschaft* (DFG) vertreten sind. Die DFG ist dabei Gastgeber und unterstützt die IFLA-Mitgliedschaft der Verbände finanziell. Die Aufgabe des Sekretariats des IFLA-Nationalkomitees nimmt der Arbeitsbereich *Internationale Koordination* beim knb in Berlin wahr. Zuschüsse zur Teilnahme deutscher und internationaler Teilnehmer an den IFLA-Kongressen vergibt seit 2009 der *Deutsche Akademische Austauschdienst* (DAAD) sowie *Bibliothek & Information International* der BID.

Auf europäischer Ebene sind die deutschen Verbände durch den BID im *European Bureau of Library, Information, and Documentation Associations* (EBLIDA) vertreten, das 1991 – gleichfalls in Den Haag – als Interessenvertretung des Bibliotheks- und Informationswesens beim Europäischen Parlament, bei der Europäischen Kommission und beim Europarat gegründet wurde. Mehrere deutsche Vertreter sind Mitglieder in den verschiedenen Expertengruppen. EBLIDA repräsentiert heute ein Netz von 90.000 Öffentlichen und Wissenschaftlichen Bibliotheken sowie Spezialbibliotheken und Archiven in Europa.

Laut Satzung liegen die Ziele von EBLIDA im Mitgliederaustausch, der Anerkennung als Gesprächspartner und Repräsentant gegenüber EU-Institutionen sowie beim Einsatz für Studien-, Berufs- und Institutionenbelange. Drei Aufgaben nimmt der Verein vorrangig wahr: Es fungiert zum einen als Katalysator, zum anderen als Informationsstelle für alle relevanten Projekte und Entwicklungen in der Europäischen Union. Vor allem vertritt EBLIDA als Lobby-Einrichtung die Interessen ihrer Mitglieder gegenüber den europäischen Institutionen und politischen Entscheidungsträgern. In den vergangenen 15 Jahren war die Arbeit von EBLIDA von den Themenschwerpunkten Europäische Wissensgesellschaft, Informationsfreiheit, Urheberrecht und Lizenzen geprägt. Die aktuelle Strategie wurde auf der EBLIDA-Jahreskonferenz 2009 in Wien mit der „Wiener Erklärung" festgelegt; sie beinhaltet vier Punkte:

1. Weißbuch „Öffentliche Bibliotheken in der Wissensgesellschaft"
2. Wissenszentrum auf europäischer Ebene
3. Nachhaltige europäisch finanzierte Projektpolitik
4. Beseitigung der Copyright-Barrieren.

Insbesondere bei Gesetzesnovellierungen der EU, die später in allen EU-Mitgliedsländern geltendes Recht werden, ist die Kontaktarbeit des Büros von Bedeutung.

Die auch für Bibliotheken ausgebauten EU-Fördermöglichkeiten sollen dazu beitragen, die kulturelle Vielfalt der Mitgliedsländer und ihrer Regionen zu erhalten und die nationalen Identitäten zu wahren; hierbei spielen auch ökonomische Gesichtspunkte eine Rolle. Zu den relevanten EU-Förderprogrammen für Bibliotheken mit einer Laufzeit bis 2013 gehören u.a. das 7. Forschungsrahmenprogramm, das KULTUR-Rahmenprogramm der EU, das EU-Bildungsprogramm „Lebenslanges Lernen" mit den Unterprogrammen „Comenius" (Schulbildung), „Erasmus" (Hochschulbildung), „Leonardo da Vinci" (Berufsbildung) und „Grundtvig" (Erwachsenenbildung). CIP ICT PSP ist ein Rahmenprogramm für Wettbewerbsfähigkeit und Innovation und TEMPUS unterstützt die Modernisierung des Hochschul- und Hochschulbibliothekswesens und eröffnet die Möglichkeit der Zusammenarbeit mit Ländern innerhalb und außerhalb der EU. Auf regionaler Ebene stehen EU-Strukturfondsmittel zur Verfügung. Die Förderdatenbank für Bibliotheken auf dem *Bibliotheksportal* des knb stellt alle Programme vor und weist auf Fristen und Antragsverfahren hin.

Auf europäischer Ebene arbeiten die Nationalbibliotheken in der *Conference of European National Libraries* (CENL) zusammen, einer unabhängigen Vereinigung der jeweiligen Direktoren. In ihr sind derzeit 48 Bibliotheken aus 46 Mitgliedsländern des Europarates vertreten. Die jährlichen Tagungen behandeln Fragen der politischen Entwicklungen, Programme, Projekte und Kooperationsmöglichkeiten. 2010 wurden für die nächsten Jahre folgende Hauptthemen festgelegt:

– Bestandsschutz, Bestandserhaltung
– multilinguale Normdateien in Nationalbibliotheken
– Aktivitäten von Bibliotheken innerhalb des Bibliotheksförderprogramms der Europäischen Union (EU) und Nachnutzung der Ergebnisse von Studien und Projekten
– Langzeitsicherung elektronischer Publikationen
– Digitalisierung.

Als eines der ersten Ergebnisse dieser Kooperation ist der Informationsdienst *Gabriel* (Gateway to Europe's National Libraries) anzusehen, der inzwischen in dem Projekt „The European Library" (TEL) aufgegangen ist. TEL bietet Zugang zu Katalogen und digitalen Ressourcen der beteiligten Nationalbibliotheken. Als wichtigstes aktuelles Ergebnis der CENL-Aktivitäten gilt der Aufbau einer „Europäischen Digitalen Bibliothek" im Rahmen der wirtschaftlichen Förderinitiative „i2010".

Der Grundstock zur Errichtung einer „Europäischen Digitalen Bibliothek" wurde 2005 durch Beschluss von sechs europäischen Regierungschefs gelegt. Der Prototyp des von der Trägerorganisation EDL (Stiftung: *European Digital*

Library) gehosteten Portals „Europeana" wurde im Herbst 2008 freigeschaltet, die Koordinationsstelle ist in der Königlichen Bibliothek in Den Haag angesiedelt. Derzeit wirken über 200 Institutionen mit. Seit 2009 läuft die Implementierungs- und Realisierungsphase, die Mitte 2011 abgeschlossen wurde. Anfang 2011 bietet Europeana, die sich auch als „Europe's online museum, library and archive" bezeichnet, den Zugang zu mehr als zehn Mio. digitalen, mehrheitlich nicht mehr dem Urheberrechtsschutz unterliegenden Objekten. Ansonsten dürfen die Digitalisate nur mit Genehmigung des Rechteinhabers veröffentlicht werden. Eine länderübergreifende, interdisziplinäre Suche, integrierte Inhalte und der Datenfluss vom Content Provider zur Website des Nutzers sind die wesentlichen Charakteristika des im Rahmen des eContentplus-Programms von der EU geförderten Netzwerks. 2009 wurde die Europeana mit dem „Erasmus Award for Networking Europe" ausgezeichnet.

Zusätzlich zur Europeana wurde das *Council of Content Providers and Aggregators* (CCPA) zur Regelung der Belange der Content Provider und Aggregatoren eingerichtet, welche die Metadaten der digitalen Objekte gebündelt weitergeben. In der im Mai 2010 verabschiedeten Resolution „Europeana – next steps" verpflichteten sich die Mitgliedsstaaten, nationale Digitalisierungsprojekte zu forcieren und die Anzahl der über die Europeana zugänglichen Objekte zu steigern.

Das deutsche Modul zur Europeana ist das Anfang 2010 ins Leben gerufene Projekt *Deutsche Digitale Bibliothek* (DDB), das 2011 in die Europeana integriert worden ist. Die DDB ist ein Gemeinschaftsunternehmen von Bund, Ländern und Kommunen, dessen Aufbau mit Mitteln aus dem Konjunkturprogramm II des Bundes finanziert wird. Konzepterstellung und Umsetzung liegen beim *Fraunhofer-Institut für Intelligente Analyse- und Informationssysteme* (Fraunhofer IAIS, ↗4.5.3).

Mit der *Ligue des Bibliothèques Européennes de Recherche* (LIBER) ist 1971 eine internationale Vereinigung Wissenschaftlicher Bibliotheken unter der Schirmherrschaft des Europarates gegründet worden, in der auch zahlreiche deutsche Staats-, Landes- und Hochschulbibliotheken Mitglied sind. LIBER besitzt zugleich Beraterstatus beim Europarat und soll den Wissenschaftlichen Bibliotheken in Europa helfen, ein über nationale Grenzen hinweg funktionierendes Netz zu bilden, um die Erhaltung des europäischen Kulturerbes zu sichern, den Zugang zu den Beständen in europäischen Bibliotheken zu verbessern und effizientere Informationsdienste in Europa einzurichten. Zugleich unterstützt LIBER Maßnahmen und Projekte zur Verbesserung der beruflichen Qualifikation des Bibliothekspersonals durch Konferenzen, Seminare, Arbeitsgruppen und Publikationen. Die Organe von LIBER sind die Mitgliederversammlung, der Vorstand und die vier Fachabteilungen Erschließung und Benutzung, Bestandsaufbau, Bestandserhaltung sowie Bibliotheksmanagement und -verwaltung.

Zur Förderung langfristiger Entwicklungen für Öffentliche Bibliotheken in Europa auf politischer und administrativer Ebene wurde im Jahr 2002 von den nationalen Bibliotheksversammlungen die Organisation NAPLE Forum (*National Authorities on Public Libraries in Europe* mit Sitz in Kopenhagen, Dänemark) gegründet.

Die Arbeitsgruppe des Portals zu *Europäischen Angelegenheiten für Bibliotheken, Archive, Museen und Denkmalpflege* (EUBAM, gegründet 2004), in der die KMK, die Bundes- und Länderministerien und die DFG vertreten sind, der außerdem Experten aus den genannten Bereichen angehören, verfolgt das Ziel, durch Digitalisierung ihrer Bestands- und Sammelobjekte den Zugang zu kulturellen und wissenschaftlichen Inhalten zu befördern. EUBAM trägt damit zur spartenübergreifenden Bündelung von Digitalisierungsprojekten zum Kulturerbe und zu Fragen der Standardisierung bei. Als Geschäftsstelle von EUBAM fungieren vier Sekretariate: Für die Bibliotheken übernimmt die Staatsbibliothek zu Berlin – Preußischer Kulturbesitz diese Aufgabe, für die Archive das Bundesarchiv, für die Museen das Institut für Museumsforschung der Staatlichen Museen zu Berlin – Preußischer Kulturbesitz und für die Denkmalpflege die Senatsverwaltung für Stadtentwicklung Berlin. Das wichtigste EUBAM-Projekt ist der Ausbau eines europäischen Portals mit der Bezeichnung „Michael+" (Multilingual Inventory of Cultural Heritage in Europe), das sich aus mehr als einem Dutzend nationalen Portalen zusammensetzt. Ein Verzeichnis von Digitalisierungsprojekten im Kulturerbe-Bereich wird im Rahmen des von EUBAM initiierten Projektes „Kulturerbe digital" aufgebaut. Zugleich werden dort Empfehlungen und Berichte zu Digitalisierungen und Digitalisierungsstrategien zugänglich gemacht.

4.5 Kooperatives Handeln: Dienstleistungen und Projekte im Bereich Erwerbung, Erschließung und Benutzung

Allen zentralen und dezentralen Kooperationsaktivitäten ist das Ziel gemeinsam, den Bibliotheken und ihren Nutzern einen Mehrwert an Dienstleistungen zur Verfügung zu stellen, also Angebote und Serviceleistungen, die allein in der Qualität und Quantität nicht zu leisten sind. Darüber hinaus können mithilfe kooperativen Handelns Rationalisierungseffekte erzielt, Arbeitsvorgänge erleichtert und beschleunigt sowie Sach- und Personalressourcen eingespart werden und somit dem Kunden und Nutzer auf effektivere und effizientere Weise die gewünschten Informationen und Dienstleistungen angeboten werden. Diese Zusammenarbeit kann sich, wie dargestellt, sowohl auf lokaler, regionaler oder nationaler Ebene als auch im europäischen bzw. internationalen Rahmen abspielen.

Von überregionaler Bedeutung sind vor allem Kooperationen auf den Gebieten der Erwerbung, der Erschließung und der Benutzung.

4.5.1 Kooperationen bei Marktsichtung und Erwerbung

Seit Jahrzehnten arbeiten die Wissenschaftlichen Bibliotheken auf dem Gebiet der Erwerbung von Büchern und anderen Medien eng zusammen. Vereinzelt entwickelten auch die Öffentlichen Bibliotheken auf regionaler Ebene kooperative Erwerbungsmodelle, wie etwa die mit Landesmitteln unterstützten Sondersammelgebietsabsprachen der Großstadtbibliotheken in Nordrhein-Westfalen. In zunehmendem Umfang fließen Finanzmittel auch in den Kauf von Nutzungsrechten für elektronische Medien und Datenbanken. Wie längst international üblich, hat sich eine Vielzahl von Bibliotheken zu Konsortien zusammengeschlossen, deren Zweck die kooperative Lizenzierung von elektronischen Medien ist.

Zweifellos erhält das Konzept des abgestimmten Bestandsaufbaus dank der Möglichkeit, durch den „vorübergehenden Zusammenschluss von Geschäftspartnern zur Durchführung größerer Geschäfte" – so die Definition des Begriffs Konsortium – Kosten und Risiken zu reduzieren, auch für Bibliotheken eine neue Qualität. Kaufkraft und Verhandlungskompetenz lassen sich auf diese Weise bündeln und potenzieren und der Verwaltungsaufwand erheblich vermindern. Übliche Modelle sind entweder der Cross Access, d.h. alle Teilnehmerbibliotheken haben elektronischen Zugriff auf die Gesamtheit aller im Konsortium gehaltenen Abonnements, oder der Additional Access, wobei das gesamte Zeitschriftenpaket des Anbieters in elektronischer Form zur Verfügung steht. Zu diesen grundsätzlichen Angebotsformen gibt es verschiedene Varianten mit diversen Rabattstufen. Bei längerfristigen Abschlüssen können die sonst üblichen jährlichen Preissteigerungen auf ein vorher vereinbartes niedrigeres Niveau festgeschrieben werden. Wie die Erfahrungen allerdings zeigen, scheinen sich die erhofften Preisvorteile nur begrenzt einzustellen.

Das Sammelschwerpunktprogramm der DFG
Nach der Rahmenvereinbarung Forschungsförderung von 1975 (Art. 91b GG) erhalten Wissenschaftliche Bibliotheken als wichtige Infrastruktureinrichtungen eine finanzielle Unterstützung durch den Bund und die Länder. Unmittelbarer Zuschussgeber ist die *Deutsche Forschungsgemeinschaft*, die im Jahr 2009 rund 335 Mio. € bereitstellte. Die Fördermaßnahmen konzentrieren sich auf überregional wirksame Programme; dazu zählen z.B. die fachlich gegliederte Literaturversorgung durch Sondersammelgebiets- und Spezialbibliotheken und ein Netzwerk virtueller Fachbibliotheken, das Management von Informationssystemen an Hochschulen und Forschungseinrichtungen, die langfristige Verfügbarkeit von konventionellen und digitalen Dokumenten, ferner die Digitalisierung gemeinfreier Materialien oder die Erschließung alter und wertvoller Bestände.

Im Bereich der Bibliotheksförderung durch die DFG ist das System der überregionalen Literaturversorgung von herausragender Bedeutung. Seit 1949 existiert ein „Sondersammelgebietsplan", der sich zu einem System der überregionalen Literaturversorgung im Dienst von Wissenschaft und Forschung entwickelt hat; dieser sieht vor, dass wenigstens ein Exemplar von weltweit jeder wissenschaftlich relevanten Neuerscheinung erworben und bundesweit zur Verfügung gestellt wird.

Auf der Grundlage einer definierten Arbeitsteilung tragen heute 23 Staats- und Universitätsbibliotheken, die drei Zentralen Fachbibliotheken sowie zahlreiche Spezialbibliotheken das kooperative System und teilen sich rund 100 fachlich oder regional bestimmte Sammelschwerpunkte. Durch die Neuschaffung bzw. Verlagerung von Sammelgebieten wurden nach der Wiedervereinigung Deutschlands Bibliotheken der östlichen Bundesländer in das zunächst auf Westdeutschland beschränkte Programm einbezogen. Aufgabe dieser Sondersammelgebietsbibliotheken ist es, systematisch fachliche Spezialsammlungen aufzubauen, zu erschließen und die erworbenen Medien, dazu werden auch digitale Veröffentlichungen gerechnet, für die überregionale Nutzung zur Verfügung zu stellen.

Das SSG-Programm umfasst folgende Bereiche:
- ausländische Zeitschriften (mit Erscheinungsjahr nach 1950)
- ausländische Monografien (mit Erscheinungsjahr nach 1950)
- ausländische Literatur in Mikroform (mit Erscheinungsjahr nach 1950)
- ausländische digitale Publikationen auf Datenträgern und im Netz.

In der Regel werden zwischen 75 % und 80 % der Anschaffungskosten von der DFG getragen, der Rest ist Eigenleistung der Bibliothek. Für elektronische Zeitschriften gibt es seit 2002 ein Pilotförderprogramm, mit dessen Hilfe verschiedene Szenarien der überregionalen Bereitstellung auf der Grundlage spezieller Lizenzverträge erprobt werden. Die Förderung von Netzpublikationen ist bisher noch nicht abschließend geregelt.

Das webbasierte Informationssystem WEBIS gibt Auskunft über die jeweiligen Sammelschwerpunkte. Während die großen Fachgebiete Medizin, Naturwissenschaften und Technik sowie Wirtschaftswissenschaften durch die Zentralen Fachbibliotheken betreut werden, sind die übrigen Sammelgebiete auf zahlreiche wissenschaftliche Universal- und Spezialbibliotheken verteilt. Diese können sowohl einzelnen Fächern (Botanik, Forstwissenschaft, Psychologie, Theologie usw.) als auch einzelnen sprachlich, kulturell oder geografisch bestimmten Regionen gewidmet sein (z.B. Afrika südlich der Sahara, Indianer- und Eskimosprachen und -kulturen, Südasien, Ozeanien).

Die erworbenen Bestände werden formal und sachlich erschlossen und in den lokalen Bibliothekskatalogen sowie den regionalen und überregionalen Verbunddatenbanken nachgewiesen. Darüber hinaus können sie zusätzlich durch spezielle, früher konventionell, heute vor allem elektronisch verbreitete Neuerwerbungslisten und Zeitschrifteninhaltsdiensten den interessierten Wissenschaftlern bekannt gemacht werden. Wurden sie früher im Rahmen des Deutschen Leihverkehrs zur Verfügung gestellt, bieten viele Sondersammelgebietsbibliotheken ebenso wie die Zentralen Fachbibliotheken inzwischen zusätzliche Lieferdienste an, die unter Nutzung elektronischer Bestell- und Lieferwege den Nutzer direkt und zügig bedienen (Sondersammelgebiets-Schnelldienst SSG-S).

Mittlerweile wird der Sondersammelgebietsplan von der DFG konzeptionell weiterentwickelt. Das System Virtueller Fachbibliotheken dient seit 1998 dazu, die wissenschaftliche Forschung auch zukünftig mit allen benötigten Informationen zu versorgen – unabhängig davon, ob es sich um gedruckte Publikationen, digitale Offline-Ressourcen oder netzbasierte Quellen handelt. In den Jahren 2010/2011 fand die jüngste Evaluierung des Sondersammelgebietsplans der DFG statt, bei Redaktionsschluss waren Ergebnisse und mögliche Konsequenzen noch nicht abzusehen. (↗4.7)

Die Arbeitsgemeinschaft Sammlung Deutscher Drucke
Die Arbeitsgemeinschaft *Sammlung Deutscher Drucke* (AG SDD) und mit ihr der Aufbau einer um Vollständigkeit bemühten *Virtuellen Nationalbibliothek* ist ein Jahrhundertprojekt. 1989 schlossen sich auf Vorschlag des Anglisten *Bernhard Fabian* zunächst fünf Bibliotheken zu einer gleichnamigen Arbeitsgemeinschaft zusammen, um gemeinsam einen Ausgleich für das Fehlen einer historisch gewachsenen Nationalbibliothek zu schaffen. Auch wenn im Rahmen der AG SDD und mit finanzieller Unterstützung der *Volkswagenstiftung* seit 1990 über 100.000 Originalwerke und mehr als 40.000 Mikroformen von den angeschlossenen sieben Bibliotheken erworben wurden, so steht der Aufbau dieser *Virtuellen Nationalbibliothek* erst am Anfang eines langen Weges. Knapp 80 Jahre zuvor war mit Gründung der *Deutschen Bücherei* im Oktober 1912 die erste zentrale Archivbibliothek für das gedruckte deutsche Kulturgut geschaffen worden. Ziel der heutigen retrospektiven Sammlung ist die dezentrale Bereitstellung eines Buchbestandes, der die Zeitspanne vom Beginn des Buchdrucks bis heute umfasst.

Der Arbeitsteilung zwischen den beteiligten Bibliotheken liegt eine chronologische Einteilung nach Zeitsegmenten zugrunde:

1450 – 1600	Bayerische Staatsbibliothek München
1601 – 1700	Herzog August Bibliothek Wolfenbüttel
1701 – 1800	Niedersächsische Staats- und Universitätsbibliothek Göttingen
1801 – 1870	Universitätsbibliothek Johann Christian Senckenberg Frankfurt/Main
1871 – 1912	Staatsbibliothek zu Berlin – Preußischer Kulturbesitz
1913ff.	Deutsche Nationalbibliothek Leipzig und Frankfurt/Main

Jede der retrospektiv sammelnden Bibliotheken erwirbt für ihren Zeitabschnitt alle im deutschsprachigen Raum erschienenen Drucke und alle Drucke in deutscher Sprache, unabhängig von ihrem Erscheinungsort. Die Titel werden in überregionalen Katalogdatenbanken verzeichnet und sind über das Internet weltweit recherchierbar. In nicht wenigen Fällen bedürfen die historischen Werke einer konservatorischen Behandlung, so dass parallel dazu ihre Sicherheitsverfilmung und verstärkt auch Digitalisierung notwendig werden.

Die Lektoratskooperation (LK) für Öffentliche Bibliotheken
Im Jahr 1976 wurde auf der Grundlage einer Vereinbarung zwischen dem dbv, dem damaligen *Verein der Bibliothekare an Öffentlichen Bibliotheken* – heute aufgegangen im *Berufsverband Information Bibliothek e. V.* (BIB, ↗4.2.3) – und der ekz die *Lektoratskooperation* (LK) als neues Instrument für den Bestandsaufbau in Öffentlichen Bibliotheken ins Leben gerufen. Die Lektoratskooperation verbindet die Vorteile einer dezentralen, praxisnahen Marktsichtung mit der Effizienz eines zentral organisierten Besprechungssystems. Ihr Hauptziel ist es, Mehrfacharbeit zu vermeiden und den Öffentlichen Bibliotheken die kritische Begutachtung der jährlich über 90.000 in Deutschland neu erscheinenden Bücher und Nicht-Buch-Medien zu erleichtern; zugleich wird ihnen eine Grundlage für die Bestellung und Fremddatenübernahme der Titelaufnahmen geboten.

An der LK sind im Einzelnen der dbv mit rund 75 Lektoren aus etwa 60 Bibliotheken, der BIB mit rund 250 Rezensenten und die *ekz.bibliotheksservice GmbH* als Schaltstelle und Vertrieb mit einem mehrköpfigen Lektorat beteiligt. Die Lektoratskooperation im engeren Sinne bezieht sich ausschließlich auf die Sachliteratur; für die Aufarbeitung der Belletristik, der Kinder- und Jugendliteratur sowie der digitalen AV-Medien (Hörbücher, Audio-CDs, CD-ROMs, DVDs) sind das ekz-Lektorat (Marktsichtung) und der BIB (Begutachtung) mit seinen Rezensenten zuständig. Aufgabe des ekz-Lektorats ist es, aus den deutschsprachigen Neuerscheinungen jene Titel herauszufiltern, die für Öffentliche Bibliotheken interessant sind und diese zur Annotation bzw. Begutachtung an die jeweilgen ausgewählten LK-Lektoren in den Bibliotheken bzw. die freischaffenden Rezensenten weiterzuleiten. Alle schriftlich festgehaltenen Meldungen bilden die Grundlage für eine Reihe unterschiedlicher Besprechungsdienste, die von der ekz als „Informationsdienste" (ID) vertrieben werden und von den Bibliotheken im Abonnement erworben werden können (↗4.3.2). In wöchentlichem, monatlichem bzw. halbjährlichem Rhythmus erscheinen Komplett-, Teil- oder Auswahlausgaben, die sich durch die Anzahl der angezeigten Titel und das Trägermedium (Zettel, Heft, CD-ROM, online) von einander unterscheiden. Darüber hinaus bietet die ekz mit „Standing-Order"-Angeboten den laufenden Bezug einer nach Themen oder Zielgruppen profilierten und im Finanzvolumen unterschiedlich gestaffelten Auswahl von Medien ohne Einzelbestellung an.

Die ekz-Informationsdienste sind für die Öffentlichen Bibliotheken von mehrfachem Nutzen: Die Bibliotheken erhalten Empfehlungen und Hinweise für den eigenen Bestandsaufbau und können zugleich die von der ekz erbrachten Fremdleistungen nutzen; dazu gehören vor allem die maschinenlesbaren oder konventionellen Titelaufnahmen und Schlagwörter der *Deutschen Nationalbibliothek* sowie die Notationen der vier in den Öffentlichen Bibliotheken am meisten verbreiteten Aufstellungssystematiken (ASB, SSD, KAB, SfB). Das zweifellos arbeitsintensive und logistisch anspruchsvolle System funktioniert inzwischen dank des verstärkten Einsatzes moderner IT mit bemerkenswerter Schnelligkeit und hoher Aktualität.

4.5.2 Kooperationen bei Katalogisierung und Erschließung

Gleiche Regelwerke und kompatible, idealer Weise identische Datenformate sind Grundvoraussetzung für die Zusammenarbeit der Bibliotheken bei Katalogisierung und Inhaltserschließung, damit zentrale Dienstleistungen bei der Formal- und Sachkatalogisierung genutzt werden können. Entsprechende Regelwerke liegen seit 1975 mit den „Regeln für die Alphabetische Katalogisierung" (RAK) vor, die in Deutschland nahezu flächendeckende Verbreitung gefunden haben; mit den „Regeln für den Schlagwortkatalog" (RSWK) arbeiten seit Mitte der 1980er-Jahre viele Bibliotheken aller Typen und Träger. Unterstützt wird ihre Anwendung durch verschiedene Normdateien wie die „Gemeinsame Körperschaftsdatei" (GKD), die „Personennamendatei" (PND) und die „Schlagwortnormdatei" (SWD) (↗5.3.5, 5.3.6, 5.3.7). Diese Normdateien werden zusammen mit der Einheitssachtiteldatei des *Deutschen Musikarchivs* der DNB zur Gemeinsamen Normdatei (GND) zusammengeführt.

Das Maschinelle Austauschformat für Bibliotheken (MAB 1, ab 1996 MAB 2) bildete lange die Grundlage für die gegenseitige Nutzung maschinenlesbarer Katalogdaten. Seit einiger Zeit ist in Deutschland an dessen Stelle das international verbreitete Format MARC 21 getreten. Wichtigster Lieferant bibliografischer Dienstleistungen ist die *Deutsche Nationalbibliothek*, die jedes Jahr mehr als 31 Mio. Datensätze vertreibt. Für die in den Reihen der Nationalbibliografie angezeigten Titel werden die Titelaufnahmen auf der Grundlage der RAK erstellt. In den meisten Fällen erfolgt zudem eine verbale Sacherschließung nach RSWK. Für die klassifikatorische Erschließung wird seit 2005 die Dewey-Dezimalklassifikation (DDC) als zusätzliches Erschließungsinstrument eingesetzt. Die Fremddatenübernahme erfolgt im Regelfall per Download, überraschenderweise werden aber noch immer in gewissem Umfang Titelkarten nachgefragt.

Leihverkehrsregionen und regionale Verbundsysteme
Nach dem Zweiten Weltkrieg wurden in den meisten Bundesländern regionale Zentralkataloge zum Zwecke der Leihverkehrssteuerung gegründet. Auch in der DDR gab es vergleichbare Zentralkataloge. Die zugehörigen Bibliotheken schickten an den Zentralkatalog Kopien ihrer Katalogkarten, die dort in ein Alphabet geordnet wurden, so dass die Titel mit ihren jeweiligen Standorten in der Region nachgewiesen wurden.

Karte 5: Verbünde und Verbundzentralen

Im Zuge der Automatisierung mittels EDV entstanden seit den 1970er-Jahren in Deutschland für das wissenschaftliche Bibliothekswesen anstelle der Zentralkataloge regionale Verbundsysteme. Diese Bibliotheksverbünde waren zunächst fast ausnahmslos Katalogisierungsverbünde, deren Zweck darin bestand, die von anderen Bibliotheken erzeugten Titelaufnahmen für die Katalogisierung der eigenen Neuerwerbungen zu verwenden.

Die kooperative Erschließung erstreckte sich anfangs nur auf die Formalkatalogisierung und bezog später auch die Sacherschließung ein. Die Verbundkatalogisierung bewirkte einen beachtlichen Rationalisierungseffekt bei der Buchbearbeitung und führte zugleich zur Entstehung umfangreicher Nachweisdatenbanken, die bald als Instrumente für die Literaturrecherche und die Steuerung des Deutschen Leihverkehrs unerlässlich wurden. Die meisten Zentralkataloge sind mittlerweile vollständig retrospektiv digitalisiert und in die zugehörige Verbunddatenbank eingespeist worden. Die wenigen noch verbliebenen Zentralkataloge (z.B. Berlin, Baden-Württemberg) dienen noch für eine gewisse Übergangszeit als Nachweisinstrumente der nicht konvertierten Titelaufnahmen.

Aus den Bibliotheksverbünden mit ihrer zunächst nur landesspezifischen Zuständigkeit entstanden nach und nach durch Staatsverträge geregelte länderübergreifende Einrichtungen. Trotz weiterhin festgelegter regionaler Zuständigkeiten zeichnet sich ab, dass die einzelnen Verbünde stärker in Konkurrenz zueinander treten als früher. Dies hängt auch damit zusammen, dass sie neue Aufgaben übernommen haben. Kerngeschäft bleibt weiter der Betrieb der jeweiligen Verbunddatenbank als Grundlage und Ergebnis der kooperativen Erschließung. Zu diesem Zweck werden den teilnehmenden Bibliotheken Fremddaten und Normdaten bereitgestellt. Zu den weiteren Aufgaben zählen meist z.B. Kataloganreicherung, Zeitschrifteninhaltsdienste, Unterstützung beim Betrieb lokaler Bibliothekssysteme, Hostingservices für lokale Bibliotheks-, Publikations-, Speicher- und Archivierungssysteme, Repositorien, ferner die konsortiale Lizenzierung kommerziell vertriebener Datenbanken, Volltexte oder elektronische Bücher. Das HBZ agiert z.B. auch als Host für Open-Access-Publikationen (Digital Peer Publishing NRW), betreut die Deutsche Bibliotheksstatistik und betreibt das Zentrale Verzeichnis Digitalisierter Drucke (ZVDD). Der Südwestverbund etwa hostet die Deutsche Internetbibliothek, betreibt den Auskunftsverbund Infodesk und erbringt mit dem BAM-Portal zusätzliche Dienstleistungen für Archive und Museen. Weitere Entwicklungsoptionen der Verbünde bestehen darin, die Integration der Öffentlichen Bibliotheken verstärkt fortzusetzen und nach dem Vorbild des Südwestverbundes auch Archive und Museen in die Arbeit einzubeziehen. Im Zuge der Weiterentwicklung der traditionellen Katalogisierungsverbünde zu Dienstleistungsverbünden zeichnet sich ab, dass zukünftig auch der Betrieb von regionalen oder gar nationalen Auskunftsverbünden zu den Standardaufgaben der Bibliotheksverbünde gehören könnte.

Die Mehrzahl der Wissenschaftlichen Bibliotheken und ein kleiner, aber wachsender Teil der Öffentlichen Bibliotheken sind heute einem regionalen Verbundsystem angeschlossen. Die derzeit sechs Systeme sind für folgende Bundesländer zuständig (Stand: 2011):

Tabelle 20: Die regionalen Verbundsysteme in Deutschland (Stand: 2011)

Verbund mit Zentrale	Eingesetzte Bibliothekssoftware	Regionen	Bibliotheken und Bestand
Gemeinsamer Bibliotheksverbund, Göttingen (GBV)	OCLC PICA	Bremen, Hamburg, Mecklenburg-Vorpommern, Niedersachsen, Sachsen-Anhalt, Schleswig-Holstein, Thüringen	418 Teilnehmer-Bibliotheken, 32,7 Mio. Titel mit 77 Mio. Besitznachweisen
Kooperativer Bibliotheksverbund Berlin-Brandenburg, Berlin (KOBV)	ALEPH	Berlin und Brandenburg	399 Teilnehmer-Bibliotheken aller Sparten, 12,8 Mio. Titel mit 20 Mio. Besitznachweisen, sukzessive integriert in die Verbunddatenbank des Bibliotheksverbundes Bayern
HBZ-Verbund beim Hochschulbibliothekszentrum des Landes Nordrhein-Westfalen, Köln	ALEPH	Nordrhein-Westfalen, Rheinland-Pfalz (Ausnahme: Region Rheinhessen mit Mainz und Worms)	102 Teilnehmer-Bibliotheken, 17,5 Mio. Titel mit 38 Mio. Besitznachweisen
Hessisches Bibliotheks-Informationssystem, Frankfurt/M. (HEBIS)	OCLC PICA	Hessen, Kooperationspartner: Rheinhessen (in Rheinland-Pfalz)	43 Teilnehmer-Bibliotheken, 6,7 Mio. Titel mit 15 Mio. Besitznachweisen
Südwestdeutscher Bibliotheksverbund (SWB) Bibliotheksservice-Zentrum Baden-Württemberg (BSZ), Konstanz	OCLC PICA	Baden-Württemberg, Saarland, Sachsen (Sächsischer Bibliotheksverbund)	1.100 Teilnehmer-Bibliotheken, 14,3 Mio. Titel mit 53 Mio. Bestandsnachweisen
Bibliotheksverbund Bayern (BVB), BSB München	ALEPH	Bayern	143 Teilnehmer-Bibliotheken, 17 Mio. Titel mit 30 Mio. Besitznachweisen

Der KOBV und der BVB sind 2007 eine strategische Allianz eingegangen. Seither wurde begonnen, die Titel der KOBV-Bibliotheken in den Verbundkatalog des BVB zu integrieren. Ansonsten aber bleiben beide Verbünde autonom. Grundsätzlich stellt sich die Frage, ob das Prinzip der regionalen Zuständigkeit der

Verbünde noch angemessen ist. Trotz des Zusammenschlusses in der *Arbeitsgemeinschaft der Verbundsysteme* (AGV) haben die Verbünde es bislang nicht geschafft, ihre Katalogdaten untereinander auszutauschen oder gar eine gemeinsame, nationale Verbunddatenbank zu erzeugen. Pikanterweise haben die Verbünde (mit Ausnahme des HBZ) mittlerweile begonnen, ihre Daten an den von OCLC betriebenen WorldCat zu liefern, der später daher den „Deutschen Verbundkatalog" als Teilmenge weitgehend enthalten wird. Mittlerweile verstärken die Verbünde ihre Bemühungen zur Verbesserung der Kooperation und beginnen gemeinsame Datenpools, übergreifende Schnittstellen, eindeutige Identifier für Datensätze usw. zu entwickeln. Seit 2010 stellen sich die deutschsprachigen Verbünde und die DNB immerhin gegenseitig „Kataloganreicherungsobjekte" zur Verfügung, d.h. von Bibliotheken selbst eingescannte Inhaltsverzeichnisse, Klappentexte, Register usw.

Letztlich behaupten sich mit den Bibliotheksverbünden Strukturen segmentärer Differenzierung in einem Umfeld viel komplexerer (und leistungsfähigerer) funktionaler Differenzierung.

Mit der Zukunft der Verbünde hat sich in 2010/11 eine vom Wissenschaftsrat eingesetzte Evaluationsgruppe befasst (Empfehlungen zur Zukunft der bibliothekarischen Verbundsysteme in Deutschland 2011). Auch die DFG hat sich parallel mit den Bibliotheksverbünden auseinandergesetzt (Positionspapier zur Weiterentwicklung der Bibliotheksverbünde... 2011). Beide Gremien kamen zu weitgehend gleichen Einschätzungen, die in einer gemeinsamen Erklärung im Februar 2011 zum Ausdruck gebracht wurden. Demnach ist eine grundlegende Reform des Verbundsystems unumgänglich; gefordert wird neben einer Reduktion der Zahl der derzeit sechs Verbünde vor allem der Aufbau eines nationalen Verbundkataloges für alle deutschen Bibliotheken und die Entwicklung zusätzlicher innovativer Dienste, die länderübergreifend entwickelt und angeboten werden. Innerhalb des Verbundsystems soll eine effektive Arbeitsteilung eingeführt werden, die durch ein neu zu schaffendes Gremium koordiniert werden soll. Angeregt wird ferner, den Wandel des Verbundsystems mit einem Förderprogramm der DFG anzustoßen (Gemeinsame Erklärung der Deutschen Forschungsgemeinschaft und des Wissenschaftsrates zur Zukunft der Bibliotheksverbünde als Teil einer überregionalen Informationsinfrastruktur in Deutschland 2011). Ein darüber hinaus gehender Ansatz sollte alle Arten von digitalen Objekten (Bilder, Audiofiles usw.) einbeziehen. Deren Metadaten wären mit den Objekten in den entsprechenden Einrichtungen (Archiven, Bibliotheken, Museen, Statistikämtern, Buch-, Film-, Musikwirtschaft usw.) zu verlinken und durch „Linked-Open-Data"-Verfahren zu verknüpfen.

Als Beispiel für innovative Dienstleistungen der Bibliotheksverbünde sei das Projekt „DigiBib – Die Digitale Bibliothek" des HBZ erwähnt. Unter einer homogenen Benutzeroberfläche, die dem Corporate Design der einzelnen Bibliothek angepasst wird, wird der Zugriff auf heterogene Informationsangebote und Dienstleistungen ermöglicht. Dabei handelt es sich um Bibliografien, Kataloge,

Fakten- und Volltextdatenbanken, die vom HBZ gehostet oder lizenziert werden. Die einzelnen Bibliotheken können daraus Teile nach ihrem Bedarf auswählen. Deren Kunden wird damit nicht nur die Recherche, sondern im Bedarfsfall die Online-Fernleihe und der Download in eigene Umgebungen (Literaturverwaltungssysteme) ermöglicht. Teil des DigiBib-Angebots ist die kooperative Linkliste DigiLink und der Auskunftsverbund DigiAuskunft. Über 210 Wissenschaftliche und Öffentliche Bibliotheken in 10 Bundesländern nutzen die DigiBib derzeit.

Der Karlsruher Virtuelle Katalog als Meta-Katalog
Der weiterhin fehlende nationale Bibliotheksverbundkatalog wird in Deutschland ersetzt durch den „Karlsruher Virtuellen Katalog" (KVK), der von der Bibliothek des *Karlsruher Instituts für Technologie* (KIT; früher: Universität Karlsruhe) betrieben wird. Der KVK verbindet als Meta-Suchmaschine seit 1996 die regionalen, unterschiedliche Bibliothekssoftware einsetzenden Verbunddatenbanken zu einem virtuellen Gesamtkatalog. Über das Suchformular des KVK können neben den deutschen Verbundkatalogen weltweit knapp 50 weitere Bibliotheks- und Buchhandelskataloge parallel durchsucht werden. Vom KVK erschlossen werden auf diese Weise z.B. die Bestände des World CAT, der Verbundkataloge Großbritanniens und Frankreichs oder des Internetbuchhändlers Amazon. Der KVK ist zu einem der wichtigsten Rechercheinstrumente geworden und bietet nach eigenen Angaben Zugriff auf mehr als 500 Mio. Titel. Die UB Karlsruhe hat weitere, auf Idee und Technik des KVK aufbauende virtuelle Kataloge für einzelne Länder (z.B. CHVK – Schweizer Virtueller Katalog), Regionen (z.B. Virtuelle Bibliothek Rheinland-Pfalz), für Fachgebiete (z.B. Kunstgeschichte, Theologie) oder Literaturbestände (z.B. Virtuelle Deutsche Landesbibliografie) verwirklicht.

Die Zeitschriftendatenbank als überregionales Verbundsystem
Anders als für Monografien ist für Zeitschriftenliteratur und andere Periodika von vornherein ein zentrales, bundesweites System installiert worden, die Zeitschriftendatenbank (ZDB). Seit 1973 konnte mit finanzieller Unterstützung durch die DFG ein kooperatives Verbundsystem aufgebaut werden, in das die teilnehmenden Bibliotheken Zeitschriftentitel und Standortangaben einbringen. Dank ihrer bibliografischen Qualität erreicht die ZDB den Charakter einer Normdatei für die Ansetzung von Zeitschriftentiteln. Das Konzept der Aufgabenverteilung zwischen redaktioneller und technischer Betreuung auf zwei verschiedene Institutionen blieb bis heute erhalten. Alleiniger Träger der ZDB ist die Staatsbibliothek zu Berlin – Preußischer Kulturbesitz. Die Verantwortung für die Systembetreuung hat die Deutsche Nationalbibliothek übernommen; die ZDB nutzt das System PICA.

In der ZDB sind heute die Bestände von rund 4.300 Institutionen aus Deutschland und Österreich erschlossen, darunter 150 größeren Bibliotheken, die ihre

Zeitschriften, Schriftenreihen und Zeitungen direkt in der ZDB katalogisieren; die übrigen Bibliotheken melden ihre Titel über eine der größeren Bibliotheken oder nehmen die Hilfe der Zentralredaktion in Anspruch. Eine jedem Titel zugewiesene Kennung, die ZDB-Nummer, hat sich dabei zu einem einheitlichen Standardisierungselement entwickelt, das in manchem der ISSN überlegen ist und für Dokumentlieferdienste oder die verbundübergreifende Fernleihe unentbehrlich geworden ist. Die so erfassten Titel- und Bestandsdaten fließen an die Bibliotheksverbünde zurück, damit sie nicht nur zentral in der ZDB, sondern auch in den regionalen Verbunddatenbanken und den lokalen Onlinekatalogen nachgewiesen sind. Darüber hinaus dient die ZDB als wichtiges Instrument für Dokumentlieferdienste und den Leihverkehr. Nachgewiesen sind darin auch die Bestands- und Lizenzinformationen aus der „Elektronischen Zeitschriftenbibliothek" (EZB) und den Nationallizenzen.

Die ZDB enthält 2011 mehr als 1,5 Mio. Periodikatitel, von denen sich circa 400.000 auf laufende Periodika beziehen, und fast 8,9 Mio. Besitznachweise. Da der ganz überwiegende Teil der Instituts- und anderen Spezialbibliotheken seine in der ZDB nachgewiesenen Periodika nicht im Leihverkehr zur Verfügung stellt, sind diese Bestände besonders gekennzeichnet. Die etwa 400 am Leihverkehr teilnehmenden Bibliotheken verfügen über rund 95 % der insgesamt in der ZDB nachgewiesenen Titel.

Ähnlich wie bei den Bibliotheksverbünden deutet sich auch für die ZDB eine Erweiterung der zunächst auf Katalogisierung und Bestandsnachweis begrenzten Funktionalitäten um Dienstleistungsangebote an. Die Zukunft der Zeitschriftendatenbank liegt in der Verknüpfung mit Zeitschrifteninhaltsdatenbanken und der Implementierung einer Bestellkomponente. Ermöglicht werden sollte Endnutzern dann die Navigation vom Zeitschriftentitel über das Inhaltsverzeichnis zu den einzelnen Beiträgen und umgekehrt vom einzelnen Beitrag oder auch Titel zur Bestellung bei einer konkreten Bibliothek, einem Dokumentlieferdienst oder einem sonstigen kommerziellen Anbieter. Erschlossen werden könnten künftig in der ZDB auch Periodika-Bestände aus nicht-bibliothekarischen Einrichtungen (Archive, Museen, pressehistorische oder kommunikationswissenschaftliche Institute).

Die Elektronische Zeitschriftenbibliothek
Die Elektronische Zeitschriftenbibliothek (EZB) ist an der UB Regensburg ab 1997 aufgebaut worden. Es handelt sich um eine kooperative Datenbank zum Nachweis und zur Nutzung wissenschaftlicher E-Journals. Die EZB bietet den Teilnehmerbibliotheken die gemeinsame Sammlung und Pflege der Titel in der Datenbank mit einer einheitlichen Oberfläche für lizenzierte und im Web frei zugängliche E-Journals. Jede beteiligte Institution kann ihre lizenzierten Zeitschriften eigenständig verwalten, eigene Benutzerhinweise integrieren und erhält für ihr eigenes Netz eine spezifische Sicht, die erkennbar macht, welche Titel von der jeweiligen Bibliothek lizenziert worden sind und aus ihrem Netz

heraus daher nutzbar sind. Diesem Zweck dient das „Ampelsystem": Jeder Titel ist mit einem grünen, gelben oder roten Punkt markiert. Grün signalisiert, dass das Periodikum kostenlos im Internet nutzbar ist; gelb bedeutet, dass diese Zeitschriften an der Bibliothek, von der aus die Recherche erfolgt, lizenziert und im Volltext nutzbar sind. Rot gekennzeichnete E-Journals sind nicht lizenziert und daher nicht im Volltext nutzbar. In diesen Fällen sind allerdings oft Inhaltsverzeichnisse und Abstracts verfügbar.

Die EZB verzeichnet 2011 ca. 52.000 Titel, davon ca. 27.000 frei zugängliche Fachzeitschriften. Interessanterweise beläuft sich die Zahl der reinen Online-Zeitschriften nur auf etwa 7.000 Titel. Beteiligt sind an der EZB mittlerweile über 560 Bibliotheken, darunter mehr als 120 aus dem Ausland. Als Beleg für den Trend zur Globalisierung auch im Bibliothekswesen, aber natürlich auch als besonderer Erfolg für die Entwickler und Betreiber der EZB kann die Tatsache angesehen werden, dass sich mit der *Library of Congress* (Washington, DC) im Frühjahr 2003 die bedeutendste Bibliothek der Welt der EZB angeschlossen hat. Der gemeinsame Dienst von ZDB und EZB „Journals Online & Print" erlaubt dem Endnutzer eine von seinem Standort abhängige einheitliche Verfügbarkeitsrecherche über wissenschaftliche Zeitschriften in gedruckter und digitaler Form. In der EZB wird parallel angezeigt, ob und wo ein Artikel gedruckt vorliegt. In der ZDB werden zusätzlich die EZB-Verfügbarkeitsinformationen angeboten. Damit werden EZB und ZDB funktional integriert. Als weitere Option werden „Pay-per-View-Angebote" von Verlagen in der EZB verzeichnet. Dabei handelt es sich um Zeitschriften, bei denen es möglich ist, den elektronischen Zugriff auf einzelne Artikel direkt beim Verlag/Zeitschriftenanbieter gegen Bezahlung zu erwerben („pay-per-view").

Das Datenbank-Infosystem
Ebenfalls an der UB Regensburg wurde das Datenbank-Infosystem (DBIS) entwickelt. Es handelt sich um einen kooperativen Service zur Nutzung wissenschaftlicher Datenbanken. Verzeichnet sind solche Datenbanken, die über eine Suchfunktionalität gezielte Recherche ermöglichen. Nicht aufgenommen werden Bibliothekskataloge, E-Journals und Webkataloge. 2011 waren in DBIS ca. 9.000 Datenbanken verzeichnet. Davon waren über 3.100 frei über das Internet zugänglich. Insgesamt 230 Bibliotheken beteiligen sich an DBIS. Die Datenbanken werden nach Fächern sortiert in einer Liste angeboten. Die gezielte Suche kann erfolgen nach Titelstichwort, Fachbezug, Datenbanktyp, geografischem Bezug und Nutzungsmöglichkeit. Jeweils wird angegeben, ob eine Datenbank frei zugänglich ist, ob sie via Nationallizenz bereit steht, vom Bibliotheksstandort des Suchenden aus lizenziert oder z.B. im Pay-per-Use-Modus von den Verlagen angeboten wird. Die Bibliotheken, die am Datenbank-Infosystem teilnehmen, können dieses dem eigenen Layout anpassen. So bieten auch viele Virtuelle Fachbibliotheken den Zugriff auf die für ihre Fächer relevanten

Datenbanken über DBIS unter ihrer eigenen Oberfläche an. Die Zahl der Zugriffe auf Datenbanken via DBIS steigt kontinuierlich um 1-2 Millionen jährlich.

Inkunabelkatalog, retrospektive Nationalbibliografie
Bis ins 20. Jahrhundert hinein gab es in Deutschland weder eine Nationalbibliothek noch eine Nationalbibliografie zum Nachweis aller in Deutschland seit Erfindung des Buchdrucks erschienenen Schriften. An die Stelle der fehlenden, lange nicht für realisierbar gehaltenen retrospektiven Nationalbibliografie sind in den vergangenen Jahrzehnten umfangreiche Projekte getreten, die auf der Grundlage ausgewählter Bibliotheksbestände und sonstiger Quellen die Literaturproduktion einzelner Jahrhunderte seit der Erfindung des Buchdrucks verzeichnen.

Zu nennen ist in diesem Zusammenhang zunächst der von der damaligen Königlichen Bibliothek zu Berlin 1904 begründete „Gesamtkatalog der Wiegendrucke" (GW), der zum Ziel hat, die gedruckte Literatur des 15. Jahrhunderts vollständig zu erfassen und die Standorte der weltweit überlieferten Exemplare anzugeben. Damit beansprucht dieser Gesamtkatalog, ein internationaler Katalog zu sein. Ein großer Teil der Titel ist allerdings in deutschsprachigen Territorien erschienen. Zudem befindet sich der größte Teil der nachgewiesenen Bestände in deutschen Bibliotheken. Von der gedruckten Ausgabe des GW sind von 1925 bis 2010 elf Bände erschienen, die das Alphabetsegment A-H umfassen. Die weiteren Bände sind in Vorbereitung. Das gesamte bislang erarbeitete Titelmaterial inklusive der zugehörigen Bestandsnachweise ist mittlerweile als Datenbank frei im Internet zugänglich. Die Gesamtzahl der nachweisbaren Inkunabeln wird auf knapp 30.000 Titel geschätzt. Allein in deutschen Bibliotheken haben sich ca. 125.000 Exemplare erhalten. Von ähnlicher Bedeutung wie der Gesamtkatalog der Wiegendrucke ist der Incunabula Short Title Catalogue (ISTC), eine internationale Inkunabeldatenbank, die unter Federführung der *British Library* in London aufgebaut wird. Kooperationspartner ist die *Bayerische Staatsbibliothek*, die diesem Projekt aufgrund ihres einzigartigen Bestandes an Wiegendrucken seit 1988 mit einer eigenen Arbeitsstelle zuarbeitet.

Die bibliografische Erfassung der Schriften der auf die Inkunabelzeit folgenden Jahrhunderte wurde jeweils von mehreren Bibliotheken mit Unterstützung der DFG vorgenommen. Inzwischen abgeschlossen sind die auf das 16. und 17. Jahrhundert bezogenen Projekte. Das „Verzeichnis der im deutschen Sprachbereich erschienenen Drucke des 16. Jahrhunderts (VD 16)" war ursprünglich ein von der *Bayerischen Staatsbibliothek* zusammen mit der *Herzog August Bibliothek* gedruckt publizierter Katalog, der die Bestände aus rund 30 Bibliotheken verzeichnete. Da auch Angaben aus zeitgenössischen Bibliografien und Quellen aufgenommen wurden, für die kein Bestandsnachweis ermittelt werden konnte, handelt es sich sowohl um einen Katalog als auch um eine Bibliografie. Aufgenommen wurden deutschsprachige Druckwerke unabhängig vom Erscheinungsort und fremdsprachige Werke, die im deutschen Sprachraum im Zeitraum 1501-1600 erschienen sind. Das Titelmaterial der 22 gedruckten Bände ist inzwischen in eine Datenbank überführt und durch Nachträge erheblich ergänzt worden. Die VD-16-Datenbank umfasst ca. 100.000 Titel mit 380.000 Bestandsnachweisen aus 240 Bibliotheken. Die Zahl der für diesen Zeitraum relevanten Titel wird auf 120.000 bis 130.000 geschätzt. Neue Titel kommen hinzu u.a. durch Neuerwerbungen, welche die BSB im Rahmen ihrer Zuständigkeit in der AG Sammlung Deutscher Drucke erwirbt. Der im VD 16 enthaltene Bestand der BSB ist mit Unterstützung der DFG retrospektiv digitalisiert worden. Diese Volltexte wie auch die entsprechenden Digitalisate anderer Bibliotheken sind über das VD 16 direkt abrufbar.

Das VD 17 als Anschlussprojekt folgt konzeptionell dem Vorbild des VD 16. Das VD 17 wurde allerdings von vornherein als Datenbank angelegt. Neben Titelaufnahmen und Bestandsnachweisen wurden ausgabenspezifische „Fingerprints" erzeugt, die speziell zur Identifizierung alter Drucke entwickelt wurden. Beim Fingerprint handelt es sich um eine Folge von Zeichen, die definierten Seiten und Zeilen eines Werkes entnommen sind und mit dem Erscheinungsdatum verbunden werden. Ziel ist es, auf diese Weise Drucke unterschiedlicher Ausgaben zu unterscheiden, die nur geringfügig im Zeilenumbruch differieren. 2010 verzeichnete das VD 17 über 270.000 Titel und mehr als 650.000 Exemplare. Der Gesamtbestand der zwischen 1601 und 1700 erschienenen Werke wird auf etwa 300.000 Titel veranschlagt. Auch die im VD 17 verzeichneten Werke werden seit einigen Jahren sukzessive digitalisiert und sind dann im Volltext über die Datenbank zugänglich. Durch die Volltexte werden Fingerprints und Schlüsselseiten zur ausgabenspezifischen Identifikation natürlich überflüssig.

Als bislang letztes Projekt im Rahmen der retrospektiven nationalbibliografischen Verzeichnung laufen seit 2009 die Arbeiten am „Verzeichnis der im deutschen Sprachraum erschienenen Drucke des 18. Jahrhunderts (VD 18)". Die Arbeit am VD 18 wird vorwiegend von der SUB Göttingen, ULB Halle, SLUB Dresden, SB Berlin und der BSB München getragen. Mit einer geplanten Laufzeit von 10 Jahren sollen 2019 etwa 600.000 Titel nachgewiesen sein und im Volltext zur Verfügung stehen. Nachdem die Arbeiten am VD 16 im Jahre 1969 aufgenommen worden waren, werden die Arbeiten an der retrospektiven Nationalbibliografie für den Erscheinungszeitraum 1501-1800 nach dann 50 Jahren abgeschlossen sein. Die dann verbleibende Lücke nationalbibliografischer Verzeichnung erstreckt sich auf die Erscheinungsjahre 1801-1912. VD 16, VD 17 und VD 18 stehen durch die Kombination von Metadaten und Volltexten prototypisch für die Weiterentwicklung von Bibliothekskatalogen: Aus Nachweissystemen werden zusätzlich Zugriffssysteme für digitale Volltexte; damit wird dem übergreifenden Trend Rechnung getragen, der auch als „D2D" (Discovery to Delivery) bezeichnet wird.

Projekt „Handbuch der historischen Buchbestände"
Die retrospektive Nationalbibliografie wird ergänzt durch das *Handbuch der historischen Buchbestände* in Deutschland, das als Gemeinschaftsunternehmen der deutschen Bibliotheken von *Bernhard Fabian* herausgegeben und von der Volkswagenstiftung gefördert wurde. Zunächst erschien das Werk in 27 Bänden von 1992 bis 2000; inzwischen wird es auch als Datenbank vertrieben, die über b2i zugänglich ist. Das nach Bundesländern gegliederte Handbuch versteht sich als Inventar zu dem vom Beginn des Buchdrucks bis zum Ausgang des 19. Jahrhunderts erschienenen Schrifttum, berücksichtigt alle Literaturgattungen und schließt deutsche und fremdsprachige Werke ein. Es richtet sein Augenmerk im Unterschied zu Katalogen und Bibliografien nicht auf das einzelne Buch, sondern auf Sonderbestände und geschlossene Sammlungen der Bibliotheken. In chronologischen und systematischen Übersichten beschreibt es die historischen Sammlungen von rund 1.500 deutschen Bibliotheken.

Das Handbuch der historischen Buchbestände stellt ein neuartiges Instrument für die wissenschaftliche und bibliothekarische Arbeit dar und wendet sich besonders an alle historisch arbeitenden Disziplinen der Forschung. Es wurde mittlerweile auf die Nachbarländer Deutschlands ausgedehnt. Neben dem „Handbuch der historischen Buchbestände in Österreich", das in vier Bänden die Sammlungen von mehr als 250 Bibliotheken beschreibt, entstand das „Handbuch deutscher historischer Buchbestände in Europa", eine Übersicht über Sammlungen in ausgewählten Bibliotheken mit besonders großen Beständen. Gemeinsam dokumentieren die drei Abteilungen des Handbuchs die ältere mitteleuropäische Kulturgeschichte.

4.5.3 Kooperationen bei Massendigitalisierung
Retrospektive Digitalisierung von Druckwerken und anderen analogen Medien durch Bibliotheken erfolgt schon seit Mitte der 1990er-Jahre. Besondere Dynamik aber haben entsprechende Aktivitäten gewonnen, seit der Suchmaschinenbetreiber Google Ende 2004 mit der Meldung an die Öffentlichkeit trat, dass er mit einschlägigen Bibliotheken vereinbart habe, deren Buchbestände zu digitalisieren. Partner sind vorwiegend US-amerikanische Bibliotheken, aber auch einige namhafte europäische wie die *British Library* und die *Österreichische Nationalbibliothek*. Aus Deutschland ist bislang die *Bayerische Staatsbibliothek* beteiligt. Inzwischen wurden mehrere Millionen Bücher erfasst, die im Rahmen des Angebots „Google Books" im Volltext kostenfrei zugänglich sind, sofern dies aus Urheberrechtsgründen statthaft ist. Werke, die noch urheberrechtlich geschützt sind, werden ebenfalls vollständig digitalisiert, aber nur in Auszügen nutzbar gemacht. Über diese Praxis und über Googles Umgang mit „Orphan Works", Werken also, die zwar noch unter rechtlichem Schutz stehen, deren Urheber aber nicht zu ermitteln sind (verwaisten Werken), ist ein anhaltender Rechtsstreit entbrannt. Alle Digitalisate, die z.T. auch von Verlagen stammen, werden komplett indexiert.

Auch die Bibliotheken selbst haben, freilich in erheblich geringerem Umfang begonnen, Buchbestände zu digitalisieren. Eine wichtige Rolle spielen in diesem Zusammenhang die Digitalisierungszentren an der SUB Göttingen (GDZ) und an der BSB München (MDZ). Über das GDZ wird seit 2001 das Projekt DigiZeitschriften realisiert, das sich am Vorbild des amerikanischen Projektes JSTOR (Journal Storage) orientiert. 14 Sondersammelgebietsbibliotheken haben sich zum Verein „DigiZeitschriften" zusammengeschlossen und gemeinsam ca. 150 renommierte deutsche wissenschaftliche Zeitschriften über deren gesamten Erscheinungsverlauf digitalisiert. Die Inhaltsverzeichnisse sind frei recherchierbar. Der Zugriff auf die Volltexte (im PDF-Format) ist nur Nutzern der 180 Bibliotheken möglich, die das Angebot abonniert haben. Nach dem Prinzip der „Moving Wall" sind die jeweils fünf letzten Jahrgänge noch laufender Titel nicht über DigiZeitschriften zugänglich.

Zu den wichtigsten Projekten des MDZ zählen Zedlers Universallexikon, Allgemeine und Neue Deutsche Biographie sowie die Digitalisierung der Drucke des VD 16.

Während den von Google erzeugten Digitalisaten vielfach Qualitätsmängel bescheinigt werden, zielen die bibliothekarischen Digitalisierungsprojekte auf hochwertige, wissenschaftlichen Ansprüchen genügende Ergebnisse. Die DFG unterstützt die Bibliotheken im Rahmen ihres Förderprogramms „Erschließung und Digitalisierung" dabei, die Digitalisierung der in VD 16, VD 17 und VD 18 verzeichneten Drucke zu realisieren. Darüber hinaus stellt sie z.B. Mittel bereit für die Digitalisierung gemeinfreier Monografien und Zeitschriften, die nach 1800 erschienen sind und den Sondersammelgebieten zugeordnet werden können.

Seit Ende 2009 fördern Bund und Länder den Aufbau der Deutschen Digitalen Bibliothek (DDB). Für die Realisierung einer nationalen Digitalisierungsstrategie, wie sie in der DDB entwickelt wird, hat ferner die interministerielle Bund-Länder-Arbeitsgruppe EUBAM (↗4.4) eine nennenswerte Rolle gespielt. Die DDB soll Inhalte aus 30.000 Kultur- und Wissenschaftseinrichtungen (Bibliotheken, Archiven, Museen usw.) in ganz Deutschland zusammenführen und multimedial vernetzen. Kulturgut und wissenschaftliche Informationen sind für alle Interessenten aus Wissenschaft und Gesellschaft von 2011 an über das Internet frei zugänglich. Getragen wird das Projekt vom „Kompetenznetzwerk DDB". Ein europäischer Verbund der jeweils nationalen digitalen Bibliotheken ist mit der „Europeana" begründet worden, deren Zugangsportal bereits 2008 freigeschaltet werden konnte. 2010 waren über die Europeana bereits 10 Mio. digitale Objekte erreichbar. Der deutsche Beitrag zur Europeana wird zukünftig über die DDB eingebracht werden.

Das Zentrale Verzeichnis digitalisierter Drucke
Da Bibliotheken in Deutschland seit den 1990er-Jahren Digitalisierungsprojekte betreiben, ist ein zentraler Nachweis auch deshalb bald als Desiderat empfunden worden, weil ansonsten Doppeldigitalisierungen kaum zu vermeiden sind. Aus diesem Grunde hat die DFG ab 2005 den Aufbau des Zentralen Verzeichnisses Digitalisierter Drucke (ZVDD) gefördert. Projektpartner sind neben der DFG der GBV, das HBZ und die AG SDD. Ziel des Angebots ist es zunächst, die Ergebnisse DFG-geförderter Digitalisierungsprojekte im Detail zu erfassen. Dabei handelt es sich um geschlossene Sammlungen (z.B. „Preußische Rechtsquellen" der SBB). Willkürlich digitalisierte Einzeltitel und solche Projekte, die unabhängig von der DFG erfolgen, werden gegenwärtig nicht aufgenommen. Weitere Voraussetzungen für die Aufnahme in das ZVDD bestehen darin, dass die Titel vollständig digitalisiert, bibliografisch erschlossen und frei über das Internet zugänglich sind. Das ZVDD ermöglicht den Zugriff auf vier Informationsschichten: die Beschreibung der übergeordneten Sammlung, die zugehörigen Katalogisate und die Strukturdaten wie z.B. Inhaltsverzeichnisse sowie schließlich die Volltexte. Das ZVDD stellt zweifelsohne ein hilfreiches Angebot dar. Ein vollständiges, flächendeckendes Nachweisinstrument aller verfügbaren Digitalisate von Drucken aus deutschen Bibliotheken ist es allerdings nicht.

4.5.4 Kooperationen bei Benutzung, Leihverkehr und Dokumentlieferung
Die zügige und möglichst komfortable Beschaffung von nicht am Ort vorhandener Literatur ist ein Kernstück bibliothekarischer Dienstleistungen.

Auf dem Sektor der Benutzung bzw. Vermittlung gilt der Leihverkehr als herausragendes Beispiel funktionierender Kooperation zwischen den deutschen Bibliotheken aller Sparten und Typen. Er gliedert sich in den regionalen, nationalen (synonym: deutschen oder überregionalen) und internationalen Leihverkehr, für den jeweils eigene Bestimmungen gelten. Leihverkehr zwischen Bibliotheken ist eine elementare bibliothekarische Dienstleistung, die für alle beteiligten gebenden und nehmenden Bibliotheken allerdings auch eine große personelle und finanzielle Belastung darstellt. Grundlage der bundesweiten Zusammenarbeit bildet seit 2004 eine neue „Deutsche Leihverkehrsordnung" (LVO), die in allen Bundesländern in Form eines Staatsvertrags in geltendes Recht umgesetzt worden ist (↗6.3.4). Der klassische Leihverkehr ist durch die Online-Fernleihe erheblich beschleunigt worden. Bibliothekarinnen und Bibliothekare können Titel, die in einem Verbundkatalog ermittelt wurden, über eine webbasierte Oberfläche bestellen und nicht erledigte Bestellungen online in die anderen Verbünde überleiten. Im HBZ-Verbund können Bibliotheksbenutzer Fernleihbestellungen über das Portal der Digitalen Bibliothek direkt aufgeben. Zusätzlich zum Leihverkehr zwischen den Bibliotheken hat sich seit einigen Jahren die neue Form der Dokumentdirektlieferung durchgesetzt; sie spielt sich nicht mehr zwischen zwei Bibliotheken ab, sondern direkt zwischen Bibliothek und Benutzer.

Dokumentlieferdienste wie *subito* ermöglichen die Online-Recherche sowie Bestellung und Lieferung von Fachliteratur direkt nach Hause oder an den Arbeitsplatz des Bestellers. Sie liefern rückgabepflichtige Medien wie z.B. Monografien und Dissertationen, aber auch nicht rückgabepflichtige Materialien wie Zeitschriftenaufsätze an den Endnutzer. Die Bestellung vollzieht sich stets auf elektronischem Weg, die Lieferung der Aufsatzkopien kann von bestimmten Ausnahmen abgesehen in digitaler Form (E-Mail), per Fax oder Briefpost erfolgen (↗6.3.4).

4.5.5 Kooperationen bei der Erschließung und Bereitstellung von Open-Access-Publikationen

Nach dem Verständnis Peter Subers, einer Schlüsselfigur der Bewegung, erfüllt eine Publikation die Kriterien des Open-Access dann, wenn sie „digital, online, free of charge, and free of most copyright and licensing restrictions" ist (Suber 2007). Die Open-Access-Bewegung hat sich 2001 formiert als Reaktion auf die anhaltend exorbitanten Preissteigerungen der Wissenschaftsverlage. Mittlerweile ist sie zu einer ernst zu nehmenden, weltweit verbreiteten Alternative herangewachsen. In Deutschland wird Open Access u.a. von der DFG, dem Wissenschaftsrat und dem dbv vorbehaltlos unterstützt. Die Verlage freilich beklagen diese Haltung als unzulässigen Eingriff in den freien Markt.

Im Einzelnen zielt die Open-Access-Bewegung darauf, wissenschaftliche Literatur und andere relevante Materialien weltweit in digitaler Form frei zugänglich zu machen, dafür Repositorien einzurichten und die Langzeitarchivierung sicherzustellen. Ein wichtiger und heftig umstrittener Aspekt ist dabei die Qualitätskontrolle. Grundsätzlich sind drei Varianten des Open-Access zu unterscheiden: Mit Golden Road (Self-Publishing) werden Publikationen bezeichnet, die ursprünglich und ausschließlich Open Access erscheinen und der für wissenschaftliche Zeitschriften üblichen Qualitätskontrolle via Peer Review unterliegen. Inzwischen erscheinen bereits über 5.000 E-Journals, die der Golden-Road-Variante zuzurechnen sind. Erschlossen werden sie im Directory of Open Access Journals (DOAJ). Mittels der Creative-Commons-Lizenzen können die Autoren die Nutzungsoptionen festlegen. Von „Green Road" (Self-Archiving) wird gesprochen, wenn Publikationen zeitgleich oder nachträglich auf einem Open-Access-Server eingestellt werden. Dies betrifft vor allem Postprints, aber auch Monografien, Forschungsberichte oder Konferenzbeiträge. Als dritte Variante des Open Access ist schließlich die Grey Road zu erwähnen. Bei den in diesem Fall gespeicherten Dokumenten handelt es sich um klassische Graue Literatur wie akademische Abschlussarbeiten, Tagungsberichte, Preprints, Lehr- und Lernmaterialien usw. Einem Peer Review sind diese Dokumente in der Regel nicht unterzogen worden.

Open-Access-Publikationen werden in institutionellen oder fachlichen Repositorien gespeichert und bereitgestellt. Open-Access-Repositorien werden z.T. auch als Dokumenten-, Publikations- Hochschulschriften- oder E-Doc-Server bezeichnet. Meist sind es Bibliotheken, seltener auch Forschungsinstitutionen, die für Betrieb, Pflege und professionelle Erschließung der Repositorien Sorge tragen. So wird das Konstanzer „Online-Publikations-System" (KOPS) als zertifiziertes institutionelles Repositorium von der UB Konstanz betreut. Als Beispiel für ein fachliches Repositorium sei das „Social Science Open Access Repository" (SSOAR) genannt, das ebenfalls zertifiziert ist und von *GESIS-Leibniz Institut Sozialwissenschaften* betrieben wird. Institutionelle Repositorien bieten den Angehörigen der Trägerinstitutionen Gelegenheit, ihre Arbeitsergebnisse elektronisch zu publizieren und dauerhaft zu archivieren. Bibliotheken machen damit im Idealfall die wissenschaftlichen Publikationen ihrer Hochschule oder Institution in großer Vollständigkeit weltweit zugänglich. Auf diese Weise übernehmen sie die Funktion eines Verlages und verbreiten Arbeitsergebnisse der wissenschaftlichen Mitarbeiter des Trägers weltweit.

Institutionelle Repositorien haben das Potenzial, einen wichtigen Beitrag zu Werbung und Imagebildung zu leisten. Voraussetzung dafür ist allerdings, dass die Hochschulangehörigen ihre Publikationen tatsächlich einstellen und das Repositorium mehr bietet als bloß Archivierung, Bereitstellung und Erschließung der Materialien. Hinzutreten müssen weitere Dienstleistungen: Zugangs- und Zugriffsstatistiken erlauben, die Forschungstätigkeit und deren direkte Rezeption zu messen. Wenn die kritische Masse erreicht ist, kann durch Verknüpfung der Dokumente selbst und der zitierten Literatur die Grundlage für aussagekräftige Zitationsanalysen gelegt werden. Voraussetzung dafür ist allerdings, dass gemeinsame Standards angewendet werden und auf dieser Grundlage ein System vernetzter Repositorien aufgebaut wird, das über nationale und europäische Grenzen hinaus internationale Verbreitung findet. Als grundlegender Standard wurde von der Open Archives Initiative bereits das „Protocol of Metadata Harvesting" (OAI-PMH) zum Einsammeln und Weiterverarbeiten der Metadaten entwickelt. Damit die Binnenstruktur der Dokumente und ihre Verknüpfungen untereinander abgebildet werden können, wird mit OAI-ORE (Object Reuse and Exchange) ein weiterer OAI-Standard eingesetzt.

Um die Qualitätskontrolle institutioneller und fachlicher Repositorien zumindest in Deutschland zu optimieren, hat die *Deutsche Initiative für Netzwerkinformation* (DINI), die u.a. vom Deutschen Bibliotheksverband und den Wissenschaftlichen Fachgesellschaften gegründet wurde, das „DINI-Zertifikat für Dokumenten- und Publikationsservices" entwickelt. Die der Zertifizierung zugrunde liegenden Kriterien umfassen unter anderem die Sichtbarkeit des Gesamtangebotes, die Betreuung der Autoren, die Sicherheit, Authentizität und Integrität des technischen Systems, die Zugriffsstatistik sowie die Langzeitverfügbarkeit und Auffindbarkeit der dort archivierten Dokumente. DINI verzeichnete 2010 knapp 150 Repositorien in Deutschland. Davon verfügten etwa

80 über die OAI-PMH-Schnittstelle und etwa 35 wiesen das DINI-Zertifikat auf. Diese Zahlen belegen, dass der Weg zu einem leistungsfähigen homogenen Netz von Repositorien selbst auf nationaler Ebene noch weit ist.

Hoffnungsvolle Schritte in diese Richtung aber sind durchaus konstatierbar. Die für Deutschland bei DINI abrufbare Auflistung deutscher Repositorien wird auf internationaler Ebene ergänzt durch OpenDOAR und ROAR. Das „Directory of Open Access Repositories" (OpenDOAR) wird in Großbritannien betreut und nimmt nur solche Repositorien auf, die gewissen Mindeststandards entsprechen. OpenDOAR verzeichnete 2010 knapp 1.700 Repositorien weltweit. Wie auch bei ROAR stehen im Vordergrund die Auflistung und Erschließung der Repositorien selbst. In einem zweiten Schritt wird über die Google Custom Search auch jeweils die Suche nach den in den Repositorien enthaltenen Dokumenten ermöglicht. Das ebenfalls in Großbritannien geführte „Registry of Open Access Repositories" (ROAR) verzichtet auf eine Qualitätsprüfung der verzeichneten Repositorien. Dennoch umfasst ROAR mit knapp 1.800 Repositorien weltweit kaum mehr als OpenDOAR.

Für die parallele Suche nach Dokumenten in Repositorien, die den OAI-PMH-Standard anwenden, stehen mit BASE oder OAIster verschiedene Einstiege zur Verfügung. BASE (Bielefeld Academic Search Engine), eine Entwicklung der UB Bielefeld, indexiert die Metadaten der in OAI-PMH-Repositorien enthaltenen Dokumente. Für einen kleinen Teil der Materialien erstreckt sich die BASE-Recherche nicht nur auf die Metadaten, sondern auch auf die Volltexte. BASE versteht sich als wissenschaftliche Suchmaschine, die als Teil der Open-Access-Bewegung das Deep Web für Wissenschaftler erschließt. 2010 wurden über BASE mehr als 24 Mio. Dokumente aus über 1.600 Repositorien erschlossen. Ähnlich funktioniert das inzwischen von OCLC übernommene Angebot OAIster, das ca. 23 Mio. Dokumente aus 1.100 Repositorien erschließt.

Bei der DFG und anderen Organisationen zur Förderung der Wissenschaft genießt die weitere Vernetzung von Repositorien derzeit, denn nur auf dieser Grundlage können Repositorien ihr volles Potenzial entfalten. In Deutschland hat DINI das „Open-Access-Netzwerk" (OAN) gegründet, um damit den deutschen Forschungsbeitrag national und international besser sichtbar zu machen. Ziel des Projektes ist es, die Metasuche über alle Repositorien zu ermöglichen, die einzelnen Dokumente über weltweite Nachweisdienste erreichbar zu machen und Mehrwertdienste zu entwickeln wie Zugriffsstatistiken, Zitationsnachweise und personalisierte Alertingdienste für neue Dokumente.

Von der Europäischen Kommission wurde 2006 das Projekt DRIVER (Digital Repository Infrastructure Vision for European Research) ins Leben gerufen. DRIVER hat zum Ziel, eine stabile und leistungsfähige Infrastruktur zur Vernetzung verteilter Repositorien in Europa aufzubauen. Gegenwärtig sind über DRIVER 260 Repositorien aus 36 Ländern erreichbar. Zukünftig sollen nationale Netzwerke wie das OAN als Aggregatoren dienen und zugleich eine akzeptable Datenqualität garantieren. Im Rahmen von DRIVER sollen neben technischen und methodischen Standards auch solche für Dienstleistungen und Funktionalitäten von Repositorien entwickelt werden. Ferner ist beabsichtigt, die Voraussetzungen dafür zu schaffen, dass über Repositorien neben den gängigen Open-Access-Publikationen weitere Materialarten wie nicht-textbezogene Informationen (Bilder, Tabellen usw.) und wissenschaftliche Primärdaten professionell erschlossen und bereitgestellt werden können. Damit sollen die Repositorien zur grundlegenden Infrastruktur für e-Science in Europa werden. Deutsche Teilnehmer am DRIVER-Projekt sind die SUB Göttingen und die UB Bielefeld. Als weltweiter Interessenverband der Betreiber von Open-Access-Repositorien wurde 2009 mit Unterstützung von DRIVER die *Confederation of Open Access Repositories* (COAR) gegründet, deren Sitz bei der SUB Göttingen ist.

4.6 Nationale Kooperationen im Bereich von Fachinformation und Dokumentation

Seit den 1970er-Jahren gab es Bestrebungen, die wissenschaftliche Literatur- und Informationsversorgung durch engere Zusammenarbeit der Wissenschaftlichen Bibliotheken mit Partnern aus dem gesamten Spektrum des IuD-Bereichs zu verbessern.

Mit dem 1975 publizierten Programm der Bundesregierung zur Förderung von Information und Dokumentation 1974–1977 (IuD-Programm) sollte in Deutschland der planvolle Ausbau eines Netzes von Informations- und Dokumentationseinrichtungen initiiert werden. Beabsichtigt wurde, insgesamt 16 Fachinformationssysteme (FIS) mit jeweils einem Fachinformationszentrum (FIZ) zu gründen, das neu zu schaffende wie auch bereits bestehende Einrichtungen koordinieren sollte. Im heutigen Fachinformationssystem Bildung hat sich diese Struktur erhalten. Das FIS besteht aus einem Verbund von 30 Dokumentationseinrichtungen, der vom *Deutschen Institut für Internationale Pädagogische Forschung* (DIPF) als FIZ koordiniert wird. Das IuD-Programm verfolgte das Ziel, die Dokumentationslandschaft systematisch zu strukturieren, die Zusammenarbeit zwischen IuD-Einrichtungen und Bibliotheken zu verbessern und die Nutzung von EDV-Technik z.B. durch den Aufbau fachlicher Datenbanken voranzutreiben.

Von den ursprünglich hochfliegenden Plänen der 1970er-Jahre sind allerdings nur geringe Teile realisiert worden. Zurückzuführen auf die damaligen Impulse sind etwa die Gründung der Fachinformationszentren für Technik (FIZ Technik, seit Mitte 2010 insolvent und 2011 abgelöst durch WTI-Frankfurt), Chemie (FIZ Chemie), das Informationszentrum Sozialwissenschaften (heute Teil von GESIS) oder das Fachinformationssystem Bildung. Auch das *Deutsche Informationszentrum für Medizinische Dokumentation und Information* (DIMDI) und das *Juristische Informationssystem* (JURIS) sind damals entstanden. Ab

1980 erfolgte eine Kurskorrektur, dem der größere Teil der Planungen des IuD-Programmes zum Opfer gefallen ist.

Da die Fachinformation in den folgenden Jahrzehnten grundsätzlich als Wirtschaftszweig angesehen wurde, der sich auf dem Markt zu behaupten hat, verstanden sich vor allem die auf das IuD-Programm folgenden mehrfach „Fachinformationsprogramm" genannten Planungspapiere der Bundesregierung eher als Beitrag zur Wirtschafts- als zur Wissenschaftsförderung. Der Schwerpunkt der Programme lag daher von vornherein auf dem Gebiet der Natur- und Ingenieurwissenschaften. Fachinformation in diesen Disziplinen wird überwiegend kommerziell vertrieben; die meisten angebotenen Dienstleistungen, von der Recherche bis zur Dokumentlieferung, sind daher entgeltpflichtig.

Gestützt durch die Fachinformationspolitik seit den 1970er-Jahren wurden zahlreiche fachspezifische Datenbanken aufgebaut. Damit konnte der steigenden Nachfrage nach Fachliteratur, besonders nach Zeitschriftenaufsätzen wirksam begegnet werden. Die Aufgabe, die von den Fachinformationszentren ursprünglich nur nachgewiesenen Dokumente auch tatsächlich bereitzustellen, fiel vor allem den Zentralen Fachbibliotheken zu. Zum Teil haben sich die Fachinformationszentren selbst zu Anbietern von Dokumenten und Fakten weiterentwickelt oder ermöglichen eine Belieferung durch Kooperation mit Hosts.

Ein erneuter Anlauf zur Verbesserung der Kooperation – insbesondere zwischen den Fachinformationszentren und den Zentralen Fachbibliotheken – sollte durch die Gründung von vier „Informationsverbünden" gemacht werden. Die Initiative ging vom „Strategischen Positionspapier" des BMBF aus, das 2002 unter dem Titel „Information vernetzen – Wissen aktivieren" publiziert wurde. In diesen Informationsverbünden sollten Datenbankanbieter, Bibliotheken und Forschungseinrichtungen eines Fachgebietes kooperieren, um gemeinsam Dienstleistungen zur Literatur- und Informationsversorgung für dieses Fach aufbauen und betreiben zu können. Mittlerweile aber sind mit Infoconnex (Bildung, Sozialwissenschaft, Psychologie) und Econdoc (Wirtschaft) zwei der vier Informationsverbünde wieder aufgelöst worden. GetInfo ist zum „Rechercheportal" der TIB Hannover zurückgestuft worden. Allein Medpilot blieb erhalten und wird weiter ausgebaut. Als gemeinsames Angebot von ZBMed und DIMDI hatte die Virtuelle Fachbibliothek von vornherein Funktionen erhalten, die sie auch als Informationsverbund qualifizierten. Der bislang letzte Versuch, anknüpfend an das IuD-Programm, Fachinformationseinrichtungen unterschiedlichen Typs nach einer einheitlichen Struktur für verschiedene Fachcluster zu koordinieren, ist jedoch nunmehr gescheitert. Konzeptionell haben die Virtuellen Fachbibliotheken das Potenzial, die den Informationsverbünden zugedachte Aufgabe zu übernehmen. Soll dies tatsächlich erreicht werden, müssen die gegenwärtigen Anstrengungen allerdings homogenisiert, deutlich verstärkt und verstetigt werden.

4.7 Aufbruch in die Zukunft: vom Sondersammelgebietsplan über das System Virtueller Fachbibliotheken zum nationalen Wissenschaftsportal

Angesichts der Herausforderungen, die mit digitalen Medien und Internet spätestens seit den 1990er-Jahren auftraten, musste sich das bestehende System bibliothekarischer Literatur- und Informationsversorgung verändern. Mit der Weiterentwicklung des Systems der Sondersammelgebiete zu einem System Virtueller Fachbibliotheken wurden die Weichen gestellt, um auf einer neuen Stufe gesteigerter funktionaler Differenzierung den gewachsenen Anforderungen der Umwelt gerecht werden zu können.

Für das Informationsmanagement in der prädigitalen Zeit hatten die vorhandenen Strukturen ausgereicht. Solange der Einsatz von EDV sich auf Automatisierungsprozesse und die Integration digitaler Medien in die Bestände der einzelnen Bibliotheken beschränkte, änderte sich daran nichts. Erst das Internet und das damit verbundene Virtualisierungspotenzial riefen prinzipiellen Innovationsbedarf hervor. Dieser Tatbestand war allerdings nicht von Beginn an erkennbar.

Schon vor der Popularisierung des WWW wurde das Internet vor allem in den USA zum Zwecke wissenschaftlicher Kommunikation genutzt. Seit Anfang der 1990er-Jahre entwickelte sich insbesondere das Web zu einer tragenden Säule des wissenschaftlichen Informationsaustausches. Bibliotheken haben dieser Tatsache frühzeitig Rechnung getragen und es als eine der neuen Aufgaben angesehen, wissenschaftlich relevante Ressourcen im Internet ausfindig zu machen, zu erschließen und für ihre Kunden bereit zu stellen. Die Qualitätsgarantie, die in der Vergangenheit hinsichtlich der gedruckten Medien von Wissenschaftlichen Bibliotheken verbürgt wurde, sollte auf digitale Netzpublikationen ausgedehnt werden.

Für die professionelle Behandlung von Netzquellen fehlte es an Vorbildern und Erfahrungen. Die einzelnen Bibliotheken begannen jede für sich ab 1993/94 die neuen Quellengattungen in ihr Repertoire zu integrieren. In der Folge wiederholte sich im Hinblick auf Netzpublikationen die Entwicklung vom segmentär zum funktional differenzierten System, die sich im Bibliothekswesen insgesamt seit dem Ende des 19. Jahrhunderts vollzogen hatte, im Zeitraffer. Die meisten Bibliotheken stellten auf eigene Faust zunächst einfache Linklisten zusammen, um für ihre Benutzer die benötigte Lotsen- und Filterfunktion übernehmen zu können. Die nach diesem Modell agierenden Bibliotheken verfolgten damit das Konzept einer virtuellen Universalbibliothek. Unterschätzt wurden dabei das Ausmaß fachlicher Kompetenz und der Arbeitsaufwand für die Zusammenstellung und Pflege solcher fächerübergreifender „Webkataloge" oder „Virtual Libraries". So wurde bald klar, dass auch und erst recht im virtuellen Umfeld Universalität nur mehr kooperativ anzustreben war.

Eine Vorreiterrolle übernahm in dieser Situation das britische Bibliothekswesen. Mitte der 1990er-Jahre wurde dort das Konzept der Subject Gateways entwickelt, das sich von der bis dahin üblichen Praxis der Erschließung wissenschaftlich relevanter Internetquellen in mehrfacher Hinsicht unterscheidet:

- Internetquellen, die einen Bezug zu einer wissenschaftlichen Disziplin oder einem Fachcluster besitzen, werden ausgewählt und in einem Webkatalog zusammengestellt. Die Auswahl erfolgt nach definierten und transparenten Qualitätskriterien durch Bibliothekare und Fachwissenschaftler. Die Ressourcen werden intensiv erschlossen durch standardisierte Metadaten (Dublin Core), Fachthesauri, Fachklassifikationen und eine Universalklassifikation (DDC).
- Außer einem Webkatalog bieten Subject Gateways eine fachliche Suchmaschine; darin werden die durch den Webkatalog nur mittels Link, Beschreibung und sachlicher Erschließung repräsentierten Quellen über alle Hierarchieebenen des jeweiligen Servers vollständig indexiert.
- Die einzelnen Subject Gateways bilden untereinander ein kooperatives System; daher sind sie auf Interoperabilität angelegt und ermöglichen dank standardisierter Formate und Schnittstellen interdisziplinäre Recherchen.

In Großbritannien haben sich die Subject Gateways durch die Integration weiterer Funktionalitäten zu Fachportalen weiterentwickelt. Subject Gateways in ihrer ursprünglichen Ausprägung existieren kaum noch. Die einzelnen Subject Portals wurden 2006 mit dem Namen Intute zusammengeschlossen. Intute, das von ca. 40 Institutionen kooperativ betreut wurde, verstand sich nicht als Hybridbibliothek. Erschlossen wurden stattdessen ausschließlich wissenschaftlich bedeutsame Netzquellen. Nach dem Auslaufen der Finanzierung Mitte 2011 ist die Zukunft des Projektes Intute ungewiss.

In Deutschland war es die DFG, die ab 1997 Konzepte für die Weiterentwicklung des Systems der Sondersammelgebiete und die Integration digitaler Netzpublikationen in die wissenschaftliche Literatur- und Informationsversorgung entwarf. So entstand das Konzept der Virtuellen Fachbibliothek. Im Unterschied zum Ansatz der Subject Gateways waren die Virtuellen Fachbibliotheken – ohne dass dieser Begriff genannt wurde – von Beginn an als hybride Bibliotheken geplant. Zu den Aufgaben einer Virtuellen Fachbibliothek gehört es demnach, den fachspezifischen Zugriff auf wissenschaftsrelevante Informationen und Dokumente eines Faches oder eines Fachclusters zu bieten, und zwar unabhängig von Medium, Speicherform und Speicherort. Über ein Rechercheinstrument, das die parallele Suche in verschiedenen, auch heterogenen Datenbeständen erlaubt, sollen Ermittlung, Bestellung und Zugang zu den gewünschten wissenschaftlichen Quellen zentral ermöglicht werden. Neben gedruckten Publikationen und kostenfreien Internetangeboten sollen auch kostenpflichtige digitale Verlagsprodukte (digitale Monografien, E-Journals, Datenbanken usw.) erschlossen und angeboten werden. Dafür müssen leistungsfähige Authentifizierungsmechanismen zum Einsatz kommen.

Das Konzept sieht nicht vor, die Sondersammelgebiete um Virtuelle Fachbibliotheken zu ergänzen, sondern umgekehrt dieses seit 1949 bestehende System der überregionalen Literaturversorgung in ein Netzwerk virtueller Fachbibliotheken zu überführen. Ziel ist es, die fachlich einschlägigen im Internet zugänglichen Informationsquellen, insbesondere auch die über die Open-Access-Repositorien und die durch retrospektive Digitalisierung entstandenen Ressourcen in gleicher Qualität und Sammlungsdichte wie analoge Medien zur Verfügung zu stellen. Die einzelnen Virtuellen Fachbibliotheken sind gegenwärtig in der Regel an der jeweiligen Sondersammelgebietsbibliothek angesiedelt und werden in Kooperation mit Fachinformationseinrichtungen, Spezialbibliotheken, Fachgesellschaften usw. betrieben. So wird z.B. die Virtuelle Fachbibliothek Germanistik federführend von der UB Frankfurt a. M. als SSG-Bibliothek betrieben. Zu den Projektpartnern zählen u.a. das Deutsche Literaturarchiv Marbach als Spezialbibliothek und der Deutsche Germanistenverband als Wissenschaftliche Fachgesellschaft. In der Virtuellen Fachbibliothek EconBiz sind z.B. die Sondersammelgebiete Betriebswirtschaft (USB Köln) und Volkswirtschaft (ZBW Kiel) vereinigt. Virtuelle Fachbibliotheken beziehen sich auf eine Wissenschaft (Mathematik) oder ein mehrere verwandte Disziplinen umfassendes Cluster (Sozialwissenschaften). In einigen Fällen sind sie als Angebot mit fachübergreifendem Regionalbezug angelegt (Osteuropa). Es können also auch mehrere Sondersammelgebiete in eine gemeinsame Virtuelle Fachbibliothek einfließen.

Seit 1998 sind über 40 Virtuelle Fachbibliotheken mit Unterstützung der DFG gegründet worden, die je nach fachspezifischem Bedarf unterschiedliche Funktionalitäten aufweisen. Als Kernfunktionalitäten können zunächst die Bestandteile des Subject Gateway gelten, d.h. ein Webkatalog mit ausgewählten und durch standardisierte Metadaten beschriebenen Internetressourcen sowie eine fachliche Suchmaschine. Sodann muss die Virtuelle Fachbibliothek den weltweiten Zugriff auf digitale und gedruckte Medien bieten und Einstiegspunkt für fachwissenschaftliche Recherchen aller Art sein. Je nach spezifischem Bedarf umfassen die einzelnen Virtuellen Fachbibliotheken ein breites Spektrum unterschiedlicher Module. Während für die technischen Disziplinen etwa Patentdatenbanken unerlässlich sind (vgl. ViFaTec), fehlen diese nachvollziehbarerweise bei den geisteswissenschaftlichen Virtuellen Fachbibliotheken. Dort hingegen sind z.B. biografische Datenbanken von zentraler Bedeutung. In den vergangenen Jahren ist die ursprüngliche Architektur der Virtuellen Fachbibliotheken erweitert worden um portaltypische Funktionalitäten (personalisierte Pushdienste, Alertingservices via RSS-Feeds, Aufbau individueller Handbibliotheken usw.). Immer häufiger ist daher auch in offiziellen Dokumenten von Fachportalen die Rede, wenn eigentlich Virtuelle Fachbibliotheken (in ihrer erweiterten Form) gemeint sind.

Tabelle 21: Strukturelemente Virtueller Fachbibliotheken

Kernmodule	Webkatalog/Fachinformationsführer
	Fachliche Suchmaschine
	Einbindung der relevanten Bibliothekskataloge (Meta-Suche)
	Integrierte Fachrecherche (modulübergreifende Meta-Suche)
	Dokumentlieferdienste (subito und Online-Fernleihe)
	Current-Contents-Dienste (Zeitschriftenaufsatzdatenbanken)
Erweiterungsmodule	Volltextdatenbanken (Open-Access-Repositorien, Verlagsprodukte)
	Elektronische Zeitschriften
	Bibliografische Datenbanken
	Wissenschaftliche Primärdaten (Statistische Daten, Rohdaten usw.)
	Tagungskalender (u.a. Call for Papers)
	Konferenzdatenbank (Preprints, Postprints)
	Kompetenznetzwerk (Expertendatenbank, Adressdatenbanken)
	Faktendatenbanken (Fachlexika, Fachwörterbücher ...)
	Online-Tutorials
	Newsletter, Forum (interaktive Kommunikationsplattform)
	Digitale Auskunft

Mit Unterstützung der DFG sind mittlerweile (Stand: 2011) folgende Virtuelle Fachbibliotheken begründet worden:

Tabelle 22: Die Virtuellen Fachbibliotheken und ihre Sammelschwerpunkte

Fachbereich	Virtuelle Fachbibliothek	URL	Koordinierende Bibliothek
Afrika	ilissAfrica (internet library sub-saharan Africa)	www.ilissafrica.de	UB Frankfurt/M.
Anglistik	Vlib-AAC (Anglo-American Culture and History)	www.sub.uni-goettingen.de/vlib	SUB Göttingen
Bibliotheks-, Buch und Informationswissenschaften	b2i	www.b2i.de	BSB München
Bildungsmedienforschung	Edumeres.net (Educational Media Research)	http://www.edumeres.net	Georg-Eckert-Institut-Bibliothek Braunschweig
Biologie	ViFa Biologie	www.vifabio.de	UB Frankfurt/M.
Chemie	ViFa Chemie	www.chem.de	TIB Hannover
Ethnologie	Evifa	www.evifa.de	UB HU Berlin
Geowissenschaften	GEO-LEO	www.GEO-LEO.de	UB Freiberg, SUB Göttingen

Fachbereich	Virtuelle Fachbibliothek	URL	Koordinierende Bibliothek
Germanistik	ViFa Germanistik (Germanistik im Netz)	www.germanistik-im-netz.de	UB Frankfurt/M.
Geschichte	chronicon	www.chronicon.de	BSB München
	Historicum-Net	www.historicum.net	USB Köln, LMU München
	Clio-Online	www.clio-online.de	UB HU Berlin
Hochschulwesen	Hochschulwesen online	http://www.hochschulwesen-online.de	UB HU Berlin
Holztechnologie	ViFa Holz	http://vifaholz.tib.uni-hannover.de	TIB Hannover
Ibero-Amerika	ViFa Ibero-Amerika/Spanien/Portugal	www.cibera.de	IAI Berlin
Internationale Beziehungen, Länderkunde	Ireon Portal	www.ireon-portal.de	Stiftung Wissenschaft und Politik Berlin
Klassisches Altertum	Propyläum	propylaeum.bsb-muenchen.de	BSB München
Kommunikations- und Medienwissenschaft	ViFa Medien, Bühne, Film	http://www.medien-buehne-film.de	UB Leipzig
Kunstgeschichte	ViFa Kunstgeschichte	www.arthistoricum.net	UB Heidelberg
Landwirtschaft, Ernährung	Greenpilot	www.greenpilot.de	ZB Med Köln
Mathematik	ViFaMath	www.vifa-math.de	SUB Göttingen
Medizin	MedPilot	www.medpilot.de	ZB Med Köln
Moderne Kunst	ViFa Art	vifaart.slub-dresden.de	SLUB Dresden
Musikwissenschaft	ViFa Musik	www.vifamusik.de	BSB München
Niederländischer Kulturkreis, Benelux-Staaten	ViFa Benelux/Nedguide	www.nedguide.de	ULB Münster/USB Köln
Nordeuropea und Ostseeraum	ViFa Nord	www.vifanord.de	UB Kiel, UB Greifswald, SUB Göttingen
Ost- und Südostasien	CossAsia	crossasia.org/de	SB Berlin
Osteuropa	ViFaOst	www.vifaost.de	BSB München, Osteuropa-Institut München
Pädagogik	Fachportal Pädagogik	www.fachportal-paedagogik.de	DIPF Frankfurt/M
Pharmazie	ViFa Pharm	www.vifapharm.de	UB Braunschweig
Philosophie	Sophikon	www.sophikon.de	UB Erlangen

Fachbereich	Virtuelle Fachbibliothek	URL	Koordinierende Bibliothek
Physik	ViFaPhys	vifaphys.tib.uni-hannover.de	TIB Hannover
Politikwissenschaft	ViFa Pol	www.vifapol.de	UB Hamburg
Psychologie	ViFa Psy	fips.sulb.uni-saarland.de/port.htm	ULB Saarbrücken
Rechtswissenschaft	ViFa Recht	www.vifa-recht.de	SB Berlin
Religionswissenschaft	VirTheo	www.virtheo.de	UB Tübingen
Romanischer Kulturkreis	ViFaRom	www.vifarom.de	BSB München, ULB Bonn
Slawistik	Slawistik-Portal	www.slavistik-portal.de	SB Berlin
Sozialwissenschaften	SowiPort	www.gesis.org/sowiport	GESIS, Bonn
Sportwissenschaften	ViFa Sport	www.vifasport.de	ZB Sportwissenschaften Köln
Südasien	Savifa	www.safiva.de	UB Heidelberg
Technik	VifaTec	vifatec.tib.uni-hannover.de	TIB Hannover
Veterinärmedizin	ViFa Vet	elib.tiho-hannover.de/virtlib	TiHoB Hannover
Vorderer Orient, Nordafrika	MenaLib (Middle East, North Africa Virtual Library)	ssgdoc.bibliothek.uni-halle.de/vlib/html/index.html	ULB Halle
Wirtschaft	EconBiz	http://www.econbiz.de	ZBW Kiel, USB Köln

Obwohl manche Fächer bislang noch nicht vertreten sind, wie etwa Informatik oder Meteorologie, ist es doch in relativ kurzer Zeit gelungen, für ein beeindruckendes Fächerspektrum Virtuelle Fachbibliotheken zu errichten. Gegenüber allgemeinen Internet-Suchmaschinen verfügen gut gepflegte (und alimentierte) Virtuelle Fachbibliotheken über ausschlaggebende Alleinstellungsmerkmale. So werden digitale und analoge Informationsressourcen integriert für die Suche erschlossen und bereitgestellt. Nur solche Internetquellen werden ausgewählt, die den wissenschaftlichen Anforderungen im Hinblick auf Qualität, Stabilität, Authentizität und langfristige Verfügbarkeit genügen. Im Gegensatz zu den gängigen Suchmaschinen erschließen Virtuelle Fachbibliotheken auch das Deep Web und bieten eine nahtlose Verbindung von Nachweis und Zugang zu Informationen unabhängig davon, ob die Materialien kostenfrei oder kostenpflichtig angeboten werden.

Zwar sind die Virtuellen Fachbibliotheken von vornherein als aufeinander abgestimmtes System in Anlehnung an das Sondersammelgebietssystem konzipiert worden, doch fehlt es bislang an der Feinabstimmung der einzelnen Systemglieder z.B. hinsichtlich der jeweiligen Sammlungs- und Erschließungsprofile. Dringend zu wünschen ist ferner eine stärkere Standardisierung der Virtuellen Fachbibliotheken hinsichtlich des Funktionsprofils, des Dienstleistungsspektrums und des Qualitätsniveaus. Bei genauerer Betrachtung zeigt sich, dass einige Virtuelle Fachbibliotheken stetig weiterentwickelt werden und durch zusätzliche Angebote sowohl portaltypische Features anbieten als auch interaktive Tools, die im Kontext von Web 2.0 größere Popularität erlangt haben. Andere Virtuelle Fachbibliotheken sind hingegen offenbar nach Auslaufen der DFG-Förderung nicht mehr konzeptionell weiterentwickelt worden. Auch hinsichtlich technischer Standards und der Praxis des Informationsmanagements ist eine störende Heterogenität feststellbar. Neben einer Homogenisierung der Standards und einer Harmonisierung von Profilen und Angebotsspektrum liegen die Entwicklungsperspektiven der Virtuellen Fachbibliotheken vor allem darin, personalisierende und interaktive Elemente forciert und gleichmäßig zu integrieren. Zu erwägen ist ferner eine Zusammenlegung kleinerer Virtueller Fachbibliotheken zu solchen mit breiterem fachlichen Zuschnitt. Bereits angelaufen ist mit Unterstützung der DFG die retrospektive Digitalisierung, Erschließung und Langzeitarchivierung einschlägiger Printwerke der SSG-Bestände durch die Virtuellen Fachbibliotheken in großem Umfang.

Bald nach Gründung der ersten Virtuellen Fachbibliotheken wurden Schritte eingeleitet, diese unter einer Oberfläche zusammenzuführen und für interdisziplinäre Recherchen parallel durchsuchbar zu machen. Zunächst geschah dies über eine Koordinierungsstelle, die an der TIB Hannover angesiedelt war und als „Die Virtuelle Fachbibliothek" (VIFANET) auftrat. Im August 2003 ist diese Einheit integriert worden in das übergeordnete Projekt VASCODA, zu dem neben den Virtuellen Fachbibliotheken und der Elektronischen Zeitschriftenbibliothek (EZB) auch die Zeitschriftendatenbank und drei Bibliotheksverbünde (GBV, BVB, HBZ) gehörten.

Das Projekt VASCODA wurde vom *Bundesministerium für Bildung und Forschung* (BMBF) und der Deutschen Forschungsgemeinschaft gefördert. Es erfüllte zunächst im Wesentlichen die Funktion einer Meta-Suchmaschine, nannte sich aber gleichwohl antizipatorisch „interdisziplinäres Internetportal für wissenschaftliche Information". Planungen, VASCODA weiter auszubauen, stützten sich vor allem auf die Forderungen, die im Strategischen Positionspapier „Information vernetzen – Wissen aktivieren" des Bundesministeriums für Bildung und Forschung enthalten waren.

Unter dem Projektnamen „vascoda 2010" hatte die DFG zuletzt beabsichtigt, die funktionale und inhaltliche Erweiterung von VASCODA zum wirklichen Portal voranzutreiben. Das Zukunftskonzept hatte als Betätigungsfelder im Wesentlichen benannt: Betrieb und Aufbau des Rechercheportals und darauf aufbauender Dienste (Säule 1), sowie Koordination, strategische Unterstützung und Marketing für die Vernetzung und den Wissensaustausch unter den beteiligten Virtuellen Fachbibliotheken (Säule 2). Seit dem VASCODA-Relaunch konnten deutliche Fortschritte erzielt werden. So waren z.B. Personalisierungsoptionen und interaktive Features in das Angebot integriert worden. Dennoch blieb die Nutzung weit hinter den Erwartungen zurück, da VASCODA zum einen bei Wissenschaftlern und Studierenden kaum bekannt war und die Qualität der Rechercheergebnisse unter der Heterogenität der Virtuellen Fachbibliotheken litt. Schon Ende 2009 beschloss der AWBI der DFG, zukünftig nur noch den Ausbau der Säule 2 zu fördern. Damit war das Ende von VASCODA als Rechercheportal besiegelt.

Die zukünftigen Schwerpunkte von VASCODA könnten darin liegen, parallel zu Standardisierung und Qualitätssicherung der Virtuellen Fachbibliotheken an der Definition und Aktualisierung eines Sets von Kernmodulen und Dienstleistungen zu arbeiten. Dazu gehört auch, Kommunikation und Erfahrungstransfer der Virtuellen Fachbibliotheken zu organisieren sowie gezielt zu beraten und zu unterstützen. Offen ist, ob die Möglichkeit der interdisziplinären Metasuche mit dem veränderten Zuschnitt von VASCODA grundsätzlich aufgegeben werden soll. Vielleicht lässt sich ein neuer Anlauf nehmen, wenn die Virtuellen Fachbibliotheken stärker homogenisiert werden können. Möglicherweise wird auch die internationale und interdisziplinäre Vernetzung von Open-Access-Repositorien eine entsprechende Entwicklung forcieren. Bedarf an interdisziplinären Informationsräumen und Recherchemöglichkeiten besteht im Wissenschaftssektor ohne Zweifel.

Zeitlich parallel, aber organisatorisch unabhängig von VASCODA ist mit „Academic Linkshare" (ALS) ein weiteres Projekt entstanden, dessen Aufgabe es ist, durch Kooperation ressourcensparende Synergien für Virtuelle Fachbibliotheken zu erzeugen. ALS bietet die technische Plattform für kooperative und standardisierte Erschließung wissenschaftlich relevanter Internetressourcen, also jener Quellen, die in den Webkatalogen bzw. Fachinformationsführern der Virtuellen Fachbibliotheken erschlossen werden. Die Synergie-Effekte resultieren aus dem Überschneidungsgrad benachbarter Disziplinen, der sich teilweise auf über 30% beläuft. Die Teilnehmer am ALS-Verbund sind durchweg Anbieter Virtueller Fachbibliotheken. Das Konzept (Metadata-Sharing) besteht darin, dass die Erschließung zentral erfolgt und die jeweils relevanten Ausschnitte dezentral in den Fachinformationsführern der jeweiligen Virtuellen Fachbibliothek präsentiert werden. Allerdings haben sich bisher nicht alle Betreiber Virtueller Fachbibliotheken an ALS beteiligt. Etwa 35 Partner haben 2010 ca. 100.000 Internetquellen erschlossen.

Mit den Virtuellen Fachbibliotheken sind Hybrideinrichtungen entstanden, die das Informationsmanagement für gedruckte Veröffentlichungen, mobil-digitale Speichermedien und Netzpublikationen gleichermaßen übernehmen. Diese Anpassungen des Bibliothekssystems an die veränderten Umweltbedingungen sind freilich noch von starker Bestandsorientierung geprägt und folgen althergebrachter bibliothekarischer Tradition. Es fehlt die umfassende Erweiterung der objektorientierten Leitidee um Kunden- bzw. Dienstleistungsorientierung. Im angloamerikanischen Raum hat sich für Konzepte, die sowohl Bestands- als auch Kundenorientierung berücksichtigen, der Begriff des Portals eingebürgert. Meist wird von Bibliotheksportalen (Library Portals) oder Wissenschaftsportalen (Academic Portals) gesprochen.

Auch in Deutschland ist allenthalben von Portalen, allerdings in einem verflachten, trivialen Sinn die Rede. Während hier Portal oft als schickes Synonym für Linkliste oder Webkatalog gebraucht wird, besitzt der Begriff vor allem in Großbritannien und den USA eine völlig andere Bedeutung. Portalkonzepte sind seit Mitte der 1990er-Jahre im Umfeld von Webkatalogen (Yahoo) und Suchmaschinen (Excite, Lycos) entwickelt worden mit dem Ziel, die Kundenbindung zu verbessern.

Wenig später wurden ähnlich strukturierte Unternehmensportale zur Optimierung des betrieblichen Wissensmanagements konzipiert, ehe Ende der 1990er-Jahre Portalkonzepte auch im Umfeld von Bibliotheken und wissenschaftlicher Kommunikation eingesetzt und erprobt wurden. Konstitutiv sind für diese Portaltypen Funktionalitäten, die personalisierte Dienstleistungen ermöglichen und Nutzern virtuelle Kommunikations- und Kollaborationsräume anbieten. Für Unternehmens- und Wissenschaftsportale sind Validierungsoptionen („Peer Review") unverlässlich. Gerade diese Funktionalitäten umfassen eine Vielzahl von Features, die im Kontext von Web 2.0, Bibliothek 2.0 oder Katalog 2.0 in anderer Nomenklatur auftauchen: Zu denken ist dabei etwa an Empfehlungsdienste oder interaktive Kommentierungsfunktionen

Portale verfügen über neun Strukturelemente:

Tabelle 23: Strukturelemente des Wissenschaftsportals

Zentraler Einstieg	Einfaches Login: Über ein einziges Login wird eine Vielzahl heterogener Anwendungen zugänglich.
Simplizität	Standardsoftware: Portale sind mittels standardisierter Hard- und Software nutzbar.
Leistungsfähige Suchwerkzeuge	Web-Katalog und Suchmaschine; Meta-Suchmaschine: Für die Recherche steht sowohl eine Suchmaschine als auch ein Webkatalog zur Verfügung („Search" und „Browse"); eine Meta-Suchmaschine erlaubt die parallele Suche in allen Teilsegmenten des Portals.
Aggregation großer Informationsmengen	Zukauf der Angebote von kommerziellen Anbietern: Zusätzlich zu den über Bibliothekskataloge, Webkataloge und Suchmaschinen zugänglichen Quellen präsentieren Portale auch kommerziell vertriebene Informationsangebote; Dokumentlieferdienste, Authentifizierungssysteme und Pay-per-View-Verfahren erlauben den raschen Zugriff auf die gewünschten Informationen.

Strukturierung und Aufbereitung von Informationen	Erschließung: Für die Beschreibung und Erschließung werden Standards festgelegt wie etwa DDC, Dublin Core, Fachthesauri und Fachklassifikationen. Ferner werden Tools und Applikationen bereitgestellt, die es erlauben, aufgaben- und projektrelevante Informationen so präzise wie möglich und so umfassend wie nötig ohne Zeitverzug identifizieren, bewerten und weiterverarbeiten zu können.
Integration von Zusatzfunktionalitäten	Software zur Informationsverarbeitung: Zuvor isoliert angebotene Programme, Datenbanken und Inhalte werden in eine einheitliche Informationsumgebung integriert, die standardisierte und intuitive Browseroberfläche des Portals.
Personalisierung	Festlegung von Informationsprofilen im Check-Box-Verfahren, Collaborative Filtering; kundenspezifische, proaktive Informationsdienstleistungen, Alertingdienste: Personalisierung erfolgt mittels Registrierung durch individuelle ID und Passwort, Eingabe persönlicher Daten seitens des Nutzers (Name, Anschrift usw.), Definition des individuellen Interessenprofils im Check-Box-Verfahren und nichtreaktive Verfahren. Mittels statistischer Auswertung der über das Portal ausgeführten Aktivitäten werden z.B. Clickstreams und Clickrates ermittelt, die weitere Verwendung im Rahmen regelbasierter Segmentierung und bei Collaborative-Filtering-Verfahren finden. Nutzer konfigurieren ihre individuelle Portalseite selbst, legen fest, welche Informationsangebote aus dem gesamten Angebot auf der Einstiegsseite enthalten sein sollen und definieren ihr Informationsprofil anhand kontrollierten Vokabulars. Die Portalbetreiber entwickeln kundenspezifische, proaktive Informationsdienstleistungen und informieren mittels automatisierter Routinen über Neuigkeiten und Neuerwerbungen aus den individuellen Interessengebieten.
Kommunikation und Kollaboration	Chatrooms, virtuelle Arbeitsräume, Wikis, Blogs, Diskussionslisten, Volltextserver für die Publikation von Preprints, ausgereiften Publikationen und E-Journals: Mit disziplin-, profil- oder themenspezifischen Diskussionslisten sowie Open-Access-Servern und Volltextdatenbanken, Datenbanken zu Fachbereichen, Forschungsstätten und Infrastruktureinrichtungen, bevorstehenden und vergangenen Konferenzen, Links zu den jeweiligen, möglichst normierten Homepages von Institutionen und Personen einer Disziplin usw. können Wissenschaftsportale zu zentralen Kommunikationskanälen für den wissenschaftlichen Diskurs werden.

Validierung von Informationen	Kooperative Informationsbewertung, Peer-Reviewing: Information Sharing als Resultat der kollaborativen Tools erlaubt in potenziertem Maße Bewertung und Validierung von Informationen. Der aktuelle Status der einzelnen Informationen (Hypothese, Diskussionsgegenstand, Verifikations- und Akzeptanzgrad usw.) wird offengelegt, Veränderungen werden bei Bedarf mitgeteilt. An der Überprüfung und Bewertung der einzelnen Informationen wird die Portalöffentlichkeit (oder ein definierter Teil) durch die Einrichtung entsprechender Features beteiligt. Peer-Reviewing-Verfahren lassen sich damit über Wissenschaftsportale realisieren.

In Großbritannien ist schon vor einer Reihe von Jahren erkannt worden, dass die objektorientierten Subject Gateways dringend einer konzeptionellen Erweiterung bedürfen. Man hat sich in diesem Zusammenhang die beschriebene Portalkonzeption zunutze gemacht und den Typus des „Subject Portal", also des fachlichen Wissenschaftsportals entwickelt.

In dem ursprünglich als Subject Gateway angelegten „Social Science Information Gateway" (SOSIG) wurden zunächst die klassischen Portalfunktionalitäten hinzugefügt. Gemeinsam mit anderen Subject Gateway/Portals wurde SOSIG 2006 zum nationalen Wissenschaftsportal Intute vereinigt. Dies war sicherlich die für VASCODA vorgesehene Entwicklungsoption, die vorläufig offenbar gescheitert ist. Unstrittig aber ist, dass ein leistungsfähiges interdisziplinäres Wissenschaftsportal ein Desiderat darstellt. Zuverlässig und mit der gebotenen Neutralität kann ein solches Tool nicht von privatwirtschaftlichen Angeboten wie Google Scholar oder Google Books ersetzt werden. Wenn es den Virtuellen Fachbibliotheken gelingt, sich auf der Ebene der Wissenschaftsdisziplinen als akzeptierte Fachportale dauerhaft zu platzieren, und wenn gleichzeitig die systemische Homogenisierung der einzelnen Projekte vorangetrieben wird, ist die Entstehung eines Wissenschaftsportals sei es in institutionalisierter, sei es in virtueller Form realistisch.

Für das öffentliche Bibliothekswesen lassen sich ebenfalls portalgestützte Szenarien entwickeln. Auch die *Deutsche Internetbibliothek* etwa könnte durch Personalisierungsangebote und Kommunikationstools zu einem echten Portal erweitert werden. Als Zielgruppen könnten dabei sowohl die klassischen Benutzer, bislang eher bibliotheksferne Gruppen, aber auch die kommunalen Verwaltungen z.B. mit neuartigen und qualitativ hochwertigen Informationsdienstleistungen versorgt werden (↗6.4.2).

4.8 Ausblick

Da in Deutschland arbeitsteilige Formen im Bibliothekswesen durch den Kulturföderalismus schon früh hervorgerufen worden sind, haben Kooperation und Vernetzung hier eine lange Tradition. Fortschreitende funktionale Differenzierung erfordert mittlerweile einen erheblich gesteigerten und weiter zu steigernden Grad der Vernetzung und Kooperation. Organisierte Arbeitsteilung und Zusammenarbeit im Bibliothekswesen findet im Kontext der Personen- und Institutionenverbände statt.

Diese Verbände sowie andere bibliotheksexterne Partner und Förderer, vor allem aber Einrichtungen wie etwa die Deutsche Forschungsgemeinschaft und Infrastruktureinrichtungen wie die Verbundzentralen sind es, die bibliothekarische Kooperationsprojekte initiieren oder laufend unterhalten. Arbeitsteilige Kooperation führt dazu, dass das Leistungsniveau erheblich gesteigert und das Leistungsspektrum erheblich erweitert wird. Das System ist eben – im Idealfall – mehr als die Summe seiner Glieder. Als Beispiele lassen sich Projekte anführen, wie etwa die ZDB, die EZB, die Datenbanken der Bibliotheksverbünde. Aber auch der Leihverkehr und Dokumentliefersysteme sind in diesem Zusammenhang zu nennen.

Als Trend aus jüngerer Zeit lässt sich feststellen, dass Kooperation vertraute Grenzen und Schranken immer häufiger verändert oder gar aufhebt. Verbundkataloge öffnen sich für Öffentliche Bibliotheken, Virtuelle Fachbibliotheken beziehen im Gegensatz zum Sondersammelgebietsprogramm auch Spezialbibliotheken und nichtbibliothekarische Einrichtungen ein, bemühen sich um den Brückenschlag zwischen öffentlich finanziertem Bibliothekswesen, Einrichtungen der Fachinformation und Dokumentation sowie der kommerziellen Informationswirtschaft. Geplant wurden die Virtuellen Fachbibliotheken als koordiniertes System, als verteilte digitale (in jüngerer Zeit häufiger: verteilte nationale) Forschungsbibliothek. Damit hat das (wissenschaftliche) Bibliothekssystem auf veränderte Umweltbedingungen reagiert: Ein einheitlicher Zugang zu allen Komponenten der verteilten digitalen Forschungsbibliothek bleibt allerdings vorerst Desiderat. Das Scheitern von VASCODA entbindet nicht von der Aufgabe, weiter nach Realisierungschancen für ein nationales Wissenschaftsportal zu suchen.

Vernetzung und Kooperation werden in Zukunft ohne Zweifel eine noch größere Rolle spielen, als sie dies ohnehin schon tun. Die Gegenstände der Kooperation sind z. Z. noch allzu sehr bestands- und dokumentbezogen. Zukünftig werden entsprechende Projekte voraussichtlich in stärkerem Maße kundenorientierte Dienstleistungen etwa im Kontext von Auskunft und Informationsvermittlung umfassen. Ein nationales Wissenschaftsportal wird sich langfristig nicht auf die Funktion einer Metasuchmaschine beschränken können, sondern darüber hinaus Dienstleistungen wie Personalisierung, Kollaboration und Validierung anbieten müssen. Bibliothekarisches Informationsmanagement wird um Aufgaben des Wissensmanagements ergänzt werden müssen.

5 Normen und Standards, Richtlinien und Empfehlungen

5.1 Eigenschaften und Zweck von Normen und Standards

Normen sind Ergebnis einer durch Fachleute vorgenommenen und allgemein anerkannten Festlegung von Merkmalen und Regeln (Normung). Am bekanntesten sind:

- die deutschen DIN-Normen
- die europäischen EN-Normen
- die internationalen ISO-Normen
- und die US-amerikanischen ANSI-Normen.

Der Code DIN EN bzw. DIN ISO für die Bezeichnung einer Norm besagt, dass es sich um eine europäische bzw. internationale Norm handelt, die unverändert in eine deutsche Norm übernommen wurde. Normen mit dem Code DIN IEC … bzw. ISO IEC … sind Normen, die auf die International Electrotechnical Commission (IEC) zurückgehen oder gemeinsam mit dieser entwickelt wurden; Normen mit dem Code DIN VDE gehen auf den Verband der Elektrotechnik, Elektronik und Informationstechnik (VDE) zurück. Die Übernahme europäischer Normen in nationale Normen ist verpflichtend für Mitglieder der europäischen Normungsorganisation *Comité Européen de Normalisation* (CEN) und *Comité Européen de Normalisation Electrotechnique* (CENELEC); Deutschland ist Mitglied.

Normen sind nicht rechtsverbindliche Empfehlungen. Etliche Normen haben aber rechtliche Verbindlichkeit erlangt, indem in Gesetzen und Verordnungen auf den „Stand der Technik", d.h. in der Gesetzesauslegung auf DIN-Normen Bezug genommen wird. In Bibliotheken und anderen Informationseinrichtungen sind jedoch praktisch wichtiger als DIN- oder ISO-Normen solche fachlichen Normen (Regelwerke), die im Informationssektor ohne Beteiligung des DIN entwickelt wurden; jedoch gewinnen auch hier DIN- und ISO-Normen eine immer größere Bedeutung. Die zahlreichen nicht fachspezifischen DIN-, ISO- und ANSI-Normen vom DIN-A4-Papier (DIN 476) bis zum SGML-Standard (ISO 8879), die im Informationssektor ebenso wie in anderen Bereichen wichtig sind, werden hier nicht behandelt.

Der Begriff Standard umschließt einerseits den Bedeutungsaspekt der Norm (Festlegung von Merkmalen und Regeln, also eine SOLL-Aussage), andererseits den Aspekt des Normalen, Üblichen, Verbreiteten (also eine IST-Aussage). Standards bzw. Normen werden mitunter vermittels Dienstanweisung durchgesetzt, beispielsweise wies das Land Bayern die staatlichen bayerischen Bibliotheken in den 1970er-Jahren an, nach RAK zu katalogisieren, dem Regelwerk für die alphabetische Katalogisierung, das damals neu war. In anderen Fällen werden Standards oder Normen in die Realität umgesetzt, indem die Zuweisung von Fördermitteln an ihre Einhaltung gebunden wird. Zum Beispiel knüpft die DFG die Förderung der Retrodigitalisierung von Beständen an die Bedingung, dass eine Fülle technischer Standards eingehalten wird, z.B. soll die Digitalisierung von Mikroformen mit einer Auflösung bis 3.000 dpi erfolgen.

Normen und Standards bestehen meistens aus Definitionen und Benennungen sowie hauptsächlich aus Regeln, wie mit den definierten Entitäten zu verfahren ist, oder aus SOLL-Eigenschaften bzw. SOLL-Größen.

Tabelle 24 nennt die Zwecke, die mit Normen und Standards angestrebt werden, und erläutert sie anhand von Beispielen.

Tabelle 24: Zwecke von Normen und Standards

Zweck	Beispiel
Rationalisierung	Mehrere Bibliotheken können im EDV-Verbund arbeitsteilig katalogisieren, wenn sie dasselbe Regelwerk und dasselbe Datenformat anwenden. Die einzelne Bibliothek kann bereits vorhandene Titelaufnahmen anderer Bibliotheken nutzen und muss nur noch den verbleibenden Rest selbst katalogisieren
Wirtschaftlichkeit	Durch Richtwerte für Personal- und Finanzbedarf soll einerseits mangelnde Effektivität infolge Unterausstattung, andererseits Ressourcenvergeudung infolge Überausstattung verhindert werden
Qualitätssicherung	Ein Regelwerk zur Beschlagwortung soll konsistente Qualität der Sacherschließung sicherstellen, indem derselbe Gegenstand stets gleich bezeichnet wird
Ordnung	Regelwerke zur Formal- und Sacherschließung schaffen Ordnung und erlauben ein Information Retrieval von hoher Präzision
Kundenorientierung durch Redundanzvermeidung	Konsistent strukturierte Daten garantieren Einheitlichkeit (Normdateien) und ermöglichen den Kunden, effektive Suchstrategien anzuwenden. Beispiel: Derselbe Autor soll stets unter derselben Schreibweise zu finden sein (z.B. Dostojewski, Dostojevski, Dostojewskij, Dostojevskij)

Die zunehmende Kooperation der Bibliotheken untereinander, aber auch zwischen Bibliotheken und anderen Einrichtungen, wie z.B. Verlagen oder Datenbank-Anbietern, erzwingt in wachsendem Maß die Anwendung gleicher Verfahren, Regeln und kompatibler Merkmale, also die Anwendung domänübergreifender Normen.

Verstärkt wird dieser Trend durch die wachsende internationale Kooperation. In Deutschland werden vielfach andere Normen bevorzugt als im Ausland (z.B. RAK und RSWK). Darüber hinaus gibt es z.T. schon Normen für Regelungsgegenstände, die in Deutschland noch nicht normiert sind (z.B. digitalen Auskunftsdienst). Drei Lösungsmöglichkeiten bieten sich an:

– Neue, den aktuellen technischen und methodischen Verfahren angepasste Standards (z.B. Katalogisierungsregelwerke, Datenformate usw.) werden von international zusammengesetzten Gremien erarbeitet mit dem Ziel, übernationale, möglichst weltweite Verbreitung zu finden (z.B. RDA).
– Normen, die international bereits einige Verbreitung gefunden haben, werden, auch wenn sie aktuellen Erfordernissen nur begrenzt gerecht werden, dort zur Übernahme empfohlen, wo sie noch nicht gelten (z.B. DDC).
– Es werden Konkordanzen oder Algorithmen geschaffen, um Sachverhalte, Daten usw., die nach verschiedenen Normen gefasst sind, kompatibel, insbesondere austauschbar zu machen (vgl. VIAF).

Eine Kosten-Nutzen-Untersuchung könnte fallweise feststellen, welcher Weg im Verhältnis zu Vor- und Nachteilen kostengünstiger ist (einmalige Umstellung in Deutschland oder laufende Pflege von Konkordanzen). Nicht selten treten jedoch an die Stelle einer wissenschaftlich begründeten Abwägung pragmatische oder politische Entscheidungen.

Eine weitere Tendenz betrifft die verstärkte Anwendung von Normen und Standards aus anderen Bereichen, z.B. für das Qualitätsmanagement (ISO 9000) oder für die Datenstrukturierung (z.B. Document Structure Description, DSD), eine deklarative Sprache, mit der die Struktur von XML-Dokumenten beschrieben wird). Soweit vorhandene Normen und Standards anwendbar oder anpassbar sind, ist dies sowohl unter wirtschaftlichen Gesichtspunkten vorteilhafter als eine branchenspezifische Entwicklung als auch unter dem Gesichtspunkt der Kundenorientierung, weil damit die Hürde zur Benutzung von Bibliotheken und Informationseinrichtungen gesenkt wird.

Auch rechtliche Vorschriften legen Merkmale und Regeln fest. Sie stellen in diesem Sinne Normen dar, insbesondere im Verwaltungsrecht. Beispielhaft sollen erwähnt werden

– die Pflichtexemplargesetze und die darauf beruhenden Verordnungen (↗3.3.1, ↗3.3.2, ↗3.4.1, ↗3.4.2)
– die Vergabe- und Vertragsordnung für Leistungen (VOL), die die Auftragsvergabe der öffentlichen Hand detailliert regelt
– die Inventarordnungen der Bundesländer und Kommunen, die festlegen, ab welcher Preisgrenze erworbene bewegliche Sachen, d.h. in Bibliotheken vor allem Medien, inventarisiert werden müssen.

5.2 Standards als Planziele

Wenn im Informationssektor von Standards die Rede ist, dann sind oft SOLL-Aussagen im Sinn fachlich empfohlener Planziele gemeint, die bibliothekspolitische Argumentationen fundieren sollen. Klassische Beispiele bilden etwa der „Bibliotheksplan '73" und „Bibliotheken '93". Nur vereinzelt haben derartige fachliche Standards im Informationssektor Verbindlichkeit erlangt, indem z.B. einige Standards Eingang in Förderrichtlinien gefunden haben. So förderte die *Landesfachstelle für das öffentliche Bibliothekswesen* in München im Jahre 2002 Projektmaßnahmen nur dann, wenn der Erwerbungsetat über 0,75 € pro Einwohner, mindestens jedoch 1.500 € betrug.

5.2.1 Allgemeine Standards

Nach „Bibliotheken '93" soll jede Bibliothek die folgenden Standards erfüllen:

1. fachliche Leitung
2. aufgabengerechte Personalausstattung
3. aufgabengerechte Sachausstattung
4. EDV-Einsatz und Internet-Anschluss
5. Gesicherte laufende Finanzierung
6. Gebühren nur, soweit diese nicht prohibitiv wirken
7. funktionsgerechte Bauten und Räume
8. Kooperation, besonders Teilnahme an Katalogisierungsverbünden, Leihverkehr, arbeitsteiligen Dienstleistungen
9. Einsatz von Management-Methoden, z.B. Marketing, Controlling, Leistungsmessung
10. fachliche Unabhängigkeit bei der Medienauswahl
11. Öffentlichkeitsarbeit.

5.2.2 Bestandsgrößen und Erwerbungsmittel

„Bibliotheken '93" empfiehlt für Bibliotheken der Funktionsstufen 1 und 2:

- einen SOLL-Medienbestand, dessen Umfang nach der Formel errechnet werden soll
  $B' = 2E + (2E \cdot ((A : B) : 10))$
  mit B': SOLL-Medienbestand,
  E: Einwohnerzahl,
  A: Zahl der Ausleihen pro Jahr,
  B: IST-Medienbestand;
  damit richtet sich der SOLL-Medienbestand primär nach der Einwohnerzahl. Darüber hinaus soll der Medienbestand umso größer sein, je stärker er benutzt wird;
- einen Erwerbungsetat, um jährlich einen Teil des vorhandenen Bestandes durch Neuzugänge zu ersetzen. Die Anzahl der erforderlichen Neuzugänge wird anhand folgender Formel ermittelt:
  $N = (B : 100) \cdot (5 + (A : B))$
  mit N: Zahl der Neuzugänge pro Jahr,
  B: IST-Medienbestand,
  A: Zahl der Ausleihen pro Jahr;

Falls der IST-Medienbestand geringer ist als der SOLL-Medienbestand, muss der Erwerbungsetat ausreichen, um darüber hinaus weitere Neuzugänge für ein Bestandswachstum zu erwerben.

Für Universitätsbibliotheken (Funktionsstufe 3) empfiehlt das bayerische Etatmodell (Moravetz-Kuhlmann 2010), das bundesweit als Vorbild gilt, jährliche SOLL-Zugangszahlen aufgrund bibliografischer Auszählungen der wissenschaftlich relevanten Publikationen. Tabelle 25 gibt Beispiele für SOLL-Zugangszahlen für das Jahr 2009:

Tabelle 25: SOLL-Zugangszahlen für Universitätsbibliotheken

2009	Monografien	Zeitschriftentitel
Philosophie	700	90
Philologien	8.000	950
Musik/Theater/Film	850	140
Biologie	800	360
Informatik	700	170
Medizin/Zahnmedizin	1.142	428
Technik/Ingenieurwissenschaften	2.550	1.280
Weitere Fächer	...	...
Summe	39.192	9.188

Gegenüber den SOLL-Zugangszahlen, die in „Bibliotheken '93" für das Jahr 1990 genannt wurden, sind diese Zahlen um 27% reduziert, obwohl das wissenschaftliche Publikationsaufkommen gestiegen ist. Der Grund ist, dass die neuen Zahlen konsequent ein funktional differenziertes Bibliothekssystem voraussetzen: Danach soll selten nachgefragte Literatur, insbesondere Zeitschriften, nur noch in wenigen Bibliotheken oder nur noch in einer Bibliothek pro Verbund erworben werden. Der Zugang zur Literatur seitens der Nutzer erfolgt bei diesen Segmenten durch automatisierte Fernleihe und Dokumentlieferdienste. Dazu sollen

- die Kooperation unter den Bibliotheken aufgrund der neuen Kommunikationsmöglichkeiten (Ressourcensharing, d.h. die Anzahl der insgesamt in bayerischen Universitätsbibliotheken erworbenen Titel soll nicht sinken) verbessert werden
- intra- und interuniversitäre Mehrfachexemplare vor allem im Bereich der hochpreisigen STM-Zeitschriften konsequent abgebaut werden
- die Funktion der Bayerischen Staatsbibliothek München als last resort durch die subsidiäre Bereitstellung von Dokumenten zur Kompensation von Defiziten im universitären Bereich konsequent ausgebaut werden.

Will man zu einem konkreten Etatbedarf kommen, müssen die genannten SOLL-Zugangszahlen

- mit Durchschnittspreisen multipliziert werden
- ergänzt werden um
  - den Bedarf für Datenbanken
  - den Mehrbedarf für elektronische Zeitschriften, bei denen die elektronische Fassung nicht im Preis für das Printabonnement enthalten ist bzw. einen Aufschlag erfordert
  - den Bedarf für elektronische Bücher
- um Mittel für die Lehrbuchsammlung erweitert werden
- schließlich um Mittel für Einband ergänzt werden.

Es ergibt sich für 2010 ein Etatbedarf von 10,3 Mio. € für die Universitätsbibliothek einer Volluniversität mit durchschnittlichem Ausbaugrad aller Fächer – mehr als das Vierfache der im Bundesdurchschnitt tatsächlich verfügbaren Mittel. In Bayern stand 2009 etwa ein Drittel der benötigten Mittel zur Verfügung. Einzelheiten zeigt Tabelle 26.

Tabelle 26: Etatbedarf einer Volluniversität bei durchschnittlichem Ausbaugrad der Fächer

Bestandsgruppe	Etatbedarf in €	Anteil	Anteil
Monografien	2.061.000	20 %	70 %
Zeitschriften	5.149.000	50 %	
Datenbanken	1.718.000	17 %	24 %
Elektronische Zeitschriften	552.000	5 %	
Elektronische Bücher	206.000	2 %	
Lehrbuchsammlung	348.000	3 %	3 %
Einband	288.000	3 %	3 %
Summe	10.322.000	100 %	100 %

Die SOLL-Zugangszahlen für Fachhochschulbibliotheken liegen bei 10 % der Zahlen für Universitätsbibliotheken.

5.2.3 Räume und Flächen

Der Flächenbedarf einer Bibliothek ergibt sich als Produkt

- der Flächenfaktoren (das ist der Flächenbedarf in Quadratmetern differenziert nach Funktionsbereichen) und
- der Anzahl der Einheiten.

Maßgebliche Quelle ist der DIN-Fachbericht 13: Bau- und Nutzungsplanung von Bibliotheken und Archiven. Er gibt

- eine Liste der erforderlichen Funktionsbereiche, z.B. Garderobe, Ausleihverbuchung, Zeitschriften, Bücher in Freihand, Bücher im Freihandmagazin, Benutzerarbeitsplätze
- die Flächenfaktoren

- die empfohlene Anzahl Funktionseinheiten pro Nutzer
- qualitative Anforderungen an die Räume und Flächen, z.B. Steckdosen und Beleuchtung an Benutzerarbeitsplätzen.

5.2.4 Personalbedarf

Der Personalbedarf ist eine der zwischen Bibliothekaren und Unterhaltsträgern umstrittensten Größen. „Bibliotheken '93" verweist für Wissenschaftliche Bibliotheken auf ältere Untersuchungen (vor allem Mallmann-Biehler 1982), ohne selbst konkrete Zahlen zu nennen, geht jedoch trotz der Rationalisierungseffekte infolge EDV-Einsatzes von einem steigenden Personalbedarf aus, weil die Benutzung quantitativ zunimmt und qualitativ höhere Leistungen erfordert. Für Öffentliche Bibliotheken zitiert „Bibliotheken '93" ebenfalls aus älteren Richtwerten der KGSt (KGSt-Gutachten 1973), wonach je 2.000 Einwohner eine Personalstelle in der Öffentlichen Bibliothek vorhanden sein soll, fügt jedoch hinzu: 70% dieses Ansatzes gilt als Mindestanforderung. Für Gemeinden in der Größenordnung 25.000–50.000 Einwohner hat die KGSt 1994 ihre Empfehlung von 1973 relativiert und nur noch etwa 50% der damals empfohlenen Personalausstattung vorgesehen (Organisationsmodell für Gemeinden der Größenklasse 5 1994). Aktuelle empirische Werte für Personalbedarf führen Naumann und Umlauf (Naumann/Umlauf 2002) auf; diese Werte wurden 2005 von der *Hochschul-Informations-System-GmbH* (HIS) leicht reduziert als Empfehlung aufgegriffen (Vogel 2005).

5.2.5 Öffnungszeiten

Das BID-Positionspapier „21 gute Gründe für gute Bibliotheken" enthält die Forderung, dass die Öffnungsstunden einer kommunalen Bibliothek mindestens 75% der durchschnittlichen Öffnungsstunden des örtlichen Einzelhandels umfassen sollen; das wären in den meisten Kommunen rund 30-50 Öffnungsstunden der Bibliothek. Hochschulbibliotheken sollen danach mindestens 80 Stunden pro Woche einschließlich Wochenenden geöffnet sein. Während viele Hochschulbibliotheken ihre Öffnungszeiten in den vergangenen Jahren deutlich erweitern konnten, haben die kommunalen Bibliotheken bisher kaum Wege gefunden (z.B. Öffnung mit Ehrenamtlichen oder mit Selbstbedienung unter Aufsicht von Wachpersonal), diese Forderungen zu verwirklichen.

5.3 Ausgewählte Normen und Standards

An dieser Stelle können nur ausgewählte Normen und Standards für den Informationssektor beispielhaft behandelt werden. Allein die Normen zum Thema Bestandserhaltung füllen ein über 230-seitiges Buch (Hofmann 2007). Auf vier Standards, die nicht speziell für den Informationssektor entwickelt wurden, aber hier von herausragender Bedeutung sind, soll hingewiesen werden:

– ISBN, ISSN (ISMN, ISWC, ISRC, ISAN, ISRN): Die International Standard Book Number (DIN ISO 2108:2005) soll jeden Buchtitel mittels einer dreizehnstelligen Identifikationsnummer kennzeichnen. Die ISBN besteht aus fünf Zifferngruppen, getrennt durch Bindestrich: 1. dem Präfix 978 oder 979, das die Buchbranche bezeichnet und die Kompatibilität mit der GTIN (Global Trade Item Number) herstellt, 2. der Gruppennummer für nationale, geographische, Sprach- oder ähnliche Gruppen, 3. der Verlagsnummer, 4. der Titelnummer, 5. einer Prüfziffer. Die ISBN rationalisiert im Buchhandel und im Informationssektor Bestellungen und Daten-Transfers, besonders die Fremddatenübernahme bei der Katalogisierung. (Teilweise wird noch die frühere 10-stellige ISBN ohne Präfix angegeben.) Die ISSN (International Standard Serial Number, DIN ISO 3297) identifiziert Periodika (Zeitschriften-, Zeitungen- und Reihentitel). Sie ist achtstellig und enthält keinen Bestandteil für Herkunftsland oder Verlag. Auch für Musikalien, audiovisuelle Aufnahmen und Forschungsberichte existieren entsprechende Nummerungssysteme:
  - ISMN: International Standard Music Number (DIN ISO 10957); bezeichnet gedruckte oder digitale Notensätze
  - ISWC: International Standard Musical Work Code (DIN ISO 15707); bezeichnet das einzelne Musikwerk als geistige Schöpfung
  - ISRC: International Standard Recording Code (DIN ISO 3901); bezeichnet die einzelne digitale Aufnahme eines Werks
  - ISAN: International Standard Audiovisual Number (ISO 15706); bezeichnet audiovisuelle Werke unabhängig vom Veröffentlichungsformat
  - ISRN: International Standard Technical Report Number (DIN ISO 10444); bezeichnet Forschungsberichte in gedruckter oder digitaler Form.
– Zahlreiche Normen geben Empfehlungen für Eigenschaften und Anwendung von CDs, CD-ROMs, DVDs und BDs (Blu-ray Discs).
– Qualitätsmanagement: Im Rahmen der Hinwendung zu Dienstleistungs- und Kundenorientierung begannen Bibliotheken, Methoden des Qualitätsmanagements nach ISO 9000ff. anzuwenden. Hier geht es um systematisch eingesetzte Maßnahmen zur Planung, Steuerung und Kontrolle der Leistungserbringung, damit die erbrachten Dienstleistungen dem festgelegten Qualitätsstandard entsprechen.

5.3.1 Papier, Bucheinband, Magazinierung

Einige Normen geben Empfehlungen für die Eigenschaften von lang haltbarem Papier, Bucheinbänden, die Bibliotheken z.B. für Printzeitschriften anfertigen lassen, und für die Magazinierung:

Tabelle 27: Normen für Papier, Bucheinband und Magazinierung

Norm	Beispiel aus dem Inhalt
DIN ISO 9706 Information und Dokumentation – Papier für Schriftgut und Druckerzeugnisse – Voraussetzungen für die Alterungsbeständigkeit ISO 11798 Information und Dokumentation – Alterungsbeständigkeit von Schriften, Drucken und Kopien auf Papier – Anforderungen und Prüfmethoden	Das Papier muss eine chemisch definierte Alkalireserve aufweisen. Der pH-Wert des Kaltwasserextrakts muss zwischen 7,5 und 10 liegen
DIN ISO 11800 Information und Dokumentation – Anforderungen an Bindematerialien und -methoden zur Herstellung von Büchern	Es soll Papier nach DIN ISO 9706 verwendet werden. Der Buchblock darf maximal 64 mm dick sein
DIN 33902 (2004-11) Information und Dokumentation – Anforderungen an das Binden von Bibliotheks-, Archiv- und anderem Schriftgut bzw. anderen Druckerzeugnissen aus Papier zum Gebrauch in Archiven und Bibliotheken – Verfahren und Materialien	Der Klebstoff darf kein PVC enthalten. Er besteht aus einem Polymer mit einem möglichst inneren Weichmacher. Er hat einen pH-Wert von etwa 4 bei Klebebindungen, sonst von 7
ISO 11799 Information und Dokumentation – Anforderungen an die Aufbewahrung von Archiv- und Bibliotheksgut	Für die Langzeitarchivierung von Papier soll die Raumtemperatur 2–18° C betragen, die relative Luftfeuchtigkeit 30–45%

5.3.2 Codierungs- und Nummerungssysteme, Transliteration

Einige Normen geben an, wie Ländernamen abgekürzt und wie Datum sowie Uhrzeit dargestellt werden sollen, diese Normen gewinnen bei der Beschreibung elektronischer Dokumente eine große Bedeutung:

- DIN EN ISO 3166-1 und DIN EN ISO 3166-3: Information und Dokumentation – Codes für die Namen von Ländern und deren Untereinheiten
- ISO 639-1 und ISO 639-2: Codes für Sprachnamen
- ISO 8601: Datenelemente und Austauschformate – Informationsaustausch – Darstellung von Datum und Uhrzeit.

5.3.3 Bibliotheksstatistik

Damit statistische Daten überörtlich aussagefähig werden, muss auf Vergleichbarkeit geachtet werden. Diesem Zweck dient DIN EN ISO 2789: Internationale Bibliotheksstatistik. Beispiele gibt Tabelle 28.

Tabelle 28: Beispiele aus DIN EN ISO 2789

Fragestellung	Angaben nach DIN EN ISO 2789
Zählt eine Leihfrist-Verlängerung als Ausleihe?	Ja. Jede Fristverlängerung auf Benutzerantrag zählt als neue Entleihung
Wie viel Medieneinheiten umfasst eine Note, die aus sechs einzelnen Notenblättern (den Stimmen) in einer Mappe besteht?	Eine. Noten, die aus lose zusammengefügten Einzelblättern oder Stimmen bestehen, zählen jeweils als eine physische Einheit = eine Medieneinheit

Fragestellung	Angaben nach DIN EN ISO 2789
Zählt ein gebundener Zeitschriftenjahrgang als eine Medieneinheit oder gemäß der Zahl der Buchbinder-Bände?	Gemäß der Zahl der Buchbindereinheiten. Gebundene Zeitschriftenjahrgänge werden nach der Anzahl der physischen Einheiten gezählt
Die Mikrofiche-Edition Italienisches Biografisches Archiv enthält die 321 wichtigsten italienischen biografischen Nachschlagewerke auf 1.046 Mikrofiches. Wie viel Medieneinheiten?	1.046 Medieneinheiten. Mikroformen werden nach der Anzahl der physischen Einheiten gezählt

5.3.4 Leistungsmessung

Die Größen in DIN EN ISO 2789 Internationale Bibliotheksstatistik haben sich als nicht ausreichend erwiesen, um die Leistungen von Bibliotheken angemessen zu erfassen. Für die differenzierte Messung der Dienstleistungen sind Indikatoren in der ISO-Norm 11620 (2008, Library performance indicators) und in der IFLA-Publikation „Measuring quality" von Roswitha Poll und Peter te Boekhorst, erschienen in 2. Aufl. 2007 (Poll 2007), normiert worden.

Tabelle 29 nennt ausgewählte Fragestellungen und in diesen Normen kodifizierte Antworten.

Tabelle 29: Beispiele für Leistungsindikatoren

Fragestellung, Ziel	ISO 11620 (hiernach die Gliederungsziffern)	IFLA (hiernach die Gliederungsziffern)
Wie zufrieden sind unsere Benutzer?	1.1.1 Benutzerzufriedenheit nach einzelnen Diensten, Stichprobe, Benutzerbefragung, Skala 1–5	B.2 Benutzerzufriedenheit gleiche Definition
Wie erfolgreich sind wir in der Erreichung einer Zielpopulation?	2.1.1 Prozentsatz der erreichten Zielpopulation Stichprobe aus der Zielpopulation. Anteil der Befragten, die im letzten Jahr die Bibliothek benutzt haben. Oder Anteil der Entleiher an der Bevölkerung	B.1 Marktdurchdringung gleiche Definition
Stellen wir unseren Nutzern ausreichende Flächen zur Verfügung?	Nicht enthalten	A.1 Publikumsfläche pro 1.000 Mitgliedern der Zielpopulation
Wie viel kostet die Bibliothek pro Benutzer?	2.1.2 Kosten pro Benutzer Laufende Ausgaben pro Jahr geteilt durch Anzahl Benutzer	C.1 Kosten pro Benutzer gleiche Definition
Wieweit ist die Entwicklung zur digitalen Bibliothek fortgeschritten?	Nicht enthalten	D.1 Anteil der Ausgaben für elektronische Dokumente (Kauf oder Lizenz) an den Erwerbungsausgaben

Fragestellung, Ziel	ISO 11620 (hiernach die Gliederungsziffern)	IFLA (hiernach die Gliederungsziffern)
Wieweit stehen unsere Bestände tatsächlich zur Verfügung, wenn sie verlangt werden?	2.2.1 Verfügbarkeit von Titeln Prozentsatz der Titel im Bestand, die durchschnittlich weder ausgeliehen noch in Bearbeitung sind, an allen Titeln im Bestand	Nicht enthalten
Wieweit stehen Titel des Bestandes, die nachgefragt werden, tatsächlich und sofort zur Verfügung?	2.2.2 Verfügbarkeit von nachgefragten Titeln Prozentsatz der nachgefragten Titel im Bestand, die durchschnittlich weder ausgeliehen noch in Bearbeitung sind, an allen Titeln im Bestand Benutzerbefragung, Stichprobe	A.5 Verfügbarkeit von nachgefragten Titeln Etwa gleiche Definition
Wieweit können Titel des Bestandes ohne Wartezeit ausgeliehen werden?	Nicht enthalten	A.8 Sofortige Verfügbarkeit Prozentsatz der Ausleihen, die ohne Vormerkung und ohne Fernleihe getätigt wurden, an allen Ausleihen
Wieweit stimmt unser Bestand mit dem Bedarf überein?	2.2.3 Anteil an nachgefragten Titeln im Bestand Prozentsatz der nachgefragten Titel, die im Bestand sind Benutzerbefragung, Stichprobe	Nicht enthalten
Wie stark werden unsere Bestände genutzt? Wie gut sind sie auf den Bedarf ausgerichtet?	2.2.6 Dokumentnutzungsrate Prozentsatz an Titeln im Bestand, die durchschnittlich ausgeliehen sind oder in der Bibliothek benutzt werden	Nicht enthalten
Wieweit haben wir am Bedarf vorbei erworben? Welche Bestandsteile können ausgelagert oder ausgeschieden werden?	Nicht enthalten	B.7 Prozentsatz des ungenutzten Bestands Anteil des binnen eines Jahres nicht entliehenen Ausleihbestands am Ausleihbestand
Wie gut finden unsere Nutzer häufig gesuchte Inhalte auf unserer Website?	Nicht enthalten	A.10 Direkter Zugang von der Homepage Anzahl der Klicks von der Homepage zum gesuchten Inhalt

5.3.5 Formalerschließung

Formalerschließung (Synonyme: Objektdokumentation, Titelaufnahme, bibliografische Beschreibung) ist bibliothekarische Informationsaufbereitung, die sich vor allem auf formale Merkmale des Dokuments, z.B. Verfasser, Titel, Ausgabe oder Dokumenttyp richtet. Sie soll dazu führen, dass dem Benutzer anhand des Katalogs der Bibliothek folgende Fragen beantwortet werden:

- Besitzt die Bibliothek eine bestimmte Publikation?
- Welche Werke eines bestimmten Urhebers sind im Bestand dieser Bibliothek bzw. weiterer Bibliotheken vorhanden?
- Welche Ausgaben eines bestimmten Werks sind im Bestand dieser Bibliothek bzw. weiterer Bibliotheken vorhanden?
- Wie bzw. wo findet der Benutzer Zugang zu der betreffenden Einheit?

Erforderlich ist ein Beschreibungsschema oder Datenformat (Synonyme: Datenerfassungsschema, Datenbasisschema, Datenkatalog, Kategorienschema), das die zu erfassenden Merkmale enthält, definiert und für das Information Retrieval zur Verfügung stellt. Es muss folgende Fragen beantworten:

- Welche Arten von Dokumenten sollen mit diesem Regelwerk erfasst werden (z.B. gedruckte Bücher, CD-ROMs, Notendrucke, Karten, Zeitschriftenaufsätze, Patente ...)? Noch immer werden in Bibliotheken – anders als in bibliografischen Datenbanken und in Bibliografien – zumeist nur selbstständige Publikationen erfasst.
- Wie sollen die Relationen zwischen zusammenhängenden Publikationen abgebildet werden, z.B. bei mehrbändigen Werken, Stücken einer Schriftenreihe, Aktualisierungen einer Loseblatt-Ausgabe oder dynamischen Dateien?
- Wie soll der Zusammenhang zwischen Inhalt einer Publikation, Ausgabe, Auflage, Erscheinungsform und -weise abgebildet werden, z.B. Neuausgabe eines älteren Werks unter einem anderen Titel, dasselbe Werk als gedrucktes Buch und als elektronische Publikation?
- Welche Beschreibungsmerkmale sollen erfasst werden (z.B. Verfasser, Titel, Seitenzahl, Format, Laufzeit bei audio-visuellen Dokumenten, Gewicht, Zusammenhang mit anderen Dokumenten ...)?
- Wie bzw. woher (Quellen) sollen diese Beschreibungsmerkmale ermittelt werden (z.B. bei DVDs vom Aufdruck auf dem Jewel Case, vom Vorspann des Films ...)?
- In welcher Form sollen die Merkmalsausprägungen (Attribute) für das Information Retrieval zur Verfügung gestellt werden? Z. B. werden nach RAK die zahlreichen Namen und Namensformen Friedrichs des Großen unter dem Sucheinstieg „Friedrich <Preußen, König, II>" zusammengeführt.
- Sofern Listenausdrucke oder Zettel hergestellt werden sollen, muss das Regelwerk Anzahl und Art der Eintragungen (Haupt- und Nebeneintragungen) sowie die Ordnung der Eintragungen regeln.

Verbreitet sind folgende Regelwerke, die z.T. Angaben zur Formal- und Inhaltserschließung umfassen:

- IAEA-INIS-1 INIS: Guide to Bibliographic Description (International Nuclear Information System) im Bereich der naturwissenschaftlich-technischen Dokumentation.

- DIN 1505–1 bis DIN 1505–4: Titelangaben von Dokumenten, Zitierregeln. Die Norm ist in der Bibliothekspraxis bedeutungslos; dort wird das Regelwerk RAK angewendet.
- ISO 690-2: Information and documentation – Bibliographic references – Part 2: Electronic documents or parts thereof. Regeln für die bibliografische Beschreibung von elektronischen offline- und online-Dokumenten in Bibliografien und Zitierungen. Die Anwendung ist im Vergleich zum DC metadata element set (↗5.3.8) weniger verbreitet.
- DIN 31631–1 bis DIN 31631–7: Kategorienkatalog für Dokumente: Zusammenstellung von Datenelementen für die formale und inhaltliche Beschreibung von Dokumenten, Institutionen und Projekten, aus denen die Anwender eine Auswahl für ihren Bedarf treffen können.
- Regelwerk Mediendokumentation, das von den öffentlich-rechtlichen Rundfunkanstalten entwickelt wurde, mit einer Vielzahl von Erschließungskategorien z.B. für Fernsehbearbeiter, Choreograf, Übersetzer, Showmaster, Ausstattung u.a.m.

Als grundlegender Standard ist die International Standard Bibliographic Description (ISBD) anerkannt. Geregelt ist darin, welche Elemente zu erfassen sind, in welcher Reihenfolge sie angeordnet werden und welche Deskriptionszeichen sie voneinander trennen. Die ISBD(G) – das G steht für general = allgemein – sieht folgendes Schema vor:

> Sachtitel- und Verfasserangabe. – Ausgabebezeichnung. –
> Erscheinungsvermerk. – Kollationsvermerk. – (Gesamttitelangabe)
> Erste Fußnote. – Zweite Fußnote. – [usw.]
> Nummern [z.B. ISBN]
> Bandaufführung des ersten Bandes
> Bandaufführung des zweiten Bandes [usw.].

Für spezielle Ressourcenarten gelten Varianten, z.B. ISBD(A) für ältere Monografien oder ISBD(ER) für Elektronische Ressourcen.

Die Form, in der die Merkmale als Sucheinstiege erfasst werden, ist in der ISBD nicht geregelt, auch nicht der Zusammenhang zwischen mehreren Katalogdatensätzen (z.B. mehrere Werke eines Verfassers, mehrere Ausgaben desselben Werks, mehrbändige Werke und Schriftenreihen). Vor allem darin unterscheiden sich die in angloamerikanischen und deutschen Bibliotheken verbreiteten Regelwerke der Formalerschließung, die AACR2 und die RAK, mit ihren verschiedenen Teilen:

- AACR2: Anglo-American Cataloguing Rules, Standard in Bibliotheken im englischsprachigen Raum und international weit verbreitet. Im deutschsprachigen Bereich wenden vor allem der Bibliotheksverbund des Deutschen *Archä-*

ologischen Instituts mit Bibliotheken u.a. in Athen, Berlin, Bonn, Istanbul, Madrid, München und Rom sowie der *Informationsverbund DeutschSchweiz (IDS)* mit über 250 Bibliotheken an Hochschulen und die *Schweizerische Nationalbibliothek* Bern die AACR2 an.

- RAK: Regeln für die alphabetische Katalogisierung, Standard in je einer Variante für Wissenschaftliche und für Öffentliche Bibliotheken im deutschsprachigen Raum
- RAK-NBM: Regeln für die alphabetische Katalogisierung von Nichtbuchmaterialien, Standard in Bibliotheken im deutschsprachigen Raum (sie sind an die Stelle der überholten RAK-AV – für audio-visuelle Materialien – getreten)
- RAK-Musik: Regeln für die alphabetische Katalogisierung von Musikdrucken, Musiktonträgern und Musik-Bildtonträgern, Standard in Bibliotheken im deutschsprachigen Raum
- RAK-Karten: Sonderregeln für die Formalerschließung von kartografischem Material
- RAK-PB: Regeln für die alphabetische Katalogisierung in Parlaments- und Behördenbibliotheken. Die RAK-PB spielen in der Praxis nur eine marginale Rolle.

Bibliothekarische Regelwerke wie AACR2 und RAK sind offenkundig komplizierter und schwieriger als andere, insbesondere dokumentarische Regelwerke wie z.B. DIN 31631. Der Grund liegt darin, dass sich bibliothekarische Regelwerke auf extrem inhomogenes Material beziehen, während dokumentarische Regelwerke zur Formalerschließung homogeneres Material voraussetzen können. Dort besteht weder die Notwendigkeit, antike und mittelalterliche Verfasser oder Noten zu berücksichtigen, noch besteht der Bedarf verschiedene Ausgaben desselben Werkes im Katalog zusammenzuführen.

Im Interesse einer Anpassung an internationale Standards, nicht zuletzt zur Verbesserung des Datenaustauschs, sah der für die deutsche Regelwerksentwicklung zuständige Standardisierungsausschuss der Deutschen Nationalbibliothek im Jahre 2001 vor, dass die deutschen Verbünde von RAK auf AACR2 umsteigen sollten. Damit wurde die Modernisierung und Weiterentwicklung der RAK zu RAK2 gestoppt. In der Zwischenzeit hatten sich RAK-WB und ihre Sonderregeln in einzelnen Bestimmungen so weit auseinander entwickelt, dass eine Zusammenführung und Vereinheitlichung dringlich erschien; beispielsweise wird das Hörbuch eines Romans oder die Netzpublikation einer Monografie immer unter dem Hauptsachtitel angesetzt, während die Printausgabe desselben Werks als Verfasserschrift erscheint.

Bald war die Option eines Umstiegs der deutschen Verbünde von RAK auf AACR2 gegenstandslos, weil die ebenfalls veralteten AACR2 ihrerseits nicht weiterentwickelt wurden, sondern durch das 2010 veröffentlichte, internationale Regelwerk „Resource Description and Access" (RDA) ersetzt werden. Vor allem folgende Bibliotheken und Organisationen stehen hinter dem RDA-Standard: American Library Association, Canadian Library Association, CILIP (Chartered Institute of Library and Information Professionals), Library of Congress, Library and Archives Canada, British Library und National Library of Australia. Der RDA-Standard weist folgende Merkmale auf:

- Er beruht auf von der IFLA (↗5.2) entwickelten Modellen (Funktionale Anforderungen an bibliografische Datensätze, zuerst engl. 1998 als Functional Requirements for Bibliographic Records, FRBR; Functional Requirements for Authority Data, FRAD; Functional Requirements for Subject Authority Records FRSAR).
- Er erfüllt die Anforderungen des Statement of International Cataloguing Principles der IFLA (2009).
- Er bezieht nicht nur textbasierte, sondern alle Medientypen konsistent ein.
- Er ist offen für den Datenaustausch mit Gedächtnisinstitutionen wie Archiven und Museen.

Die funktionalen Anforderungen an bibliografische Datensätze (FRBR) unterscheiden folgende vier grundlegende Entitäten (Einheiten):

Tabelle 30: Funktionale Anforderungen an bibliografische Datensätze

Entität	Beispiel 1	Beispiel 2
Werk: eine einheitliche intellektuelle bzw. künstlerische Schöpfung	Beethovens Sinfonie Nr. 1 in C-Dur op. 21	
Expression: die intellektuelle bzw. künstlerische Realisierung eines Werks in Form von Buchstaben, Zahlen, Noten, Choreografien, Tönen, Bildern, Gegenständen, Bewegungen usw. oder einer Kombination dieser Formen	Eine Partitur dieser Sinfonie	Der Mitschnitt der Aufführung dieser Sinfonie, gespielt von den London Classical Players mit Norrington, Roger (Dir.), London 1987
Manifestation: die physische Verkörperung einer Expression eines Werks	Die Ausgabe dieser Partitur Leipzig: Breitkopf-und-Härtel-Musikverlag 1986	Dieser Mitschnitt auf CD von EMI-Electrola 1992
Exemplar: ein einzelnes Stück einer Manifestation	Das Exemplar dieser Partitur mit der Zugangsnummer 86/54321 in der Bibliothek der UDK Berlin	Das Exemplar dieser CD mit der Zugangsnummer 92/12345 im Deutschen Musikarchiv Berlin

Eine zweite Gruppe von Entitäten des FRBR-Modells soll den Inhalt bzw. die für die physische Produktion und Verbreitung oder für den Schutz der grundlegenden vier Entitäten verantwortlichen Instanzen bezeichnen (Person, Familie, Körperschaft), eine dritte Gruppe von Entitäten weitere Aspekte des Inhalts (Begriff, Gegenstand, Ereignis, Ort).

Insbesondere die Unterscheidungen, die mit der Ebene der Expression eingeführt werden, schaffen mehr Klarheit als heutige Bibliothekskataloge bieten können. Der Informationsgehalt der Bibliothekskataloge nähme zu, weil der Nutzer differenzierter und genauer als heute über die in Bibliotheken vorhandenen Werke einerseits und ihre verschiedenen Ausgaben, Auflagen, Bearbeitungen, Verfilmungen usw. sowie deren Beziehungen untereinander und zum Werk informiert würde.

Die „Functional Requirements for Authority Data" (FRAD) und die „Functional Requirements for Subject Authority Records" (FRSAR) stellen Modelle für Normdaten und ihre Verknüpfung mit Katalogisaten bzw. für die weiteren inhaltsbeschreibenden Entitäten dar. Das von einer mehrjährigen IFLA-Konferenzfolge erarbeitete „Statement of International Cataloguing Principles" (2009) stellt eine Leitlinie für künftige Katalogisierungsregelwerke und -praxis dar. Dazu gehören u.a. folgende Aussagen:

- Das Vokabular in bibliografischen Beschreibungen und für Sucheinstiege soll dem Vokabular entsprechen, das die Mehrheit der Benutzer verwendet.
- Nur solche Datenelemente sollen aufgeführt werden, die für eine eindeutige Identifizierung der Entität erforderlich sind.
- Bibliografische Beschreibungen und Sucheinstiege sollen soweit wie möglich standardisiert sein.
- Der Katalog soll die relevanten Beziehungen abbilden, die zwischen den Entitäten einer Einheit bestehen. Beispielsweise soll der Benutzer im Katalog bei einer Recherche nach einem bestimmten Werk dessen verschiedene Expressionen und Manifestationen finden, auch wenn für jede Manifestation eine eigene bibliografische Beschreibung erstellt wird.
- Normierte Sucheinstiege sollen für die Ansetzungsform und abweichende Namensformen aller Entitäten angeboten werden.

Mit RDA wird der Aufwand bei der Katalogisierung bedeutend größer als heute – es müssen mehr Daten erfasst werden –, aber der Erfolg beim Information Retrieval und der Nutzen, den Kataloge stiften, wachsen auch beträchtlich. Der RDA-Standard entfaltet deshalb eine Dynamik, die einerseits eine hervorragend durchdachte internationale Arbeitsteilung und andererseits einen konsequenten Datenaustausch und eine Fremddatenübernahme in großem Stil fordert. RDA steht nicht nur als textliches Regelwerk zur Verfügung, sondern als web-basiertes Tool (RDA Toolkit), das die Nachnutzung von Metadaten aus externen Quellen unterstützt. Auf Basis von RDA erstellte Bibliothekskataloge werden einen maßgeblichen Beitrag zur Entwicklung des Semantic Web leisten, indem sie Begriffe, Benennungen und Bezeichnungen zusammenführen und Suchmaschinen erlauben, mehr zu leisten als Zeichenfolgen abzugleichen.

5.3.6 Inhaltserschließung

Bei der Inhaltserschließung (Inhaltsdokumentation, Sacherschließung) bezieht sich die Informationsaufbereitung insbesondere auf inhaltliche Merkmale des Dokuments, vor allem auf behandelte Personen, Körperschaften und Gegenstände, auf den zeitlichen und geografischen Bezug des Themas, die eingesetzte Methode oder den weltanschaulichen Blickwinkel und Kontext der Behandlung, die Darstellungsform sowie materialbezogene Aspekte. Auch hier sind Regelwerke, darüber hinaus ggf. Normdateien bzw. die wie Normdateien anzuwendenden Klassifikationen erforderlich. Ein Regelwerk zur Sacherschließung muss folgende Fragen beantworten:

- Welche Medientypen sollen erschlossen werden (z.B. gedruckte Bücher allgemein, Schulbücher, elektronische Bücher CD-ROMs/DVDs, Notendrucke, Zeitschriftenaufsätze, Patente)?
- Welche Arten von inhaltlichen Merkmalen werden dem Dokument zugeordnet (z.B. Notationen, Deskriptoren, Metatexte)?
- Welche Aspekte des Dokuments und seines Inhalts werden berücksichtigt, z.B.
  - Gegenstände: Allgemeinbegriffe, Individualbegriffe, beides nebeneinander; Oberbegriffe zu den behandelten Allgemein-/Individualbegriffen;
  - Methoden, mit denen der Gegenstand behandelt wird;
  - Form des Dokuments, z.B. Lehrbuch, Aufsatz, Film, DVD?
- Wie bzw. woher (Quellen) sollen diese Beschreibungsmerkmale ermittelt werden (z.B. aus dem Dokument, aus einem Thesaurus, aus einer Klassifikation)?
- In welcher Form sollen die Merkmalsausprägungen (Attribute) erfasst werden?
- Umfang und Tiefe der Erschließung?
- Sofern Listenausdrucke oder Zettel hergestellt werden: Anzahl und Art der Eintragungen, Ordnung der Eintragungen?

Man unterscheidet folgende Arten von Inhaltserschließung:
- Erschließung durch Inhaltskondensate, vor allem Kurzreferate des Inhalts (Abstracts); Regeln hierfür: ISO 214 und DIN 1426
- Erschließung durch Klassifikation (Systematik)
- Erschließung durch Schlagwörter (bzw. Deskriptoren): verbale Sacherschließung, Beschlagwortung, Verschlagwortung, Indexieren im engeren Sinn.

Wichtige Universalklassifikationen sind die folgenden:

- Dewey Dezimalklassifikation (Dewey Decimal Classification, DDC): die international am weitesten verbreitete Klassifikation für Öffentliche und Wissenschaftliche Bibliotheken (Schwerpunkt angloamerikanische Welt. Seit 2005 werden die in der Deutschen Nationalbibliografie verzeichneten Titel mit vollständigen DDC-Notationen erschlossen; dazu wurde eine übersetzte und angepasste Fassung der DDC erarbeitet.)
- Internationale Universale Dezimalklassifikation (UDK): ursprünglich mit der DDC eng verwandt, ihr heute kaum noch ähnlich, wird besonders in Kontinentaleuropa, wenig jedoch in Deutschland angewendet

- Regensburger Verbundklassifikation (RVK): Aufstellungssystematik für Hochschulbibliotheken mit zunehmender Verbreitung im gesamten deutschsprachigen Raum mit Schwerpunkt in Bayern, Berlin, Brandenburg und Sachsen
- Basisklassifikation: entwickelt im Rahmen des PICA-EDV-Systems für die Recherche in Katalogen Wissenschaftlicher Bibliotheken in Kombination mit Schlagwörtern, angewendet vor allem im Gemeinsamen Bibliotheksverbund (GBV);
- Systematik für Bibliotheken SfB: Aufstellungssystematik für Öffentliche und Wissenschaftliche Bibliotheken mit Verbreitung in Norddeutschland
- Klassifikation der Sachliteratur und der Schönen Literatur der Stadtbibliothek Duisburg (SSD): Aufstellungssystematik für Öffentliche Bibliotheken, verbreitet in Nordrhein-Westfalen
- Klassifikation für Allgemeinbibliotheken (KAB): üblich als Aufstellungssystematik in den Öffentlichen Bibliotheken der östlichen Bundesländer
- Allgemeine Systematik für Öffentliche Bibliotheken (ASB): verbreitet in den Öffentlichen Bibliotheken der westlichen Bundesländer.

In den 1970er-Jahren in der Bundesrepublik Deutschland unternommene Versuche, zu einer in allen Typen von Bibliotheken einheitlich verwendeten Klassifikation zu kommen, sind gescheitert.

DIN 32705 enthält Regeln für die Erstellung und Weiterentwicklung von Klassifikationssystemen nicht nur im Informationssektor, sondern z.B. auch für die Klassifikation von Waren und Dienstleistungen. Allerdings beschränkt sich diese Norm auf wenige grundlegende Aussagen und reicht bei der Überarbeitung von Klassifikationen nicht aus, um bessere Lösungen als vorhanden zu finden.

Wichtige Regelwerke für die verbale Sacherschließung sind:

- Regeln für den Schlagwortkatalog RSWK: das maßgebliche Regelwerk für Bibliotheken im deutschsprachigen Bereich. Es enthält sowohl Regeln für die Generierung der Schlagwörter wie auch für die Zuordnung der Schlagwörter zu Dokumenten. Die auf Basis der RSWK generierten Schlagwörter werden in der Schlagwortnormdatei (SWD) (↗3.3.1, 4.5.2) geführt.
- DIN 31623–1: Indexierung zur inhaltlichen Erschließung von Dokumenten; Begriffe, Grundlagen. DIN 31623–2: Indexierung zur inhaltlichen Erschließung von Dokumenten; Gleichordnende Indexierung mit Deskriptoren. DIN 31623–3: Indexierung zur inhaltlichen Erschließung von Dokumenten; Syntaktische Indexierung mit Deskriptoren. Werden nicht in Bibliotheken, sondern in Informationsstellen angewendet.
- DIN 1463–1 und DIN 1463–2: Erstellung und Weiterentwicklung von Thesauri (entspricht ISO 2788 und ISO 5964). Die Bedeutung von dokumentarischen Thesauri ist vor dem Hintergrund der Entwicklung von Ontologien,

d.h. Begriffssystemen mit Angaben der Relationen zwischen den Begriffen und Ableitungsregeln im Rahmen von Systemen der Künstlichen Intelligenz zur automatischen Verarbeitung von Informationen allerdings zurückgegangen.
- LCSH – Library of Congress <Washington>/Subject Cataloging Division: Subject Cataloging Manual: Regelwerk zur Beschlagwortung durch die LC. Die auf dieser Basis generierten Schlagwörter stellen die Library of Congress Subject Headings dar.

Die RSWK scheinen umfangreicher und komplizierter zu sein als andere Regelwerke, insbesondere Regelwerke für die naturwissenschaftlich-technische Informationspraxis, die sich oft auf wenige grundlegende Aussagen beschränken und vor allem Wert auf einen Thesaurus legen. Der Grund ist die außerordentliche Inhomogenität des mit Hilfe der RSWK zu erschließenden Materials (z.B. Publikationen aus allen Fachgebieten, Publikationen über Personen aus allen Zeiten und Völkern, wissenschaftliche und populäre Publikationen einschließlich Belletristik sowie Kinder- und Jugendliteratur).

Die in der Informationspraxis verbreitete Anfertigung von Inhaltskondensaten als Instrument der Inhaltserschließung, insbesondere die Anfertigung von Abstracts (grundlegend hierfür ist DIN 1426: Inhaltsangaben von Dokumenten; Kurzreferate, Literaturberichte) ist in deutschen Bibliotheken (wie auch in Bibliotheken anderer Länder) höchst selten. In den 1990er-Jahren begannen einzelne Bibliotheken (u.a. die Niedersächsische Staats- und Universitätsbibliothek Göttingen und die Vorarlberger Landesbibliothek in Bregenz) ihre Katalogisate mit Inhaltskondensaten, z.B. Inhaltsverzeichnissen oder Auszügen (besonders Vorwort, Einleitung) anzureichern und diese für das Information Retrieval nutzbar zu machen (z.B. Stichwortsuche in den Inhaltsverzeichnissen, z.T. auf der Basis automatischer Indexierung mit Zusammenführung von Synonymen).

5.3.7 Normdateien
In 5.3.5 und 5.3.6 wurde deutlich, dass mindestens

- Personennamen
- Körperschaftsnamen
- Schlagwörter

normiert werden müssen, um durch die Verwendung kontrollierten Vokabulars (Normdaten) eine effektive Recherche zu ermöglichen. Auch der RDA-Standard sieht eine sinnvolle Normierung weiterer Elemente der Katalogisate (z.B. Erscheinungsorte und Verlage) nicht vor. Die Normierung erfolgt in Normdatensätzen bzw. Normdatenbanken.

Ein Normdatensatz, hier als Beispiel ein Schlagwortnormdatensatz, besteht hauptsächlich aus den in Tabelle 31 wiedergegebenen Elementen (Positionen 1 und 2 sind obligatorisch). Weitere Felder enthalten u.a. Angaben zu Länder-,

Sprachen- und Zeitcodes nach internationalen Normen, Angaben zu CrissCross (Verknüpfung der SWD-Sachschlagwörter mit Notationen der Dewey-Dezimalklassifikation sowie ihren Äquivalenten in der englischen Indexierungssprache Library of Congress Subject Headings LCSH und der französischen Standardschlagwortliste RAMEAU), ferner bei Musikalien Abkürzungen für Bezeichnungen der Instrumente der E- und U-Musik.

Tabelle 31: Wichtigste Elemente des Normdatensatzes

Element	Beispiel, Erläuterungen
1. Datensatznummer, Datensatzkategorie	s 407600 1–7 s
2. normierte Form des betreffenden Terminus (Ansetzungsform)	Personenkraftwagen
3. Quellenangabe für diese Form	[Die Regelwerke schreiben z.T. vor, dass die Ansetzungsform sich auf Nachschlagewerke u.ä. stützt]
4. Definition, sofern erforderlich	[Bei Personennamen i. d. R. die Lebensdaten, ggf. noch eine Funktionsbezeichnung]
5. Verwendungshinweise	[Erforderlich, wenn der normierte Terminus nur unter bestimmten Voraussetzungen verwendet werden darf]
6. äquivalente Bezeichnungen (Verweisungsform)	Auto Automobil Personenwagen PKW
7. Termini, die in Beziehung stehen	[z.B. Ober- und Unterbegriffe, verwandte Begriffe, frühere oder spätere Namensformen]

Im Idealfall verknüpfen Online-Kataloge die normierten Formen (Vorzugsbenennungen) mit den äquivalenten Bezeichnungen (Synonyme, Quasisynonyme), weisen die hierarchischen Relationen aus (Ober- bzw. Unterbegriffe) und verweisen bei Eingabe einer nicht normierten, sondern äquivalenten Bezeichnung auf in Frage kommende Vorzugsbenennungen, aus denen der Nutzer seine Wahl für die weitere Recherche treffen kann. Derartige Thesaurusstrukturen sind jedoch keineswegs durchgängig in den Katalogen implementiert, werden allerdings nach dem RDA-Standard verpflichtend sein.

In der Katalogisierungspraxis können die Normdatensätze entweder mit den Titeldaten verknüpft werden, oder die jeweils zutreffende Ansetzungsform wird aus der Normdatei in das entsprechende Feld der Titelaufnahme kopiert. Folgende Normdateien spielen gegenwärtig in der deutschen Bibliothekspraxis eine herausragende Rolle:

- Gemeinsame Körperschaftsdatei GKD: Normdatei der nach RAK-WB erstellten Ansetzungs- und Verweisungsformen von Körperschaftsnamen.
- Personennamendatei PND: In der PND werden alle für Formal- und Sacherschließung relevanten Personennamen zusammengeführt. Sie soll vor al-

lem Mehrfacharbeit bei der Ansetzung von Personennamen vermeiden sowie Ansetzungsformen vereinheitlichen und von den Verweisungsformen zu den Ansetzungsformen führen.
– Schlagwortnormdatei SWD: Sie enthält Ansetzungs- und Verweisungsformen von Schlagwörtern, die nach den Regeln für den Schlagwortkatalog RSWK und den Praxisregeln zu den RSWK und der SWD festgelegt werden. Die Schlagwörter umfassen alle Fachgebiete und Schlagwortkategorien und sind mittels ISO-Ländercode und den Notationen der SWD-Sachgruppen klassifiziert. Die SWD enthält rund 820.000 Normdatensätze (2009), während Fachthesauri meist einen Umfang von 3.000 bis 8.000 Deskriptoren haben.

Diese Normdateien werden von der *Deutschen Nationalbibliothek*, den Verbünden und weiteren Partnern redaktionell betreut. Sie sind online im Internet (u.a. auf dem Server des HBZ und im Rahmen des Katalogs der DNB) und am ausführlichsten auf der Normdaten-DVD der Deutschen Nationalbibliothek verfügbar, ferner u.a. auf Magnetband. Alle drei Normdateien sollen zu einem gemeinsamen, eindeutigen Bezugssystem, der Gemeinsamen Normdatei (GND) zusammengeführt werden. Damit werden u.a. unterschiedliche Ansetzungen identischer Phänomene für Formal- und Sacherschließung beseitigt. Die GND wird die Regeln der RDA berücksichtigen.

Seit 2010 stellt die Deutsche Nationalbibliothek die Normdaten (ca. 3,2 Mio. Datensätze) in einer Beta-Version eines Linked-Data-Service als Semantic-Web-konforme Repräsentation für experimentelle Nutzungen zur Verfügung (Dokumentation des Linked Data Services der DNB). Suchmaschinen sollen damit langfristig in der Lage sein, zumindest bei einem Teil der indexierten Dokumente Synonyme zu erkennen oder Zeichenfolgen als Personennamen, Ortsnamen usw. zu identifizieren. Auch die Normdaten der *Library of Congress* in den USA sind als Linked-Data-Service verfügbar.

Neben Universalthesauri gibt es eine Reihe von Fachthesauri für ein jeweiliges Fachgebiet. Naturgemäß sind Fachthesauri weniger umfangreich als Universalthesauri, enthalten aber meistens auch sehr viel speziellere Termini. Der bekannteste ist der Fachthesaurus „Medical Subject Headings" (MeSH) der US-amerikanischen *National Library of Medicine* (ca. 26.000 Deskriptoren und über 170.000 Verweisungen in Jahre 2010).

Auch die Zeitschriftendatenbank (ZDB) hat den Charakter einer Normdatei. Sie liefert nicht nur Bestandsnachweise, sondern ist zugleich eine Normdatei der Periodikatitel (↗4.5.2).

Zukünftig sollen die nationalen Normdateien mittels Konkordanzen zu virtuellen internationalen Normdateien (Virtual International Authority File, VIAF) verknüpft werden. Hierfür wurden Anforderungen formuliert (Functional Requirements and Numbering of Authority Records FRANAR, Functional Requirements for Authority Data, FRAD). Führend beteiligt sind die *Deutsche Nationalbibliothek*, die *Library of Congress* und OCLC. Eine internationale Vereinheitlichung der Ansetzungsformen scheint aussichtslos, weil die Nutzer in verschiedenen Sprachräumen Namensformen gemäß ihrer Sprache erwarten.

5.3.8 Übergreifende Standards für die Informationsaufbereitung

Metadaten, also Daten, die Objekte strukturiert beschreiben, haben eine Tradition, die bis in die Antike zurückreicht. Kallimachos von Kyrene (305-240 v. Chr.) verzeichnete in der Bibliothek von Alexandria in den „Pinakes" Werke der damals bekannten Autoren auf 120 Buchrollen mit Kurzbiografie des Autors und Liste seiner Werke mit Titeln, Anfangsworten sowie der Gesamtzeilenzahl, geordnet nach wissenschaftlichen und literarischen Kategorien. Bis in die 1990er-Jahre führten verschiedene Branchen des Informationssektors (Bibliotheken, Archive, Rundfunkarchive, Filmarchive, Fotosammlungen, Informationsstellen, Museen usw.) je eigene Instrumente zur Erschließung ihrer Bestände und Sammlungen – entweder mehr oder minder einheitlich in der betreffenden Branche (z.B. Bibliotheken) oder gar individuell (z.B. in den meisten Museen).

Erst das Internet legte eine Vernetzung nahe (↗1.2.4). Was im Bibliotheksbereich seit etwa 1900 entstanden war (↗2.1.3), nämlich institutionsübergreifende Standards der Informationsaufbereitung mit dem Ziel eines institutionsübergreifenden Information Retrieval, wird in scharfem Tempo seit den 1990er-Jahren auch in anderen Informationsbranchen entwickelt. Darüber hinaus werden Standards für branchenübergreifend recherchierbare Metadaten erarbeitet. Üblicherweise handelt es sich um Datenmodelle, die in XML abgebildet werden. Eine Zusammenstellung Jenn Rileys (Indiana University Libraries, USA) präsentiert 105 international verbreitete Metadaten-Standards. Beispielhaft sollen hier einige Standards genannt werden, z.T. übergreifende Standards, z.T. solche Standards, die zwar branchenspezifisch sind, aber doch in der jeweiligen Branche erstmals ein institutionsübergreifendes Information Retrieval erlauben.

Für die Beschreibung von Informationsobjekten im Internet wurde das Dublin Core Metadata Set (DC, nach dem Tagungsort, an dem das Regelwerk 1995 entstanden ist, Dublin/Ohio, USA) entwickelt; es ging 2003 in die ISO-Norm ISO 15836 Information and documentation – The Dublin Core metadata element set ein.

Tabelle 32: Dublin Core Metadata Element Set in der dt. Übersetzung des Kompetenzzentrums Interoperable Metadaten (www.kim-forum.org)

Name des Elements	Dt. Bezeichnung	Erläuterung
contributor	Mitwirkender	Eine Entität, die sich an der Erstellung der Ressource beteiligt hat
coverage	Geltungsbereich	Das räumliche oder zeitliche Thema der Ressource, die räumliche Anwendbarkeit der Ressource oder der Rechtsraum, für den die Ressource gilt

Name des Elements	Dt. Bezeichnung	Erläuterung
creator	Urheber	Eine Entität, die wesentlich für die Erstellung der Ressource verantwortlich ist
date	Zeitangabe	Ein Zeitpunkt oder eine Zeitspanne im Zusammenhang mit einem Ereignis im Entwicklungsprozess der Ressource
description	Beschreibung	Eine Beschreibung der Ressource (Zusammenfassung, Inhaltsverzeichnis...)
format	Format	Das Dateiformat, der Datenträger oder der Umfang der Ressource
identifier	Identifikator	Eine eindeutige Referenz auf die Ressource innerhalb eines gegebenen Kontexts
language	Sprache	Sprache der Ressource
publisher	Verleger	Eine Entität, die für die Verfügbarkeit der Ressource verantwortlich ist
relation	Beziehung	Eine verwandte Ressource
rights	Rechte	Informationen über Rechte an der Ressource
source	Quelle	Eine verwandte Ressource, von der die beschriebene Ressource abgeleitet ist
subject	Thema	Das Thema der Ressource (Stichwörter, Schlagwörter oder Notationen)
title	Titel	Name der Ressource
type	Typ	Art oder Gattung der Ressource, z.B. Bild, Text, Dataset

Dieses Set kann ohne weiteres mit Werten (z. B. Autorennamen, Stichwörtern) gefüllt werden („Simple Dublin Core"). Bei „Qualified Dublin Core" werden die Standards, nach denen die Metadaten formuliert sind, mit angegeben, z.B. die Benennung des Formats bei Datumsangaben oder die Bezeichnung des Thesaurus, dem inhaltsbeschreibende Terme entnommen sind. Das Set ist heute Teil von Kategorienkatalogen, Indexierungssprachen und technischen Spezifikationen, die von der Dublin Core Metadata Initiative (DCMI) formuliert werden. Dabei handelt es sich um eine internationale Organisation, die interoperable Standards für Online-Metadaten entwickelt.

DC soll eine gegenüber der Volltextindexierung qualitätvollere automatische Indexierung durch Suchmaschinen erlauben, indem der Autor eines HTML- bzw. XML-Dokuments im Header Metadaten in diesem Format angibt. Das verbreitete Protokoll zum Einsammeln von Metadaten der Open Archives Initiative (OAI-PMH) unterstützt die Indexierung des Sets. DC kann auch zur intellektuellen Indexierung von Netzpublikationen verwendet werden. Die *Deutsche Initiative für Netzwerkinformation* (DINI), eine Arbeitsgemeinschaft von Bibliotheken, Rechenzentren und wissenschaftlichen Fachgesellschaften, die die Verbesserung der Informations- und Kommunikationsdienstleistungen an Hochschulen und bei Fachgesellschaften fördert, empfiehlt die Anwendung von DC. Die Anwender kommen hauptsächlich aus dem akademischen Umfeld und aus Gedächtnisinstitutionen; ihre Zahl ist noch überschaubar. Außer der in Bielefeld entwickelten akademischen Suchmaschine BASE wird Dublin Core gegenwärtig nur von wenigen unbedeutenden Suchmaschinen bei der Indexierung berücksichtigt.

Außer Dublin Core gibt es eine beträchtliche Anzahl weiterer Metadaten-Schemata. Das DC-Set will sie nicht ersetzen sondern kann parallel zu anderen Meta-Daten-Schemata angewendet werden. Oft wird in einem jeweiligen Zusammenhang eine spezifische Ausprägung festgelegt (Application Profile). Beispielsweise wurde für das LinkShare System (Verbunddatenbank Internetquellen) im Rahmen des Academic-LinkShare-Verbundes (↗4.7) festgelegt, welche der Elemente des DC Metadata Sets obligatorisch sind oder dass im Feld Creator ein Körperschaftsname laut GKD (↗3.3.1, 4.5.2) eingetragen wird.

Schließlich soll beispielhaft auf weitere Standards hingewiesen werden, die in bisher isoliert arbeitenden Institutionen oder allenfalls segmentär differenzierten Systemen einen Durchbruch auf dem Weg zur funktionalen Arbeitsteilung darstellen können:

- Das Dublin Core Collections Application Profile stellt einen stark normierten Kategorienkatalog für die Informationsaufbereitung nicht von einzelnen Informationsobjekten wie Dokumenten, sondern von Sammlungen dar.
- Mit den Standards Encoded Archival Description (EAD) und Encoded Archival Context (EAC) wurden erstmals Formate festgelegt, die archivische Findmittel einheitlich in Web-Datenbanken abbilden können.
- Die Norm DIN EN 15744 „Identifikation von Filmen – Mindestsatz von Metadaten für kinematographische Werke" mit 15 Datenelementen, die sich am Dublin Core Metadata Set DC orientiert, definiert erstmals einen institutionsübergreifenden Metadaten-Satz für Filme.
- Der Standard Cataloguing Cultural Objects (CCO), entwickelt von der Visual Resources Association und der Getty Foundation, soll die Beschreibung von Objekten der Kunst, Architektur und der materiellen Kultur vereinheitlichen. Bisher lag eine Reihe unterschiedlicher Metadaten-Standards für Kunstwerke vor.
- Das in ISO 21127 kodifizierte Conceptual Reference Model (CIDOC CRM) stellt eine Ontologie für die Dokumentation des kulturellen Erbes und die Museumsdokumentation dar.
- MIX (NISO Metadata for Images in XML Schema) wird von der Library of Congress gepflegt und bildet den Kategorienkatalog zur Beschreibung von Bildmedien in XML ab, der in der Norm ANSI / NISO Z39.87-2006 Data Dictionary – Technical Metadata for Digital Still Images kodifiziert ist.

5.3.9 Datenformate, Austauschformate, Linked Open Data

Die Elemente der bibliografischen Beschreibung, die ein Regelwerk zur Formal- oder Inhaltserschließung zur Verfügung stellt, müssen in einer Datenbankstruktur abgebildet werden (Datenformat), d.h. es werden unterschiedliche Kategorien definiert, in die jeweils typologisch gleiche Elemente eingetragen werden. Ein Datenformat legt beispielsweise fest, dass eine Kategorie 100 zur Verfügung steht, in die der Verfasser eingetragen wird (Verfasserfeld). Der Datenaustausch zwischen Bibliotheken oder Informationseinrichtungen, eines der wichtigsten Ziele im Interesse besserer Dienstleistungen und wirtschaftlicher Arbeitsweisen, erfordert die Verwendung gleicher Datenformate bzw. ein Austauschformat, in das die verwendeten Datenformate automatisch in beide Richtungen umgesetzt werden können.

Im deutschsprachigen Raum löst seit 2008 das auf die AACR2 zugeschnittene Datenformat MARC 21 (Machine-Readable Cataloging, eine übernationale Weiterentwicklung des älteren US-amerikanischen Datenformats USMARC) das frühere Datenformat MAB2 (Maschinelles Austauschformat für Bibliotheken, Version 2) ab.

Viele kommerzielle Datenbanksysteme, die in Bibliotheken und anderen Informationseinrichtungen zum Einsatz kommen, verwenden eigene interne Datenformate mit mehr Feldern als die normierten Austauschformate und setzen beim Datenimport bzw. -export die Daten automatisch in das Austauschformat um. Das hat den Vorteil, dass das Datenbanksystem mit verschiedenen Austauschformaten kompatibel gemacht werden kann.

Als Protokoll für den Datenaustausch hat sich der ANSI-Standard (US-amerikanische Norm) Z39.50 etabliert, der von der Library of Congress weiterentwickelt wird. Z39.50 ist ein standardisiertes Kommunikationsprotokoll zwischen Datenbanksystemen und den Zugriffsprogrammen. Es erlaubt die Suche in heterogenen Datenbanken (z.B. hierarchischen, relationalen, objektorientierten Datenbanksystemen) aus jeder Programmumgebung heraus, wenn sie nur das Protokoll unterstützt. Z39.50 fungiert als universeller Übersetzer zwischen dem Zugriffsprogramm und dem Datenbanksystem. Seit 2000 wurde an einer Weiterentwicklung gearbeitet (2007: Z39.50 International Next Generation, Version 1.2), damit das Protokoll auch auf außerhalb des Bibliothekswesens verbreiteten Techniken wie HTTP, URI und XML aufsetzen kann. Bislang ist Z39.50 jedoch in keinem Web-Browser, also der am weitesten verbreiteten Benutzerschnittstelle, integriert. Mit dem ebenfalls von der Library of Congress entwickelten Protokoll SRU (Search/Retrieval via URL) liegt ein Nachfolger für den Datenaustausch auf Basis des WWW vor. Datenstrukturen im Internet werden mehr und mehr auf der Basis der künstlichen Beschreibungssprache XML (Extensible Markup Language) abgebildet, was den Vorteil einer medien- und plattformneutralen Datenhaltung hat.

„Linked Open Data" sind Daten, die im WWW so zur Verfügung gestellt werden, dass sie öffentlich ohne rechtliche Schranken verfügbar sind (open) und mittels geeigneter Beschreibungssprachen automatisch mit anderen Daten verknüpft werden können (linked). Wenn eine ausreichende Anzahl geeigneter Linked-Open-Data-Sammlungen zur Verfügung steht, kann aus dem WWW ein Semantic Web werden, in dem z.B. Suchmaschinen nicht syntaktisch nach Zeichenfolgen und formalen Eigenschaften auf Websites suchen, sondern nach Bedeutungen. Mit Eingabe von Inkunabel würde man auch Seiten finden, auf denen das Wort Inkunabel nicht vorkommt, sondern Wiegendruck, oder man könnte gezielt nach Platon als Autor philosophischer Werke recherchieren. Die Daten in den Datenbanken der Bibliotheken – Metadaten, Normdaten – sind hervorragend geeignet, hierzu einen qualitätvollen Beitrag zu leisten, weil diese Daten außerordentlich vielfältig und umfangreich und dabei hochgradig vertrauenswürdig sind. Umgekehrt lassen sich Katalogisate mit Daten aus Linked-Open-Data-Sammlungen verknüpfen, z.B. mit biografischen Daten der Autoren oder Definitionen von Schlagwörtern. Die Erschließungsdaten der Bibliotheken wären besser sichtbar und würden einen größeren universellen Nutzen stiften. Ihre bisherige Funktion, die darin bestand, zu den Informationsobjekten in den Bibliotheken hinzuführen, würde dadurch erheblich erweitert werden.

Folgende Standards spielen bei Linked-Open-Data-Sammlungen eine Rolle:

– Der Standard RDF (Resource Description Framework) ist eine künstliche Beschreibungssprache auf einer Meta-Ebene, die erlaubt, die Beziehungen in Metadaten so abzubilden, dass Verknüpfungen und Austausch über verschiedene Standards hinweg möglich werden. Da nicht zu erwarten ist, dass Standards zur Beschreibung von Informationsobjekten vereinheitlicht werden, wird RDF an Bedeutung gewinnen. RDF verknüpft Daten nach dem Subjekt-Prädikat-Objekt-Schema, dem RDF-Tripel, z.B. wird ein Lexikonartikel im WWW über Platon mit einem Titel seiner Werke in Form eines Normdatensatzes einer Bibliothek über den Beziehungstyp Urheber (creator) verknüpft.
– Mit SKOS (Simple Knowledge Organization System) werden Indexierungssprachen (vor allem Thesauri und Klassifikationen) so kodiert, dass sie als Linked Open Data angeboten werden können. Bausteine von SKOS sind Konzepte (Terme), denen Notationen und Bezeichnungen zugeordnet werden. Konzepte können mit den hierarchischen Relationen narrower und broader verknüpft werden. Jeder Term wird mit einem URI eindeutig adressierbar gemacht, und die Beziehungstypen zwischen Termen ebenfalls. SKOS kann darüber hinaus Beziehungen zwischen mehr oder minder äquivalenten Termen (closeMatch) verschiedener Indexierungssprachen abbilden, z.B. die Äquivalenzrelation zwischen der DDC-Klasse 100 (Philosophie) und dem Schlagwort Philosophie der Library of Congress Subject Headings.
– SPARQL (SPARQL Protocol And RDF Query Language) ist eine Abfragesprache für RDF-kodierte Daten. Sie dient Entwicklern zum Aufbau von

Anwendungen, nicht Laien zur Durchführung von Information Retrieval. SPARQL setzt die eingegebenen Suchterme so um, dass in den durchsuchten Ressourcen (soweit sie als Linked Open Data zur Verfügung stehen) alle Elemente gefunden werden, auf die die gewünschten Merkmale zutreffen.

Führende Bibliotheken – zuerst der schwedische Verbundkatalog Libris – haben begonnen, ihre Katalogisate oder ihre Normdaten in diese Standards zu konvertieren und als Linked Open Data zur Verfügung zu stellen. Sie spielen damit eine Rolle bei der Entwicklung des Semantic Web, so die Library of Congress mit den Library of Congress Subject Headings und die Deutsche Nationalbibliothek mit ihren Normdaten.

5.3.10 Informationskompetenz

Die US-amerikanischen Verbände *Association of College and Research Libraries* (ACRL) (Information Literacy Competency Standards for Higher Education) und *American Association of School Librarians* (Information Literacy Standards for Student Learning, 1998) haben Standards für Informationskompetenz formuliert (Homann 2002) (↗6.4.1). Sie definieren Verhaltensweisen, die ein Student bzw. Schüler an den Tag legen muss, damit er als informationskompetent (information literate) gelten kann. Diese Standards kann man als Lernziele auffassen:

Der informationskompetente Student

1. bestimmt Art und Umfang der benötigten Informationen
2. verschafft sich effizienten und effektiven Zugang zu den benötigten Informationen
3. evaluiert Informationen und seine Quellen kritisch und integriert die ausgewählten Informationen in sein Wissen und sein Wertsystem
4. nützt Informationen effektiv sowohl als Individuum als auch als Gruppenmitglied, um ein bestimmtes Ziel zu erreichen
5. versteht viele der ökonomischen, rechtlichen und sozialen Streitfragen, die mit der Nutzung von Informationen zusammenhängen; er hat Zugang und nutzt Informationen in einer ethisch vertretbaren und legalen Weise.

Die Standards für Schulen heben stärker auf unabhängiges Lernen ab. So gehört für die Schüler auch die Wertschätzung von Literatur zur Informationskompetenz.

Für jeden Standard werden zahlreiche konkretisierende Indikatoren genannt, die auch dazu dienen, Elemente des Curriculums darzustellen. Die folgende beispielhafte Aufzählung bezieht sich auf den Aspekt „Zugang zu den benötigten Informationen":

Der informationskompetente Student

- identifiziert Schlagwörter, Stichwörter, Synonyme und verwandte Begriffe zu der benötigten Information
- entwickelt eine Suchstrategie unter Verwendung von Booleschen Operatoren, Trunkierung u.ä.m.
- identifiziert und nutzt geeignete Informationsmittel, um Informationen in unterschiedlichen Formaten zu finden
- beurteilt die Qualität, Quantität und Relevanz der Suchergebnisse
- wählt geeignete Techniken aus, um die gefundenen Informationen zu speichern
- exzerpiert, speichert und verwaltet die Informationen und ihre Quellen.

Diese Ansätze werden zunehmend aufgegriffen; ein gemeinsames Verständnis von Informationskompetenz ist bisher allerdings nicht entstanden (Rauchmann 2009).

5.3.11 Standards für Dienstleistungen
Für die Qualität von Dienstleistungen in Bibliotheken und Informationseinrichtungen gibt es überraschenderweise kaum Normen und Standards. Selbst innerbetrieblich sind wenige Ansätze zu erkennen, bibliotheksindividuelle Qualitätsstandards im Rahmen eines Qualitätsmanagements festzulegen (Schwartz 2001; Wehr 2002); Ausnahmen bilden etwa die Zusage des Dokumentlieferdienstes *subito* und der SSG-S-Bibliotheken, elektronische Dokumente binnen 48 bzw. 72 Stunden zu liefern (bei Eilt-Bestellungen mit Preisaufschlag gelten kürzere Zeiten) sowie lokale Standards für den Auskunftsdienst, wie sie die Münchner Stadtbibliothek am Gasteig entwickelt hat (Becker 2009). Zu diesem Standard gehören z.B. die Verhaltensrichtlinien: „Ich suche während des Auskunftsgesprächs immer wieder Blickkontakt zum Kunden und klebe nicht am Bildschirm... Der Kunde vor mir hat Vorrang vor dem klingelnden Telefon...". Weitere lokale Standards werden von einzelnen Bibliotheken im Rahmen ihrer je eigenen „Policy" festgelegt und mitgeteilt.

Zu den wenigen Standards für Dienstleistungen gehören die folgenden der US-amerikanischen *Reference and User Services Assocation* (RUSA), einer Sektion der *American Library Association* (ALA):

- Electronic Information Sources Guidelines for Training Sessions (1995): Hierin werden Empfehlungen gegeben, wie „gute" Trainingskurse für Datenbankrecherchen durchgeführt werden sollen. Beispielsweise sollen die Kursteilnehmer nach ihren Vorkenntnissen zusammengesetzt werden, Anfängerkurse sollen mindestens zwei Stunden dauern, am besten einen ganzen Tag mit Pausen.

– Guidelines for Information Services (2000): Beispielsweise sollen Benutzungshilfen (Leit- und Orientierungssystem, Help-Funktionen auf der Website, Benutzerschulungen usw.) zur Verfügung stehen; das Personal soll permanent in Auskunftsdienst und -ressourcen fortgebildet werden und erfolgreich mit den Kunden ohne Ansehen von Geschlecht, Alter, sexueller Orientierung, Ethnie, Behinderung oder Sprachvermögen kommunizieren können. Der Auskunftsdienst soll regelmäßig evaluiert werden.
– Guidelines for Behavioral Performance of Reference and Information Services Professionals (1996/2004): Das Auskunftspersonal soll nicht nur jederzeit ansprechbar sein, sondern auf die Benutzer in seinem Verhalten und Auftreten auch so wirken; es soll durch geeignete Fragen den Informationsbedarf genau eruieren und bei der Recherche dem Kunden den Rechercheweg verständlich erklären, ihn einbeziehen und sich vergewissern, ob das Resultat den Informationsbedarf gedeckt hat.

Digitale Auskunftsdienste stellen eine rasch wachsende Erweiterung des traditionellen Auskunftsdienstes in Bibliotheken und Informationseinrichtungen dar, gleich ob sie synchron als Auskunfts-Chat oder asynchron durch E-Mail oder Webformular ablaufen. Besonders ergiebig ist die Beteiligung eines Netzwerks von Bibliotheken und Informationseinrichtungen an einem gemeinsamen Auskunftsdienst, wie er auch in Deutschland im Rahmen der Deutschen Internetbibliothek oder der DigiAuskunft besteht (↗6.4.2). Die US-amerikanische *National Information Standards Organization* (NISO) hat 2001 begonnen, hierfür Standards zu entwickeln. Dazu gehört u.a. die Entwicklung eines Übertragungsprotokolls für Fragen und Antworten zwischen den beteiligten Einrichtungen und die Entwicklung eines Metadaten-Standards. Ziel soll ein Standard sein, der die Auswahl zwischen bereits etablierten Software-Systemen für digitalen Auskunftsdienst erlaubt bzw. der zukünftig Maßstab für die Entwicklung derartiger Systeme darstellt.

Bemerkenswert sind die Qualitätsstandards, welche die Arbeitsgemeinschaft der Kunst- und Museumsbibliotheken (AKMB) 2007 formuliert hat (Version 2 2008). Qualitätsmanagement nach ISO 9000ff. oder dem Common Assessment Framework berührt nur Verfahrensfragen (z.B. Gibt es eine Zuständigkeit für das Qualitätsmanagement? Werden die Geschäftsprozesse umfassend dokumentiert? Sind für die Kernprozesse Ziele festgelegt?). In der Folge werden mangelhafte Leistungen bei „schlechten" Zielen als „gute" Qualität eingestuft. Dies gilt auch für umfassend dokumentierte, aber in der Sache unzulängliche Geschäftsprozesse. Demgegenüber setzen die Qualitätsstandards der AKMB auf fachlich-inhaltlich begründete Anforderungen (z.B. Leitende Funktionen werden von hauptamtlich beschäftigten Kräften besetzt... Ein schriftliches Konzept zur Bestandserhaltung liegt vor... Licht und Klima richten sich nach den konservatorischen Bedingungen gemäß DIN-Fachbericht 13 ...). Bibliotheken, die sich einem freiwilligen Audit unterziehen, können ein Qualitätszertifikat erlangen.

5.3.12 Bibliothekarische Berufsethik

Ethische Fragestellungen haben im fachwissenschaftlichen Diskurs deutscher Bibliothekare bis vor wenigen Jahren überhaupt keine Rolle gespielt. Damit ist nicht gesagt, dass man bisher in ethisch unverantwortlicher Weise gehandelt hätte. Allein die Notwendigkeit, sich über ethische Konfliktsituationen in der bibliothekarischen Praxis systematisch auszutauschen, geschweige denn entsprechende Standards zu diskutieren, zu formulieren und zu verabschieden, wurde nicht gesehen. Während in den USA bereits 1938 – zuletzt aktualisiert 2008 – und in vielen weiteren Ländern im letzten Drittel des 20. Jahrhunderts ein „Code of Ethics" für Bibliothekare verabschiedet worden war, verhallten in Deutschland erste Impulse um das Jahr 2000 ungehört.

Bereits 1998 hat der Dachverband *Bibliothek Information Schweiz* (BIS) eine Berufsethik der Schweizer Bibliothekarinnen und Bibliothekare verabschiedet. In Deutschland führte erst 2007 eine Initiative der BID dazu, dass auf dem Bibliothekartag eine Berufsethik unter dem Titel „Ethische Grundsätze der Bibliotheks- und Informationsberufe" publiziert wurde. In deren erstem Teil werden Verhaltensstandards im Umgang mit Nutzern formuliert, die Bestandteil des beruflichen Selbstverständnisses werden sollen. Dabei geht es u.a. um sachliche, unparteiische und höfliche Information und Beratung, die gleiche Behandlung der Benutzer unabhängig von ihrer Herkunft, ihrer Hautfarbe, ihrem Alter, ihrer sozialen Stellung, ihrer Religion, ihrem Geschlecht oder ihrer sexuellen Orientierung sowie die Beachtung der Prinzipien der Barrierefreiheit. Im zweiten Teil werden allgemeinere Grundsätze artikuliert. Erwähnt werden etwa das Bekenntnis zur Informationsfreiheit und zur freien Meinungsäußerung, die Ablehnung von Zensur, die Bewahrung des kulturellen Erbes, das Bekenntnis zur Neutralität und die Orientierung am Urheberrecht.

Die bibliothekarische Öffentlichkeit hat auf die Ethischen Grundsätze zunächst nur mit geringem Interesse reagiert. Kritisiert wurde vor allem, dass der Verabschiedung keine breite öffentliche Debatte vorausgegangen war. Inzwischen hat die BID eine Arbeitsgruppe „Bibliothek und Ethik" eingesetzt, deren Aufgabe es sein soll, das Bewusstsein um die Bedeutung einer bibliothekarischen Berufsethik zu schärfen, die bestehenden Grundsätze zu überarbeiten, in der Fachöffentlichkeit zu popularisieren und schließlich auf aktuelle Konflikte und Kontroversen zu reagieren. Erste Erfolge sind daran zu erkennen, dass in den Fachzeitschriften, in Blogs und Diskussionslisten ethische Aspekte immer stärker zur Sprache kommen. Seit 2010 verfügt das vom Kompetenznetzwerk für Bibliotheken betreute „Bibliotheksportal" über eine Seite zur „Berufsethik", auf der einschlägige Materialien zugänglich gemacht werden.

5.4 Ausblick

Über Regelwerke wie RAK oder RSWK hinaus spielen Normen, die Teil der nationalen und internationalen Normensysteme sind, im Informationssektor eine wachsende Rolle, so etwa für Bibliotheksstatistik, Leistungsmessung oder für Metadaten digitaler Dokumente. Ihre Bedeutung wird parallel zur zunehmenden inländischen und globalen Verflechtung und Arbeitsteilung im Informationssektor weiter steigen.

Standards im Sinn von Planzielen (Etat-, Flächen-, Personalbedarf u.a.m.) haben die bibliothekarischen Verbände wiederholt als bibliothekspolitische Argumente vorgetragen, ohne dass sie jedoch durchschlagenden Erfolg gehabt hätten. Wirksamer waren vergleichbare Standards, wenn sie von externer Seite, z.B. der *Deutschen Forschungsgemeinschaft* oder dem *Wissenschaftsrat*, vorgetragen worden sind. Dennoch ergeben derartige fachliche Standards weiterhin einen Sinn, wenn sie überzeugend begründet und bibliothekspolitisch wirksam platziert werden.

In Fluss ist die Fortentwicklung von Normen zur bibliothekarischen Informationsaufbereitung, jedoch greifen alle bisherigen Ansätze kürzer als die Möglichkeiten der Webtechnologie erlauben: Es fehlen Normierungen für die Aufnahme von bisher in Katalogisaten nicht enthaltenen Elementen wie Inhaltsverzeichnissen, Textauszügen (z.B. Einleitungen), Abstracts, Nutzerkommentaren, Coverabbildungen u.a.m. (Kataloganreicherung). In kommerziellen Datenbanken und einer wachsenden Zahl von Bibliothekskatalogen ist dies in mehr oder minder starkem Umfang realisiert. Der Schwerpunkt muss künftig noch stärker auf der Beteiligung der Bibliotheken an branchenübergreifenden Standards der Informationsaufbereitung in web-basierten Umgebungen liegen. Hier können gerade die Bibliotheken mit ihren außerordentlich umfangreichen und ergiebigen Normdatensammlungen herausragende Leistungen einbringen; indem die Deutsche Nationalbibliothek und etliche Verbünde ihre Normdaten als Linked-Data-Service in einer Semantic-Web-konformen Repräsentation zur Verfügung stellt, ist ein Fenster in die Zukunft weit geöffnet. Lohnend erscheinen empirische Untersuchungen über die Frage, welche Erwartungen Nutzer an Katalogisate haben, sowohl hinsichtlich des Informationsgehalts wie hinsichtlich der Gestaltung. Für die Erschließung im *Deutschen Exilarchiv 1933-1945* der Deutschen Nationalbibliothek wurde dies erhoben – mit dem Ergebnis, dass die bisherigen Standards in Teilen am Bedarf vorbeigehen (Asmus 2010).

Bisher wurden für einige Bereiche keine Normen oder Standards entwickelt. In diesen Fällen gibt es allerdings meist Fachliteratur mit unverbindlichen Empfehlungen. Womöglich entwickeln sich daraus eines Tages Normen; beispielsweise entstand *ISO 11620* zur Leistungsmessung als Ergebnis einer über 30-jährigen Fachdiskussion zum Thema. Aktuell fehlen Normen und Standards insbesondere für:

- die Gestaltung von OPACs und anderen Retrievalinstrumenten. Die *IFLA Guidelines for Online Public Access Catalogue (OPAC) Displays* (2005) blieben bisher im deutschsprachigen Raum ohne Resonanz.
  In diesem Zusammenhang wichtige Fragen sind z.B.:
  - Welche Recherchekategorien (Autor, Titel ...) sollen in welcher Reihenfolge mit welchen Benennungen in der Standardmaske angeboten werden? Viele Online-Kataloge bilden mehr die Tradition der Zettelkataloge ab als die Möglichkeiten moderner Datenbanken.
  - Welche Zeichen sollen für welche Arten von Verknüpfungen verwendet werden (*und, +, oder* ...)? Realisiert ist meistens eine implizite Verknüpfung mit dem Operator „und".
  - Welche Zeichen sollen für die Trunkierung verwendet werden? Verbreitet sind die Zeichen *, ?, $.
  - Auf welche Weise sollen Hilfefunktionen abrufbar sein?
- Aufbau und Modellierung von und Suchen in Katalogdatenbanken. Fragen richten sich beispielsweise darauf, welche Felder suchbar sind, ob die Suche ganze Wörter zum Kriterium nimmt oder Zeichenfolgen aus Wörtern (string search).
- Qualitätskriterien für Internet-Ressourcen (Bargheer 2002). Hier geht es u.a. um Usability (Navigation, Übersichtlichkeit), um Hilfsmittel wie Cascading Style Sheets, damit ein einheitliches Erscheinungsbild auf derselben Site entsteht, um eine netzadäquate Sprache, um Auffindbarkeit, um Kenntlichmachung der Aktualität, der Produktdefinitionen und der Kostenrechnung. Zwar wird allmählich in Bibliotheken zusätzlich zu, seltener anstelle der öffentlichen Haushaltswirtschaft eine Kostenrechnung eingeführt. Fragestellungen sind z.B.: Was kostet eine Ausleihe, was kostet die Bearbeitung eines Neuzugangs? Die entsprechenden Ergebnisse zwischen Bibliotheken sind allerdings selten vergleichbar, weil Normen fehlen für die Zuordnung von Kosten zu Kostenstellen und Kostenträgern sowie zur Abgrenzung verschiedener Kostenträger voneinander, also der verschiedenen Dienstleistungen oder Produkte. DIN- und ISO-Normen beziehen sich meistens auf technische Eigenschaften oder organisatorische Anforderungen, während die Standards für Dienstleistungen vor allem Verhaltensgrundsätze, auch organisatorische Merkmale formulieren würden. Gleichwohl zeigen die wenigen vorhandenen Beispiele inner- oder überbetrieblicher Standards für den Auskunftsdienst, dass Standards auch für Dienstleistungen – sei es als Norm, sei es als Grundsätze guter Praxis, formuliert von einem Fachverband – aufgestellt werden können.

6 Dienstleistungen

Dienstleistungen gewinnen in den ökonomisch hoch entwickelten Gesellschaften seit Jahrzehnten immer weiter an Bedeutung. Auch in Deutschland werden mittlerweile (mit steigender Tendenz) etwa 70 % der Bruttowertschöpfung im Dienstleistungssektor erwirtschaftet (Bruhn 2008).

Manche Wirtschaftswissenschaftler und Soziologen beschreiben diese Entwicklung als Übergang von der Industrie- zur Dienstleistungsgesellschaft. Verkannt wird dabei allerdings, dass dieser Wandel durch digitale Techniken und Medien, insbesondere die weltweite Vernetzung durch das Internet, erheblich beschleunigt worden ist. Aus diesem Grunde, aber auch weil der Stellenwert des Produktionsfaktors Information prinzipiell überproportional angestiegen ist, wird die auf die Industriegesellschaft folgende Entwicklungsstufe heute häufiger als Informationsgesellschaft beschrieben (↗1.2.4). Wenn der Typus der Informationsgesellschaft begriffen wird als auf digitalen Techniken und der Aufwertung des Faktors Information basierende Spezialform (oder besser Weiterentwicklung) der Dienstleistungsgesellschaft, so liegen beiden Auffassungen ähnliche Einschätzungen zugrunde – abgesehen von der Gewichtung und der Begrifflichkeit.

Um die in der Informationsgesellschaft sich allmählich abzeichnenden Spezifika besser erkennen und beschreiben zu können, soll das in der Betriebswirtschaft verbreitete Verständnis von Dienstleistung kurz skizziert und anschließend daraufhin überprüft werden, ob demgegenüber Abweichungen und Besonderheiten zu berücksichtigen sind, die für Dienstleistungen im Informationssektor bzw. in bibliothekarischen Kontexten gelten.

6.1 Allgemeines Verständnis und Besonderheiten im Informationssektor

Allgemein wird zwischen Sachgütern und Dienstleistungen unterschieden, die Abgrenzung ist allerdings bisweilen problematisch, da Sachleistungen kaum ohne Dienstleistungsanteil erbracht werden können (Bruhn 2008). Dienstleistungen, deren Zweck darin besteht, den Absatz von Sachleistungen zu fördern, werden als funktionelle Dienstleistungen bezeichnet. Reine Dienstleistungen hingegen, die völlig unabhängig von Sachgütern erbracht werden (z.B. Finanzberatung, Versicherung), gelten als institutionelle Dienstleistungen.

Dienstleistungen werden in der Literatur meist mit sieben spezifischen Charakteristika in Verbindung gebracht (Bruhn 2008):

Tabelle 33: Allgemeine Charakteristika von Dienstleistungen aus betriebswirtschaftlicher Sicht

Immaterialität	Die eigentliche Dienstleistung ist nicht greifbar.
Intangibilität	Die Qualität von Dienstleistungen kann vor ihrer der Inanspruchnahme nur begrenzt sinnlich wahrgenommen werden.
Unteilbarkeit	Produktion und Konsumtion der Dienstleistung erfolgen simultan; eine Weitergabe der Dienstleistung an Dritte ist daher unmöglich.
Vergänglichkeit/ Lagerfähigkeit	Die Gleichzeitigkeit von Herstellung und Gebrauch haben zur Folge, dass Dienstleistungen nicht lagerfähig sind.
Standortgebundenheit	Eine Dienstleistung kann nicht transportiert werden, sondern muss am Ort des Dienstleistungsanbieters oder des Kunden erstellt werden.
Individualität	Dienstleistungen werden für den Kunden jeweils neu erstellt, so dass Leistungsumfang und Qualität unterschiedlich sein können.
Integration des externen Faktors	Damit eine Dienstleistung erbracht werden kann, muss ein direkter Kontakt zwischen Anbieter und Nachfrager hergestellt werden; die Leistungserstellung bedarf der Beteiligung des Kunden.

Einzuwenden ist allerdings, dass zahlreiche Dienstleistungen manche dieser Kriterien nur zum Teil oder gar nicht erfüllen. Insbesondere auf Informationsdienstleistungen ist dieser Kriterienkatalog nur begrenzt anzuwenden und bedarf der Modifizierung. Darauf wird zurückzukommen sein.

Eine weitere brauchbare Definition von Dienstleistung besteht in der Unterscheidung von Potenzial, Prozess und Ergebnis auf drei Ebenen. Demnach beruhen Dienstleistungen auf einer bestimmten Leistungsfähigkeit (Potenzial), die im Bedarfsfall eingesetzt wird (Prozess), um an Menschen oder deren Objekten nutzenstiftende Wirkung zu erzielen (Ergebnis) (Meffert/Bruhn 2009).

Zur typologischen Abgrenzung verschiedener Dienstleistungen sind diverse Kriterien herangezogen worden. So wird etwa unterschieden, ob Dienstleistungen eher prozess- oder eher ergebnisorientiert sind, ob es sich um persönliche oder automatisierte Dienstleistungen handelt und ob die Empfänger der Dienstleistungen Menschen oder aber Gegenstände sind. Auch nach der Art der Nutzung kann zwischen konsumtiven und investiven Dienstleistungen unterschieden werden. Erstere dienen dem unmittelbaren Verbrauch und Genuss des Adressaten. Letztere (z.B. Fortbildungsveranstaltungen) zielen auf langfristige Wirkung.

Auf weitere Details kann an dieser Stelle nicht eingegangen werden. Stattdessen sollen nun die Spezifika von Informationsdienstleistungen beschrieben werden. Hinzuweisen ist an dieser Stelle auf die Unterscheidung zwischen Wissen und Information (↗1.1.1). Da Wissen grundsätzlich subjektgebunden ist, kann also keine Rede von „Wissenstransfer" oder „Wissensdienstleistungen" sein. Wenn Wissen durch Kommunikation prinzipiell in Information verwandelt wird und in diesem labilen Aggregatzustand auf eine vom Rezipienten zu bestimmende Weise aufgegriffen, interpretiert oder umgedeutet werden kann, beziehen sich

Dienstleistungen in diesem Zusammenhang immer auf Information und nicht auf Wissen.

Allgemein können Informationsdienstleistungen definiert werden als Potenziale, Prozesse und Produkte, die eingesetzt werden mit dem Ziel, den Informationsbedarf Dritter zu decken. Die Besonderheiten, durch die sich Informationsdienstleistungen von sonstigen Dienstleistungen unterscheiden, gehen aus dieser Formulierung freilich nur indirekt hervor. Der Vergleich mit den für Dienstleistungen in der betriebswirtschaftlichen Literatur benannten Merkmalen hingegen macht die Unterschiede deutlicher. Informationsdienstleistungen wie z.B. eine Literaturrecherche, eine Expertise oder das von einer Unternehmensberatung erarbeitete Veränderungskonzept sind grundsätzlich immateriell und intangibel.

Die weiteren fünf der sieben oben aufgezählten Charakteristika aber gelten nicht zwangsläufig für alle Arten von Informationsdienstleistungen. Diese nämlich können durchaus standardisiert erzeugt werden, wie z.B. eine Bibliografie oder eine Handlungsempfehlung für bestimmte Problemlagen. Die Simultaneität von Produktion und Konsumtion ist für Informationsdienstleistungen also nicht zwingend, sie sind daher durchaus unter bestimmten Umständen teilbar und für die Weitergabe an Dritte geeignet. Informationsdienstleistungen können aus diesem Grunde in bestimmten Fällen auch gelagert und transportiert werden. Individueller Zuschnitt und Beteiligung des Kunden können, müssen aber nicht zu den Eigenschaften von Informationsdienstleistungen gehören.

Tabelle 34: Vergleich der Merkmale allgemeiner Dienstleistungen aus Sicht der Betriebwirtschaft und der Charakteristika von Informationsdienstleistungen aus bibliotheks- und informationswissenschaftlicher Sicht

Merkmale	Erläuterungen	Beispiele
Immaterialität	Die eigentliche Informationsdienstleistung ist nicht greifbar	Auskunfts- und Informationsdienst
Intangibilität	Die Qualität von Informationsdienstleistungen kann vor ihrer Inanspruchnahme nur begrenzt sinnlich wahrgenommen werden	Aktualität eines Web-Kataloges
Vergänglichkeit/Lagerfähigkeit	Informationsdienstleistungen sind in nennenswertem Umfang lagerfähig und transportierbar	Medienbestände, Sammlungen
Standortgebundenheit/Standortungebundenheit	Informationsdienstleistungen können transportiert werden oder dezentral abgerufen werden	Dokumentlieferdienste, netzbasierte Informationsdienstleistungen
Individualität/Standardisierung	Dienstleistungen können für den Kunden im Auftrag (reaktiv) jeweils neu erstellt, aber auch proaktiv (ohne konkreten Auftrag) und standardisiert erzeugt werden	Auftragsrecherchen, Referateorgane, Profildienste, personalisierte Pushdienste

Merkmale	Erläuterungen	Beispiele
Integration des externen Faktors/proaktive, standardisierte Informationsprodukte	Damit eine Informationsdienstleistung erbracht werden kann, muss nicht zwingend ein synchroner, direkter Kontakt zwischen Anbieter und Nachfrager hergestellt werden	Bibliothekskataloge

Neben den aus diesem Vergleich erkennbaren Besonderheiten sollen einige weitere Spezifika von Informationsdienstleistungen beschrieben werden. Da Informationstransfer nach dem hier zugrunde liegenden Verständnis prinzipiell an soziale Prozesse gebunden ist, können Adressaten von Informationsdienstleistungen nie Objekte (etwa Computer), sondern ausschließlich Menschen sein. Viel spricht dafür, dass es sich bei Informationsdienstleistungen zumeist um investive Dienstleistungen handelt; eindeutig bestimmbar ist dies jedoch nicht: Dieselbe Informationsdienstleistung (z.B. eine Bildungsveranstaltung) kann je nach Abnehmer oder Verwendungssituation mal dem konsumtiven, mal dem investiven Bereich zugeordnet werden.

Ferner gehört zu den Besonderheiten von Informationsdienstleistungen, dass Potenzial, Prozess und Ergebnis auf Informationen basiert. Diese wiederum unterscheiden sich von anderen Waren durch eine Vielzahl von Eigenarten:

- Information verbleibt nach Weitergabe beim Hersteller bzw. Dienstleister.
- Information kann in identischer Weise vielfach verkauft werden.
- Information ist in vielen Fällen kein verderbliches Gut: Es schadet der Information nicht, wenn sie nicht konsumiert wird.
- Der Wert von Information kann ganz verschieden sein: er kann abhängen z.B. vom Zeitpunkt, zu dem sie erstellt, geliefert oder konsumiert wird.
- Die Qualität von Informationen ist kaum objektivierbar; Qualität ist oft gleichzusetzen mit der subjektiven Qualitätswahrnehmung durch die Kunden.

Das Informationsprodukt als Ergebnis einer Informationsdienstleistung weist ebenfalls Besonderheiten auf. Marktfähige Güter werden unterschieden in Suchgüter, Erfahrungsgüter und Vertrauensgüter. Suchgüter, wie z.B. Obst in der Auslage, lassen sich vor dem Kauf qualitativ beurteilen. Erfahrungsgüter erlauben die Qualitätseinschätzung erst nach vollzogenem Konsum, die Kauf- oder Nachfrageentscheidung wird gefällt aufgrund vorheriger Erfahrungen mit einem Produkt oder einer Dienstleistung; Vertrauensgüter schließlich können weder vor noch nach dem Kauf bzw. Konsum erschöpfend bewertet werden; dies gilt z.B. für Beratungsdienstleistungen von Ärzten oder Rechtsanwälten. Die Folgen schlechter oder gar falscher Information treten oft spät und manchmal erst dann zutage, nachdem irreversible Prozesse abgelaufen sind.

Kennzeichnend ist ferner, dass der Anbieter dank seiner Erfahrung mehr über seine Ware weiß als der Käufer. Informationsprodukte sind für Käufer oder Nachfrager i.d.R. keine Suchgüter, sondern zumeist Vertrauensgüter. Informationsspezialisten und versierte Kunden hingegen haben in bestimmten

Fällen genug Vorkenntnisse erworben, um Informationsprodukte als Erfahrungsgüter wahrnehmen zu können. Meistens ist aber davon auszugehen, dass zwischen Anbietern von Informationsdienstleistungen und Abnehmern eine Informationsasymmetrie herrscht.

Die Besonderheiten von Informationsdienstleistungen lassen sich folgendermaßen zusammenfassen:

Tabelle 35: Informationsdienstleistungen und ihre Spezifika

Allgemeine Definition	**Informationsdienstleistungen umfassen Potenziale, Prozesse und Produkte, die eingesetzt werden mit dem Ziel, den Informationsbedarf Dritter zu decken**
Gemeinsamkeiten mit Dienstleistungen aller Art	Immaterialität
	Intangibilität
Unterschiede zu sonstigen Dienstleistungen	Weitergabemöglichkeit
	Lagerfähigkeit
	Transportfähigkeit
	Individualisierbarkeit und Standardisierbarkeit
	Reaktivität und Proaktivität
Grundsätzliche Besonderheit	Potenzial, Prozess und Ergebnis von Informationsdienstleistungen beruhen auf Information.
Besonderheiten von Information als Bestandteil oder Ergebnis einer Informationsdienstleistung	Information verbleibt nach Weitergabe beim Hersteller bzw. Dienstleister. Information kann in identischer Weise vielfach verkauft/vertrieben werden. Information ist in vielen Fällen kein verderbliches Gut: Es schadet der Information nicht, wenn sie nicht konsumiert wird. Der (Handels-)Wert von Information kann ganz verschieden sein: Er kann abhängen z.B. vom Zeitpunkt, zu dem die Information erstellt, geliefert oder konsumiert wird. Qualität von Informationen ist kaum objektivierbar: Qualität ist oft gleichzusetzen mit der subjektiven Qualitätswahrnehmung durch die Kunden.
Besonderheiten von Informationsprodukten	Informationsprodukte sind: für Käufer oder Nachfrager in der Regel keine Suchgüter, sondern zumeist Vertrauensgüter für Informationsspezialisten und versierte Kunden aufgrund ihrer Vorkenntnisse eher Erfahrungsgüter Zwischen den Anbietern von Informationsdienstleistungen und den Abnehmern herrscht meist eine Informationsasymmetrie.
Nutzungsart von Informationsdienstleistungen	Informationsdienstleistungen sind meist investiver, seltener konsumtiver Art; die Zuordnung kann je nach Abnehmer und Verwendungsart variieren.

6.2 Informationsdienstleistungen in Bibliotheken

Bibliothekarische Aktivitäten lassen sich grundsätzlich und durchgängig als Informationsdienstleistungen beschreiben. Insofern gelten die oben aufgezählten Spezifika auch für Informationsdienstleistungen in Bibliotheken. Dort kann jedoch nicht das gesamte Spektrum an unterschiedlichen Informationsdienstleistungen angeboten werden. Als eindeutig nicht-bibliothekarische Informationsdienstleistungen seien etwa Gutachten oder Expertisen genannt. Es zeichnet sich allerdings ab, dass über die traditionell typisch bibliothekarischen Dienstleistungen hinaus eine Reihe weiterer innovativer Informationsdienstleistungen zukünftig von Bibliotheken angeboten werden kann und muss. Als Beispiel sei etwa projektbegleitendes Information Consulting im Kontext wissenschaftlicher Forschung erwähnt. In den USA wird dies mit dem Begriff des „Embedded Librarian" oder wie an der Welch Medical Library der Johns Hopkins University des „Informationist" bezeichnet.

Zu Beginn des 21. Jahrhunderts herrscht in bibliothekarischen Kreisen weitgehende Einmütigkeit darüber, dass Bibliotheken sich um Kundenorientierung zu bemühen haben, dass sie sich grundsätzlich als Dienstleistungseinrichtungen zu verstehen haben. In früheren Jahrhunderten war dieses Selbstverständnis keineswegs verbreitet und auch in der Gegenwart mögen zwischen Anspruch und Wirklichkeit – wie in anderen Branchen auch – Lücken klaffen. In der bereits zitierten Definition der UNESCO aus dem Jahr 1970 (↗1.1.2) war allerdings bereits die Rede davon, dass in Bibliotheken Dienstleistungen erbracht werden. Jedoch wurden darunter ausschließlich Maßnahmen verstanden, die der „bequeme(n) Nutzung der Materialien" dienten, nicht hingegen Aufbau, Ordnung und Pflege des Bestandes.

Diese fragwürdige Trennung in bestandsorientierte Tätigkeiten und benutzungsbezogene Dienstleistungen ist auch heute noch weit verbreitet. Die Vorliebe zur Bestandsorientierung mag auf eine Jahrtausende alte Tradition zurückzuführen sein, die Tradition, die den Bibliothekar in der Palast- oder Tempelbibliothek zum Hüter herrschafts- oder identitätsstiftender Geheimnisse machte. Der Kloster- und der Hofbibliothekar des Mittelalters und der frühen Neuzeit könnte sich in einer ähnlichen Rolle gesehen haben, eine Rolle, die *Umberto Eco* in seinem Roman „Der Name der Rose" in eine fesselnde Kriminalgeschichte eingebettet hat. Diese Rolle wurde noch im 19. und 20. Jahrhundert von manchen Bibliothekaren an Wissenschaftlichen Bibliotheken insofern übernommen, als im Vordergrund die Pflege des Bestandes und die Sorge darum stand, dass nur die laut Benutzungsordnung berechtigten Leser Zugang zu den vor breiter Inanspruchnahme zu schützenden Werken erhielten.

Diese oft und nicht immer zu Unrecht karikierte Benutzerfeindlichkeit gehört in den meisten Fällen allerdings längst der Vergangenheit an. Dennoch gibt es hinsichtlich des Dienstleistungsbewusstseins durchaus Nachholbedarf.

Wenn Bibliotheken konsequent als Dienstleistungseinrichtungen verstanden werden, lassen sich idealtypisch alle bibliothekarischen Tätigkeiten als Dienstleistungen bzw. Informationsdienstleistungen auffassen. Zu unterscheiden sind dann nach den Basisfunktionen die in Tabelle 36 genannten Dienstleistungsbereiche (↗1.1.2).

Tabelle 36: Dienstleistungsbereiche nach Basisfunktionen

Sammeln	Geplanter Bestandsaufbau bzw. Erwerbung durch Auswahl; im Falle externer netzbasierter Quellen: Zugang/Lizenzierung durch Auswahl
Bewahren	(Langzeit-)Archivierung und Tradierung; entfällt für externe netzbasierte Quellen
Ordnen oder Erschließen	Formale und inhaltliche Erschließung durch Aufstellung und Verzeichnung
Bereitstellen oder Benutzen	Literaturversorgung, Ortsleihe, Lesesaal, Leihverkehr, Dokumentlieferung, Informationsangebote zur Nutzung über das Internet
Vermitteln	Aktive Vermittlung von Informationen: Auskunft, Informationsdienst, Vermittlung von Informationskompetenz

Zu einigen dieser Tätigkeitsfelder ist in den anderen Kapiteln bereits ausführlicher Stellung bezogen worden. Bekräftigt sei hier, dass es sich bei allen fünf Funktionen um Informationsdienstleistungen handelt, die Bibliothek also die Intermediation zwischen Autoren bzw. Informationen auf der einen und Rezipienten bzw. Kunden auf der anderen Seite übernimmt. Die beiden letzten Felder „Benutzen" und „Vermitteln" allerdings sollen anschließend ausführlicher dargestellt werden. Dennoch seien zuvor die drei übrigen Felder zur Verdeutlichung kurz genannt.

Eine besondere bibliothekarische Informationsdienstleistung wird bereits durch das Sammeln erfüllt. Bestandsaufbau bzw. Auswahl von Webquellen/Netzpublikationen erfolgen geplant und nach definierten Kriterien. Durch die Auswahl übernimmt die Bibliothek eine Filterfunktion und garantiert ein im Idealfall in Leitlinien („Policy") festgelegtes und transparentes Qualitätsniveau. Darin liegt für die Benutzer ein wichtiger Beitrag zur Reduktion von Komplexität, die angesichts der weiterhin enorm wachsenden Informationsmenge immer größere Bedeutung erlangt.

In der Aufbewahrungs- und Archivierungsfunktion liegt ein höchst diffiziler Auftrag, der im Hinblick auf publizierte Materialien von keiner anderen Institution zuverlässig übernommen werden kann. Die Dienstleistung besteht darin, publizierte Informationen auf welchen Trägern auch immer so zu speichern, dass auch nach Jahrzehnten und Jahrhunderten von Interessenten darauf zugegriffen werden kann. Und genau darin liegt ein Dilemma, das diese bibliothekarische Dienstleistung fundamental unterscheidet von Angeboten z.B. kommerzieller Informationsdienstleister. Vor allem Wissenschaftliche Bibliotheken können sich in ihren Informationsdienstleistungen eben nicht nur am aktuellen Bedarf ihrer Nutzer orientieren, sondern müssen z.B. bei der Auswahl der zu archivierenden Quellen sich bemühen, die möglichen Interessen und Bedürfnisse zukünftiger Nutzer zu antizipieren und vorausschauenden Bestandsaufbau zu betreiben.

Dies kann natürlich nur annäherungsweise gelingen. Auch in der Vergangenheit hat es Materialien gegeben (z.B. Graue Literatur, Zeitungen), deren spätere Aufwertung zu wissenschaftlichen Quellen für die zeitgenössischen Bibliothekare unvorstellbar war. Heute werden entsprechende Überlieferungslücken von Historikern, Soziologen, Publizisten usw. beklagt. Solche Lücken werden natürlich auch in Zukunft nicht zu vermeiden sein, denn Bibliotheken werden auch weiterhin auswählen müssen und Bibliothekare können zukünftige Trends nur bedingt vorhersehen. Auch deshalb übrigens ist es wichtig, dass die Überlieferungsfunktion in funktional differenzierten Systemstrukturen von vielen Bibliotheken geleistet wird, in denen variierende Leitideen und Bewertungskriterien eine größere und pluralistische Überlieferung garantieren, als die eine zentralistische Megabibliothek oder das eine Megaportal, denen zwar eine einheitliche, aber damit zugleich einseitigere Perspektive zugrunde liegt.

Auch mit der Ordnung bzw. der Erschließung von Literatur und Informationen erbringt die Bibliothek eine Informationsdienstleistung. Erst durch die Aufstellung und Präsentation von Medien, erst durch die Verzeichnung von Literatur und Informationen in Katalogen und Bibliografien wird aus einem diffusen Informationskonglomerat, einem „Bücherhaufen" eine Bibliothek, die dem Kunden den gezielten Zugriff auf benötigte Publikationen oder diskrete Informationen erlaubt. Diese bibliothekarische Informationsdienstleistung kann ebenfalls als gewichtiger Beitrag zur Komplexitätsreduktion betrachtet werden. Auch die Entscheidung darüber, welche Literatur, welche Informationen in welcher Tiefe und mit welchen Instrumenten erschlossen werden, muss sowohl im Blick auf die aktuelle Nachfrage als auch unter möglichst vorausschauender Berücksichtigung der möglichen Erwartungen zukünftiger Nutzer getroffen werden. Die beiden verbleibenden Funktionsbereiche „benutzen" und „vermitteln" werden nachfolgend in eigenen Unterkapiteln ausführlich behandelt.

6.3 Benutzungsdienst und Bestandsvermittlung

Der Bereich Benutzung umfasst in der Regel die Aufgabenfelder „Ausleihe" bzw. „Ortsleihe", „Lesesaal", „Magazin", „Fernleihe" und „Dokumentlieferdienste", sowie „Informations- und Auskunftsdienst", der heute auch „Vermittlung von Informationskompetenz" umfasst. Mit Ausnahme der Fernleihe bzw. der später hinzugekommenen Dokumentlieferdienste bezogen sich alle genannten Aufgaben früher ausschließlich auf die Vermittlung des konkreten Bibliotheksbestandes bzw. die Einübung in die Benutzungsbedingungen der lokalen Bibliothek und konnten daher ausschließlich als Formen des Benutzungsdienstes und der Bestandsvermittlung verstanden werden. Mittlerweile ist diese Begrenzung natürlich nicht mehr haltbar (↗6.4). Alle Formen des Benutzungsdienstes sind geprägt vom unmittelbaren und direkten Kontakt mit dem Kunden, der in aller Regel Face to Face, zunehmend aber auch per Telefon, E-Mail oder Chat erfolgt.

Die Benutzung einer öffentlich zugänglichen Bibliothek ist für den Kunden ein organisatorischer und rechtlicher Vorgang, der üblicherweise durch eine Benutzungsordnung näher geregelt und ausgestaltet wird (↗3.4.2).

6.3.1 Ortsleihe

Benutzerfreundlicher Service beginnt bereits beim Betreten der Bibliothek: Dort, wo der Kunde sich in den Räumen der Bibliothek leicht orientieren („Leit- und Orientierungssystem") und binnen kurzer Zeit selbstständig das gesuchte Material auffinden kann, ist der erste Schritt zur Kundenzufriedenheit getan. Um den Benutzern entgegenzukommen, sind die meisten Öffentlichen und Wissenschaftlichen Bibliotheken dazu übergegangen, die Medienbestände und wichtige technische Hilfsmittel zur Bestandsrecherche in Freihand aufzustellen, d.h. das Medienangebot nach bestimmten Suchkriterien komplett für die Nutzer unmittelbar zugänglich zu präsentieren.

Vorbildcharakter für Bibliotheken haben in den letzten Jahren z.B. moderne Buchhandlungen gewonnen, denen es bei der Gestaltung ihrer Verkaufsräume gelungen ist, die Kundenströme nach Kundeninteressen zu lenken, an markanten Schnittpunkten Informationsstellen zu platzieren, attraktive Ruhezonen in Randbereichen einzurichten und insgesamt mittels Beschilderung und anschaulicher Leitsysteme das selbstständige Orientieren zu erleichtern. Derart konzipierte Buchhandlungen und Bibliotheken erlauben es ihren Kunden, alle frei zugänglichen Bereiche ungehindert und barrierefrei aufzusuchen. Die Aufstellung der Medienbestände dient dabei als grundlegendes Instrument kundenorientierter Bestandsvermittlung. Eine bedeutende Rolle spielen in diesem Zusammenhang Aufstellungssystematik, Raumordnung und Präsentationsmobiliar.

Als wichtige Grundsätze für Planung und Gestaltung des Benutzungsbereiches einer modernen Bibliothek gelten:

1. kürzeste Wege von den Arbeitsbereichen zu den Buch- und Medienbereichen
2. zentrale Lage im Schnittpunkt der Hauptverkehrswege
3. müheloser Zugang zu den Beständen und technischen Arbeitsmitteln der Bibliothek
4. ungehinderter und barrierefreier Zugang zu den Buch- und Medienbereichen
5. Flexibilität in der Raumnutzung.

In älteren Wissenschaftlichen Bibliotheken wird häufig noch Theken- oder Magazinausleihe praktiziert; die gewünschten Medien werden nach Bestellung per Leihschein oder Online-Katalog bereitgestellt. Meist sind es räumliche oder organisatorische Gründe, die eine Freihandnutzung nicht erlauben. So darf ein Magazin nicht für Nutzer geöffnet werden, wenn die baurechtlichen Anforderungen an Publikumsräume nicht erfüllt werden (Beleuchtung, Fluchtwege, Aufzüge, Geländer u.a.m.). Verfügen Bibliotheken über Freihand- und Magazinaufstellung, so sind es häufig die wertvollen und schützenswerten Bestände, die magaziniert aufbewahrt werden.

Viele Bibliotheken haben in der Vergangenheit ihre Bestände nach Numerus Currens aufgestellt, d.h. in der Reihenfolge des Zugangs. Die Vorteile dieser Methode wurden oft gesteigert durch die Verwendung besonders raumsparender und auf Schienen fahrbarer Kompaktregalanlagen. Dadurch konnte der Platzbedarf gegenüber der systematischen Aufstellung um mehr als die Hälfte reduziert werden. Dem Benutzer war der Zugang zu den Magazinen verwehrt, die Ausgabe der Bücher erfolgte an der Ausleihtheke. Allerdings band dieses System zusätzliches Magazin- und Ausleihpersonal. Die Benutzer konnten die Auswahl der gewünschten Materialien nur auf der Grundlage der Kataloginformationen vornehmen. Möglichkeiten zum Browsing, zur stichprobenartigen Überprüfung vor der Ausleihe, bestanden also nicht. Wo dieses Verfahren noch anzutreffen ist, muss der Benutzer jedoch Wartezeiten in Kauf nehmen, die Stunden, bei Beschaffung aus Außenmagazinen sogar Tage dauern können. In vielen Bibliotheken hilft moderne Transporttechnik, die herausgesuchten Medien über Förderbänder oder Aufzüge zur Leihstelle zu bringen.

Viele Universitäts- und Landesbibliotheken haben ihre Magazine inzwischen für die Selbstausleihe durch die Benutzer geöffnet, obwohl die Bestände nach Numerus-Currens aufgestellt sind. Voraussetzung dafür aber ist, dass die Regale nicht mobil, sondern aus Sicherheitsgründen standortfest montiert sind. Nachdem sie die Standortsignaturen der gewünschten Werke im Katalog ermittelt haben, holen die Benutzer die Bände selbst aus dem Magazin, um sie für die Ausleihe oder die Nutzung im Lesesaal verbuchen zu lassen. Je nach räumlicher Situation entfällt eine Verbuchung für die kurzfristige Nutzung im Lesesaal.

Bibliotheken führen ihre Kataloge inzwischen in der Regel als Datenbanken. Zettelkataloge oder gar Bandkataloge finden sich gelegentlich noch in kleinen Öffentlichen Bibliotheken oder für Altbestände.

Bibliotheksinformationssysteme dienen neben der Datenerfassung, dem Retrieval auch der Ausleihverbuchung. Auch weitere Vorgänge wie Benutzerdaten- und Benutzerkontenverwaltung, Leihfristüberwachung sowie Mahnungen, Verlängerungen, Benachrichtigungen und Entgeltberechnungen werden darüber abgewickelt. Der Verbuchungsvorgang erfolgt mittels Barcodescanner der z.B. im Arbeitspult oder in einer Lesepistole installiert sein kann. Die codierten Benutzerdaten auf dem Bibliotheksausweis werden dabei mit den strichcodierten Mediennummern in den Bibliotheksmaterialien verknüpft. Gleiches geschieht bei der Rückgabe.

Seit Beginn der 2000er-Jahre kommen in Bibliotheken auch Selbstverbuchungssysteme zum Einsatz. Es handelt sich dabei um Erfassungsgeräte mit optischen oder elektromagnetischen Scannern, die es den Benutzern ermöglichen, die Ausleihe und Rückgabe der Bibliotheksmedien eigenhändig vorzunehmen.

Nach ersten Ergebnissen wird der Arbeitsaufwand für die personalintensiven Verbuchungs- und Rückgabevorgänge dadurch um die Hälfte reduziert und der Ablauf beschleunigt.

Selbstverbuchung erfolgt mittlerweile auch unter Nutzung von RFID-Transpondertechnik (Radio Frequency Identification). Diese ermöglicht eine berührungslose, schnelle und sichere Identifikation und Lokalisierung von Daten und Objekten aller Art, die z.B. in Warenlagern oder Supermärkten eingesetzt wird. Die elektromagnetische Identifikation mittels Transponder-Lesegerät und RFID-Etiketten (RFID-Tags) dient dabei nicht allein der Rationalisierung und Optimierung der Logistik, sondern auch der Diebstahlsicherung und der Lokalisierung eines Objekts, das sich in Bearbeitung befindet. Inzwischen hat sich bereits eine Reihe von Bibliotheken für den Einsatz von RFID entschieden. Bis 2012 sollen z.B. neben der ZLB alle Öffentlichen Bibliotheken der Berliner Stadtbezirke Selbstverbuchung und Mediensicherung mittels Transpondertechnik ermöglichen.

Transponder-Etiketten sind den konventionellen Barcode-Etiketten, wie sie Bibliotheken oder Supermärkte einsetzen, in wichtigen Punkten überlegen: Einerseits lassen sich sie sich immer wieder neu beschreiben (umcodieren), andererseits können mehrere Transponder auf einmal gelesen werden, selbst wenn sie sich innerhalb eines Mediums befinden. Das Etikett erlaubt neben der Speicherung der Mediennummer die Angabe von Systematik, Regalnummer und Position des Mediums. Zusätzlich zu den Medien lässt sich aber auch jedes Regal mit einer Funkantenne zum Lesen von Informationen ausstatten. Ist etwa ein Medium nicht mehr auffindbar, kann der betreffende Titel mittels Transpondertechnik sekundenschnell geortet werden. Das Verstellen in falsche Regaleinheiten ließe sich sogar durch einen warnenden Signalton verhindern.

Benutzer in RFID-Bibliotheken erhalten einen Bibliotheksausweis mit einem integrierten Transponderetikett. Am Ein- und Ausgang der Bibliothek befindet sich ein Lesegerät, um diese Daten zu erfassen. Verlässt der Kunde die Bibliothek, werden alle Medien durch Vorbeigehen am Verbuchungsterminal zusammen mit seinen Ausweisdaten erfasst. Betritt der Kunde die Bibliothek wieder, werden die Bücher automatisch als zurückgegeben gebucht. Zukunftsvision ist es, jedes Bibliotheksmedium schon beim Einkauf mit einem Transponder-Etikett bzw. Smart-Label zur Identifikation zu versehen. Für die Kunden besteht jedoch ein Nachteil darin, dass sie weder Einfluss darauf haben, welche Informationen auf den Transpondern etwa ihrer Bibliotheksausweise gespeichert werden, noch dies überprüfen können.

Konventionell war es seit jeher möglich, gewünschte Materialien in der Bibliothek vorzubestellen bzw. zu reservieren oder die Leihfrist entliehener Medien bei Bedarf verlängern zu lassen. Die modernen Bibliotheksverwaltungsprogramme erleichtern diese Arbeitsvorgänge spürbar und erlauben es inzwischen, über das Internet ins eigene Benutzerkonto Einsicht zu nehmen und Verlängerungen selbst vorzunehmen, sofern keine Vormerkung durch einen anderen Benutzer vorliegt.

Sind vorgemerkte Medien zurückgebracht und wieder verfügbar, informiert die Bibliothek den Kunden anhand einer automatisiert erzeugten E-Mail oder SMS.

Für spezielle oder erweiterte Dienste einer Bibliothek (z.B. Internetarbeitsplätze, Ausleihe digitaler Medien, Zugang zu netzbasierten Angeboten) legt die Benutzungsordnung oft ergänzende Regelungen fest. In vielen Fällen ist der Benutzungsordnung eine „Gebühren- oder Entgeltsatzung" angehängt, in der die Höhe der Entgelte aufgeführt ist, die für die Nutzung der Bibliothek, für einzelne Dienstleistungen bzw. für die Ausleihe bestimmter Medien zu zahlen sind. Bei Wissenschaftlichen Bibliotheken ist die Nutzung der Grunddienste (Lesesäle, Medienausleihe) in aller Regel unentgeltlich. Ein wachsender Teil der kommunalen Öffentlichen Bibliotheken erhebt zur Erhöhung der Einnahmen jährliche Benutzungsgebühren; im Jahr 2011 war dies schätzungsweise bei deutlich mehr als der Hälfte der hauptamtlich geleiteten Einrichtungen der Fall.

Darüber hinaus werden für spezielle Dienstleistungen fast überall Verwaltungsgebühren bzw. -entgelte fällig, wie etwa für Dokumentlieferdienste, Vormerkungen, Kopienerstellung, Fernleihaufträge, Mahngebühren bei Leihfristüberschreitung u.a.m. Zählt man alle genannten Einnahmemöglichkeiten zusammen, so lässt sich im Bundesdurchschnitt pro hauptamtlich geleiteter Öffentlicher Bibliothek ein Kostendeckungsgrad von rund 5% der Gesamtausgaben erreichen. In ausgebauten und leistungsfähigen Groß- und Mittelstadtbibliotheken kann durch besondere Entgelte für spezielle Dienstleistungen (Datenbankrecherchen, Konventionelle oder Digitale Auskünfte, Dokumentdirektlieferungen u.a.), ferner durch Vermietung von Räumen für Veranstaltungen oder durch Vermietung von Werbeflächen u.a.m. ein Kostendeckungsgrad von 15%, vereinzelt sogar etwas mehr, erreicht werden.

Wenn Entgelte bzw. Gebühren erhoben werden, müssen diese in der Bibliothek vom Benutzer meist noch bar beglichen werden. Der entsprechende Verwaltungs- und Kontrollaufwand ist oft sehr arbeits- und personalintensiv. Aber auch beim Geldeinzug vollzieht sich langsam ein Wandel, seitdem es technisch möglich und weitestgehend sicher ist, anfallende Entgelte über Geld- und Scheckkarten oder über ein vorhandenes Guthabenkonto des Benutzers in der Bibliothek einzuziehen. Mit dem zukünftigen Einsatz von multifunktionalen Chipkarten sollte sich der Verwaltungsaufwand noch weiter reduzieren lassen, wie es in einigen Bibliotheken derzeit erprobt wird. Lediglich die Bezahlung von Dokumentlieferdiensten (↗6.3.4) war von Anfang an unbar möglich.

Eine neue Ausleihvariante ist mit der „Onleihe" (Kunstwort aus Online-Ausleihe) entstanden. Kunden vorwiegend Öffentlicher Bibliotheken können unter Angabe ihrer Bibliotheksausweisnummer von der Homepage ihrer Bibliothek digitale Medien wie E-Books, E-Journals, Hörbücher, Musik-CDs oder Filme auf DVD auf ihren eigenen Computer herunterladen und für einen festgelegten Zeitraum nutzen. Ein „Digital Rights Management System" (DRM) sorgt dafür, dass die entsprechenden Dateien nach Ablauf des Nutzungszeitraums unbrauchbar werden. Die Rückgabe entfällt, Überschreitungen von Leihfristen können nicht entstehen. Die Onleihe wird bereits von etwa 200 Öffentliche Bibliotheken angeboten, die Mehrzahl davon in regionalen Bibliotheksverbünden. Dabei kooperieren diese mit der DiViBib, einem Tochterunternehmen der ekz. Die DiViBib hat das Produkt Onleihe entwickelt und vertreibt es.

6.3.2 Lesesaal

Während in Öffentlichen Bibliotheken fast der gesamte Buch- und Medienbestand ausleihbar ist, gibt es in Wissenschaftlichen Bibliotheken Bestände in nennenswertem Umfang, die nur für die Präsenznutzung in den Bibliotheksräumen vorgesehen sind – ihre Aufbewahrung und Präsentation erfolgt üblicherweise im Lesesaal. Darüber hinaus existiert eine große Zahl wissenschaftlich ausgerichteter Spezialbibliotheken sowie historischer Bibliotheken, in denen der Gesamtbestand prinzipiell der Präsenznutzung unterliegt.

Im klassischen Lesesaal werden vor allem allgemeine und spezielle Nachschlagewerke, Bibliografien, grundlegende Darstellungen wie Handbücher, Quellensammlungen, Werkausgaben, biografische Sammelwerke und ggf. gebundene Zeitschriftenbände zur Präsenznutzung bereitgestellt. Sonderregelungen erlauben allenfalls eine kurzzeitige Ausleihe nach Hause. Meist werden auch Materialien präsent vorgehalten, die älter als hundert Jahre sind bzw. deren Wert und Ausstattung einer besonderen Schonung und Sicherung bedarf. Das gleiche gilt für Non-Book-Medien, wie etwa Mikrofiches oder Mikrofilme, für deren Nutzung spezielle Lesegeräte erforderlich sind. Für besondere Materialien wie Karten, Musikalien, Zeitungen, Handschriften und alte Drucke hat man in Bibliotheken mit umfangreicheren Spezialbeständen Sonderlesesäle mit eigenen Nutzungsbedingungen eingerichtet.

Der Lesesaal ist nicht allein Präsentationsraum für besondere oder wertvolle Druckwerke, vor allem dient er als Intensiv-Arbeitsraum für Benutzer. Dabei sind in der Regel alle bereitgestellten Materialien frei zugänglich. Arbeitsplätze in modernen Lesesälen verfügen heute über Stromanschlüsse für Notebooks und bieten Zugang zum Internet über Kabel oder W-LAN.

Lesesaalnutzung und netzbasierte Dienste sind nach wie vor für eingetragene Benutzer Wissenschaftlicher Bibliotheken kostenfrei. Im Zuge der Virtualisierung vieler bibliothekarischer Dienstleistungen und der zunehmenden Bereitstellung von Medien über das Internet war nicht selten prognostiziert worden, der Ort Bibliothek werde seinen Charakter radikal verändern, Benutzungsbereiche könnten nach retrospektiver Digitalisierung der wichtigsten Altbestände auf ein Minimum reduziert werden, neben den Magazinen für die wenigen musealen, nicht makulierten Printbestände seien nur noch die Arbeitsräume des bibliothekarischen Personals von Bedeutung. Aber auch dieser Bedarf werde erheblich geringer sein, da sich die meisten bibliothekarischen Dienstleistungen zentralisieren ließen. Gelegentlich wurde von Szenarien berichtet, in denen Neubauplanungen für Hochschulen in den USA oder Japan auf Bibliotheksgebäude verzichteten.

Diese Prognosen sind durch die inzwischen eingetretene Entwicklung eindeutig widerlegt worden. Die Lesesäle der Bibliotheken sind voller als je zuvor. Manche Bibliotheken sind sogar dazu übergegangen, die Nutzung der Arbeitsplätze zu kontrollieren und Tische, deren Nutzer länger als 30 Minuten abwesend waren, zu räumen und wartenden Nutzern bereitzustellen. Zu erkennen ist daran u.a., dass in der hektischen, dynamischen und lauten Informationsgesellschaft die Bibliothek und der Lesesaal insbesondere als Orte angesehen werden, an denen nicht nur Medienzugang, Auskunft und Beratung möglich sind, sondern auch die für konzentrierte wissenschaftliche Arbeit notwendige Ruhe herrscht.

In der Gestaltung der Arbeitsplätze und der Arbeitsatmosphäre bemühen sich Bibliotheken, den Nutzerwünschen mehr und mehr entgegen zu kommen. Neben Einzelarbeitsplätzen werden Gruppenarbeitsräume angeboten. Für lärmempfindliche Benutzer stehen mancherorts Ohrstöpselautomaten bereit, zum Ausruhen oder als alternative Lernposition werden bequeme Liegen angeboten.

6.3.3 Öffnungszeiten

Die Öffnungszeiten sind ein Qualitätsmerkmal, das den Grad der Bibliotheksnutzung und die Zufriedenheit der Nutzer entscheidend beeinflusst. Lange Öffnungszeiten bis in die Abendstunden und am Wochenende kommen den Benutzerwünschen und -erwartungen entgegen, wie Umfragen immer wieder ergeben. Erfahrungsgemäß wachsen die Nutzungszahlen, wenn bedarfsgerechte Öffnungszeiten den Zugang zur Bibliothek an sechs oder gar sieben Tagen in der Woche und über den Nachmittag hinaus ermöglichen (Verch 2006).

Viele Universitätsbibliotheken haben ihre Öffnungszeiten in den vergangenen Jahren deutlich erweitert, an Werktagen etwa von 8.00 bis 24.00 Uhr. Einige wie die UB Konstanz oder die UB Marburg sind gar rund um die Uhr geöffnet und schließen an den Wochenenden nur für wenige Stunden. In den Nachtstunden übernimmt ein Wachdienst die Aufsicht, Selbstverbuchung und Diebstahlsicherung müssen natürlich gewährleistet sein.

Die meisten Öffentlichen Bibliotheken sind von benutzergerechten Öffnungszeiten hingegen noch weit entfernt. Spätschichten oder erweiterte Wochenendöffnungen werden meist von studentischen Hilfskräften ermöglicht. Einerseits sind es die erhöhten Personalkosten, anderseits die starren Bestimmungen des Tarif- und Arbeitsrechts, die derzeit noch einer Flexibilisierung der Öffnungszeiten entgegenstehen. Das zweite Argument ist nur begrenzt stichhaltig, wie am Beispiel der Wissenschaftlichen Bibliotheken zu sehen ist. Eigentlich sollte es selbstverständlich sein, Bibliotheken insbesondere dann zu öffnen, wenn ihre Kunden Zeit für einen Besuch haben, d.h. außerhalb der normalen Arbeitszeit. Die Flexibilisierung der Geschäftszeiten in den Innenstädten bis täglich 19.00 bzw. 20.00 Uhr müsste dort konsequenterweise auch zu einer Anpassung und Erweiterung der Öffnungszeiten der Öffentlichen Bibliotheken führen. Bedauerlicherweise ist dies bisher nicht geschehen.

6.3.4 Leihverkehr und Dokumentlieferdienste

Bereits zu Beginn des 20. Jahrhunderts entwickelte sich in Deutschland ein auf dem Prinzip der gegenseitigen Hilfe beruhender Leihverkehr zwischen den Bibliotheken, da erkannt worden war, dass keine Bibliothek alle von ihren Benutzern benötigten Materialien besitzen konnte. Angesichts der weltweiten Medien- und Informationsflut gilt dies zu Beginn des 21. Jahrhunderts in ungleich höherem Maße. Heute erstreckt sich der Überregionale Leihverkehr (Deutscher Leihverkehr) auf das gesamte Bundesgebiet. Er dient zunächst ausdrücklich der Förderung von Forschung und Lehre, zugleich vermittelt er Sach- und Fachliteratur für Ausbildung, Fort- und Weiterbildung sowie zur Berufsarbeit an jedermann.

Nach dem Zweiten Weltkrieg wurden regionale Zentralkataloge aufgebaut, die dazu dienten, einen Überblick über die Bibliotheksbestände in der betreffenden Region zu gewinnen und den Überregionalen Leihverkehr zu steuern. Sie waren zumeist an großen, mit regionalen Aufgaben betrauten Wissenschaftlichen Bibliotheken angesiedelt. Zu Beginn der 1990er-Jahre wiesen sieben Zentralkataloge über 50 Mio. Titel nach. Inzwischen sind die Zentralkataloge weitgehend in die regionalen Verbundzentralen bzw. -kataloge integriert worden (↗4.5.2). Die Verbundkataloge sind gemeinsam mit der ZDB Grundlage für die Ermittlung von Standortnachweisen und damit für die Steuerung des Überregionalen Leihverkehrs bzw. der Dokumentlieferung.

Die im Jahre 2004 in allen Bundesländern in Kraft getretene neue „Deutsche Leihverkehrsordnung" (LVO) regelt Ablauf und Organisation des Überregionalen Leihverkehrs zwischen den Bibliotheken, sie beschreibt außerdem die Voraussetzungen zu deren Zulassung und legt erstmals auch Gebühren für die bestellenden Bibliotheken fest. Bundesweit hat die Anzahl der positiv erledigten Bestellungen im Leihverkehr im Jahr 2010 die Marke von 3,3 Mio. überschritten. Auch die Zahl der am Leihverkehr teilnehmenden Bibliotheken nimmt allmählich zu, 2011 sind über 1.300 Bibliotheken zum Deutschen Leihverkehr zugelassen. Ihre Namen und Sigel (Kennungen) werden in einem Sigel-Verzeichnis aufgeführt, das die Staatsbibliothek zu Berlin als zentrale Sigelstelle herausgibt.

Auf Antrag werden von den Leihverkehrszentralen zum Deutschen Leihverkehr zugelassen allgemein zugängliche Wissenschaftliche und Öffentliche Bibliotheken, wenn sie bestimmte fachliche Kriterien erfüllen (§ 2 LVO):

- die Sicherstellung der ordnungsgemäßen Abwicklung des Leihverkehrs und die sachgerechte Verwaltung der entliehenen Medien durch den Einsatz fachlich qualifizierten Personals
- das Vorhandensein der notwendigen elektronischen Kommunikations- und Recherchemöglichkeiten
- die Bereitstellung eines ausreichenden bibliografischen Apparats
- die Bereitschaft zur Weitergabe der eigenen maschinenlesbaren Bestandsdaten
- die Bereitschaft zur gebenden Fernleihe (Prinzip der Gegenseitigkeit)

– das Vorhandensein der notwendigen technischen und räumlichen Ausstattung wie z.B. Lesesaal, Benutzer-PC mit Internetzugang und CD-ROM-Laufwerk, Kopiergerät, Tresor für Wertbestände).

Vom Leihverkehr ausgenommen sind Medien, die

– bei der bestellenden Bibliothek bzw. ihrem Bibliothekssystem oder
– bei einer anderen örtlich zugänglichen Bibliothek verfügbar sind, auch wenn diese Bibliothek nicht zum LV zugelassen ist
– im Handel zu einem Preis von unter 15 € erhältlich sind (§ 1 LVO).

Darüber hinaus sind Loseblatt-Sammlungen, wertvolle Titel, großformatige Werke und solche, die vor Ort unentbehrlich sind sowie ganze Zeitschriftenjahrgänge in der Regel von der Fernleihe ausgeschlossen. Zeitschriftenaufsätze, Zeitungsartikel und Werke geringen Umfangs werden nicht im Original sondern als Kopie geliefert.

Die Zuordnung der zum Leihverkehr zugelassenen Bibliotheken zu einer Leihverkehrszentrale erfolgt in der amtlichen Leihverkehrsliste der einzelnen Länder (§ 4 LVO). Bibliotheken und Leihverkehrszentralen sollen für die Erledigung der Bestellungen die Möglichkeiten zunächst der eigenen Leihverkehrsregion ausschöpfen (Regionalprinzip, § 5 LVO). Direkt bei Bibliotheken werden Medien bestellt, wenn sie in den zugänglichen Verbunddatenbanken, sonstigen Nachweisinstrumenten der eigenen bzw. überregionalen Leihverkehrsregion nachgewiesen sind (§ 7 LVO). Bei Bestellungen ist der jeweils schnellste Kommunikationsweg zu nutzen, d.h. die Online-Bestellung ist anderen Bestellformen vorzuziehen. Die Leihfrist beträgt in der Regel ohne die Zeit für Hin- und Rücksendung einen Monat (§ 17 LVO).

Bei der Inanspruchnahme des Leihverkehrs werden vom Besteller und von der bestellenden Bibliothek unterschiedliche Entgelte erhoben (§ 19 LVO):

– Benutzer zahlen in der nehmenden Bibliothek eine von den jeweiligen Unterhaltsträgern festgelegte Auslagenpauschale als Schutzgebühr;
– außergewöhnliche Kosten fallen nur für Schnellsendungen, Eilsendungen, besondere Versicherungen und umfangreiche Kopienlieferungen an;
– Kopien aus Zeitschriften oder anderen Periodika werden bis zu 20 Vorlagenseiten ohne zusätzliche Berechnung geliefert (§ 15 LVO);
– die nehmende Bibliothek hat an die gebende Bibliothek einen zwischen den Ländern abgestimmten einheitlichen Betrag für jede positiv erledigte Online-Bestellung abzuführen. Das Entgelt beträgt 1,50 € für jede positiv erledigte Online-Bestellung und wird von den Verbundzentralen einmal jährlich erhoben; 0,30 € bleiben davon in der Verbundzentrale.

Bis in die 1980er-Jahre lief der Leihverkehr folgendermaßen ab: Der Nutzer gab in seiner Bibliothek, wenn sie das gewünschte Buch nicht im Bestand hatte, ein Formular ab, den Roten Leihschein; diese Bibliothek prüfte die bibliografischen Angaben anhand von Bibliografien und sandte den Leihschein an den Zentralkatalog der betreffenden Leihverkehrsregion. Dort wurde festgestellt, in welcher Bibliothek der Region der gewünschte Titel vorhanden war; bei Fehlanzeige ging der Leihschein an den Zentralkatalog der nächsten Region. Die gebende Bibliothek lieferte den Titel an die bestellende (nehmende) Bibliothek. Diese benachrichtigte den Nutzer, der – oft erst nach mehreren Wochen – das betreffende Buch ausgehändigt bekam. Überregionale Bestandsnachweise – anfangs auf Mikroformen, bald online – erlaubten es seit den 1980er-Jahren, dass bereits die nehmende Bibliothek die gebende Bibliothek feststellen und den Leihschein direkt an diese senden konnte (Direktbestellung).

Heute kann der Nutzer in einer Bibliothek oder am Arbeitsplatz in einer Verbunddatenbank oder der ZDB recherchieren und von dort aus selbst die Fernleihbestellung als Direktbestellung (Online-Fernleihe) veranlassen; es bleibt im Rahmen des Leihverkehrs allerdings dabei, dass die gebende Bibliothek an eine andere Bibliothek liefert und diese das Leihgut an den Benutzer ausgibt. Durch die Reduzierung auf wenige Beteiligte und den Wegfall von bibliotheksinternen Bearbeitungsschritten wurde eine enorme Beschleunigung des Leihverkehrs erreicht. So kommt heute die Mehrzahl der Materialien bereits nach wenigen Tagen, spätestens aber nach zwei Wochen beim Besteller an. Unverändert gültig hingegen bleiben Ausleihbeschränkungen für bestimmte Medien, Leihfristen und Schadenersatzregelungen.

Leihverkehrswünsche, die aus keiner deutschen Bibliothek befriedigt werden können, werden in den Internationalen Leihverkehr übergeleitet; dieser muss dank der in Deutschland aufgebauten Sammlungen nur selten in Anspruch genommen werden. Für den Leihverkehr zwischen Bibliotheken verschiedener Staaten hat die IFLA Grundsätze und Richtlinien zusammengestellt. Clearingstelle ist die Staatsbibliothek zu Berlin.

In Ergänzung zum Leihverkehr, teilweise aber auch schon als deren Ersatz ist für wissenschaftliche Fachliteratur eine neue Form der Fernleihe getreten, die Dokumentdirektlieferung. Ihr oberstes Ziel ist die Beschleunigung der bestellten Materialien. Sie spielt sich nicht mehr zwischen zwei Bibliotheken ab, sondern direkt zwischen Bibliothek und Benutzer. Im Anschluss an eine Online-Recherche bestellt der Kunde das gewünschte Dokument direkt bei der besitzenden Bibliothek, welche die Materialien an den Arbeitsplatz des Benutzers im Büro oder zuhause liefert. Auf diese Weise werden vorwiegend Aufsätze aus wissenschaftlichen Zeitschriften in Kopie aber auch Bücher, Sammelwerke, Dissertationen und andere rückgabepflichtige Literatur bestellt und geliefert. Recherche und Bestellung erfolgen auf elektronischem Weg.

Der nahe liegende und benutzerfreundliche Weg, auch Aufsatzkopien auf elektronischem Weg z.B. per E-Mail zu liefern, wurde aufgrund einer Klage des Börsenvereins für den Deutschen Buchhandel 2008 unter Berufung auf §53a UrhG erheblich eingeschränkt. Dokumente in elektronischer Form dürfen nur dann als Grafikdateien versandt werden, wenn sie nicht zu angemessenen Bedingungen auf anderen Wegen mittels vertraglicher Vereinbarung zugänglich sind. Da dies in jedem Einzelfall geprüft werden müsste, verzichten Dokumentlieferdienste gegenwärtig auf elektronische Lieferungen und versenden wieder Papierkopien per Post oder Fax an die Adresse des Kunden. Die Lieferzeit liegt zwischen zwei und sechs Tagen und wenigen Stunden bei Eilbestellungen. Die Gebühren richten sich u.a. nach der Lieferart, der Dringlichkeit und Gruppe, der ein Nutzer angehört. Meist wird zwischen Schülern/Studenten, kommerziellen Nutzern und Privatpersonen unterschieden.

Typologisch lassen sich lokale, regionale, überregionale und internationale Dokumentlieferdienste unterscheiden sowie allgemeine und fachbezogene. Letztere werden z.B. von Zentralen Fachbibliotheken und Fachinformationszentren angeboten. Ein Beispiel dafür ist etwa TIBORDER, ein Angebot der TIB Hannover. Der bedeutendste allgemeine, überregionale Dokument(direkt)lieferdienst in Deutschland ist „subito". Mit dem Library Service kann subito seinen Kunden einen 72-Stunden-Lieferdienst für Zeitschriftenaufsätze anbieten. Seit Ende 2003 ist aus dem Projekt der *„subito – Dokumente aus Bibliotheken e.V."* geworden. Der Dokumentlieferdienst hat gegenwärtig 37 leistungsfähige Universal- und Spezialbibliotheken aus Deutschland, Österreich und der Schweiz als Mitglieder. Sitz und hauptamtlich geführte Geschäftsstelle befinden sich in Berlin.

Nach einem Spitzenwert von 1,3 Mio. im Jahre 2005 ist das Bestellvolumen bis 2008 auf 780.000 Bestellungen gesunken. Zurückzuführen ist dies wohl auch auf die urheberrechtlichen Beschränkungen ab 2008. Dennoch trägt *subito* gemeinsam mit anderen Dokumentliefersystemen damit wesentlich und ergänzend zur traditionellen Fernleihe zur Verbesserung der Literaturversorgung in Deutschland bei. Wie sich unter veränderten technischen und rechtlichen Bedingungen diese „Lieferlandschaft" künftig deutschland- und europaweit ordnen und entwickeln wird, lässt sich heute nur schwer vorhersagen. International haben sich mehrere kommerzielle Anbieter in diesem Sektor etabliert, Marktführer ist das britische Unternehmen IngentaConnect.

6.3.5 Bestandsvermittlung

In einem veralteten Verständnis galt Bestandsvermittlung als Oberbegriff für alle Benutzungsdienste einschließlich der Auskunft und wurde gar als eigentlicher Zweck der Bibliothek betrachtet (Gantert 2008). Spätestens seit dem Ende der isolierten Universalbibliotheken und dem Aufbau eines funktional differenzierten Bibliothekssystems greift der Begriff der Bestandsvermittlung zu kurz, denn der Informationshorizont, der sich über eine einzelne Bibliothek eröffnet, ist nicht durch deren konkreten Bestand begrenzt. Schon die Einführung eines organisierten Leihverkehrs, erst recht aber das Konzept der Virtuellen Bibliothek belegen dies. Natürlich bauen Bibliotheken weiter Bestände auf und sind bestrebt, deren rasche und komplikationslose Nutzung zu garantieren. Aber darin erschöpft sich ihre Tätigkeit bei weitem nicht. Der übergreifende und zutreffendere Begriff ist jener der Literatur- und Informationsvermittlung. Denn darin wird deutlich, dass die eigenen Kunden über ihre Bibliothek Zugriff auch auf die Bestände anderer Bibliotheken und weitere nicht-bibliothekarische Informationsressourcen haben.

In einem engeren Sinne wurden unter Bestandsvermittlung zunächst im Umfeld der Öffentlichen Bibliotheken in der Vergangenheit solche Maßnahmen verstanden, deren Ziel es war, bei den Kunden für die Nutzung der Bibliothek zu werben. Mit Hilfe von Neuerwerbungslisten oder spezieller Lektüreberatung durch Handzettel, Literaturlisten oder annotierte Themenbibliografien wurde der Kunde gezielt umworben und auf seine möglichen Interessensgebiete angesprochen. Dahinter steckt der moderne Gedanke, dass Bibliotheken heute nicht mehr als reine Pullservices agieren können, die nur auf Nachfrage handeln, sondern dass sie ihre Klientel vielmehr offensiv zur Nutzung ihrer Dienstleistungen stimulieren sollten. Aber da es dabei nicht mehr allein um den Bestand der Bibliothek geht, ist auch in diesem Gebrauch der Begriff Bestandsvermittlung irreführend. Im Grunde handelt es sich um die Entwicklung proaktiver Angebote z.B. in Form von Pushdiensten und um zielgruppenspezifische Werbung für einzelne Dienstleistungen der Bibliothek.

6.4 Informationsdienst/Auskunftsdienst

Nicht zuletzt die lange nachwirkenden Bindungen an obrigkeitsstaatliche Denkstrukturen und Handlungsmuster haben dazu geführt, dass Deutschland etwa im Vergleich zu den USA gelegentlich selbst in jüngerer Vergangenheit noch als „Dienstleistungswüste" bezeichnet worden ist. Dieses Urteil ist sicher überzogen; einen deutlichen Rückstand in der Ausprägung der Dienstleistungsmentalität Deutschlands gegenüber manch anderen Ländern aber ist nicht zu bestreiten. Für das Bibliothekswesen jedenfalls kann definitiv festgestellt werden, dass die Dienstleistungsmentalität gegenüber skandinavischen Ländern, den Niederlanden, Großbritannien oder den USA nach wie vor weit hinterher hinkt. Noch heute ist für viele Bibliothekare hierzulande Auskunftsdienst und Informationsvermittlung allenfalls Beiwerk.

Dafür ein Beispiel: Im Frühjahr 2002 wurde an den Fachhochschulbibliotheken Nordrhein-Westfalens eine Benutzerumfrage durchgeführt. Im ersten Teil wurden die Benutzer nach sogenannten „primären bibliothekarischen Dienstleistungen" gefragt, nämlich nach ihrer Zufriedenheit mit dem Angebot an Zeitschriften, Datenbanken, Lehrbüchern, digitalen Volltexten usw. Im zweiten Teil des Fragebogens ging es dann um „sekundäre, eher atmosphärische Erscheinungsmerkmale" wie Sauberkeit, Ruhe, Getränkeautomat und eben auch Auskunft/Information (Follmer/Guschker/Klitzke 2002).

Ganz anders z.B. die Situation in den USA. Dort erscheint „Reference Work" schon Ende des 19. Jahrhunderts wichtig genug, um in den Fächerkanon der Ausbildung aufgenommen zu werden. Und seit Anfang des 20. Jahrhunderts gilt „Reference and Information Service" als Krönung und eigentliches Ziel aller bibliothekarischer Bemühungen. Heute werden die wichtigsten Aktivitäten in diesem Zusammenhang (Organisation von regelmäßigen Tagungen, eigene Periodika, Fortbildung, Erarbeitung von Standards und Normen usw.) von der *Reference and User Services Association* (RUSA) koordiniert, die der *American Library Association* (ALA) angehört. RUSA legt ihrer Arbeit folgende Definition zugrunde: „Reference Transactions are information consultations in which library staff recommend, interpret, evaluate, and/or use information resources to help others to meet particular information needs..." (Definitions of Reference 2008).

Welche enttäuschenden Erfahrungen ein an amerikanisches Dienstleistungsniveau gewöhnter Bibliotheksbenutzer vor allem im Hinblick auf Auskunft und Informationsdienst in deutschen Bibliotheken machen kann, geht aus einem Erfahrungsbericht hervor (Askey 2003). Aber der Vorsprung von Angloamerikanern, Briten, Skandinaviern oder Niederländern ist im deutschen Bibliothekswesen nicht verborgen geblieben. Ende der 1960er-Jahre waren es vor allem Bibliothekare aus dem öffentlichen Bibliothekswesen wie *Horst Ernestus*, die mit der Ablösung der traditionellen Volksbücherei durch das Konzept der modernen Informationsbibliothek auch „Reference and Information Services" nach angloamerikanischem Vorbild in den Stadtbibliotheken etablieren wollten (Ernestus 1968).

Im KGSt-Gutachten von 1973 und im „Bibliotheksplan 1973" zeigten diese Bemühungen Früchte. „Informationsdienst" wird in diesen Konzepten sowohl für Öffentliche als auch für Wissenschaftliche Bibliotheken zu den Kernfunktionen gezählt, deren Aufbau und Ausbau unverzüglich in Angriff zu nehmen sei. Von diesen planerischen Initiativen und weiteren theoretischen Konzepten der 1970er-Jahre zum bibliothekarischen Informationsdienst ist bis heute nur wenig realisiert worden. Zwar gab und gibt es Auskunftsstellen in deutschen Bibliotheken, aber die Arbeit wurde nicht selten nebenbei von Personal erledigt, das nicht speziell für diese Aufgabe qualifiziert worden war. Die dort angebotenen Dienstleistungen beschränken sich zumeist auf bibliografische Auskünfte, Orientierungsauskünfte und Unterstützung bei der Nutzung der konkreten Bibliothek. Mit einem geplanten und organisierten Informationsdienst nach dem Vorbild der „Reference Services" hat dies meist noch wenig zu tun.

In jüngster Zeit ist allerdings eine spürbar steigende Aufmerksamkeit für Informations- und Auskunftsdienst auch in Deutschland zu verzeichnen. Ob daraus tatsächlich die immer noch überfällige Ergänzung von Bestandsorientierung um Benutzer- und Dienstleistungsorientierung folgt, bleibt abzuwarten. Anknüpfen könnte man freilich an im Ausland erprobte Konzepte, die übrigens hierzulande (mindestens in der FH Köln) seit 1970 fester Bestandteil der bibliothekarischen Ausbildung und des entsprechenden Studiums sind (Lewe 1999).

Die Begriffe Informationsdienst und Auskunftsdienst werden meist synonym gebraucht. Informationsdienst in diesem Zusammenhang ist nicht gleichzusetzen mit Informationsdienstleistung, sondern stellt neben anderen eine spezifische Form im bibliothekarischen Informationsdienstleistungssegment „Vermitteln" dar.

Bibliothekarischer Informationsdienst kann aus Sicht des Benutzers wahrgenommen werden als

- Hilfestellung bei der akuten Benutzung der konkreten Bibliothek (Orientierungsauskunft, Benutzerschulung „at the point of use")
- Vermittlung von Informationskompetenz, die den Nutzer zu selbstbestimmtem und souveränem Agieren in der gesamten Informationswelt befähigt (Konzept der Teaching Library)
- Hilfestellung bei der konkreten Suche nach Literatur und Informationen (Rechercheberatung, bibliografische Auskunft, Sachauskunft)
- proaktive Bereitstellung spezifischer Informationsdienstleistungen (selbst erstellte Informationsmittel, Profildienste usw.)
- Übernahme des kompletten Auftrags inkl. der Suche selbst (Informationsvermittlung).

Ein leistungsstarker Informationsdienst oder Auskunftsdienst setzt in (größeren) Bibliotheken voraus, dass

- das Angebot mittels gründlicher Planung konzeptionell abgesichert ist
- diese Dienstleistung von einer eigenen Abteilung, der Auskunfts- oder Informationsabteilung, erbracht wird
- das bibliothekarische Personal über die spezifischen Qualifikationen verfügt
- ein eigener Etat für Aufbau und Pflege eines angemessenen Bestandes an Informationsmitteln zur Verfügung steht
- die Kunden auf kostenpflichtige, externe Informationsmittel und sonstige Informationsangebote zugreifen können
- Webkataloge erarbeitet werden, die den Kunden den Zugang zu externen Informationsmitteln (und Primärquellen) unter Nutzung des Internets erleichtern
- am Kundenbedarf orientierte Informationsdienstleistungen entwickelt und angeboten werden
- für die einzelnen Angebote des Informationsdienstes in ausreichendem Maße geworben wird
- die Angebote regelmäßig evaluiert und an möglicherweise veränderten Bedarf angepasst werden
- die Informationsabteilung bibliotheksintern voll integriert und vernetzt ist
- die Informationsabteilung sich um externe Kooperation mit anderen Einrichtungen bemüht
- die Tätigkeiten im Rahmen des Informationsdienstes statistisch erfasst und ausgewertet werden.

Informations- bzw. Auskunftsdienste können in großen Bibliotheken zentral von einer Anlaufstelle oder nach Fachgebieten unterteilt in den jeweiligen Fachabteilungen von fachlich entsprechend spezialisiertem Personal angeboten werden. Unterschieden werden ferner synchron und asynchron erbrachte Informationsdienste. Zu den synchronen Formen gehört die klassische Auskunft in der Bibliothek („Face-to-Face"), die Auskunft per Telefon und digitale Varianten (Auskunft per Chat, Voice-over-Internet-Protocol, Videoconferencing), die später genauer behandelt werden. Zu den asynchronen Formen gehören Auskunft per Brief, per Fax, per E-Mail, Web-Formular oder Chatbot.

Wie dargestellt, haben Auskunfts- und Informationsdienstleistungen in deutschen Bibliotheken bislang eine zu geringe Wertschätzung genossen. Wenngleich die meisten Bibliotheken den wachsenden Bedarf nicht ignorierten und spätestens in den 1960er- oder 1970er-Jahren eine „Auskunft" oder „Information" einrichteten, glaubte man auf theoretische Reflexion und konzeptionelle Absicherung dieses Dienstleistungsangebots weitgehend verzichten zu können. So ist es hier – von rühmlichen Ausnahmen abgesehen – nicht zur Entwicklung eines wirklichen Informationsdienstes im oben skizzierten Sinne gekommen. Entgangen ist den meisten Bibliothekaren deshalb auch die mit dem Auskunfts- und Informationsprozess verbundene Problematik, dass Informationssuchende ihren Informationsbedarf oft nicht exakt benennen können.

Das Paradox lässt sich folgendermaßen beschreiben: Je genauer der Informationssuchende weiß, was er sucht, desto größer ist auch die Wahrscheinlichkeit, dass er es findet. In der Praxis angloamerikanischer Bibliothekare, interessanterweise aber auch bei kommerziellen Anbietern von Informationsdienstleistungen in Deutschland (Schmidt 2004) gilt daher dem Auskunfts- oder Informationsberatungsinterview (Reference Interview) größte Aufmerksamkeit. Zugrunde liegt dem die feste Überzeugung, dass viele Kunden erst nach einem Gespräch mit einem Informationsspezialisten dazu in der Lage sind, ihr zunächst nur diffus verspürtes Informationsdefizit zutreffend zu beschreiben. Nach dieser Klärungsphase hat die Umsetzung in Suchstrategien und die Auswahl erfolgversprechender Ressourcen Aussicht auf Erfolg, so dass die eigentliche Suche möglichst zeitsparend und zufriedenstellend durchgeführt werden kann und exakt die Zielinformationen hervorbringt, die den Informationsbedarf des Kunden decken. Daraus geht hervor, wie wichtig kommunikative Kompetenzen für Auskunftsbibliothekare sind.

Aber selbst durch ein ausgefeiltes Auskunftsinterview ist nicht immer zu verhindern, dass es zu Missverständnissen kommt und die ermittelten Zielinformationen den Kunden nicht oder nur begrenzt zufrieden stellen. Der Informationsprozess wird meist in vier Phasen eingeteilt:

1. Genese des Informationsdefizits
2. Klärungsprozess (mit Auskunftsinterview)
3. Suchphase und
4. Antwortphase bzw. Übergabe der Suchergebnisse.

Als unerlässlicher Bestandteil der letzten Phase gilt in der amerikanischen Literatur die Qualitätskontrolle in Form des „Follow-Up", die explizite Nachfrage, ob die Zielinformationen den Informationsbedarf des Kunden tatsächlich befriedigen. Gegebenenfalls muss der Informationsprozess durch ein erneutes Auskunftsinterview und anschließende modifizierte Suche fortgesetzt werden. Die für eine Tätigkeit im Auskunfts- und Informationsdienst benötigten Kompetenzen sind vielfältig und variantenreich. So erfordert die Arbeit in der sogenannten Schnellauskunft, in der vor allem Orientierungsauskünfte und prägnante Faktenauskünfte angeboten werden, andere Fähigkeiten als die Tätigkeit in einer auch auf komplexe Sachverhaltsauskünfte eingerichteten wissenschaftlichen Fachauskunftsstelle. Unabhängig von diesen Spezifika lässt sich ein verallgemeinerbares Kompetenzprofil für Tätigkeiten im Auskunfts- und Informationsdienst in sieben Bereiche untergliedern:

1. Ressourcenkompetenz
2. Methodenkompetenz
3. Kommunikationskompetenz/Soziale Kompetenz
4. Sprachenkompetenz
5. Anwendungsorientierte EDV-Kompetenz
6. Betriebswirtschaftliche Kompetenz
7. breite Allgemeinbildung.

1. Zur Ressourcenkompetenz gehört die Vertrautheit mit der Informationslandschaft und den einschlägigen Informationsmitteln. Darüber hinaus müssen erfolgversprechende Entscheidungen über den Aufbau eigener, selbst erstellter Informationsmittel (Datenbanken, Webkataloge usw.) getroffen werden können.
2. Methodenkompetenz umfasst nicht nur die Fähigkeit, effiziente Recherchestrategien in gedruckten Informationsmitteln, in Datenbank oder mittels der gängigen Navigationsinstrumente im Internet entwickeln und durchführen zu können; hinzutritt auch die Kompetenz, problemspezifische Informationen identifizieren und als Zielinformationen aufbereiten, d.h. bewerten und verdichten zu können.
3. Mit sozialen und darunter insbesondere kommunikativen Kompetenzen sind die Aspekte gmeint, die es ermöglichen durch die Anwendung der entsprechenden Dialogtechniken Auskunftsinterviews erfolgreich zu führen. Ferner gehört dazu z.B. die Fähigkeit, Vermittlung von Informationskompetenz zielgruppengerecht planen und durchführen, aber auch Konfliktsituationen be-

herrschen zu können. Idealtypische Persönlichkeitsmerkmale sind vor allem Offenheit, Flexibilität, Kommunikationsfähigkeit, Kooperationsfähigkeit, Kontaktfreudigkeit, Geduld, Hilfsbereitschaft, Einfühlungsvermögen, Wissbegier, ...

4. Fremdsprachenkompetenz befähigt dazu, fremdsprachige Informationsmittel mit fremdsprachigen Arbeitshilfen nutzen können (mindestens: Englisch) und eigene Informations- und Schulungsdienste auch in fremden Sprachen erstellen und anbieten zu können.
5. Unter anwendungsorientierter EDV-Kompetenz wird hier vor allem technisches Hintergrundwissen verstanden, das die Beurteilung und Auswahl von Hard- und Software für den eigenen Arbeitsbereich erlaubt. Natürlich ist in diesem Zusammenhang auch auf die Vertrautheit mit Programmen zur Durchführung von Recherchen sowie für die Nachbearbeitung von Rechercheergebnissen zu verweisen.
6. Betriebswirtschaftliche Kompetenz umfasst kunden- und bedarfsorientierte Planung des Auskunfts- und Informationsdienstes als zentraler bibliothekarischer Dienstleistung; in diesem Zusammenhang müssen Informationsmittel unter wirtschaftlichen Gesichtspunkten bewertet und ausgewählt oder selbst erstellt, Recherchen bedarfs- sowie kostenorientiert angeboten und durchgeführt werden. Schließlich müssen Marketingstrategien für die eigenen Auskunfts- und Informationsdienstleistungen entwickelt werden (Öffentlichkeitsarbeit und Werbung).
7. Zu den erforderlichen Kompetenzen ist nicht zuletzt auch eine möglichst breite Allgemeinbildung zu zählen. Auskunftsbibliothekare sollten mit den aktuellen politischen und gesellschaftlichen Diskursen vertraut sein und bei der Einordnung entsprechender Anfragen ihren breiten Fundus an allgemeiner (und gegebenenfalls fachlicher) Bildung heranziehen können.

Im Folgenden werden zunächst die verschiedenen Formen bibliothekarischen Informations- und Auskunftsdienstes typologisch unterschieden; den digitalen Varianten von Auskunft und Informationsvermittlung wird anschließend ein eigener Abschnitt gewidmet, ehe bibliothekarisches Wissensmanagement in den Blick rückt. Wissensmanagement wird dabei als innovativer Ansatz betrachtet, in dessen Absicht es liegt, bereits vorhandene Dienstleistungen unter neuem, ganzheitlichen Gesichtspunkt aufeinander abzustimmen und um neue Dienstleistungen zu erweitern.

6.4.1 Typologie des Informations- und Auskunftsdienstes in Bibliotheken

Die unterschiedlichen Varianten des bibliothekarischen Auskunfts- und Informationsdienstes lassen sich in sechs Bereiche unterteilen. Passiver, aktiver und funktionaler Informationsdienst sowie Vermittlung von Informationskompetenz werden auch als Bestandteile des „direkten" Informationsdienstes bezeichnet, weil in allen vier genannten Bereichen der direkte Kundenkontakt im

Vordergrund steht. Ergänzend tritt als fünfter Bereich der „indirekte" Informationsdienst hinzu sowie als sechster schließlich Sonderformen des Informationsdienstes.

Passiver Informationsdienst
Der passive Informationsdienst ist die in Bibliotheken am häufigsten vertretene Form. Es handelt sich dabei im Grunde um einen Pulldienst. Benutzer ergreifen die Initiative und artikulieren ihren Informationsbedarf. Auf diese Anfragen hin reagiert die Bibliothek, in dem – im positiven Fall – die gewünschte Auskunft gegeben wird.

Nach der Art der Zielinformationen werden dabei unterschieden „Orientierungsauskünfte", „bibliografische Auskünfte" und „Sachauskünfte":

- Orientierungsauskünfte (Fragen nach Räumlichkeiten, Einrichtungen und Dienstleistungen) treten mit Abstand am häufigsten auf und sind in der Regel am leichtesten und schnellsten zu beantworten. Nach aller Erfahrung können Orientierungsfragen durch gute Leitsysteme, Handzettel, Selbstdarstellungsbroschüren, virtuelle Rundgänge oder sonstige Internetpräsentationen zwar zahlenmäßig reduziert, nicht jedoch völlig beseitigt werden.
- Bibliografische Auskünfte bilden in vielen Bibliotheken von den Orientierungsauskünften abgesehen den Kern bibliothekarischer Auskunfts- und Informationsdienste. Dabei handelt es sich um Titelermittlungen, Literaturzusammenstellungen und die Ermittlung von Standortnachweisen.
- Sachauskünfte werden in deutschen Bibliotheken seltener angeboten und nachgefragt. Manche Bibliotheken lehnen es grundsätzlich ab, Sachfragen zu beantworten. In Spezialbibliotheken hingegen spielen Sachauskünfte eine wichtigere Rolle. Faktenfragen und Sachverhaltsfragen bilden zwei zu unterscheidende Varianten von Sachauskünften. Faktenfragen erlauben eine kurze und präzise Antwort, die meist schon nach der Konsultation eines einzigen Informationsmittels gegeben werden kann. Es handelt sich meist um Zahlen, Adressen, Abbildungen, Ereignisse, Formeln oder grundlegende Definitionen. Sachverhaltsfragen jedoch umfassen die Einbeziehung von Hintergründen, die Zusammenstellung von Pro- und Contra-Argumenten bei umstrittenen Phänomenen, Ursachen und Begründungen von Ereignissen usw. Die Zielinformationen sind komplex und in der Regel nur nach Konsultation mehrerer Informationsmittel und primärer Informationsquellen zu gewinnen. Der Mehrwert dieser Informationsdienstleistung besteht in der Kompilation, Verdichtung und manchmal auch Bewertung der gewünschten Informationen. Insofern kann hier die Grenze zur später zu behandelnden funktionalen Informationsdienstleistung überschritten werden.

Tabelle 37: Auskunftsarten im passiven Informationsdienst

Orientierungsauskünfte	Fragen nach Räumlichkeiten
	Fragen nach Einrichtungen
	Fragen nach Dienstleistungen
Bibliografische Auskünfte	Titelermittlungen
	Standortnachweise
	Literaturzusammenstellungen
Sachauskünfte	Faktenfragen
	Sachverhaltsfragen

Die Zielinformationen selbst, die im Rahmen des passiven Informationsdienstes von Benutzern erfragt werden, können grundsätzlich natürlich auch von der Bibliothek aktiv vermittelt, d.h. im Push-Verfahren an die Kunden adressiert werden.

Aktiver Informationsdienst
Wenn im Zusammenhang von Auskunfts- und Informationsdienst (bibliothekarische Grundfunktion „Vermitteln") Informationen aus eigener Initiative zusammengestellt, aufbereitet und verbreitet werden, handelt es sich um aktiven Informationsdienst. Die im Zusammenhang mit den übrigen klassischen Grundfunktionen der Bibliothek erbrachten Informationsdienstleistungen (Sammeln, Aufbewahren, Erschließen, Benutzen) gehören dazu also nicht. Es handelt sich stattdessen um Pushdienste wie Neuerwerbungslisten, Current-Contents-Dienste usw. Die Bibliothek liefert gewünschte Informationen, bevor der Kunde weiß, dass sie existieren. Im Einzelnen gehört dazu schon die (vorübergehende) hervorgehobene Präsentation von Medien und Informationen (Auslage ausgewählter Neuerwerbungen, thematische Medienzusammenstellung aus aktuellem Anlass usw.). Hinzu treten Zusammenstellung und Verbreitung von Literaturlisten (themenbezogene Bibliografien, Auswahlverzeichnisse), Informationszusammenstellungen (Faktendokumentationen, Synopsen, Chroniken) oder Current-Contents-Dienste (regelmäßige Information über den Inhalt aktuell erschienener Zeitschriften).

Bei Hosts und Spezialbibliotheken, immer häufiger auch bei Hochschulbibliotheken gehören personalisierte Informationsdienste zum Standard. Darunter zu verstehen ist die gezielte Versendung von Informationsmaterialien an bestimmte Benutzer aufgrund eines definierten Interessenprofils in festgelegten Rhythmen. Profilbildung kann explizit oder implizit erfolgen. Im Falle expliziter Profilbildung (direkter Personalisierung) gibt der Kunde Daten zur Beschreibung des Interessenprofils selbst ein. Er wählt aus einem vorgegebenen Fundus diejenigen Deskriptoren, Schlagwörter oder Systemstellen aus, die seine jeweiligen Interessen am präzisesten beschreiben (Check-Box-Verfahren). Wenn die Profilbeschreibungselemente deckungsgleich sind mit der Indexierungssprache zur sachlichen Erschließung des von der Bibliothek kontrollierten Informationsraumes, kann ein Matching zwischen Profil und Informationsobjekten automatisiert erfolgen. Wichtig ist, dass die Kunden ihr Profil jederzeit modifizieren und festlegen können, in welchen Abständen die Überprüfung und Benachrichtigung („Current-Alerting") erfolgen soll.

Implizite Profilbildung (indirekte Personalisierung) liegt dann vor, wenn das Nutzerverhalten in der jeweiligen Informationsumgebung gespeichert und analysiert wird (Clickstreamanalyse). Oft wird ohne Wissen der Person daraus ein spezifisches Profil generiert, das mit der Gesamtheit der Profile in Beziehung gesetzt wird (Collaborative Filtering). Auf dieser Grundlage werden dann Empfehlungen generiert und entweder während der laufenden Sitzung angeboten oder als Pushdienste versandt.

Mit personalisierten Informationsdiensten stehen Instrumente zur Verfügung, die sich hervorragend dazu eignen, Informationsballast zu minimieren und Komplexitätsreduktion auf Zielgruppen oder Einzelkunden zuzuschneiden. Unter dem Begriff „Selective Dissemination of Information" (SDI) sind vergleichbare – damals noch nicht digitale – Dienstleistungen schon vor Jahrzehnten entwickelt worden. Das Besondere an SDI-Produkten war, dass neben publizierten auch informelle, neben aktuell generierten unter Umständen auch ältere, dem Kunden bis dahin nicht bekannte Informationen verwertet wurden. Personalisierungstechniken können heute ohne großen Aufwand auch in Bibliotheken eingesetzt werden. Damit setzt auch eine Weiterentwicklung von Bibliothekskatalogen zu Bibliotheksportalen oder von Virtuellen Fachbibliotheken zu Fachportalen ein.

Die Bedeutung der Personalisierungsoptionen und die damit verbundenen Chancen müssen offenbar von manchen Bibliothekaren und ihren Kunden noch in Erfahrung gebracht werden. So können z.B. Neuerwerbungslisten, die früher oft in Form pfundschwerer Leporelloausdrucke im Umlauf erst nach Wochen oder Monaten den Adressaten erreichten, heute per E-Mail unverzüglich allen Interessierten gleichzeitig zugänglich gemacht werden. Darüber hinaus kann durch Personalisierung ein besonderer Mehrwert erzielt werden, indem der Dozent für Mediävistik verschont bleibt von Informationen zu monografischen Neuerwerbungen, Current-Contents und neu ermittelten Webquellen zum Thema Astrophysik oder Reproduktionsmedizin.

Bei vielen Nutzern herrscht noch immer Skepsis oder gar Unkenntnis hinsichtlich personalisierter Dienstleistungen vor. Bibliotheken sollten daher gezielt auf die Vorteile der Personalisierung aufmerksam machen und sich dabei in einer Policy, in Leitlinien also, die direkt an die Nutzer adressiert sind, zum diskreten Umgang mit den persönlichkeitsbezogenen Daten verpflichten. Durch derartig innovative Angebote können Bibliotheken Einfluss auf die Informationskultur ihrer Kunden nehmen. Mittels personalisierter Informationsdienstleistungen können Wissenschaftliche Bibliotheken sich, wie der *Wissenschaftsrat* in seinen Empfehlungen schon 2001 gefordert hat, zu „Bring-Bibliotheken" entwickeln und den Nutzern die benötigten Informationen schnell und kostengünstig am jeweiligen Arbeitsplatz zur Verfügung stellen: „Bibliotheken müssen dabei auch Profildienste anbieten können, die eine jeweils fach- oder nutzerbezogene Informationsversorgung ermöglichen." (Empfehlungen zur digitalen Informationsversorgung 2001)

Tabelle 38: Varianten aktiver Informationsdienstleistungen

Hervorgehobene Präsentation von Medien	Auslage ausgewählter Neuerwerbungen
	Thematische Medienzusammenstellung aus aktuellem Anlass usw.
Zusammenstellung und Verbreitung von Literaturlisten	Neuerwerbungslisten
	Themenbezogene Bibliografien
	Auswahlverzeichnisse
Informationszusammenstellungen	Faktendokumentationen
	Synopsen
	Chroniken
Current-Contents-Dienste	Regelmäßige Information über den Inhalt aktuell erschienener Zeitschriften („Current-Alerting-Dienste")
Personalisierte Informationsdienste	Gezielte Versendung von Informationsmaterialien an bestimmte Benutzer aufgrund eines auf sie zugeschnittenen Interessenprofils in definierten Rhythmen (Personalisierte Pushdienste, Personalisierte Alertingdienste)
	Sonderform: Selective Dissemination of Information (SDI): präsentieren neben publizierten auch informelle, neben aktuell generierten unter Umständen auch ältere, dem Kunden bis dahin nicht bekannte Informationen

Funktionaler Informationsdienst
Funktionale Informationsdienste (Schmidt 1997) werden in der Mehrzahl ähnlich wie passive Informationsdienste in konkretem Kundenauftrag erbracht. Substantiell aber gehen funktionale Informationsdienste weit über das Niveau passiver wie aktiver Informationsdienste hinaus. Sie beschränken sich nicht allein auf Beschaffung und unveränderte Präsentation der Rechercheergebnisse, sondern verstehen sich als Teil einer kundenbezogenen Unterstützungs- und Beratungstätigkeit. In den Prozess der Informationsgewinnung und -aufbereitung werden Aspekte der Verwertbarkeit, der Anwendbarkeit und der Nützlichkeit im konkreten Problemlösungskontext des Kunden einbezogen.

Funktionale Informationsdienste sind also strikt anwendungsorientiert und zeichnen sich aus durch eine erheblich intensivere Informationsaufbereitung (Verdichtung, Bewertung usw.). Auf dieser Grundlage werden neue Erkenntnisse formuliert und mögliche Problemlösungen skizziert. Der Auftraggeber erhält damit die informationellen Voraussetzungen zur Vorbereitung und Begründung von Entscheidungen. Manche Anbieter funktionaler Informationsdienste wie z.B. Unternehmensberatungen gehen gar einen Schritt weiter und begleiten die konkrete Umsetzung der erarbeiteten Problemlösungsszenarien beim

Kunden. Funktionale Informationsdienste werden auch als „Value Added Information Services" oder „Mehrwert-Informationsdienste" bezeichnet.

Zu funktionalen Informationsdiensten einfacherer Art zählen z.B. fachjournalistisch aufbereitete Kurzinformationen aus Datenbanken, Literaturberichten, Fortschrittsberichten, Stand-der-Technik-Übersichten oder thematischen Sachstandsvergleichen. Während in diesen Fällen das Ermitteln und Systematisieren der Zielinformationen dominiert, gewinnt bei aufwändigeren Formen wie Expertisen, thematischen Studien und wissenschaftlichen Analysen die Bewertung ein größeres Gewicht. Im Rahmen von Wirtschafts-, Innovations- und Technologieförderung geht es dabei oft um die Bewertung technischer Ideen, Entwicklungsvorhaben oder Umstellungen in technischer und wirtschaftlicher Hinsicht (Schmidt 2004). Die umfassendste Dienstleistung liegt dann vor, wenn neben Ermittlung, Systematisierung und Bewertung auch Hilfestellung bei der Umsetzung geleistet wird.

Funktionale Informationsdienste werden im bibliothekarischen Zusammenhang eher selten angeboten. In Spezialbibliotheken hingegen, die grundsätzlich eine stärkere Dienstleistungsorientierung besitzen und im Vergleich zu anderen Bibliothekstypen oft eine deutlich intensivere Literaturerschließung und Informationsaufbereitung vorweisen können, lassen sich funktionale Informationsdienste ebenso antreffen wie z.B. in innerbetrieblichen Informationsstellen. Spezialisiert auf solche Formen intensiver und anwendungsorientierter Informationsaufbereitung, die bis zur Unterstützung bei der Anwendung von Erkenntnissen gehen kann, sind z.B. selbstständige Informationsberater, Recherchebüros und Beratungsfirmen oder Fachgutachter. Neben den klassischen Unternehmensberatungen kommen aber auch Innovationsberatungsstellen, Technologieberatungsunternehmen oder Technologie-Transfer-Agenturen in Frage.

Tabelle 39: Typologie funktionaler Informationsdienstleistungen

Ermittlung und anwendungsorientierte Systematisierung der Zielinformationen	Fachjournalistisch aufbereitete Kurzinformationen aus Datenbanken
	Literaturberichte
	Fortschrittsberichte
	Stand-der-Technik-Übersichten
	Thematische Sachstandsvergleiche
Anwendungsorientierte Bewertung der Zielinformationen	Expertisen
	Thematische Studien
	Wissenschaftliche Analysen
Hilfestellung bei der Umsetzung	Begleitung bei der Realisierung der Problemlösungsszenarien

Vermittlung von Informationskompetenz
Mit der Vermittlung von Informationskompetenz übernehmen Bibliotheken eine neue Aufgabe und setzen zugleich wesentlich erweitert fort, was in der Vergangenheit als Benutzerschulung bereits zu den Routinetätigkeiten gezählt hatte (Homann 2001). Während Benutzerschulungen verstärkt seit den 1970er-Jahren als Hilfe zur Selbsthilfe bei der Literatur- und Informationssuche in der konkreten Bibliothek angeboten (und meist nur von einer Minderheit der Benutzer auch angenommen) wurden, fußt Vermittlung von Informationskompetenz auf einem wesentlich erweiterten Konzept.

Benutzerschulung konzentriert sich auf die Einführung in die konkreten Benutzungsmodalitäten und das Dienstleistungsangebot der jeweiligen Bibliothek. Im Vordergrund stehen daher Hilfe und Anleitung beim Gebrauch der dort vorhandenen Kataloge und Informationsmittel, der Nutzung des Bibliotheksbestandes, des Leihverkehrs und der übrigen am Ort zur Verfügung stehenden Möglichkeiten. Benutzerschulung ist in der Regel institutionenorientiert, pragmatisch, lehr- und objektorientiert.

Die klassische Benutzerschulung bringt eine Reihe von Nachteilen mit sich. Die Lehr- und Objektorientierung hat zur Folge, dass die Veranstaltungen eine Tendenz zu inhaltlicher Überlastung und Überfrachtung mit technischen Details aufweisen. Vollständiger Darstellung wird dann größere Bedeutung beigemessen als Rezipienten- und Zielgruppenorientierung. Zu den subjektiven und fachbezogenen Handlungsbedürfnissen der Benutzer bestehen oft nur wenige oder gar keine Bezüge. Aus diesem Grund verfügen derartige Angebote meist nur über geringes Motivationspotenzial. Die schwache Nachfrage und das immer wieder beklagte Desinteresse auf Seiten der Benutzer sind sicher wesentlich darauf zurückzuführen.

Seit vielen Jahren mehren sich Stimmen, die an Stelle klassischer Benutzerschulung erweiterte bibliothekarische Angebote fordern, die meist als Vermittlung von Informationskompetenz bezeichnet werden. Aufgeschreckt durch Studien über sinkende Bildungsstandards an Schulen (PISA-Studie), durch offenkundig mangelhafte Fähigkeiten bei der Nutzung digitaler Medien selbst bei Studierenden (SteFi-Studie) und unter dem Eindruck einer fortwährend komplexer werdenden Informationslandschaft verlangen auch hochschulpolitische Institutionen vehement verstärkte Bemühungen zur Verbesserung der allgemeinen Informationskompetenz. So forderte der *Wissenschaftsrat* 2001 in seinen Empfehlungen: „Der Verbesserung der Nutzerkompetenz (information literacy) muss die Bibliothek in Kooperation mit anderen Einrichtungen der Hochschule Rechnung tragen. Navigations- und Recherchestrategien, Hilfen zum digitalen Publizieren und Vor- und Nachteile der einzelnen Informationsquellen müssen dargestellt sowie die Grundlagen ihrer Nutzung vermittelt werden." (Empfehlungen zur digitalen Informationsversorgung 2001, S. 36)

In den USA wurde bereits 1989 unter Mitwirkung der *American Library Association* das *National Forum on Information Literacy* (NFIL) gegründet, das Standards und didaktisch-methodische Konzepte zur Vermittlung von Informationskompetenz entwickelte (↗5.3.10). Dafür legte die NFIL folgende Definition zugrunde: „*Information Literacy* is defined as an individual's ability to know when there is a need for information, to be able to identify, locate, synthesize, evaluate, and effectively use that information for the issue or problem at hand." (Information Literacy. National Forum on Information Literacy)

Informationskompetenz bedeutet demnach, den Informationsbedarf erkennen und unabhängig von der konkreten Bibliothek durch Auswahl der geeigneten Informationsressourcen, Anwendung der geeigneten Retrievalmethoden und kritische Bewertung der ermittelten Zielinformationen befriedigen zu können. In den berühmten „Big Six Skills" sind diese Elemente mit Task Definition, Information Seeking Strategies, Location and Access, Information Use, Synthesis und Evaluation fast deckungsgleich formuliert (Eisenberg/Berkowitz 1990).

Unterrepräsentiert ist in den genannten amerikanischen Definitionen aktive Informationskompetenz. Darunter ist die Fähigkeit zu verstehen, gewonnene Erkenntnisse auch im digitalen Umfeld angemessen publizieren zu können (Tappenbeck 2005). Wissenschaftliche Bibliotheken bieten in diesem Zusammenhang Informationen über die Vor- und Nachteile verschiedener Dateiformate, sie stellen Formatvorlagen und Style Sheets zur Verfügung und entwickeln Anleitungen zur Generierung von Metadaten (z.B. Dublin Core) durch die Autoren. Mit der steigenden Bedeutung von Open Access für die wissenschaftliche Kommunikation gewinnt auch aktive Informationskompetenz an Gewicht.

In Deutschland hat die Auseinandersetzung mit den von amerikanischen Kollegen gesammelten theoretischen und praktischen Erfahrungen im Hinblick auf Vermittlung von Informationskompetenz schon vor einigen Jahren begonnen. Früchte dieser Entwicklung sind Workshops, Publikationen, Vorträge und vor allem zahlreiche Projekte in den Bibliotheken. Diese und andere Materialien sind auf der Plattform „IK. Vermittlung von Informationskompetenz an deutschen Bibliotheken" zusammengestellt worden.

Gemeinsam ist den verschiedenen Konzepten zur Vermittlung von Informationskompetenz die Abkehr von der Bestands- und Objektorientierung früherer Benutzerschulung. Stattdessen stützen sich die neuen Ansätze auf moderne Curriculumtheorien, auf aktivierende und lernzielorientierte Methoden. Die Lehrinhalte werden auf besondere Zielgruppen und den Bedarf einzelner Teilnehmer zugeschnitten. Neben dieser Subjektorientierung sind die Konzepte von der Überzeugung geprägt, dass die beschleunigten Innovationsrhythmen der Informationsgesellschaft die Notwendigkeit „lebenslangen Lernens" nahe legen. Wenn Informationskompetenz als Schlüsselkompetenz anzusehen ist, die ständiger Aktualisierung bedarf, bietet sich für Bibliotheken eine herausragende Chance, entsprechende Dienstleistungsangebote zu entwickeln und damit als „Teaching Libraries" ihre Rolle in der zukünftigen Bildungs- und Informationslandschaft aufzuwerten.

Für die Vermittlung von Informationskompetenz stehen verschiedene Formen zur Verfügung:
- (Zielgruppenspezifische) Bibliotheksführungen; Virtuelle Rundgänge
- Schriftliche Handreichungen (Selbstlernmaterial in gedruckter Form)
- Auditive oder audiovisuelle Hilfsmittel (z.B. Filme)
- Online-Tutorials (digitale Selbstlernkurse)
- Kombination von Präsenzveranstaltungen und Online-Tutorials (Blended Learning)
- Veranstaltungen zur Einführung in die Nutzung von Bibliothekskatalogen
- Veranstaltungen zur Einführung in die Nutzung allgemeiner und fachlicher Informationsmittel in gedruckter und digitaler Form
- Individuelle Betreuung bei der Lösung eines konkreten Informationsproblems („Instruction at the point of use")
- Unterstützung einzelner Lehrveranstaltungen der Hochschule (integrativ)
- Einbindung eigenständiger Lehrveranstaltungen zur Vermittlung von Informationskompetenz in die Studiengänge (additiv).

Mit Bibliotheksführungen oder schriftlichen Handreichungen gehören auch solche Varianten zu den Formen der Vermittlung von Informationskompetenz, die im Rahmen von Benutzerschulung praktiziert worden sind. Entscheidend aber sollte sein, dass diese Angebote nunmehr zielgruppenspezifisch ausgerichtet werden (z.B. für Seniorinnen oder Erstsemester eines bestimmten Faches) und dass gewünschte Inhalte in kleine Einheiten zerlegt und modular aufbereitet werden (z.B. Patentdatenbanken und fachbibliografische Datenbanken für Chemiker in eigenen, konsekutiven Modulen). Als Alternative oder Ergänzung zu realen Bibliotheksführungen werden heute bereits von vielen Bibliotheken „Virtuelle Rundgänge" angeboten, gegenwärtig freilich noch meist ohne zielgruppenspezifischen oder aufgabenorientierten Zuschnitt.

Zur Vermittlung von Informationskompetenz eignen sich auch auditive und audiovisuelle Medien. Schon in der Vergangenheit hatten einige Bibliotheken dafür z.B. Bibliotheksfilme gedreht (u.a. UB Bielefeld; BIS Oldenburg). Viele Bibliotheken bieten auf ihrer Website Online-Tutorials an, die als digitale Selbstlernkurse idealerweise einem eng begrenzten Thema gewidmet sind, keinesfalls länger als 30 Minuten zur Bearbeitung erfordern und zur Erfolgskontrolle abschließend Übungsaufgaben bereitstellen.

Weitere und häufig anzutreffende Formen sind z.B. Veranstaltungen zur Einführung in die Nutzung von Bibliothekskatalogen, die Nutzung allgemeiner und fachlicher Informationsmittel in gedruckter und digitaler Form und selbstverständlich die ganz individuelle Variante, die Betreuung bei der Lösung eines konkreten Informationsproblems („Instruction-at-the-point-of-use").

Zwei bislang noch nicht erwähnte Formen erfahren gegenwärtig besondere Beachtung im Hochschulbereich: Integrative Vermittlung von Informationskompetenz durch Bibliothekare als Teilmodul einer fachlichen Lehrveranstaltung und die Einbindung separater Lehrveranstaltungen zur additiven Vermittlung von Informationskompetenz in die Studiengänge. So hat man gute Erfahrungen gemacht mit der Einbindung entsprechender Angebote in Seminare der Fachbereiche. Inhalt und Übungsbeispiele beziehen sich auf das Seminarthema. Diese Projektorientierung steigert die Lernmotivation der Studierenden und verdeutlicht die Nützlichkeit von Informationskompetenz. Die Einbindung von eigenen Veranstaltungen zur Vermittlung von Informationskompetenz in die Curricula wird gegenwärtig an mehreren Hochschulen und in unterschiedlichen Fächern vorgenommen. Insbesondere die Hochschulbibliotheken in Freiburg, Würzburg und Kassel haben entsprechende Projekte realisiert (Lux/Sühl-Strohmenger 2004).

Die Einführung von Bachelor- und Master-Studiengängen bietet günstige Voraussetzungen für die verpflichtende Einbindung bibliothekarischer Vermittlung von Informationskompetenz in die Curricula. In diesen Studiengängen sind praxisorientierende Komponenten vorgesehen, in denen berufsbefähigende Schlüsselqualifikationen oder „berufsfeldorientierende Kompetenzen" erworben werden sollen. Vermittlung von Informationskompetenz bietet sich dafür geradezu an. Nicht geklärt ist bislang allerdings, wie die Bibliotheken und Bibliothekare das Mengenproblem lösen können, wenn viele Studiengänge den Besuch einer von der Hochschulbibliothek durchgeführten Lehrveranstaltung zur Vermittlung von Informationskompetenz zur Pflichtveranstaltung machen. Die im Rahmen von Distance Learning gewonnenen Techniken und Erfahrungen, aber auch die Möglichkeiten, die sich im Zusammenhang erweiterter digitaler Auskunft ergeben haben wie Escorting und Co-Browsing (↗6.4.2), können hier Abhilfe schaffen. Dabei wird es auf eine intelligente, problem- und zielgruppenadäquate Kombination von Präsenz- und Distanzelementen ankommen (Blended Learning).

Auch für Öffentliche Bibliotheken ist Vermittlung von Informationskompetenz zu einem aktuellen Thema geworden. Dabei haben sich Ansätze des erlebenden Lernens als besonders erfolgreich erwiesen (Umlauf 2004). Auf spielerische Weise lassen sich ganzheitliche und tätigkeitsorientierte Lernprozesse so inszenieren, dass die Erlebnisse den Erfahrungen des Alltags nahe kommen. Zu diesen Spielhandlungen gehört es z.B. Rätsel zu entschlüsseln oder Unbekanntes zu entdecken. Dabei ist der Lösungsweg mit Aktion, körperlicher Bewegung und praktischem Tun verbunden. Belohnt wird der erfolgreiche Einsatz mit einem Zertifikat (Internet- oder Bibliotheksführerschein usw.).

Indirekter Informationsdienst
Während passiver, aktiver und funktionaler Informationsdienst in direktem Kontakt oder im Auftrag der Benutzer erbracht werden, gehören zum indirekten Informationsdienst alle Tätigkeiten, die im Hintergrund ohne direkten Auftrag und Kontakt mit den Benutzern erfolgen müssen, damit ein funktionsfähiger und qualitativ hochwertiger Informationsdienst möglich wird.

Im Wesentlichen gehören zum indirekten Informationsdienst:
- Bedarfsermittlung
- Konzeption
- Organisation
- Bewertung
- Aufbau, Erschließung und Pflege eines geeigneten Bestandes an Informationsmitteln
- proaktive Bereitstellung von Orientierungs- und Nutzungshilfen
- Präsentation interaktiver Angebote
- Herstellung und Pflege von Kooperationsbeziehungen
- Öffentlichkeitsarbeit und Werbung
- Schulung der Mitarbeiter.

Im Rahmen des institutionsspezifischen Marketingkonzeptes muss ein bedarfsorientiertes Angebot für Auskunft und Informationsdienst entwickelt werden. Dabei ist zu beachten, wie die Nachfrage gezielt gesteigert bzw. beeinflusst werden kann. Die konkrete Umsetzung muss regelmäßig überprüft und gegebenenfalls modifiziert werden. Dienstleistungs- und Medienangebot müssen entsprechend angepasst werden. Auch der Aufbau, die Erschließung und die Pflege eines geeigneten Bestandes an Informationsmitteln ist dem indirekten Informationsdienst zuzuordnen. Kommerziell vertriebene Informationsmittel in analoger oder digitaler Form, die geeignet erscheinen, müssen ermittelt, erworben oder lizensiert und schließlich erschlossen und bereit gestellt werden.

Viele Bibliotheken bieten ihren Benutzern darüber hinaus selbsterstellte Informationsmittel an. Dazu gehörten früher Zeitungsausschnittsammlungen, Zusammenstellungen regionalspezifischer Informationen, Adressen oder Literaturhinweise usw. Mittlerweile sind zu diesem Typus auch Repositorien, Linklisten, Web-Kataloge, Virtuelle Fachbibliotheken und portalspezifische Angebote zu zählen, die von den Bibliotheken eigens für ihre Nutzer erzeugt werden (↗4.7). Diese Angebote lassen sich darüber hinaus in gleicher Weise den aktiven Informationsdiensten zurechnen. Das gilt auch für die proaktive Bereitstellung von Orientierungs- und Nutzungshilfen und die Präsentation interaktiver Angebote. Dabei kann es sich ebenso um Faltblätter, Selbstdarstellungsbroschüren oder Hilfemenüs handeln wie um strukturierte Internetauftritte, Zusammenstellungen von Antworten auf häufig gestellte meist formale Fragen (FAQs, Chatbots) oder sogenannte Archivdatenbanken bzw. Knowledge Databases, in denen die Antworten auf häufig gestellte inhaltliche Fragen abrufbar sind. Bei letzteren handelt es sich oft um erfolgreich abgeschlossene Auskunftsprozesse, deren Gegenstand häufiger nachgefragt wird. Manchmal ist in diesem Zusammenhang auch die Rede von FARQs, Frequently Asked Reference Questions (↗6.4.2).

Bestandteile des indirekten Informationsdienstes sind weiter Herstellung und Pflege von Kooperationsbeziehungen, Öffentlichkeitsarbeit und Werbung sowie Schulung der Mitarbeiter. Kooperation nach außen erfolgt idealerweise im organisierten Auskunftsverbund (↗6.4.2), praktisch jedoch vielfach dadurch, dass informelle Beziehungen zu Informationsabteilungen anderer Bibliotheken, Archiven, Dokumentationseinrichtungen oder Museen hergestellt werden. Ziel ist es jedenfalls, den Informationsbedarf der Kunden auch dann zufrieden zu stellen, wenn dies mit internen Ressourcen nicht möglich ist. Aber auch innerhalb der eigenen Bibliothek müssen stabile Kooperationsbeziehungen aufgebaut werden, damit die Informationsabteilung mit den übrigen Arbeitsbereichen der Bibliothek ebenso eng verzahnt ist wie Herstellung und Vertrieb in einem Wirtschaftsunternehmen.

Öffentlichkeitsarbeit und Werbung sollten sicher stellen, dass jeder aktuelle und jeder potenzielle Benutzer die Dienstleistungsangebote kennt und im Bedarfsfall zur Lösung seiner Informationsprobleme in Anspruch nehmen kann. Natürlich kann Informationsdienst nur dann in angemessenem Umfang und mit zufriedenstellender Qualität angeboten und genutzt werden, wenn die Informationsbibliothekare über adäquate Kenntnisse, Fähigkeiten und Fertigkeiten verfügen. Um dies zu erreichen, bedarf es der systematischen Schulung mit regelmäßiger Auffrischung sowie des organisierten Erfahrungsaustausches im Rahmen von Workshops und Tagungen.

Sonderformen des Informationsdienstes
Zur Unterstützung von Einzelpersonen oder Gruppen bei der Lösung von Alltagsproblemen sind insbesondere in Öffentlichen Bibliotheken Sonderformen des Informationsdienstes entwickelt und eingerichtet worden. Dabei kann es sich handeln um Zusammenstellungen von

- Regionalinformationen (Informationen über lokale Gegebenheiten)
- Ratgeberinformationen (Alltagsfragen aus den Lebensbereichen Wohnen, Arbeit, Familie, Bildung usw.)
- lokalpolitischen Informationen (Vermittlung von Informationen, die für politische Entscheidungsprozesse in der Gemeinde relevant sind).

Bei derartigen Sonderformen des Informationsdienstes handelt es sich in der Regel um zielgruppenspezifische Dienstleistungsangebote, die meist nur in Kooperation mit leistungsstarken Partnern zu entwickeln sind. Aktualität, Vollständigkeit und Sachgerechtigkeit der Informationszusammenstellungen können nur durch die enge Zusammenarbeit mit Verbraucherberatungen, kommunalen Verwaltungen, Arbeitsagenturen, Volkshochschulen, Interessenverbänden usw. garantiert werden.

In Großbritannien werden vergleichbare bibliothekarische Angebote als „Community Information Service" bezeichnet, während in Deutschland manche dieser Formen vor allem in den 1970er- und 1980er-Jahren der Sozialen Bibliotheksarbeit zugerechnet wurden. Während man damals die emanzipatorische Funktion der Öffentlichen Bibliothek stärker in den Vordergrund rückte, um benachteiligten Bevölkerungsschichten die Bewältigung des Alltags sowie die politische Partizipation zu erleichtern und damit zu deren gesellschaftlicher (Re)Integration beizutragen, werden vergleichbare Sonderformen gegenwärtig eher als zielgruppenspezifische Dienstleistungsangebote bezeichnet. Diese sind außerdem auch auf solche Gruppen zugeschnitten, die keineswegs als sozial benachteiligt gelten können. Emanzipatorische Ambitionen spielen eine deutlich geringere Rolle als früher. In den letzten Jahren sind allerdings nach langer Unterbrechung erstmals wieder Publikationen erschienen, die sich mit sozialer Bibliotheksarbeit beschäftigen und explizit diesen Begriff verwenden (Zugang für alle 2007, Schulz 2009). Ob daraus jedoch eine Renaissance des Konzeptes insgesamt hervorgehen wird, bleibt abzuwarten.

6.4.2 Digitale Auskunft und Informationsvermittlung
Einen spürbaren Aufschwung genommen hat die Beschäftigung mit Fragen bibliothekarischer Auskunft seit Anfang der 1990er-Jahre. Mit der Entstehung digitaler und virtueller Bibliotheken wurde bald deutlich, dass die bibliothekarische Grundfunktion „Vermitteln" ebenfalls über die neuen Kommunikationskanäle erfolgen musste. So geht aus der grundlegenden Definition der *Reference and User Services Association (RUSA)* der ALA hervor, dass alle Formen digitaler Auskunft sich auf das Internet als Kommunikationsmedium stützen: „Virtual reference is reference service initiated electronically, often in real-time, where patrons employ computers or other Internet technology to communicate with reference staff, without being physically present." Weiter heißt es dort: „While online sources are often utilized in provision of virtual reference, use of electronic sources in seeking answers is not of itself virtual reference." (Guidelines for Implementing 2004) Die bloße Informationsvermittlung aus externen Datenbanken, die seit Mitte der 1970er-Jahre von deutschen Bibliotheken angeboten wurde (↗2.2), gehört daher für sich genommen ausdrücklich nicht zur digitalen Auskunft, kann aber gleichwohl Bestandteil eines digitalen Auskunftsprozesses sein.

Die Anfänge digitaler Auskunft reichen zurück in die 1980er-Jahre. Zwei medizinische Spezialbibliotheken führten in den USA erste Experimente zur Nutzung von E-Mail im Rahmen des Auskunftsdienstes durch. Aber erst mit der Popularisierung des Internets durch das Worldwide Web ab 1993 wurde organisierte Auskunft per E-Mail in Bibliotheken zur weit verbreiteten Praxis. Mittlerweile sind mit Web-Formular, Chat und VoIP weitere Varianten hinzugetreten. Digitale Auskunft hat sich seither nicht nur in britischen und amerikanischen Bibliotheken zu einem integralen Bestandteil des bibliothekarischen Dienstleistungsangebotes entwickelt. Public Libraries haben sich dem neuen Trend zwar ebenfalls angeschlossen, tun dies jedoch mit größerer Zurückhaltung. Unter den konkurrierenden Begriffen Digital Reference, Electronic Reference, Online-Reference, Life Reference, Virtual Reference haben sich Digital

Reference und Virtual Reference, die vielfach synonym gebraucht werden, durchgesetzt.

Zu den wichtigsten Leistungsmerkmalen zählen folgende Eigenschaften digitaler Auskunft:

- Die Bibliothek kann die Benutzer dort abholen, wo sie immer häufiger die Informationssuche beginnen: im Web.
- Bibliothekarische Auskunft kann unabhängig vom eigenen Standort genutzt werden.
- Unter bestimmten Voraussetzungen können die Auskunftsdienstleistungen auch zeitlich ausgedehnt werden.
- Der Erwartungshaltung der Benutzer, zuverlässige Antworten auf Fragen, Hilfestellungen zur Verbesserung von Suchstrategien usw. „just-in-time" über das Internet in Anspruch nehmen zu können, kann eher entsprochen werden.
- Die Möglichkeiten zu individueller Benutzerschulung im konkreten Bedarfsfall verbessern sich.
- Digitale Auskunft bietet hervorragende Voraussetzungen zu übergreifender Vermittlung von Informationskompetenz.
- Im Kontext von Distance oder E-Learning erscheint digitale Auskunft als unerlässliche Kommunikationsebene zur Unterstützung individueller oder kollektiver Lernprozesse.
- Schließlich erleichtert das Internet nicht nur die Vernetzung zwischen Benutzer und Bibliothek, sondern auch zwischen den Bibliotheken selbst; d.h. Bibliotheken, die bisher ihren Auskunftsdienst individuell und auf die eigene Institution beschränkt organisiert haben, können sich auf unkomplizierte Weise zu Auskunftsverbünden oder -konsortien zusammenschließen.

Wenn auf der Homepage der Bibliothek kommentarlos eine E-Mail-Adresse als Kontaktangebot platziert wird und die daraufhin gelegentlich eintreffenden Anfragen per E-Mail an die Auskunftsabteilung weitergeleitet und „nebenbei" beantwortet werden, handelt es sich natürlich noch nicht um Digitale Auskunft. Geregelt werden muss zunächst, wer für die Bearbeitung verantwortlich ist, in welchem Zeitraum die Beantwortung erfolgt, welche Fragen nicht bearbeitet werden, welche Quellen zur Bearbeitung herangezogen werden usw. Digitale Auskunft erfordert also ein durchdachtes Konzept mit geregelten Arbeitsabläufen, speziell geschultem Personal, exakt definiertem und für die Nutzer transparenten Dienstleistungsangebot, das im Internet angemessen präsentiert und zur Nutzung bereitgestellt wird. In amerikanischen und inzwischen auch in einigen deutschen Bibliotheken ist es üblich, Umfang und Grenzen der Dienstleistungsangebote in einer sogenannten „Policy", hier einer „Reference Policy" zu beschreiben. Derartige Leitlinien schaffen Transparenz gegenüber den Benutzern, steuern deren Leistungserwartungen und haben damit eine wichtige Marketingfunktion. Policies dienen aber ebenso der Selbstvergewisserung und regelmäßigen Überprüfung seitens der Bibliothek (↗7.2).

Für digitale Auskunft werden unterschiedliche, internetbasierte Kommunikationskanäle und -techniken genutzt. Den Beginn markieren einfache E-Mails; in den 1990er-Jahren boten einige Bibliotheken sogenannte Web-Formulare an und später auch Chat. Noch selten genutzt werden zwei weitere Formen, nämlich „Voice over Internet Protocol" (VoIP) und Videoconferencing:

- E-Mail: Auskunft via E-Mail ist technisch unaufwändig, kostengünstig und verbessert die Erreichbarkeit bibliothekarischer Auskunft zeitlich wie räumlich. Manche Bibliotheken bieten E-Mail-Auskunft inzwischen auch auf Mobiltelefone via SMS an. In der asynchronen und nicht vorstrukturierten Kommunikation der Auskunft per E-Mail besteht gleichzeitig ein Nachteil: Ein im Rahmen des Klärungsprozesses zu führendes Auskunftsinterview kann kaum zufriedenstellend geführt werden.
- Web-Formular: In der Auskunft per Web-Formular soll die völlig freie und daher oft missverständliche und lückenhafte Eingabe der Frage seitens des Benutzers durch ein Formular mit vordefinierten Feldern strukturiert und präzisiert werden. Aber auch damit können die Nachteile asynchroner Kommunikation nur zum Teil gemindert werden.
- Chatbot: Eine weitere Form asynchroner Digitaler Auskunft wurde mit Chatbots oder Chatterbots entwickelt. Es handelt sich dabei um einen fingierten synchronen Dialog zwischen dem Nutzer, der seine Frage in natürlicher Sprache eingibt, und einem Avartar, einer Kunstfigur also, die den Anschein erweckt, als reagiere Sie spontan auf die Eingabe. Tatsächlich liegt ein Mensch-Maschine-Dialog vor. Die Eingaben des Nutzers werden mittels automatischer Indexierung auf sinntragende Begriffe überprüft, die mit einer Datenbank vorbereiteter Antworten abgeglichen werden, aus der im positiven Fall die zur Frage passende Information ermittelt und als „spontane" Antwort der Kunstfigur präsentiert werden kann. In der interaktiven Datenbank können nachvollziehbarerweise nur häufig gestellte Fragen vorweggenommen und mit Antworten versehen werden. Es handelt sich letztlich um FAQs, die in Datenbankform zur Nutzung bereitgestellt werden. Chatbots eignen sich daher ausschließlich zur Beantwortung von Orientierungsfragen, keineswegs für bibliografische oder Sachfragen. Beim Einsatz von Chatbots ist unbedingt darauf zu achten, dass die Nutzer diese Einschränkung erkennen.
- Einfacher Chat: Eine Beseitigung der Nachteile asynchroner Kommunikation versprach seit der zweiten Hälfte der 1990er-Jahre Auskunft per Chat. Mit dieser synchronen Kommunikationsform kann erstmals ein Benutzer, der vom heimischen Rechner aus z.B. die Datenbankangebote der Bibliothek benutzt und aufgrund unzureichender Recherchestrategien zu unbefriedigenden Ergebnissen kommt, die Unterstützung der Bibliothek unmit-

telbar, am „Point of Need" in Anspruch nehmen. Aber auch für die Auskunft per Chat gelten Einschränkungen. Zum einen fehlen natürlich wie bei Auskunft per E-Mail oder Web-Formular die nonverbalen Kommunikationsinhalte, zum anderen erweist sich die Notwendigkeit, alle Mitteilungen über die Tastatur verschriftlichen zu müssen, doch für manche Fragestellungen bzw. für manche Nutzer als zu umständlich. Wirklich komplizierte Fragen sind also auch auf diese Weise nur unbefriedigend oder gar nicht zu beantworten. Hinzu kommt, dass Chatter in der Regel schnelle Antworten gewohnt sind und daher wenig Geduld aufbringen. So zeigt sich, dass nicht wenige Nutzer ohne Ankündigung einfach aus dem Dialog aussteigen, wenn ihnen der Auskunftsprozess zu umständlich erscheint oder die Beantwortung zu lange dauert. Ein weiterer Nachteil besteht in dem ausschließlichen Textbezug und der – gegenüber der klassischen Auskunft – fehlenden Möglichkeit, Abbildungen, Grafiken, Textstellen einfach vorzeigen und übergeben zu können. Chat Reference also erweist sich als großer Fortschritt gegenüber der Auskunft per E-Mail oder Web-Formular, kann aber längst nicht alle Erwartungen erfüllen, die an eine effiziente nutzerorientierte Informationsdienstleistung im Web zu stellen sind. Einige Bibliotheken nutzen für Auskunft durch einfachen Chat inzwischen auch die weit verbreiteten Instant Messaging Programme, die über eine Adressliste mit Aktivitätsanzeige verfügen. Nutzer stellen die Adressen von Freunden oder anderen wichtigen Kontaktpartnern individuell zusammen und können erkennen, ob diese online sind.

- Erweiterter Chat: Über die Funktionen des einfachen Chats hinaus bietet die erweiterte Chatauskunft vor allem eine Reihe interaktiver Tools. Dazu gehören Page-Pushing, Escorting und Co-Browsing, die weiter unten im Zusammenhang mit Web Contact Center Software erläutert werden. In der Kombination und parallelen Verfügbarkeit mit den anderen Kommunikationskanälen könnte der erweiterte Chat zukünftig eine Schlüsselrolle im Rahmen digitaler Auskunft übernehmen.
- VoIP: Mit Voice over Internet Protocol bzw. Internet-Telefonie steht eine Technik zur Verfügung, die es ermöglicht, Stimme und Daten gleichzeitig über das Internet Protokoll zu übertragen. Wenn VoIP die nötige Akzeptanz und Verbreitung gefunden hat, könnte sich Chat bald als Zwischentechnologie erweisen. Videoconferencing: Auch Software für Videokonferenzen ist in einigen nordamerikanischen Bibliotheken auf ihre Eignung für Digitale Auskunft geprüft worden. Die Ergebnisse waren jedoch bislang wenig ermutigend. Es ist fraglich ob dieser Kommunikationsmodus tatsächlich soziale Akzeptanz zu gewinnen vermag.

Alle bisher genannten Formen Digitaler Auskunft, vom erweiterten Chat abgesehen, beschränken sich auf sprachliche Kommunikation. Bibliothekarische Auskunft aber ist häufig angewiesen auf Interaktionen, die darüber hinausgehen.

Tabelle 40: Entwicklungsstufen digitaler Auskunft

Entwicklungsstufen	Synchronizität	Medialität	Interaktivität
1. E-Mail-Auskunft (auch: SMS)	asynchron/unstrukturiert	textbasiert	kaum interaktiv
2. Auskunft mit Web-Formular	asynchron/stärker strukturiert	textbasiert	kaum interaktiv
3. Chatbot/Chatterbot (FAQs)	asynchron	textbasiert	begrenzt interaktiv
4. Einfache Chat-Auskunft (auch: Instant Messaging)	synchron	textbasiert	begrenzt interaktiv
5. Erweiterte Chat-Auskunft (auch: Web Contact Center)	optional synchron oder asynchron	multimedial	umfassend interaktiv
Weitere Entwicklungsoptionen: - VoIP - Videoconferencing	synchron synchron	sprachbasiert multimedial	interaktiv interaktiv

Unternehmen des E-Commerce standen ebenfalls vor der Notwendigkeit, durch interaktive Tools die Kundenbindung zu verbessern. Um den Kunden ohne Medienbruch am Point-of-Use zur Verfügung zu stehen, wurden Plattformen (Web Contact Center) entwickelt, die kommunikative und interaktive Angebote ebenso ermöglichen wie eine Kombination aus Pull- und Pushdiensten. Mehrere Firmen haben dafür Softwarevarianten entwickelt, die spezifisch bibliothekarische Bedürfnisse berücksichtigen; mittlerweile gibt es über 20 verschiedene derartige Programme, die für digitale Auskunft eingesetzt werden. Web Contact Center bieten eine Vielzahl von Funktionalitäten. Dazu gehört die Kommunikation wahlweise per E-Mail, Web-Formular, Chat und VoIP. Hinzu tritt vor allem die interaktive Zusammenarbeit (Collaboration) und die erweiterte Möglichkeit der Distribution von Inhalten (Content Sharing).

Als Beispiel für kollaborative Tools sei hier auf Page Pushing, Escorting und Co-Browsing verwiesen. Damit ist die Möglichkeit gemeint, eine Webseite auf den Browser des Benutzers zu übertragen, die Kontrolle über den Browser des Benutzers zu übernehmen und ihm etwa eine Beispielrecherche vorzuführen bzw. schließlich den Benutzer selbst eine Recherche ausführen zu lassen und im Bedarfsfall korrigierend einzugreifen. An diesen Beispielen wird deutlich, dass mit dem Web Contact Center auch ein großes Potenzial zur Vermittlung von Informationskompetenz entsteht (↗6.4.1), das der digitalen Auskunft im Zusammenhang von E-Learning eine Schlüsselrolle zuweist.

Nur angedeutet werden sollen die weiteren Funktionalitäten von Web Contact Center Software. Dazu zählen „Monitoring", „Cooperative Answering", „Administration" und „Statistik":

Monitoring erlaubt z.B., alle aktuellen Nutzungsvorgänge auf den Seiten des eigenen Servers zu überwachen und im Bedarfsfall Hilfe per Chat anzubieten.

Cooperative Answering ermöglicht, mehrere Kollegen in einen Auskunftsprozess einzubeziehen und bietet darüber hinaus die technischen Voraussetzungen, Digitale Auskunft im Verbund mehrerer Bibliotheken zu organisieren.

Über die administrativen Tools können bei großem Andrang z.B. Wartelisten verwaltet werden oder Anfragen über automatisierte Routinen an bestimmte Mitarbeiter weitergeleitet werden.

Schließlich bietet die Software hervorragende Möglichkeiten, um sämtliche Transaktionen zu erfassen und statistisch auszuwerten.

Tabelle 41: Funktionalitäten von Web Contact Center Software

Communication	E-Mail	E-Mail
	Web-Form	Web-Formular
	Chat	Chat
	VoIP	Telefonieren mittels Internet
Collaboration	Page-Pushing	Übertragung einer Internetseite vom Browser des Bibliothekars auf den Browser des Kunden
	Escorting	Übertragung mehrerer Internetseiten (die zu einem Navigationsprozess gehören) vom Browser des Bibliothekars auf den Browser des Kunden
	Co-Browsing	Gemeinsamer Navigationsprozess, der sowohl vom Browser des Bibliothekars als auch vom Browser des Kunden aus gesteuert werden kann
	File Transfer	Übertragung umfangreicher Dateien
	Canned Responses	Gespeicherte Textbausteine für Standardantworten
	FAQs	Interaktives Angebot von Standardfragen und -antworten
	Knowledge Bases	Archivdatenbank sachlich erschlossener Auskunftsprozesse
	Interview Transcript	Protokoll des Auskunftsdialoges
Monitoring	Locate Customer	Identifikation des Kunden
	Identify IP-Address, Browser	Identifikation der IP-Adresse, des Browsertyps
	Invite Customer to Initiate a Chat	Kunden per Pop-Up-Menü Unterstützung der aktuellen Recherche per Chat anbieten
Administration	Login Administration	Erkennung und Verwaltung der Logins (Rechte und Ansprüche bestimmter Zielgruppen ...)
	Queue Management	Verwaltung der Warteschlangen (Reihenfolge, Information über voraussichtliche Wartezeiten ...)
	Question Routing (automatically)	Automatische Weiterleitung der Anfragen an fachlich zuständige Experten
	Question Tracking	Supervision laufender Auskunftsprozesse
Cooperative Answering	Transfer Queries (manually)	Manuelle Weiterleitung von Anfragen
	Networked Answering	Arbeit im Auskunftsverbund

Statistics	Capture of Reference Transcripts	Speicherung der aufgezeichneten Auskunftsdialoge
	Data Analysis (automatically)	Statistische Auswertung der über das Web Contact Center abgewickelten Vorgänge

Am stärksten verbreitet ist gegenwärtig Auskunft per E-Mail und Web-Formular. Auch Chat wird vor allem in angloamerikanischen Ländern stark genutzt. Der Einsatz von Voice over IP (VoIP) zeichnet sich ab, während Videoconferencing bislang kaum Verwendung findet. In den USA bieten vor allem Wissenschaftliche Bibliotheken und Auskunftsverbünde erweiterte Chatauskunft an, um auch kollaborative und interaktive Funktionalitäten bereitstellen zu können.

Ohne Zweifel verleihen die verschiedenen Varianten Digitaler Auskunft den Bibliotheken ein Potenzial, das in der Informationsgesellschaft dringend benötigt wird; gleichzeitig kann aber nicht übersehen werden, dass alle bislang entwickelten Formen auch je spezifische Schwächen aufweisen. Durch Digitale Auskunft wird die konventionelle Auskunft also keineswegs ersetzt, sondern sinnvoll erweitert und ergänzt.

Auch in Deutschland sind die Chancen, die mit Digitaler Auskunft verbunden sind, inzwischen mit großer Aufmerksamkeit zur Kenntnis genommen worden (Zachlod 2004). Auskunft per E-Mail oder Web-Formular bieten inzwischen fast alle Wissenschaftlichen Bibliotheken und die größeren Öffentlichen Bibliotheken an. Nur knapp 20 Bibliotheken hingegen verfügen über eine Chat-Auskunft. Gegenwärtig werden diese Möglichkeiten jedoch nur zögernd genutzt, was wohl auch damit zusammenhängt, dass Chat noch nicht allgemein als seriöser Kommunikationskanal akzeptiert ist. Außerdem wissen die meisten Benutzer oft nicht, dass es entsprechende Angebote Digitaler Auskunft überhaupt gibt. Die Bibliotheken sollten daher einerseits dafür sorgen, dass Auskunft per E-Mail, Web-Formular und Chat Bestandteil auch der bibliothekarischen Informationskultur wird, sie sollten andererseits diese Auskunftsangebote durch Öffentlichkeitsarbeit und Werbung hinreichend bekannt machen.

Initiiert von der *Bertelsmann-Stiftung* und dem *dbv* wurde Anfang 2003 mit der *Deutschen Internetbibliothek* (DIB) ein erster deutscher Auskunftsverbund gegründet. Beteiligt sind etwa 50 vorwiegend Öffentliche Bibliotheken. Dieser Verbund besteht aus einem kooperativ zusammengestellten, kommentierten Web-Katalog und einem integrierten bundesweiten Auskunftsverbund per Web-Formular. Die Internetbibliothek richtet sich sowohl an die allgemeine als auch an die Fachöffentlichkeit in Bibliotheken, Archiven usw. Vom Konzept her ähnlich aufgebaut wie die „Lektoratskooperation" zur bibliotheksgeeigneten Bewertung von Büchern und Non-Book-Medien, sind spezielle Internet-Lektoren der Teilnehmerbibliotheken an der ständig aktualisierten Sammlung und Begutachtung von empfehlenswerten Internetquellen aus 20 Sachgebieten (z.B. Literatur & Sprache, Recht & Gesetze, Job & Karriere, Freizeit & Hobby) beteiligt. Insgesamt sind rund 6.000 qualitätsgeprüfte Einträge nachgewiesen.

Wer den Auskunftsverbund nutzen will, kann Fragen zu allen Sachgebieten stellen – ausgenommen sind allerdings juristische und medizinische Fachfragen. Im Web-Formular werden neben Namen und Adresse Felder angeboten, in denen das vermutete Themengebiet und der Verwendungszweck angegeben werden können. Die Frage selbst kann man dann in einem freien Feld formulieren. Das System leitet die Anfrage je nach Themengebiet an die zuständige Bibliothekengruppe weiter, wobei ein elektronischer Algorithmus bestimmt, welche Bibliothek die aktuelle Anfrage erhält. Da aber die potenziellen Benutzer zur Zeit weder mit der Digitalen Auskunft allgemein, noch mit den Vorteilen eines Auskunftsverbundes vertraut sind und die Projektträger sowie die beteiligten Bibliotheken bislang zu wenig Werbung für ihr Dienstleistungsangebot betrieben haben, wurde der Auskunftsverbund der DIB bisher nur zögerlich angenommen.

Grundsätzlich wird die Deutsche Internetbibliothek in ihren beiden Programmteilen vom dbv, von der KMK und mehreren Fachpublikationen als erfolgreiche und zukunftsträchtige Bereicherung des Dienstleistungsangebots (Öffentlicher) Bibliotheken gewertet. Nach dem Auslaufen der Projektunterstützung durch die Bertelsmann Stiftung 2005 wurde die Projektträgerschaft schließlich 2008 vom *Bibliotheksservice-Zentrum Baden-Württemberg* (BSZ) übernommen.

Inzwischen sind auch in Deutschland neben der DIB mehrere Auskunftsverbünde entstanden (Klostermann 2007). Zu nennen sind etwa DigiAuskunft in Nordrhein-Westfalen, InfoDesk in Baden-Württemberg oder InfoPoint im Raum Frankfurt/Mainz. Einige deutsche Bibliotheken (z.B. BSB München, SUB Göttingen, DNB) beteiligen sich an dem von OCLC getragenen, potenziell weltweit agierenden Auskunftsverbund QuestionPoint. Unter QuestionPoint ist nicht nur der organisierte Auskunftsverbund zu verstehen, sondern auch das dafür zum Einsatz kommende Softwarepaket, das aufgrund des Funktionsumfangs durchaus als Web Contact Center Software bezeichnet werden kann.

Dass der Stellenwert bibliothekarischer Auskunfts- und Informationsdienstleistungen in Deutschland aktuell an Bedeutung gewinnt, ist zweifellos wesentlich auf die mit Digitaler Auskunft verbundenen Möglichkeiten und Perspektiven zurückzuführen. Damit besteht für die deutschen Bibliotheken die Chance, in einem Kernbereich bibliothekarischer Dienstleistungen ihren Rückstand aufzuholen. Damit sich Digitale Auskunft auch in Deutschland rasch weiter verbreitet und zu einem leistungsstarken bibliothekarischen Angebot entwickelt, sollten die hoffnungsvollen Ansätze unbedingt fortgesetzt und intensiviert werden. Dazu gehört, dass sich weitere Bibliotheken darauf einlassen, verschiedene Varianten Digitaler Auskunft einzuführen, massiv für deren Gebrauch zu werben und sich von anfänglichen Rückschlägen nicht entmutigen zu lassen. Gemeinschaftsprojekten wie der Deutschen Internetbibliothek ist eine dauerhafte Finanzierung zu wünschen, denn die Praxis im Ausland (in

Europa vor allem in Dänemark oder in den Niederlanden) belegt, dass der Zusammenschluss zu Auskunftsverbünden offenbar eine große Steigerung der Dienstleistungsqualität mit echten Rationalisierungspotenzialen zu erbringen im Stande ist.

6.4.3 Bibliothekarisches Wissensmanagement
Der Begriff Wissensmanagement hat in jüngerer Zeit Konjunktur. Betriebswirtschaft, Informatik, Organisationslehre oder auch Philosophie haben unterschiedliche Konzepte (und Verständnisse) von Wissensmanagement entworfen (Nohr 2004). Meist liegt diesen Ansätzen die Vorstellung zugrunde, mit entsprechenden Techniken und Methoden die „Ressource Wissen" für ein Unternehmen, eine Institution oder eine soziale Gemeinschaft verwalten und speichern, darüber hinaus dank geeigneter Infrastrukturen und Verfahren auch die Generierung neuen Wissens forcieren zu können. Dahinter steckt die Überzeugung, individuelles Wissen lasse sich durch Kommunikation in „objektives Wissen" verwandeln und könne ohne Abstriche intersubjektiv übertragen werden. Verkannt wird dabei, dass es im Kommunikationsprozess vom Empfänger abhängt, ob und wie er die übertragenen Informationen in seinen Wissensfundus integriert. Die Aussage der konstruktivistischen Erkenntnistheorie, derzufolge Wissen immer an Personen gebunden ist, nur individuell erzeugt und nur „herabgestuft" in Form von Information dokumentiert werden kann, wird dabei ignoriert (↗1.1.1).

Dennoch lässt sich auch unter Berücksichtigung dieser differenzierteren Sicht ein Begriff des Wissensmanagements entwickeln, der für die Beschreibung und Entwicklung neuer bibliothekarischer Dienstleistungen tauglich ist. Dabei kann es dann natürlich nicht darum gehen, Wissen zu „erschließen", „verfügbar zu machen" usw. Nur Informationen lassen sich dokumentieren, erschließen und verfügbar machen; deshalb sind diese Funktionen dem Informationsmanagement zuzurechnen. Dem Wissensmanagement bleibt es allein vorbehalten, Generierung individuellen Wissens anzuregen, zu erleichtern und zu beschleunigen. Dafür müssen die Elemente des Informationsmanagements zum einen auf die Interessen der jeweiligen Institution, Organisation oder sozialen Gruppe zugeschnitten werden. Hinzutreten müssen zum anderen personalisierte Filterfunktionen und Informationsdienstleistungen, die bei den individuellen Nutzern optimale Bedingungen für die Wissenserzeugung garantieren.

Organisationen, Institutionen und soziale Gruppen können aus der individuellen Wissensgenerierung nur dann den erwünschten Nutzen ziehen, wenn dieses Wissen in Form von Informationen mitgeteilt wird und Gegenstand diskursiver Kommunikation ist. Bestandteil bibliothekarischen Wissensmanagements ist daher neben den genannten Funktionen die Bereitstellung von Infrastrukturen, die den zielgerichteten Informationsaustausch nicht nur ermöglichen sondern auch provozieren. Diese Infrastrukturen haben gleichzeitig den Zweck, die zirkulierenden Informationen kooperativ zu bewerten und zu validieren.

Bestandteil dieser Infrastrukturen sind z.B. von Bibliotheken betriebene, erschlossene und archivierte Diskussionsforen. Aber auch die Übernahme von Verlagsfunktionen durch die Betreuung institutioneller und fachlicher Repositorien ist in diesem Zusammenhang zu erwähnen.

Bibliotheksportale und Wissenschaftsportale verfügen mit ihren Tools zur Personalisierung, Kommunikation und Kollaboration sowie zur Validierung über Funktionalitäten, die es erlauben, neben den üblichen Aufgaben des Informationsmanagements auch jene des bibliothekarischen Wissensmanagements zu übernehmen. Damit lässt sich ein weiterer wichtiger Schritt beschreiben, der die früher primär bestandsorientierte bibliothekarische Konzeption um den Leitgedanken der Kundenorientierung erweitert.

6.5 Virtuelle Forschungs- und Arbeitsumgebungen

Die steigende Frequentierung der Lesesäle in Bibliotheken trotz Internet und fortschreitender Virtualisierung stellt die Besonderheiten der Wissenschaftlichen Bibliothek als Ort der Ruhe und des konzentrierten geistigen Arbeitens heraus. Damit die Bibliothek diesen Zuspruch auch langfristig erhält, muss sie die für vernetztes Arbeiten notwendigen Infrastrukturen und Informationsressourcen sowohl in ihren Räumen als auch über ihren Webauftritt bereitstellen. Dabei ergeben sich für Studierende und interessierte Laien nachvollziehbarerweise andere Anforderungen als für Wissenschaftler.

6.5.1 Virtuelle Arbeitsumgebungen für Studierende und interessierte Laien

Damit Studierende und interessierte Laien das volle Potenzial sowohl der netzbasierten Informationsressourcen als auch die über das Internet gebotenen Kollaborationsoptionen zu ihrer Verfügung haben, müssen Bibliotheken entsprechende virtuelle Arbeitsumgebungen einrichten und auf dem jeweils aktuellen Stand halten.

Ein wichtiges Element in diesem Zusammenhang ist der elektronische Semesterapparat. Schon in der Vergangenheit haben wissenschaftliche Bibliotheken Dozenten die Möglichkeit geboten, Monographien aus dem Bibliotheksbestand, Aufsätze in Kopie und sonstige Materialien zu ihren Lehrveranstaltungen zusammenzustellen und in der Bibliothek an einem dafür reservierten Ort z.B. im Lesesaal den Teilnehmern für die Präsenznutzung zugänglich zu machen. In den elektronischen Semesterapparat können Dozenten eigene Skripten, Übungsmaterialien und sonstige Materialien in verschiedenen Dateiformaten einstellen. Die Bibliotheken sind oft bereit, Aufsätze und kleine Teile von Monographien zu digitalisieren und in die Apparate einzustellen. Die Digitalisierung „großer" Teile oder gar vollständiger Monographien ist nach § 52a UrhG allerdings untersagt. Bedingung dafür, dass „kleine" Teile umfangreicher Werke und unselbstständig erschienene Werke eingestellt werden können, ist die Einschränkung des Nutzerkreises. Daher müssen diese Materialien über Kennwörter geschützt werden. Elektronische Semesterapparate werden von den Bibliotheken zumeist auf den jeweiligen E-Learning-Plattformen der zugehörigen Hochschule (z.B. Moodle, ILIAS o.ä.) eingerichtet und betreut. Für die Dozenten entfällt das aufwändige Erstellen von Readern, die Studierenden müssen nicht zwingend kopieren und können jederzeit vom eigenen Rechner auf die für sie freigeschalteten Materialien zugreifen. Der Zugriff über mobile Endgeräte wird dabei zukünftig eine immer größere Rolle spielen.

Zur virtuellen Arbeitsumgebung für Studierende gehört selbstverständlich auch, dass über eine moderne IT-Infrastruktur Lernsoftware bereitgestellt wird (z.B. Vokabeltrainer) und über die klassischen Datenbanken, Kataloge und Repositorien hinaus auch Zugang zu informellen Foren wissenschaftlicher Kommunikation wie Weblogs oder Diskussionslisten ermöglicht wird. Ganz wichtig ist, dass diese virtuellen Räume sich als persönliche Lernumgebung konfigurieren lassen und zudem kooperative Arbeitsformen, kooperatives Lernen, Diskutieren und Bewerten für jeweils zu definierende Gruppen von Studierenden zulassen. Viele E-Learning-Plattformen verfügen über entsprechende Funktionalitäten.

Selbstverständlich kann es sinnvoll sein, im Internet themen- oder ereigniszentrierte Kommunikations- und Austauschräume auch uneingeschränkt für alle Bibliothekskunden einzurichten. Dabei ist allerdings empfehlenswert, dass eine zurückhaltende Moderation seitens der Bibliothek für die Einhaltung festgelegter und transparenter Verhaltensregeln sorgt. Solche virtuellen Arbeitsumgebungen, die natürlich prinzipiell auch in Öffentlichen Bibliotheken denkbar sind, haben aufgrund ihrer Kommunikations-, Kollaborations- und Validierungsmöglichkeiten einerseits Berührungspunkte mit Bibliotheksportalen, andererseits sind damit Eigenschaften gemeint, die im Umfeld von Web 2.0, Bibliothek 2.0 und Social Software eine herausragende Rolle spielen.

6.5.2 Virtuelle Forschungsumgebungen für Wissenschaftler

Kennzeichen einer virtuellen Forschungsumgebung ist die digitale Integration aller relevanten Informationsressourcen und die Berücksichtigung des beobachtbaren Wandels der wissenschaftlichen Kommunikationskulturen. Dass Wissenschaftler von ihrem Rechner aus auf kommerzielle Datenbanken, Open-Access-Repositorien, Kataloge und sonstige Materialien zugreifen können, kann als selbstverständliche Voraussetzung betrachtet werden.

Ein völlig neues Gewicht haben hingegen wissenschaftliche Primär- bzw. Rohdaten gewonnen. Neue Instrumente und Techniken (z.B. Grid-Computing) erlauben es, Messergebnisse in bislang ungeahntem Ausmaß zu generieren und neue Speichertechniken ermöglichen es, diese Datenmengen langfristig zu speichern und mittels geeigneter Tools unter diversen Aspekten aufzubereiten. Unter Primärdaten sind also z.B. unbearbeitete Messergebnisse oder solche in tabellarischer oder statistisch aufbereiteter Form zu verstehen. Aber auch Bilder, Audio- oder Videodateien sind in diesem Zusammenhang zu erwähnen. Wissenschaftliche Publikationen sind in manchen Fällen ohne gleichzeitigen Zugriff auf die darin ausgewerteten Primärdaten nur begrenzt verständlich oder validierbar. Die Bewahrung, Erschließung und Bereitstellung von Rohdaten dient daher einem mehrfachen Zweck: dem angemessenen Verständnis der zugehörigen Sekundärliteratur, ihrer Überprüfung, aber auch der Nachnutzung zur Generierung weiterer Sekundärliteratur unter anderen Fragestellungen.

Gegenwärtig werden professionelle Standards und Techniken zur Erschließung, Speicherung und Bereitstellung von Primärdaten in Modellprojekten entwickelt. Aufzubauen ist auf bibliothekarischer Seite zudem eine arbeitsteilige Infrastruktur zuverlässiger und gut zugänglicher Repositorien für Forschungsprimärdaten, die sowohl interdisziplinäre als auch internationale Vernetzung erlaubt. Als avanciertes Beispiel kann das Projekt „DataCite" genannt werden, an dem die TIB Hannover gemeinsam mit Bibliotheken und Forschungseinrichtungen aus neun Ländern beteiligt ist. In den USA spricht man im Zusammenhang mit der netzbasierten Bereitstellung von Großrechnerkapazitäten und der Bereitstellung entsprechender Werkzeuge zur Datenauswertung (Software), der Vernetzung der entsprechenden Arbeitsplätze und der professionellen Kuratierung der Primärdaten von Cyberinfrastructure (Rösch 2008). In Europa (z.B. Großbritannien und Deutschland) steht dafür der Begriff e-Science (enhanced Science).

Ein weiterer wichtiger Aspekt ist darin zu sehen, dass sich die wissenschaftliche Kommunikationskultur verändert. So haben insbesondere informelle Kommunikationsformen in den vergangenen Jahren eine enorme Aufwertung erfahren. Blogs, Wikis, E-Mail-basierte Diskussionslisten oder Chatforen gibt es in fast allen wissenschaftlichen Disziplinen. Manche Wissenschaftler decken ihren Informationsbedarf stärker über diese relativ neuen Kommunikationskanäle als aus etablierten Medien wie gedruckten oder digitalen Zeitschriften. Für diese Kommunikationskanäle haben Bibliotheken noch keine nachhaltigen Routinen entwickelt, die Erschließung, Speicherung und Bereitstellung dauerhaft und auf komfortable Weise garantieren. Blogs, Wikis und Foren, darüber hinaus aber auch eigens eingerichtete und betreute vernetzte Arbeitsräume ermöglichen im Rahmen der virtuellen Forschungsumgebung kommunikativen Austausch, Kollaboration und Validierung trotz räumlicher Distanz.

Insbesondere für Spezialbibliotheken ist die virtuelle Forschungsumgebung ein wichtiges und aktuelles Thema. Erste Schritte sind etwa bei der *Herzog August Bibliothek* Wolfenbüttel festzustellen, die mit Social Tagging ein Element des Katalog 2.0 gezielt einsetzt, um den hochspezialisierten Wissenschaftlern die Möglichkeit einzuräumen, sich durch freie Indexierung an der Sacherschließung sowohl der alten Drucke als auch der wissenschaftlichen Sekundärliteratur zu beteiligen. Als prototypisch kann die *Max Planck Digital Library* (MPDL) gelten, die 2007 als zentrale Serviceeinheit gegründet worden ist. Ihre Aufgabe ist es, virtuelle Forschungsumgebungen aufzubauen, d.h. netzbasierte Quellen so umfassend wie möglich zugänglich zu machen, den Zugang zu den eigenen Repositorien zu verbessern, und durch innovative Dienstleistungen die Verbreitung der Forschungsergebnisse zu optimieren sowie effiziente wissenschaftliche Kommunikation und Kollaboration zu unterstützen. Die MPDL versteht sich ausdrücklich als Kompetenzzentrum und Ratgeber im Bereich wissenschaftlichen Informationsmanagements. Zwar fällt der Begriff nicht, doch ließe sich das Konzept des „Embedded Librarian" elegant in diese Funktionsbeschreibung integrieren. Grundsätzlich ist festzuhalten, dass Planung, Aufbau und Betreuung virtueller Forschungsumgebungen über reines Informationsmanagement hinausragt und bereits bibliothekarischem Wissensmanagement angehört. Dies kann nur in enger Kooperation mit den Fachwissenschaftlern und den wissenschaftlichen Gesellschaften erfolgen.

6.6 Ausblick

Bibliotheken können den gewandelten Anforderungen nur dann gerecht werden, wenn sie sich prinzipiell als Dienstleistungseinrichtungen verstehen. Wenn alle bibliothekarischen Tätigkeitsfelder unter diesem Aspekt betrachtet und den modernen Erfordernissen angepasst werden, wird es auch gelingen, Unterstützung für bewährte Aktivitäten zu gewinnen, die keinen unmittelbaren ökonomischen Profit, dafür aber umso mehr Nutzen auf lange Sicht versprechen. Ziel sollte es daher sein, die frühere Bestands- bzw. Objektorientierung um Kunden- bzw. Subjektorientierung zu ergänzen. Dafür aber müssen eben auch neue Dienstleistungen entwickelt und erprobt werden, die auf dem traditionellen Spektrum Sammeln, Aufbewahren, Ordnen und Erschließen, Bereitstellen und Vermitteln basieren.

Als Beispiele für die Weiterentwicklung bewährter Dienstleistungen auf der Grundlage digitaler Technologien und unter Berücksichtigung veränderter Informationskultur lassen sich anführen:

- Bereitstellung interaktiver Kataloge mit erweitertem Informationsumfang im Internet („Katalog 2.0", Kataloganreicherung)
- Zugang zu Katalogen, Datenbanken und Dienstleistungen über mobile Endgeräte
- Erschließung von Netzquellen durch Web-Kataloge
- beschleunigter Leihverkehr und Document Delivery
- personalisierte Informationsdienste
- Betrieb und Betreuung institutioneller und fachlicher Repositorien (Übernahme der Distributions- bzw. Verlagsfunktion für Open-Access-Publikationen)
- Bereitstellung von Plattformen zur Kommunikation, Kollaboration und Bewertung (Validierung) von Informationsressourcen und Publikationen (Bibliotheksportal; Social Software)
- Vermittlung von Informationskompetenz

– digitale Auskunft und Auskunftsverbund
– Bereitstellung virtueller Forschungsumgebungen für Wissenschaftler
– Bereitstellung virtueller Arbeitsumgebungen für Studierende und interessierte Laien.

Zu den weitgehend neuartigen bibliothekarischen Dienstleistungen zählen Aufgabenbereiche wie Übernahme der Verlagsfunktion und Wissensmanagement.

Die zukünftige Relevanz und Wertschätzung bibliothekarischer Einrichtungen wird sich daran entscheiden, in welchem Umfang sie den Wert ihrer Dienstleistungen der Öffentlichkeit als unaufgebbar zu vermitteln verstehen. Wenn die Bibliotheken ihren Dienstleistungscharakter in den Vordergrund stellen, die Sinnhaftigkeit ihres Tuns plausibel zu erläutern vermögen und ihre vielfältigen Angebote an den aktuellen Bedarf anpassen, haben sie beste Chancen, zum integralen Bestandteil der gewandelten Informationskultur in der Informationsgesellschaft zu werden.

7 Bibliotheksmanagement

Zur Optimierung des Dienstleistungsangebotes werden in deutschen Bibliotheks- und Informationseinrichtungen seit den 1970er-Jahren betriebswirtschaftliche Sichtweisen aufgegriffen und Management-Methoden angewandt. Bis dahin wurden diese Einrichtungen, soweit sie in öffentlicher Trägerschaft standen, ausschließlich nach den Grundsätzen des Verwaltungshandelns (Haushaltsrecht, öffentliches Dienstrecht, Verwaltungsvorschriften) geführt. Moderne Ansätze der Betriebsführung fanden jedoch hier früher Eingang als in den meisten anderen Bereichen des öffentlichen Dienstes.

In der Rezeption des Marketing-Ansatzes seit den späten 1980er-Jahren verschmolz die Idee der benutzerorientierten Bibliothek aus den 1970er-Jahren mit betriebswirtschaftlicher Sichtweise und Terminologie. In den 1990er-Jahren standen Ansätze des Qualitätsmanagements im Mittelpunkt, darunter besonders Kundenbindung und Beschwerdemanagement. Aufgegriffen wurden ferner Methoden einer bibliotheksgerechten Kosten- und Leistungsrechnung, des Controllings und der Leistungsmessung, der Leitbild-Entwicklung und der lernenden Organisation. Wertanalyse, Business Reengineering, Branding (Markenpolitik), systematisch betriebene Personalentwicklung, Entscheidungsunterstützungssysteme oder die Einbeziehung von Benutzern in die Entwicklung und Gestaltung von Produkten und Dienstleistungen sind weitere betriebswirtschaftliche Ansätze, die für Bibliotheks- und Informationseinrichtungen von großer Bedeutung sind, bis jetzt allerdings kaum adaptiert werden.

Ein einheitliches Konzept für Management und Marketing in Bibliotheks- und Informationseinrichtungen gibt es nicht. Vielmehr mischen sich in der bibliotheks- und informationswissenschaftlichen Fachliteratur ebenso wie in der Praxis unterschiedliche Ansätze aus der Managementlehre mit traditionell bibliothekarischen Betrachtungsweisen und Termini (z.B. wird der betriebswirtschaftliche Ausdruck Geschäftsprozess synonym neben dem traditionellen Ausdruck Geschäftsgang verwendet).

7.1 Lobbyismus und Branchenmarketing

Die wichtigste Aufgabe des Managements besteht darin, dem Betrieb eine gute Entwicklungsperspektive zu geben. Insbesondere bei Einrichtungen der öffentlichen Hand hängt diese Perspektive nicht allein ab von den Entscheidungen der Kunden als Reaktion auf bedarfsgerechte Angebote. Größten Einfluss haben politisch motivierte Entscheidungen der Unterhaltsträger und übergeordnete Entscheidungen, die jedoch die Rahmenbedingungen der Bibliothekspraxis maßgeblich tangieren wie z.B. das Urheberrecht. Es geht also darum, Entscheidungskriterien der Unterhaltsträger und der Gesetzgeber zu erkennen und deren Entscheidungen im Interesse der Bibliothek und ihrer Nutzer mit legalen und legitimen Mitteln zu beeinflussen (Lobbyismus).

Die Hierarchie der hier relevanten Handlungsebenen beginnt mit den lokalen Gremien, die über Rahmenbedingungen sowie über Haushalt, Zuschuss und Fördermittel der einzelnen Bibliothek entscheiden. Bei kommunalen Bibliotheken sind dies zunächst die Verwaltungsspitze und die Gemeindevertretung, bei Hochschulbibliotheken der Kanzler oder Verwaltungschef der Hochschule und die Bibliothekskommission. Auf regionaler und nationaler Handlungsebene sind die Kultusministerien, die Landtage und der Bundestag zu nennen, auf übernationaler Ebene etwa Vorgaben der EU für die nationale Gesetzgebung. Hinsichtlich der Rahmenbedingungen stehen Fragen des Urheberrechts, des Informations- und Kommunikationsdienste-Gesetzes, der Bibliotheksgesetze und der Hochschulgesetze im Vordergrund (↗3.4). Je weiter die Handlungsebene von der einzelnen Bibliothek entfernt ist, desto wichtiger werden für Interessenvertretung und Lobbying die Branchenverbände (*Deutscher Bibliotheksverband e.V., Bibliothek & Information Deutschland e.V., Bibliothek & Information International,* ↗4.2)

Als wichtigste Bedingungen erfolgreicher Lobbyarbeit für Bibliotheken gelten:

– klare Ziele, die an das Leitbild des Unterhaltsträgers anknüpfen und in einem eigenen, internen Leitbild formuliert sind
– eine positive nach außen gerichtete Selbstdarstellung, die Leistungen für Benutzer und Nutzen für den Unterhaltsträger herausstellt (Bibliotheks-Policy)
– enge Kontakte der Bibliotheksleitung, aber auch der Fördervereine und Bibliotheksgesellschaften zu politischen Entscheidungsträgern, u.a. in Form von Gremienarbeit, und detaillierte Kenntnisse von Zuständigkeiten, verantwortlichen Personen, Entscheidungsstrukturen und Entscheidungsprozessen
– klare, knappe und informative Botschaften (mündliche Aussagen, Berichte, Pressespiegel usw.), die an die Adressaten der Lobbyarbeit gerichtet sind, deren Argumentationsfiguren aufgreifen und sich in deren Agenda einfügen
– eine kontinuierliche und von den Adressaten wahrgenommene Präsenz
– schließlich ein souveräner persönlicher Auftritt der Beteiligten.

Im Sinn eines Branchenmarketings führen die bibliothekarischen Verbände Kampagnen wie die Aktionswoche „Treffpunkt Bibliothek" (früher: „Deutschland liest – Treffpunkt Bibliothek") jeweils im Oktober durch und haben die Imagebroschüre „21 gute Gründe für gute Bibliotheken" vorgelegt. Als Beispiel für erfolgreichen Lobbyismus kann die überzeugende Darstellung der Bibliotheken im Schlussbericht der Enquête-Kommission „Kultur in Deutschland" aus dem Jahre 2007 erwähnt werden – hier heißt es ausdrücklich über finanzielle Notlagen der Kommunen: „In dieser Notsituation ist eine Kommune gezwungen, eine Gemeindestraße weiter zu teeren, aber die Gemeindebibliothek zu schließen. Das ist die falsche Priorität." Die Enquête-Kommission empfiehlt den Bundesländern, Aufgaben und Finanzierung der öffentlich finanzierten Bibliotheken in Bibliotheksgesetzen zu regeln. „Öffentliche Bibliotheken sollen keine freiwillige Aufgabe sein, sondern Pflichtaufgabe werden." Weiter empfiehlt die Kommission, einen länderübergreifenden Bibliotheksentwicklungsplan zu erstellen. Der Impuls zu Bibliotheksgesetzen (↗3.4) bewirkte in einigen Bundesländern, dass das Thema mindestens in den Landtagen behandelt wird oder dass gar ein Bibliotheksgesetz in Kraft getreten ist.

Eine in der Öffentlichkeit bekannte und in den Bibliotheken praktizierte Berufs- oder Branchenethik (↗5.3.12) könnte ein wirksames Instrument im Branchenmarketing sein: Die deutschen Museen berufen sich auf den *Code of Ethics* des *Internationalen Museumsbundes* ICOM (International Council of Museums) und haben immerhin erreicht, dass dieser als Grundlage ihrer Arbeit im Schlussbericht der Enquête-Kommission „Kultur in Deutschland" angeführt wird. Ein Bewusstsein für diese Bedeutungsdimension einer kodierten und gelebten bibliothekarischen Berufsethik fehlt in Deutschland gegenwärtig noch.

7.2 Marketing, strategische Planung

In Bibliotheks- und Informationseinrichtungen wird Marketing als ein Ansatz der Organisationsführung gesehen, bei der die Organisation ihre sämtlichen Aktivitäten ausschließlich auf die Interessen der Stakeholder (Anspruchsberechtigten) ausrichtet. Heute ist unbestritten, dass Marketing-Methoden und Management-Ansätze nicht nur in Unternehmen, sondern auch in Nonprofit-Organisationen den Erfolg steigern können. Die wichtigsten Anspruchsberechtigten sind:

- der Unterhaltsträger, verkörpert z.B. in einer Öffentlichen Bibliothek im Kulturausschuss der Gemeindevertretung, bei einer Universitätsbibliothek in der Bibliothekskommission des Akademischen Senats
- ggf. weitere Geldgeber, beispielsweise die Leibniz-Gemeinschaft
- die potenziellen und vorhandenen Nutzer, in einigen Bibliotheken verkörpert in einem Nutzerbeirat. (Die Anforderungen der Nutzer sollen regelmäßig durch Befragungen, durch Auswertung von Nutzungsstatistiken u.a.m. erkundet werden.)
- die Mitarbeiter
- die Gesellschaft allgemein in Gegenwart und Zukunft. Die Ansprüche zukünftiger Generationen, soweit sie nicht in Form von Gesetzen und ähnlichen Vorgaben beschreibbar sind, sollen im Dialog zwischen Bibliothekspersonal und Vertretern des Unterhaltsträgers ausgelotet werden.

Es ist offenkundig, dass die verschiedenen Stakeholder-Gruppen erstens in sich durchaus unterschiedliche, auch widersprüchliche Anforderungen stellen und zweitens immer auch konkurrierende, in Teilen ebenfalls gegensätzliche Erwartungen hegen. All diese Interessen stets erneut auszutarieren, ist eine herausragende Management-Aufgabe. Man bedient sich dabei der Arbeitsweise des Marketing-Zyklus, der in idealtypischer Form folgende Schritte umfasst:

Tabelle 42: Typische Schritte des Marketing-Zyklus

Schritte im Marketing-Zyklus	Beispiel
1. Aufgaben- und Funktionsbestimmung der Bibliothek in Abstimmung mit dem Träger und den Mitarbeitern	Zu den Aufgaben der Stadtbibliothek gehört u.a. die Leseförderung.
2. SWOT-Analyse (Strengths, Weaknesses, Opportunities, Threats: Ermittlung der internen Stärken und Schwächen sowie der externen Chancen und Risiken)	Leseförderung wird politisch gewünscht, zugleich werden keine zusätzlichen Ressourcen zur Verfügung gestellt. Die Stadtbibliothek hat kaum Kapazitäten für eigene Maßnahmen der Leseförderung.
3. Identifikation von Zielgruppen und Konkurrenzen (Marktanalyse, Marktsegmentation)	In der Stadt finden viele, aber wenig koordinierte Maßnahmen zur Leseförderung statt.
4. Festlegung der Marketing-Ziele in Abstimmung mit dem Träger und den Mitarbeitern	Die Bibliothek entwickelt in Kooperation mit Schulen, Buchhandlungen u.a. Partnern einen Lesepass für Schüler. Mindestens 1.000 Teilnehmer/innen sollen gewonnen werden.
5. Durchführung der Maßnahmen	Die in der nächsten Saison von den Partnern geplanten Maßnahmen werden im Lesepass aufgelistet und mit Punkten bewertet. Schüler, die durch Teilnahme an Maßnahmen eine Mindestpunktzahl nachweisen, erhalten eine kostenlose Jahreskarte für die Bibliotheksbenutzung und das Computerspiel „Shock your parents: Read!"
6. Erfolgskontrolle	Wurden die Ziele erreicht? Sind die Partner zufrieden?
7. Beginn des neuen Zyklus	Soll die Aktion wiederholt oder soll ein anderes Feld bearbeitet werden?

Eine besondere Herausforderung im Marketing-Zyklus ist die Koordination von vier Handlungsfeldern:

Tabelle 43: Handlungsfelder im Marketing-Mix

Marketing-Mix			
Produktpolitik	Distributionspolitik	Preispolitik	Kommunikationspolitik
z.B. - Bestandsaufbau - Informationsdienst - Benutzerarbeitsplätze - Kulturveranstaltungen	z.B. - Zweigbibliotheken - Öffnungszeiten - Leihverkehr - Bibliotheks-Website	z.B. - Gebühren - Entgelte - Preise - Zahlungsmodalitäten	z.B. - Bestandserschließung - Raumgestaltung - Vermittlung von Informationskompetenz - Werbung und Öffentlichkeitsarbeit

In der Fachliteratur werden z.T. bis zu sieben Handlungsfelder im Marketing-Mix angeführt, indem Teilbereiche als eigenes Handlungsfeld herausgestellt werden: Produkte, Preise, Prozesse (Funktionieren und Usability der Dienstleistungen), Räume und Zugänglichkeit, physisches Erscheinungsbild, Werbung und Öffentlichkeitsarbeit, Personal (womit vor allem Personalentwicklung hervorgehoben wird). Die konkreten Inhalte der Handlungsfelder sind in jedem Fall vorhanden, auch ohne dass man einem Marketing-Ansatz folgt. Beim Marketing werden diese Inhalte mit Blick auf die Erwartungen der Nutzer koordiniert. Dazu legt man für jede Dienstleistung geeignete Gestaltungsmöglichkeiten in jedem der vier Handlungsfelder fest. Dies soll am Beispiel eines Dokumentlieferdienstes gezeigt werden.

Tabelle 44: Dokumentlieferdienst im Marketing

Gestaltung eines Dokumentlieferdienstes im Marketing			
Produktpolitik	Distributionspolitik	Preispolitik	Kommunikationspolitik
- Lieferung digitaler Kopien von Zeitschriftenaufsätzen aus dem eigenen Bestand über Datennetz	- Recherche und Bestellung rund um die Uhr möglich - Bearbeitung binnen 72 Stunden	- Festlegung eines Preises	- Bewerbung an prominenter Stelle der Homepage - E-Mails an alle Nutzer

Die Aufgaben- und Funktionsbestimmung der Bibliotheks- oder Informationseinrichtung wird in Form eines Leitbilds festgehalten. Dort werden außerdem folgende Aussagen formuliert:

– Beweggründe, z.B. Dienstleistungen zur Unterstützung der Forschung
– Angebote und Dienstleistungen
– Organisationsziele und -grundsätze
– Prinzipien, Werte, Haltungen, z.B. Benutzerorientierung
– Zielgruppen.

Für die organisationsinterne Selbstverständigung sind Leitbildgenese, -pflege und -weiterentwicklung von großer Bedeutung. Sodann kommt es maßgeblich darauf an, die Umsetzung des Leitbilds kontinuierlich zu überprüfen und alle Mitarbeiter z.B. durch Schulungen dazu anzuhalten, ihr Handeln am Leitbild auszurichten.

Das Leitbild richtet sich gleichermaßen an alle Stakeholder und muss entsprechend zielgruppenspezifisch vermittelt werden. In den USA werden Leitbilder in Sprache und Form auf Kunden zugeschnitten und werbewirksam auf der Website als Library Policy eingesetzt. Die Policy geht über das interne Leitbild insofern hinaus, als sie gegenüber den Kunden zur Erwartungssteuerung eingesetzt wird und Qualität und Standards der Dienstleistungen festschreibt. Damit verknüpft die Policy – in der Schweiz: die Charta – Leitbild und Qualitätsmanagement. Im Unterschied zu US-amerikanischen Bibliotheken haben deutsche Bibliotheken bisher selten Policies formuliert. Ein Beispiel für eine rudimentäre Policy bietet die *Deutsche Internetbibliothek*:

- „Wir beantworten Ihnen (fast) alle Fragen – ganz gleich, aus welchem Wissensgebiet.
- Juristische und medizinische Auskünfte können wir leider nicht geben.
- Stellen Sie Ihre Fragen rund um die Uhr, wir antworten innerhalb von zwei Werktagen."

Ansätze zu einer an strategischen Planungen ausgerichteten Betriebsführung sind vielerorts erkennbar; als Beispiel sei erwähnt, dass die TIB Hannover ihre Managementstrategie an der Vision ausrichtet: Die TIB ist die national und international erfolgreichste Spezialbibliothek für technisch-naturwissenschaftliche Literatur- und Informationsversorgung.

Die Organisationsidentität soll durch Gestaltung von vier Elementen auf das Leitbild ausgerichtet werden. Diese sind:

- die Organisationskultur: Normen, Werte und Einstellungen, wie sie sich in Grußformeln, Zuverlässigkeit, Freundlichkeit, Körpersprache, Bekleidungs- und verbalem Stil äußern. (Ziel sind einheitliche Verhaltensstandards ohne entindividualisierte Gleichförmigkeit und ein „Wir-Gefühl" der Mitarbeiter.)
- die Organisationskommunikation: Kommunikationsgestaltung in Stil und zentralen Botschaften
- das Organisationsdesign: Gestaltung des visuellen Auftritts der Organisation z.B. im Internet, auf gedrucktem Info- und Werbematerial, in der Raumgestaltung
- das Organisationsimage: Beeinflussung der subjektiven Vorstellungen über die Organisation bei Mitarbeitern, Unterhaltsträgern, in der Öffentlichkeit.

Die sinnvolle Gestaltung der Organisationsidentität wird eine immer bedeutsamere Managementaufgabe, weil der dynamische wirtschaftlich-technische Wandel und die rasch wechselnden Anforderungen aus der Organisation und aus ihrem Umfeld verstärkt stabilisierende Kräfte erfordern.

Während die meisten Bibliotheken in den USA ein Leitbild (mission statement) entwickelt und auf ihrer Website veröffentlicht haben (policy), sind Leitbild und Marketing in deutschen Bibliotheks- und Informationseinrichtungen noch nicht allgemeiner Standard, wenn auch viele deutsche Bibliotheken seit den 1990er-Jahren Leitbilder entwickelt und mehr oder minder konsequent umgesetzt haben. 1995 präsentierte eine Arbeitsgruppe der nordrhein-westfälischen Universitätsbibliotheken ein umfassendes Leitbild für Universitätsbibliotheken. In einem gewissen Sinn stellen die zahlreichen bibliothekarischen Selbstverständnis-Deklarationen wie beispielsweise „21 gute Gründe für gute Bibliotheken" auch ein Leitbild dar – es fehlt diesen Entwürfen allerdings an individueller Prägung und konkreter Anschlussfähigkeit an die im Idealfall vorhandenen Leitbilder der Trägerorganisation oder wenigstens an deren Ziele.

Im Zusammenhang mit Marketing-Ansätzen werden zunehmend Methoden der Marktforschung eingesetzt (Benutzerforschung). Sozialwissenschaftliche Methoden und Techniken des Qualitätsmanagements wie etwa Stichprobenbefragung, Fokusgruppeninterviews, Critical-Incident-Technique oder experimentelle Anordnungen erlauben es z.B., Fragen nach der demografischen Struktur der realen und potenziellen Nutzerschaft und ihrer Erwartungen zu beantworten. So kann auch der Grad der Zufriedenheit mit einzelnen Dienstleistungen festgestellt werden. Benutzerforschung richtet sich auch auf Nicht-Nutzer und erforscht die Hinderungsgründe der Benutzung.

7.3 Aufbauorganisation

Bibliotheken und andere Informationseinrichtungen, soweit sie Teil des öffentlichen Dienstes sind, unterliegen den für die gesamte öffentliche Verwaltung geltenden organisatorischen Vorgaben. Dazu gehört vor allem das Muster einer Ein-Linien-Organisation, d.h. dass Mitarbeiter und Abteilungen zu Weisungshierarchien geordnet sind, bei denen jede Einheit im Organisationsgefüge (z.B. eine Personalstelle oder eine Abteilung) genau eine übergeordnete Instanz hat. Häufig sind den oberen Instanzen einer Ein-Linien-Organisation Stäbe zugeordnet (Stab-Linien-Organisation); das sind beratende und assistierende Stellen, die ihrerseits keine Weisungsbefugnis haben, beispielsweise eine Direktionsassistenz oder ein Beirat.

Vorteile der Ein-Linien-Organisation sind klare Weisungs- und Zuständigkeitsstrukturen. Nachteile stellen freilich die langen Instanzenwege der offiziellen Kommunikation dar. Sie können Informationsverluste zur Folge haben und wegen der vielfältig gestuften Zwischeninstanzen zu hierarchischer Erstarrung führen.

Modelle der Mehr-Linien-Organisation (den Stellen können mehrere weisungsbefugte Instanzen übergeordnet sein) und der Matrix-Organisation (jede Stelle hat zwei übergeordnete Instanzen, die sich gut mit einander koordinieren müssen) sind im öffentlichen Dienst insgesamt und auch in Bibliotheken wenig verbreitet. Als Vorteil werden flachere Hierarchien und mithin ein geringerer Personalbedarf, kürzere Instanzenwege, raschere Entscheidungen und höheres Motivationspotenzial angeführt. Nachteilig sind vor allem das erhöhte Koordinationserfordernis und die damit größeren Anforderungen an die Kommunikations- und Konfliktfähigkeit der Mitarbeiter.

Die Kriterien, anhand derer der Bibliotheksbetrieb organisatorisch strukturiert werden kann – von Hauptabteilungen bis zu einzelnen Arbeitsplätzen – sind die folgenden:

- Verrichtungen, d.h. konkrete Arbeitsinhalte, z.B. Katalogisieren, Informationsdienst, Erwerbung

- Nutzergruppen, z.B. Kinder (Kinderbibliotheken), Firmen (Ansprechpartner für externe Unternehmenskunden in großen Spezialbibliotheken), Fachbereiche bei Hochschulbibliotheken
- Objekte, z.B. Handschriften, Karten (Handschriften-, Kartenabteilung)
- Standorte, also Zweigbibliotheken.

In der Praxis ist die Aufbauorganisation meistens als historisch gewachsene Mischung dieser Kriterien entstanden.

In Universitätsbibliotheken überwiegt die konventionelle Abteilungsbildung nach folgendem Muster:

- Erwerbung, Katalogisierung
- Benutzungsdienste (Magazin, Lesesäle, Ortsleihe, Leihverkehr, Dokumentlieferdienste, Informationsdienst/Auskunftsdienst, Bestands- und Informationsvermittlung, Benutzerschulung/Vermittlung von Informationskompetenz
- IT
- Verwaltung
- ggf. Abteilungen für spezielle Medienarten, z.B. Musikalien, Periodika, für Bestandserhaltung oder digitale Langzeitarchivierung.

Durch neue Aufgaben (z.B. Betreuung von institutionellen Repositorien) und veränderte Geschäftsgänge (z.B. Bestellkatalogisierung, Electronic Resource Management) verändert sich diese Aufbauorganisation.

Fachreferenten, die für Aufgaben mit wissenschaftlicher Qualifikation zuständig sind, wie vor allem Bestandsaufbau, fungieren häufig zugleich als Abteilungsleiter oder Leiter größerer Zweigbibliotheken – unabhängig von ihrer Eignung für Führungsaufgaben. Dies geht vor allem auf das öffentliche Dienst- und Arbeitsrecht zurück, nach dem fachlich hoch qualifizierte Mitarbeiter auch mit höher bezahlten Führungsaufgaben betraut werden, obwohl beide Bereiche (wissenschaftliche Fachqualifikation und Führungskompetenz) nicht natürlicherweise eine Einheit bilden.

In Öffentlichen Bibliotheken bilden die verschiedenen Standorte (Zweigbibliotheken) gemeinsam mit der Zentral- oder Hauptbibliothek ein einheitliches Bibliothekssystem, d.h. die Zweigbibliotheken sind in allen Fragen der Gesamtleitung unterstellt, bei großen Bibliothekssystemen mit einer dazwischengeschobenen Hierarchiestufe (Leitung der dezentralen Dienste). Die FH-Bibliotheken und die seit den späteren 1960er-Jahren gegründeten Universitätsbibliotheken sowie die Universitätsbibliotheken der neuen Bundesländer weisen dieselbe Struktur auf (einschichtiges Bibliothekssystem). Dagegen haben sich an den älteren Universitäten der früheren Bundesrepublik teilweise von der Universitätsbibliothek organisatorisch unabhängige Fachbereichs- oder Institutsbibliotheken erhalten, u.a. sehr ausgeprägt an der *Freien Universität Berlin*. Der Begriff funktionale Einschichtigkeit zielt auf vielfältige Zwischenformen zwischen einschichtigen und zweischichtigen Bibliothekssystemen, sie reichen von einer durch Beteiligungsrechte der Fakultäten modizifierten Einschichtigkeit bis zu weiter bestehender, aber durch Koordination und Verwendung gemeinsamer Katalog- und Verwaltungssoftware (Bibliotheksinformationssystem) modifizierter Zweischichtigkeit.

In den Bibliotheken der Groß- und teilweise auch der Mittelstädte sind die Hierarchien oft flacher; die meisten Arbeitsplätze sind durch große Aufgabenvielfalt gekennzeichnet. Typischerweise sind die Aufgaben Bestandsaufbau und Informationsdienst, oft auch Öffentlichkeitsarbeit auf der Ebene der Bibliothekare am selben Arbeitsplatz kombiniert; dasselbe gilt auf der Ebene der Fachangestellten (FAMI) für die Aufgaben Medienbeschaffung, -erschließung, -bearbeitung, Einstelldienst, Ausleihverbuchung.

Aber die Mehrheit der Öffentlichen Bibliotheken und der Spezialbibliotheken sind sehr kleine Einrichtungen bis hin zu One-Person-Libraries. Hier stehen nicht Fragen nach der Aufbauorganisation im Vordergrund, sondern nach Selbst- und Zeitmanagement.

Einige Bibliotheken haben sich von der klassischen Abteilungsgliederung, insbesondere der Verteilung von Erwerbung und Titelaufnahme auf zwei Abteilungen, gelöst und arbeiten

- in je nach Arbeitsschwerpunkten der Bibliothek wechselnden Organisationsstrukturen nach dem Vorbild der Projektorganisation (z.B. FH-Bibliothek Münster) oder
- in überschaubaren Teams, die für ein bestimmtes Fachgebiet alle Aufgaben von der Medienauswahl über die Beschaffung und Katalogisierung bis zum Anbringen des Signaturschilds selbstständig erledigen (integrierter Geschäftsgang, prominente Beispiele: *Universitätsbibliothek Konstanz, Staats- und Universitätsbibliothek Göttingen*).

Die laufend erforderliche Anpassung der Bibliotheks- oder Informationseinrichtung hat in einigen Fällen dazu geführt, dass die Organisationsstrukturen sich dem Modell einer lernenden Organisation angenähert haben: Eine ausgeprägte Organisationskultur, zu der die Bejahung eines ständigen Wandels und die Bereitschaft zu permanentem Lernen gehören (Arbeitssituation als Lernsituation), soll Stabilität bei andauernder Veränderung schaffen. Die Stab-Linien-Organisation wird durch die Bildung von Teams, besonders Projekt- und Arbeitsgruppen, und durch Elemente der Matrix-Organisation abgelöst. Eine Heterarchie tritt an die Stelle der ehemaligen streng hierarchischen Gliederung. Das erfolgreiche Arbeiten in einer lernenden Organisation indessen erfordert eine hohe soziale und emotionale Intelligenz.

Der Funktionsbereich Benutzung, besonders aber jener der Vermittlung, gewinnen durch die wachsende Kundenorientierung enorm an Gewicht. Organisatorisch sollten Bibliotheken dem Rechnung tragen, indem sie nicht nur eigenständige Benutzungsabteilungen, sondern darüber hinaus eigene Abteilungen für Informationsvermittlung einrichten, die organisierten Informations- und Auskunftsdienst und professionelle Vermittlung von Informationskompetenz anbieten.

7.4 Personalführung, innerbetriebliche Kommunikation

Die Begriffe Personal-, Menschen- und Mitarbeiterführung sind synonym. Der Gegenstand der Personalführung ist die unmittelbare Gestaltung der Interaktion zwischen Vorgesetzten und Mitarbeitern. Vorausgesetzt wird also eine Weisungsbefugnis des Vorgesetzten einerseits und seitens der Mitarbeiter andererseits die arbeitsrechtliche Verpflichtung, diesen Weisungen zu folgen. Obwohl Personalführung in allen Bibliotheks- und Informationseinrichtungen mit mehr als einem Mitarbeiter Alltagspraxis ist, gibt es kaum Untersuchungen zur Praxis der Personalführung und generell wenig Fachliteratur, die sich mit Personalführung in diesen Einrichtungen befasst.

Praktisch kommt es vor allem darauf an (Nagelsmeier-Linke 2004), dass die Führungskraft

- Visionen und Strategien entwickelt
- den innerbetrieblichen Wandel aktiv gestaltet
- den Mitarbeitern selbstverantwortliches Handeln ermöglicht
- Leistung fordert, anerkennt und Mitarbeiter persönlich fördert
- betriebsinternes Wissensmanagement mit dem Ziel initiiert, die individuellen Fähigkeiten, Erfahrungen und Kenntnisse der Mitarbeiter auszutauschen und, so weit möglich, zu dokumentieren, damit andere Mitarbeiter auf diese Informationen bei der Entwicklung eigenen Fachwissens zurückgreifen können
- Mitarbeiter als Partner anerkennt und Führung im Dialog praktiziert
- laufbahn- und abteilungsübergreifende Teamarbeit anregt und steuert
- authentisch, integer und glaubwürdig handelt, unmittelbares Feedback gibt und Zivilcourage zeigt.

Im Idealfall gewinnt die Führungskraft persönliche und fachliche Autorität – auch durch Anerkennung der Fachkompetenzen von Mitarbeitern –, die unabhängig von Weisungsbefugnissen akzeptiert wird.

Freilich können moderne Führungsstile nur gelingen, wenn die Mitarbeiter ihrerseits

- selbstverantwortlich und gegenüber der Bibliothek loyal handeln
- Selbstverantwortung für Leistung und Arbeitszeit übernehmen
- ihre Arbeit auf der Basis von Zielvereinbarungen selbstständig organisieren
- team- und lernfähig sind
- ihr Wissen zu teilen bereit sind.

Bei weitem nicht überall hat die schriftliche Dokumentation von Arbeitsabläufen, Arbeitsanweisungen, Arbeitsplänen, Ausführungsregeln, Ausnahmeregelungen, Berichten und Statistiken, Besprechungsprotokollen, individuellen Erfahrungen, Prozess-Strukturen, Workflows usw. das heute mögliche und zur Effizienzsteigerung wünschenswerte datenbankgestützte Niveau erreicht. Arbeitsplätze mit vernetzten PCs sind jedoch üblich, und so werden E-Mail und Intranet, inzwischen auch Wikis und Blogs zur innerbetrieblichen Kommunikation genutzt.

7.5 Controlling, Kosten- und Leistungsrechnung

In den 1990er-Jahren hat sich ein ausgeprägtes Bewusstsein dafür entwickelt, dass das umfangreiche Datenmaterial zu Input und Output auch zur laufenden Planung, Kontrolle und Koordination genutzt werden kann und soll (Controlling). Ein Teil der etablierten statistischen Daten hat sich dafür als nicht aussagefähig erwiesen, während andere Daten neu – teilweise mittels Benutzerbefragungen – zu erheben waren. Es geht darum, die Planung der Bibliotheks- oder Informationseinrichtung in Bezug auf Aufgabendefinition, strategische Ziele, Nahziele, erbrachte Dienstleistungen, erreichte Nutzer usw. in einem System von Leistungsindikatoren so abzubilden, dass die Leitung zielorientiert bei schonendem Ressourceneinsatz steuern kann.

Hierzu wurde das Instrument einer Balanced Scorecard (wörtlich: ausgewogene Anzeigetafel) entwickelt; es enthält folgende Leistungsindikatoren in vier Gruppen:

- Perspektive der Nutzer: Entspricht die Leistung den Nutzererwartungen? Leistungsindikatoren sind z.B.:
  - Marktdurchdringung (erreichter Anteil der Zielgruppe)
  - Nutzerzufriedenheit
  - Verfügbarkeitsrate gewünschter Medien
- Finanzperspektive: Werden die Ressourcen effizient eingesetzt? Beispielhafte Indikatoren:
  - Kosten pro aktivem Nutzer
  - Kosten pro Bibliotheksbesuch
  - Anteil Personalkosten für Benutzungsdienste an Personalkosten insgesamt
- Prozesse/Prozessoptimierung: Sind die Arbeitsabläufe optimal gestaltet? Beispiele für Leistungsindikatoren:
  - Durchschnittliche Dauer der Dokumentbearbeitung
  - Anzahl Arbeitsstationen im Geschäftsgang
  - Neuzugänge pro Personalstelle (Vollzeitäquivalent) in der Buchbearbeitung
- Potenziale: Welche Leistungspotenziale für die Zukunft entwickelt die Bibliothek? Indikatoren sind u.a.:

- Anteil der Erwerbungsmittel für elektronische Ressourcen an Erwerbungsmitteln insgesamt
- Teilnahme an Fortbildungen pro Mitarbeiter
- Anteil Bibliotheksausgaben insgesamt an Universitätsausgaben insgesamt.

Die Balanced Scorecard hat sich allerdings noch nicht allgemein durchgesetzt. Ein prominenter Anwender ist die *Technische Informationsbibliothek* Hannover. Verbreiteter sind Betriebsvergleiche auf Basis ähnlicher Leistungskennziffern. Dafür werden u.a. differenzierte Daten zu Beständen und Nutzung, aber auch zum Arbeitszeitbedarf einbezogen (z.B.: Warum benötigt die eine Bibliothek zur Bewältigung von 100.000 Ausleihen mehr Arbeitsstunden als eine andere Bibliothek?). Vor allem viele Öffentliche Bibliotheken, auch Hochschulbibliotheken, nehmen seit den 1990er-Jahren auf regionaler Ebene an Arbeitsgemeinschaften mit dem Zweck des Betriebsvergleichs teil, um Erkenntnisse für die Optimierung der eigenen Arbeitsabläufe und Dienstleistungen zu gewinnen.

Die *Bertelsmann Stiftung hat* 1999 auf der Basis freiwilliger kostenpflichtiger Teilnahme einen Betriebsvergleich mit bundesweitem Ranking für Öffentliche Bibliotheken initiiert, der seit 2007 vom *Kompetenznetzwerk für Bibliotheken* (knb) koordiniert wird; seit 2004 sind auch zahlreiche Wissenschaftliche Bibliotheken beteiligt (BIX – Bibliotheksindex, ↗4.2.2, 4.3.1).

Die Kosten- und Leistungsrechnung soll den monetären Ressourcenverbrauch nach Kostenarten (Personalkosten, Raumkosten, IT-Kosten usw.) und Kostenstellen (Abteilungen) ermitteln und den Kostenträgern (Produkten, Dienstleistungen) zuordnen, also den Leistungen gegenüberstellen. Es wurde zwar ein auf die Besonderheiten von Bibliotheken abgestimmtes, leistungsfähiges Modell der Prozesskostenrechnung entwickelt (Ceynowa 1999), allerdings kaum eingesetzt, weil seit den 1990er-Jahren die Unterhaltsträger selbst Kosten- und Leistungsrechnungssysteme entwickeln, die einheitlich in ihrem gesamten Zuständigkeitsbereich zu verwenden sind.

Weiter verbreitet als eine auf die spezifischen Bedürfnisse von Bibliotheken abgestimmte Kostenrechnung sind Produktkataloge, besonders bei kommunalen Bibliotheken. Produktkataloge gruppieren und definieren die Dienstleistungspalette, z.B. Produkt Medien und Information, Produkt Veranstaltungen, Produkt Besondere Dienstleistungen (z.B. Ausleihstellen in Krankenhäusern), allerdings hat sich kein einheitlicher Produktkatalog herausgebildet, so dass eine Vielzahl lokaler Varianten verwendet wird. Die Produkte werden als Kostenträger verstanden und müssen anhand folgender Kriterien definiert sein:

- Produkte müssen quantifizierbar sein.
- Produkte müssen eindeutig abgrenzbar sein.
- Jeweilige Kosten und Erlöse müssen einem jeweiligen Produkt zuzuordnen sein.
- Produkte müssen Leistungen für Endverbraucher darstellen.

- Alle Produkte einer Einrichtung müssen gemeinsam die Leistungen dieser Einrichtung vollständig abbilden.

Im Ergebnis einer Kosten- und Leistungsrechnung sind Aussagen über Kosten in Bibliotheken betriebsübergreifend kaum vergleichbar, z.B.:

- Was kostet eine Ausleihe?
- Was kostet die Lieferung einer digitalen Aufsatzkopie?
- Was kostet die komplette Zugangsbearbeitung einer Print-Monografie?

Aber innerbetrieblich und für Zielvereinbarungen mit dem Unterhaltsträger lassen sich Kostengrößen verwenden, um beispielsweise folgende Fragen zu erörtern:

- Entspricht es den Zielen der Bibliothek, eine kostenintensive Dienstleistung mit geringer Nutzung ohne Innovationspotenzial weiterhin anzubieten?
- Lassen sich Kosten durch Verringerung der Fertigungstiefe (z.B. Kauf von Fremdleistungen für Buchbearbeitung, für Katalogisierung) senken?

Am Beispiel der letzten Frage kann allerdings auch gezeigt werden, dass entscheidende Konsequenzen aus einer Kosten- und Leistungsrechnung kaum gezogen werden können, solange auch das öffentliche Dienst-, Haushalts- und Arbeitsrecht nicht grundlegend reformiert ist. Das Haushaltsrecht ist jedoch seit den 1990er-Jahren im Sinn einer Flexibilisierung der Haushaltspläne reformiert worden, besonders im kommunalen Bereich (↗3.4.3). So dürfen mittlerweile Finanzmittel innerhalb weiter gefasster Grenzen auch für andere Zwecke als ursprünglich vorgesehen verwendet werden.

7.6 Werbung, Öffentlichkeitsarbeit, Kulturarbeit

Praktiker in Bibliotheks- und Informationseinrichtungen verstehen unter Öffentlichkeitsarbeit (synonym: Public Relations, PR) meistens ein Handlungsfeld, das neben Handlungsfeldern wie Bestandsaufbau oder Benutzung steht, das aber als Querschnittsaufgabe aufgefasst wird.

Das Handlungsfeld Öffentlichkeitsarbeit umfasst:

- Kulturmanagement (Programmarbeit, Veranstaltungen und Ausstellungen)
- Kontaktarbeit (persönlicher Kontakt zu institutionellen Nutzern, z.B. zu den Professoren des Fachbereichs, zu den Kindergärten des Ortsteils, zur Volkshochschule des Landkreises, um einerseits über Dienstleistungen der Bibliothek zu informieren, um andererseits Erwartungen zu erfragen)
- Pressearbeit

- Einführungen in die Benutzung der Bibliothek im Rahmen der Vermittlung von Informationskompetenz (z.B. durch Bibliotheksführungen, virtuelle Rundgänge oder Online-Tutorials, ↗6.3.5)
- Publikationen über die eigene Bibliothek
- Fundraising, Einwerben von Sponsorengeldern
- Organisationsdesign (↗7.2)
- innerbetriebliche Kommunikation
- Promotion-Maßnahmen, z.B.
  - Die Stadtbibliothek nimmt am Marktplatzfest mit eigenem Stand teil.
  - Die Kinderbibliothek verschenkt Bücherwürmer aus Plüsch.
  - Die Landesbibliothek veranstaltet ein literarisches Preisausschreiben.
  - Roadshows (Präsentation der Bibliotheks-Website mit Zugriff auf Datenbanken usw. im Foyer vor Hörsälen und an anderen Orten, wo die Zielgruppe im Vorübergehen erreicht wird), wie sie heute an vielen Hochschulbibliotheken üblich sind
- Benutzerbeiräte, Freundes- und Förderkreise.

Demgegenüber grenzt die kommunikationswissenschaftlich begründete PR-Lehre Öffentlichkeitsarbeit gegen Werbung und Kulturmanagement ab. Während Öffentlichkeitsarbeit die Gestaltung der Kommunikation und Interaktion zwischen Bibliothek und ihrer Umwelt mit der Funktion der wechselseitigen Information, Überzeugung, Motivation und der Förderung eines dauerhaften Konsenses zwischen Bibliothek, Unterhaltsträger, Kunden und Bezugsgruppen der Öffentlichkeit darstellt, umfasst Werbung Maßnahmen zur Beeinflussung der marktrelevanten Einstellungen und Verhaltensweisen unter Einsatz von Werbemitteln und Medien. Mit anderen Worten: Werbung zielt vor allem auf die Erhöhung der Bekanntheit und der Inanspruchnahme angebotener Dienstleistungen.

Unter Kulturmanagement versteht man deskriptiv die Planung und Durchführung von Kulturveranstaltungen; in normativer Perspektive gehört dazu auch, ein kulturpolitisches Konzept zugrunde zu legen. Kulturpolitische Konzepte lassen sich mit Schlagwörtern wie Kultur für alle, Hochkultur, Soziokultur, Literaturförderung u.a.m. umreißen. In dieser Perspektive wird Kultur also nicht zweckentfremdet und als bloßes Instrument der Werbung und Öffentlichkeitsarbeit eingesetzt, sondern sie behält ihren Eigenwert.

Im Folgenden soll die Praxis beleuchtet werden:
Die Handlungsfelder sind außerordentlich vielfältig, die Maßnahmen bilden vom farbigen Flyer über Pressemitteilungen bis zu aufwändigen Ausstellungen eine bemerkenswert abwechslungsreiche und fantasievolle Palette, wenn sie auch durch einen engen finanziellen Rahmen begrenzt werden. Bibliotheken stehen mit ihrer Öffentlichkeitsarbeit in einem umfassenden Interaktionsnetz, in dem immer neue Kooperationspartner gefunden werden können.

Maßnahmen, die sich z.T. nur für einzelne Bibliothekstypen eignen, sind:
- affiliate Marketing (Austauschwerbung mit einem Partner auf den jeweiligen Websites)
- anregende Bestandspräsentation, Seminar-, Semesterapparate
- Ausstellungen von Zimelien aus dem Bestand
- digitale Auswahlverzeichnisse, die z.B. als SMS versendet werden können,
- digitale Newsletter
- Erarbeitung und Präsentation von Ausstellungen gemeinsam mit Partnern, z.B. einem historischen Verein
- gedruckte Auswahlverzeichnisse aus dem Bestand, die außerhalb der Bibliothek verbreitet werden
- gedruckte Auswahlverzeichnisse aus dem Bestand, die in der Bibliothek zum Mitnehmen ausliegen
- Give-aways, z.B. Bücherwürmer aus Plüsch, Kugelschreiber mit Aufdruck
- Gremienarbeit
- Jahresbericht, Statistiken
- Nutzerseminare zur Schulung in der Nutzung komplexer Dienstleistungen, z.B. Patentdatenbanken
- Online-Marketing beginnend mit einer prägnanten URL und Maßnahmen zum besseren Ranking der Website in den Trefferlisten der Suchmaschinen; ferner gehören dazu Newsletter, RSS-Feeds oder weitere Web-2.0-Anwendungen wie z.B. die Präsentation der Bibliothek auf YouTube, in Facebook oder Nutzung von Microblogs wie Twitter
- Präsentationen interessanter Dienstleistungen wie Online-Auskunft, Vermittlung von Informationskompetenz oder spezifischer Datenbanken im Foyer vor Hörsälen oder der Mensa für Vorübergehende (Roadshows)
- Pressemitteilungen über andere Dienstleistungen als Veranstaltungen
- Pressemitteilungen und Plakate über Veranstaltungen
- Schaufenster-, Vitrinengestaltung
- Tag der offenen Tür, Beteiligung an Festen, Messen, Märkten, Umzügen
- Veranstaltungen für Erwachsene, z.B. Autorenlesungen oder Vorträge, Kleinkunst, oft in Kooperation mit Partnern wie der Volkshochschule, dem örtlichen Buchhandel, einer wissenschaftlichen Gesellschaft
- Veranstaltungen für Kinder, z.B. Bilderbuchkino (Vorlesen von Bilderbüchern mit Projektion der Bilder), Lesungen mit Kinderbuchautoren, Spielaktionen, die zur Bestandsnutzung hinführen. In vielen Städten und Gemeinden gehören die Öffentlichen Bibliotheken zu den wichtigsten Orten der Kinderkultur, nicht selten gibt es keinen anderen Ort dieser Art.
- Website mit Bibliothekskatalog, virtuellem Rundgang und umfassender Selbstdarstellung mit interaktiven Angeboten (z.B. Bewertungs- und Kommentierungsangebote)
- werbende und informierende Flyer, Handzettel, Infoblätter usw.

In fast allen Öffentlichen Bibliotheken kümmern sich einzelne Mitarbeiter oder Teams auch um Öffentlichkeitsarbeit. Meistens sind die Aktivitäten auf mehrere Personen verteilt, was für die Mitarbeiter-Motivation sinnvoll ist, zumal da Öffentlichkeitsarbeit bzw. Kulturmanagement eine höchst beliebte Aufgabe ist: Die Mitarbeiterinnen und Mitarbeiter aus dem Kinder- und Jugendbereich planen und organisieren auch die Veranstaltungen für diese Altersgruppe, die Lektorin oder der Lektor für Recht, Wirtschaft, Steuern fertigt gelegentlich ein Auswahlverzeichnis aus diesem Bereich usw. Problematisch ist indessen oft die mangelnde Koordination der Einzelaktivitäten und das Fehlen eines Zielkonzepts, aus dem heraus diese Aktionen erst ihre volle Wirkung entfalten können. Nur eine Minderheit der Öffentlichen Bibliotheken hat ein strategisch begründetes Konzept für Werbung, Öffentlichkeits- und Kulturarbeit.

Etwa ein Drittel der National-, Hochschul- und Regionalbibliotheken leistet Öffentlichkeitsarbeit, die über Info-Blätter, Vermittlung von Informationskompetenz oder Website hinausgeht. Einzelne Wissenschaftliche Bibliotheken verfügen über eine hauptamtliche Stelle für Öffentlichkeitsarbeit; in der Regel kümmert sich die Bibliotheksleitung oder ein Fachreferent mit einem Teil seiner Arbeitskraft um diese Aufgabe. Ausstellungen mit Zimelien aus dem Bestand erfreuen sich als Veranstaltungsform großer Beliebtheit; sie dienen auch dazu, Aufmerksamkeit im politischen Raum hervorzurufen. Eine regelmäßige Pressearbeit ist weniger verbreitet als in Öffentlichen Bibliotheken, informiert aber anteilmäßig häufiger über Dienstleistungen, insbesondere digitale Dienstleistungen. Gremienarbeit hat bei Hochschulbibliotheken einen größeren Stellenwert als bei Öffentlichen Bibliotheken, schon weil die Hochschulgesetze der meisten Bundesländer dem Bibliotheksdirektor kraft Amtes einen Platz in der Bibliothekskommission der Hochschule geben.

Inserate und bezahlte Bannerwerbung oder gar Radio- und Fernsehwerbespots sind höchst selten anzutreffen, weil die knappen Mittel für Werbung und Öffentlichkeitsarbeit anders verwendet werden. Angesichts der Erfahrung, dass Pressemitteilungen, die im redaktionellen Teil veröffentlicht werden, einen wesentlichen höheren Aufmerksamkeits- und Vertrauenswert genießen, ist diese Praxis nachvollziehbar.

7.7 Bestandsmanagement

Bestandsmanagement umfasst die Formulierung und Fortschreibung eines Bestandskonzepts (↗7.7.1), Bestandsaufbau, Erwerbung, Lizenzierung von Netzpublikationen und die Deakquisition (↗7.7.4), das Management des Geschäftsgangs und das Electronic Resource Management (↗7.7.2), schließlich die Bestandserhaltung und die digitale Langzeitarchivierung (↗7.7.5).

7.7.1 Medien und Ressourcen

Die Bestände der meisten Bibliotheken bestehen auch heute noch ganz überwiegend aus gedruckten Büchern (vom Kochbuch bis zur wissenschaftlichen Monografie, von der wissenschaftlichen Loseblatt-Ausgabe bis zum Kinderbuch) sowie gedruckten Zeitschriften und Zeitungen. Der Anteil digitaler Medien steigt jedoch spürbar. Vor allem in Bibliotheken mit langer ununterbrochener Tradition und in den Bibliotheken, welche die Bestände der hauptsächlich im Zuge der Säkularisation Anfang des 19. Jahrhunderts aufgelösten Klosterbibliotheken aufgenommen haben, finden sich neben klassischen Printmedien auch Handschriften, Inkunabeln, Münzen, Globen, historische Karten usw.

Während die bibliothekarische Praxis in Deutschland eng der Idee verhaftet blieb, dass Bibliotheken vor allem für die Sammlung von Schriftträgern zuständig seien und deshalb Medien wie Fotografien und Filme weitgehend anderen Einrichtungen, z.B. Archiven oder Museen überlassen sollten, folgten die Bibliotheken in der angloamerikanischen Welt eher einem weiten Medienbegriff und begannen früh medial weit gefasste Sammlungen anzulegen. Aber auch in Deutschland haben einige Bibliotheken bedeutende Sammlungen von Nonprint-Medien aufgebaut. Die Printmedien ihrerseits als Sammelgegenstand in Bibliotheken haben eine Fülle körperlich unterschiedlicher Formen angenommen, von Taschenbüchern und Hardcovers über Loseblatt-Ausgaben, Noten und Karten bis zu Broschüren.

Über größere Tonträgersammlungen für Forschung und Lehre, meistens in Verbindung mit Noten- und musikwissenschaftlichen Sammlungen, verfügen

- einige Landes- und Regionalbibliotheken
- die Bibliotheken der Musikhochschulen
- etwa die Hälfte der Universitätsbibliotheken.

Für das Sondersammelgebiet Musikwissenschaft ist die *Bayerische Staatsbibliothek* verantwortlich; diese besitzt wie die *Sächsische Landesbibliothek – Staats- und Universitätsbibliothek Dresden* eine der bedeutendsten Tonträgersammlungen in Deutschland. Die Sammlung des *Deutschen Musikarchivs*, das organisatorisch eine Abteilung der *Deutschen Nationalbibliothek* (heute in Leipzig) ist und die Tätigkeit der *Deutschen Musik-Phonothek* (1961–1969) fortsetzt, umfasst lückenlos in Deutschland hergestellte Tonträger ab Erscheinungsjahr 1970 und eine umfangreiche Sammlung älterer Tonträger (u.a. 125.000 Schellackplatten), die bis in die Anfänge der Tonträgerproduktion 1877 zurückreicht.

In Öffentlichen Bibliotheken ist neben Bildung und Information die Unterhaltung ein wichtiger Aspekt der Musiksammlungen, die überwiegend auf Jugendliche zugeschnitten sind. In vielen Großstadtbibliotheken wird eine Musikbibliothek meistens als von der Hauptbibliothek getrennte Abteilung geführt, wie es auch bei den Kinder- und Jugendbibliotheken oft anzutreffen ist. Diese Öffentlichen Musikbibliotheken verleihen außer Tonträgern vor allem Notendrucke und Musikbücher. Unabhängig davon bieten rund 90% der Öffentlichen Bibliotheken Musiktonträger an.

Zum boomenden Tonträger-Markt gehören auch die Hörbücher; sie sind in Öffentlichen Bibliotheken weit verbreitet, in Wissenschaftlichen Bibliotheken praktisch nur in den Pflichtexemplarbibliotheken anzutreffen.

Ein deutlich größeres Segment sind Tonträger, die – meist in Kombination mit Lehrbüchern – dem Fremdsprachenerwerb und -training dienen. Sie gehören zum Standard-Angebot der Öffentlichen Bibliotheken und stehen auch in den Mediotheken der Hochschulen mit philologischen Studiengängen. Dort überwiegen jedoch Eigenproduktionen der Fremdsprachen-Lektoren.

Ein umsatzstarkes Marktsegment bilden Kindertonträger. Diese sind in praktisch allen Öffentlichen Bibliotheken im Angebot, während sie in Hochschulen auch dort, wo pädagogische Studiengänge vorhanden sind, kaum eine Rolle spielen. Die bedeutendste Sammlung besitzt – neben den Pflichtexemplarbibliotheken – die Bibliothek der *Hochschule der Medien Stuttgart*.

Trotz des Fehlens eines Pflichtexemplarrechts für Filmproduktionen auf Bundesebene liefern Verlage und verlagsnahe Hersteller freiwillig Videoneuerscheinungen (seit etwa 2000 praktisch nur noch auf DVD und seit 2005 zunehmend auf Blu-ray Disc) bei der Deutschen Nationalbibliothek ab; auf diese Weise werden dort schätzungsweise 15% der Videoproduktion archiviert. Von den Öffentlichen Bibliotheken bietet etwa ein Drittel Filme an. Dort ist das Profil auf qualitativ hochwertige Kinder- und Spielfilme sowie bildungsbezogene Inhalte ausgerichtet und dadurch im Ganzen deutlich niveauvoller als in den kommerziellen Videotheken.

Das Pflichtexemplarrecht für Fotos und Dia-Sammlungen ist uneinheitlich geregelt. Für die Sammlung der Deutschen Nationalbibliothek sind Tonbildschauen und Einzellichtbilder ausdrücklich von der Pflichtexemplarsammlung ausgenommen, während die einschlägigen Gesetze der meisten Bundesländer Bildträger bzw. bildliche Darstellungen in die Pflichtablieferung einbeziehen. Teilweise sind nur solche bildliche Darstellungen gemeint, die auch Text enthalten. In Öffentlichen Bibliotheken spielen Foto- oder Diabestände im Allgemeinen keine Rolle; eine Ausnahme bilden Diaserien nach Bilderbüchern für das Bilderbuchkino (Projektion der Bilder vor Kindern, während der Text verlesen wird).

Mikroformen sind in den Beständen aller Universitätsbibliotheken, vieler weiterer Hochschulbibliotheken und der meisten Regionalbibliotheken enthalten. Das *Mikrofilm-Archiv der deutschsprachigen Presse* in Dortmund hat die Aufgabe, Verfilmungen von Zeitungs- und Zeitschriftenbeständen zu veranlassen, zu koordinieren bzw. dabei zu beraten und Mikroform-Ausgaben der deutschsprachigen Presse zu sammeln. In mehrjährigen Abständen erscheint das Verzeichnis von Mikroform-Mastern und Mikroform-Arbeitskopien von Pressetiteln in Deutschland. Die Datenbank EROMM (European Register of Microform and digital Masters) weist Mikroformen-Master und Digitalisate nach, die in Bibliotheken in sieben EU-Staaten sowie – entgegen dem Namen der Datenbank – in den USA vorhanden sind. Mikroform-Publikationen unterliegen dem Pflichtexemplarrecht wie gedruckte Publikationen.

Digitale Bücher und Zeitschriften auf körperlichen Datenträgern werden in deutschen Bibliotheken seit ihrem Aufkommen gesammelt; sie fallen, wenn sie nicht ausschließlich Filme oder Spiele enthalten, unter die Pflichtexemplarregelungen. Freilich haben die Öffentlichen Bibliotheken, von Ausnahmen abgesehen, den Verleih von CD-ROMs erst in den frühen 1990er-Jahren begonnen. Während hier der Verleih im Vordergrund steht, werden elektronische Publikationen auf CD-ROMs und DVDs in den Hochschul-, Instituts- und Spezialbibliotheken üblicherweise im Intranet bereitgestellt und sind dann von allen PCs der Einrichtung aus, nicht nur innerhalb der Bibliothek nutzbar. Sofern derselbe Inhalt auch als Netzpublikation verfügbar ist, bevorzugen Wissenschaftliche Bibliotheken die Netzpublikation, weil das Management eines CD-ROM-Servers aufwändiger ist.

Die Vielfalt der Medientypen in unterschiedlichsten körperlichen Formen und Behältnissen reicht von Pappschachteln, die eine Broschur und mehrere MCs enthalten, über DVDs, Blu-rays und CDs in unterschiedlich konfektionierten Jewel Cases, bis zu Safer Systemen für Nonprint-Medien, das sind Kunststoffrahmen oder -behältnisse, die an der Verbuchungstheke mit einem Spezialgerät entfernt werden. Dadurch entsteht in den Bibliotheken zusätzlicher Aufwand bei Einarbeitung, Etikettierung, Lagerung und Präsentation, insbesondere dann, wenn unterschiedliche Medientypen nach inhaltlichen Gesichtspunkten gemeinsam im Freihandbereich präsentiert werden sollen. Viel technisches Detail-Know-How ist für die Bearbeitung (z.B. Anbringen der Sicherungs- und Signaturetiketten) erforderlich; Lagerung und Präsentation erfordern spezielle Schrank- und Regalsysteme.

Vor allem Hochschulbibliotheken haben begonnen, digitale Bibliotheken aufzubauen; hierfür haben die Empfehlungen des Wissenschaftsrats zur digitalen Informationsversorgung durch Hochschulbibliotheken aus dem Jahre 2001 kräftige Impulse gegeben. Mit dem nicht immer einheitlich verwendeten Begriff „digitale Bibliothek" sind in der Praxis oft Zusammenstellungen verschiedener digitaler Medientypen gemeint. Es handelt sich dabei wie bei traditionellen Bibliotheken vor allem um Volltexte. Dazu kommen multimediale Objekte, bibliografische und numerische Datenbanken, Bild- und Faktendatenbanken, Patent- oder Produktdatenbanken u.ä. Datenbanktypen. Die verschiedenen Ressourcen einer digitalen Bibliothek können durch ein mehr oder minder ausgefeiltes Informationsmanagement einzeln, meist aber auch parallel durchsucht werden. Die Inhalte digitaler Bibliotheken speisen sich vor allem aus drei Quellen:

– (Retro-)Digitalisaten aus dem eigenen Bestand analoger Medien. Zahlreiche, mitunter schlecht vernetzte Digitalisierungsprojekte haben seit den 1990er-Jahren beträchtliche Massen urheberrechtlich freier oder entsprechend li-

zenzierter Werke auf diese Weise zugänglich gemacht, von mittelalterlichen Handschriften über alte Drucke bis zu den Zeitschriften des deutschen Exils während der NS-Zeit;
- lizenzpflichtigen Verlags- oder Institutsveröffentlichungen in Form von Netzpublikationen, die überwiegend physikalisch auf dem Server des Anbieters verbleiben. Die digitale Bibliothek gewinnt dann zugleich den Charakter einer virtuellen Bibliothek. Bei derart lizensierten Publikationen, die nicht in die Kontrolle der Bibliothek übergehen, sondern nur für den Zugriff freigeschaltet werden, handelt es sich oft um E-Journals, E-Books oder Datenbanken verschiedenen Typs;
- digitalen Publikationen der Angehörigen der eigenen Institution. Die Hochschulbibliothek baut also – ggf. gemeinsam mit dem Rechenzentrum – ein institutionelles Repositorium auf (↗4.5.5). Diese Publikationen sind praktisch immer als Open-Access-Publikationen frei zugänglich.

Während bei den Wissenschaftlichen Bibliotheken die Nutzung digitaler Bibliotheken im Bibliotheks- und Hochschulnetz üblich und der Download elektronischer Bücher auf Datenträger der Benutzer nur vereinzelt anzutreffen ist, kam die Nutzung von Netzpublikationen bei den Öffentlichen Bibliotheken nach ganz vereinzelten Ausnahmen erst 2006 auf und blieb bis heute marginal. Im Vordergrund steht der Download von elektronischen Büchern, Zeitschriftenheften und Musikdateien auf Datenträger der Benutzer mit auf die übliche Leihfrist begrenztem Nutzungsrecht, auch als „Onleihe" (aus online und Ausleihe) beworben (↗6.3.1). Im Jahre 2010 boten weit unter 10% der Öffentlichen Bibliotheken die Onleihe an, einige von ihnen in Form von regionalen bzw. landesweiten Onleihe-Verbünden (vgl. DiViBib).

7.7.2 Bestandkonzepte
Ein Bestandskonzept (Synonyme: Acquisition Policies, Bestandskonzeption, Erwerbungspolitik, Erwerbungsprofil, Bestandsrichtlinie, Erwerbungsrichtlinie, erwerbungspolitisches Konzept) gibt an, nach welchen Kriterien die Bibliothek

- aus dem aktuellen und historischen Publikationsaufkommen auswählt
- in ihren Bestand aufnimmt oder lizenziert
- ihren Bestand gestaltet; hierzu gehören Kriterien für die Deakquisition, also die Ausscheidung, und für Maßnahmen der Bestandserhaltung und digitalen Langzeitarchivierung.

In Wissenschaftlichen Bibliotheken stehen Aussagen über Auswahlkriterien im Vordergrund (Archivfunktion); man spricht deshalb eher von Erwerbungsprofil oder Erwerbungsrichtlinie.

Ein grober Rahmen für das Bestandskonzept ergibt sich aus den Funktionen, die der Träger der Bibliothek zuweist. Als Ziel der Literatur- und Informationsversorgung der Hochschulbibliotheken wird häufig (so in den Hochschulgesetzen der meisten Bundesländer) die Trias Forschung, Lehre und Studium, darüber hinaus auch der wissenschaftliche Bedarf der Region genannt. Auf Letzteres richtet sich das Bestandskonzept auch der Landesbibliotheken, das in erster Linie aber der Sammlung der im betreffenden Bundesland und der über das betreffende Land erscheinenden Literatur gilt. Der Akzent liegt dabei auf geistes- und sozialwissenschaftlicher Literatur. Die Öffentlichen Bibliotheken haben den Rahmen ihres Bestandsprofils prototypisch wie folgt formuliert:

Tabelle 45: Bestandsprofile Öffentlicher Bibliotheken

Auftrag und Aufgaben der Bibliothek	Beispiele für relevante Medienangebote
Befriedigung allgemeiner Informationsbedürfnisse	Sachbücher, Fachbücher, Nachschlagewerke, CD-ROM, Internet
Teilnahme am öffentlichen Leben	Tages- und Wochenzeitungen, politische Magazine, Stadtzeitungen
Schulische und berufliche Ausbildung	Lehrbücher, Berufswahl-Ratgeber, Interpretationshilfen, Lernprogramme
Allgemeine Weiterbildung	Populäre Sachbücher und Zeitschriften
Berufsausübung	Berufliche Fachliteratur, Fachzeitschriften, Wirtschaftsinformation
Alltagsmanagement	Ratgeber, Verbraucherinformation und -zeitschriften, Erziehungshilfen, Broschüren
Hobby und Freizeit	Reiseführer, Hobbyanleitungen, Unterhaltungsromane, Musiktonträger, DVD, Konsolen- und Computerspiele
Leseförderung	Kinder- und Jugendbücher
Orientierung in der Medienvielfalt	Bibliografien; Verzeichnisse lieferbarer Bücher und Medien, Fachzeitschriften, Tonträger, DVDs, Software

Je knapper die Erwerbungsmittel, desto klarer muss innerhalb des jeweiligen Rahmens ein noch konkreteres Profil formuliert werden. Hierzu wurde die „Conspectus"-Methodik entwickelt. Sie ist heute in der angloamerikanischen Welt in zwei Varianten verbreitet, dem RLG Conspectus (1992) und dem WLN Conspectus (Western Library Network 1999). Beide Urheber, die *Research Libraries Group* (RLN) wie auch das *Western Library Network* (WLN) sind inzwischen mit OCLC verschmolzen.

Die folgenden Ziele werden mit dem Conspectus-Verfahren verfolgt:

– Erwerbungsabsprachen mit anderen Bibliotheken, um trotz wachsenden Publikationsvolumens und steigender Nutzererwartungen durch Kooperation eine bessere Literaturversorgung leisten zu können. Dies ist das ursprüngliche Ziel; Spezialbibliotheken hatten hingegen primär die Absicht, ihre Bestandsprofile vergleichen zu können.
– Abstimmung der Ziele der Bibliothek mit den Zielen des Trägers

- Umsetzung der Ziele der Bibliothek in Bestands- und Erwerbungsprofile
- Vergleich der bestandspolitischen Ziele mit dem, was real erreicht wurde.

Ausgangspunkt ist eine Bestandsgliederung nach der Dewey Decimal Classification und der Library of Congress Classification im Umfang von ca. 4.000 Klassen. Für jede Klasse werden vier Aussagen (collection depth indicators) getroffen:

Tabelle 46: Collection Depth Indicators

Bezeichnung im WLN Conspectus	Bezeichnung im RLG Conspectus	Übersetzung
CCL: Current Collection Level	ECS: Existing Collection Strength	Niveau und Vollständigkeitsgrad der betr. Klasse im vorhandenen Bestand
AC: Acquisition commitment	CCI: Current Collecting Intensity	Niveau und Vollständigkeitsgrad der betr. Klasse im aktuellen Bestandsaufbau
CG: Collection Goal	DCI: Desired Collecting Intensity	Niveau und Vollständigkeitsgrad der betr. Klasse im angestrebten Bestand (Bestandsziel)
PC: Preservation Commitment		Umfang und Formen der langfristigen Archivierung

Für jeden Indikator wird die Ausprägung in Form eines Zahlenwerts (Levels) angegeben:

NA = Not Assessed = nicht ermittelt
0 = Out of Scope
1a = Minimal Level, Uneven Coverage
1b = Minimal Level, Even Coverage
2a = Basic Information Level, Introductory
2b = Basic Information Level, Advanced
3a = Study/Instruction Support Level, Basic
3b = Study/Instruction Support Level, Intermediate
3c = Study/Instruction Support Level, Advanced
4 = Research Level
5 = Comprehensive Level.

Seit den 1990er-Jahren wird die Conspectus-Methode nur zögernd in Deutschland rezipiert. Nach *Griebel (1994)* soll ein Erwerbungsprofil an Hochschulbibliotheken Aussagen treffen über:

Bestandteile eines Erwerbungskonzepts für Hochschulbibliotheken
- Universitäres Anforderungsprofil
  - Lehrstühle
  - in Lehre und Forschung vertretene Fachgebiete und Teildisziplinen
  - Forschungsschwerpunkte
  - Studentenzahlen in Haupt- und Nebenfach
  - mögliche Studienabschlüsse
  - interdisziplinäre Aspekte
  - Anforderungen aus den Nachbarfächern
- Außeruniversitäre Aufgaben
- Finanzielle Rahmenbedingungen
  - Kontingent für Monografien und Fortsetzungen
  - Kontingent für Zeitschriften
  - erwerbungsstatistische Daten
  - elektronische Publikationen
- Bestellunterlagen für die Titelauswahl
- Fachsystematische Gliederung. Die Erwerbungsstufen (= Sammelintensitäten) werden auf einzelne Untergruppen bezogen
- Erwerbungsstufen:
  - Stufe 1 (Randbereich): Nachschlagewerke, Datenbanknachweise, Bibliografien, Deutsch, ausnahmsweise Englisch (außer in den Kulturwissenschaften)
  - Stufe 2 (Enge Auswahl): Aktuelle einführende und allgemeine Literatur zu Fächern und Teildisziplinen, Handbücher, historische Überblicke, ausgewählte Ausgaben wichtiger Werke, Enzyklopädien, Lexika, Wörterbücher, Bibliografien, Adressbücher, die wichtigsten Zeitschriften, Vermittlung des Zugangs zu externen Datenbankrecherchen (UB hat keine Lizenzen), Deutsch, ausnahmsweise Englisch (außer in den Kulturwissenschaften)
  - Stufe 3 (Studienstufe): ausreichend für Ausbildung und Studium. Grundlegende aktuelle Lehrbücher, Monografien und Handbücher in breiter Auswahl, vollständige Sammlung der wichtigen Quellen, Enzyklopädien, Lexika, Wörterbücher, Bibliografien, Referateorgane, Adressbücher, die wichtigen Zeitschriften in Auswahl, Vermittlung des Zugangs zu externen Datenbanken (UB hat Lizenzen), Deutsch, ausnahmsweise Englisch (außer in den Kulturwissenschaften)
  - Stufe 4 (Forschungsstufe): umfangreiche Sammlung von spezialisierten Monografien, Forschungsberichten, Konferenzberichten, Dissertationen, Vermittlung des Zugangs zu externen Datenbanken, eigene Datenbanken, lokale Online-Ressourcen, alle Sprachen
  - Stufe 5 (Umfassende Sammlung): Sondersammelgebiete der DFG, regionale Pflichtaufgaben, lokale Schwerpunkte mit Anspruch der Vollständigkeit, alle Literaturarten, alle Sprachen

- Erwerbungsabstimmung innerhalb der Hochschule (Zentralbibliothek mit Zweig- oder Institutsbibliotheken) und auf regionaler Ebene
- Deakquisition (Aussonderung).

Anders als bei der Conspectus-Methode werden die Sammelintensitäten hier nicht unterschieden in die Indikatoren nach Tabelle 46, so dass ein mit dieser deutschen Variante formuliertes Erwerbungsprofil unklar bleibt. Wenige deutsche Hochschulbibliotheken haben bisher Erwerbungsprofile mit dieser oder einer anderen Methode formuliert.

Die Conspectus-Methode kann auch für Öffentliche Bibliotheken verwendet werden. Hier können detailliertere Aussagen über Ziele und Maßnahmen getroffen werden, die Leistungskennziffern wie Umsatz oder Aktivierungsgrad (Anteil mindestens einmal pro Jahr entliehener Einheiten an einer Bestandsgruppe) einbeziehen (Arbeitsbogen für Lektoren nach Umlauf 1997). Seit den 1990er-Jahren versuchen mehr und mehr Öffentliche Bibliotheken, ihr Bestandsmanagement auf eine methodische Grundlage zu stellen. Weit verbreitet ist der Einsatz von Instrumenten wie Auswertung der Ausleihstatistiken oder von der EDV erstellter Null-Listen, anhand derer seit längerer Zeit nicht ausgeliehene Exemplare aufgespürt werden.

Zur internen Verteilung des Erwerbungsetats auf Sachgruppen, Institutsbibliotheken usw. wenden viele Bibliotheken Etatverteilungsmodelle an.

An Hochschulbibliotheken gehen in die Verteilungsmodelle meistens folgende Parameter (jeweils nach Fächern) ein:

- Zahl der Professuren oder Wissenschaftler insgesamt
- Zahl der Studierenden
- Publikationsaufkommen
- Preise.

Selten verwendet werden als Parameter:

- Ausleihen
- Drittmittel
- Abschlüsse. Hinter diesem Parameter steht die Idee, dass für die Erlangung höherer Abschlüsse (z.B. Promotion und Master im Verhältnis zum Bachelor) mehr Literatur benötigt wird.

Insbesondere in zweischichtigen Bibliothekssystemen werden stringente und nachvollziehbare Etatverteilungsmodelle selten praktiziert. Drei Viertel der Universitätsbibliotheken wenden überhaupt Etatverteilungsmodelle an. Meistens folgt man tradierten Verteilungsusancen auf Basis von Erwerbungszahlen vergleichbarer Bibliotheken. Mehr oder minder jede Universitätsbibliothek hat ihr eigenes Modell, in das vor allem lokale Besonderheiten einfließen (z.B. besondere Sammlungen, die fortgeführt werden sollen; ein bewährter Verteilungsschlüssel; Verhältnis von Universitätsbibliothek zu Zweig-/Institutsbibliotheken).

In Öffentlichen Bibliotheken werden die Erwerbungsetats vorab mehr oder minder stringent aufgeteilt. Meistens liegen Ausleihzahlen und Preise nach Bestandssegmenten zugrunde.

7.7.3 Bestandsaufbau, Erwerbung, Deakquisition

Der Bestandsaufbau ist der Vollzug des Erwerbungskonzepts, das heißt nach den Kriterien des Bestandskonzepts werden Medien und Ressourcen ausgewählt und erworben oder lizenziert. In den meisten Fällen kommen die körperlichen Medien durch Kauf in die Bibliothek. Bezugsquelle ist in der Regel der örtliche Sortimentsbuchhandel, je nach Profil auch spezialisierte Versandbuchhandlungen, besonders für den Bezug ausländischer Publikationen. Nach dem Preisbindungsgesetz (↗3.4.2) sind deutschsprachige gedruckte Bücher preisgebunden, d.h. der Verlag setzt den Endverkaufspreis bindend fest. Für Öffentliche Bibliotheken darf ein Preisnachlass von 10%, für allgemein zugängliche Wissenschaftliche Bibliotheken ein Preisnachlass von 5% gewährt werden.

Öffentliche Bibliotheken beschaffen im bundesweiten Durchschnitt knapp drei Viertel ihrer Medien beim örtlichen Buchhändler, rund ein Viertel (außer Zeitschriften) in unterschiedlich bearbeiteter Form (Schutzfolie, Signaturschild usw.) bei der *ekz.bibliotheksservice GmbH* (↗4.3.2). Für Bibliotheken, die Graue Literatur oder Publikationen aus Ländern mit unterentwickelten oder unsicheren Exportbeziehungen beschaffen, bleibt die Beschaffungsreise mitunter die letzte Möglichkeit, dem Sammelauftrag gerecht zu werden (z.B. Südostasien: *Staatsbibliothek zu Berlin*).

Sowohl bei Netzpublikationen wie auch (allerdings seltener) bei digitalen Offline-Medien bieten die Verlage bzw. Hersteller meistens nicht die Möglichkeit des Kaufs an, stattdessen schließen die Bibliotheken Lizenzverträge ab. Diese gestatten die Nutzung der Daten für die Dauer des Vertrags im vertraglich vereinbarten Umfang, d.h. praktisch meistens im Hochschulnetz. Die Lizenzierung macht die traditionelle Aufgabe der Archivierung unmöglich; deshalb halten viele Bibliotheken so weit wie möglich weiterhin die Abonnements der Druckausgaben und schaffen zusätzlich den Zugang zu den digitalen Fassungen.

Bei digitalen Medien sind bereits bei der Auswahlentscheidung Fragen nach Zugriffsrechten und Lizenzierung, Archivierung und Verfügbarkeitsdauer sowie nach Geräteausstattung zu beachten. Während analoge Medien meistens Titel für Titel ausgewählt werden, stehen bei der Lizenzierung von den Verlagen oder von Aggregatoren angebotene, mehr oder minder umfangreiche Pakete im Vordergrund, insbesondere bei der Erwerbung im Rahmen eines Konsortiums (↗4.5.1). Einerseits sind die Preise pro Titel oft verführerisch gering, andererseits erwerben die Bibliotheken auf diese Weise in nennenswertem Umfang Titel, die sie einzeln nicht erworben hätten oder deren Printausgabe sie seit Jahren im Bestand haben.

Mit den gesetzlich vorgeschriebenen Pflichtablieferungen an die Deutsche Nationalbibliothek und an Landesbibliotheken wird sichergestellt, dass jedes in Deutschland erschienene Medienwerk in Schrift, Bild und Ton mindestens in der DNB und ergänzend in einer Landesbibliothek vorhanden ist und der Nachwelt erhalten bleibt. Die Abgabe durch die Verlage erfolgt meistens unentgeltlich, in einigen Fällen gegen Kostenbeteiligung. Im „Gesetz über die Deutsche Nationalbibliothek" von 2006 wurden entsprechende Regelungen ausdrücklich auch für digitale Offline-Publikationen und für Netzpublikationen getroffen. In den rechtlichen Regelungen der Bundesländer wird der Begriff Druckwerk – von Land zu Land etwas verschieden – meistens extensiv gefasst, so dass außer gedruckten Büchern, Broschüren und Zeitschriften auch Tonträger, Mikroformen, Diaserien mit Text und CD-ROMs (außer Computer- und Konsolenspielen), vereinzelt auch Filme auf Videoband und DVD bzw. Blu-ray, vor allem auch Netzpublikationen an die Landesbibliotheken abgeliefert werden.

Beim Schriftentausch zwischen Bibliotheken geht es hauptsächlich um Veröffentlichungen der Trägerinstitutionen. Dies sind in erster Linie Hochschulschriften oder Ausstellungskataloge. Der früher umfangreiche Dissertationentausch ist in den letzten Jahren allerdings deutlich zurückgegangen, da mehr und mehr Hochschulschriften online auf Hochschulservern erscheinen. Schenkungen und Nachlässe von Personen, Firmen und Institutionen, die eine weitere Form unentgeltlicher Eigentumsübertragung darstellen, sind für Bibliotheken nicht immer unproblematisch. Häufig vom Schenkenden als Wohltat verstanden, sind sie nicht selten mit Auflagen zur Präsentation und Bereitstellung verbunden; die Bibliothek sollte vor Annahme einer solchen Schenkung die Auflagen genauestens prüfen.

Der Zugang an Filmen in Universitätsbibliotheken und -medienzentren (meistens auf DVD oder Blu-ray Disc, früher auf VHS-Kassetten) beruht zu einem erheblichen Teil nicht auf dem Kauf von vorbespielten Trägermedien, sondern auf dem Mitschnitt von Fernsehsendungen. Dieser Mitschnitt ist urheberrechtlich nur für private oder wissenschaftliche Zwecke gestattet; deshalb dürfen diese Mitschnitte nur Hochschulangehörigen zugänglich gemacht werden und sind in der Regel nicht ausleihbar.

Die Erwerbungsetats haben sich seit den 1980er-Jahren so unerfreulich entwickelt, d.h. sind häufig gesunken oder bei schwindender Kaufkraft nahezu unverändert geblieben, dass kaum noch eine Bibliothek den Erwartungen ihrer Nutzer voll gerecht werden kann. Verschärfend kommt die außerordentliche Steigerung der Preise für wissenschaftliche Zeitschriften mit einer Verdoppelung der Preise alle sechs Jahre, bes. im Bereich Naturwissenschaft, Technik, Medizin, hinzu, so dass seit langer Zeit Jahr für Jahr Abbestellungen getätigt werden müssen (Zeitschriftenkrise). Neben dem als zu groß empfundenen zeitlichen Abstand zwischen Einreichung und Publikation eines Zeitschriftenaufsatzes war diese Teuerung 2001 eines der Motive der *Budapest Open Access Initiative* (BOAI, nach dem Konferenzort), den Gratis-Zugang zu digitaler wissenschaftlicher Information zu fordern. Wissenschaftler sollen danach statt in kommerziellen Verlagen in Publikationsorganen veröffentlichen, die von wissenschaftlichen Fachgesellschaften, Hochschulen, auch Bibliotheken usw. herausgegeben und kostenlos als Netzpublikation zur Verfügung gestellt werden. In manchen Bundesländern hat sich die Situation in Wissenschaftlichen Bibliotheken dadurch etwas entspannt, dass Studienbeiträge eingeführt wurden, die zu einem gewissen Teil an die Hochschulbibliotheken weitergeleitet wurden. Für die angemessene Höhe des Erwerbungsetats haben die Bibliothekare Maßstäbe formuliert (↗5.2.2).

Bereits im KGSt-Gutachten (↗5.2.3) und im „Bibliotheksplan '73" (↗3.3) werden für Bibliotheken der 1. und der 2. Stufe zwei Medieneinheiten je Einwohner des zu versorgenden Gebietes als Zielbestand genannt. Als Erneuerungsquote für Verschleiß und inhaltliche Veralterung werden jährlich 8–12% des Ist-Bestandes empfohlen.

Für das Jahr 1990 sollten Universitätsbibliotheken, so empfahl „Bibliotheken '93" in Anlehnung an den Wissenschaftsrat, 53.700 Titel Monografien und 12.540 laufende Zeitschriften erwerben; bis heute wären jährliche Steigerungsraten des Publikationsaufkommens und Preissteigerungen zu berücksichtigen, ferner Mehrfach-Exemplare für Lehrbuchsammlungen u.a.m.

Die tatsächlichen Erwerbungsetats liegen in den meisten Fällen darunter und hinken insgesamt weit hinter diesen Anforderungen her. Während die Öffentlichen Bibliotheken erst langsam begonnen haben, auf die seit Jahren bestehende Unterfinanzierung mit der Konzentration der Angebote auf ausgewählte Zielgruppen zu reagieren, hat die *Bayerische Rektorenkonferenz* 2001 ein Etatmodell (*Griebel* 2002) verabschiedet, das den Paradigmenwechsel vom bestands- zum versorgungsorientierten Erwerbungskonzept vollzieht. Selten nachgefragte Literatur soll nur noch in wenigen Bibliotheken oder nur noch in einer Bibliothek pro Verbund erworben werden; dies gilt speziell für Zeitschriften. Der Zugang zur Literatur seitens der Nutzer erfolgt bei diesen Segmenten durch automatisierte Fernleihe und Dokumentlieferdienste. Im Ergebnis sollen bei gleicher Informationsversorgung wie seither die Erwerbungsetats gegenüber dem Modell des *Wissenschaftsrates* (Bibliotheken '93 1994) monetär um 25% reduziert werden können. Ein jährlicher Anstieg der SOLL-Zugangszahlen ist nicht mehr vorgesehen, lediglich eine Anpassung an die Preis- und Wechselkursentwicklung.

7.7.4 Geschäftsgang, Electronic Ressource Management

In Bibliotheken versteht man unter Geschäftsgang eine Prozesskette, die folgende Schritte umfasst:

1. Marktsichtung und Auswahlentscheidung
2. Vorakzession, d.h. Prüfung, ob die ausgewählten Titel ggf. bereits bestellt oder geliefert sind, bei digitalen Publikationen ggf.

- Vergleich verschiedener Angebotsformen unter technischen und unter Kosten-Nutzen-Gesichtspunkten, z.B. Online-Datenbank vs. CD-ROM/DVD, Fortführung desselben Titels zugleich als Printpublikation
- Produkttest
- Klärung der Preis- und Lizenzbedingungen
- Klärung der technischen Voraussetzungen
3. Bestellung beim Lieferanten, Integration eines Bestellkatalogisats in den Katalog
4. Zugangsbearbeitung (Rechnungskontrolle, Inventarisierung), bei lizenzpflichtigen Netzpublikationen Vertragsunterzeichnung
5. Inhaltserschließung, eigenständig oder per Fremddatenübernahme (↗5.3.6)
6. Formalerschließung, eigenständig oder per Fremddatenübernahme (↗5.3.5)
7. technische Medienbearbeitung (Signaturschild, Verbuchungsträger und Buchsicherungsetikett anbringen, ggf. buchbinderische Bearbeitung), bei digitalen Publikationen ggf. Installation und Freischaltung im Netz
8. Schlusskontrolle, bei digitalen Publikationen ggf. Mitarbeiterschulung und Bereitstellung einer Helpdesk-Funktion bzw. von FAQs
9. bei körperlichen Medien Bereitstellen zur Benutzung, meistens also Einstellen ins Regal, ggf. Bereitlegen für den Besteller und Benachrichtigung des Bestellers, bei digitalen Publikationen ggf. Werbung und Nutzerschulung, weil erfahrungsgemäß digitale Publikationen (noch) nicht in befriedigendem Maße genutzt werden.

Innerhalb gewisser Grenzen kann die Reihenfolge in dieser Prozesskette verändert werden; beim integrierten Geschäftsgang (↗7.7.4) werden viele Schritte jeweils an einem Arbeitsplatz oder in einem kleinen Team zusammengefasst. Ziel bleibt immer: Die Nutzer sollen die Neuerwerbungen möglichst rasch zur Verfügung gestellt bekommen. Es geht also um die Verkürzung der Prozesskette.

In den meisten Bibliotheken – abgesehen von einigen Spezialbibliotheken und von sehr kleinen Öffentlichen Bibliotheken – wird heute integrierte Bibliothekssoftware (Bibliotheksinformationssysteme) eingesetzt. Diese verknüpft folgende Funktionen miteinander, so dass im Prinzip Daten jeweils nur einmal erfasst werden:

- Bestellung, Vorakzession, Lieferungskontrolle, Inventarisierung
- Katalogisierung, Normdatenverwaltung
- Katalog mit Retrievalfunktion
- bei Netzpublikationen:
  - Lizenz- und Rechteverwaltung
  - Linkchecking der Links zum Volltext
  - Authentifizierung der Nutzer

- für körperliche Medien: Ausleihverbuchung mit Mahnkontrolle, Kontoübersicht, Verfügbarkeitsanzeige, Vormerkfunktion usw.
- Statistik.

Der Nutzen eines Bibliotheksinformationssystems wird nachhaltig gesteigert, wenn

- es nicht nur lokal, sondern im Verbund mehrerer Bibliothekssysteme (↗4.5) angewendet wird, was bei fast allen Staats-, Landes- und Hochschulbibliotheken sowie bei großen Spezialbibliotheken die Regel, bei Öffentlichen Bibliotheken die Ausnahme ist;
- für die Sach- und Formalerschließung Fremddaten anstelle eigener Katalogisierung verwendet werden. Im Idealfall sind diese bereits bei der Vorakzession verfügbar, so dass die Bestellung praktisch darin besteht, dass der Fremddatensatz aufgerufen, in den eigenen Katalog integriert, um die lokalen Bestelldaten (Exemplarzahl, bestellende Abteilung u.ä.m.) ergänzt und in Kopie an den Lieferanten gesendet wird. Ein Großteil der Öffentlichen Bibliotheken bezieht Katalogisate von der ekz.bibliotheksservice GmbH; Wissenschaftliche Bibliotheken verwenden die Katalogisate der Nationalbibliotheken oder im Verbund bereits vorhandene Katalogisate.

Im Jahre 2010 waren die verbreitet eingesetzten Bibliotheksinformationssysteme (z.B. Aleph, Pica, Bibdia, Bibliotheca2000) noch nicht in der Lage, die Anforderungen digitaler Bibliotheken, also das Electronic Resource Management (die wörtliche deutsche Übersetzung: Management elektronischer Ressourcen ist auch in der deutschsprachigen Fachliteratur nicht üblich) befriedigend abzubilden. Insbesondere fehlen ihnen Module für eine komfortable Lizenz- und Rechteverwaltung, für Linkchecking der Links zum Volltext, für eine Ressourcen übergreifende Recherche in digitalen Volltexten, für die Einbindung von Datenbanken unter komfortablen Rechercheoberflächen sowie für Authentifizierung der Nutzer, schließlich auch für ein intelligentes Retrieval unter Einsatz von Suchmaschinentechnologie mit unscharfer Suche und einem nutzerseitig steuerbaren Ranking der Treffer.

Deshalb setzen vor allem Hochschul-, Staats- und Landesbibliotheken zusätzlich zum Bibliotheksinformationssystem konfektionierte Software ein, die diese Funktionen leisten (beispielsweise den Linkresolver SFX, die Authentifizierungssoftware Shibboleth, die die Authentifizierung der Benutzer auf dem Hochschulserver, nicht beim Verlag, vornimmt, oder die Portalsoftware MetaLib mit paralleler Recherche nach und in allen oder ausgewählten Datenbanken, elektronischen Zeitschriften und Büchern). Moderne Bibliothekssoftware, in der diese Defizite mehr oder minder behoben sind und zudem interaktive Tools im Sinne von Bibliothek 2.0 bzw. Katalog 2.0 implementiert sind, ist bereits auf dem Markt. Die Frage ist nur, wie rasch sich diese Neuerungen durchsetzen werden. In jedem Fall erfordert das Management digitaler, hybrider und virtueller Bibliotheken neue, netzartige Organisationsstrukturen anstelle starrer Hierarchien und linearer Workflows. Dafür ist eine forcierte Personalentwicklung erforderlich und die grundsätzliche Bereitschaft, die Bibliothek als lernende Organisation zu begreifen.

Einige Schritte des Geschäftsgangs sollen näher erläutert werden.

Marktsichtung und Auswahlentscheidung
Die Marktsichtung stützt sich vor allem auf:

- laufende Nationalbibliografien
- Titeldienste von Versandbuchhandlungen, die sich auf Bibliotheken spezialisiert haben, z.B. *Blackwell*, *Erasmus* oder *Casalini libri*, für die Öffentlichen Bibliotheken z.B. *Hambückers*
- Verlagsprospekte und Buchhandelswerbung
- ferner auch Zeitschriften, Rezensions- und Referateorgane, Antiquariats- und Auktionskataloge
- punktuell geäußerte Benutzerwünsche, Auswertung von Nutzer- und Nicht-Nutzer-Befragungen sowie der Bestellungen im Leihverkehr
- die Informationsdienste der ekz.bibliotheksdienst GmbH (↗4.3.2) bei den Öffentlichen Bibliotheken.

In Universitätsbibliotheken sind die Professoren mehr oder minder stark an der Auswahl beteiligt; beispielsweise werden an der UB Duisburg-Essen, Campus Essen, Neuerscheinungen zu Kunst und Design zunächst zur Ansicht bestellt, die Prüfung und Kaufentscheidung erfolgt durch die Hochschullehrer. Die Hauptmasse der Neuwerbungen wird an den meisten Universitätsbibliotheken jedoch durch die Fachreferenten der Bibliothek ausgewählt. Typisch für kleinere Spezialbibliotheken und für FH-Bibliotheken ist, dass die Auswahl zu einem großen Teil von den Wissenschaftlern des Trägerinstituts bzw. den Professoren vorgenommen wird. An Öffentlichen Bibliotheken liegt die Auswahl in der Hand des bibliothekarischen Fachpersonals.

In deutschen Bibliotheken selten angewendete Instrumente sind

- Approval Plan: Die Bibliothek formuliert ein Erwerbungsprofil und beauftragt einen Lieferanten, entsprechende Titel auszuwählen und zur Ansicht zu liefern. Regionale bzw. fachliche Approval Plans setzt beispielsweise die *Bayerische Staatsbibliothek* für den Bucherwerb aus Italien, Frankreich, Belgien, Griechenland sowie für das Fachgebiet Deutsches Recht ein. Die *ULB Halle* mit dem SSG Vorderer Orient/Nordafrika etwa hat Lieferanten der Region (z.B. Ägypten, Libyen, Libanon) beauftragt, einschlägige Literatur zusammenzustellen und zur Ansicht zu liefern;
- Standing Order (als Variante der Approval Plans für Öffentliche Bibliotheken): Die Auswahl orientiert sich an typischen Erwerbungsprofilen Öffentlicher Bibliotheken, ist aber aufgrund einer Modul-Struktur weitge-

hend individualisierbar und wird nicht zur Ansicht, aber mit einem gewissen mengenmäßig begrenzten Rückgaberecht geliefert. Führender Anbieter ist die ekz.bibliotheksservice GmbH. Bevorzugt beziehen die Bibliotheken die Auswahl in mehr oder minder ausleihfertig bearbeiteter Form. Die Nutzung von „Standing-Order-Bestellungen" steigt seit 2005 in breiter Front;
- Blanket Order: Die Bibliothek bezieht die gesamte Produktion solcher Verlage, deren Publikationen dem Sammelprofil der Bibliothek entsprechen.

Perspektivisch wird sich jedoch das Bestandsmanagement mehr und mehr auf die schriftliche Formulierung von Erwerbungsprofilen verlagern, anhand derer die Lieferanten die Titelauswahl vornehmen. Auf diese Weise soll Arbeitskapazität für den Aufbau virtueller Bibliotheken und für bessere Dienstleistungen für Endnutzer gewonnen werden.

Zugangsbearbeitung (Rechnungskontrolle, Inventarisierung)
Bei der Inventarisierung wird jeder erworbenen Bestandseinheit eine Identifikationsnummer zugewiesen sowie normalerweise auch an der Medieneinheit und auf dem Rechnungsformular ausgewiesen. Zusätzlich wird eine weitere Identifikationsnummer jedem neu erworbenen Stück zugeordnet; sie verknüpft (z.B. verschlüsselt im aufgeklebten RFID-Etikett (↗6.3.1) für die Ausleihverbuchung) die körperliche Bestandseinheit mit dem Datensatz.

Technische Medienbearbeitung, Schlusskontrolle
In Öffentlichen Bibliotheken ist es üblich, gedruckte Bücher mit einer Schutzfolie aus transparentem Kunststoff zu versehen; in Wissenschaftlichen Bibliotheken werden die Neuzugänge aus Kostengründen nicht mehr in jedem Fall mit einem stabilen Bibliothekseinband versehen. Die technische Medienbearbeitung findet überwiegend noch durch Mitarbeiter der Bibliotheken statt; fortgeschrittene Bibliotheken (z.B. Stadtbibliotheken Düsseldorf oder Verl) lassen die Bearbeitung ganz oder teilweise bereits vom Lieferanten vornehmen oder haben den Dienst auf andere Weise ausgelagert (Outsourcing).

7.7.5 Bestandserhaltung und digitale Langzeitarchivierung
Von wachsender Bedeutung für Informationseinrichtungen mit Archivfunktionen ist die dauerhafte Erhaltung der vorhandenen Bestände. Körperliche Medien altern bis hin zum physischen Zerfall; bei digitalen Medien stellt sich außer dem Problem der Alterung der Trägermaterialien die Frage, ob die Dateien mit zukünftiger Software und zukünftiger Hardware noch gelesen werden können. Betroffen sind insbesondere Staats-, National- und Universitätsbibliotheken sowie Rundfunk- und Medienarchive.

Maßnahmen zur Bestandserhaltung umfassen

- Bestandssicherung zur Verhinderung von Diebstahl u.a. Verlusten (Garderobenfächer, Aufsicht, Taschenkontrollen, die um so strenger sein sollen, je schützenswerter die Bestände sind)
- Maßnahmen zur Verringerung von Verschleiß (Ausleihbeschränkungen, oft pauschal nach Erscheinungsjahr oder nach Materialart, vor allem für Handschriften, Inkunabeln und alte Drucke; Schulung des Personals u.a. beim Ausheben; Verwendung von Ersatzmedien in der Benutzung – Mikroformen, zunehmend Digitalisate; nicht zu dichte Aufstellung im Freihandregal; Folierung besonders stark benutzter Bestände in der Lehrbuchsammlung; Aufsichtscanner statt Fotokopierer; Keilkissen)
- Konservierung
- Entsäuerung
- Restaurierung und Maßnahmen gegen Schimmel und Buchschädlinge
- Notfallvorsorge, Katastrophenplanung. Die verheerenden Schäden in sächsischen Bibliotheken infolge des Hochwassers in 2002 und der Brand der *Herzogin Anna Amalia Bibliothek* Weimar 2004 haben den deutschen Bibliothekaren nachdrücklich den Stellenwert von Notfallvorsorge und Katastrophenplanung ins Bewusstsein gehoben. Gleichwohl sind entsprechende Maßnahmen nicht flächendeckend ergriffen worden.

Konservierung, also die Minimierung von Schäden, die infolge der Lagerung auftreten, ist die wirtschaftlichste und wirksamste Maßnahme. Im Interesse einer möglichst langfristigen Archivierung müssen zunächst geeignete Lagerbedingungen geschaffen werden; sie sind in ISO 11799 (Anforderungen an die Aufbewahrung von Archiv- und Bibliotheksgut) niedergelegt. Wichtige Aspekte vorteilhafter Lagerungsbedingungen für Printbestände sind:

- eine konstante Temperatur zwischen 2° und 18° C für die Langzeitarchivierung, zwischen 14° und 18° C im laufend benutzten Magazinbereich
- eine konstante relative Luftfeuchtigkeit zwischen 30% und 45% für die Langzeitarchivierung, zwischen 35% und 50% im laufend benutzten Magazinbereich
- kein direktes Tageslicht, Beleuchtung nur soweit unbedingt nötig zum Heraussuchen und Zurückstellen der Dokumente sowie zur Reinigung und Raumkontrolle
- relativ staub- und schadstoffarme Luft mit ständiger geringer Zirkulation
- ein ausreichender Abstand zwischen den Regalfachböden, damit die Luft zirkulieren kann
- möglichst geringe Schwankungen in Temperatur und Luftfeuchte.

Für Trägermedien wie Schellack- und Vinylplatten, Film- und Magnetbänder sowie optische Speicherplatten gelten noch strengere Grundsätze. Filmmaterial wird teilweise bei Temperaturen von wenig mehr als 0° C gelagert; bei Kaltlagerung muss die Temperatur einzelner Medien für die Benutzung extrem langsam angehoben werden, weil andernfalls Schäden durch Kondenswasser oder beschleunigte Alterung eintreten.

Die physische Alterung, die auch bei richtiger Lagerung eintritt, umfasst u.a. folgende Sachverhalte:

- Papierzerfall: Davon betroffen sind Papiere aus den Jahren etwa 1840 bis 1990. Der im 19. Jahrhundert rasch wachsende Papierbedarf führte zum Einsatz damals neuer Herstellungsverfahren und noch nicht für die Papierherstellung verwendeter Rohstoffe (Holz). Im Ergebnis enthalten die Papiere u.a. einen Säurerest, der zur Vergilbung und später zum Zerbröseln führt. Rund 75% der Bücher aus den Jahren 1850 bis 1950 in deutschen Hochschulbibliotheken sind mittelschwer bis schwer geschädigt. Heute werden für Bücher und Zeitschriften (nicht für Zeitungen) oft länger haltbare oder sogar alterungsbeständige Papiere verwendet; letzteres wird durch einen entsprechenden Eintrag oder durch das Unendlichkeitszeichen (∞) auf der Rückseite des Titelblatts gekennzeichnet.
- Tinten- und Farbenfraß: hauptsächlich bei Handschriften. Bestimmte Tinten und Farben zerstören infolge ihrer chemischen Eigenschaften allmählich das Papier.
- bei Magnetbändern, CDs, CD-ROMs und DVDs bzw. Blu-rays ist das Trägermaterial begrenzt haltbar (Magnetbänder: kaum über zehn Jahre; optische Speicherplatten: einige Jahrzehnte). Bei Magnetbändern kommt hinzu, dass die Lagen des Bandwickels sich gegenseitig magnetisieren, was als Echoeffekt hörbar wird. Zudem können die Lagen verkleben.

Weitere Schäden können infolge falscher Lagerung hinzukommen, zu nennen sind insbesondere Schädlingsbefall (Insekten, Nagetiere) und Schimmelpilze, auch Bakterien infolge von Feuchtigkeit und zu hoher Temperatur.

Die in der Praxis am häufigsten erforderlichen Verfahren der Erhaltung physischer Bestände sind:

- Beseitigung von Schimmelpilz: durch Abbürsten, in schweren Fällen durch Begasung (tötet den Schimmelpilz ab, ist aber gesundheitsschädlich für spätere Benutzer und das Personal) oder durch Bestrahlung mit Gammastrahlen (führt aber zu erhöhter Anfälligkeit des Papiers gegen erneuten Schimmelbefall). Die Behandlung mit Sauerstoffplasmen (durch elektrische Felder ionisierter Sauerstoff) könnte eine Perspektive darstellen.
- Massenentsäuerung: Es handelt sich um eine Reihe unterschiedlicher Verfahren, die alle prophylaktisch eingesetzt werden, für die Behandlung großer Büchermengen geeignet sind und jeweils ihre Vor- und Nachteile haben. Auf chemischem Weg (Behandlung mit Gas oder Flüssigkeit) wird der Säuregehalt im Papier neutralisiert, das Papier alkalisch gepuffert und oxidationshemmend behandelt.

- Restaurierung: Wiederherstellung der ursprünglichen Festigkeit bei Erhaltung der originalen Substanz, Renovierung (Wiederherstellung des ursprünglichen Zustands), Rekonstruktion (Ersatz durch Neuschöpfung, z.B. des Einbands). Hierbei werden die Bücher zerlegt (Lösen der Heftung usw.) und gemäß ihren individuellen Schäden behandelt (Entsäuerung, Papieranfaserung, Papierfestigung u.a.m.). Diese teuren Verfahren werden naturgemäß nur bei besonders wertvollen Stücken angewendet.

Bestandserhaltungsprogramme in einigen Bundesländern auf Basis von Empfehlungen der KMK, eine allerdings sehr zögerlich begonnene überregionale Koordinierung von Bestandserhaltungsmaßnahmen sowie Förderprogramme der DFG sollen zur besseren Bestandserhaltung hauptsächlich durch Digitalisierung und Massenentsäuerung führen.

Für die Langzeitarchivierung digitaler Medien ist die Schwierigkeit, dass Datenträger nur von bestimmten Geräten gelesen und dass Daten nur von bestimmten Software-Programmen verarbeitet werden können. Folgende Erhaltungsstrategien sind wichtig:

- Migration: Digitale Ressourcen werden so modifiziert, dass sie unten den veränderten aktuellen Hardware- und Betriebssystemumgebungen verwendet werden können. Bei der Konvertierung in diese Umgebungen soll kein Informationsverlust auftreten. Eine laufende Konvertierung in neue Systemumgebungen ist mit jedem technologischen Innovationszyklus erforderlich. Dabei kann es zu Verfälschungen des Originals kommen, indem z.B. das Layout einer Tabelle verändert wird. Migration ist umso aufwändiger und problematischer, je heterogener die Datenformate sind.
- Emulation: Im emulierten System werden die technischen Rahmenbedingungen der Originalressource so nachgebildet, dass kein Unterschied zum Originalsystem festgestellt werden kann. Die Hürde für ausgedehnte Anwendungen ist der Programmieraufwand. Erforderlich ist in jedem Fall, dass zusammen mit den digitalen Ressourcen Aussagen über die erforderlichen Systemumgebungen gespeichert werden.
- Technikmuseum: Zusätzlich zu den digitalen Ressourcen werden die erforderlichen Hard- und Softwarekomponenten archiviert. Der Ansatz findet Grenzen u.a. im wachsenden Aufwand für den Erhalt des Technikmuseums und der schwindenden Chance, Ersatzteile wie z.B. geeignete Mikrochips zu beschaffen.
- Konvertierung in ein universelles, nicht-proprietäres Dateiformat: Diese findet Grenzen darin, dass sich damit nicht alle Eigenschaften proprietärer Dateiformate abbilden lassen. Eine weiter reichende Strategie setzt darauf, die Produzenten dahin zu bringen, ausschließlich für die digitale Langzeitarchivierung geeignete Dateiformate zu verwenden, bevorzugt XML.

Eine Reihe von Initiativen und Projekten sollen Standards, Abläufe und DV-technische Instrumente für die digitale Langzeitarchivierung entwickeln. Einige sollen stellvertretend kurz genannt werden:

- *Kompetenznetzwerk Langzeitarchivierung* und Langzeitverfügbarkeit digitaler Quellen für Deutschland – Nestor (Kooperationsverbund unter Beteiligung der DNB, der SBB, der BSB sowie weiterer Bibliotheken, Archive und Hochschulen)
- Kooperativer Aufbau eines Langzeitarchivs digitaler Informationen – KOPAL (Deutschland, unter Beteiligung der Deutschen Nationalbibliothek)
- Baden-Württembergisches Online-Archiv – BOA (Unter Beteiligung der *Badischen Landesbibliothek*, der *Württembergischen Landesbibliothek*, des *Baden-Württembergischen Landesarchivs* und des *Bibliotheksservice Zentrums*)
- *Digital Preservation Coalition* – DPC (Großbritannien, unter Beteiligung der *British Library*)
- Preservating Access to Digital Information – PADI (Australien, unter Beteiligung der *National Library of Australia*).

Bibliothekarische Fragen der Bestandserhaltung werden im *Forum Bestandserhaltung* erörtert.

7.8 Ausblick

Die Rahmenbedingungen für das Bibliotheksmanagement werden davon geprägt, dass Bibliotheks- und Informationseinrichtungen weitgehend Teil der öffentlichen Verwaltung sind. Gleichwohl haben hier betriebswirtschaftliche Sichtweisen und Methoden früher als bei den meisten anderen Verwaltungszweigen Einzug gehalten. Sie mussten teilweise spezifisch angepasst werden (Marketing, Controlling, Kosten- und Leistungsrechnung, Betriebsvergleiche). Wie freilich im öffentlichen Dienst insgesamt muss zukünftig eine strategische Planung entwickelt und herausgestellt werden. In diesem Zusammenhang müssen Werbung und Öffentlichkeitsarbeit einen viel größeren Stellenwert erhalten als bislang.

Die bisher selten oder noch gar nicht in Bibliotheks- und Informationseinrichtungen erfolgte Anwendung einer Reihe von Management-Instrumenten (z.B. Qualitätsmanagement, Wertanalyse, Markenpolitik, Entscheidungsunterstützungssysteme) könnte neue Potenziale zur Kostensenkung und Verbesserung der Dienstleistungen zur Entfaltung bringen.

Der Bereich, in dem ganz eigene Methoden des Managements entwickelt werden mussten und entwickelt wurden, ist das Bestandsmanagement. Freilich müssen hier international empfohlene Konzepte noch viel breiter rezipiert und umgesetzt werden. Die Formulierung von Bestandskonzepten wird als Kommunikation der eigenen Ziele und ihrer Abstimmung mit den Stakeholdern immer wichtiger werden; gegenüber der arbeitsaufwändigen Fülle von Einzelfallentscheidungen für die Medienauswahl wird die Arbeit an Erwerbungsprofilen, die Kommunikation mit Lieferanten und der Einsatz von Controlling-Instrumenten im Bestandsmanagement an Bedeutung gewinnen.

Die wachsende Bedeutung digitaler Bibliotheken erfordert neue Strategien der Verankerung der Bibliothek im Organisationsgefüge des Trägers (wie etwa die engere Verbindung mit einem Rechenzentrum) und den Einsatz neuer, sehr komplexer Software. Einst lineare Geschäftsgänge müssen zu netzartigen Organisationsstrukturen entwickelt werden. Erforderlich sind tiefgreifende Personalentwicklungsmaßnahmen und ein beschleunigter Wandel zur lernenden Organisation.

Informationseinrichtungen mit Archivfunktion stehen vor dem zunehmenden Problem der physischen Alterung ihrer Bestände bis hin zum Papierzerfall. Abhilfe kann geschaffen werden durch Lagerung unter günstigen Bedingungen (Temperatur, Luftfeuchtigkeit u.a.m.), durch Verwendung von Ersatzmedien für die Benutzung (Mikroformen, Digitalisate) und durch Herstellung von Ersatzmedien für die Archivierung, wenn die Originale nicht langfristig gesichert werden können oder (beispielsweise aus Kostengründen) nicht länger aufbewahrt werden sollen. Die digitale Langzeitarchivierung ist nicht nur technisch aufwändig, sondern erfordert neue, umfassende und internationale Kooperationen, in die Bibliotheken ebenso wie Archive und Museen einbezogen werden müssen.

8 Beruf, Ausbildung und Studium

8.1 Anfänge der Professionalisierung

Die Professionalisierung des Bibliothekarberufs setzte in Deutschland 1893 ein. Das Bibliothekssystem hatte nach segmentären inzwischen stratifikatorische Differenzierungsformen ausgeprägt. Zudem hatte der Übergang zu einem funktional differenzierten Bibliothekssystem bereits eingesetzt (↗2.1). Die fortschreitende Arbeitsteilung führte zu einem entsprechenden Bedarf an bibliotheksfachlich qualifizierten Arbeitskräften. Unter den Bedingungen des segmentär bzw. des stratifikatorisch differenzierten Bibliothekssystems – die einzelnen Universitäts- und Hofbibliotheken arbeiteten weitgehend isoliert – konnte das Bibliothekspersonal, ausgestattet mit einem wachen Verstand und humanistischer Bildung, also geschult in systematischem und zweckrationalem Denken, Insellösungen für Buchbeschaffung, -erschließung und -aufstellung entwickeln. So wirkten als Bibliothekare ohne bibliothekarische Ausbildung Gelehrte und Dichter wie *Leibniz* und *Lessing*, *Goethe* und *Casanova*, *Achille Ratti (Pius XI.)* vor seiner Wahl zum Papst, *Anatole France* und *Hoffmann von Fallersleben*, *Jacob Grimm* und *Jorge Luis Borges*, um nur einige Beispiele zu nennen. Die entstehende, arbeitsteilige Zusammenarbeit der wissenschaftlichen Bibliotheken zunächst in Preußen, dann in ganz Deutschland lag im Interesse einer Leistungssteigerung und einer Begrenzung des Kostenanstiegs (*Althoffsche* Reformen ab 1884); sie erforderte spezialisierte Arbeitskräfte, die bibliotheksübergreifend und nach einheitlichen Regeln und Standards arbeiten sollten.

Durch den preußischen „Erlass betreffend die Befähigung zum wissenschaftlichen Bibliotheksdienst bei der Kgl. Bibliothek zu Berlin und den Kgl. Universitätsbibliotheken" vom 15. Dezember 1893 wurden erstmals in Deutschland Standards für eine spezifische Vorbildung und Ausbildung des wissenschaftlichen Bibliothekars verbindlich festgelegt, nachdem zuerst 1864 fachunspezifische Bildungsvoraussetzungen für den Dienst an der Hof- u. Staatsbibliothek München, der heutigen Bayerischen Staatsbibliothek, formuliert worden waren. Ein dem preußischen entsprechender bayerischer Erlass folgte 1905, diesem wiederum eine Novellierung des preußischen. Die NS-Regierung schließlich regelte 1938 die Ausbildung zum wissenschaftlichen Bibliothekar reichseinheitlich. Es handelte sich von Anfang an um eine postgraduale (bis in die 1970er-Jahre auch postdoktorale) praxisnahe Ausbildung für die Beamtenlaufbahn des höheren Bibliotheksdienstes mit hochqualifizierten Aufgaben. Übrigens begann die Professionalisierung des Bibliothekarberufs in den USA etwa zur selben Zeit (1887

Gründung der *School of Library Economy* an der Columbia University, New York, durch *Melvil Dewey*).

Breiten Raum in dieser postgradualen Ausbildung nahmen Titelaufnahme, Bibliografie und Bibliotheksgeschichte ein. Kenntnisse in Titelaufnahme und Bibliografie sollten auf die Tagesarbeit in der Bibliothek vorbereiten, aber auch dem Zweck dienen, die damals begonnenen großen Gemeinschaftsprojekte eines virtuellen preußischen, später deutschen Gesamtkatalogs zu realisieren; die Beschäftigung mit der Bibliotheksgeschichte diente dazu, fundierte Kenntnisse der Bibliotheksbestände zu vermitteln.

Die lange bestehende segmentäre Differenzierung des Bibliothekssystems hatte nämlich eine Fülle von Beständen und Sammlungen mit individuellen Erschließungssystemen und nur Insidern bekannten Profilen entstehen lassen, die kennen musste, wer erfolgreich Zugang zur Information erlangen bzw. anderen verschaffen wollte. Die starke Akzentuierung der Bibliotheksgeschichte war auch der heute noch geltenden Einsicht verpflichtet, dass die Kenntnis der Vorgeschichte (solange sie nicht zum Selbstzweck wird) sowohl den aktuellen Entwicklungsstand zu erläutern vermag als auch Vorstellungen über wahrscheinliche oder anzustrebende zukünftige Entwicklungen vermitteln kann. Darüber hinaus sollten besonders die historischen Fächer ein gemeinsames Selbstverständnis im Berufsstand erzeugen.

Die lange Zeit im kollektiven Berufsbild tradierten, auch in der Ausbildung vermittelten Einstellungen aus der Zeit eines segmentär differenzierten Bibliothekssystems, oft als Hang des Bibliothekspersonals zur Eigenbrötelei erlebt, führten in Bibliotheken zu einer sehr schwachen Vernetzung mit anderen Informationseinrichtungen, wiederholt sogar zum Scheitern von Gemeinschaftsprojekten, etwa der Einheitsklassifikation Mitte der 1970er-Jahre. In Ausbildung und Studium schlugen sich diese Einstellungen nieder als geringe Neigung zur Vernetzung bibliotheksbezogener mit anderen Ausbildungs- und Studiengängen. Noch in den 1980er-Jahren war es ganz selbstverständlich, dass in bibliothekarischen Studiengängen an den Fachhochschulen beispielsweise eine Professur für Bibliotheks-Management eingerichtet werden sollte, statt dass man die Kooperation mit einer an derselben Fachhochschule vorhandenen Professur für Management von Nonprofit-Organisationen gesucht hätte.

Ein weiterer entscheidender Schritt zur Professionalisierung des Bibliothekarberufs war 1909 der „Erlass betreffend die Einführung einer Diplomprüfung für den mittleren Bibliotheksdienst an wissenschaftlichen Bibliotheken sowie für den Dienst an Volksbibliotheken und verwandten Instituten". Dieser Erlass wie schon der von 1893 für den wissenschaftlichen Bibliotheksdienst fügte die bibliothekarischen Ausbildungsgänge in das Gefüge der Beamtenlaufbahnen ein. Damals entsprach die mittlere Beamtenlaufbahn der heutigen gehobenen Beamtenlaufbahn.

Freilich spielte die Ausbildung von Beamtenanwärtern für den Dienst an Volksbüchereien, den späteren Öffentlichen Bibliotheken, in der Praxis kaum eine Rolle. Die Ausbildung für diesen Bibliothekstyp erfolgte zunächst an privaten, erst später in staatliche Regie übernommenen Fachschulen. Am Anfang steht die 1914 in Leipzig gegründete *Fachschule für Bibliothektechnik und -verwaltung*, Anfang der 1920er-Jahre umbenannt in *Deutsche Volksbüchereischule*. Es folgten 1915 die Gründung einer bibliothekarischen Ausbildungseinrichtung im Rahmen der *Zentrale für Volksbüchereien* in Berlin, 1921 die Bibliotheksschule des Borromäusvereins, 1928 die Gründung der *Westdeutschen Büchereischule* in Köln und 1942 die Gründung der *Büchereifachschule* in Stuttgart. Nach dem Zweiten Weltkrieg wurden entsprechende Fachschulen bzw. Ausbildungsgänge, teils für Öffentliche, teils für Wissenschaftliche Bibliotheken auch in Berlin, Frankfurt a. M., Hamburg, Hannover und München ins Leben gerufen bzw. an bestehenden Fachschulen eingerichtet.

8.2 Spartentrennung

Die mittlere, nach einer Änderung des Dienstrechts als „gehobene" bezeichnete Qualifikationsebene wurde seit 1969 einem neu geschaffenen Hochschultyp, den Fachhochschulen, zugeordnet; international wurde freilich eher der Weg einer internen Differenzierung der Universitäten (kürzere, anwendungsorientierte Studiengänge zusätzlich zu den akademischen Studiengängen) beschritten. Im Zuge dieser Hochschulreformen wurden die bestehenden Fachschul-Ausbildungsgänge in Fachhochschulen integriert, oder es wurden bestehende Fachschulen für bibliotheksbezogene Ausbildungen zu Fachhochschulen erhoben. Trotzdem begriffen und bezeichneten die Bibliothekare ihr Studium weiterhin als Ausbildung, standen einer Akademisierung ihres Berufes ablehnend gegenüber und vergaben somit sowohl Chancen zu einer Verbesserung der Ausbildung durch theoretische Absicherung als auch Chancen für höhere Einstufungen im Einkommensgefüge des öffentlichen Dienstes.

Doch knüpften fachinterne Berufsbild-Debatten wie auch staatliche Prüfungsordnungen weiterhin an den beiden als einheitlich angesehenen Typen der Öffentlichen Bibliothek oder der Wissenschaftlichen Bibliothek an. Dabei wurde letztere auf Universitäts- bzw. Staats- und Landesbibliotheken verengt. Differenzierungen innerhalb dieses oder jenes Typs wurden kaum wahrgenommen – man hätte an die Fülle der Spezialbibliotheken denken können, ferner an die nach dem Zweiten Weltkrieg einsetzende Professionalisierung in den vielen kleinen Instituts- und Fachbibliotheken, von außeruniversitären Forschungseinrichtungen bis zu Anwaltskanzleien und Kammern und an jene Spezialbibliotheken, die heute oft One-Person-Libraries genannt werden. Dieser spezifische Bedarf blieb in den Inhalten von Ausbildungs- und Studiengängen unberücksichtigt – nicht zuletzt weil es sich zu einem nennenswerten Teil um sehr heterogene Inhalte und Kompetenzen handelt. Dies hatte – und hat zum Teil bis heute – zur Folge, dass die Informationsarbeit in Spezialbibliotheken zu einem nennenswerten Teil durch Paraprofessionalisierung gekennzeichnet ist.

Der Dualismus der bibliothekarischen Ausbildungs- bzw. Studiengänge, dem die Vorstellung der beiden verschiedenen, als segmentär differenziert einzustufenden Bibliothekssysteme ÖB und WB zu Grunde lag, bestimmte, ganz anders als im angloamerikanischen Raum, Professionalisierung und Bildung der bibliotheksbezogenen Berufe bis in die 1990er-Jahre. Ebenfalls bis in diese Zeit gab es kaum Verbindung mit den dokumentarischen Ausbildungs- und Studiengängen, obwohl diese schon seit den 1950er-Jahren entstanden waren und mitunter an derselben Fachhochschule gelehrt wurden wie die bibliothekarischen Studiengänge. Zu den misslichen Folgen einer solchen Trennung gehört u.a. die differente Entwicklung der Terminologien; für gleiche Sachverhalte werden bis heute unterschiedliche Begriffe verwendet, z.B. Informationsaufbereitung (dokumentarisch) und Erschließung (bibliothekarisch).

Überlagert wurde dieser ÖB-WB-Dualismus bis in die 1990er-Jahre durch einen zweiten Dualismus, der den arbeits- bzw. beamtenrechtlichen Status des bibliothekarischen Personals betraf; beide Dualismen entsprachen sich jedoch nicht eins zu eins. Diese Überlagerung führte zu schwer zu überblickenden, auch landesrechtlich differenten Konstellationen, die sich sachgerecht nicht mehr begründen ließen.

Die Ausbildung für die Fachrichtung Öffentliche Bibliotheken fand in Form eines Studiums statt; die Absolventen traten nach der Diplom-Prüfung auf den Arbeitsmarkt. Dagegen fand die Ausbildung für den gehobenen Dienst an Wissenschaftlichen Bibliotheken teilweise, die für den höheren Bibliotheksdienst (Referendarausbildung) generell in einem Beamtenanwärterverhältnis statt. Die Beamtenanwärter erhielten ihre theoretische Ausbildung gleichwohl an Fachhochschulen, und zwar in Frankfurt a.M. und Köln sowie (nur gehobener Dienst) in Stuttgart und Hannover, ferner in einem einschlägigen FH-Studiengang an der *Freien Universität Berlin* bzw. für den höheren Bibliotheksdienst in Bayern an der *Bayerischen Bibliotheksschule*.

Daneben bestanden aber an den Fachhochschulen in Hannover und Hamburg Studiengänge, die auf den gehobenen Dienst an Wissenschaftlichen Bibliotheken vorbereiteten, jedoch nicht im Beamtenanwärterverhältnis; die Absolventen dieser Studiengänge wurden erst bei Eintritt in den Dienst einer Universitäts-, Landes- oder Staatsbibliothek, nicht bereits bei Eintritt in die Ausbildung verbeamtet, was im Gefüge der gehobenen Beamtenlaufbahnen ungewöhnlich ist. Die Fixierung der Ausbildung für Tätigkeiten in Wissenschaftlichen Bibliotheken auf die gehobenen und höheren Beamtenlaufbahnen an Universitäts-, Landes- oder Staatsbibliotheken führte zu einer zusätzlichen Vernachlässigung der Qualifikationsanforderungen aus den meist kleinen Spezialbibliotheken, an denen das Fachpersonal überwiegend im Angestelltenverhältnis, nicht im Beamtenverhältnis beschäftigt ist. Einzig an der Fachhochschule Hamburg waren seit 1973 die beiden Studiengänge Öffentliches Bibliothekswesen und Wissenschaftliches Bibliothekswesen im Grundstudium miteinander vernetzt.

Karte 6: Ausgewählte Studienorte für Bibliothekare und verwandte Berufe

Lediglich in Berlin, wo das bibliothekarische Personal auch in den Öffentlichen Bibliotheken generell verbeamtet ist bzw. war, wurden bis in die 1980er-Jahre auch Beamtenanwärter zur Ausbildung für den gehobenen Dienst an Öffentlichen Bibliotheken eingestellt; daneben nahm der entsprechende FH-Studiengang an der FU Berlin (die außer den bibliothekarischen Studiengängen anders als die Gesamthochschulen nie FH-Studiengänge anbot) auch freie Studenten auf, die ebenfalls eine Laufbahnprüfung ablegten, aber in Konkurrenz zu den Beamtenanwärtern praktisch keine Chance auf eine verbeamtete Position in einer Öffentlichen Bibliothek in (West-)Berlin hatten.

Insgesamt gingen die Versuche der beteiligten Bildungseinrichtungen, mit ihren einschlägigen Studien- bzw. Ausbildungsgängen ein individuelles Profil zu gewinnen, schon deshalb nicht sehr weit, weil sie hinsichtlich des gehobenen bzw. höheren Dienstes an Wissenschaftlichen Bibliotheken den staatlichen Studien-, Ausbildungs- und Prüfungsordnungen unterlagen, die sich noch am segmentär bzw. stratifikatorisch differenzierten Bibliothekssystem orientierten, als die Evolution eines funktional differenzierten Systems sich längst vollzogen hatte. Studienreformen in den meisten Fachhochschul-Studiengängen für den Dienst an Öffentlichen Bibliotheken führten jedoch in den 1980er-Jahren wählbare Schwerpunkte ein wie z.B. Kinder- und Jugendbibliotheken oder Management-Aspekte.

Freilich führten diese noch engen Ansätze, zu einem funktional differenzierten Bibliotheksverständnis zu kommen, nur in bescheidenem Umfang zu einer von entsprechenden Erwartungen motivierten Wahl des Studienorts. Die Fachhochschulen mit bibliotheksbezogenen Studiengängen hatten und haben – wie Fachhochschulen generell – vor allem ein regionales Einzugsgebiet. Auch nach ihrem Studium blieben und bleiben die Absolventen zunächst ganz überwiegend in der entsprechenden Region, ein Mobilitätsverhalten, das lediglich durch die Arbeitsmarktlage modifiziert wird.

Indessen stellten die einschlägigen Studiengänge die Ansätze zur Profilbildung auch nie im Sinn eines Wettbewerbs heraus, sondern betonten allesamt gleichermaßen ihre unmittelbare Praxisbezogenheit – dabei eine Einheitlichkeit von Praxis unterstellend, die mehr segmentär gedacht als real funktionierend anzutreffen war. In den 1980er-Jahren scheiterte allerdings ein Versuch der damaligen *Konferenz der bibliothekarischen Ausbildungsstätten* (KBA, heute: *Konferenz der informations- und bibliothekswissenschaftlichen Ausbildungs- und Studiengänge* KIBA), zu einem vergleichenden Überblick über Studieninhalte und ihre Umfänge zu kommen und erforderlichenfalls eine Vereinheitlichung herbeizuführen, weil die Angaben in den Studienordnungen und Vorlesungsverzeichnissen zu wenig über die tatsächlich behandelten Inhalte aussagten; man hätte den Vergleich auf der Ebene von Vorlesungs- und Seminarskripten durchführen müssen.

Erst in den 1960er- und 1970er-Jahren trat zu den bisher behandelten beiden Qualifikationsebenen eine weitere, niedrigere Qualifikationsebene hinzu: Mehrere Bundesländer führten für ihre Wissenschaftlichen Bibliotheken eine Laufbahn des mittleren Bibliotheksdienstes mit Vorbereitungsdienst im Beamtenanwärterverhältnis ein. Als Bezeichnung wurde der Begriff „Bibliotheksassistent" gewählt. In den 1970er-Jahren schuf man auf Basis des Berufsbildungsgesetzes die zweijährige Berufsausbildung zum „Assistenten an Bibliotheken". Eingesetzt wurden die Absolventen dieser Ausbildung vor allem in Öffentlichen Bibliotheken. Mitarbeiter auf dieser Qualifikationsebene hatte es natürlich schon vor Einführung dieser Ausbildungen – auch hier spartengetrennt – gegeben, nur waren sie mehr oder minder gründlich innerbetrieblich angelernt worden.

Die Spartentrennung war in der deutschen Tradition so tief verankert, dass sie auch in der DDR auf Ebene der Fachschul-Ausbildung beibehalten wurde. (Im Rahmen der Anerkennung von Abschlüssen aus der DDR wurden diese Fachschul-Ausbildungen in Verbindung mit einer mindestens dreijährigen Berufspraxis als Fachhochschul-Abschluss in der Bundesrepublik anerkannt; entsprechende Regelungen hatte es in der Bundesrepublik schon für Absolventen der Fachschul-Ausbildungen nach der Einführung der Fachhochschulen gegeben.) An der *Humboldt-Universität zu Berlin* bestanden zu DDR-Zeiten Studiengänge (z.T. als Fernstudium organisiert), in denen die Kenntnisse für hochqualifizierte Funktionen und Leitungsaufgaben in Bibliotheken sowie Dokumentationseinrichtungen vermittelt wurden.

8.3 Studien- und Ausbildungsreformen seit 1990

Bald nach 1990 änderten sich Ausbildungs- und Studiengänge weitgehend; folgende Impulse trafen hierbei zusammen:

- Die neuen Bundesländer lehnten es (mit Ausnahme Sachsen-Anhalts) ab, die Verbeamtung im Bibliotheksdienst einzuführen.
- Die fortschreitende Integration innerhalb der EU und die stärkere internationale Ausrichtung der Studiengänge in Deutschland brachten im Zuge der Bologna-Reform den Ersatz von Diplom- und Magister-Studiengängen durch Bachelor- und Master-Studiengänge. Während international Bachelor-Studiengänge sechs bis acht Semester dauern, waren die deutschen bibliotheksbezogenen Bachelor-Studiengänge (wie generell die deutschen Bachelor-Studiengänge) zunächst auf sechs Semester angelegt, wurden z.T. jedoch bald wieder auf längere Regelstudienzeiten ausgedehnt. Die Master-Studiengänge umfassen zwei bis vier Semester.
- International studiert man das Fach Bibliotheks- und Informationswissenschaft überwiegend als nicht-konsekutiven Master-Studiengang, d.h. ein Bachelor-Abschluss in einem anderen Fach wird vorausgesetzt. So liegt der Anteil der Studiengänge mit Master-Abschluss an allen bibliotheksbezogenen Studiengängen in den USA und in Großbritannien bei 70%. In Deutschland ist es gerade umgekehrt: In der Tradition der FH-Studiengänge dominie-

ren Bachelor-Studiengänge. Die deutschen Master-Studiengänge mit Bibliotheksbezug sind überwiegend konsekutiv, d.h. ein Bachelor (oder früherer Diplom-Abschluss) in einem vergleichbaren Fach ist Voraussetzung zur Zulassung.
- Die Tendenz zur Konvergenz bisher getrennter Einrichtungen wie Bibliothek, Rechenzentrum, Medienzentrum und die zunehmende Verflechtung von Bibliotheken und anderen Informationseinrichtungen (↗7.3, ↗7.7) legte entsprechende Studienreformen nahe; sie führten teilweise zum Verzicht auf tradierte Bezeichnungen wie Bibliothekar für den Abschluss oder Bibliothekswesen für das Fach. Die Spartentrennung (Öffentliche/Wissenschaftliche Bibliotheken) wurde überall aufgegeben; teilweise wurden gemeinsame Lehrveranstaltungen für die Fachrichtungen Bibliothek, Dokumentation, Archiv konzipiert, teilweise wurden bibliotheksbezogene Studiengänge, besonders verwaltungsinterne Studiengänge für Beamtenanwärter, geschlossen und Studiengänge, die allgemein auf Informationsmanagement ausgerichtet sind, neu geschaffen oder um einige bibliotheksbezogene Inhalte ergänzt.
- Die lange als inhaltlich veraltet kritisierte Referendarausbildung wurde an den Fachhochschulen in Köln und Frankfurt a. M. aufgegeben, an der Bayerischen Bibliotheksschule München modernisiert sowie an der *Humboldt-Universität zu Berlin* mit aktuellen Inhalten und didaktisch zukunftsweisend (internetgestützte Distance- und Blended-Learning-Formen) neu eingerichtet. Offen ist freilich, ob das Referendariat als Voraussetzung der Beamtenlaufbahn für den höheren Bibliotheksdienst eine langfristige Perspektive hat:
  • Einige Bundesländer haben auf die Verbeamtung in Bibliotheken generell verzichtet bzw. die neuen Bundesländer haben sie überwiegend gar nicht eingeführt, so dass die spezielle Ausbildung dafür obsolet wird.
  • Für den Bundesdienst wird die höhere Beamtenlaufbahn seit 2008 geöffnet, d.h. an die Stelle der Kombination von Master oder Äquivalent mit Staatsexamen kann auch die Kombination von Master oder Äquivalent mit geeigneter hauptberuflicher Tätigkeit treten.
- In einigen Bundesländern wurde eine dem Bibliotheksreferendariat in Inhalt und Organisation entsprechende postgraduale Ausbildung eingerichtet, aber nicht im Beamtenanwärter-, sondern im Angestelltenverhältnis.
- An der Fachhochschule Köln sowie an der Humboldt-Universität zu Berlin wurden postgraduale berufsbegleitende Fernstudiengänge eingerichtet, mit deren Abschluss der Grad eines Master of Library and Information Science erworben wird. Neben Absolventen eines beliebigen Universitäts- oder Fachhochschulstudiums sowie Diplom- und Bachelor-Bibliothekaren nehmen in Berlin Bibliotheksreferendare, in Nordrhein-Westfalen, das die Referendarausbildung abgeschafft hat, von den Universitätsbibliotheken ausgewählte Absolventen an diesen Fernstudiengängen teil. In einer Kombination aus Präsenzlehre und E-Learning lernen die Teilnehmer die modernen Inhalte der Bibliotheks- und Informationswissenschaft und -praxis kennen. Gerade

diese berufsbegleitenden Studiengänge tragen nicht nur den Erfordernissen eines funktional differenzierten Bibliothekssystems Rechnung, sondern darüber hinaus jenen des funktional differenzierten Informationssektors, in dem Bibliotheken die institutionell hervorstechendsten Erscheinungen sind. Die bibliothekarischen Berufsverbände traten im Jahr 2000 mit einem ersten sparten- und laufbahnübergreifenden Berufsbild hervor. In dessen Mittelpunkt steht weiterhin die Institution Bibliothek, nicht aber ein Muster spezialisierter Tätigkeiten, die in verschiedenen Institutionen im Zusammenhang mit Informationssammlung, -archivierung, -aufbereitung und -vermittlung erforderlich sind (*Berufsbild* 2000, 2000).
- Wo Fachhochschulen bestanden, die nur Studiengänge für Informationsberufe anboten, wurden diese in größere multidisziplinäre Fachhochschulen integriert. Die sich daraus ergebenden synergetischen Chancen einer fachbereichsübergreifenden Vernetzung sind bei weitem noch nicht ausgeschöpft.

Die inhaltliche Aus- und Umgestaltung bibliotheksbezogener Ausbildungs- und Studiengänge verlief sehr unterschiedlich und bietet heute ein ausgesprochen buntes Bild. Was die Inhalte der Studiengänge angeht, ist heute überall Standard:

- ein hoher Anteil des Trainings an Datenbankensystemen, Internetanwendungen und allgemeinen Informations- und Kommunikationstechnologien
- Vermittlung von Recherchestrategien in allgemeinen und fachlichen Datenbanken
- gründliche Auseinandersetzung mit digitalen Informationsdienstleistungen
- ausführliche Behandlung betriebswirtschaftlicher Inhalte wie Marketing und Management
- Vermittlung und Training von Soft Skills wie Teamfähigkeit, selbstständiges Arbeiten und Selbstorganisationsfähigkeit, Service- und Kundenorientierung
- Praktika, die bei den grundständigen FH-Studiengängen oft ein halbes Jahr umfassen. Die Fernstudiengänge an der Humboldt-Universität und der Fachhochschule Köln können, die Studiengänge für Beamtenanwärter müssen begleitend zu bzw. im Wechsel mit der Berufsarbeit absolviert werden.

Verschieden von Studiengang zu Studiengang ist der Anteil der traditionellen bibliothekarischen Themen Bestandsaufbau, -erschließung und -vermittlung, sehr unterschiedlich auch die Einbeziehung von Gebieten wie Kulturarbeit, Literatur, populären Medieninhalten, Leseförderung, Vermittlung von Informationskompetenz, Kinder- und Jugendbibliotheksarbeit oder Training für netzwerkbezogene Arbeitsumgebungen. Generell wird dem Erwerb didaktischer Fähigkeiten zur Vermittlung von Informationskompetenz und dem Thema Teaching Library, gemessen an der zukünftigen Bedeutung dieser Aufgaben, (noch) zu wenig Raum gegeben.

Ein konsistenter Zusammenhang zwischen der Bezeichnung des Faches bzw. des Abschlusses und dem Profil ist kaum erkennbar, aber dasselbe gilt für manche andere Studiengänge auch, z.B. Kommunikationswissenschaft oder Medienwissenschaft. Nach wie vor werden für gleiche Inhalte in verschiedenen Studiengängen unterschiedliche Termini oder umgekehrt gleiche Termini für unterschiedliche Inhalte verwendet. Dies trifft z.B. auf den Begriff Informationsmanagement zu, der als übergreifender Begriff für das Fach insgesamt verwendet wird, daneben aber auch als Synonym für Erschließung. Für den Begriff Medienmanagement gilt ähnliches: Bezeichnet wird damit zum einen die spezielle Betriebswirtschaftslehre der Medienwirtschaft, zum anderen aber dient der Begriff bisweilen als windschnittiges Synonym für die Gesamtheit bibliothekarischer Tätigkeiten. Stärker als je zuvor spielen in Entscheidungen bei Studienreformprozessen momentane (hochschul)politische Konstellationen, Chancen und Opportunitäten hinein. Als Bezeichnungen bibliotheksbezogener Studienfächer scheinen sich nach einer Phase rasch aufeinander folgender Studienreformen mit einem bunten Strauß an Benennungen der Studienfächer wie Informations- und Wissensmanagement, Bibliotheks- und Informationsmanagement, Informationsmanagement, Bibliotheks- und Medienmanagement die folgenden stabilisiert zu haben:

- Bibliothekswesen
- Bibliotheksmanagement
- Bibliotheks- und Informationswissenschaft
- Bibliotheks- und Informationsmanagement.

Unterhalb der Hochschulebene bestehen heute dreijährige Berufs- bzw. Fachschul-Ausbildungen:

- Fachangestellte/r für Medien und Informationsdienste (FAMI): Ausbildung im Dualen System (Betrieb und Berufsschule). Fünf Fachrichtungen sind zu unterscheiden: Archiv, Bibliothek, Bildagentur, Information und Dokumentation, Medizinische Dokumentation. Frühere, vergleichbare Berufe waren: Bibliotheksassistent, Assistent an Bibliotheken, Dokumentationsassistent; in der DDR: Bibliotheksfacharbeiter.
- Medizinische/r Dokumentar/in: Fachschulausbildung.

Mit dem Fachwirt für Informationsdienste wurde ab 2007 eine berufsbegleitende Weiterbildung auf der Grundlage des Berufsbildungsgesetzes (BBIG § 54) geschaffen, die den Abschluss als Fachangestellter für Medien und Informationsdienste voraussetzt und dem Bachelor entspricht. Für die Angehörigen der FAMI-Ausbildung eröffnen sich mit dem Fachwirt also Aufstiegsmöglichkeiten. In einigen Bundesländern wurden für die Privatwirtschaft bzw. den öffentlichen Dienst spezifische Prüfungsregelungen erlassen, Curricula entwickelt und Kurse bei geeigneten Trägern etabliert. Die Initiative für die Einrichtung eines Abschlusses als Fachwirt für Informationsdienste ging vom *Deutschen Industrie- und Handelskammertag* (DIHK) und der *Vereinigten Dienstleistungsgewerkschaft* (ver.di) aus. Die bibliothekarischen Berufsverbände verhalten sich ablehnend, da sie die den Fachwirten vermittelten Inhalte für ungenügend halten. Unabhängig davon bietet die FH Potsdam eine Fernweiterbildung an, die Fachangestellte für Medien und Informationsdienste auf die externe Bachelor-Prüfung an der FH Potsdam vorbereitet. Auch an der FH Köln ist geplant (Stand 2011), einen Teilzeitstudiengang für Fachangestellte anzubieten, der zum Bachelorgrad führt.

8.4 Qualifikationsebenen, Aufgabenprofile, Arbeitsmarkt

Schematisch und vereinfacht lassen sich heute Qualifikationsebenen und Aufgabenprofile wie in Tabelle 47 gezeigt zuordnen.

Tabelle 47: Qualifikationsebenen und Aufgabenprofile

Qualifikationsebene	Typische Aufgaben in Universitäts-, Landes- und Staatsbibliotheken	Typische Aufgaben in Öffentlichen Bibliotheken	Typische Aufgaben in Spezialbibliotheken
· Master oder Äquivalent in einem Fach ohne Bibliotheksbezug (traditionell als universitäres Fach) und zusätzliche bibliotheksbezogene Qualifikation als Master oder Staatsexamen	· Oberes Management · Bestandsmanagement · Aufbau und Pflege digitaler und virtueller Bibliotheken · Sacherschließung, Thesaurus-Arbeit · Konzeption wissenschaftlicher Portale · Vermittlung von Informationskompetenz · Öffentlichkeits- und Kulturarbeit · Auftragsrecherchen	· Die wenigen Stellen dieser Qualifikationsebene sind im oberen Management von Großstadtbibliotheken anzutreffen	· In großen Spezialbibliotheken ähnelt die Aufgabenverteilung jener der Universitätsbibliotheken. · In kleinen und mittleren Spezialbibliotheken wird die Aufgabenverteilung pragmatisch nach Gesichtspunkten wie Aufgabenumfang oder individuellen Erfahrungen vorgenommen. Bestandsmanagement und Sacherschließung sind teilweise Aufgaben der internen Nutzer

Qualifikationsebene	Typische Aufgaben in Universitäts-, Landes- und Staatsbibliotheken	Typische Aufgaben in Öffentlichen Bibliotheken	Typische Aufgaben in Spezialbibliotheken
· Bachelor in einem bibliotheksbezogenen Fach oder Äquivalent, traditionell Diplom-Bibliothekar	· Mittleres Management · Beteiligung an Aufbau und Pflege digitaler und virtueller Bibliotheken · Formalerschließung · Vermittlung von Informationskompetenz · Öffentlichkeits- und Kulturarbeit · Auftragsrecherchen · Beschaffung und Akzession, Alert-Dienste · Bestandsvermittlung · Leihverkehr · Systemadministration	· Oberes Management · Bestandsmanagement · Aufbau und Pflege digitaler und virtueller Bibliotheken · Sacherschließung · Digitale Informationsdienste · Vermittlung von Informationskompetenz · Öffentlichkeits- und Kulturarbeit · Leseförderung · Bestandsvermittlung · Systemadministration	s.o.
· Berufsausbildung zum Fachangestellten für Medien- und Informationsdienste oder Äquivalent	· Mitarbeit bei Formalerschließung, Beschaffung und Akzession, Leihverkehr, Beratung an Medienbeständen · Datensicherung, Updates	· Mittleres Management · Formalerschließung · Beschaffung und Akzession, Medien ordnen, einstellen, ausheben · Ausleihverbuchung	
· Anlerntätigkeit	· Medien ordnen, einstellen, ausheben · Ausleihverbuchung · technische Medienbearbeitung · Anfertigen und Versand von analogen und digitalen Kopien	· Medien ordnen, einstellen, ausheben · Ausleihverbuchung · technische Medienbearbeitung · Bilderbuchkino · Vervielfältigung und Versand von Werbematerial	

Bestandsmanagement, Konzeption und Entwicklung von Wissenschaftsportalen sowie Sacherschließung erfordern für Tätigkeiten in Universitäts-, Landes- und Staatsbibliotheken in der Regel ein Studium mit Master-Abschluss mit fachlicher Nähe zu den Inhalten der Bestände, des Portals usw., weil die Informationsressourcen unter wissenschaftlichen Fragestellungen zu werten und aufzubereiten sind. Im Berufsbild des Fachangestellten für Medien- und Informationsdienste fällt auf, dass die Aufgabenzuordnung über die fünf Fachrichtungen hinweg (Archiv, Bibliothek, Bildagentur, Information und Dokumentation, Medizinische Dokumentation) nicht ganz konsistent ist; so sieht das Berufsbild bei der Fachrichtung Bildagentur die Inhaltserschließung vor, bei der Fachrichtung Bibliothek jedoch nicht.

Insgesamt werden die Potenziale jeder Qualifikationsebene in der Praxis häufig nicht ausgeschöpft, weil die Stellenpläne gemessen am Aufgabenvolumen nach Qualifikationsebenen zu viele Stellen für jeweils höhere und zu wenige Stellen für jeweils niedrigere Qualifikationsebenen vorsehen. Freilich muss man anerkennen, dass die höhere Qualifikation die niedrigere ersetzen kann, nicht umgekehrt, was insbesondere bei kleinen Einrichtungen (am auffallendsten in One-Person-Libraries) unvermeidlich dazu führt, dass das Personal unter dem Gesichtspunkt der höchsten erforderlichen Qualifikation innerhalb gewisser Grenzen unabhängig vom erforderlichen Arbeitsumfang je Qualifikationsebene ausgewählt wird.

Die Entwicklung und Ergiebigkeit des Arbeitsmarktes ist nicht eindeutig prognostizierbar. Nachdem der Bedarf an spezialisierten Arbeitskräften in Bibliotheken jahrzehntelang gering war und nur ganz allmählich anstieg, brachte das „goldene Jahrzehnt" des Ausbaus im öffentlich finanzierten Bibliothekssystem 1965 bis 1975 eine kräftige Vermehrung der Stellen, wenn sie auch weit zurückblieb hinter den Anfang der 1970er-Jahre prognostizierten Steigerungen von mehreren Hundert Prozent.

Der massive Ausbau der Hochschulen mit zahlreichen neu gegründeten Hochschulbibliotheken und der Kultureinrichtungen der Städte mit vielen neu ins Leben gerufenen oder erstmals hauptamtlich besetzten und allgemein wachsenden Öffentlichen Bibliotheken führten zu einem rapide steigenden Bedarf an qualifiziertem Bibliothekspersonal; man erzählt sich, dass in jenen Jahren Bibliotheksdirektoren mit unterschriftsreifen Arbeitsverträgen an Prüfungstagen vor den Toren der Ausbildungsinstitute warteten. Anfang der 1980er-Jahre trat auf dem Hintergrund der steigenden öffentlichen Verschuldung und schließlich sinkender Steuereinnahmen eine anhaltende Stagnation und in den 1990er-Jahren ein Rückgang der Stellen im öffentlichen Dienst ein, wovon auch die öffentlich finanzierten Bibliotheken betroffen waren, so dass der aktuelle Bedarf kleiner ist als die Zahl der hier pro Jahr frei werdenden Stellen.

Gleichzeitig stieg und steigt der Bedarf an Informationsfachleuten in expandierenden Bereichen der Privatwirtschaft, allen voran der Medien- und Informationswirtschaft, des E-Commerce und des unternehmensinternen Informationsmanagements. Die Studienreformen der 1990er-Jahre reflektieren neben der digitalen Konvergenz und der zunehmenden Verflechtung von Bibliotheken mit anderen Informationseinrichtungen auch diese Verlagerung des Bedarfs. So sind z.B. in Behörden, Instituten und Unternehmen Informationsabteilungen entstanden, die mit allgemeinem Informationsmanagement oder mit Informationslogistik betraut sind und gleichzeitig klassisch bibliothekarische oder archivarische Funktionen erfüllen. Auch diese Abteilungen wurden und werden zunehmend professionalisiert, also mit Personal besetzt, das eine einschlägige

Fachausbildung mitbringt. Diese Tendenz führt ebenfalls zu einem wachsenden Bedarf an Informationsfachleuten.

Insgesamt bietet der Arbeitsmarkt Bibliothekaren und anderen Informationsfachleuten gute und wachsende Chancen, wenn die Bewerber räumlich mobil, flexibel einsetzbar und leistungsorientiert sind, möglichst Erfahrungen aus Praktika, eigenen Projekten und Hilfsjobs während des Studiums mitbringen, mit modernen Arbeits- und Werkvertragsformen, wie z.B. befristeter Mitarbeit in Projekten, intelligent umgehen und vor allem exzellente Kenntnisse im Einsatz von Datenbanken, Internettechnologien und im Informationsmanagement haben.

Genaue quantitative Prognosen für den Arbeitsmarkt der Informationsfachleute haben sich allerdings ebenso wie Arbeitsmarktprognosen generell als höchst unzuverlässig erwiesen. Nicht einzuschätzen sind gegenwärtig etwa die mittel- und langfristigen Auswirkungen der globalen Finanzkrise und der Überschuldung von Bund, Ländern und Gemeinden auf den Arbeitsmarkt für Bibliothekare. Darüber hinaus hängt der Bedarf an Arbeitskräften außer vom Beschäftigungsvolumen (das noch ungefähr abschätzbar sein mag) auch von den kaum berechenbaren Faktoren ab wie Umfang der Teilzeitbeschäftigung und Verweildauer im Beruf (z.B. Ausscheiden wegen Wechsels in die Nicht-Berufstätigkeit. Die Bedeutung dieses Faktors nimmt allerdings in einem Sektor ab, der überwiegend Frauen beschäftigt, weil deren Affinität zu lebenslanger Berufstätigkeit zunimmt).

8.5 Bibliotheks- und Informationswissenschaft und verwandte Fächer

Schwierig verliefen mehrere Anläufe, Bibliothekswissenschaft in Deutschland als universitäres Fach einzurichten. Einerseits haben die Bibliothekspraktiker nicht erkannt, welche Bedeutung die akademische Verankerung ihres Fachs für die theoretische Absicherung ihrer Arbeit und die gesellschaftliche Positionierung ihres Berufs hat, andererseits vermochten die wenigen akademischen Vertreter des Fachs kaum, dem Fach ein Profil zu geben, das über die Vorbereitung auf einen hochqualifizierten Beruf hinausgeht.

Am Anfang steht die 1886 geschaffene Professur *Karl Dziatzkos* für „Bibliothekshülfswissenschaften" an der *Universität Göttingen*, wo von 1893 an für einige Jahre die ersten Anwärter für den wissenschaftlichen Bibliotheksdienst in Preußen ihr postgraduales Studium absolvierten. Dann folgte die Berliner Universität, an der Bibliothekswissenschaft seit 1925 in Lehre und Forschung betrieben wurde. Ihr Vertreter war *Fritz Milkau*, der – zuvor Generaldirektor der Berliner Staatsbibliothek – zum Honorarprofessor berufen wurde. Sein *Institut für Bibliothekswissenschaft* konstituierte sich 1928; es überlebte seinen 1934 verstorbenen Direktor um ein Semester.

Auch die Einrichtung eines Lehrstuhls für Bibliothekswissenschaft an der *Universität zu Köln (Paul Kaegbein)* blieb temporär (1974–1990), wenn auch nicht die von ihm ins Leben gerufene Zeitschrift „Bibliothek: Forschung und Praxis".

An der *Freien Universität Berlin* wurde 1982 das zunächst am Fachbereich Geschichtswissenschaft eingerichtete *Seminar für Bibliothekswissenschaft* mit dem *Institut für Bibliothekswissenschaft und Bibliothekarausbildung* verbunden, an dem man Bibliothekswissenschaft nun auch als Magister-Nebenfach studieren konnte. Eine Verbindung mit dem Fach Informationswissenschaft (*Gernot Wersig*) an der *Freien Universität Berlin* bestand nicht.

In der DDR wurde 1955 ein *Institut für Bibliothekswissenschaft* an der Humboldt-Universität neu gegründet. *Horst Kunze,* wie *Milkau* Direktor der Staatsbibliothek in Berlin, war bis 1968 sein Leiter. Nur hier, teilweise in Fernstudiengängen, konnten Generationen von Bibliothekaren und Dokumentaren in der DDR ihre Kenntnisse für hochqualifizierte Aufgaben und Leitungsfunktionen erwerben.

Aus diesem Institut ging nach dem Umbruch das heutige *Institut für Bibliotheks- und Informationswissenschaft* der Humboldt-Universität hervor. Im Rahmen der Neuordnung der Berliner Hochschullandschaft wurde das *Institut für Bibliothekswissenschaft und Bibliothekarausbildung* der *Freien Universität Berlin* 1994 mit dem damaligen *Institut für Bibliothekswissenschaft* der Humboldt-Universität zusammengeführt. Die Fachhochschulstudiengänge wurden aufgegeben. 1997/98 und wieder 2003/04 war das Institut vor dem Hintergrund einschneidender Kürzungen an den Berliner Hochschulen von Schließung bedroht.

Informationswissenschaftliche Studiengänge wurden seit den 1990er-Jahren an mehreren Universitäten im Rahmen genereller Kürzungen, die meist ungleichmäßig auf die Fächer verteilt wurden, eingestellt bzw. die entsprechenden Professuren nicht mehr zur Neubesetzung vorgesehen, so an der Freien Universität Berlin und an der Universität Konstanz.

Vor dem Hintergrund dieser Erfahrungen muss festgestellt werden, dass der deutsche Sonderweg einer Informationswissenschaft ohne Bezug zu Bibliotheken und einer von der Informationswissenschaft isolierten Bibliothekswissenschaft – international ist das Fach als Library and Information Science profiliert – als gescheitert anzusehen ist.

Dagegen wird an der Humboldt-Universität zu Berlin das Fach als Bibliotheks- und Informationswissenschaft, also internationalen Standards entsprechend, fortgeführt und neu profiliert. Damit kann nun die international nicht übliche, vorwiegend im deutschsprachigen Raum tradierte Trennung von Bibliothekswissenschaft (fokussiert auf das Management publizierter Information in Bibliotheken als Informationseinrichtungen, Nähe zur historisch ausgerichteten Buchwissenschaft) und Informationswissenschaft (ausgerichtet auf computergestützte Verfahren der Informationsnutzung in überwiegend wissenschaftlich-technischen und kommerziellen Kontexten) überwunden werden.

Das Forschungsfeld umfasst Entstehung, Produktion, Distribution, Erschließung, Nutzung und Archivierung analoger und digitaler Ressourcen mit wechselnden Akteuren in der Publikationskette. Trotz anhaltenden Bedeutungszuwachses digitaler Medien dürfen die Printmedien nicht ausgeblendet werden; sie bleiben wichtige aktuelle und historische Informationsträger und gerade dieser Dualismus (hybride Bibliothek) erzeugt ergiebige Fragestellungen für die Forschung. An den meisten Fachhochschulen wird das Berliner Verständnis von Bibliotheks- und Informationswissenschaft nicht geteilt. Dort dominiert zumeist der Terminus Informationswissenschaft als dessen integrale Teilmenge Bibliothekswissenschaft gilt. In der inhaltlichen Ausrichtung allerdings ergeben sich dadurch kaum erkennbare Unterschiede.

Neben den traditionellen Fragen sind neue forschungswürdige Aspekte vor allem:

- die Entwicklung der Wissenschaftskommunikation im Kontext digitaler Medien und des Internets (Neue Kommunikationskanäle, Aufwertung von Primärdaten usw.)
- die Modellierung der Glieder der Publikationskette, ihre Beziehungen zueinander und die Rückwirkung aufeinander, besonders die Anforderungen, die sich aus Archivierungsgesichtspunkten für die Standards der Produktion ergeben
- die Auswirkungen der öffentlichen digitalen Vernetzung auf den Publikationsbegriff und die Rolle der Bibliotheken für die Qualitätssicherung
- die zukünftige Rolle von Bibliotheken, wissenschaftlichen Gesellschaften und Hochschulen als Publikations- und Distributionsinstanz wissenschaftlicher Information (Open Access, institutionelle und fachliche Repositorien)
- Organisations- und Geschäftsmodelle der Informationssammlung, -aufbereitung, -archivierung und -verbreitung (politische und rechtliche Rahmenbedingungen)
- der auf lange Zeit hin unvermeidliche Medienbruch und der kulturelle und wirtschaftliche Umgang damit (Verantwortung gegenüber dem Historischen)
- Fragen der Langzeitarchivierung digitaler Information
- mehrfunktionale und interdisziplinäre Multimediasammlungen, spartenübergreifende Entwicklungen von digitalen Bibliotheks-, Museums- und Archivsammlungen
- Standards und Methoden automatischer Indexierung und Klassifikation, Metadata-Standards, Metadata-Harvesting, semantische Netze und Ontologien, Entwicklung von Mustern von Dokumenttypdefinitionen (DTD) für Textsorten und Publikationstypen als Grundlage einer intelligenteren Digitalisierung
- der Zusammenhang von digitaler Bibliothek und Knowledge Management
- die Optimierung von Retrieval-Systemen insbesondere bei heterogenen Datenstrukturen
- die Optimierung der Mensch-Maschine-Schnittstelle und die Gestaltung hybrider Arbeitsplätze, Usability-Studies
- Vermittlung von Informationskompetenz

- informetrisch basierte Wissenschaftsforschung
- die mit Internet und digitalen Medien verbundenen ethischen Herausforderungen (Informationsasymmetrien, Datenschutz, Zensur ...).

Außer den bibliotheksspezifischen gibt es eine Reihe weiterer Studiengänge, die sich auf den Informations- und Mediensektor beziehen, Bibliotheken jedoch nur am Rande behandeln. Tabelle 48 zählt beispielhaft solche Studiengänge auf, die generell auf den Informations- oder Mediensektor, teilweise auch speziell auf einzelne Praxisfelder oder Anwendungsbereiche wie Verlage, Internetwirtschaft oder betriebliche Informationswirtschaft orientiert sind. Auffallend ist – abgesehen von den Studiengängen des klassischen Archivbereichs – die Inkonsistenz der Bezeichnungen der Studiengänge und Abschlüsse: teilweise unterschiedliche Profile bei gleichen Bezeichnungen, teilweise gleiche Profile bei unterschiedlichen Bezeichnungen. So verstehen sich Studiengänge, die sich Medienwissenschaft nennen, teils mehr als philosophisch inspirierte Kommentarwissenschaften, teils mehr als Training in digitaler Medienproduktion. Zu beobachten ist ferner, dass sich Benennungen und Inhalte der Studienfächer rasch wandeln. Nicht aufgenommen in diese Tabelle sind Studiengänge, die von Tätigkeiten in Bibliotheken noch weiter entfernt sind wie z.B. Computerlinguistik, Journalistik, Linguistische Datenverarbeitung, Medizinische Informatik, Online-Redakteur, Publizistik oder Wirtschaftsinformatik.

Tabelle 48: Weitere Studiengänge im Informationssektor
- Angewandte Medien- und Kulturwissenschaft
- Angewandte Medienwissenschaft
- Betriebliches Informationsmanagement
- Betriebswirtschaftslehre mit Branchenfokus Medienmanagement
- Bildungs- und Wissensmanagement
- Buch- und Medienproduktion
- Buchhandel/Verlagswirtschaft
- Buchwissenschaft
- Communication & Media Management
- Content-Management
- Controlling, Management and Information
- Data and Knowledge Engineering (Daten- und Wissensverwaltung)
- Datenanalyse und Datenmanagement
- Dokumentation und Kommunikation
- eBusiness
- Finanz- & Informationsmanagement
- Gehobener Archivdienst
- Geoinformation
- Gesellschafts- und Wirtschaftskommunikation
- Informatik und Informationswirtschaft
- Information Engineering
- Information Management & Consulting
- Information Science & Engineering / Informationswissenschaft
- Information Science for Business
- Information und Dokumentation
- Information und Multimedia
- Informations- und Kommunikationsdesign

- Informationsdesign
- Informationsmanagement
- Informationsmanagement und Unternehmenskommunikation
- Informationsorientierte Betriebswirtschaftslehre
- Informationsorientierte Volkswirtschaftslehre
- Informationswirtschaft
- Internationale Medieninformatik
- Internationales Informationsmanagement
- Kinder- und Jugendmedien
- Kundenbeziehungsmanagement
- Markt- und Medienforschung
- Medien und Information
- Medien und Kommunikation
- Medieninformatik
- Medienkultur und Medienwirtschaft
- Medienmanagement
- Medienpädagogik
- Medienproduktion und Medientechnik
- Medientechnik und Media Systems
- Medienwirtschaft
- Medienwirtschaft und Medienmanagement
- Medienwissenschaft
- Medizinische Dokumentation
- Medizinische Dokumentation und Informatik
- Technische Redaktion und Multimediale Dokumentation
- Vorbereitungsdienst für den höheren Archivdienst
- Wirtschafts- und Fachinformation
- Wissenschaftliche/r Dokumentar/in / Information Specialist

8.6 Ausblick

Die Professionalisierung des Bibliothekarberufs begann in Deutschland mit dem Übergang vom stratifikatorisch zum funktional differenzierten Bibliothekssystem an der Wende vom 19. zum 20. Jahrhundert. Zunächst wurden zwei Qualifikationsebenen geschaffen:

- die Qualifikationsebene des wissenschaftlichen Bibliothekars, der nach abgeschlossenem Universitätsstudium eine postgraduale, praxisnahe Ausbildung für hochqualifizierte und Leitungsaufgaben in Bibliotheken erhielt (höherer Bibliotheksdienst mit Referendarausbildung)
- die Qualifikationsebene des gehobenen Dienstes überwiegend für Routineaufgaben (Diplom-Bibliothekar), dessen Ausbildung bis in die 1970er-Jahre an Fachschulen, dann als Studium an Fachhochschulen erfolgte.

Erst in den 1960er- und 1970er-Jahren wurde eine dritte, in der Hierarchie der Bildungsabschlüsse untere Berufsebene eingerichtet, und zwar die einer mittleren Beamtenlaufbahn (Bibliotheksassistent) mit zweijähriger Berufsausbildung (an Öffentlichen Bibliotheken überwiegend: Assistent an Bibliotheken im Angestelltenverhältnis).

Bis in die 1990er-Jahre standen diese Ausbildungen bzw. Studiengänge unter folgenden Auspizien:

- Obwohl beim Übergang zum funktional differenzierten Bibliothekssystem entstanden, lag diesen Ausbildungsgängen die Vorstellung eines segmentär bzw. stratifikatorisch differenzierten Bibliothekssystems zugrunde. Folge war die äußerst geringe Vernetzung mit verwandten Ausbildungen und Studiengängen im Informationssektor und die starke Fokussierung auf die Institution Bibliothek.
- Das Personal an Universitäts-, Landes- und Staatsbibliotheken ist weitgehend verbeamtet, entsprechend fanden hier die Ausbildungen für die höhere und die mittlere Qualifikationsebene durchgehend im Beamtenanwärterverhältnis statt, während die Ausbildung für die Ebene des gehobenen Dienstes in manchen Bundesländern ebenfalls im Beamtenanwärterverhältnis, in anderen Bundesländern aus nicht plausiblen Gründen als freies Studium stattfand. Die Diplom-Bibliothekare an Öffentlichen Bibliotheken waren (außer in den Bundesländern Berlin und Bremen) fast nirgendwo verbeamtet und absolvierten ihr Studium als Studenten.
- Ausbildungs- und Studiengänge für Öffentliche Bibliotheken und für Wissenschaftliche Bibliotheken blieben getrennt; die Ausbildung bzw. das Studium in der Fachrichtung Wissenschaftliche Bibliotheken orientierte sich einseitig an Universitäts- und Staatsbibliotheken und vernachlässigte die Anforderungen aus dem breiten Spektrum der Spezialbibliotheken.

Die Studienreformen seit 1990 reflektieren folgende Tendenzen:

- Die östlichen Bundesländer führten (mit Ausnahme Sachsen-Anhalts) die Verbeamtung im Bibliotheksdienst nicht ein.
- Die fortschreitende Integration innerhalb der EU und die stärkere internationale Ausrichtung der Studiengänge in Deutschland brachte im Zuge der Bologna-Reform den Ersatz von Diplom- und Magister-Studiengängen durch Bachelor- und Master-Studiengänge.
- Die zunehmende Verflechtung von Bibliotheken und Informationseinrichtungen (↗7.7) legte entsprechende Studienreformen nahe. Teilweise wurden gemeinsame Lehrveranstaltungen für die Fachrichtungen Bibliothek, Dokumentation, Archiv konzipiert; teilweise wurden bibliotheksbezogene Studiengänge geschlossen und Studiengänge, die allgemein auf Informationsmanagement ausgerichtet sind, neu geschaffen oder um bibliotheksbezogene Inhalte ergänzt. Statt spartenspezifischer Studiengänge (Öffentliche/Wissenschaftliche Bibliotheken) wurden an allen Instituten spartenübergreifende Curricula eingeführt. Die bibliothekarischen Berufsverbände traten im Jahr 2000 mit einem ersten sparten- und laufbahnübergreifenden Berufsbild hervor (*Berufsbild 2000*, 2000).
- Wo Fachhochschulen bestanden, die nur Studiengänge für Informationsfachleute anboten, wurden diese in größere, multidisziplinäre Fachhoch-

schulen integriert. Die synergetischen Chancen einer Vernetzung mit anderen Fachbereichen sind indessen bei weitem nicht ausgeschöpft.
– Die digitale Konvergenz (↗7.7) erfordert eine stärkere Vernetzung der Ausbildungs- und Studiengänge mit verwandten Fächern als bisher. Zukünftige Ausbildungs- und Studiengänge dürfen den institutionellen Bezug nicht ausblenden und müssen Sammlung, Archivierung, Aufbereitung, Bereitstellung und Vermittlung digital wie analog gespeicherter Informationen mit diesem Kontextbezug in den Mittelpunkt stellen; sie müssen die Absolventen gleichzeitig befähigen, intelligente Lösungen in hybriden und heterogenen Informationsumgebungen auf institutionell vielfältiger und flexibler Basis zu finden. Hierbei werden Fernstudiengänge und Formen des Distance Learning eine wachsende Bedeutung haben. Jedoch gehen die Funktionen von Bibliotheken weit über Informationssammlung, -archivierung, -aufbereitung, -bereitstellung und -vermittlung hinaus; die Bibliothek als Ort und die Vermittlung von Informationskompetenz gewinnen an Bedeutung. In diesem Sinn wird der Beruf des Bibliothekars einen Bedeutungszuwachs erfahren – unabhängig von künftigen Berufsbezeichnungen.

Ein grundsätzliches Problem bei der Gestaltung der Studiengänge besteht darin, dass Entwicklungen antizipiert werden müssen, die nicht exakt vorhergesagt werden können. Angesichts prinzipiellen und sich beschleunigenden Wandels dürfen sich Studienreformen aber nie allein am Status quo orientieren. Dies sorgt bei Praktikern nicht selten für Kritik, zumal die für die neuen Curricula vorgesehenen Modernisierungen eben auch zu kurz greifen, zu weit gehen oder gar ganz am zukünftigen Bedarf vorbei zielen können.

9 Ergebnisse und Perspektiven

Die Absicht der Autoren war es, die weitere Rolle der Bibliotheken in der Informationsgesellschaft zu beschreiben. Um nicht bei einer wenig aussagekräftigen, rein deskriptiven Bestandsaufnahme stehen zu bleiben und um bloßes Spekulieren über verschiedene Entwicklungsoptionen zu vermeiden, mussten die Autoren methodisch und argumentativ neue Wege eingeschlagen. Im Wesentlichen sind es die Kombination von diachroner und synchroner Betrachtung sowie das Erkenntnispotenzial der Systemtheorie, die einen ganzheitlichen Blick ermöglichen und neue Einsichten über Chancen und Gefahren möglicher zukünftiger Entwicklungen gewähren.

Unter acht Aspekten sind in den jeweiligen Kapiteln Entwicklung, Stand und Perspektiven des Bibliothekswesens beleuchtet worden. Dabei war zunächst deutlich geworden, dass die Informationsgesellschaft geprägt ist von explosionsartigem Wachstum der verfügbaren Informationen und von enormer Beschleunigung der Informationszirkulation. Diese Merkmale führen nur dann nicht zum Kollaps, wenn es ein Funktions- bzw. Subsystem gibt, das durch Informationsaufbereitung, -filterung, -verdichtung usw. Komplexität reduziert. Nur unter dieser Voraussetzung lässt sich das Leistungspotenzial, welches digitalen Medien und weltweiter Vernetzung innewohnt, ausschöpfen. Das Bibliothekssystem ist grundsätzlich in der Lage, die dringend erforderlichen Informationsdienstleistungen zu entwickeln und anzubieten. Es ist allerdings im Unterschied zu früheren Epochen mit konkurrierenden Anbietern konfrontiert, deren Leistungsniveau und Entwicklungspotenzial gegenwärtig nur vage einzuschätzen sind. Es liegt an den Bibliotheken, unter Beweis zu stellen, dass ihr Funktionsangebot das Bessere ist.

Bislang jedenfalls hat noch kein anderes Segment des Informationswesens die auf der Stufe der funktionalen Differenzierung zwingend erforderliche Ausprägung von Systemstrukturen aufzuweisen. Dazu ist es im Bibliothekswesen gekommen, als das Konzept der Universalbibliothek abgelöst wurde. Mit der Herausbildung eines funktional differenzierten Bibliothekssystems seit Ende des 19. Jahrhunderts hat das Bibliothekswesen sich nicht nur moderne Strukturen gegeben, sondern gleichsam die Grundlage gelegt für zukünftige Modernisierungsprozesse, die zu dieser Zeit nicht absehbar sein konnten.

Diese Bereitschaft zur Modernisierung freilich muss aufrechterhalten und praktiziert werden. In der Vergangenheit ist das keineswegs in der notwendigen Art und Weise geschehen. So ist es etwa trotz planerischer Impulse („Bibliotheksplan '73") bis heute nicht gelungen, ein integrales Bibliothekssystem zu bilden, das Öffentliche und Wissenschaftliche Bibliotheken vereint und aufeinander bezieht. Dieses Versäumnis muss dringend nachgeholt werden. Darüber hinaus werden die (leider oft) starren Grenzen zwischen dem Bibliothekswesen und anderen Segmenten des Informationswesens (Archivwesen, Informationswesen/ Dokumentation, Informationswirtschaft) durchlässiger werden und vielleicht in manchen Fällen gar ganz weichen müssen. Auch die Beschränkung auf nationalstaatliche Territorien dürfte im Zeitalter transnationaler Zusammenschlüsse auf politischer Ebene (Europäische Union) und globalisierter Aktionsräume auf ökonomischer Ebene mittelfristig anachronistisch werden. Es spricht alles dafür, dass sich der Leitgedanke der Vernetzung weiter verbreitet. Damit würde eine Entwicklung fortgesetzt, die tendenziell (nicht unbedingt linear) auf eine in sich differenzierte Weltgesellschaft zielt.

In der Binnenentwicklung des Bibliothekssystems hat der Wandel von der Industrie- zur Informationsgesellschaft in manchen Fällen bereits Veränderungen in Gang gesetzt, in anderen den Veränderungsbedarf aufgedeckt. Zu nennen sind in diesem Zusammenhang Konvergenzprozesse oder längerfristige Partnerschaften zwischen verwandten Einrichtungen wie Bibliothek, Rechenzentrum oder Medienzentrum und typologisch sowie strukturell neue Entwicklungen wie digitale und virtuelle Bibliotheken. Auch in der Suche nach neuen Betriebsformen ist sicher eine Reaktion auf veränderte Umweltbedingungen zu sehen. Insbesondere die Hinwendung zu stärkerer Output- und Kundenorientierung findet darin ihren Ausdruck. Der interne Wandel des Bibliothekssystems wird zudem forciert durch Novellierungen der rechtlichen Rahmenbedingungen insbesondere des Urheberrechts, des Haushaltsrechts sowie des Dienst- und Arbeitsrechts.

Ein weiterer Effekt des Wandels ist der Ausbau systeminterner Kooperation und Vernetzung. Initiator und Träger dieser gesteigerten Kooperation sind neben den Personen- und Institutionenverbänden bibliotheksexterne Partner, wie vor allem etwa die *Deutsche Forschungsgemeinschaft* und Infrastruktureinrichtungen wie die Verbundzentralen. In den aktuellen Kooperationsprojekten zeigt sich, dass vertraute Grenzen und Schranken immer häufiger überschritten werden: Durch Vernetzung werden immer häufiger Spezialbibliotheken, die vorher oft isoliert operiert haben, in das System eingebunden; das gilt auch von nicht-bibliothekarischen Einrichtungen, die bis dahin entweder in andere Systeme eingebunden waren oder auch unvernetzt gearbeitet haben und schließlich von kommerziellen Informationsanbietern, die bislang wenig Berührungspunkte mit der öffentlich geförderten Informationswelt hatten. Dringend überfällig ist die Begründung bzw. Ausweitung solcher Kooperationsprojekte, in denen weniger bestandsorientierte als vielmehr kundenorientierte Dienstleistungen im Vordergrund stehen. Als Beispiele seien neben Auskunftsverbünden etwa personalisierte Pushdienste, Plattformen zur Vermittlung von Informationskompetenz und Funktionalitäten des Wissensmanagements mit Tools zur Kollaboration und Validierung erwähnt. Bibliotheksportale und Wissenschaftsportale können die konzeptionelle Grundlage dafür bilden.

Fortschreitende Differenzierung erzwingt Maßnahmen der Standardisierung. Andernfalls ist eben nicht Vernetzung, sondern Atomisierung und Isolation die Folge. Schnittstellen für Austausch und Übergabe der Teilergebnisse an das System sind unerlässlich und müssen festgelegt werden, damit entsprechende Vereinbarungen nicht immer aufs Neue getroffen werden müssen. Für eine Vielzahl bibliothekarischer Tätigkeiten sind inzwischen entsprechende Standards, Normen und Regelwerke entstanden. Unter den Bedingungen der Informationsgesellschaft müssen viele existierende Normen modifiziert werden, zum Teil aber müssen vorhandene Normen gänzlich verworfen und durch neue ersetzt werden. Für viele Bereiche, die bislang nicht normiert waren, müssen eigene, neue Standards entwickelt werden.

Das Bibliothekssystem ist geprägt sowohl von Normen, die über die Systemgrenzen hinweg Gültigkeit und Bedeutung haben, als auch von solchen, die systemspezifisch sind. Als Trend lässt sich beobachten, dass die nationalen Normsysteme nach internationaler Anschlussfähigkeit streben. Als Beispiel sei auf die Debatte um die Regeln zur Formalkatalogisierung in Deutschland verwiesen. Internationalisierung kann erzielt werden auf zweierlei Art: entweder durch einen tendenziell universell gültigen Standard (DDC, RDA) oder eine Konkordanz (VIAF), durch die nationale oder regionale Regelwerke bzw. Normdatenbanken miteinander verknüpft werden. Strukturell steht die Konkordanzlösung der funktionalen Differenzierung näher als ubiquitäre Vereinheitlichung.

Da Informationsgesellschaft auch als hoch entwickelte Form der Dienstleistungsgesellschaft verstanden werden kann, wird Dienstleistungsorientierung in Zukunft noch stärker gewichtet werden, als schon jetzt erkennbar ist. Bibliotheken müssen daher alle ihre Aktivitäten als Dienstleistungen begreifen, auch solche, deren Nutzen erst von späteren Kundengenerationen in Anspruch genommen werden kann. Die in Deutschland noch immer dominierende Bestands- bzw. Objektorientierung muss dringend um Kunden- bzw. Subjektorientierung ergänzt werden. Dies würde es zum einen erlauben, das traditionelle Funktionsspektrum, das von Sammeln, Aufbewahren, Erschließen und Bereitstellen bis zu Vermitteln reicht, unter Dienstleistungsaspekten neu zu bestimmen; zum anderen können auf dieser Grundlage bewährte Dienstleistungen um solche ergänzt werden, die das Potenzial digitaler Techniken ausschöpfen und der im Wandel begriffenen Informationskultur Rechnung tragen. In dieser Hinsicht sind viele zukunftsträchtige Ansätze und Projekte zu beobachten, die sich bislang vorwiegend etwa auf Dokumentlieferung, personalisierte Pushdienste oder Vermittlung von Informationskompetenz beziehen.

Der Ruf nach stärkerer Dienstleistungsorientierung hat im Bibliotheksmanagement ein vergleichsweise starkes Echo gefunden, obwohl die meisten Bibliotheks- und Informationseinrichtungen Teil der öffentlichen Verwaltung sind. Betriebswirtschaftliche Sichtweisen haben in Bibliotheken früher Einzug gehalten als in den meisten anderen Verwaltungszweigen. Dies gilt etwa für Marketing, Controlling, Kosten- und Leistungsrechnung oder Betriebsvergleiche. Eine Reihe von Managementinstrumenten und -techniken aber wurde bislang noch nicht angemessen auf die spezifisch bibliothekarischen Belange angepasst bzw. noch nicht auf etwaige Tauglichkeit hin überprüft. Dazu gehören z.B. Qualitätsmanagement, Wertanalyse, Markenpolitik oder Entscheidungsunterstützungssysteme. Für originär bibliothekarische Bereiche müssen entsprechende Steuerungsinstrumente erst entwickelt werden. Dabei ist vor allem zu denken an das Bestandsmanagement. Als weitgehend ungelöstes Problem muss auch unter Managementgesichtspunkten das der Langzeitarchivierung und Medienkonservierung gelten. Digitale Medien bieten gegenüber analogen zwar in mancherlei Hinsicht Lösungen an, werfen jedoch gleichzeitig Probleme ganz neuer Natur auf.

Studium und Ausbildung sind die Felder, in denen sich Wandel und Änderungsbedarf am frühesten bemerkbar machen müssen. Für die Planung von Studienreformen besteht die nicht auflösbare Paradoxie, dass die Curricula sich an Berufsbildern orientieren müssen, die zu einem nicht geringen Umfang auf Prognosen beruhen. Ausnahmslos alle Einrichtungen, die in der Bundesrepublik ein Studium der Bibliothekswissenschaft anbieten oder in anderer Form an der Ausbildung bibliothekarischen Nachwuchses beteiligt sind, haben in den vergangenen Jahren umfassende Studienreformen vorgenommen. Ein Ende dieses Prozesses ist nicht in Sicht. Als wichtige Trends, die freilich nicht von allen Einrichtungen in gleicher Weise geteilt werden, lassen sich erkennen: die Aufhebung der Spartentrennung, die Öffnung gegenüber vermeintlich branchenfremden Inhalten, die Berücksichtigung archivarischer oder ehemals dokumentarischer Methoden und Leitideen sowie eine stärkere internationale Ausrichtung der Studiengänge.

Die Autopoiesis des Bibliothekssystems ist als selbstreferentieller Vorgang ein systeminternes Geschehen. Vielerlei Maßnahmen sind hier beschrieben und vorgeschlagen worden. Die Umwelt des Bibliothekssystems aber ist in Aufruhr. Digitale Medien und weltweite Vernetzung haben eine Entwicklung hervorgebracht, durch welche die gegenwärtige Phase durchaus als revolutionäre Epoche gekennzeichnet ist: Dafür spricht sowohl die Geschwindigkeit als auch der Umfang der von diesem Umwälzungsprozess betroffenen Phänomene. Es gibt daher eine große Zahl von Phänomenen, die einen fundamentalen Wandel durchlaufen, dessen Ergebnisse allenfalls vage und vorläufig beschreibbar sind. Ob die Anpassung des Bibliothekssystems und der Bibliotheken erfolgreich verläuft, hängt davon ab, wie dieser Wandel verläuft und ob es gelingt, zum richtigen Zeitpunkt die jeweils erforderlichen (Anpassungs-)Maßnahmen zu ergreifen.

Mittelfristig werden sicher zahlreiche Fragen offen bleiben; dies ermöglicht allenfalls kontingente Antworten. Dazu gehört auf jeden Fall die Frage, wie sich die Medienlandschaft weiter entwickeln wird. Niemand kann vorhersagen, welche medialen Formen sich auf der Grundlage der Breitbandtechnologie und der fortschreitenden Miniaturisierung digitaler Speicher in den nächsten zehn

Jahren entwickeln werden. Auch das zukünftige Verhältnis digitaler zu analogen Medien steht keineswegs endgültig fest.

Eine weitere Unbekannte ist in der Rolle des Staates zu sehen. Nicht erkennbar ist gegenwärtig, ob und in welchem Maße sich der Staat zukünftig im Informationssektor engagieren wird. Wird der Prozess der Entstaatlichung fortschreiten und auch im Informationswesen stärker Einzug halten oder markiert die Finanzkrise 2008/09 eine Trendwende hin zu einer neuerlichen Aufwertung der Rolle des Staates? Damit verbunden ist die Frage, in welchem Maße die Kommerzialisierung des Informationssektors voranschreiten wird. Führt ein weiterer Rückzug des Staates dazu, dass Teile der Literatur- und Informationsversorgung, die bisher von Wissenschaftlichen und Öffentlichen Bibliotheken geleistet worden ist, von privaten Anbietern übernommen werden?

Gerade der letzte Aspekt gehört bereits zu jenen Fragen, deren Antwort auch von der Überzeugungskraft der Bibliothekare und der Leistungsfähigkeit der Bibliotheken abhängt. Ausschlaggebend könnte dafür nämlich sein, ob es gelingt, den Entscheidungsträgern deutlich zu machen, welche Alleinstellungsmerkmale Bibliotheken als Bildungs- und Kultureinrichtungen besitzen, die unabhängig sind von ökonomischen, weltanschaulichen oder religiösen Bindungen.

Herausgestellt werden muss ferner die wichtige Rolle der Öffentlichen Bibliotheken für die informationelle Grundversorgung und damit die demokratische Partizipation, ihr hohes Potenzial bei der Inklusion und Integration von Migranten sowie der Emanzipation benachteiligter sozialer Gruppen. Als leuchtendes Vorbild kann in diesem Fall etwa die unbestrittene öffentliche Anerkennung der Public Library in den USA angesehen werden. Auch jene berühmte Antwort von *Bill Gates* stellt dies unter Beweis. Gefragt nach den Gefahren, die mit der Marktmacht von Microsoft auch im Hinblick auf Rechte an Primärinformationen verbunden sind, soll dieser geantwortet haben: „Wo ist das Problem? Wozu gibt es Bibliotheken?" Mit der Berufung auf diese Anekdote sollen allerdings keineswegs die Gefahren schleichender Monopolisierung durch Giganten wie Google, Amazon, Microsoft oder Apple verharmlost werden.

Zu den Kernfragen, die darüber entscheiden werden, ob das Bibliothekswesen prosperieren wird, gehört auch die nach der Durchsetzungsfähigkeit der Bibliothekare. Werden diese genügend Selbstbewusstsein besitzen, um Bibliotheken gegen Anfechtungen von außen zu verteidigen? Werden sie gleichzeitig flexibel genug sein, die notwendigen Veränderungen rechtzeitig einzuleiten, damit es nicht zur Verdrängung durch konkurrierende Anbieter kommt? Aber die innere Modernisierung und Flexibilisierung muss auch entsprechend publiziert werden. Wird es gelingen, die hoffnungslos veralteten Stereotype über Bibliotheken und ihr Personal in den Köpfen vieler Entscheidungsträger zu ersetzen durch das Bild einer modernen Bibliothek, die just jene Dienstleistungen zu den günstigsten Konditionen zu erbringen im Stande ist, die in der Informationsgesellschaft so dringend benötigt werden? Auch die Qualität der Selbstvermarktung wird über die Zukunft des Bibliothekswesens mit entscheiden.

Deutlich wurde unter allen Gesichtspunkten, dass Bibliotheken große Chancen besitzen, um in der Informationsgesellschaft eine Schlüsselfunktion einzunehmen. Dies wird jedoch nur dann eintreten können, wenn die Umwelt mit dem Leistungsangebot des Bibliothekssystems und der Bibliotheken zufrieden ist. Da sich die Anforderungen unentwegt (und beschleunigt) ändern, müssen Instrumentarien entwickelt werden, die es erlauben, den Umweltbedarf frühzeitig identifizieren oder möglichst präzise vorhersagen zu können, damit die bibliothekarischen Funktionsangebote rechtzeitig und in geeigneter Weise weiterentwickelt bzw. angepasst werden können.

Die Umwelt artikuliert lediglich ihren Bedarf und macht nur in Ausnahmefällen Vorschläge hinsichtlich der praktischen Umsetzung. Letzteres ist in der funktional differenzierten Gesellschaft natürlich Aufgabe der Spezialisten, d.h. in diesem Fall der Informationsspezialisten. Der Autopoiesis des Systems bleibt es vorbehalten, die Funktionsangebote des Systems immer wieder in ein symmetrisches Verhältnis zu den Umweltanforderungen zu bringen und diese permanente Anpassung als Innovationsmanagement zur Routine werden zu lassen; d.h. mit anderen Worten: Die notwendigen Veränderungen werden dem Bibliothekswesen nicht von außen oktroyiert oder vorgeschlagen, sie müssen „von innen" kommen.

Von der Professionalität, der Flexibilität und der Kreativität der Bibliothekare wird es abhängen, ob das Bibliothekssystem in der Informationsgesellschaft zur zentralen Infrastruktur wird oder ob es einen Marginalisierungsprozess durchläuft. Damit aber wird auch klar: Die gegenwärtig (mindestens in Deutschland) beobachtbare vorwiegend pragmatische Mentalität der Bibliothekare wird nicht genügen, um den anstehenden Herausforderungen angemessen begegnen zu können. Eine Modernisierung des Bibliothekswesens kann weder von gemächlichem „Learning by doing", noch von hektischem (nicht selten Über-)Reagieren auf „plötzlich" eintretende Veränderungen geprägt sein. Strikte, selbst intelligent begründete Verweigerung gegenüber dem Neuen (*Jochum* 2005) wird natürlich (eher früher als später) ebenso zur Marginalisierung führen.

Voraussetzung für erfolgreiche Autopoiesis ist die Bereitschaft zu vorbehaltloser Selbstreflexion: Gemeint ist damit auch die theoretische Fundierung und Absicherung der Praxis sowie der Einsatz theoretischer Instrumente, der es erlaubt, die in der Praxis notwendigen Entscheidungen auf der besten möglichen Grundlage zu treffen. Es geht keineswegs um einen Primat der Theorie, es geht vielmehr um eine enge Verzahnung von Theorie und Praxis. Dann könnte auch im deutschen Bibliothekswesen wieder Geltung erhalten, was unabhängig davon natürlich richtig bleibt: Es gibt nichts Praktischeres als eine gute Theorie. Einen Beitrag dazu möchte der vorliegende Band leisten.

Literatur

Verwendete Abkürzungen für häufig zitierte Fachzeitschriften:
BD = Bibliotheksdienst; BuB = Buch und Bibliothek; ZfBB = Zeitschrift für Bibliothekswesen und Bibliographie; ZfB = Zentralblatt für Bibliothekswesen

Literatur zum deutschen Bibliothekswesen wird aktuell insbesondere erschlossen durch die bibliografische Datenbank:
DABI / Institut für Bibliotheks- und Informationswissenschaft. – Berlin: Institut für Bibliotheks- und Informationswissenschaft 1999ff. = http://141.20.126.79/dabi/index.html

Alle Online-Quellen wurden zuletzt am 1. März 2011 aufgesucht.

100. Deutscher Bibliothekartag Berlin – Festschrift / Im Auftr. des Vereins Deutscher Bibliothekare (VDB) u. des Berufsverbands Information Bibliothek (BIB) hrsg. von Felicitas Hundhausen, Daniela Lülfing u. Wilfried Sühl-Stromenger. – Hildesheim : Olms, 2011

21 gute Gründe für gute Bibliotheken / hrsg. von der BID – Bibliothek und Information Deutschland. – Berlin : BID 2009 = www.bideutschland.de/deutsch/service/download_bid

400.000 laufende Zeitschriften in der ZDB : GKD- u. ZDB-spezifische Probleme im Falle e. Umstiegs d. dt. Regelwerks u. Formats auf AACR2 u. MARC21 / Barbara Sigrist, Karin Patzer, Barbara Pagel, Reinhard Weber. – In: BD. – 36 (2002) 4, S. 469-485

Abbott-Hoduski, Bernadine E.: Lobbying for libraries and the public's access to government information / Bernadine E. Abbott-Hoduski. – Lanham, Md. : Scarecrow Press, 2007

Abschlussbericht / Bundesvereinigung Deutscher Bibliotheksverbände (BDB), Arbeitsgruppe „Ausbildung im europäischen Rahmen". Red.: Peter Vodosek. – Berlin : DBI, 1992

Ackerknecht, Erwin: Deutsche Büchereihandschrift. – Berlin : Weidmann, 1919. – (Schriften der Zentrale für Volksbücherei ; 2) *Spätere Auflagen 1925 und 1948*

Adam, Klaus; Schneider, Ronald; Umlauf, Konrad: Zwanzig Jahre Lektoratskooperation. – In: BuB. – 48 (1996) S. 382-387

Albrecht, Jörg: Integrierte elektronische Bibliothekssysteme in wissenschaftlichen Bibliotheken Deutschlands. – Berlin, Humboldt-Univ., Diss., 2010

Allischewski, Helmut: Retrieval nach Preußischen Instruktionen : Darst. d. RechercheProbleme in „preuß." geführten Katalogen anhand e. Systematik d. Schriftenklassen. – Wiesbaden : Reichert, 1982

Altbestandserschließung in wissenschaftlichen Bibliotheken : e. Förderprogr. d. DFG / hrsg. von Klaus Haller ... [Mit Beitr. von Reinhard Altenhöner ...]. – Berlin : DBI, 1995. – (dbi-materialien ; 143)

Anglo-amerikanische Katalogisierungsregeln : dt. Übers. d. Anglo-American cataloguing rules, 2. ed., 1998 ; Revision einschliessl. d. Änderungen u. Ergänzungen bis März 2001 / erarb. unter d. Leitung d. Joint Steering Committee for Revision of AACR. Hrsg. u. übers. von Roger Brisson ... – München : Saur, 2002

Arbeitsvorgänge in öffentlichen Bibliotheken (AVÖB) : Beschreibung und Bewertung nach dem Bundes-Angestelltentarifvertrag (BAT) / Deutsches Bibliotheksinstitut. – Berlin : Dt. Bibliotheksinst. 1999

Arbeitsvorgänge in wissenschaftlichen Bibliotheken : (AVWB) ; Beschreibung und Bewertung nach dem Bundesangestelltentarifvertrag (BAT) / [erarb. von Barbara Jedwabski ...]. – Unveränd. Nachdr. – Bad Honnef : Bock + Herchen 2001

Archivierung von digitaler Literatur : Probleme – Tendenzen – Perspektiven = Archiving electronic literature and poetry / hrsg. von Florian Hartling und Beat Suter. – Frankfurt, M. u.a. : Lang, 2010. – (Siegener Periodicum zur internationalen empirischen Literaturwissenschaft ; Jg. 29, H. 1/2)

Askey, Dale: „Fühle mich oft als Bittsteller..." : Anmerkungen zur Dienstleistungsmentalität in dt. u. amerikan. Bibliotheken. – In: BuB. – 55 (2003) 9, S. 576–581

Asmus, Sylvia: Nachlasserschließung im Deutschen Exilarchiv 1933–1945 unter besonderer Berücksichtigung der Benutzersicht. – Berlin, Humboldt-Univ., Diss. 2010 = urn:nbn:de:kobv:11-100106156

Assmann, Jan: Das kulturelle Gedächtnis : Schrift, Erinnerung u. polit. Identität in frühen Hochkulturen. – 2., durchges. Aufl. – München : Beck, 1997

Assmann, Jan: Körper und Schrift als Gedächtnisspeicher : vom kommunikativen zum kulturellen Gedächtnis. – In: Speicher des Gedächtnisses : Bibliotheken, Museen, Archive / Moritz Csáky ... (Hrsg.). – Wien : Passagen-Verl., 2000-2001. – Teil 1: Absage an und Wiederherstellung von Vergangenheit ; Kompensation und Geschichtsverlust. – S. 199-213

Auf dem Wege in die Informationsgesellschaft / Vodosek, Peter u.a. (Hrsg.) – Wiesbaden : Harrassowitz, 2008

Ausbildungsdokumente für Bibliotheks- und Informationsfachkräfte in der DDR / Bibliotheksverband der Deutschen Demokratischen Republik. [Red.: Erika Marks]. – Berlin : Bibliotheksverb. d. DDR, 1981

Aufbruch als Ziel – BID und „Bibliothek 2007" : Zum Abschluss der sechsjährigen Amtszeit Georg Ruppelts als Sprecher von Bibliothek & Information Deutschland / Hrsg.: Bibliothek & Information Deutschland e.V. – Hildesheim u.a. : Olms, 2006

Bargheer, Margo: Qualitätskriterien und Evaluierungswege für wissenschaftliche Internetressourcen : e. Report für d. bibliothekar. u. dokumentar. Praxis ; Report zum DFG-Projekt „Datenbankbasierte Clearinghouses im Kontext digitaler Bibliotheken". –

1. Aufl. – Göttingen : Niedersächs. Staats- u. Univ.-Bibliothek, 2002 = www.webdoc.sub.gwdg.de/ebook/aw/2003/bergheer/v10.pdf

Bau- und Nutzungsplanung von Bibliotheken und Archiven : Ersatz für DIN-Fachbericht 13: 1998 / DIN Deutsches Institut für Normung e.V. – Berlin u.a. : Beuth, 2009. – (DIN-Fachbericht ; 13)

Becker, Hans-Georg; Förster, Frank: Vernetztes Wissen : Ereignisse in der bibliographischen Dokumentation. – In: ZfBB. – 57 (2010), 1, S. 15-25

Becker, Tom: Qualitätsstandards für den Auskunftsdienst. – In: Erfolgreiches Management von Bibliotheken ... [s.u.], Abschn. 3.5.11.3 (2009)

Becker, Tom; Riehm, Hanne: „Was für ein Service!". – In: „Was für ein Service!" : Entwicklung und Sicherung der Auskunftsqualität von Bibliotheken / von Tom Becker unter Mitarb. von Carmen Barz. – Wiesbaden : Dinges & Frick, 2007, S. 154-194

Bell, Daniel: Die nachindustrielle Gesellschaft / aus d. Amerikan. von Siglinde Summerer u. Gerda Kurz. – Neuausg. – Frankfurt a.M. ; New York : Campus Verl., 1996

Bericht zur Lage der Bibliotheken 2010 / Deutscher Bibliotheksverband. Jan-Pieter Barbian ... – Berlin : dbv, 2010 = www.bibliotheksverband.de/fileadmin/user_upload/DBV/publikationen/Bericht_zur_Lage_der_Bibliotheken_endg_380Kb.pdf

Berners-Lee, Tim: Linked Data. – 2009 = ww.w3.org/DesignIssues/LinkedData.html

Berufsbild 2000 : Bibliotheken und Bibliothekare im Wandel / erarb. von d. Arbeitsgruppe „Gemeinsames Berufsbild" der BDB e.V. unter Leitung von Ute Krauß-Leichert. – 2., unveränd. Nachdr. der dt. Fassung, erg. um d. engl. Version. – Wiesbaden : Dinges & Frick, 2000

Betriebsvergleich an Öffentlichen Bibliotheken / hrsg. von Marga Pröhl ... – 2 Bde. – Gütersloh : Verl. Bertelsmann Stiftung, 1997

Biblionota : 50 Jahre bibliothekar. Ausbildung in Hamburg – 25 Jahre Fachbereich Bibliothek und Information / Fachbereich Bibliothek und Information der Fachhochschule Hamburg (Hrsg.). Mit Beitr. von Gudrun Bischoff-Kümmel ... – Münster [u.a.] : Waxmann, 1995

Bibliothek – Kultur – Information : Beitr. e. internationalen Kongresses anlässl. d. 50jähr. Bestehens d. Fachhochschule für Bibliothekswesen Stuttgart vom 20. bis 22. Okt. 1992 / hrsg. von Peter Vodosek in Zus.-Arb. mit Askan Blum ... – München [u.a.] : Saur, 1993. – (Beiträge zur Bibliothekstheorie und Bibliotheksgeschichte ; Bd. 8)

Bibliothek 2007 : Strategiekonzept / Bertelsmann Stiftung ; Bundesvereinigung Deutscher Bibliotheksverbände (Hrsg.). Von Gabriele Beger ... – 3. Aufl. – Gütersloh : Verl. Bertelsmann Stiftung, 2004

Bibliothekarisches Studium in Vergangenheit und Gegenwart : Festschrift aus Anl. d. achtzigjähr. Bestehens d. bibliothekar. Ausbildung in Leipzig im Okt. 1994 / hrsg. von Engelbert Plassmann u. Dietmar Kummer. – Frankfurt a.M. : Klostermann, 1995. – (ZfBB : Sonderh. ; 62)

Bibliotheken '93 : Strukturen, Aufgaben, Positionen / Hrsg.: Bundesvereinigung Deutscher Bibliotheksverbände. – Berlin : DBI ; Göttingen : Niedersächs. Staats- u. Univ.-Bibliothek, 1994

Bibliotheken 2040 : Die Zukunft neu entwerfen / Red. Rob Bruinzeels u. Nicole van Tiggelen. Übers. von Uta Klaassen. – Bad Honnef : Bock + Herchen, 2003

Bibliotheken bauen und ausstatten / Petra Hauke und Klaus Ulrich Werner (Hrsg.). – Bad Honnef: Bock und Herchen, 2009 = urn:nbn:de:kobv:11-100103210

Bibliotheken heute! : Best Practice bei Planung, Bau und Ausstattung / Petra Hauke und Klaus Ulrich Werner (Hrsg.). – Bad Honnef: Bock + Herchen, 2011 = urn:nbn:de:kobv:11-100181327

Bibliotheken – Institutionen einer Wissensgesellschaft / Schleswig-Holsteinischer Bibliothekstag 2007. Hrsg. von Rüdiger Schütt. – Nordhausen : Bautz, 2010

Bibliotheks- und Dokumentationswesen: Gestaltung u. Erschließung von Dokumenten, Bibliotheksmanagement, Codierungs- u. Nummerungssysteme, Bestandserhaltung in Archiven u. Bibliotheken ; Normen / Hrsg.: DIN, Deutsches Institut für Normung. – Stand: November 2001. – Berlin [u.a.] : Beuth, 2002. – (DIN-Taschenbuch ; 343)

Bibliotheksplan '73 : Entwurf e. umfassenden Bibliotheksnetzes für d. Bundesrepublik Deutschland / Deutsche Bibliothekskonferenz. – Berlin : Dt. Büchereiverband ; Arbeitsstelle für d. Büchereiwesen, 1973

Bibliothekspolitik in Ost und West : Geschichte u. Gegenwart d. Deutschen Bibliotheksverbandes / hrsg. von Georg Ruppelt. – Frankfurt a.M. : Klostermann, 1998. – (ZfBB : Sonderh. ; 72)

Bibliothekswissenschaft – quo vadis? : Eine Disziplin zwischen Tradition u. Visionen ; Programme, Modelle, Forschungsaufgaben = Library Science – quo vadis? : A discipline between challenges and opportunities ; programs, models, research assignments / hrsg. von Petra Hauke. – München : Saur, 2005

Blanck, Horst: Das Buch in der Antike. – München : Beck, 1992. – (Becks Archäologische Bibliothek)

Boekhorst, Peter te; Buch, Harald; Ceynowa, Klaus: Wissenschaftlicher Bibliothekar 2000. – In: BD. – 32 (1998), S. 686-693.

Borchardt, Peter: Eine Marketingkonzeption für Öffentliche Bibliotheken. – Berlin : DBI, 1987. – (dbi-Materialien ; 71)

Bosserhoff, Björn: Wissenschaftlicher Bibliothekar – Berufsstand in der Legitimationskrise? – In: BD. – 42 (2008), S. 1161-1171

Brammer, Markus; Rosemann, Uwe; Sens, Irina: Neues Urheberrecht und seine Konsequenzen für die Dokumentlieferdienste der Technischen Informationsbibliothek [TIB]. – In: ZfBB. – 55 (2008) S. 251-256

Braun-Gorgon, Traute: SUBITO – der kooperative Dokumentlieferdienst der deutschen Bibliotheken. – In: BD. – 32 (1998) 1, S. 33–44

Brücken für Babylon : interkulturelle Bibliotheksarbeit ; Grundlagen – Konzepte – Erfahrungen / hsrg. von Petra Hauke und Rolf Busch. – Bad Honnef : Bock + Herchen, 2008 = urn:nbn:de:kobv:11-100103262

Bruhn, Manfred: Qualitätsmanagement für Dienstleistungen : Grundlagen, Konzepte, Methoden. – 7. Aufl. – Berlin, Heidelberg : Springer, 2008. – 8. Aufl. 2011

Buch und Buchhandel in Zahlen / hrsg. vom Börsenverein des Deutschen Buchhandels e.V. Frankfurt am Main. – Frankfurt a.M. : MVB Marketing- u. Verlagsservice des Buchhandels. *Erscheint jährl.*

Buchhandel – Bibliothek – Nationalbibliothek : Vortr. e. Symposiums d. Arbeitsgemeinschaft Deutscher Drucke / hrsg. von Bernhard Fabian. – Wiesbaden : Harrassowitz, 1997. – (Gesellschaft für das Buch ; 4)

Buhrfeind, Anne: Menschen, Bücher und Computer : Berufsfeld Bibliothek / Bundesvereinigung Deutscher Bibliotheksverbände. – Berlin [u.a.] : BDB, 1994

Burblies, Christine: VASCODA – Es wächst zusammen, was zusammen gehört / Christine Burblies ; Tamara Pianos. – In: Competence in Content / 25. Online-Tagung d. DGI, Deutsche Gesellschaft für Informationswissenschaft und Informationspraxis, 3.-5. Juni 2003. Hrsg. von Ralph Schmidt. – Frankfurt a. M. : DGI, 2003. – (Proceedings / Online-Tagung der Deutschen Gesellschaft für Informationswissenschaft und Informationspraxis ; 25)

Bussmann, Ingrid: Die Bibliothek als Atelier des innovativen Lernens. – In: Bibliothek in der Wissensgesellschaft : Festschrift für Peter Vodosek / hrsg. von Askan Blum. Unter Mitarb. von Wolfram Henning ... – München : Saur, 2001, S. 74-86

Ceynowa, Klaus: Kostenmanagement für Hochschulbibliotheken / Klaus Ceynowa ; André Coners. – Frankfurt a.M. : Klostermann, 1999. – (ZfBB : Sonderh. ; 76)

Ceynowa, Klaus: Balanced Scorecard für Wissenschaftliche Bibliotheken / Klaus Ceynowa ; André Coners. – Frankfurt a.M. : Klostermann, 2002. – (ZfBB : Sonderh. ; 82)

Christensen, Anne: Virtuelle Auskunft mit Mehrwert : Chatbots in Bibliotheken. – Berlin : Inst. für Bibliotheks- und Informationswiss., 2000. – Berliner Handreichungen zur Bibliotheks- und Informationswissenschaft ; 222) = www.ib.hu-berlin.de/~kumlau/handreichungen/h222/h222.pdf

Continuing Professional Education for the Information Society / Patricia Layzell Ward (Ed.). The fifth World Conference on Continuing Professional Education for the Library and Information Science Professions. – München : Saur, 2002

Controlling und Marketing in Wissenschaftlichen Bibliotheken : Entwicklung e. praxiswirksamen Marketingstrategie für Hochschulbibliotheken am Beispiel d. Univ.-Bibliotheken Düsseldorf u. Magdeburg / hrsg. von Elisabeth Niggemann ... – Berlin : DBI, 1998–1999. – (dbi-materialien ; 177, 186, 193). – Bd. 1-3

Definitions of a Reference Transaction / Reference and User Services Association (RUSA). – 2004 = www.ala.org/ala/rusa/rusaprotools/referenceguide/definitionsreference.htm

Degkwitz, Andreas: Neue Ansätze in der wissenschaftlichen Informationsversorgung. – In: Bibliothek : Forschung und Praxis. – 28 (2004) 1, S. 35-59

Dempsey, Lorcan: The subject gateway : experiences and issues based on the emergence of the Resource Discovery Network. – In: Online Information Review. – 24 (2000) 1, S. 8-23

Detlefs, Beate: Lebende Bücher : eine neue Dimension der Ausleihe. – In: BuB. – 58 (2006) 1, S. 19-20

Die **Deutsche Bibliothek** : Einblicke – Ausblicke / Die Deutsche Bibliothek. [Texte: Sandra Kohl ; Kathrin Steinke. Red.: Renate Gömpel ; Ute Valentin]. – Leipzig ; Frankfurt a.M. ; Berlin : DDB, 1994

Deutsche Forschungsgemeinschaft : Aufbau und Aufgaben / hrsg. von d. Deutschen Forschungsgemeinschaft. – Vollst. überarb. u. erw. Fassung. – Bonn : DFG, 1998

Die **deutschen Archive in der Informationsgesellschaft** : Standortbestimmung u. Perspektiven. – In: ZfBB. – 51 (2004) 1, S. 17-27

Digital Library Futures : user perspectives and institutional strategies / [International Federation of Library Associiations and Institutions]. Ed. by Ingeborg Verheul ... – Berlin ; New York, NY : de Gruyter Saur, 2010. – (International Federation of Library Associations and Institutions: IFLA publications ; 146)

Dokumentlieferung für Wissenschaft und Forschung : Perspektiven zur weiteren Entwicklung / Deutsche Forschungsgemeinschaft. – In: ZfBB. – 41 (1994) 4, S. 375-392

Dorfmüller, Kurt: Bestandsaufbau an wissenschaftlichen Bibliotheken. – Frankfurt a.M. : Klostermann, 1989. – (Das Bibliothekswesen in Einzeldarstellungen)

Draft Guidelines for Implementing and Maintaining Virtual Reference Services 5/2003 / American Library Association, Reference and User Services Association, Machine-Assisted Reference Section. – 2003 = www.ala.org/ala/rusa/rusaourassoc/rusasections/mars/marssection/marscomm/draftvirtual.htm

Dugall, Berndt: Der Einfluss des Wissenschaftsrates auf die Entwicklung der wissenschaftlichen Bibliotheken in der Bundesrepublik Deutschland. – In: ABI-Technik. – 17 (1997) 4, S. 337-349

Dugall, Berndt, Bauer, Bruno: Nationallizenzen. – In: GMS Medizin – Bibliothek – Information 7 (2007) 2, S. 1-7

Dugall, Berndt: Vom Leihverkehr zur Dokumentlieferung : Strukturen u. Strategien. – In: ABI-Technik. – 17 (1997) 2, S. 129-142

Die **effektive Bibliothek** : Endbericht d. Projekts „Anwendung u. Erprobung e. Marketingkonzeption für Öffentliche Bibliotheken / Deutsches Bibliotheksinstitut. [Red.: Peter Borchardt]. – 2 Bde. – Berlin : DBI, 1992. – (dbi-materialien ; 119)

Eisenberg Michael B.: Information Problem-Solving : the big six Skills Approach to Library and Information Skills Instruction / by Michael B. Eisenberg ; Robert E. Berkowitz. – Norwood, N.J. : Ablex, 1990. – Information management, policy, and services)

Empfehlung zur internationalen Vereinheitlichung der Bibliotheksstatistik. – In: ZfB. – 85 (1971) S. 596

Empfehlungen des Wissenschaftsrates zum Ausbau der wissenschaftlichen Einrichtungen / Wissenschaftsrat. – Bonn. – Teil 2: Wissenschaftliche Bibliotheken. – 1964

Empfehlungen für das Erstellen von Dokumenten / Niedersächsische Staats- und Universitätsbibliothek Göttingen. – 2007 = www.sub.uni-goettingen.de/ebene_3/empfehl/empfehl.html.de

Empfehlungen für die Verbesserung der Struktur der Hochschulbibliotheken : Zielvorstellungen u. Vorschläge für d. Gesamthochschulbereiche d. Landes NW / vorgelegt von d. Planungsgruppe „Bibliothekswesen im Hochschulbereich Nordrhein-Westfalen". – Düsseldorf : Min. für Wissenschaft u. Forsch. d. Landes NW, 1975. – (Schriftenreihe des MWF d. Landes NW ; 5)

Empfehlungen zum Aufbau regionaler Verbundsysteme und zur Einrichtung Regionaler Bibliothekszentren / Deutsche Forschungsgemeinschaft, Bibliotheksausschuss, Unterausschuss für Datenverarbeitung. – In: ZfBB. – 27 (1980) 3, S. 189-204

Empfehlungen zur digitalen Informationsversorgung durch Hochschulbibliotheken / Wissenschaftsrat. – Köln : Wissenschaftsrat, 2001 = www.wissenschaftsrat.de/texte/4935-01.pdf

Empfehlungen zur Zukunft des bibliothekarischen Verbundsystems in Deutschland / Wissenschaftsrat. – Berlin : Wissenschaftsrat, 2011 = www.wissenschaftsrat.de/download/archiv/10463-11.pdf

Encyclopedia of library and information science / ed. by Miriam A. Drake. – 2. ed. – New York, NY [u.a.] : Dekker, 2003-2005. – 4 Bde.+Suppl.

Enderle, Wilfried: Quo vadis SSG? : d. dt. Sondersammelgebietsbibliothek auf d. Weg zur virtuellen Fachbibliothek. – In: Die Rolle der Archive in Online-Informationssystemen : Beitr. zum Workshop im Staatsarchiv Münster 8.-9. Juli 1998 / hrsg. von Frank M. Bischoff u. Wilfried Reininghaus. – Münster : Nordrhein-Westf. Staatsarchiv, 1999. – (Veröffentlichungen der staatlichen Archive des Landes NRW : Reihe E, Beiträge und Archivpraxis ; 6) S. 101-134

Entscheidungssammlung zum Bibliotheksrecht / [erarb. von einer Arbeitsgruppe der Rechtskommission des Ehemaligen Deutschen Bibliotheksinstituts (EDBI) und der Kommission für Rechtsfragen des Vereins Deutscher Bibliothekare (VDB) e.V. Jürgen Christoph Gödan ...]. – 2., überarb. u. erw. Aufl., Stand: Juli 2002. – Wiesbaden : Harrassowitz 2003. – (Bibliotheksrecht ; Bd. 2)

Erfolgreiches Management von Bibliotheken und Informationseinrichtungen : Fachratgeber für d. Bibliotheksleitung u. d. Bibliothekare / Hans-Christoph Hobohm; Konrad Umlauf (Hrsg.). Autoren: Gabriele Beger ... – Loseblatt-Ausg. – Hamburg : Dashöfer, 2002ff.

Erlass betreffend die Befähigung zum wissenschaftlichen Bibliotheksdienst bei der Kgl. Bibliothek zu Berlin und den Kgl. Universitätsbibliotheken. – In: ZfB. – 11 (1894) S. 77-79

Erlass betreffend die Einführung einer Diplomprüfung für den mittleren Bibliotheksdienst an wissenschaftlichen Bibliotheken sowie für den Dienst an Volksbibliothekene und verwandten Instituten. – In: ZfB. – 26 (1909) S. 456-459

Erman, Wilhelm: Über die Verwendung von Schreibmaschinen für die bibliothekarischen Katalogisierungsarbeiten / W. Erman ; H. Simon. – In: ZfB. – 9 (1892) S. 180-185

Ernestus, Horst: Auf dem Wege zum Auskunftsdienst. – In: Die Öffentliche Bibliothek : Auftr. u. Verwirklichung ; Beitr. zu e. Diskussion ; Wilhelm Schmitz-Veltin zum 60. Geb. / zsgest. von Franz Rakowski. – Berlin : Dt. Büchereiverband, 1968, S. 91-108

Ernst, Wolfgang: Im Namen des Speichers : e. Kritik d. Begriffe „Erinnerung" u. „Kollektives Gedächtnis". – In: Speicher des Gedächtnisses : Bibliotheken, Museen, Archive. – Teil 1: Absage an und Wiederherstellung von Vergangenheit : Kompensation von Geschichtsverlust / Moritz Csáky ... (Hrsg.) – Wien : Passagen-Verl., 2000, S. 99-127

Ernst, Wolfgang: Museum, Bibliothek, Archiv : Einheit, Trennung u. virtuelle Wiedervereinigung? – In: Kooperation und Konkurrenz : Bibliotheken im Kontext von Kulturinstitutionen / hrsg. von Peter Vodosek. – Wiesbaden : Harrassowitz, 2003. – (Wolfenbütteler Schriften zur Geschichte des Buchwesens ; Bd. 36) S. 31–55

Etatverteilungsmodelle in Universitätsbibliotheken / Kommission d. Ehem. Dt. Bibliotheksinst. für Erwerbung u. Bestandsentwicklung. [Red. Bearb.: Ulla Usemann-Keller]. – Berlin : EDBI, 2000. – (dbi-Materialien ; 195)

Ethische Grundsätze der Bibliotheks- und Informationsberufe / BID – Bibliothek und Information Deutschland. – Berlin : BID, 2007 = http://www.bideutschland.de/download/file/allgemein/EthikundInformation.pdf

Evaluierung des von der Deutschen Forschungsgemeinschaft geförderten Systems der Sondersammelgebiete : Eckpunkte der Evaluierung. – Bonn : DFG, 2010 = www.dfg.de/download/pdf/foerderung/programme/lis/eckpunkte_ssg_evaluation.pdf

Ewert, Gisela: Lehrbuch der Bibliotheksverwaltung / auf d. Grundl. d. Werkes von Wilhelm Krabbe u. Wilhelm Martin Luther völl. neu bearb. von Gisela Ewert u. Walther Umstätter. – Stuttgart : Hiersemann, 1997

Fabian, Bernhard: Ansprache anlässl. d. Verleihung d. Ehrendoktorwürde durch d. Humboldt-Universität zu Berlin am 14. Mai 2002. – Berlin, 2002, 6 S. (pdf-Dokument)

Filipek, Dorota: Konsortialverträge zwischen Bibliotheken und Verlagen : ein erfolgversprechendes Modell? – Hamburg : Kovač, 2010. – (Schriftenreihe Communicatio ; Bd. 13)

Földes-Papp, Károly: Vom Felsbild zum Alphabet : d. Geschichte d. Schrift von ihren frühesten Vorstufen bis zur modernen lat. Schreibschrift. – Stuttgart : Belser, 1984

Follmer, Robert: „Die Bibliothek bekommt ein Gesicht..." : Ergebnisse u. Folgewirkungen d. Benutzerbefragung in d. Fachhochschulbibliotheken NW 2002 / Robert Follmer ; Stefan Guschker ; Robert Klitzke. – In: Pro Libris. – 7 (2002) 4, S. 207-211

Franzmeier, Günter: Die Zeitschriftendatenbank (ZDB). – In: Bibliothek : Forschung u. Praxis. – 25 (2001) S. 72-74

Frühwirt, Martin: Informationsberufe im Wandel der Zeit. – Saarbrücken : VDM Müller, 2009

Fugmann, Robert: Theoretische Grundlagen der Indexierungspraxis. – Frankfurt a.M. : Indeks-Verl., 1992. – (Fortschritte in der Wissensorganisation ; 1)

Funke, Fritz: Buchkunde : e. Überblick über d. Geschichte d. Buches. – 6., überarb. u. erg. Aufl. – München : Saur, 1999

Functional Requirements for Authority Data : A Conceptual Model / Edited by Glenn E. Patton. – Berlin, New York : Walter de Gruyter, 2009 (IFLA Series on Bibliographic Control ; 34) = www.reference-global.com/action/showBook?doi=10.1515/9783598440397

Functional Requirements for Subject Authority Data (FRSAD) : Final Report / IFLA Working Group on the Functional Requirements for Subject Authority Records (FRSAR) ; editors: Marcia Lei Zeng u.a. – The Hague : ILFA, 2010 = http://www.ifla.org/files/classification-and-indexing/functional-requirements-for-subject-authority-data/frsad-final-report.pdf

Funktionale Anforderungen an bibliografische Datensätze [Elektronische Ressource] : Abschlussbericht der IFLA Study Group on the Functional Requirements for Bibliographic Records / Deutsche Nationalbibliothek. Übers. von Susanne Oehlschläger. – Geänderte und korrigierte Fassung, Stand: Februar 2009. – Leipzig ; Frankfurt, M. ; Berlin : Dt. Nationalbibliothek 2009 = urn:nbn:de:101-2009022600

Füssel, Stephan: Gutenberg und seine Wirkung. – 2. Aufl. – Darmstadt : Wiss. Buchges., 2004

Gantert, Klaus: Bibliothekarisches Grundwissen / Klaus Gantert, Rupert Hacker. – 8. vollst. Neu bearb. u. erw. Aufl. – München : Saur, 2008

Gaus, Wilhelm: Berufe im Informationswesen : Archiv, Bibliothek, Buchwissenschaft, Information u. Dokumentation, med. Dokumentation, med. Informatik, Computerlinguistik, Museum ; e. Wegweiser zur Ausbildung. – 5., vollst. überarb. Aufl. – Berlin [u.a.] : Springer, 2002

Gaus, Wilhelm: Dokumentations- und Ordnungslehre. – 5., überarb. Aufl. – Berlin [u.a.] : Springer, 2005

Giesecke, Michael: Der Buchdruck in der frühen Neuzeit : e. histor. Fallstudie über d. Durchsetzung neuer Informations- u. Kommunikationstechnologien. – Frankfurt a.M : Suhrkamp, 1998. – (Suhrkamp Taschenbuch Wissenschaft ; 1357)

Gödert, Winfried: Der konstruktivistische Ansatz für Kommunikation und Informationsverarbeitung. – In: Wolfenbütteler Notizen zur Buchgeschichte. – 27 (2002) 2, S. 199–218

Gödert, Winfried: Externalisierung von Wissen : e. informationstheoret. Betrachtung aus konstruktivist. Sicht. – In: Konstruktion und Retrieval von Wissen : 3. Tagung der Deutschen ISKO-Sektion einschließl. d. Vorträge d. Workshops „Thesauri als terminologische Lexika" ... / hrsg. von Norbert Meder ; Peter Jaenecke ; Winfried Schmitz-Esser. – Frankfurt a.M. : Indeks-Verl., 1995. – (Fortschritte in der Wissensorganisation ; 3) S. 1–13

Goethe, Johann Wolfgang: Werke (Weimarer Ausgabe). – Weimar : Böhlau, 1887–1919. – Bd. 12, Bd. 16

Griebel, Rolf: Bestandsaufbau und Erwerbungspolitik in universitären Bibliothekssystemen : Versuch e. Standortbestimmung / Rolf Griebel ; Andreas Werner ; Sigrid Hornei. – Berlin : DBI, 1994. – (dbi-materialien ; 134)

Griebel, Rolf: Etatbedarf universitärer Bibliothekssysteme : e. Modell zur Sicherung d. Literatur- u. Informationsversorgung an d. Universitäten. – Frankfurt a.M. : Klostermann, 2002. – (ZfBB : Sonderh. ; 83)

Griebel, Rolf: Die Förderung der wissenschaftlichen Informationsinfrastruktur durch die Deutsche Forschungsgemeinschaft : Zwischenbilanz zum DFG-Positionspapier „Wissenschaftliche Literaturversorgungs- und Informationssysteme. Schwerpunkte der Förderung bis 2015. – In: ZfBB, 57 (2010), 2, S. 71-86

Grundsätze für den Erwerb DFG-geförderter Nationallizenzen / Deutsche Forschungsgemeinschaft = www.dfg.de/download/formulare/12_18/12_18.pdf

Guidelines for Implementing and Maintaining Virtual Reference Services / Reference and User Services Association (RUSA). – 2004 = www.ala.org/ala/mgrps/divs/rusa/resources/guidelines/virtrefguidelines.cfm

„Gut ist uns nie gut genug!" : Instrumente zur Qualitätsentwicklung und Qualitätssicherung für eine ausgezeichnete Bibliothek / hrsg. von Tom Becker .... – Wiesbaden : Dinges & Frick, 2010. – (BIT online : Innovativ; 30)

Gutachtensammlung zum Bibliotheksrecht : Gutachten, Stellungnahmen, Empfehlungen, Berichte d. Deutschen Bibliotheksinstituts u. d. Kommission für Rechtsfragen d. Vereins Deutscher Bibliothekare / Deutsches Bibliotheksinstitut – Rechtskommission ; erarb. von e. Arbeitsgruppe d. Rechtskommission d. Ehemal. Deutschen Bibliotheksinstituts (EDBI) u. d. Kommission für Rechtsfragen d. Vereins Deutscher Bibliothekare (VDB) e.V.: Gabriele Beger ... Red.: Helmut Rösner. – Stand: Okt. 2001. – Wiesbaden : Harrassowitz, 2002. – (Bibliotheksrecht ; 1)

Haarmann, Harald: Universalgeschichte der Schrift. – 2., durchges. Aufl. – Frankfurt a.M. [u.a.]: Campus-Verl., 1991

Hacker, Gerhard: Die Hybridbibliothek – Blackbox oder Ungeheuer? – In: Bibliothek leben : d. dt. Bibliothekswesen als Aufg. für Wissenschaft u. Politik ; Festschrift für Engelbert Plassmann zum 70. Geb. / hrsg. von Gerhard Hacker u. Torsten Seela. – Wiesbaden : Harrassowitz, 2005, S. 278–295

Hacker, Rupert: Die bibliothekarische Ausbildung in Bayern 1946–1988. – In: Bibliothekslandschaft Bayern : Festschrift für Max Pauer zum 65. Geb. / unter Mitw. von Gerhard Hanusch. Hrsg. von Paul Niewalda. – Wiesbaden : Harrassowitz, 1989, S. 199–247

Häußer, Jörg-Dieter: Öffentlichkeitsarbeit wissenschaftlicher Bibliotheken : Erfahrungen u. Empfehlungen aus d. Darmstädter Modellversuch / Hans-Jörg Häußer ; Hans Gekeler ; Yorck Alexander Haase. – Berlin : DBI, 1982. – (dbi-materialien. 15)

Haller, Klaus: Katalogisierung nach den RAK-WB / Klaus Haller u. Hans Popst. – 6., erw. u. aktualis. Ausg. – München : Saur, 2003

Handbuch Bibliothek 2.0 / Hrsg. Julia Bergmann, Patrick Danowski. – Berlin, New York : de Gruyter Saur, 2010

Handbuch der Bibliotheken : Deutschland, Österreich, Schweiz. – 17. Aufl. – München : De Gruyter Saur 2011

Handbuch für eine Lobby der Schweizer Bibliotheken / BBS, Verband der Bibliotheken und der Bibliothekarinnen, Bibliothekare der Schweiz. [Realisiert von der AG Lobby des BBS: Françoise Félicité ...]. Mit einem Geleitw. von Peter Tschopp. – Bern : BBS, 2000

Hapke, Thomas: Vermittlung von Informationskompetenz. – In: BD. – 34 (2000) 5, S. 819–834

Heber, Tanja: Die Bibliothek als Speichersystem des kulturellen Gedächtnisses / Tanja Heber. – Marburg : Tectum-Verl., 2009

Herget, Josef: Informationsmanagement. – In: Grundlagen der praktischen Information und Dokumentation / Rainer Kuhlen ... (Hrsg.). Begr. von Klaus Laisiepen. – 5., völl. neu gefasste Ausg. – München : Saur, 2004, S. 245–255

Heyde, Konrad: Vor allem Schönheit. – In: Zukunft der Bibliothek, Nutzung digitaler Ressourcen, Schule und Bibliothek / ekz. [Red.: Henner Grube ...] – Reutlingen : ekz, 2000. – (ekz-Konzepte ; 8) S. 75–78

Hiller, Helmut: Wörterbuch des Buches / Helmut Hiller ; Stephan Füssel. – 7., grundleg. überarb. Aufl. – Frankfurt a.M. : Klostermann, 2006

Hilty, Reto M., Bajon, Benjamin: Das Zweite Gesetz zur Regelung des Urheberrechts in der Informationsgesellschaft (Zweiter Korb) – ein Beitrag aus Wissenschaftssicht. – In: ZfBB. – 55 (2008) S. 257-263

Hobohm: Hans-Christoph: Auf dem Weg zur lernenden Organisation : neue Management-Konzepte für d. Digitale Bibliothek. – In: Bibliothek : Forschung u. Praxis. – 21 (1997) 3, S. 293-300

Hobohm, Hans-Christoph: Bibliothek – Mythos, Metapher, Maschine oder: Der Ort der Bibliothek in der Lebenswelt der Stadt. – In: Civitas : Geometrie und Lebenswelt. ; e. Ringvorlesung zur Stadt / hrsg. v. H. Kleine. – Potsdam: FH, 2001, S. 58–65

Hobohm, Hans-Christoph: Grundlagen des Managements. – In: Erfolgreiches Management von Bibliotheken und Informationseinrichtungen : Fachratgeber für d. Bibliotheksleitung u. d. Bibliothekare / Hans-Christoph Hobohm ; Konrad Umlauf (Hrsg.). Autoren: Gabriele Beger ... – Loseblatt-Ausg. – Hamburg : Dashöfer 2002ff., Abschn. 6/1

Hobohm, Hans-Christoph: Strategisches Management. Marketing. Kundenbindung und Qualitätsmanagement. Veränderungsmanagement. – In: Erfolgreiches Management von Bibliotheken ... *[s.o.]*, Abschn. 6/3-6/6

Hobohm, Hans-Christoph: Veränderte Managementkonzepte für die Digitale Bibliothek ; Vortr. auf d. internationalen Seminar „Business Information" in d. Akademie

Frankenwarte in Würzburg, vom 19.6. bis 4.7.1997, der Bibliothekarischen Auslandsstelle der BDB. – Potsdam, 1997 (pdf-Dokument)

Holste-Flinspach, Karin: Fachangestellte für Medien- und Informationsdienste : e. neuer Beruf für d. gesamten Informationssektor u. seine Vorgeschichte aus bibliothekar. Sicht. – In: Bibliothek : Forschung u. Praxis. – 22 (1998) 3, S. 313-324

Homann, Benno: Derzeit noch beträchtliche Defizite : Informationskompetenz ; Grundlage für e. effizientes Studium u. lebenslanges Lernen. – In: BuB. – 53 (2001) 9, S. 553-559

Homann, Benno: Standards der Informationskompetenz : e. Übersetzung d. amerikan. Standards d. ACRL als argumentative Hilfe zur Realisierung d. „Teaching Library". – In: BD. – 36 (2002) 5, S. 625-637

Hutzler, Evelinde: Die Elektronische Zeitschriftenbibliothek im Netzwerk Digitaler Bibliotheken. – In: Competence in Content / 25. Online-Tagung d. DGI ; Frankfurt a. M. 3.-5. Juni 2003. Hrsg. von Ralph Schmidt. – Frankfurt a.M. : DGI, 2003, S. 381-390

IFLA Guidelines for Online Public Access Catalogue (OPAC) Displays. – Final Report May 2005. – München : Saur, 2005. – (IFLA Series on Bibliographic Control; vol. 27)

IFLA public library service guidelines / [International Federation of Library Associations and Institutions]. Ed. by Christie Koontz and Barbara Gubbin. – 2nd, completely rev. ed. – Berlin ; New York, NY : De Gruyter Saur 2010. – (International Federation of Library Associations and Institutions: IFLA publications ; 147)

Information Literacy Competency Standards for Higher Education = http://www.ala.org/acrl/ilstandardlo.html

Information Literacy Standards for Student Learning / American Association of School Librarians, Association for Educational Communications and Technology. – Chicago [u.a.] : ALA, 1998

Information vernetzen – Wissen aktivieren : Strateg. Positionspapier / Hrsg. Bundesministerium für Bildung und Forschung (BMBF), Referat Öffentlichkeitsarbeit. – Stand Sept. 2002. – Bonn, 2002 (BMBF publik) = www.bmbf.de/pub/information_vernetzen-wissen_aktivieren.pdf

„Informations- und Medienkompetenz" in den neuen Bachelor-Studiengängen an der Universität Freiburg / Wilfried Sühl-Stromenger ; Michael Becht ; Franz-J. Leithold ; Ralf Ohlhoff ; Christine Schneider. – In: BD. – 36 (2002) 2, S. 150-159

Innenansichten – Außenansichten : 50 Jahre Verein der Diplom-Bibliothekare an Wissenschaftlichen Bibliotheken / hrsg. vom VdDB. Bearb. von Rita Dopheide. – Frankfurt a.M. : Klostermann, 1998. – (ZfBB : Sonderh.; 71)

Instruktionen für die alphabetischen Kataloge der preußischen Bibliotheken : vom 10. Mai 1899. – 2. Ausg. in d. Fassung vom 10. Aug. 1908, unveränd. Nachdr. – Wiesbaden : Harrassowitz, 1975

International Encyclopedia of Information and Library Science / ed. by John Feather and Paul Sturges. – 2. ed. – London [u.a.] : Routledge, 2003

ISBD-Ausgaben:

ISBD(A) : International Standard Bibliographic Description for Older Monographic Publications (Antiquarian) / IFLA. – 2. rev. ed. – München [u.a.] : Saur, 1991. – (UBCIM publications : N.S. ; 3)

ISBD(CR) : International standard bibliographic description for serials and other continuing resources / IFLA. – München [u.a.] : Saur, 2002. – (UBCIM publications : N.S. ; 24)

ISBD(CM) : International Standard Bibliographic Description for Cartographic Materials / IFLA. – Rev. ed. – München [u.a.] : Saur, 1987. – (UBCIM Programme)

ISBD(ER) : International Standard Bibliographic Description for Electronic Resources / IFLA. – Rev. ed. – München [u.a.] : Saur, 1997. – (UBCIM publications : N.S. ; 17)

ISBD(G) : General International Standard Bibliographic Description : annoted text / IFLA. – Rev. ed. – München : Saur, 1999. – (UBCIM publications : N.S. ; 6)

ISBD(M) : International Standard Bibliographic Description for Monographic Publications / IFLA. – 2002 revision, recommended by the ISBD Review Group ; approved by the Standing Committee of the IFLA Section on Cataloguing (published only in PDF format) = http://www.ifla.org/VII/s13/pubs/isbd_m0602.pdf

ISBD(NBM) : International Standard Bibliographic Description for Non-Book Materials / IFLA. – Rev. ed. – München [u.a.] : Saur, 1987. – (UBCIM publications)

ISBD(PM) : International Standard Bibliographic Description for Printed Music / IFLA. Ed. by Marie-France Plassard. – 2., rev. ed. – München [u.a.] : Saur, 1991 (UBCIM publications : N.S. ; 1)

ISO/TR 28118:2009 : Information and documentation – Performance indicators for national libraries

ISO 11620:2008 : Information and documentation – Library performance indicators

Jahrbuch der Deutschen Bibliotheken / hrsg. vom Verein Deutscher Bibliothekare. – Wiesbaden : Harrassowitz. – Bd. 63 (2009/2010). – *Erscheint alle zwei Jahre*

Jahrbuch der Öffentlichen Bibliotheken : hauptamtl. geleitete Öffentliche Bibliotheken d. Bundesrepublik Deutschland, durchnumeriert u. geordnet nach d. Alphabet ... / hrsg. vom Berufsverband Information Bibliothek e.V. Bearb. von Petra Hauke. – Bad Honnef : Bock und Herchen. – 2010/2011. – *Erscheint alle zwei Jahre*

Jochum, Uwe: Elektronischer Selbstbetrug. – In: Frankfurter Allgemeine Zeitung. – Nr. 62 (15.3.2005) S. 41

Jochum, Uwe: Geschichte der abendländischen Bibliotheken. – Darmstadt : Primus, 2009

Jochum, Uwe: Die Idole der Bibliothekare. – Würzburg : Königshausen & Neumann, 1995

Jochum, Uwe: Kleine Bibliotheksgeschichte. – 3., verb. u. erw. Aufl. – Stuttgart : Reclam, 2007

Jung, Rudolf: Die Reform der alphabetischen Katalogisierung in Deutschland 1908–1976 : e. annotierte Auswahlbibliographie. – Köln : Greven, 1976. – (Bibliographische Hefte ; 7)

Jung, Rudolf: Sechzig Jahre bibliothekarische Ausbildung in Köln : e. Bibliogr. / bearb. von Rudolf Jung u. Ingeborg Konze. – Köln : Greven, 1989. – (Kölner Arbeiten zum Bibliotheks- und Dokumentationswesen ; 13)

Kaegbein, Paul: Bibliotheken als spezielle Informationssysteme. – In: ZfBB. – 20 (1973) 6, S. 425-442

Kaltwasser, Franz Georg: Die Bibliothek als Museum : von d. Renaissance bis heute, dargest. am Beispiel d. Bayerischen Staatsbibliothek. – Wiesbaden : Harrassowitz, 1999

Kaltwasser, Franz-Georg: Erschließung alter Buchbestände in Bibliotheken der Bundesrepublik Deutschland. – In: Literaturversorgung in den Geisteswissenschaften : 75. Deutscher Bibliothekartag in Trier 1985 / hrsg. von Rudolf Frankenberger u. Alexandra Habermann. – Frankfurt a.M. : Klostermann, 1986. – (ZfBB : Sonderh. ; 43), S. 163-185

Kanthak, Gerhard: Regionale Erwerbungskoordinierung in den Ländern der Bundesrepublik Deutschland. – In: ZfBB. – 42 (1995) 5, S. 491-506

Katz, William A.: Basic Information Services. – 8. ed. – Boston [u.a.] : McGraw-Hill, 2002. – (Introduction to Reference Work ; 1)

Keller, Alice: Konsortien in Bibliotheken : e. prakt. Einf. – Zürich : ETH-Bibliothek, 2002. – (Schriftenreihe der ETH-Bibliothek : B, Bibliothekswesen ; 4)

Kempf, Klaus: Gutachterliche Stellungnahme zur Situation und den Entwicklungsmöglichkeiten der Oberösterreichischen Landesbibliothek im Hinblick auf die Erweiterung und die Sanierung des Bibliotheksgebäudes : Rohbericht ; Stand: 11.9.2000. – München ; Linz, 2000

Klug, Petra: BIX – Der Bibliotheksindex. – In: Bibliotheken, Portale zum globalen Wissen : 91. Deutscher Bibliothekartag in Bielefeld 2001 / hrsg. von Margit Rützel-Bantz. – Frankfurt a.M. : Klostermann, 2001. – (ZfBB : Sonderh. ; 81) S. 219-233

Koch, Traugott: Quality-controlled Subject Gateways : Definitions, Typologies, Empirical Overview. – In: Online Information Review. – 24 (2000) 1, S. 24-34

Kompetenznetzwerk für Bibliotheken : Bericht an die KMK AG Bibliotheken / DBV : Runder Tisch d. Arbeitsgemeinschaft der Verbundsysteme des Deutschen Bibliotheksverbandes, der Fachstellenkonferenz, der Staatsbibliotheken, der ekz. – In: BD. – 37 (2003) 1, S. 13-23

Koschorreck, Walter: Geschichte des „Deutschen Leihverkehrs". – Wiesbaden : Harrassowitz, 1958. – (Beiträge zum Buch- und Bibliothekswesen ; Bd. 7)

Krauß-Leichert, Ute; Georgy, Ursula: Bologna und seine Folgen : Qualifizierungswege an Hochschulen und ihre Auswirkungen auf die Laufbahnverordnungen des Bundes und der Länder. – In: ZfBB. – 55 (2008) 3/4, S. 118-123

Kuhlen, Rainer: Erfolgreiches Scheitern : eine Götterdämmerung des Urheberrechts? Boizenburg: VWH Hülsbusch, 2008. – (Schriften zur Informationswissenschaft ; 48)

Kuhlen, Rainer: Informationsmarkt : Chancen u. Risiken d. Kommerzialisierung von Wissen. – Konstanz : UVK, 1995. – (Schriften zur Informationswissenschaft ; Bd. 5)

Kuhlen, Rainer: Die Konsequenzen von Informationsassistenten : was bedeutet informationelle Autonomie oder wie kann Vertrauen in elektron. Dienste in offenen Informationsmärkten gesichert werden? – Frankfurt a.M. : Suhrkamp, 1999. – (Suhrkamp-Taschenbuch Wissenschaft ; 1443)

Kuhlmann, Hans Joachim: Bibliothekare, Bibliotheken, ekz : d. Beziehungen zwischen d. ekz u. d. Verbänden d. öffentl. Bibliothekswesens bis zur Absprache über d. Lektoratskooperation. – Reutlingen : ekz, 1993

Kultur in Deutschland : Schlussbericht der Enquete-Kommission / [Deutscher Bundestag (Hrsg.)]. – Köln : Bundesanzeiger Verl.-Ges., 2007

Kundenzufriedenheit und Kommunikationspolitik : Forschungs- und Entwicklungsprojekte im Masterstudiengang Informationswissenschaft und -management / hrsg. von Ute Krauß-Leichert. – Wiesbaden : Dinges & Frick 2010

Kunze, Horst: Grundzüge der Bibliothekslehre. – 4., neu bearb. Aufl. – Leipzig : Verl. für Buch- u. Bibliothekswesen, 1977. – (Lehrbücher für den bibliothekarischen Nachwuchs ; 1)

Kurzstellungnahme zum „Referentenentwurf für ein zweites Gesetz zur Regelung des Urheberrechts in der Informationsgesellschaft" / Aktionsbündnis „Urheberrecht für Bildung und Wissenschaft", 19.10.2004 = http://www.urheberrechtsbuendnis.de/docs/KurzstellungnEndf.pdf

Leonhardt, Holm A.: Was ist Bibliotheks-, was Archiv- und Museumsgut? : e. Beitr. zur Kategorisierung von Dokumentationsgut u. -institutionen. – In: Der Archivar. – 42 (1989) 2, S. 214-224

Lazarus, Jens: Hochschulbibliotheken im Umfeld von Lehre und Lernen : neuere Entwicklungen, Initiativen u. Möglichkeiten. – Berlin : Inst. für Bibliothekswiss. d. Humboldt-Univ. zu Berlin, 2002. – (Berliner Handreichungen zur Bibliothekswissenschaft ; 112)

Lewe, Brunhilde: Informationsdienst in Öffentlichen Bibliotheken : Grundlagen für Planung u. Praxis. – Köln : Greven, 1999. – (Kölner Arbeiten zum Bibliotheks- und Informationswesen ; 25)

Lexikon des Bibliothekswesens / hrsg. von Horst Kunze u. Gotthard Rückl unter Mitarb. von Hans Riedel ... – 2., neu bearb. Aufl. – Leipzig : Bibliograph. Inst., 1974. – 2 Bde.

Lexikon der Bibliotheks- und Informationswissenschaft : LBI / hrsg. von Konrad Umlauf und Stefan Gradmann. Red.: Peter Lohnert. – Stuttgart : Hiersemann, 2009ff. *Bisher ersch.: Lief. 1 (2009) – Lief. 5 (2011)*

Lexikon des gesamten Buchwesens / hrsg. von Severin Corsten, Stephan Füssel u. Günther Pflug. Unter Mitwirkung von Claus W. Gerhardt ... – 2., völl. neu bearb. Aufl. – Stuttgart : Hiersemann, 1987ff. *Bisher ersch.: Bd. 1 (1987) – Bd. 7 (2007) [A – U]*

Leyh, Georg: Das Haus und seine Einrichtung. – In: Handbuch der Bibliothekswissenschaft / begr. von Fritz Milkau. – 2., verm. u. verb. Aufl. / hrsg. von Georg Leyh. – Wiesbaden : Harrassowitz, 1952-1965. – Bd. 2 (1961)

Der Linked Data Service der Deutschen Nationalbibliothek. – Version 3.0 – Frankfurt a.M., Leipzig 2011 = http://files.d-nb.de/pdf/linked_data.pdf

Lipp, Anne: Auf dem Prüfstand. Das DFG-geförderte System der Sondersammelgebiete wird evaluiert. – In: ZfBB. – 57 (2010) 5, S. 235-244

Lobbyarbeit für Bibliotheken: politisch denken – strategisch handeln / Ehemaliges Deutsches Bibliotheksinstitut. [Hrsg. von Ulla Wimmer]. – Berlin : EDBI, 2000

Lobbyarbeit für Information Professionals : Grundlagen, Beispiele, Empfehlungen / Ratzek, Wolfgang (Hrsg.). – Bad Honnef : Bock und Herchen, 2009. – (Bibliothek und Gesellschaft)

Lucke, Bettina: Die Google-Buchsuche nach deutschem Urheberrecht und US-amerikanischem Copyright Law. – Frankfurt, M. : Lang, 2010 (Europäische Hochschulschriften : Reihe 2, Rechtswissenschaft ; Bd. 4961)

Luhmann, Niklas: Die Gesellschaft der Gesellschaft. 2 Bde. – Frankfurt a.M. : Suhrkamp, 1998. – (Suhrkamp Taschenbuch Wissenschaft ; 1360)

Luhmann, Niklas: Die Wissenschaft der Gesellschaft. – Frankfurt a.M. : Suhrkamp, 1992. – (Suhrkamp Taschenbuch Wissenschaft ; 1001)

Lutze, Doreen: Die moderne Patientenbibliothek. – Saarbrücken : VDM Müller, 2007

Lux, Claudia: Das KNB – Aufbau und Entwicklung des Kompetenznetzwerks für Bibliotheken. – In: Bibliotheken gestalten Zukunft [Elektronische Ressource] : kooperative Wege zur digitalen Bibliothek ; Dr. Friedrich Geißelmann zum 65. Geburtstag / Evelinde Hutzler ... (Hg.). – Göttingen : Univ.-Verl. Göttingen, S. 1-10 = urn:nbn:de:gbv:7-isbn-978-3-940344-43-4-5

Lux, Claudia; Sühl-Strohmenger, Wilfried: Teaching Library in Deutschland : Vermittlung von Informations- und Medienkompetenz als Kernaufgabe öffentlicher und wissenschaftlicher Bibliotheken. – Wiesbaden : Dinges & Frick, 2004. – (B.I.T.-online Innovativ, Bd. 9)

MAB2 : Maschinelles Austauschformat für Bibliotheken / Die Deutsche Bibliothek. Hrsg. in Zus.-Arb. mit d. MAB-Ausschuss im Auftr. d. Deutschen Forschungsgemeinschaft. – 2. Aufl. – Leipzig ; Frankfurt a.M. ; Berlin : DDB, 1999

Machbarkeitsstudie „Information und Lernen in Gütersloh" : Endbericht ; Stand: 1. Sept. 2002 / Solon Management Consulting GmbH. – Gütersloh, 2002 = www.bertelsmann-stiftung.de/cps/rde/xbcr/SID-0A000F0A-ABBFFD0/stiftung/Machbarkeitsstudie_Website.pdf

McLuhan, Marshall: Die Gutenberg-Galaxis : d. Ende d. Buchzeitalters / aus d. Amerikan. übers. von Max Nänny. – Neuaufl. – Bonn ; Paris [u.a.] : Addison-Wesley, 1995
Erste deutsche Ausgabe 1968

Mallmann-Biehler, Marion: Statistische Erhebungen zum Personaleinsatz in wissenschaftlichen Bibliotheken : Ergebnisse e. mit Unterstützung d. DFG durchgeführten Untersuchung / unter Mitarb. von Hans-Joachim Bergmann u. Claudia Haarbeck. – Heidelberg : UB, 1982. – (Heidelberger Bibliotheksschriften ; 3)

Managing the Electronic Library : a practical Guide for Information Professionals / ed. by Terry Hanson and John Day. – London [u.a.] : Bowker-Saur, 1998

Manecke, Hans-Jürgen: Zur Entwicklung der Information und Dokumentation in Deutschland / Hans-Jürgen Manecke ; Thomas Seeger. – In: Grundlagen der praktischen Information und Dokumentation : e. Handbuch zur Einf. in d. fachl. Informationsarbeit. – 4., völl. neu gefasste Ausg. – München [u.a.] : Saur, 1997. – S. 16–60

Marketing Library and Information Services : International Perspektives / ed. on behalf of IFLA by Dinesh K. Gupta, Christie Koontz, Angels Massísimo, Réjean Savard. – München : Saur, 2006

Meffert, Heribert: Dienstleistungsmarketing : Grundlagen, Konzepte, Methoden / Heribert Meffert ; Manfred Bruhn. – 6., vollst. neubearb. Aufl. – Wiesbaden : Gabler, 2009

Meinhardt, Haike: Ungenutzte Potenziale : Konzept u. Angebot d. Deutschen Internetbibliothek. – In: BuB. – 56 (2004) 1, S. 36-39

Mittelstrass, Jürgen: Information oder Wissen? – In: Technische Rundschau. – 36 (1989) S. 8-13

Mittermaier, Bernhard: Allianzlizenzen : Chancen und Risiken. – In: 4. Leipziger Kongress für Information und Bibliothek. Leipzig 2010 = www.opus-bayern.de/bib-info/frontdoor.php?source_opus=889

Mittler, Elmar: Die Bibliothek der Zukunft ; Überlegungen aus Anl. d. Planungen zu e. Informations- u. Kommunikationszentrum in Adlershof (Berlin). – In: Bibliothek 2000. – 1996, S. 259-261

Die **moderne Bibliothek** : e. Kompendium d. Bibliotheksverwaltung / hrsg. von Rudolf Frankenberger u. Klaus Haller. – München : Saur, 2004

Moravetz-Kuhlmann, Beate: Das Bayerische Etatmodell 2010. – In: ZfBB. – 57 (2010) 5, S. 253-270

Müller, Uwe T.: Peer-Review-Verfahren zur Qualitätssicherung von Open-Access-Zeitschriften – systematische Klassifikation und empirische Untersuchung. – Berlin, Humboldt-Univ., Diss. 2009 = urn:nbn:de:kobv:11-10096430

Nagelsmeier-Linke, Marlene: Auf dem Weg zur lernenden Bibliothek. – In: De officio bibliothecarii : Beiträge zur Bibliothekspraxis ; Hans Limburg zum 65. Geb. gewidmet / hrsg. von Gernot Gabel. – Köln : Greven, 1998, S. 40-52

Nagelsmeier-Linke, Marlene: Personalführung. – In: Die moderne Bibliothek : e. Kompendium d. Bibliotheksverwaltung / hrsg. von Rudolf Frankenberger u. Klaus Haller. – München : Saur, 2004, S. 134–146

Naumann, Ulrich: Personalbedarf / Ulrich Naumann ; Konrad Umlauf. – In: Erfolgreiches Management von Bibliotheken ... [s.o.], Abschn. 4/3

Nestor Handbuch / Neuroth, Heike u.a. (Hrsg.). – Version 2.3. – Göttingen : Niedersächsische Staats- und Universitätsbibliothek Göttingen, 2010 = urn:nbn:de:0008-2010071949

Neuausrichtung der öffentlich geförderten Informationseinrichtungen : Abschlussbericht / Bund-Länder-Kommission für Bildungsplanung und Forschungsförderung. - Bonn : BLK, Geschäftsstelle 2006. – (Materialien zur Bildungsplanung und zur Forschungsförderung ; H. 138)

Neubauer, Karl-Wilhelm: Die automatisierte Bibliothek : Auswirkungen auf Arbeitsabläufe, auf Berufsbilder u. Tätigkeitsspektren. – In: Bibliothek, Kultur, Information : Beiträge e. internationalen Kongresses anlässl. d. 50jähr. Bestehens d. Fachhochschule Stuttgart vom 20. bis 22. Okt. 1992 / hrsg. von Peter Vodosek. – München : Saur, 1993, S. 164-173

Neue Techniken im Informationswesen – Neue Trends in der Ausbildung : Beitr. zur Jubiläumsveranstaltung „10 Jahre Fachhochschule für Bibliotheks- und Dokumentationswesen in Köln". – Köln : Greven, 1992. – (Kölner Arbeiten zum Bibliotheks- und Dokumentationswesen ; H. 16)

Nohr, Holger: Wissensmanagement. – In: Grundlagen der praktischen Information und Dokumentation / hrsg. von Rainer Kuhlen … Begr. von Klaus Laisiepen. – 5., völl. neu gefasste Ausg. – München : Saur, 2004, S. 257-270

NRW vorne : Abschlussbericht d. Projekts Digitale Öffentliche Bibliothek / Ministerium für Städtebau und Wohnen, Kultur und Sport des Landes Nordrhein-Westfalen ; Hochschulbibliothekszentrum des Landes NW. Unter Mitarbeit von Frank Daniel … – Köln : HBZ, 2003. – *Auch in:* Pro Libris. – 2003, 1, S. 21-48

Nutzung elektronischer wissenschaftlicher Informationen in der Hochschulausbildung : Barrieren u. Potenziale d. innovativen Mediennutzung im Lernalltag d. Hochschulen ; Endbericht ; e. Studie im Auftr. d. Bundesministeriums für Bildung und Forschung / Rüdiger Klatt … – Dortmund, 2001 = http://www.stefi.de

Öffentliche Bibliothek : Gutachten d. kommunalen Gemeinschaftsstelle für Verwaltungsvereinfachung (KGSt) / Deutscher Bibliotheksverband. – Bibliotheks-Sonderaufl. – Berlin : DBV, Arbeitsstelle für das Bibliothekswesen, 1973. – (Materialien der Arbeitsstelle für das Bibliothekswesen ; 1)

Die **Öffentliche Bibliothek als realer und virtueller Ort** / von Conny Äng, Henk Das, Allison Dobbie, Susan Kent. – Gütersloh : Bertelsmann Stiftung, 2001=http://www.kommforum.de/upload/files/beitraege_aufsaetze/216/Bibliotheken_Bertelsmann.pdf

Öffentliche Infothek : Materialien für eine zeitgemässe Bibliotheksarbeit / Deutsches Bibliotheksinstitut. [Red.: Hans-Peter Thun]. – Berlin : DBI, 1992

Öffentlichkeitsarbeit und Werbung Öffentlicher Bibliotheken : e. Arbeitshandbuch / Deutsches Bibliotheksinstitut. Hrsg. von Martha Höhl. – Berlin : DBI, 1982. – (dbi-materialien ; 14)

Oehling, Helmut: Wissenschaftlicher Bibliothekar 2000 – quo vadis? – In: BD. – 32 (1998) S. 247-254

Oesterheld, Christian: Qualifizierung im Vorbereitungsdienst: Die Ausbildung im Bibliotheksreferendariat. – In: ZfBB. – 55 (2008) S. 149-158

Die **Ordnung des Leihverkehrs in der Bundesrepublik Deutschland** : Leihverkehrsordnung (LVO) [vom 19.9.2003]. – In: BD. – 37 (2003) 11, S. 1467-1485

Organisationsmodell für Gemeinden der Größenklasse 5 : Organisation d. Schulverwaltungs-, Sport- und Kulturamtes. – Köln : Kommunale Gemeinschaftsstelle für Verwaltungsvereinfachung, 1994. – (KGSt-Bericht 5/1994)

Pennartz, Stefan J.: Digitaler Zugang zu Wissen und Information durch die Hochschulbibliotheken und das Urheberrechtsgesetz. – In: Verwaltungsrundschau. – 2009, H. 5, S. 166-168

Performance Measurement and Quality Management in Public Libraries / IFLA Satellite Meeting, Berlin 25.-28. Aug. 1997 Proceedings. Ed. by Peter Borchardt and Ulla Wimmer. – Berlin : DBI, 1998. – (dbi-materialien ; 168)

Perrott, Michelle: Personalizing the Digital Library / Michelle Perrott ; Anne Ramsden. – In: Ariadne. – 34 (2003) = www.ariadne.ac.uk/issue34/ramsden-perrot

Pfeifenberger, Regina: Pocket Library : bibliothekarische Dienstleistungen für Smartphones. – Wiesbaden : Dinges & Frick, 2010. – (BIT online, Innovativ ; 27)

Plassmann, Engelbert: Bibliotheksgeschichte und Verfassungsgeschichte : Antrittsvorl. 15. Jan. 1997. – Berlin : Humboldt-Univ., 1997. – (Öffentliche Vorlesungen ; H. 84)

Plassmann, Engelbert: Das Bibliothekswesen der Bundesrepublik Deutschland : e. Handbuch / von Engelbert Plassmann und Jürgen Seefeldt. – 3., völl. neu bearb. Aufl. d. durch Gisela von Busse u. Horst Ernestus begr. Werkes. – Wiesbaden : Harrassowitz, 1999

Plassmann, Engelbert: Entwicklungen in der bibliothekarischen Ausbildung : Gedanken in e. Zeit d. Wandels. – In: Bibliothek als Lebenselixier : Festschrift für Gottfried Rost zum 65. Geb. / hrsg. von Johannes Jacobi ... – Leipzig [u.a.] : Die Deutsche Bibliothek, 1996, S. 155–166

Plassmann, Engelbert: Hundert Jahre „Preußische Instruktionen" : öffentl. Vortr. in d. Humboldt-Univ. zu Berlin im Rahmen d. Berliner Bibliothekswissenschaftlichen Kolloquiums am 11. Mai 1999 / mit e. Geleitw. von Konrad Umlauf. – Berlin : Logos-Verl., 2000. – (Berliner Arbeiten zur Bibliothekswissenschaft ; 1)

Plassmann, Engelbert: Studium und Ausbildung des Bibliothekars. – In: Die moderne Bibliothek : e. Kompendium d. Bibliotheksverwaltung / hrsg. von Rudolf Frankenberger u. Klaus Haller. – München : Saur, 2004, S. 344-364

Plassmann, Engelbert: Theoretische Durchdringung bibliothekarischer Standards : e. unerlässl. Aufgabe für bibliothekswiss. Lehre und Forschung. – In: Bibliothekswissenschaft als spezielle Informationswissenschaft : Probleme u. Perspektiven / erörtert beim Zweiten Kölner Kolloquium (9.-10. Mai 1985) anlässl. d. zehnjähr. Bestehens d. Lehrstuhls für Bibliothekswissenschaft. Hrsg. von Paul Kaegbein. – Frankfurt a.M. [u.a.] : Lang, 1986. – (Arbeiten und Bibliographien zum Buch- und Bibliothekswesen ; 4), S. 108-114

Pohl, Adrian: Linked Data – und warum wir uns im hbz-Verbund damit beschäftigen / Adrian Pohl, Felix Ostrowski. – In: BIT online. – 13 (2010), 3, S. 259-268

Pohl, Angela: Der Aufbau eines fachlichen Repositoriums für die Rechtswissenschaft im Rahmen der Virtuellen Fachbibliothek Recht : unter besonderer Berücksichtigung des Publikationsverhaltens der Rechtswissenschaftler. – Berlin : Inst. für Bibliotheks- und Informationswiss., 2010. – Berliner Handreichungen zur Bibliotheks- und Informationswissenschaft ; 281) = urn:nbn:de:kobv:11-100175750

Politik für Bibliotheken : d. Bundesvereinigung Deutscher Bibliotheksverbände (BDB) im Gespräch : Birgit Dankert zum Ende ihrer Amtszeit als Sprecherin d. BDB / im Auftr. d. Vorstands hrsg. von Georg Ruppelt. – München : Saur, 2000

Politik für Öffentliche Bibliotheken / Bundesvereinigung Deutscher Bibliotheksverbände ; Plattform Öffentliche Bibliotheken. Hrsg. von Konrad Umlauf. Mit Beitr. von Rolf Peter Carl ... – Bad Honnef : Bock + Herchen, 1998. – (Bibliothek und Gesellschaft)

Poll, Roswitha: Measuring quality / Roswitha Poll; Peter te Boekhorst. – 2. Aufl. – München : Saur, 2007. – (IFLA Publications ; 127)

Positionen und Perspektiven der Ausbildung für den höheren Bibliotheksdienst (hD). Positionspapier der Arbeitsgruppe Bibliotheken der Kultusministerkonferenz. In: BD. – 38 (2004) 2, S. 182-220

Positionspapier Forschungsdaten / Arbeitsgruppe Elektronisches Publizieren. Hrsg.: DINI. – Göttingen, 2009 = http://edoc.hu-berlin.de/series/dini-schriften/2009-10/PDF/10.pdf

Positionspapier zu einer verwaltungsexternen Ausbildung Wissenschaftlicher Bibliothekare / Kommission für Ausbildungsfragen des Vereins Deutscher Bibliothekare. In: BD. – 33 (1999) S. 761-770

Positionspapier zur Weiterentwicklung der Bibliotheksverbünde als Teil einer überregionalen Informationsstruktur / Deutsche Forschungsgemeinschaft. – Bonn : Deutsche Forschungsgemeinschaft, 2011 = www.dfg.de/download/pdf/foerderung/programme/lis/positionspapier_bibliotheksverbuende.pdf

Probleme des neuen Urheberrechts für die Wissenschaft, den Buchhandel und die Bibliotheken : Symposium am 21./22. Juni 2007 in München / hrsg. von Wolfgang Schmitz ... – Wiesbaden : Harrassowitz, 2008. – (Buchwissenschaftliche Forschungen ; 8)

The **Public Library Service** : IFLA / UNESCO Guidelines for Development / IFLA. Prepared by a working group chaired by Phillip Gil on behalf of the section of Public Libraries. – München [u.a.] : Saur, 2001. – (IFLA publications ; 97) = www.ifla.org/VII/s8/proj/publ97.pdf

Quality Management and Benchmarking in the Information Sector : results of recent research / John Brockman ... (ed.). – London [u.a.] : Bowker-Saur, 1997. – (British Library Research an Innovation Report ; 47)

RAK versus AACR : Projekte, Prognosen, Perspektiven ; Beitr. zur aktuellen Regelwerksdiskussion / hrsg. von Petra Hauke. Mit e. Geleitw. von Friedrich Geißelmann. – Bad Honnef : Bock und Herchen, 2002

Rambow, Angela I.: Sozialer Wert der Stadtbibliothek Wolgast – outcome-based evaluation with social auditing. – Berlin: Humboldt-Univ., Diss. 2006 = urn:nbn:de:kobv:11-10078768

Rauchmann, Sabine: Bibliothekare in Hochschulbibliotheken als Vermittler von Informationskompetenz – eine Bestandsaufnahme und eine empirische Untersuchung über das Selbstbild der Bibliothekare zum Thema Informationskompetenz und des Erwerbs methodisch-didaktischer Kenntnisse in Deutschland. – Berlin, Humboldt-Univ., Diss. 2010 = urn:nbn:de:kobv:11-100174524

Rechtsvorschriften für die Bibliotheksarbeit / [erarb. von einer Arbeitsgruppe der Rechtskommission des Deutschen Bibliotheksverbandes e.V. (dbv)]. – 5., überarb. und erw. Aufl. – Wiesbaden : Harrassowitz, 2009. – (Bibliotheksrecht ; Bd. 3)

Reclams Sachlexikon des Buches / hrsg. von Ursula Rautenberg. – 2., verb. Aufl. – Stuttgart : Reclam, 2003

Reese, Terry; Banerjee, Kyle: Building Digital Libraries. – New York : Neal-Schuman, 2008

Reference and Information Services : an introduction / ed.: Richard E. Bopp ; Linda C. Smith. – 3rd ed. – Englewood, Colo. : Libraries Unlimited, 2001

Regeln für die alphabetische Katalogisierung : RAK / [red. Bearb.: Irmgard Bouvier]. – Autoris. Ausg., unveränd. Nachdr. – Wiesbaden : Reichert, 1980

Regeln für die Alphabetische Katalogisierung : Sonderregeln für kartograph. Materialien ; (RAK-Karten) / Deutsches Bibliotheksinstitut. – Autoris. Ausg. – Wiesbaden: Reichert, 1987

Regeln für die alphabetische Katalogisierung in Parlaments- und Behördenbibliotheken – RAK-PB : RAK-Anwendungsregeln unter Berücks. d. RSWK. – 2. Ausg. – Wiesbaden : AG d. Parlaments- u. Behördenbibl., 1989. – (Arb.-Gemeinsch. d. Parl.- u. Behördenbibl. : Arbeitsh. ; 35).

Regeln für die alphabetische Katalogisierung von Ausgaben musikalischer Werke : RAK Musik ; Sonderregeln zu d. RAK-WB u. RAK-ÖB / Die Deutsche Bibliothek / Red. Klaus Haller u. Elfried Witte. – Rev. Ausg. 2003. – Leipzig ; Frankfurt a.M. ; Berlin : DDB, 2004 = www.ddb.de/professionell/pdf/rak_musik_2003.pdf

Regeln für die alphabetische Katalogisierung von Nichtbuchmaterialien : RAK-NBM ; Sonderregeln zu d. RAK-WB u. d. RAK-ÖB / Deutsches Bibliotheksinstitut. – Losebl.-Ausg. – Berlin : DBI, 1996

Regeln für den Schlagwortkatalog. – 3., überarb. u. erw. Aufl. auf dem Stand der 7. Erg.-Lfg. – Leipzig : Deutsche Nationalbibliothek, 2010 = urn:nbn:de:101-2010040913

Regeln für öffentliche Bibliotheken : RAK-ÖB / [red. Bearb. Hans Popst]. – Wiesbaden : Reichert, 1986. – (Regeln für die alphabetische Katalogisierung ; 2)

Regeln für wissenschaftliche Bibliotheken : RAK-WB / [hrsg. von d. Kommission d. Deutschen Bibliotheksinstituts für Alphabetische Katalogisierung ... von Franz Georg Kaltwasser ...]. – Autoris. Ausg. – Wiesbaden : Reichert, 1983. – (Regeln für die Alphabetische Katalogisierung ; 1) *Auch als Losebl.-Ausg. sowie in elektronischer Version*

Regeln zur Erschließung von Nachlässen und Autographen (RNA) / Staatsbibliothek zu Berlin, Preußischer Kulturbesitz; Österreichische Nationalbibliothek (Betr.), 8.2.2010 = http://kalliope.staatsbibliothek-berlin.de/verbund/rna_berlin_wien_mastercopy_08_02_2010.pdf

Die **Regionalbibliographie im digitalen Zeitalter** : Deutschland und seine Nachbarländer / hrsg. von Ludger Syré und Heidrun Wiesenmüller. – Frankfurt a. M. : Klostermann, 2006. – (ZfBB : Sonderh. ; 90)

Regionalbibliotheken in Deutschland : mit e. Ausblick auf Österreich u. d. Schweiz / hrsg. von Bernd Hagenau. – Frankfurt a.M. : Klostermann, 2000. – (ZfBB : Sonderh. ; 78)

Rehm, Margarete; Strauch, Dietmar: Lexikon Buch, Bibliothek, Neue Medien. – 2., aktualis. u. erw. Ausg. – München [u.a.]: Saur, 2007

Reinhardt, Werner: Etatverteilungsmodelle : Ergebnisse e. Fragebogenaktion. – In: Grenzenlos in die Zukunft / 89. Deutscher Bibliothekartag in Freiburg im Breisgau 1999. Hrsg. von Margit Rützel-Bantz. – Frankfurt a.M. : Klostermann, 2000 (ZfBB : Sonderh. ; 77) S. 181–192

Resource Description & Access : RDA Toolkit / American Library Association.... – 2010 = www.rdatoolkiz.org *Deutschsprachiger Prospectus (Übersicht in dt. Übersetzung der Dt. Nationalbibliothek, 2009)* = www.d-nb.de/standardisierung/pdf/prospectus_dt_09.pdf

Retrokonversion : Konversion von Zettelkatalogen in dt. Hochschulbibliotheken ; Methoden, Verfahren, Kosten / Deutsches Bibliotheksinstitut. [Red. Kirsten Weber]. – Berlin : DBI, 1993. – (dbi-Materialien ; 128)

Richtlinien für die OPAC-Anzeige / IFLA Division of Bibliographic Control, Task Force on Guidelines for OPAC Displays (Hrsg.). – Berlin ; New York, NY : de Gruyter Saur, 2010. –(International Federation of Library Associations and Institutions: IFLA series on bibliographic control ; Vol. 40)

Richtlinien für Patientenbibliotheken und Bibliotheken für Senioren und Behinderte in Langzeitpflegeeinrichtungen / Panella, Nancy. M. ... – The Hague : ILFA, 2006 = www.ifla.org/VII/s9/nd1/Profrep98.pdf

Richtlinien zur überregionalen Literaturversorgung der Sondersammelgebiete und Virtuellen Fachbibliotheken / Hrsg. Deutsche Forschungsgemeinschaft. – Bonn : DFG, 2010 = www.dfg.de/download/pdf/foerderung/programm/lis/richtlinien_lit_versorgung_ssg_0903.pdf

Rittberger, Mark: CERTIDoc – Zertifikation eines einheitlichen Berufsbilds in Europa. – In: Information, Wissenschaft & Praxis. – 55 (2004) S. 29-34

Rockenbach, Susanne: Teaching Library in der Praxis – Bedingungen u. Chancen. – In: BD. – 37 (2003) 1, S. 33-40

Rogalla von Bieberstein, Johannes: Archiv, Bibliothek und Museum als Dokumentationsbereiche : Einheit u. gegenseit. Abgrenzung. – Pullach : Verl. Dokumentation, 1975. – (Bibliothekspraxis ; Bd. 16)

Rösch, Hermann: Academic Libraries und Cyberinfrastructure. Das System wissenschaftlicher Kommunikation zu Beginn des 21. Jahrhunderts. – Wiesbaden: Dinges & Frick, 2008. – (BIT online – Innovativ ; 21)

Rösch, Hermann: Digital Reference : bibliothekar. Auskunft u. Informationsvermittlung im Web. – In: BIT-online. – 6 (2003) 2, S. 113-127

Rösch, Hermann: Informationsdienst in Bibliotheken – das hat uns gerade noch gefehlt : Gedanken zur Aktualität e. alten Hutes. – In: BuB. – 50 (1998) 4, S. 220-226

Rösch, Hermann: Linklisten, Subject Gateways, Virtuelle Fachbibliotheken, Bibliotheks- und Wissenschaftsportale : typolog. Überblick u. Definitionsvorschlag. – In: BIT-online. – 7 (2004) 3, S. 177-188

Rösch, Hermann: Vernetzung oder Zentralisierung? : Strukturelle Alternative e. nationalen Wissenschaftsportals. – In: BuB. – 57 (2005) 2, S. 112-116

Rösch, Hermann: Virtuelle Fachbibliotheken – In Zukunft Fachportale? : Bestandsaufnahme u. Entwicklungsperspektiven. – In: Information : Wissenschaft u. Praxis. – 55 (2004) 2, S. 73-80

Rösch, Hermann: Wissenschaftliche Kommunikation und Bibliotheken im Wandel : Entwicklungsstationen unter dem Einfluss wechselnder Leitmedien ; von d. Privatbibliothek über d. Universalbibliothek zum funktional differenzierten System fachlicher u. interdisziplinärer Wissenschaftsportale. – In: BIT-online. – 7 (2004) 2, S. 113-124

Rosemann, Uwe: Die Arbeitsgruppe der Informationsverbünde und die Virtuellen Fachbibliotheken : Beginn e. wunderbaren Zusammenarbeit? – In: ZfBB. – 50 (2003) 1, S. 13-18

Rost, Gottfried: Der Bibliothekar : Schatzkämmerer oder Futterknecht? – 1. Aufl. – [Leipzig] : Edition Leipzig, 1990 – (Historische Berufsbilder)

Rothbart, Otto-Rudolf: Lektoratskooperation. – Wiesbaden : Harrassowitz, 1995

Rüter, Christian: Elektronische Ressourcen im Geschäftsgang : ein Praxisbeispiel an der Universitätsbibliothek der Humboldt-Universität. – Berlin : Inst. für Bibliotheks- und Informationswiss., 2010 – (Berliner Handreichungen zur Bibliotheks- und Informationswissenschaft ; 279) = urn:nbn:de:kobv:11-100112980

Rutz, Reinhard: Nationallizenzen aus Sicht und im Förderspektrum der Deutschen Forschungsgemeinschaft (DFG). – In: GMS Medizin – Bibliothek – Information 7 (2007) 2, S. 1-5

Rutz, Reinhard: SSG-Programm, Virtuelle Fachbibliotheken und das Förderkonzept der DFG. – In: Bibliothek : Forschung u. Praxis. – 22 (1998) 2, S. 303-308

Sand, Carola: Berufsausbildung in Archiven, Bibliotheken, Informations- und Dokumentationsstellen sowie Bildagenturen (ABD-Bereich) / [Carola Sand ; Karl-Heinz Neumann. Hrsg.: Bundesinstitut für Berufsbildung]. – Bielefeld : Bertelsmann Verl., 1997. – (Materialien zur beruflichen Bildung ; 98)

Sarnowski, Daniella: Entwicklung eines Virtuellen Fachbibliotheksportals im Internet für die Film-, Fernseh- und Medienwissenschaft (Virtual Library Film and Media Studies) mithilfe der Erhebung und Bedarfsanalyse spezifischer Informationsanforderungen. – Berlin, Humboldt-Univ., Diss., 2003 = urn:nbn:de:kobv:11-10019614

Schiffer, Jürgen: Mit Fachkompetenz in der Öffentlichkeit punkten. : State-of-the-Art-Reports als Mehrwertinformationsdienste einer Spezialbibliothek. – In: BuB. – 58 (2006) 6, S. 456-465

Schmidt, Ralph: Funktionale Dienste. – In: Grundlagen der praktischen Information und Dokumentation : e. Handbuch zur Einf. in d. fachl. Informationsarbeit / Marianne Buder ... (Hrsg.). Begr. von Klaus Laisiepen ... – 4., völl. neu gefasste Ausg. – München : Saur, 1997. – (DGD Schriftenreihe), S. 438-448

Schmidt, Ralph: Informationsvermittlung. – In: Grundlagen der praktischen Information und Dokumentation / Rainer Kuhlen ... (Hrsg.). Begr. von Klaus Laisiepen. – 5., völl. neu gefasste Ausg. – München : Saur, 2004, S. 429-443

Schmidt, Siegfried: 75 Jahre bibliothekarische Ausbildung in Bonn Teil 1 : Mindestalter achtzehn und Primanerzeugnis. – Teil 2 : Eine der kleinsten Fachhochschulen der Welt. – In: KÖB : d. kath. Öffentl. Bücherei. – (1996) 2, S. 1-13 und (1996) 3, S. 1-14

Schmidt, Siegfried: Kulturgutbibliotheken – wiss. Bibliotheken im Spannungsfeld zwischen Benutzung u. Bewahrung d. kulturellen Erbes. – In: Analecta Coloniensia. – 2 (2002) 2003, S. 35–64

Schmitz, Wolfgang: Deutsche Bibliotheksgeschichte. – Bern [u.a.] : Lang, 1984. – (Germanistische Lehrbuchsammlung ; Bd. 52)

Schrettinger, Martin: Versuch eines vollständigen Lehrbuches der Bibliothek-Wissenschaft oder Anleitung zur vollkommenen Geschäftsführung eines Bibliothekars : in wiss. Form abgefasst. – München : Lindauer. – 4 Hefte 1808-1829

Schwartz, Dieter: Einsatz und Leitbilder der Datenverarbeitung in Bibliotheken : dargest. an ausgewählten Projekten d. Deutschen Forschungsgemeinschaft. – Berlin : Logos Verl., 2004. – (Berliner Arbeiten zur Bibliothekswissenschaft ; Bd. 12)

Schwartz, Dieter: Langzeitarchivierung und -verfügbarkeit. – In: Erfolgreiches Management von Bibliotheken ... [s.o.], Abschn. 9/4.2 (2004)

Schwartz, Dieter: Qualitätsmanagement in der Bibliothek der Fachhochschule Münster. – Münster : FH, 2001 = http://www.fh-muenster.de/BIBL/projekte/qualit.pdf

Schwerpunktinitiative „Digitale Information" der Allianz-Partnerorganisationen / Hrsg. Allianz-Initiative Digitale Information. – Berlin : Allianz-Initiative Digitale Information, 2008 = www.allianzinitiative.de/fileadmin/user_upload/keyvisuals/atmos/pm_allianz_digitale_information_details_080612.pdf

Seadle, Michael; Greifeneder, Elke: Defining a Digital Library. – In: Library Hi Tech, 25 (2007), 2, S.169-173 = www.emeraldinsight.com/Insight/viewContainer.do?containerType=Journal&containerId=11298

Seefeldt, Jürgen: Die Zukunft der Bibliothek – die Bibliothek der Zukunft : Visionen, Traumschlösser, Realitäten. – In: Bibliothek leben : d. dt. Bibliothekswesen als Aufg. für Wissenschaft u. Politik ; Festschrift für Engelbert Plassmann zum 70. Geb. / hrsg. von Gerhard Hacker u. Torsten Seela. – Wiesbaden : Harrassowitz, 2005, S. 296–312

Seefeldt, Jürgen: Portale zu Vergangenheit und Zukunft – Bibliotheken in Deutschland / Jürgen Seefeldt u. Ludger Syré. Im Auftr. von Bibliothek & Information Deutschland e.V. hrsg. Mit e. Vorw. von Claudia Lux . – 4., akt. u. überarb. Aufl. – Hildesheim [u.a.] : Olms, 2011

Dass. Englisch (auf Grundlage der 3. dt. Aufl.):
Seefeldt, Jürgen: Portals to the Past and to the Future – Libraries in Germany / Jürgen Seefeldt and Ludger Syré. Published by Library and Information in Germany (Federal Union of German Library Associations). With a Foreword by Barbara Lison. Translated by Janet MacKenzie. – 2nd revised edition. – Hildesheim et al. : Olms, 2007. *Weitere Buchausgaben in arabischer, russischer, spanischer, italienischer, ital.und türkischer Sprache*

Seidler-de Alwis, Ragna; Fühles-Ubach, Simone: Success factors for the future of information centres, commercial and public libraries: a study from Germany. – In: Interlending & Document Supply, Vol. 38 (2010) 3, p. 183-188

Servicepartner für Bibliotheken / Arbeitsgemeinschaft der Verbundsysteme. Frankfurt a. M. : Arbeitsgemeinschaft der Verbundsysteme, 2010 = www.d-nb.de/wir/pdf/ag-verbundsysteme_broschuere_2010_web.pdf

Spezialbibliotheken in Deutschland / Red. Petra Hauke. Unter Mitarb. von Gisela Bartz. – Bad Honnef : Bock + Herchen, 1996-2002. – Bd. 1-5

Spindler, Gerald: Reform des Urheberrechts im „Zweiten Korb". – In: NJW. – (2008) H. 1-2, S. 9-16

The statement of International cataloguing principles (ICP) and its glossary : IFLA cataloguing principles / International Federation of Library Associations and Institutions ; Tillett, Barbara B. [Hrsg.]. – München: Saur, 2009 = www.ifla.org/files/cataloguing/icp/icp_2009-de.pdf

Steinhauer, Eric W.: Bibliotheken als Gegenstand eines Gesetzes zur Förderung der kulturellen Bildung? Überlegungen zu einer aktuellen nordrhein-westfälischen Debatte. – In: BD. – 45 (2011) 1, S. 64-80

Steinhauer, Eric W.: Das Bibliotheksvolontariat. – In: ZfBB. – 55 (2008), S. 159-164

Stöcklein, Eric W.: Damit Papier bleibt ... Erfahrungen mit der Massenentsäuerung. – In: BD. – 43 (2009) S. 122-131

Suber, Peter: Open Access Overview. Focusing on open access to peer-reviewed research articles and their preprints. 2007 = www.earlham.edu/~peters/fos/overview.htm

Sühl-Strohmenger, Wilfried: Digitale Welt und wissenschaftliche Bibliothek – Informationspraxis im Wandel : Determinanten, Ressourcen, Dienste, Kompetenzen ; eine Einführung. – Wiesbaden : Harrassowitz, 2008. – (Bibliotheksarbeit ; 11)

Sühl-Stromenger, Wilfried: Lehren und Lernen in der Bibliothek : d. Kompetenz- u. Lernzentrum d. UB Freiburg. – In: Positionen im Wandel: Festschrift für Bärbel Schubel / hrsg. von Albert Raffelt. – Freiburg : UB, 2002 (Schriften der Universitätsbibliothek Freiburg im Breisgau ; 27) S. 217-245

Sühl-Strohmenger, Wilfried: Zur Gruppenzugehörigkeit des wissenschaftlichen Bibliotheksdienstes in der Hochschule. – In: Bibliotheken – Portale zum globalen Wissen. 91. Deutscher Bibliothekartag in Bielefeld 2001 / Rützel-Banz, M. (Hrsg.). – Frankfurt a.M. 2001, S. 167-168

Syré, Ludger: Die Virtuelle Deutsche Landesbibliographie : Metasuchmaschine für Landes- und Regionalbibliographien / Ludger Syré ; Heidrun Wiesenmüller. – In: ZfBB. – 50 (2003) 5, S. 251-259

Tappenbeck, Inka: Vermittlung von Informationskompetenz: Perspektiven für die Praxis. – In: Tradition und Zukunft – die Niedersächsische Staats- und Universitätsbibliothek Göttingen: eine Leistungsbilanz zum 65. Geburtstag von Elmar Mittler / Hrsg. von Margo Bargheer und Klaus Ceynowa. Göttingen 2005, S. 63–73 = http://webdoc.sub.gwdg.de/univerlag/2006/fsmittler.pdf

Thauer, Wolfgang: Geschichte der Öffentlichen Bücherei in Deutschland / Wolfgang Thauer ; Peter Vodosek. – 2., erw. Aufl. – Wiesbaden : Harrassowitz, 1990

Die UB/TIB Hannover – Das Service- und Kompetenzzentrum für technisch-naturwissenschaftliche Literaturversorgung : Vorträge, geh. anlässl. e. Fortbildungsveranstaltung in d. TIB Hannover am 20., 21. u. 22. März 2001. – Hannover : UB/TIB, 2001

Umlauf, Konrad: Bestandsaufbau an Öffentlichen Bibliotheken. – Frankfurt a.M. : Klostermann, 1997. – (Das Bibliothekswesen in Einzeldarstellungen)

Umlauf, Konrad: Bestandspolitik. – In: Erfolgreiches Management von Bibliotheken ... *[s.o.]*, Abschn. 8/1 (2002)

Umlauf, Konrad: Bibliotheksplan 1969 und Bibliotheksplan 1973. – In: Auf dem Wege in die Informationsgesellschaft / Vodosek, Peter u.a. (Hrsg.). – Wiesbaden : Harrassowitz, 2008, S. 27-80

Umlauf, Konrad: Kultur als Standortfaktor – Öffentliche Bibliotheken als Frequenzbringer. – Berlin : Institut für Bibliotheks- und Informationswissenschaft der Humboldt-Universität zu Berlin, 2008. – (Berliner Handreichungen zur Bibliotheks- und Informationswissenschaft ; 245) = http://edoc.hu-berlin.de/docviews/abstract.php?lang=ger&id=29351

Umlauf, Konrad: Leitbild und Organisationsidentität. – In: Erfolgreiches Management von Bibliotheken ... *[s.o.]*, Abschn. 6/2

Umlauf, Konrad: Werbung und Öffentlichkeitsarbeit. – In: Erfolgreiches Management von Bibliotheken ... *[s.o.]*, Abschn. 7/ 1-7/5

Umstätter, Walther: Einführung in die Katalogkunde : vom Zettelkatalog zur Suchmaschine / von Walther Umstätter u. Roland Wagner-Döbler. – 3. Aufl. d. Werkes von Karl Löffler, völl. neu bearb. – Stuttgart : Hiersemann, 2005

Underwood, Peter G.: Managing Change in Libraries and Information Services : a Systems Approach. – London : Bingley, 1990

Verch, Ulrike: Sonntags in die Bibliothek! : die Wiederbelebung des Bibliothekssonntags in Deutschland. – Berlin : Logos, 2006. – (Berliner Arbeiten zur Bibliotheks- und Informationswissenschaft ; 17) = urn:nbn:de:kobv:11-10053417

Verein Deutscher Bibliothekare 1900 – 2000 : Festschrift / hrsg. von Engelbert Plassmann u. Ludger Syré. – Wiesbaden : Harrassowitz, 2000

Verein Deutscher Bibliothekare 1900 – 2000 : Bibliographie und Dokumentation / zsgest. von Felicitas Hundhausen. – Wiesbaden : Harrassowitz, 2004

Vogel, Bernd; Cordes, Silke: Bibliotheken an Universitäten und Fachhochschulen : Organisation und Ressourcenplanung. – Hannover : HIS, 2005 = http://www.his.de/pdf/pub_hp/hp179.pdf

Vollers, Hinrich; Sauppe, Eberhard: Arbeitsplatzbewertung für den wissenschaftlichen Bibliotheksdienst (AWBD). – Berlin : DBI, 1997

Vom Wandel der Wissensorganisation im Informationszeitalter : Festschrift für Walther Umstätter zum 65. Geburtstag / hrsg. von Petra Hauke und Konrad Umlauf. – Bad Honnef : Bock + Herchen, 2006. – (Beiträge zur Bibliotheks- und Informationswissenschaft; 1) = urn:nbn:de:kobv:11-100103206

Vorschläge zur Weiterentwicklung der Verbundsysteme unter Einbeziehung lokaler Netze / Deutsche Forschungsgemeinschaft, Bibliotheksausschuss. – In: ZfBB. – 33 (1986) 4, S. 205-214

Walenski, Wolfgang: Wörterbuch Druck + Papier. – Frankfurt a.M. : Klostermann, 1994

Wang, Jingjing: Das Strukturkonzept einschichtiger Bibliothekssysteme : Idee u. Entwicklung neuerer wiss. Hochschulbibliotheken in der Bundesrepublik Deutschland. – München [u.a.] : Saur, 1990. – (Beiträge zur Bibliothekstheorie und Bibliotheksgeschichte ; Bd. 4)

Wang, Weiguo: Bibliotheken als soziale Systeme in ihrer Umwelt. – Köln : Greven, 1989 (Kölner Arbeiten zum Bibliotheks- und Dokumentationswesen ; H. 12)

„Was für ein Service!" : Entwicklung und Sicherung der Auskunftsqualität von Bibliotheken / hrsg. von Tom Becker unter Mitarb. von Carmen Barz. – Wiesbaden : Dinges & Frick, 2007

Wege zu einer bibliotheksgerechten Kosten- und Leistungsrechnung / Deutsches Bibliotheksinstitut. [Red.: Karin Pauleweit]. – Berlin : DBI, 1998. – (dbi-materialien ; 167)

Wehr, Andrea: Qualitätsmanagement und ISO-Zertifizierung in der Stadtbibliothek Freiberg am Neckar. – In: Erfolgreiches Management von Bibliotheken ... *[s.o.]*, Abschn. 2.3.3

Weishaupt, Karin: Open-Access-Zeitschriften : Entwicklung von Maßnahmen zur Akzeptanzsteigerung auf der Basis einer Autorenbefragung. – Berlin, Humboldt-Univ., Diss., 2009 = urn:nbn:de:kobv:11-100100107

Weiterentwicklung der überregionalen Literaturversorgung : Memorandum / Deutsche Forschungsgemeinschaft. – In: ZfBB. – 45 (1998) 2, S. 135-164

Weng, Anja: Kunden geben Auskunft : öffentliche Bibliotheken im Blick von Mystery Shoppern. – Berlin : Inst. für Bibliotheks- und Informationswiss., 2010 (Berliner Handreichungen zur Bibliotheks- und Informationswissenschaft ; 269) = urn:nbn:de:kobv:11-100109521

Werner, Rosemarie: Studium und Ausbildung des Bibliothekars : Rückblick u. Ausblick / Rosemarie Werner u. Engelbert Plassmann. – In: Geschichte, Gegenwart und Zukunft der Bibliothek : Festschrift für Konrad Marwinski zum 65. Geb. / hrsg. von Dorothee Reißmann. – München : Saur, 2000, S. 65-81

Wersig, Gernot: Information, Kommunikation, Dokumentation : e. Beitr. zur Orientierung d. Informations- u. Dokumentationswissenschaft. – 2. Aufl. – Darmstadt : Wiss. Buchges., 1974

Wersig, Gernot: Informationssoziologie : Hinweise zu e. informationswiss. Teilbereich. – Frankfurt a.M. : Athenäum-Fischer-Taschenbuchverl., 1973. – (Fischer-Athenäum-Taschenbücher ; 4033 : Sozialwiss.)

Wetzel, Dirk A.: Die Konstruktion von Lesekultur im westdeutschen Buchhandel und öffentlichen Bibliothekswesen der Nachkriegszeit 1950 – 1989. – Berlin, Humboldt-Univ., Diss., 2002 = urn:nbn:de:kobv:11-10016555

The **whole digital library handbook**. Kresh, Diane (Hrsg.). – Chicago, Ill. : American Library Association, 2007

What Is a Digital Library Anyway? / Carl Lagoze, Dean B. Krafft, Sandy Payette, Susan Jesuroga. – In: D-Lib Magazine, 11 (2005) = http://dlib.org/dlib/november05/lagoze/11lagoze.html

Wie viele Bibliotheken brauchen wir? / hrsg. von Rolf Busch. – Bad Honnef : Bock + Herchen, 2004. – (Beiträge zur bibliothekarischen Weiterbildung ; 17)

Wiesenmüller, Heidrun: Auswahlkriterien für das Sammeln von Netzpublikationen im Rahmen des elektronischen Pflichtexemplars : Empfehlungen d. Arb.-Gem. d. Regionalbibliotheken / Lars Jendral … Heidrun Wiesenmüller. – In: BD. – 38 (2004) 11, S. 1423-1444

Wiesenmüller, Heidrun: Das Konzept der „virtuellen Bibliothek" im deutschen Bibliothekswesen der 1990er Jahre. – Köln : Greven 2000 (Kölner Arbeiten zum Bibliotheks- und Dokumentationswesen ; H. 26)

Wiesner, Margot: Fachdatenbanken im deutschlandweiten Zugriff : Umsetzung eines Nationallizenz-Modells. – In: Netzwerk Bibliothek. 95. Deutscher Bibliothekartag in Dresden 2006. – Frankfurt am Main : Klostermann, 2007 = www.opus-bayern.de/bib-info/frontdoor.php?source_opus=237

Willich, Petra: Bestandserhaltung als Aufgabe des Bibliotheksmanagements. – Berlin : Logos Verl., 2001. – (Berliner Arbeiten zur Bibliothekswissenschaft ; 5)

Willke, Helmut: Einführung in das systemische Wissensmanagement. – 1. Aufl. – Heidelberg : Auer, 2004

Willke, Helmut: Systemisches Wissensmanagement. – 2., neu bearb. Aufl. – Stuttgart : Lucius & Lucius, 2001

Wissenschaftliche Literaturversorgungs- und Informationssysteme : Schwerpunkte der Förderung bis 2015. DFG-Positionspapier / Hrsg.: Deutsche Forschungsgemeinschaft. – Bonn : Deutsche Forschungsgemeinschaft, 2006 = www.dfg.de/download/pdf/foerderung/programme/lis/positionspapier.pdf

Wissenschaftskommunikation im Netzwerk der Bibliotheken : mit Beitr. von W. Umstätter ... – Berlin : BibSpider, 2005

Zachlod, Thomas: „Auskunft und Informationsdienstleistungen deutscher Bibliotheken im Internet". – In: Innovationsforum 2004 / hrsg. von Rolf Fuhlrott ... – Wiesbaden : Dinges & Frick, 2004. – (B.I.T.online : Innovativ ; Bd. 7), S. 179-255

Die **Zeitschriftendatenbank** : e. Einf. / Staatsbibliothek zu Berlin – Preußischer Kulturbesitz. – Berlin, 2002

Zick, Wolfgang; Holste-Flinspach, Karin: Fortbildungs- und Aufstiegsmöglichkeiten für FaMIs. – In: BuB. – 62 (2010) 7/8, S. 536-542

Zugang für alle – soziale Bibliotheksarbeit in Deutschland / hrsg. von Ben Kaden und Maxi Kindling. – Berlin : BibSpider, 2007

Zukunft der wissenschaftlichen und technischen Information in Deutschland : Schlussbericht / Hrsg. Bundesministerium für Bildung und Forschung (BMBF), Referat Öffentlichkeitsarbeit. – Stand Sept. 2002. – Bonn, 2002 (BMBF Studie) = http://www.bmbf.de/pub/zukunft_der_wti_in_deutschland.pdf

Institutionelle Internet-Adressen

Alle Websites wurden zuletzt aufgesucht am 20. März 2011

Academic Linkshare:
www.academic-linkshare.de

Allianz-Initiative Digitale Information
www.allianz-initiative.de

American Library Association (ALA)
www.ala.org

Arbeitsgemeinschaft der Medienzentren an Hochschulen (AMH)
amh.mz.ze.tum.de

Arbeitsgemeinschaft der Parlaments- und Behördenbibliotheken (APBB)
www.apbb.de/

Arbeitsgemeinschaft der Spezialbibliotheken (AspB)
www.aspb.de

Arbeitsgemeinschaft der Universitätsverlage
www.ag-univerlage.de

Arbeitsgemeinschaft der Verbundsysteme (AGV)
www.ag-verbund.de

Arbeitsgemeinschaft Sammlung Deutscher Drucke (AG SDD)
www.ag-sdd.de

Association of College and Research Libraries (ACRL)
www.acrl.org

Baden-Württembergisches Online-Archiv (BOA)
www.boa-bw.de

BAM-Portal
www.bam-portal.de

Bayerische Staatsbibliothek (BSB)
www.bsb-muenchen.de

Bertelsmann Stiftung
www.bertelsmann-stiftung.de

Berufsverband Information Bibliothek (BIB)
www.bib-info.de

Bibliothek & Information International (BII)
www.bi-international.html

Bibliothek 2007
www.bibliothek2007.de

Bibliotheksindex (BIX)
www.bix-bibliotheksindex.de

Bibliotheksportal
www.bibliotheksportal.de

Bibliotheksservice-Zentrum Baden-Württemberg (BSZ)
www.bsz-bw.de

Bibliotheksverbund Bayern (BVB)
www.bib-bvb.de

Bielefeld Academic Search Engine (BASE)
www.base-search.net

Borromäusverein e.V. (BV)
www.borromaeusverein.de

Büro der Europäischen Bibliotheksverbände (EBLIDA)
www.eblida.org

Budapest Open Access Initiative (BOAI)
www.soros.org/openaccess

Bundesprüfstelle für jugendgefährdende Medien (BPjM)
www.bundespruefstelle.de

Bundesvereinigung Deutscher Bibliotheks- und Informationsverbände (BID)
www.bideutschland.de

Comité Européen de Centralisation (CEN)
www.cen.eu

Comité Européen de Centralisation Electrotechnique
www.cenelec.eu

Confederation of Open Access Repositories (COAR)
coar-repositories.org

Conference of European National Libraries (CENL)
www.cenl.org

Creative Commons Deutschland
de.creativecommons.org

CrissCross
linux2.fbi.fh-koeln.de/crisscross

DataCite
www.datacite.org

Deutsche Bibliotheksstatistik (DBS)
www.bibliotheksstatistik.de

Deutsche Digitale Bibliothek (DDB)
www.deutsche-digitale-bibliothek.de

Deutsche Forschungsgemeinschaft (DFG)
www.dfg.de

Deutsche Gesellschaft für Informationswissenschaft und Informationspraxis (DGI)
www.dgi-info.de

Deutsche Initiative für Netzwerkinformation (DINI)
www.dini.de

Deutsche Internet-Bibliothek (DIB)
www.internetbibliothek.de

Deutsche Nationalbibliothek (DNB)
www.dnb.de

Deutsche Zentralbibliothek für Medizin (ZBMed, Köln)
www.zbmed.de

Deutsche Zentralbibliothek für Wirtschaftswissenschaften (ZBW, Kiel)
www.zbw.eu

Deutscher Bibliotheksverband (DBV)
www.bibliotheksverband.de

Deutscher Bildungsserver
www.bildungsserver.de

Deutsches Informationszentrum für Medizinische Dokumentation und Information (DIMDI)
www.dimdi.de

Deutsches Institut für Internationale Pädagogische Forschung (DIPF)
www.dipf.de

DigiBib
www.digibib.net

Digital Preservation Coalition (DPC)
www.dpconline.org

Digital Repository Infrastructure Version for European Research (DRIVER)
www.driver-community.eu

DigiZeitschriften
www.digizeitschriften.de

Directory of Open Access Journals (DOAJ)
www.doaj.org

Directory of Open Access Repositories (OpenDoar)
www.opendoar.org

Dissonline
www.dissonline.de

DiViBib
www.divibib.com

ekz.bibliotheksservice GmbH (EKZ)
www.ekz.de

Elektronische Zeitschriftenbibliothek (EZB)
www.Bibliothek.uni-regensburg.de/ezeit

eliport – Das evangelische Literaturportal
www.eliport.de

Europäische Angelegenheiten für Bibliotheken, Archive, Museen und Denkmalpflege (EUBAM)
www.eubam.de

European Bureau of Library, Information and Documentation Associations (EBLIDA)
www.eblida.org

European Council of Information Associations (ECIA)
www.eia.org.uk

The European Library (TEL)
search.theeuropeanlibrary.org

European Register of Microform Masters (EROMM)
www.eromm.org

Europeana
www.europeana.eu

Fachinformationssystem Bildung (FIS Bildung)
www.dipf.de

Fachkonferenz der Bibliotheksfachstellen in Deutschland
www.fachstellen.de

FIZ Chemie, Berlin
www.fiz-chemie.de

FIZ Karlsruhe – Leibniz Institut für Informationsinfrastruktur
www.fiz-karlsruhe.de

Forum Bestandserhaltung
www.forum-bestandserhaltung.de

Franckesche Stiftungen zu Halle
www.francke-halle.de

Fraunhofer Institut für Intelligente Analyse- und Informationssysteme (Fraunhofer IAIS)
www.iais.fraunhofer.de/

Gemeinsame Wissenschaftskonferenz
www.gwk-bonn.de

Gemeinsamer Bibliotheksverbund Göttingen (GBV)
www.gbv.de

GENIOS German Business Information
www.genios.de

Gesamtkatalog der Wiegendrucke (GW)
www.gesamtkatalogderwiegendrucke.de

Gesellschaft für musikalische Aufführungs und mechanische Vervielfältigungsrechte (GEMA)
www.gema.de

Gesellschaft Sozialwissenschaftlicher Infrastruktureinrichtungen – Leibniz-Institut für Sozialwissenschaften (GESIS)
www.gesis.org

Goethe-Institut (GI)
www.goethe.de

Göttinger Digitalisierungszentrum (GDZ)
gdz.sub.uni-goettingen.de

Herzog August Bibliothek Wolfenbüttel (HAB)
www.hab.de

Herzogin Anna Amalia Bibliothek Weimar (HAAB)
www.klassik-stiftung.de/index.php?id=37

Hessisches Bibliotheksinformationssystem Frankfurt/Main (HEBIS)
www.hebis.de

Hochschulbibliothekszentrum Nordrhein-Westfalen (HBZ)
www.hbz-nrw.de

Ibero-Amerikanisches Institut Berlin
www.iai.spk-berlin.de

IK. Vermittlung von Informationskompetenz an deutschen Bibliotheken
www.informationskompetenz.de

Incunabula Short Title Catalogue (ISTC)
www.bl.uk/catalogues/istc

Informationsverbund Deutschschweiz (IDS)
www.informationsverbund.ch

IngentaConnect
www.ingentaconnect.com

Institut für Film und Bild in Wissenschaft und Unterricht (FWU)
www.fwu.de

International Council of Museums (ICOM)
icom.museum

International Federation of Library Associations and Institutions
www.ifla.org

International Federation of Library Associations and Institutions – Nationalkomitee Deutschland (IFLA-Nationalkomitee)
www.ifla.deutschland.de

Intute
www.intute.ac.uk

IuK-Initiative Wissenschaft
www.iuk-initiative.org

Journal Storage (JStor)
www.jstor.org

Juristisches Informationssystem (JURIS)
www.juris.de

Karlsruher Institut für Technologie (KIT)
www.kit.edu

Karlsruher Virtueller Katalog (KVK)
www.ubka.uni-karlsruhe.de/kvk.html

Kirchlicher Verbundkatalog
www.kivk.de

Kommunale Gemeinschaftsstelle für Verwaltungsmanagement (KGSt)
www.kgst.de

Kompetenznetzwerk Knowledge Exchange
www.knowledge-exchange.info

Konstanzer Online-Publikations-System (KOPS)
kops.ub.uni-konstanz.de

Kooperativer Aufbau eines Langzeitarchivs Digitaler Informationen (KOPAL)
www.kopal.langzeitarchivierung.de

Kooperativer Bibliotheksverbund Berlin-Brandenburg (KOBV)
www.kobv.de

Kulturerbe digital
www.kulturerbe-digital.de

Ligue des Bibliothèques Européennes de Recherche (LIBER)
www.libereurope.eu

Max Planck Digital Library
www.mpdl.mpg.de

Mikrofilmarchiv der deutschsprachigen Presse
zeitungsforschung.dortmund.de/project/assets/template1.jsp?smi=7.0&tid=39037

Münchener Digitalisierungszentrum (MDZ)
www.muenchener-digitalisierungszentrum.de

National Authories on Public Librarites in Europe (NAPLE Form)
naple.mcu.es

National Forum on Information Literacy (NFIL)
www.infolit.org

National Information Standards Organisation (NISO)
www.niso.org/home

Nationallizenzen
www.nationallizenzen.de

Network of Expertise in Longterm Storage in Germany (Nestor)
nestor.sub.uni-goettingen.de

Netzwerk von Open Access Repositorien (OA-Netzwerk)
www.dini.de/projekte/oa-netzwerk

Niedersächsische Staats- und Universitätsbibliothek Göttingen (SUB)
www.sub.uni-goettingen.de

Normenausschuss für Bibliotheks- und Dokumentationswesen im Deutschen Institut für Normung (NABD)
www.nabd.din.de

Open Archives Initiative (OAI)
www.openarchives.org

OAIster
www.oclc.org/oaister

Onleihe
www.onleihe.net

Online Computer Library Center (OCLC)
www.oclc.org

Open-Access Net
open-access.net.de

Open-Access-Netzwerk (OAN)
www.dini.de/projekte/oa-netzwerk

Open Archives Initiative Object Reuse and Exchange (OAI-ORE)
www.openarchives.org/ore

Open Archives Initiative – Protocol for Metadata Harvesting (OAI-PMH)
www.openarchives.org/pmh

Probado
www.probado.de

Reference and User Services Association (RUSA)
www.ala.org/ala/mgrps/divs/rusa

Registry of Open Access Repositories (ROAR)
roar.eprints.org

Resource Description and Access (RDA)
www.rdatoolkit.org

Scholarly Publishing and Resources Coalition (SPARC)
www.arl.org/sparc

Schweizer Virtueller Katalog (CHVK)
www.chvk.ch

Social Science Open Access Repository (SSOAR)
www.ssoar.de

Staatsbibliothek zu Berlin Preußischer Kulturbesitz (SBB – PK)
www.sbb.spk-berlin.de

Stadt- und Universitätsbibliothek und Senckenbergische Bibliothek Frankfurt/Main
www.stub.uni-frankfurt.de

Studieren mit elektronischen Fachinformationen (SteFI)
www.stefi.de

subito
www.subito-doc.de

Südwestdeutscher Bibliotheksverbund (SWB) Bibliotheksservice-Zentrum Baden-Württemberg (BSZ)
www.bsz-bw.de

Technische Informationsbibliothek/Universitätsbibliothek Hannover (TIB/UB)
www.tib.uni-hannover.de

Tiborder
tiborder.gbv.de

Treffpunkt Bibliothek
www.treffpunkt-bibliothek.de

VASCODA
www.vascoda.de

VD 16 (Verzeichnis der im deutschen Sprachraum erschienenen Drucke des 16. Jahrhunderts)
www.vd16.de

VD 17 (Verzeichnis der im deutschen Sprachraum erschienenen Drucke des 17. Jahrhunderts)
www.vd17.de

Verband der Bibliotheken des Landes Nordrhein-Westfalen (VBNW)
www.vbnw.de

Verband kirchlich-wissenschaftlicher Bibliotheken (VkwB)
www.vkwb.de

Verein Deutscher Bibliothekare (VDB)
www.vdb-online.org

Verwertungsgesellschaft Bild-Kunst (VG Bild-Kunst)
www.bildkunst.de

Verwertungsgesellschaft Wort (VG Wort)
www.vgwort.de

Virtual International Authority File (VIAF)
www.oclc.org/research/activities/viaf

Virtuelle Deutsche Landesbibliographie
www.landesbibliographie.de

WEBIS – Sammelschwerpunkte an deutschen Bibliotheken
webis.sub.uni-hamburg.de

Wissenschaftlich-technische Information (WTI-Frankfurt)
www.wti-frankfurt.de

Wissenschaftsgemeinschaft Gottfried Wilhelm Leibniz (WGL)
www.leibniz-gemeinschaft.de

Wissenschaftsrat (WR)
www.wissenschaftsrat.de

World Summit on the Information Society (WSIS)
www.itu.int/wsis

Zeitschriftendatenbank (ZDB)
www.zeitschriftendatenbank.de

Zentral- und Landesbibliothek Berlin (ZLB)
www.zlb.de

Zentrales Verzeichnis digitalisierter Drucke (ZVDD)
www.zvdd.de

Zentrum für Psychologische Information und Dokumentation, Trier (ZPID)
www.zpid.de

Abkürzungen

AACR	Anglo American Cataloguing Rules
ACRL	Association of College and Research Libraries
AfB	Arbeitsstelle für Büchereiwesen
AfS	Arbeitsstelle für Standardisierung
AG	Aktiengesellschaft
AG SDD	Arbeitsgemeinschaft Sammlung Deutscher Drucke
AGV	Arbeitsgemeinschaft der Verbundsysteme
AKMB	Arbeitsgemeinschaft der Kunst- und Museumsbibliotheken
AKThB	Arbeitsgemeinschaft Katholisch-theologischer Bibliotheken
ALA	American Library Association
ALS	Academic Linkshare
AMH	Arbeitsgemeinschaft der Medienzentren an Hochschulen
ANSI	American National Standards Institute
APBB	Arbeitsgemeinschaft der Parlaments- und Behördenbibliotheken
ASB	Allgemeine Systematik für Öffentliche Bibliotheken
ASpB	Arbeitsgemeinschaft der Spezialbibliotheken e.V.
AWBI	Ausschuss für Wissenschaftliche Bibliotheken und Informationssysteme der DFG
BAM-Portal	Portal zu Bibliotheken, Archiven und Museen in Deutschland
BASE	Bielefeld Academic Search Engine
BAT	Bundes-Angestelltentarifvertrag
BBA	Bundesverein der Bibliotheksassistenten/innen und anderer Mitarbeiter/innen an Bibliotheken e.V.
BBIG	Berufsbildungsgesetz
BD	Blu-ray Disc
BDB	Bundesvereinigung Deutscher Bibliotheksverbände
BDSG	Bundesdatenschutzgesetz
BGB	Bürgerliches Gesetzbuch
BIB	Berufsverband Information Bibliothek
BID	Bibliothek & Information Deutschland
BI-International	Bibliothek & Information International
BIS	Bibliotheksinformationssystem
BIX	Bibliotheksindex
BMBF	Bundesministerium für Bildung und Forschung
BOA	Baden-Württembergisches Online-Archiv
BOAI	Budapest Open Access Initiative
BPersVG	Bundespersonalvertretungsgesetz

BPjM	Bundesprüfstelle für jugendgefährdende Medien
BSB	Bayerische Staatsbibliothek
BSZ	Bibliotheksservice-Zentrum Baden-Württemberg
BV	Borromäusverein
BVB	Bibliotheksverbund Bayern
b2i	Virtuelle Fachbibliothek Bibliotheks-, Buch- und Informationswissenschaften
CARMEN	Content Analysis, Retrieval and Metadata
CC	Creative Commons
CCO	Cataloging Cultural Objects
CCPA	Council of Content Providers and Aggregators
CD-ROM	Compact Disc Read-Only Memory
CEN	Comité Européen de Normalisation
CENELEC	Comité Européen de Normalisation Electrotechnique
CENL	Conference of European National Libraries
CHVK	Schweizer Virtueller Katalog
CIDOC	Comité international pour la documentation
CIP ICT PSP	Competitiveness and Innovation Framework Programme Information and Communication Technologies Policies Support Programme
COAR	Confederation of Open Access Repositories
COM-Kataloge	Computeroutput on Microform Kataloge
CRM	Conceptual Reference Model
DBI	Deutsches Bibliotheksinstitut
DBIS	Datenbank-Infosystem
DBS	Deutsche Bibliotheksstatistik
dbv	Deutscher Bibliotheksverband
DCMI	Dublin Core Metadata Initiative
DDB	Deutsche Digitale Bibliothek
DDC	Dewey Decimal Classification
DDR	Deutsche Demokratische Republik
DFG	Deutsche Forschungsgemeinschaft
DGI	Deutsche Gesellschaft für Informationswissenschaft und Informationspraxis
DGK	Deutscher Gesamtkatalog
DIB	Deutsche Internetbibliothek
DigiBib	Die Digitale Bibliothek
DIHK	Deutscher Industrie- und Handelskammertag
DIMDI	Deutsches Informationszentrum für Medizinische Dokumentation und Information
DIN	Deutsches Institut für Normung
DINI	Deutsche Initiative für Netzwerkinformation
DIPF	Deutsches Institut für Internationale Pädagogische Forschung
DiViBib	Digitale Virtuelle Bibliothek

DMA	Deutsches Musikarchiv
DNB	Deutsche Nationalbibliothek; Deutsche Nationalbibliografie
DNBG	Gesetz über die Deutsche Nationalbibliothek
DOAJ	Directory of Open Access Journals
DOI	Digital Object Identifier
Doppik	Doppelte Buchführung in Konten
DPC	Digital Preservation Coalition
DPI	Dots per inch
DRIVER	Digital Repository Infrastructure Vision for European Research
DRM	Digital Rights Management
DSD	Document Structure Description
DTD	Document Type Definition
DVD	Digital Versatile Disc
DVEB	Deutscher Verband Evangelischer Büchereien
EAC	Encoded Archival Context
EAD	Encoded Archival Description
EBLIDA	European Bureau of Library, Information and Documentation Associations
ECIA	European Council of Information Associations
EDBI	Ehemaliges Deutsches Bibliotheksinstitut
EDL	European Digital Library
EDV	Elektronische Datenverarbeitung
EG	Entgeltgruppe
ekz	ekz-Bibliotheksservice GmbH
EN	Europäische Norm
EROMM	European Register of Microform Masters
E-Science	Enhanced Science
EU	Europäische Union
EUBAM	Europäische Angelegenheiten für Bibliotheken, Archive, Museen und Denkmalpflege
e.V.	eingetragener Verein
EZB	Elektronische Zeitschriftenbibliothek
FAMI	Fachangestellte(r) für Medien- und Informationsdienste
FAQ	Frequently Asked Questions
FESAD	Regelwerk Fernsehen, Richtlinien für die Formalbeschreibung, Inhaltserschließung und Feststellung der Archivwürdigkeit
FH	Fachhochschule
FHB	Fachhochschulbibliothek
FIS	Fachinformationssystem
FIZ	Fachinformationszentrum
FRAD	Functional Requirements for Authority Data
FRANAR	Functional Requirements and Numbering of Authority Records
Fraunhofer IAIS	Fraunhofer Institut für intelligente Analyse- und Informationssysteme

FRBR	Functional Requirements for Bibliographic Records
FRSAR	Functional Requirements for Subject Authority Records
FWU	Institut für Film und Bild in Wissenschaft und Unterricht
GABRIEL	Gateway to Europe's National Libraries
GASCO	German, Austrian and Swiss Consortia Organisation
GBV	Gemeinsamer Bibliotheksverbund
GDZ	Göttinger Digitalisierungszentrum
GEMA	Gesellschaft für musikalische Aufführungs- und mechanische Vervielfältigungsrechte
GESIS	Gesellschaft Sozialwissenschaftlicher Infrastruktureinrichtungen – Leibniz-Institut für Sozialwissenschaften
GG	Grundgesetz für die Bundesrepublik Deutschland
GHBS NW	Systematik der Gesamthochschulbibliotheken in Nordrhein-Westfalen
GI	Goethe-Institut e.V.
GIN	German Information Network
GjS	Gesetz über die Verbreitung jugendgefährdender Schriften
GKD	Gemeinsame Körperschaftsdatei
GKI	Gesprächskreis Informatik
GmbH	Gesellschaft mit beschränkter Haftung
GND	Gemeinsame Normdatei
GW	Gesamtkatalog der Wiegendrucke
GWK	Gemeinsame Wissenschaftskonferenz
HAB	Herzog August Bibliothek Wolfenbüttel
HAAB	Herzogin Anna Amalia Bibliothek Weimar
HBZ	Hochschulbibliothekszentrum
HEBIS	Hessisches BibliotheksInformationssystem
HGB	Handelsgesetzbuch
IAEA	International Atomic Energy Agency
IAI	Ibero-Amerikanisches Institut Berlin
ICOLC	International Coalition of Library Consortia
ICOM	International Council of Museums; Internationaler Museumsbund
ID	Informationsdienst
IDS	Informationsverbund Deutschschweiz
IFLA	International Federation of Library Associations and Institutions
INIS	International Nuclear Information System
ISAN	International Standard Audiovisual Number
ISBD	International Standard Bibliographic Description
ISBN	International Standard Book Number
ISMN	International Standard Music Number
ISO	International Organization for Standardization
ISRC	International Standard Recording Code
ISRN	International Standard Technical Report Number
ISTC	Incunabula Short Title Catalogue

ISWC	International Standard Musical Work Code
IT	Informationstechnologie
IuK-Initiative	Gemeinsame Initiative der wissenschaftlichen Fachgesellschaften in Deutschland
IuKDG	Informations- und Kommunikationsdienste-Gesetz
IVS	Informationsvermittlungsstelle
IZBB	Investitionsprogramm „Zukunft Bildung und Betreuung"
JMStV	Jugendmedienschutz-Staatsvertrag
JStor	Journal Storage
JURIS	Juristisches Informationssystem
JuSchG	Jugendschutzgesetz
KAB	Klassifikation für Allgemeinbibliotheken
KBA	Konferenz der bibliothekarischen Ausbildungsstätten
KGSt	Kommunale Gemeinschaftsstelle für Verwaltungsmanagement
KIBA	Konferenz der informations- und bibliothekswissenschaftlichen Ausbildungs- und Studiengänge
KIT	Karlsruher Institut für Technologie
KMK	Kultusministerkonferenz
KNB	Kompetenznetzwerk für Bibliotheken
KOBV	Kooperativer Bibliotheksverbund Berlin-Brandenburg
KOPAL	Kooperativer Aufbau eines Langzeitarchivs digitaler Informationen
KOPS	Konstanzer Online-Publikations-System
KVK	Karlsruher Virtueller Katalog
LBG	Landesbeamtengesetz
LCSH	Library of Congress Subject Headings
LIBER	Ligue des Bibliothèques Européennes de Recherche
LK	Lektoratskooperation
LV	Leihverkehr
LVO	(Deutsche) Leihverkehrsordnung
MAB	Maschinelles Austauschformat für Bibliotheken
MARC	Machine-Readable Cataloging
MDZ	Münchener Digitalisierungszentrum
MedPilot	Virtuelle Fachbibliothek Medizin
MeSH	Medical Subject Headings
Michael+	Multilingual Inventory of Cultural Heritage in Europe
MIX	Metadata for Images in XML Schema
MLIS	Master of Library and Information Science
MPDL	Max Planck Digital Library
NABD	Normenausschuss für Bibliotheks- und Dokumentationswesen im Deutschen Institut für Normung (DIN)
NAPLE	National Authorities on Public Libraries in Europe
nestor	Network of Expertise in Longterm Storage in Germany
NFIL	National Forum on Information Literacy

NISO	National Information Standards Organisation
OAI	Open Archives Initiative
OAI-ORE	Open Archives Initiative – Object Reuse and Exchange
OAI-PMH	Open Archives Initiative – Protocol for Metadata Harvesting
OA-Netzwerk	Netzwerk von Open-Access-Repositorien
OCLC	Online Computer Library Center
OPAC	Online Public Access Catalog
OpenDoar	Directory of Open Access Repositories
OPL	One-Person-Library
PADI	Preservating Access to Digital Information
PDF	Portable Document Format
PETRUS	Prozessunterstützende Software für die digitale Deutsche Nationalbibliothek
PflAV	Verordnung über die Pflichtablieferung von Medienwerken an die Deutsche Nationalbibliothek
PI	Preußische Instruktionen
PISA	Program for International Student Assessment
PND	Personennamendatei
RAK	Regeln für die alphabetische Katalogisierung
RAK-AV	Regeln für die alphabetische Katalogisierung für audio-visuelle Medien
RAK-NBM	Regeln für die alphabetische Katalogisierung von Nichtbuchmaterialien
RAK-PB	Regeln für die alphabetische Katalogisierung in Parlaments- und Behördenbibliotheken
RAK-WB	Regeln für die Alphabetische Katalogisierung in Wissenschaftlichen Bibliotheken
RAL	Deutsches Institut für Gütesicherung und Kennzeichnung (früher: Reichsausschuss für Lieferbedingungen)
RAMEAU	Répertoire dàutorité-matière encyclopédique et alphabétique unifié
RDA	Resource Description and Access
RDF	Resource Description Framework
RFID	Radio Frequency Identification; Radiofrequenzidentifikation
ROAR	Registry of Open Access Repositories
RSS	Really Simple Syndication
RSWK	Regeln für den Schlagwortkatalog
RUSA	Reference and User Services Association
RVK	Regensburger Verbundklassifikation
SBB	Staatsbibliothek zu Berlin – Preußischer Kulturbesitz
SDI	Selective Dissemination of Information
SED	Sozialistische Einheitspartei Deutschlands
SfB	Systematik für Bibliotheken
SKOS	Simple Knowledge Organization System
SMS	Short Message Service
SOSIG	Social Science Information Gateway

SPARC	Scholarly Publishing and Resources Coalition
SRU	Search/Retrieval via URL
SSD	Klassifikation der Sachliteratur und der Schönen Literatur der Stadtbibliothek Duisburg
SSG	Sammelschwerpunktprogramm
SSG-S	SondersammelgebietsSchnelldienst
SSOAR	Social Science Open Access Repository
SteFI	Studieren mit elektronischen Fachinformationen
StGB	Strafgesetzbuch
STM	Science, Technology, Medicine
SUB Göttingen	Staats- und Universitätsbibliothek Göttingen
SWB	Südwestdeutscher Bibliotheksverbund
TEL	The European Library
TIB	Technische Informationsbibliothek/Universitätsbibliothek
TV-L	Tarifvertrag für den öffentlichen Dienst der Länder
TVöD	Tarifvertrag für den öffentlichen Dienst
UB	Universitätsbibliothek
UDK	Internationale Universale Dezimalklassifikation
UNESCO	United Nations Educational, Scientific, and Cultural Organization
UNIMARC	Universal MARC Format
UrhG	Gesetz über Urheberrecht und verwandte Schutzrechte
URI	Uniform Resource Identifier
URL	Uniform Resource Locator
VBA	Verein der Bibliothekare und Assistenten e.V.
VBB	Verein der Bibliothekare an Öffentlichen Bibliotheken e.V.
VD 16	Verzeichnis der im deutschen Sprachraum erschienenen Drucke des 16. Jahrhunderts
VD 17	Verzeichnis der im deutschen Sprachraum erschienenen Drucke des 17. Jahrhunderts
VD 18	Verzeichnis der im deutschen Sprachraum erschienenen Drucke des 18. Jahrhunderts
VBNW	Verband der Bibliotheken des Landes Nordrhein-Westfalen
VDB	Verein Deutscher Bibliothekare
VdDB	Verein der Diplom-Bibliothekare an wissenschaftlichen Bibliotheken e.V.
VDEh	Verein Deutscher Eisenhüttenleute
VDG	Verein Deutscher Gießereifachleute
ver.di	Vereinigte Dienstleistungsgewerkschaft
VG Wort	Verwertungsgesellschaft Wort
VG Bild-Kunst	Verwertungsgesellschaft Bild-Kunst
VIAF	Virtual International Authority Files
ViFa	Virtuelle Fachbibliothek
VK	Verbundkatalog Maschinenlesbarer Katalogdaten Deutscher Bibliotheken

VkwB	Verband kirchlich-wissenschaftlicher Bibliotheken
VoIP	Voice over Internet Protocol
VOL	Vergabe- und Vertragsordnung für Leistungen; bis 2009: Verdingungsordnung für Leistungen
WEBIS	Webbasiertes Informationssystem
WGL	Wissenschaftsgemeinschaft Gottfried Wilhelm Leibniz
W-LAN	Wireless Local Area Network
WLN	Western Library Network
WR	Wissenschaftsrat
WSIS	World Summit on the Information Society
WTI-Frankfurt	Wissenschaftlich-technische Information Frankfurt
WWW	World Wide Web
XML	Extensible Markup Language
ZBMed	Deutsche Zentralbibliothek für Medizin
ZBW	Deutsche Zentralbibliothek der Wirtschaftswissenschaften – Leibniz Informationszentrum Wirtschaft
ZDB	Zeitschriftendatenbank
ZETA	Zeitschriften-Titelaufnahme
ZfBB	Zeitschrift für Bibliothekswesen und Bibliographie
ZKI	Zentren für Kommunikation und Informationsverarbeitung
ZLB	Zentral- und Landesbibliothek Berlin
ZPID	Zentrum für Psychologische Information und Dokumentation
ZVDD	Zentrales Verzeichnis Digitalisierter Drucke

Register

Abstract 136, 159, 198, 200
Academic Linkshare 205
Adelsbibliothek 69, 92
Aktiver Informationsdienst 239–241
Alexandria 203
Allgemeinbibliografie 23
Allgemeinbildung 236, 237
Allgemeine Systematik für Öffentliche Bibliotheken (ASB) 152, 199
Allianzen 72, 129, 155
Alpenvereinsbibliothek 69
Alterungsbeständiges Papier 190, 296
Althoff, Friedrich 42–46, 59, 299
American Association of School Librarians 208
American Library Association (ALA) 196, 209, 243
Amtliche Druckschriften 107, 111
Anglo-American Cataloguing Rules (AACR2) 49, 194–195, 206
Annotation 28, 151
American National Standards Institute (ANSI) 182
ANSI-Normen 205–206
ANSI-Standard 206
Approval Plan 292
Arbeitsgemeinschaft der kirchlichen Büchereiverbände Deutschlands 100
Arbeitsgemeinschaft der Parlaments- und Behördenbibliotheken (AGPB) 95
Arbeitsgemeinschaft der Regionalbibliotheken 86
Arbeitsgemeinschaft der Spezialbibliotheken (AspB) 92, 129, 144
Arbeitsgemeinschaft der Verbundsysteme 156
Arbeitsgemeinschaft katholisch-theologischer Bibliotheken (AkthB) 68
Arbeitsgemeinschaft Sammlung Deutscher Drucke 75, 150
Arbeitsgruppe Regionalbibliographie 85

Arbeitsmarkt 302, 304, 309–312
Arbeitsrecht 104, 116, 227, 270, 320
Arbeitsstelle für Standardisierung (AfS) 76
Arbeitsvertrag 118, 311
Arbeitszeitgesetz 118
Archiv 10ff, 30ff, 63, 76f, 120, 133, 147, 163, 190, 212, 293f
Archivbibliothek 73, 76f
Archivfunktion 282, 298
Archivierung 9, 83, 107, 287, 293ff, 318
Archivierungsfunktion 106, 220
Archivwesen 303, 320
Assistent an Bibliotheken 308, 316
Association of College and Research Libraries (ACRL) 208
Assurbanipal 17
Aufbauorganisation 269–272
Aufbewahrungsfunktion s. Archivierungsfunktion 106, 220
Aufgabenprofile 143, 309–312
Ausbildung 312–323
Ausbildungsgänge 300ff, 317
Ausbildungsreformen 305–309
Auskunfts- und Informationsdienstleistungen 210, 216–217, 234–239, 255
Auskunftsbibliothekar 235ff
Auskunftsinterview 235–236
Auskunftsverbund 57, 130, 157, 248, 255ff, 320
Ausleihe 71, 79, 95, 108, 113f, 190ff, 223ff, 275
Ausleihstatistik 286
Ausleihverbuchung 52, 110, 223, 291
Aussonderungen (Makulierungen) 286
Austauschformat 152, 190, 206–208
Auswahlkriterien 282
Auswahlverzeichnis 241, 277f
Automatische Indexierung 199ff, 251, 314
Automatisierte Bibliothek 53, 58
Automatisierung 52–54
Autorenlesung 277

AV-Medien 80, 95, 151

Bachelor 50, 89, 119, 305ff, 317f
Bachelor- und Master-Studiengänge 246, 305ff, 317f
Bacon, Francis 17
Baden-Württembergisches Online-Archiv(BOA) 297
Balanced Scorecard 273f
BAM-Portal 31, 154
Bandkatalog 50f, 53, 223
Barcode-Etiketten 224
Basisinnovation 14, 52
Basisklassifikation 199
Bayerische Staatsbibliothek (BSB) 82, 107, 150, 160, 279, 290
Beamtenanwärter 300ff, 317
Beamtenbesoldung 117ff, 135
Beamtengesetze 117
Beamtenlaufbahn 300ff, 306, 316
Beauftragter der Bundesregierung für Kultur und Medien 64
Behördenbibliothek 22, 95
Bell, Daniel 26
Belletristik 151, 200
Benutzerbefragung 191f
Benutzerbeirat 276
Benutzerforschung 269
Benutzer-PC 229
Benutzerschulung 234, 243ff, 250
Benutzung 9, 108ff, 164, 219–226, 231, 271, 276
Benutzungsgebühr 103, 109, 225
Benutzungsordnung 103, 108ff, 115, 219
Berliner Erklärung über offenen Zugang zu wissenschaftlichem Wissen 156
Berliner Titeldrucke 43
Bertelsmann Stiftung 124, 124f, 130, 133, 138f, 250f, 256, 274
Berufsbild 135, 300f, 307, 310, 317
Berufsverband Information Bibliothek (BIB) 127, 135f, 151
Berufsverbände 127, 135f, 307, 317
Beschaffungsreise 287
Beschwerdemanagement 263
Bestandsaufbau 23, 39, 44f, 60, 105, 140, 148ff, 220f, 266, 278, 287–289
Bestandserhaltungsprogramme 293f, 298

Bestandskonzepte 282–286, 297
(s.a. Bestandsprofil, Erwerbungsprofil)
Bestandsmanagement 278ff, 293, 297, 309ff
Bestandsorientierung 177, 219
Bestandsprofil 283f
Bestandsvermittlung 221ff, 231ff
Betriebsbücherei 72
Betriebsvergleich 132, 139, 274, 297
Betriebswirtschaftliche Kompetenz 236f
Bibliodata 81
Bibliografie 23, 30, 39, 75, 81, 160f, 221, 239f, 283, 300
Bibliografische Auskunft 234, 238f
Bibliografische Beschreibung
  s. Formalerschließung 194, 197
Bibliotheca Universalis 23
Bibliothek & Information Deutschland (BID) 127f, 144, 264
Bibliothek & Information International (BII) 128
Bibliothek 2.0 29, 178, 259, 291
Bibliothek 2007 124f, 139
Bibliothek des Instituts für Weltwirtschaft/ Deutsche Zentralbibliothek der Wirtschaftswissenschaften 67, 78, 92f, 172
Bibliothek des Jahres (Preis) 134
Bibliothek in einer Justizvollzugsanstalt 100, 129
Bibliothekarberuf 299, 316
Bibliothekarische Ausbildungsstätten 233, 302ff, 310ff
Bibliotheken '93 74, 91ff, 289f,
Bibliotheksarbeit für besondere Benutzergruppen 96, 100
Bibliotheksassistent 135, 308, 316
Bibliotheksausweis 223ff
Bibliotheksbegriff (Definition) 6–10
BibliotheksEntwicklungsAgentur (BEA) 124ff, 139
Bibliotheksfachstellen 97ff, 132
Bibliotheksförderung 66, 70f, 138f, 148
Bibliotheksförderungsgesetz(e) 65f, 70f
Bibliotheksgesetz 70f, 102f, 264f
Bibliothekskatalog 30, 39, 48, 50ff, 161, 173, 196f, 212, 277
Bibliothekskommission 265, 278

Bibliothekskongress
    s.a. Leipziger Kongress für Information und Bibliothek 127, 135, 143
Bibliotheksmanagement 263–298, 308
Bibliotheksplan '73 74, 91, 124, 127, 319
Bibliothekspolitik 88, 135, 137f
Bibliotheksportal (Library Portal) 131, 133f, 178, 211, 240, 258ff
Bibliotheksrecht 101ff
Bibliotheksschule des Borromäusvereins 301
Bibliotheksservice-Zentrum Baden-Württemberg (BSZ) 31, 130f, 155, 256
Bibliotheksstatistik 71, 88, 131f, 190ff
Bibliotheksstruktur 88
Bibliothekssystem 2ff, 37ff, 40ff, 57ff, 88ff, 123f, 186, 231, 270ff, 286f, 299ff, 317ff, 322ff
Bibliothekstantieme 113
Bibliothekstechnik 50ff, 56ff
Bibliothekstyp 73f, 91
Bibliothekstypologie 71–75
Bibliotheksverbund 153–158, 194f, 226
Bibliotheksverwaltungssoftware 155ff, 178f, 271
Bibliothekswissenschaft 3, 312–315, 322
Bilderbuchkino 277, 311
Bistumsbibliothek
    s. Diözesanbibliothek 68
BIS-Verlag 32
BIX – Bibliotheksindex 132ff, 139, 274
Blanket Order 293
Blindenbibliothek 100
Bologna-Reform 305, 317
Borges, Jorge Luis 299
Borromäusverein 46, 68, 100, 301
Börsenverein des Deutschen Buchhandels 76, 230
Branding (Markenpolitik) 263, 297, 322
British Library 76, 160, 196, 297
Buchbinder 51, 108, 191, 290
Buchdruck 14, 18–24, 35, 162
Bucheinband 189f
Büchereihandschrift 51
Büchereizentrale 95, 97, 99
Bücherhallenbewegung 46
Büro der europäischen Bibliotheksverbände (EBLIDA) 128, 144
Buchhändler 76, 105, 287

Buchhandlung 12, 140, 287, 292
Buchpreisbindung 105
Buchsicherungsetikett 224, 281, 290
Buchwissenschaft 303, 315
Budapest Open Access Initiative (BOAI) 288f
Bundes-Angestelltentarifvertrag (BAT) 117
Bundesministerium des Innern (BMI) 64
Bundesministerium für Bildung und Forschung (BMBF) 64, 129, 169, 176
Bundespersonalvertretungsgesetz (BPersVG) 118
Bundesprüfstelle für jugendgefährdende Medien 115
Bundesurlaubsgesetz 118
Bundesverein der Bibliotheksassistenten/innen und anderer Mitarbeiter/innen an Bibliotheken (BBA) 135
Bundesvereinigung Deutscher Bibliotheksverbände (BDB) 123f, 127, 143
Bund-Länder-Kommission für Bildungsplanung und Forschungsförderung (BLK) 128
Business Reengineering 263

Casanova, Giacomo 299
Catalog Enrichment (Katalog-Anreicherung) 156, 212, 261
Chat 27, 179, 210, 222, 235, 247, 250ff
COAR 168
Co-Browsing 246, 252ff
Codierungssysteme 190
Collection Depth Indicator 284
Comite Europeen de Normalisation (CEN) 182
Comité Européen de Normalisation Electrotechnique (CENELEC) 182
COM-Katalog 53
Conference of European National Libraries (CENL) 76, 79, 145
Conspectus-Methode 283–286
Content Analysis, Retrieval and Metadata (CARMEN) 366
Controlling 139, 185, 273–275, 321
Coverabbildung 212
Creative Commons 111, 165
Current-Contents-Dienst 173, 239f

Dateiformat 107, 204, 296
Datenaustausch 195ff, 206
Datenbank-Infosystem (DBIS) 159f
Datenbankretrieval 57
Datenbanksystem 206
Datenformat(e) 49, 77, 152, 183f, 193, 206–208
Datenschutzgesetze 115
Datenstrukturierung 184
Deakquisition (Aussonderung) 286
Deskriptor(en) 198f, 202, 239
Deutsche Bibliothekskonferenz 127
Deutsche Bibliotheksstatistik (DBS) 71, 88, 131f, 190f
Deutsche Bücherei, Leipzig 75f, 78, 150
Deutsche Digitale Bibliothek 4, 146, 163
Deutsche Forschungsgemeinschaft (DFG) 45, 48f, 54f, 60, 64, 82, 107, 128, 144, 147ff, 156, 161ff, 171ff, 176f, 296
Deutsche Gesellschaft für Dokumentation (DGD) 127, 142f
Deutsche Gesellschaft für Informationswissenschaft und Informationspraxis (DGI) 142f
Deutsche Initiative für Netzwerkinformation (DINI) 204
Deutsche Internetbibliothek (DIB) 130f, 180, 255f
Deutsche Leihverkehrsordnung (LVO) 164, 228f
Deutsche Musik-Phonothek 279
Deutsche Nationalbibliografie 75, 79–86, 160f, 198
Deutsche Nationalbibliothek, Frankfurt am Main 49, 64, 66, 75–81, 107, 124, 144, 152, 157, 202, 211, 288
Deutsche Volksbüchereischule, Köln 301
Deutsche Zentralbibliothek für Landbauwissenschaften, Bonn (ZBL) 93
Deutsche Zentralbibliothek für Medizin, Köln (ZBMed) 78, 92f, 169
Deutscher Bibliothekartag 133, 136f, 211
Deutscher Bibliotheksverband (dbv) 85, 127, 128–134, 140, 151, 255f
Deutscher Dokumentartag 142f
Deutscher Gesamtkatalog (Preußischer Gesamtkatalog) 42ff, 55
Deutscher Industrie- und Handelskammertag (DIHK) 308

Deutscher Leihverkehr
 s. Leihverkehr 164, 228–231, 262, 270, 310
Deutscher Lesesaal (Goethe-Institut) 142
Deutscher Verband Evangelischer Büchereien (DVEB)
 s. eliport 68, 100
Deutsches Archäologisches Institut 195
Deutsches Bibliotheksinstitut (DBI), Berlin 126
Deutsches Musikarchiv 75ff, 79, 152, 176, 279
Deutschland liest
 s. Treffpunkt Bibliothek (Kampagne) 126, 134, 264
Dewey Decimal Classification (DDC) 49, 79ff, 152, 171, 198, 321
DGI-Online-Tagung 142
Diaserie 280, 288
Die Deutsche Bibliothek 52, 64, 75–78
Diebstahl 101, 110, 294
Diebstahlsicherung 224
Dienstherr 117
Dienstleistungen 209f, 219–262, 267ff, 276ff, 307, 320ff
Dienstleistungsmentalität 57, 233
Dienstleistungsorientierung 89, 177, 233, 321
Dienstrecht 103, 117, 263, 301
Differenziertes Bibliothekssystem 39f, 186
Digital Preservation Coalition (DPC) 297
Digital Reference
 s. Digitale Auskunft
Digitale Auskunft 58, 173, 210, 249–257
Digitale Auskunftsdienste 210, 249–257
Digitale Bibliothek 4, 54, 58f, 146, 156, 281f
Digitale Bibliothek Nordrhein-Westfalen (DigiBib NRW) 55,.140
Digitale Publikation 56, 156f
Digitale Speichermedien 24–33, 177
Digitale Volltexte 52, 56, 161
Digitalisierung 58, 113, 145ff, 161ff, 172, 183, 226, 281, 314
Digitalisierungszentrum 163
Digital-Peer-Publishing 154
DigiZeitschriften 163
DIN-Fachbericht 13 187, 210

DIN-Normen 182
Diözesanbibliothek 68, 105
Diplom-Bibliothekar 135, 310, 316f
Direktbestellung 230
Dissertationen 32, 80, 106, 165, 285
Dissertationentausch 288
DissOnline 107
Distance-Learning 33, 246, 250, 306, 318
Document Delivery
    s. Dokumentlieferung 109, 164, 169,
    220, 228, 321
Dokumentationsstelle 10ff, 31, 61
Dokumentlieferdienst (Document-
    Delivery-Dienst) 113, 158, 165, 173,
    186, 221, 228–232, 267, 289
Dokumentliefersysteme 181, 231
Dokumentlieferung 109, 164, 169, 220,
    228, 321
Dombibliothek 22, 68, 91
Doppik (Doppelte Buchführung in
    Konten) 116
Drahtlosnetzwerk (W-LAN) 113, 226
Drittmittel 286
Duale Bibliotheksstruktur 88
Duales System (Ausbildung) 308
Dualismus (ÖB-WB) 302
Dublin Core Metadata Set 171, 179, 203ff,
    244
Dziatzko, Karl 312

EBLIDA 128, 144
Eco, Umberto 219
E-Commerce 253, 311
EDV-Kompetenz 236f
Eilsendung 229
Einheitliches Bibliothekssystem 47, 88,
    104, 122
Ein-Linien-Organisation 269
Einschichtiges Bibliothekssystem 270f
Einigungsvertrag 75f
Einzelbibliothek 4, 37f, 40
E-Book 95, 225, 282
E-Journal 32, 54, 158f, 165, 171, 179, 225,
    282
E-Learning 250, 253, 259, 306f
ekz.bibliotheksservice GmbH 78, 95, 127,
    139f, 151, 226, 287, 291ff
Electronic Reference 249ff
Elektronische Bibliothek 13, 59

Elektronische Zeitschriften-Bibliothek
    (EZB) 158ff, 176, 181
Eliport – Das evangelische Literaturportal
    e.V. 68, 100
Empfehlungsdienste
    s. Recommenderdienste 29, 56ff, 176
Emulation 296
EN-Normen 182
Entgeltvorschrift 109
Enquete-Kommission des Deutschen
    Bundestages „Kultur in Deutsch-
    land" 139, 264f
Erhaltung 133, 145, 270, 282, 293–297
Erman, Wilhelm 51
Ernestus, Horst 233
Erschließung 4f, 9, 11, 13, 22f, 29ff, 34,
    48f, 80, 147, 152ff, 165ff, 171ff, 192ff,
    197ff, 206ff, 220f, 247, 260ff, 290ff,
    308ff
Erwerbung 9, 50, 53, 105f, 147ff, 160, 269f,
    282, 285–289
Erwerbungsetat 27, 185ff, 288f (s.a.
    Etatmodell, Budgetierung, Soll-
    Zugangszahlen)
Erwerbungskonzept Hochschulbiblio-
    theken 284f, 287, 289
Erwerbungsprofil 75, 282ff, 292ff
E-Science 33, 61, 168, 260
Escorting 246, 252ff
Etatmodell 122, 148, 186, 286
Etatverteilungsmodell 186, 286
European Bureau of Library, Informa-
    tion, and Documentation Associations
    (EBLIDA) 128, 144
European Council of Information
    Associations (ECIA) 143
Europäische Digitale Bibliothek 145f
The European Library 145
European Register for Microform Masters
    (EROMM) 280
Europeana 77, 145f, 163
EUBAM 147, 163
EU-Förderprogramme 145
EU-Urheberrechtsrichtlinie 110ff, 113ff,
    120, 144ff
Evolution 1, 13, 15, 18, 25ff, 37, 40, 43, 47,
    304
Exilliteratur 76

Extensible Markup Language (XML) 184, 203ff, 296

Fabian, Bernhard 93, 150, 162
Fachangestellte(r) für Medien- und Informationsdienste 50, 119, 135, 308ff
Fachbibliografie 23
Fachbibliothek 45, 56, 67f, 70, 90ff, 124, 150, 170ff, 301
Fachhochschulbibliothek (FHB) 22, 85, 89f, 187, 232
Fachhochschule (FH) 68f, 86, 89f, 300ff, 305ff, 314ff, 318
Fachinformationssystem (FIS) 168
Fachinformationszentrum (FIZ) 168f
Fachkonferenz der Staatlichen Büchereistellen in Deutschland 99
Fachliches Repositorium 166
Fachreferent(in) 270, 278, 292
Fachrichtung Archiv 306, 308, 310f, 317
Fachrichtung Bibliothek 302, 306, 308, 310f, 317
Fachrichtung Bildagentur 308, 311
Fachrichtung Information und Dokumentation 306, 308, 301f
Fachrichtung Medizinische Dokumentation 168, 308, 310f, 315f
Fachschulausbildung (DDR) 305, 316
Fachschule für Bibliothektechnik und -verwaltung 301
Fachstelle 95–100, 105, 129, 131f, 137, 185
Fachstellenserver 99
Fachthesaurus 202
Fachwirt(in) für Medien- und Informationsdienste 308f
Faktenauskunft 236
Faktendatenbank 54, 56, 173, 281
FAQ 247, 251, 253f, 290
FARQ 247
Fernleihauftrag 225
Fernleihe 157, 164, 186, 221, 228–231, 289
Fernleihgebühr 109, 228f, 231
Fernstudiengang 306f, 313, 318
Fester Ladenpreis 105
Filme 142, 205, 225, 245, 279f, 288
Filterprogramm 115
Firmenbibliothek 70
Flächenbedarf 122, 187
Föderalismusreform 126

Förderkreis 276
Förderverein 70f, 264
Formalerschließung 43, 45, 192–197, 290f, 310
Forschungsbibliothek 60, 83, 90, 92ff, 124, 181
Forschungsbibliothek Gotha 84, 94
Fortbildung 99, 123, 135, 274
Fortschrittsbericht 242
Forum Bestandserhaltung 145f, 210, 270, 282, 293–297
FRBR 196
France, Anatole 299
Freies Schlagwort 198f
Freihandaufstellung 88, 187, 222f, 281
Fremddaten 290f
Fremddatenübernahme 43, 53, 151, 197, 290f
Freundeskreis 70f, 264
(s.a. Förderkreis, Förderverein)
Friedrich-Ebert-Stiftung 55
Führungsstile 272
Functional Requirements for Bibliographic Records (FRBR) 196f, 202
Fundraising 134, 276
Funktionale Differenzierung 4, 38, 46ff, 57, 60, 170, 319
Funktionale Einschichtigkeit 270
Funktionaler Informationsdienst 241f, 246
Funktionsstufe 73f, 124, 185f
Fürstenbibliothek 20

Gates, Bill 323
Gateway to Europe's National Libraries (GABRIEL) 145
Gebrauchsbibliothek 20, 69, 73, 83, 95f
Gebührenvorschrift 109
Gefährdungshaftung 108
Gefängnisbibliothek 129
Gegenseitigkeitsprinzip (Leihverkehr) 228
Gehobener Bibliotheksdienst 300ff, 316f
Gemeindehaushaltsverordnung 101, 116
Gemeindeordnung (GO) 64, 101f, 116
Gemeinsame Körperschaftsdatei (GKD) 152, 201, 205
Gemeinsamer Bibliotheksverbund (GBV) 153, 155, 164, 176, 199

Gemeinsames Internetportal für Bibliotheken, Archive und Museen (BAM) 31, 154
Gerichtsbibliothek 95f
German Academic Publishers (GAP) 205
German Information Network (GIN) 143
Germanica 77, 80
Gesamtkatalog 42–45, 55, 57, 157, 160, 300
Gesamtkatalog der Wiegendrucke (GW) 160
Geschäftsgang 57, 263, 270, 289–292, 298
Geschenk 105ff, 110, 288
Gesellschaft für musikalische Aufführungs- und mechanische Vervielfältigungsrechte (GEMA) 71, 112
Gesetz über die Verbreitung jugendgefährdender Medien (GjS) 115
Gesner, Conrad 23, 39
Give-aways 227
Global Trade Item Number Globen 189
Goethe, Johann Wolfgang von 54f, 62, 299
Goethe-Institut (GI) 101, 127f, 140f
Google 162f, 167, 180, 323
Google Books 54, 162, 180
Graue Literatur 165, 221, 287
Grid-Computing 260
Grimm, Jacob 299
Großstadtbibliothek 65, 72, 96, 124, 148, 279, 309
Guidelines for Behavioral Performance of Reference and Information Services Professionals 210
Guidelines for Information Services 210
Gutenberg, Johannes 14, 24, 52

Habilitationsschriften 80
Haftung des Benutzers 108
Handbuch der historischen Bestande in Österreich 162
Handbuch der historischen Buchbestände 162
Handbuch deutscher historischer Buchbestände in Europa 162
Handschriften 81f, 226, 270, 295
Harvard University Press 32
Hauptbibliothek der Franckeschen Stiftungen, Halle an der Saale 67, 71, 94
Haushaltsordnung(en) 101, 116

Haushaltsrecht 106, 116, 119, 263, 275, 320
Helmut-Sontag-Publizistenpreis s. Publizistenpreis der deutschen Bibliotheken 135
Herrschaftswissen 16, 21
Herrscherbibliothek 38
Herzog August Bibliothek, Wolfenbüttel 71, 78, 94, 150, 260
Herzogin Anna Amalia Bibliothek, Weimar 67, 94, 294
Hochschulbibliothek 20, 30, 85–90, 101ff, 106, 122ff, 132, 137, 187f, 232, 246, 270, 278, 280ff, 285f, 289
Hochschulbibliothekszentrum des Landes Nordrhein-Westfalen, Köln (HBZ) 55, 132f, 139, 154ff, 164, 202
Hochschulgesetz 101, 103f, 278
Hochschulschriften 32, 80, 107, 166
Hochschulschriftentausch 106f, 288
Hofbibliothek 20f, 70, 82, 299
Hofbibliothekar 219
Hofmann, Walter 46, 140
Höherer Bibliotheksdienst 118, 136, 302, 304, 306, 316f
Hoffmann von Fallersleben, August Heinrich 299
Hörbuch 151, 195, 225, 280
Host 29, 55, 81, 145, 154, 169, 239
Hybridbibliothek (Hybride.Bibliothek) 13, 59, 120, 171, 177, 314
Hybridpublikation 54, 58, 318

Identifikationsnummer 189, 293
Imagekatalog (IPAC) 56
Incunabula Short Title Catalogue (ISTC) 160
Index librorum prohibitorum 18
Indexierung 199ff, 251, 314
Indirekter Informationsdienst 246ff
Information Resource Center 70, 91
Informations- und Auskunftsdienst 48, 130, 210, 221, 232–257
Informations- und Kommunikationsdienste-Gesetz (IuKDG) 114
Informationsabteilung 70, 234, 248, 311
Informationsaufbereitung 22, 192, 205–205, 212, 241, 302
Informationsballast 25, 28, 240
Informationsbegriff 7–11

Informationsdienst (Sonderformen) 216ff, 219ff, 232–262
Informationsdienste (ID) der ekz 151, 292
Informationsdienstleister 9, 89, 217f, 220
Informationsdienstleistungen 27–35, 45, 56, 58, 72, 179, 215ff, 219–221, 234ff, 241ff, 307
Informationsdienstleistungen (allgemein) 216ff, 219–221
Informationsdienstleistungen (Bibliotheken) 234ff, 241ff
Informationseinrichtung 2, 28ff, 63, 71, 184, 206, 210, 263, 293, 313
Informationserschließung 23, 34
Informationsflut 25f, 35, 228
Informationsgesellschaft 3, 5f, 25–31, 34f, 110, 113, 119f, 214, 255, 319ff, 323f
Informationskompetenz 20f, 32–34, 58, 208f, 220f, 237, 243–146, 266, 276f, 307, 310, 320ff
Informationsmanagement 15, 23ff, 27f, 30, 32–36, 91, 130, 141, 170, 177, 257, 261, 281, 308, 311f
Informationsmarkt 27, 34, 47
Informationsparadox 235, 322
Informationsprodukt 217f
Informationsprozess 6f, 28, 34, 235f
Informationsspezialisten 218, 237, 324
Informationsstelle 11ff, 24, 144, 199, 222
Informationstransfer 19, 24
Informationsverbund 29, 57, 169, 195
Informationsverbund DeutschSchweiz (IDS) 195
Informationsverlust 269
Informationsvermittlung 57f, 237, 249ff, 272
Informationsversorgung 21, 23, 28, 39, 42, 60, 88–94, 241, 281, 289
Informationswirtschaft 315f, 320
Informationswissenschaft 3, 7f, 133, 142f, 173, 303, 307f, 312–316
Informationszusammenstellung 241, 248
Inhaltserschließung (Inhaltsdokumentation) 152, 197–200, 290, 311
Inhaltskondensat 198, 200
Initiative Information und Kommunikation der Wissenschaftlichen Fachgesellschaften in Deutschland s. IuK-Initiative 29, 130, 143

Inkunabel
 s. Wiegendruck 69, 160, 207
Inkunabelkatalog 160
Innerbetriebliche Kommunikation 272, 276
Institut für Bibliothekswissenschaft, HU Berlin 313
Institut für Bibliothekswissenschaft und Bibliothekarausbildung, FU Berlin 304
Institutionelles Repositorium 282
Institutionenverband 126ff, 320
Institutsbibliothek 22, 41, 88, 286
Integrierte EDV-Systeme 53, 57, 290
Intelligente Agenten 29
Inter Nationes
 s. Goethe-Institut 141
Interessenprofil 28f, 239, 241
Interimskatalog 53
Interkulturelle Bibliotheksarbeit 100, 129
International Federation of Library Associations and Institutions (IFLA) 76, 126f, 143f, 191, 196f, 213, 230
International Nuclear Information System (INIS) 193
International Standard Bibliographic Description (ISBD) 45, 194
International Standard Book Number (ISBN) 189, 194
International Standard Serial Number (ISSN) 77, 158, 194
Internationale Standardnummer für audiovisuelle Aufnahmen (ISAN) 189
Internationale Standardnummer für Forschungsberichte (ISRN) 189
Internationale Standardnummer für Musikalien (ISMN) 189
InternationaleStandard-Werknummer für Musikalien (ISWC) 189
Internationale Universale Dezimalklassifikation (UDK) 189
Internationaler Leihverkehr 45, 49, 230
Internationaler Standard Ton- und Bildtonaufnahmeschlussel (ISRC) 189
Internetarbeitsplatz 109f, 115, 185, 203, 224, 226, 229, 246, 258, 314
Internet-Nutzung 109f
Internet-Ressourcen 213, 224, 258ff, 285, 291
Intranet 273, 281

Inventarisierung 290, 293
Inventarordnungen 184
ISO-Ländercode 202
ISO-Normen 182, 213
IST-Medienbestand 185f
IuK-Initiative 29, 130, 143

Jahrbuch der Deutschen Bibliotheken 136, 337
Johannes a Lasco Bibliothek der Großen Kirche, Emden 70, 94
Jstor 163
Jugendarbeitsschutzgesetz 118
Jugendschutz 115

Kaegbein, Paul 312
Kalliope
  s. Autografen 82, 85
Karlsruher Virtueller Katalog (KVK) 45, 79, 157
Karten 193, 195, 270, 279
Katalog 2.0 29, 89, 260, 291
Katalogdatenbank 30, 57, 151, 213
Katalogisierungsverbund 74, 154, 185
Katalogkarte 43, 50f, 152
Katalogzettel
  s. Katalogkarte
Katholische Büchereiarbeit 67f, 99
Kategorienschema
  s. Datenformat(e) 77, 152, 183f, 193, 206–208
Kauf 77, 101, 105f, 114, 148, 217, 275, 287f, 292
KGSt-Gutachten „Öffentliche Bibliothek" 123, 188, 233, 289
Kinder- und Jugendbibliothek 96, 129, 279, 304, 307
Kinder- und Jugendliteratur 200, 280, 283, 316
Kinderbuchautor 277
Kindertonträger 280
Kirchliche Bibliotheken 22, 65, 67ff, 90, 99f, 104f, 109, 119
Kirchliche Büchereistellen 99f
Kirchliche Öffentliche Bibliothek 99f, 105
Klassifikation der Sachliteratur und der Schönen Literatur der Stadtbibliothek Duisburg (SSD) 152, 199

Klassifikation für Allgemeinbibliotheken (KAB) 152, 199
Klassifikationssystem 171, 179, 198ff
Klosterbibliothek 20, 22, 105, 279
Kochbuch 279
Kollegienbibliothek 17f
Kommunale Gemeinschaftsstelle für Verwaltungsvereinfachung/management (KGSt) 64f, 188, 233, 289
Kommunale Kulturautonomie 121
Kommunale Öffentliche Bibliothek 20, 65, 95–99, 109, 283
Kommunalverband 65
Kommunikation 98f, 132, 170, 179, 204, 215, 244, 251
Kommunikationswissenschaft 276
Kommunikative Kompetenz 235f, 253
Kompaktregalanlage 223
Kompetenznetzwerk für Bibliotheken (knb) 131–134, 139, 144f, 274
Kompetenznetzwerk Langzeitarchivierung und Langzeitverfügbarkeit digitaler Quellen für Deutschland (nestor) 77, 297
Konferenz der bibliothekarischen Ausbildungsstätten (KBA) 304
Konferenz der informatorischen und bibliothekarischen Ausbildungseinrichtungen (KIBA) 129, 304
Konferenz der Kultusminister der Länder der Bundesrepublik Deutschland (KMK) 64, 131, 147, 256, 296
Konsortialvertrag 143, 148, 250, 287
Kontaktarbeit 128, 144, 275
Kontrollierter Terminus 29, 179, 200
Kooperativer Aufbau eines Langzeitarchivs digitaler Informationen (KOPAL) 297
Kooperativer Bestandsaufbau 45, 60, 148, 151, 287
Kopienerstellung 225
Kosten- und Leistungsrechnung (KLR) 265, 273ff, 321
Krankenhausbibliothek 99f
Kulturausschuss 265
Kulturautonomie 122,
  s.a. Kommunale Kulturautonomie
Kulturhoheit 66, 126
Kulturmanagement 96, 275–278

Kundenbindung 178, 253, 263
Kundenorientierung 56, 139, 177, 183f, 219, 258, 272, 307
Kündigungsschutzgesetz 118
Kunst- und Musikhochschulbibliothek 85, 90
Künstliche Beschreibungssprache 206ff
Kunze, Horst 313
Kurzreferat
  s. Abstract 136, 159, 198, 200, 212

Lagerungsbedingung(en) Bücher 294f
Landesbibliografie 157
Landesbibliothek 72f, 82–85, 104, 106f, 109, 124, 223, 283, 288, 301
Landeskirchliche Bibliothek 68, 105
Langzeitarchivierung 11, 32, 34, 77, 83, 108, 130, 133, 165, 176, 190, 270, 293–298, 314, 322
Langzeitspeicherung 35
Laufbahngruppe 118f
Lebenslanges Lernen (LLL) (Programm) 244
Lehrbuchsammlung (LBS) 187, 289, 294
Lehrstuhl für Bibliothekswissenschaft (Univ..Köln) 312
Leibniz, Gottfried Wilhelm 20, 299
Leihbibliothek (Leihbücherei) 20
Leihfrist 223ff, 229f
Leihschein 229f
Leihverkehr 164, 228–231, 262, 270, 310
Leihverkehrsliste 229
Leihverkehrsregion 52, 152f, 230
Leipziger Kongress für Information und Bibliothek 127, 143
Leistungsmessung 133, 191, 212
Leitbild (Mission Statement) 263f, 267f
Leitlinien 123, 220, 240, 251
Lektoratskooperation (LK) 47, 140, 151, 256
Leporellodruck 53, 240
Leseförderung 99, 139, 266, 283, 307, 310
Lesepistole
  s. Lesestift 223
Lesesaal 220f, 223, 226f
Lesestift 223
Lessing, Gotthold Ephraim 299
Leyh, Georg 51f
Library of Congress 159, 196, 200ff, 206

Library of Congress Classification 261, 284
Library of Congress Subject Headings (LCSH) 200ff, 206, 208
Library Services and Construction Act 65
Life Reference 250
Ligue des Bibliotheques Europeennes de Recherche (LIBER) 76, 146
Linked Open Data 156, 206ff
Literaturbericht 200, 242
Literaturdatenbank 242, 251, 259, 281, 285, 291
Literaturliste 232, 241
Lizenzvertrag 105f, 111, 114, 287
Lokalpolitische Information 248
Loseblatt-Ausgabe 193, 229, 279
Luhmann, Niklas 2, 38
Luther, Martin 18f
Lux, Claudia 126, 144

Maschinelles Austauschformat für Bibliotheken (MAB1, MAB2) 49, 53, 81, 152, 206
Machine-Readable Cataloging (MARC21) 49, 81, 152, 206
Magazin 187, 189f, 221–206, 270, 294
Magazinaufstellung 223
Magazinausleihe
  s. Thekenausleihe 222
Magazinbibliothek 88
Magazinierung 189f
Magister-Studiengang 305, 317
Mahngebühr 225
Marketing 5, 26, 176, 237, 247, 263, 265–269, 277, 307
Marketing-Zyklus 266f
Marktsichtung (Bestandsaufbau) 148, 151, 289, 292
Massenentsäuerung 295f
Master of Library and Information Science (MLIS) 306
Master-Studiengang 89, 246, 305f, 317
Matrix-Organisation 269, 271
Max Planck Digital Library (MPDL) 260f
Max-Planck-Gesellschaft (MPG) 86, 260f
McLuhan, Marshall 25
Medical Subject Headings (MeSH) 202
Medienarchiv 135, 293
Medienarten 80, 132, 270

Medienausleihe 71, 79, 108, 114, 185, 190f, 213, 225
Medienauswahl 185, 220, 224, 271, 297
Medienbestand 74, 108, 185f, 216, 222
Medienerziehung 99
Medienwissenschaft 174, 315f
Medienzusammenstellung 239, 241
Mehr-Linien-Organisation 240
Mehrwert-Informationsdienste 34, 147, 167, 238, 242
Meta-Daten 22f, 31, 33f, 51, 79f, 146, 156f, 166f, 171f, 203–212, 244, 314
Meta-Suchmaschine 157, 176, 178
Meta-Text 198
Methodenkompetenz 12, 236, 257
Migration 296
Mikrofiche 9, 24, 53, 55, 57, 226, 280
Mikrofilmarchiv der deutschsprachigen Presse, Berlin 280
Mikroform(en) 9, 24, 53, 55, 80, 183, 226, 230, 280, 298
Mikroverfilmung 52, 151, 197, 280
Militärwissenschaftliche Bibliothek 91
Milkau, Fritz 312f
Mitarbeiter-Motivation 278
Mittel- und Kleinstadtbibliothek 72
Mittelstadtbibliothek 65, 72, 98, 225, 271
Mittlere Beamtenlaufbahn 300, 316
Mittlerer Bibliotheksdienst 119, 300, 305
Mobiles Speichermedium 16ff, 259, 261
Monografie 23, 54, 80f, 165, 186f, 195, 285
Münzen 9, 279
Museum 12, 19, 46, 146, 265, 296, 314
Museumsbibliothek 46, 66, 210
Musikbibliothek 79, 98, 279f
Mutterschutzgesetz 118

Nachlass 12, 85, 288
NAPLE-Forum 147
National Forum on Information Literacy (NFIL) 243f
National Information Standards Organization (NISO) 205, 210
National Library of Medicine (NLM) 202
Nationalbibliografie 75, 79ff, 152, 160ff, 198, 292
Nationalbibliothek 42f, 49, 64, 66, 72–82, 85, 107, 124, 145, 150, 152, 195, 280, 288

Nationales Wissenschaftsportal 170ff, 178ff, 258, 310, 320
Nationallizenz 158f
Naturalrestitution 109
Nestor 77, 297
Netzpublikation 34, 45, 48, 95, 107, 114, 149, 170, 177, 204, 281f, 287–290
Neuerscheinungsdienst 81
Neuerwerbungsliste 232, 239ff
Nicht-bibliothekarische Mitarbeiter 29, 50, 119
Niedersächsische Staats- und Universitätsbibliothek Göttingen 33, 78, 87, 150, 161, 163, 168, 173f, 200, 256, 271
Nonprint-Medien 279, 281
Normdatei 49, 77, 145, 152, 157, 183, 198–203
Normdatensatz 200ff
Normenausschuss Bibliotheks- und Dokumentationswesen (NABD) 132ff
Notationen 81, 152, 198, 201–204, 206
Notendrucke 80, 82, 193, 198
Numerus Currens 223
Nummerungssysteme 189f
Nutzerkompetenz (Information Literacy) s. Informationskompetenz 20f, 32–34, 58, 208f, 220f, 237, 243–146, 266, 276f, 307, 310, 320ff
Nutzerschulung 32, 234, 243, 245, 250, 290

OAI ORE 166
OAI PMH 166
Objektdokumentation s. Formalerschliesung 43, 45, 192–197, 290f, 310
Online Computer Library Center (OCLC) 30, 49, 57, 155f, 167, 202, 256, 283
Offenes Magazin 187, 223
Öffentliche Bibliothek 20, 22, 65, 67, 95–99, 102, 109, 123, 129, 137, 144, 146, 151, 188, 195, 199, 146, 165, 274, 283
Öffentliches Dienstrecht 103, 117, 263, 301
Öffentlichkeitsarbeit (Public Relations, PR) 134, 185, 247f, 255, 271, 275–278
Offline-Medien 287
Öffnungszeiten 123, 188, 227, 266

One-Person-Library (OPL) 92, 135, 271, 301, 311
Onleihe (online ausleihen) 95, 225f, 282
Online-Archiv 297
Online-Auskunft 277
Online-Bestellung 229
Online Public Access Catalog (OPAC) 54, 57, 213, 277
Online-Reference 250
Online-Ressourcen 285
Online-Tutorial 33, 56, 173, 245, 276
Online-Verbundkatalog 31, 156f, 228
Open-Access-Bewegung 4, 9, 27, 32, 56, 165, 167
Open-Access-Publikation 58, 166, 168, 282
Open Archives Initiative (OAI) 166, 204
Optische Speichermedien 24f, 177, 294f
Organisationsdesign 268, 276
Organisationsidentität 268
Orientierungsauskunft 234, 236, 238f
Ortsleihe 220, 222ff, 270

Page Pushing 252ff
Palastbibliothek 17, 22, 41, 219
Papier 16, 19, 24, 43, 189f, 295, 298
Papierzerfall 24, 295, 298
Parlamentsbibliothek 17, 22, 94f, 195
Passiver Informationsdienst 237ff, 241, 246
Patentdatenbanken 245, 277
Patente 193, 198
Patientenbibliothek 100, 129
Pay-per-view-Verfahren 159, 178
Personalbedarf 188, 212
Personalführung 272
Personalisierung 56, 176, 179, 182, 239f
Personalverbände 126f, 135
Personalverein(e) 126f, 135
Personenbezogene Daten 115
Personennamendatei (PND) 152, 201
Pflichtablieferung(en) 107, 281, 288
Pflichtexemplar 77, 83, 107, 110
Pflichtexemplarbibliothek 280
Pflichtexemplarrecht 77, 83, 107, 184, 280f
PICA 155, 157, 199, 291
PISA-Studie 98, 243
Policy 209, 220, 240, 250f, 264, 267f
Präsenzbibliothek 76, 79, 108

Präsenznutzung 114, 226, 258
Preisbindungsgesetz 105, 287
Preisnachlass 287
Preservating Access to Digital Information (PADI) 297
Pressearbeit 275, 278
Pressearchiv 63
Pressemitteilungen 276f
Preußische Instruktionen 43, 45
Primärdaten 30, 32ff, 168, 173, 260, 314
Printmedien 2, 24, 114, 279, 314
Privatbibliothek 69f, 92, 101, 109, 120
Professionalisierung 44, 299–302, 316
Profildienst 29, 56, 216, 234, 241
Programm der Bundesregierung zur Förderung von Information und Dokumentation (IuD-Programm) 64, 142, 168f
Programmarbeit 96, 275
Promotionsordnung 96, 89, 107
Prozessoptimierung 273
Publikationsarten 23, 28, 48, 54, 58, 80, 107, 111, 166, 281ff, 287ff, 314
Publikationsflut 6, 24f, 41, 48, 228
Publizistenpreis der deutschen Bibliotheken 134f
Pulldienste 232, 238, 253
Pushdienst 29, 57f, 172, 216, 232, 239ff, 253, 320f

Qualifikationsebenen 301, 304f, 309–317
Qualitätskontrolle 165f, 236
Qualitätsmanagement 184, 189, 209f, 263, 267, 269, 322
Qualitätsstandards 108, 189, 209f
Question Point 57, 248, 255f

Rahmenvereinbarung Forschungsförderung 66, 148
Ranking 132f, 274, 277, 291
Ratgeberinformation 248
Ratsbibliothek 18
Ratti, Achille (Pius.XI.) 299
RDF 207, 370
Recommenderdienste 29, 56ff, 176
Referateblatt 23
Reference and Information Service 210, 233

Reference and User Services Assocation (RUSA) 209, 233
Referendarausbildung 306, 316
Regeln für den Schlagwortkatalog (RSWK) 79, 152, 184, 199ff, 212
Regeln für die alphabetische Katalogisierung (RAK) 45, 49, 79, 152, 183, 193ff, 201, 212
Regeln für.die alphabetische Katalogisierung für audio-visuelle Medien (RAK-AV) 195
Regeln für die alphabetische Katalogisierung in Parlaments- und Behördenbibliotheken (RAK-PB) 195
Regeln für die alphabetische Katalogisierung in Öffentlichen Bibliotheken (RAK-ÖB) 195
Regeln für die alphabetische Katalogisierung in Wissenschaftlichen Bibliotheken (RAK-WB) 195, 201
Regeln für die alphabetische Katalogisierung von kartographischen Werken (RAK-Karten) 195
Regeln für die alphabetische Katalogisierung von Musikdrucken, Musiktonträgern und Musik-Bildtonträgern (RAK-Musik) 195
Regeln für die alphabetische Katalogisierung von Nichtbuchmaterialien (RAK-NBM) 195
Regensburger Verbundklassifikation (RVK) 199
Regionalbibliothek 68, 72f, 74, 82–85, 278ff
Regionale Verbundsysteme 152–156
Regionalinformation 248
Regionalprinzip 229
Repositorien 9, 32, 57f, 89, 92, 130, 154, 165-168, 172f, 177, 247, 258ff, 270, 314
Research Libraries Group (RLG) 283f
Ressourcenkompetenz 236, 279
Restaurierung 294, 296
Retrokonversion 54, 58, 150, 154, 161ff, 172
Retrodigitalisierung 172, 183, 281
Rezension 23, 151, 292
RFID-Transpondertechnologie 134, 224, 293

Richtlinien für das Volksbüchereiwesen 46
Roadshows 276f
Rohdaten
  s. Primärdaten 30, 32ff, 168, 173, 260, 314
Roter Leihschein 229f
Ruhrgebietsbibliothek, Bochum 70
Rundfunkarchiv 63, 203, 293

Sachauskunft 234, 238f
Sachbeschädigung 110
Sacherschließung
  s. Inhaltserschließung 152, 197–200, 290, 311
Sachverhaltsauskunft 236
Sammlung deutscher Drucke 75, 78, 150ff, 161
Sammmelschwerpunktprogramm (DFG) 82, 107, 148, 150, 170ff, 181, 285
Säumnisgebühr 109f
Schadensersatz 109f
Schädlingsbefall 295
Schenkung 105f, 110, 288
Schiller-Nationalmuseum/Deutsches Literaturarchiv, Marbach/Neckar 172
Schimmelpilz 295
Schlagwort 152, 198–204, 209, 276
Schlagwortliste 201
Schlagwortnormdatei (SWD) 152, 199, 201ff
Schlusskontrolle 290, 293
Schnellauskunft 236
Schreibmaschine 51f
Schrettinger, Martin 8f
Schrift 14, 15ff, 35
Schriftentausch 106f, 288
Schulbibliothek 96, 98
Schulbibliothekarische Arbeitsstelle 96
Schulbücher 198
Schulmediothek 91, 98
Schweizerische Nationalbibliothek, Bern 195
Segmentäre Differenzierung 39, 300
Selbstverbuchungssysteme 224, 227
Selective Dissemination of Information (SDI) 240f
Semantic Web 197, 202, 207f, 212
Seminar für Bibliothekswissenschaft 313

SGML-Standard 182
Sicherheitsverfilmung 151
Sigel, Sigel-Verzeichnis 228
Signaturschild 271, 287, 290
Simon, Heinrich 52
SISIS Informationssysteme 130
Six Big Skills 244
SKOS 207
Social Software 29, 259, 262, 277
Soft Skills 307
Soll-Medienbestand 185f
Soll-Zugangszahlen 186f
Sondersammelgebiet 163, 171ff, 279, 285
Sondersammelgebietsbibliothek(en) 150, 163, 172
Sondersammelgebietsplan 82, 107, 148, 150, 170ff, 181, 285
Sondersammelgebietsprogramm 82, 107, 148, 150, 170ff, 181, 285
Sondersammelgebiets-Schnelldienst (SSG-S) 150, 209
Sondersammelgebietssystem 175
Sortimentsbuchhandel 277, 287
Soziale Bibliotheksarbeit 100, 249, 323
Soziale Kompetenz 236
SPARQL 207f
Spartentrennung 47, 124, 301ff, 305ff, 322
Spezialbibliografie
  s. Fachbibliografie 23
Spezialbibliothek
  s. Fachbibliothek 45, 56, 67f, 70, 90ff, 124, 150, 170ff, 301
Sponsoring 276
Sprachenkompetenz 236f
Sprachkreiskonzeption 77
SSG-S-Bibliotheken 209
St. Michaelsbund (Bayern) 68, 100
Staatliche Büchereistelle (für Öffentliche Bibliotheken) 95–100, 105, 129, 131f, 137, 185
Staatsbibliothek(en) 17, 22, 40, 302, 310, 317
Staatsbibliothek zu Berlin – Preußischer Kulturbesitz (SB-PK) 67, 78, 81f, 107, 150, 228, 230
Stab-Linien-Organisation 269, 271
Stadtbibliothek 72f, 83, 124, 148, 225, 233, 266, 276, 309

Stakeholder (Anspruchsberechtigte) 265, 267
Standardisierungsausschuss 195
Stand-der-Technik-Übersicht 242
Standing Order 140, 151, 292f
Stanford University Press 32
SteFi-Studie 243
Stichwort 13, 159, 200, 204, 209
Stiftung 65, 67, 69f, 104, 117
Stiftung Preußischer Kulturbesitz 31, 95–100
Stiftung Zentral- und Landesbibliothek Berlin 67
Stratifikatorische Differenzierung 40, 63, 299
Strichcode-Etikett 224, 281, 290
Studiengänge 50, 89, 246, 300–308, 313–320
Studienreform(en) 304–308, 311, 317f, 322
subito 113, 165, 173, 209, 231
Subject Gateway(s) 28, 56, 171f, 180
Subject Portal 180
Systematik für Bibliotheken (SfB) 199
Systematische Aufstellung 22, 50, 223

Tarifvertrag für den öffentlichen Dienst (TVöD) 101, 104, 117, 119
Tausch 106f, 288
Teaching Library 234, 307
Technikmuseum 296
Tempelbibliothek 17, 22
Territorialkonzeption 77
Thekenausleihe 222
Thesaurus 198, 200ff
Technische Informationsbibliothek, Hannover (TIB) 92f, 169, 173ff, 231, 260, 268
Tintenfraß 295
Titelaufnahme
  s. Formalerschließung 43, 45, 192–197, 290f, 310
Tonträger 71, 75f, 79f, 112, 114, 195, 279f, 283
Tonträgersammlungen 75f, 79f, 279
Transliteration 190
Transponderetikett 224, 293
Treffpunkt Bibliothek (Kampagne) 126, 134, 264
Truppenbücherei 100

Turing, Alan 52

Überregionaler Leihverkehr
  s. Deutscher Leihverkehr 164, 228–231, 262, 270, 310
UNESCO 9, 75, 219
Universalbibliothek 39–44, 59, 73, 81f, 170, 319
Universalklassifikation 171, 198f
Universitätsbibliothek(en) 20, 41, 85–89, 227, 268, 270, 286, 292
Universitatsbibliothek Johann Christian Senckenberg, Frankfurt/Main 150
Unternehmensberatung 241
Unterschlagung 101, 110
Urheberpersönlichkeitsrecht 111
Urheberrecht 47, 54, 110–115, 120, 144, 162, 211, 264
Urheberrechtsgesetz 110ff, 114
USMARC 206

VASCODA 176f, 180f
Verbale Sacherschließung 152, 183, 198f, 202
Verband der Bibliotheken des Landes Nordrhein-Westfalen (VBNW) 144
Verbuchungsterminal 224, 281
Verbunddatenbank(en) 154, 156ff, 205
Verbundkatalog Maschinenlesbarer Katalogdaten Deutscher Bibliotheken (VK) 30, 156, 213, 371
Verbundkatalog(e) 31, 45, 53, 55f, 155ff, 164, 208, 228
Verbundzentral(en) 56, 131, 153, 181, 229, 320
Vergabe- und Vertragsordnung für Leistungen (VOL) 105, 184
Verein der Bibliothekare an Öffentlichen Bibliotheken (VBB) 135
Verein der Bibliothekare und Assistenten (VBA) 135
Verein der Diplom-Bibliothekare an wissenschaftlichen Bibliotheken (VdDB) 135
Verein Deutscher Bibliothekare (VDB) 126f, 130, 135ff
Vermögensdelikt 110

Verordnung über die Aufstellung und Ausführung des Haushaltsplans der Gemeinden
  s. Gemeindehaushaltsverordnung 101, 116
Versandbuchhandlung 292
Verschuldenshaftung 108
Vervielfältigungsgebühr 109
Verwaltungsreform 117, 275
Verwertungsgesellschaft BILD-KUNST 71, 113
Verwertungsgesellschaft WORT (VG WORT) 113
Verzeichnis alter Drucke (Sammlung) 75, 78, 150ff, 161
Verzeichnis der im deutschen Sprachbereich erschienenen Drucke des XVI. Jahrhunderts (VD 16) 160f, 163
Verzeichnis der im deutschen Sprachbereich erschienenen Drucke des XVII. Jahrhunderts (VD 17) 161, 163
Verzeichnis der im deutschen Sprachbereich erschienenen Drucke des XVIII. Jahrhunderts (VD 18) 161, 163
Videoconferencing (Videokonferenz) 235, 251ff
Videokassette 9, 30, 95, 112, 260, 280, 288
VIFANET („Die Virtuelle Fachbibliothek") 176
Virtual International Authority Files (VIAF) 184, 202 321
Virtual Reference 249f
Virtualisierung 54–60, 170, 258
Virtuelle Bibliothek 58f, 62, 75, 91, 121, 150, 170ff, 320
Virtuelle Deutsche Landesbibliographie 85, 157
Virtuelle Fachbibliothek(en) 45, 56, 62, 91, 148, 150, 173–177
Virtuelle Nationalbibliothek 43, 75, 150
Voice-over-Internet-Protocol (VoIP) 235, 251f, 255
Volksbücherei 22, 46, 72, 233, 301
Volkswagenstiftung 150, 162
Volltextdatenbank 58, 157, 173
Vorakzession 289f
Vorbereitungsdienst 118f, 305, 316
Vormerkgebühr 109
Vormerkung 192, 224f

Web Contact Center 252–256
Web Contact Center Software 252, 254f
Web 2.0 29, 89, 176, 178, 259, 277
Webbasiertes Informationssystem (WEBIS) 149
Weber, Max 22
Web-Formular 57, 235, 249, 251–256
Webkatalog 33, 159, 170–174, 177f, 234, 236
Werbung 232, 237, 247f, 257, 266f, 275f, 297
Werkbibliothek(en) 70, 100, 129
Wertanalyse 263, 297, 322
Westdeutsche Büchereischule 301
Western Library Network 283
Wiegendruck 69, 160, 207
Wiki 27, 34, 179, 260, 273
Willke, Helmuth 26
Wissensbegriff 7f, 17, 21, 26, 32
Wissenschaftliche Buchgesellschaft 135
Wissenschaftliche Stadtbibliothek 67, 73, 83
Wissenschaftlicher Bibliothekar 23, 44, 50, 119, 136, 219, 299–302, 304 306, 316
Wissenschaftsgemeinschaft Gottfried Wilhelm Leibniz (WGL) 64, 66, 92
Wissenschaftsportal (Academic Portal) 170, 178–182, 258, 310, 320
Wissenschaftsrat 64, 122, 126, 156, 212, 240, 243, 281, 289
Wissensdienstleistungen 215
Wissensmanagement 5, 34f, 70, 91, 141, 178, 237, 257f, 261, 272, 303, 308, 315
Wissenstransfer 215
W-LAN 112, 226
WorldCat 30, 45, 156f

WorldWideWeb (Internet) 55f, 95, 109f

XML
   s. Extensible Markup Language 184, 203ff, 296

Z39.50 81, 206
Zeitschriftenaufsätze 113, 165, 169, 198, 267
Zeitschriftendatenbank (ZDB) 46, 57, 157ff, 181, 202, 228, 230
Zeitschrifteninhaltsdienst(e) 149
Zeitung(en) 19, 24, 81, 158, 189, 221, 226, 247, 279f, 283
Zentral- und Landesbibliothek Berlin 67
Zentralblatt für Bibliothekswesen 44
Zentrale Fachbibliothek(en) 74, 92f, 124, 149f, 169
Zentrale für Volksbücherei 301
Zentrales Verzeichnis digitalisierter Drucke (ZVDD) 154, 164
Zentralkatalog(e) 52, 152, 154, 228, 230
ZETA 46
Zettelkatalog 24, 53, 193, 213, 223
Zielgruppe 9, 29, 71f, 96, 100, 129, 133, 141, 180, 232, 240, 243ff, 255, 266f, 273, 276
Zielgruppenorientierte Bibliotheksarbeit 100
Zugangsbearbeitung
   (s.a. Inventarisierung / Rechnungskontrolle) 275, 290, 293
Zuse, Konrad 52
Zweischichtiges Bibliothekssystem 104, 286